한국 근현대의 지주제와 금융자본

불이흥업, 성업사, 조선개척의 지주경영과 조선식산은행

홍성찬 지음

도서출판 해남

홍성찬(洪性讚, Hong Sung-Chan)

연세대학교 상경대학 경제학과를 졸업하고 동 대학원에서 석사학위와 박사학위를 받았다. 연세대학교 경제학부에서 오랫동안 가르쳤고 지금은 명예교수이다. 경제사학회장을 역임하였다. 『한국 근대 농촌사회의 변동과 지주층』(지식산업사, 1992), 『한국 근대 금융사 연구』(공저, 세경사, 1996), 『농지개혁 연구』(편저, 연세대학교 출판부, 2001), 『일제하 만경강 유역의 사회사』(공저, 혜안, 2006) 등의 저서가 있다.

한국 근현대의 지주제와 금융자본

불이흥업, 성업사, 조선개척의 지주경영과 조선식산은행

The Landlord System and Finance Capital in Modern and Contemporary Korea:
Joseon Industrial Bank and Its Agricultural Subsidaries

초판1쇄 인쇄 2022년 1월 24일
초판1쇄 발행 2022년 2월 10일

저　자 홍성찬
발행인 노현철
발행처 도서출판 해남

출판등록 1995. 5. 10 제 1-1885호
주　　소 서울특별시 마포구 마포대로8길 9 영명빌딩 405호
전　　화 739-4822 **팩스** 720-4823
이 메 일 haenamin30@naver.com
홈페이지 www.hpub.co.kr

ISBN 978-89-6238-162-7 93320

- 일본어 이름(한자) 표기는 일본인이나 일본에 본점을 둔 기업은 일본어 발음에 따르고 한국에 본점을 둔 기업은 한국어 발음에 따름.
- 이 책에 쓰인 사진은 정해진 절차에 따라 저작권자의 사용 허락을 받은 것입니다. 저작권자를 찾지 못한 사진에 대해서는 저작권자가 확인되는 대로 게재 허락을 받고 통상의 기준에 따라 사용료를 지불하도록 하겠습니다.

머리말

이 책은 20세기 특히 그 전반기의 한국 농업과 한국 자본주의를 이해하는 두 개의 키워드인 '지주제'(landlord system)와 '금융자본'(finance capital)에 관하여 탐구한 것이다. 더 구체적으로 말하면 일제하 조선식산은행의 자회사, 손회사로 설립 또는 편입되어 당시 한국 최대 기업집단이던 '조선식산은행 콘체른'(그룹)의 중요한 한 축을 이루었던 불이흥업, 성업사, 조선개척 세 농업회사의 설립 및 경영변동과 조선식산은행 콘체른에의 편입 과정, 해방 후의 해산 및 청산 과정을 이들 기업의 내부 자료들을 찾아 추적하고 그것이 한국 근현대 경제사에서 가지는 의미를 음미하여 본 것이다.

오래전 저자는 경기도 강화군과 전라남도 곡성군, 보성군 등지의 대지주 집안 자료들을 찾아 한말·일제하의 지주제 사례연구를 몇 편 발표하였고, 전라남도 화순군 동복면과 그곳 오씨 집안의 동고농장 자료를 찾아서는 『한국 근대 농촌사회의 변동과 지주층』이라는 단행본을 출간하기도 하였다. 그 과정에서 저자는 일제하 대지주들이 요즘의 기업가들처럼 은행에서 거액을 빌려 농지를 매입하고 개간, 간척사업 등을 벌여 지주경영을 확대하거나 일반 기업과 은행의 주식을 매입하여 부르주아지로도 변신하여 간 사실을 발견하였다. 물론 그중에는 호황 때 은행 돈으로 지주경영을 확대하였다가 불황 때 그걸 감당하지 못하여 사업 축소는 물론 파산의 위기에 몰린 이도 많았다. 그리고 그런 토지와 회사는 그 후 땅 주인과 지배주주가 수차 바뀌는 인수·합병의 과정을 거쳐 결국은 대농업회사, 대은행에 집중되어 갔다. 20세기 초 한국에 근대 금융시스템이 들어선 이후의 지주제는 그 전과 달리 은행 또는 동양척식회사나 일본의 증권회사, 투자은행 등을 포함한 광의의 금융자본과 다양한 방식으로 유착(merging), 결합(coalescence)하며 그 압도적인 영향 아래서 양적·질적으로 크게 변모, 분화하여 간 것이었다.

이에 저자는 일제하 한국 경제와 한국 농업을 제대로 이해하려면 이 시기 지주제와 금융자본의 관계를 충분한 자료적 뒷받침 아래 꼼꼼하게 살펴볼 필요가 있다고 생각하였다. 금융자본이 지주제를 매개로 한국 농업, 농촌, 농민을 개발하고 수탈한 메커니즘을 밝히는 일이야말로 20세기 한국 자본주의와 한국 사회의 성격을 이해하는 첩경이라고 여긴 것이었다. 그러나 쉬운 일이 아니었다. 자료 사정 때문이었다.

그러던 1988년 초 동학의 김동욱 박사가 성업공사(한국자산관리공사의 전신)에 조선식산은행의 자료가 다수 보관되어 있다는 소식을 전하였다. 곧바로 그 회사 창고로 달려가 천장까지 가득 쌓인 자료 상자 더미를 보았다. 해방 후 국가귀속법인의 청산 업무가 국세청, 재무부를 거쳐 그곳으로 이관되며 관련 자료가 남은 것이었다. 그중 불이흥업, 성업사, 조선개척 세 농업회사의 자료들을 두서없이 복사하였고 그걸 정리하여 일제하 이들 세 회사의 설립 및 지주경영의 변화와 '조선식산은행 콘체른'에의 편입 과정을 다룬 이 책 제I편의 글들을 발표하였다. 그리고 그 후 해당 자료들이 대전의 국가기록원과 성남의 나라기록관으로 재이관된 가운데 해방 후 이들 회사의 지주경영과 청산, '조선식산은행 콘체른'의 해체 및 변모 과정 등을 다룬 이 책 제II편의 글들을 추가 발표하였다. 이 책은 그것들을 수정·보완하고 그중 일부(제3장, 제5장)는 거의 새로 쓰다시피 고쳐 단행본으로 묶은 것이다. 여러모로 아쉬움이 남지만, 이 시기 지주제와 금융자본의 유착과 그 변모 과정을 당대 최고의 농업회사들과 금융기관의 자료를 발굴하여 실증적으로 규명한 점에서 애초의 희망에 어느 정도 접근하였다고 생각한다.

후술하겠지만 일제하 불이흥업과 조선개척은 순탄한 과정을 거쳐 '조선식산은행 콘체른'에 편입된 것이 아니었다. 이 두 회사는 1910년대 후반의 쌀값 상승을 배경으로 한때 사업을 크게 늘렸으나 1920년대 장기 불황과 1930년대 초 세계 대공황으로 쌀값이 폭락하며 거액의 은행 빚과 적자가 누적되어 파산의 위기에 몰렸다. 이에 주거래 은행인 조선식산은행은 이 두 회사에 자본감소와 자산매각, 주주 배당 중지와 중역진 교체 같은 고강도 구조조정과 워크아웃(workout)을 요구하였고, 또 장기간 대규모 소작쟁의를 벌여 총파업에 나선 소작인조합도 공권력을 동원하여 와해시켰으며, 결국은 자신의 자회사인 성업사를 두 회사의 지배주주로 만들었다. 그리하여 두 회사는 그 후 경기가 회복되며 쌀값이 오르고 구조조정의 효과도 나타나자 오랜 적자에서 벗어나며 기업회생에 성공하였다. '대마불사'(Too big to fail.)하며 우량기업으로 변신한 것이다.

1997년 외환 위기와 2008년 금융 위기를 겪으며 저자는 대기업과 은행의 연쇄적인 파산 위기와 그에 따른 대규모 감자, 자산매각, 대량 해고 같은 고강도 구조조정과 워크아웃, 총파업, 지배주주의 교체, 기업회생, 대마불사 등등 이미 7, 80년 전에 불이흥업과 조선개척이 겪었던 똑같은 일들을 사료가 아닌 현실에서 마주하는 진기한 경험을 하였다. 당혹스러웠다. 그래서 그 후 강의실에서 이 이야기를 할 때마다 언젠가는 이걸 책으로 기록하여 남겨야겠다고 생각하였는데 이제 그 숙제를 마치는 느낌이다.

보잘 것 없는 책이지만 이 정도나마 만들 수 있었던 것은 전적으로 저자를 가르치고 도와주신 분들 덕분이다. 최호진·김준보 선생님은 학문하는 이의 자세를 몸소 보이셨을 뿐만 아니라 당신들이 겪은 20세기 경제사를 균형 잡힌 시각으로 가르쳐주셨다. 김용섭 선생님은 역사학 고유의 영역과 연희전문학교 상과 이래의 한국경제사 연구 전통을 새삼 일깨우시며 추상같은 엄격함으로 저자의 작업을 지도하셨다. 연세대학교 상경대학의 윤기중·윤석범·박진근·김황조·정창영 선생님은 저자를 가르치고 경제사 연구자로 이끄셨을 뿐만 아니라 평생 최고의 환경에서 공부할 수 있도록 든든한 울타리가 되어 주셨다. 김정식·신동천 교수를 비롯한 같은 대학 경제학부의 교수들은 저자에게 가장 많은 시간을 할애하여 준 최고의 동료들이었다.

일본 도시샤 대학의 고영진 교수, 게이오 대학의 야나기사와 아소부(柳澤遊) 교수, 연세대학교 학술정보원의 김영원 실장, 법원도서관의 원종삼 박사, 국민은행의 이규봉 지점장, 계명대학교의 김명수 교수, 국가기록원의 강성천 박사, 연세대학교의 정병수 박사와 연강흠·손성규·성태윤 교수, 같은 학교 경제학부의 노자와 겐지(野澤賢司) 군은 자료의 수집과 해석에 매번 큰 도움을 주었다. 오랜 도반인 고전강독회의 방기중·조성윤·서정익·백승철·최원규·이준식·이인재·최윤오·오영교·우대형·이지원·이승렬·김성보·이종민·윤덕영·왕현종 교수는 이 책의 초고들을 읽고 부족한 부분을 서슴없이 고쳐주었다. 케임브리지 대학의 마이클 신(Michael D. Shin) 교수와 권신영 박사 내외는 저자의 작업을 한결같이 격려하고 저자가 가족과 함께 미국과 영국에서 머물며 공부할 더없이 귀한 기회를 마련하여 주었다.

저자의 작업을 가장 가까이에서 오랫동안 지켜본 연세대학교의 우대형 박사, 부산외국어대학교의 박영구 교수, 현대자동차의 김동욱 박사, 배재대학교의 오진석 교수, 계명대학교의 김명수 교수, 대한민국역사박물관의 박현 박사와 국제통화기금의 김대행 박사, 연세대학교의 백문영 박사와 하워드 감(Howard Kahm) 교수, 건국대학교의 정진아 교수, 고철연구소의 김경식 소장과 대외경제정책연구원의 정형곤 박사는 이 책의 출간을 독려하며 온갖 도움을 아끼지 않았다. 도서출판 해남의 노현철 사장과 편집부 김태임 실장의 변함없는 호의와 프로의식에도 깊은 감사와 경의를 드린다.

이런 종류의 작업은 가족의 울타리가 없었다면 애초에 엄두를 내지 못하였을 것이다. 부모님과 더불어 늘 최고의 안식처가 되어 준 아내 신나미와 세 아이 웅기, 용기, 인기에게 무한한 감사를 드린다.

2021년 10월

저자

차례

제4장 조선개척의 영농조직과 농장지배

제 II 편

해방 후 조선식산은행 산하 농업회사의 경영변동과 청산

제5장 해방 후 성업사의 농장경영과 그 해체

서론

20세기 초 한국은 시장경제와 사적 소유권이 발달한 자본주의 사회였다. 값싼 토지와 노동력도 풍부하였다. 그러나 개발자금과 기술이 부족하였다. 산업의 대종인 농업도 마찬가지였다. 가까운 일본 역시 시장경제와 사적 소유권이 발달한 자본주의 국가였다. 게다가 일본은 한국보다 월등한 자본과 기술을 가졌고 그에 상응한 근대의 제도와 시스템도 갖추었다. 오랜 비즈니스 경험과 기업가 정신도 축적하였다. 근대농학의 수준도 마찬가지였다. 그리하여 일본은 19세기 말과 20세기 초 중화제국과 러시아제국을 연거푸 제압하며 아시아 최고의 신흥제국으로 부상하였다. 그리고 여세를 몰아 1895년에는 대만을 식민지로 만들었고, 1905년에는 한국을 보호국으로 만들었으며, 1910년에는 한국을 식민지로 강점하여 일본의 식량 및 원료 공급시장, 상품 판매시장, 자본 투자시장으로 독점 지배하게 되었다.

그런데 당시 일본은 메이지 유신 이후 인구가 크게 늘었으나 도시화의 진전으로 농업 인구의 비중이 오히려 줄었다. 식량 생산도 마찬가지였다. 그래서 곡물 가격이 오르며 생계비와 임금 인상을 압박하였고 이는 일본 제품의 생산비를 높여 일본의 대외경쟁력과 자본 축적을 저해하였다. 당연히 식량을 수입하여 곡물 가격을 안정시켜야 했는데 그러려면 부족한 외환 사정 때문에 공업화에 필요한 자본재 수입과 기술도입이 그만큼 제약을 받았다. 이에 일본은 일본과 같은 엔화 통화권, 엔 블록에 속하여 금과 파운드, 달러 같은 외환, 즉 정화(正貨, specie)의 결제가 필요 없던 식민지 대만과 특히 한국에서 식량을 확보하려고 하였다.

한편, 한국은 1910년 기준으로 농업 생산이 전체 산업 생산의 8할 이상을 차지하고 전체 가구의 8할 이상이 농촌에서 농사를 지으며 산 농업 국가였다. 농사의 대종은 쌀이고 쌀의 주된 생산 방식은 지주제(landlord system), 즉 지주가 소작인(tenant)에게 농지를 임대하고 생산물의 일정 비율 또는 일정 수량을 소작료(rent)로 받는 지주소작제(landlord tenant system, sharecropping system)였다.[1] 농업 생산성은 19세기 초 이래 완만하게나마 상승하였고 생활수준도 조금씩 나아졌으며,[2] 서울과 전국의 미곡시장도 상당히 발달하였다.[3] 일본에 비교하여 상대적으로 값싼 토지와 노동력이 풍부하였고 서해안 각지와 한강, 낙동강, 금강, 만경강, 압록강 등 큰 강의 하구에는 조선인이 수차 개척을 시도하였던 양질의 드넓은 간석지와 유수지가 널려 있었다. 영농 방법도 큰 진보를 보였다. 그러나 여전히 투박하여 아직도 재래종 벼를 재래의 영농 방법으로 재배하였고 시비량과 노동력 투입도 부족하였다. 수리시설도 같았다. 이른바 전통농업(traditional agriculture)으로서 근대농업(modern agriculture), 근대농학의 견지에서 개선할 점이 너무 많았다.[4] 반면 한국에 비교하여 풍부한 자본과 기술을 가졌던 일본으로서는 한국이야말로 장차 일

1 김용섭, 『한국근현대농업사연구 -한말·일제하의 지주제와 농업문제』 증보판, 지식산업사, 2000; 장시원, 「일제하 대지주의 존재 형태에 관한 연구」, 서울대학교 박사학위논문, 1989; 홍성찬, 『한국 근대 농촌사회의 변동과 지주층 -20세기 전반기 전남 화순군 동복면 일대의 사례』, 지식산업사, 1992; 우대형, 『한국 근대 농업사의 구조』, 한국연구원, 2001; 이윤갑, 『일제강점기 조선총독부의 소작정책 연구』, 지식산업사, 2013.

2 우대형, 「조선후기 미곡생산성의 장기 추이에 관한 재검토, 1660~1910」, 연세대학교 경제연구소 발표문, 2017(연세대학교 경제연구소 홈페이지 자료실); 동, 「역사인구학 지표로 살펴본 조선후기 생활수준의 장기 추이, 1734~1910」, 『사회와 역사』 121, 한국사회사학회, 2019.

3 우대형, 「조선 후기 곡물시장의 통합에 관한 재검토, 1743~1910」, 연세대학교 경제연구소 발표문, 2016(연세대학교 경제연구소 홈페이지 자료실); 홍성찬, 「19세기 말 서울 동막 객주의 미곡 거래 -김상민 집안의 장부 '일기'와 '장책' 분석을 중심으로」, 『동방학지』 177, 연세대학교 국학연구원, 2016; 동, 「한말 서울 동막 객주의 미곡 반입과 재래 선운업 -객주업체 '동태원'의 자료를 중심으로」, 『한국사연구』 145, 한국사연구회, 2009.

4 우대형, 「일제하 조선에서의 미곡기술정책의 전개 -이식에서 육종으로」, 『한국근현대사연구』 38, 한국근현대사학회, 2006; 소순열, 「한국에서 근대농업기술의 변용 -수용과 이전」, 『농업사연구』 14-1, 한국농업사학회, 2015; 김태호, 『근현대 한국 쌀의 사회사』, 들녘, 2017, 제1장.

본제국의 식량 문제를 해결하여 줄 기회의 땅이 아닐 수 없었다.

이에 일본 정부는 일본인의 한국 이민과 농업 투자를 적극적으로 장려하였다. 일본의 자본가들도 정부의 식민 정책에 호응하여 위로는 재벌급 대자본가로부터 아래로는 지방의 이름 없는 중소 자본가까지 '코리안 드림'을 찾아 '신천지'인 한국으로 몰려왔다. 그러나 낯선 한국 농촌을 일본의 식량 공급지로 개발하기란 쉬운 일이 아니었다. 풍토와 습속이 달랐고 농업기반 시설과 제도가 달랐으며 한국의 여론과 주민들의 반발도 만만치 않았다. 그리하여 이들은 한국의 농사현장에서 얻은 경험과 정보, 아이디어를 현지의 교민사회는 물론 그곳 영사관, 재정고문부, 통감부, 총독부 등을 통해 본국의 중앙 및 지방 정부, 재계와 공유하며 그때그때 필요한 법적·행정적 조치를 하는 등 조선 농업 개발과 수탈을 위한 큰 그림을 그려갔다.[5]

당시 일본이 구상한 조선 농업 개발 계획, 식량 증산 프로젝트의 핵심은 두 가지였다. 하나는 토지 개량 사업으로서 개간, 간척사업 등을 통하여 경지면적을 늘리고 수리시설을 보급하여 경지면적당 생산성을 높이는 일이었다. 이를 위하여 전국의 미간지들을 조사, 측량하여 크고 작은 개간, 간척공사를 벌이고 저수지와 수로, 방조제, 댐, 수문, 양수장 등을 건설하였으며 농사용 도로와 교량, 선착장 등도 개설하였다. 다른 하나는 농사 개량 사업으로서 재래종 벼를 다수확 신품종들로 교체하고 상업 비료, 농약, 개량 농기구의 사용과 노동력 투입을 늘리며 정조식(正條植, check row planting) 도입 등 영농 방법을 개선하는 일이었다. 전통농업을 근대농업으로 바꾸는 핵심 사업들로서 둘 다 천문학적인 규모의 자금과 고도의 토목기술, 근대농학의 수준이 요구되었다.

이에 일본은 조선 농업 개발을 위한 본격적인 투자에 앞서 두 가지 중

5 김용섭, 「일제의 초기 농업식민책과 지주제」, 앞의 책, 2000; 정연태, 『식민권력과 한국농업 – 일제 식민농정의 동역학』, 서울대학교 출판문화원, 2014, 제2, 4장; 최원규, 『일제시기 한국의 일본인 사회 –도시민·지주제·일본인 농촌』, 혜안, 2021, 제1장.

요한 조치를 하였다. 첫째는 식민지 농업 개발과 수탈을 위한 자금을 원활하게 동원, 배분하기 위하여 은행 등 간접금융 기관과 증권거래소 같은 직접금융 기관을 정비한 일이었다. 주지하듯이 대한제국은 1905년에 일본인 재정 고문 메가타 다네타로(目賀田種太郎)의 주도로 화폐정리사업(monetary reform)을 단행하였다. 그 여파로 한국은 미증유의 유동성 부족 사태인 화폐공황, 금융공황을 겪으며 엄청난 타격을 받았다. 그런데 메가타는 그걸 수습한다는 명분 아래 한국을 일본의 엔화 통화권에 편입시켰을 뿐만 아니라 차제에 중앙은행에 해당하는 한국은행과 개발은행에 해당하는 농공은행을 출범시키고 그 외 일반은행과 금융조합도 다수 설립하였다. 위로는 중앙은행에서 아래로는 일반은행과 금융조합에 이르는 근대 금융시스템을 구축한 것이다.[6]

한편, 일본은 한국을 완전 강점한 직후인 1911년에 앞의 한국은행을 조선은행으로 개조하였고, 1918년에는 각도의 농공은행들을 합병하고 추가로 거액의 자본금을 투입하여 이를 국책의 식민지 개발은행인 조선식산은행으로 개편하였다. 일반은행과 금융조합도 꾸준히 설립하여 한국에 본점을 둔 일반은행은 1910년 3개에서 1920년 21개로 늘었고 금융조합도 같은 기간 120개에서 400개로 증가하였다. 일본에 본점을 둔 은행의 국내 지점도 크게 늘었다. 1920년 봄에는 지금의 증권거래소에 상당하는 경성주식현물거래시장(京城株式現物取引市場)을 개설하여 기업이 증권시장에서 직접 자금을 조달받을 길도 열었다.[7] 이로써 일제는 세계 금융시장·자본시장과 직결된 도쿄, 오사카의 금융시장·자본시장에서 식민지 개발과 수탈에 필요한 자금을 조달받을 시스템을 갖추게 되었고, 따라서 20세기 초 이런 시스템이 들어선 후의 지주, 농업회사들은 그 전의 지주, 농업회사들과 전혀 다른 환

---

6 윤석범·홍성찬·우대형·김동욱, 『한국근대금융사연구』, 세경사, 1996.

7 홍성찬, 「1920년대의 경성주식현물취인시장(주) 연구 –경취(京取)와 그 관련기관의 설립을 중심으로」, 『경제사학』 22, 경제사학회, 1997.

경에서 농사를 짓게 되었다.

둘째는 그렇게 조달한 자금이 한국 농촌과 농업에 안심하고 투자될 수 있도록 토지 소유 제도와 부동산 등기 제도를 정비한 일이었다.[8] 일제가 1906년과 1908년에 외국인의 토지 및 가옥 소유를 증명하여 주는 법령을 만든 데 이어 1910년부터 1918년까지 막대한 예산과 인력을 들여 조선토지조사사업을 시행하고 1912년에 「조선부동산등기령」을 제정한 것이 그것이었다. 이로써 일제는 식민지 한국의 모든 토지를 필지별로 조사하여 지번을 부여하고 지목, 면적, 지가, 소유자 등을 확정하여 토지대장에 등록하였으며 토지의 형태, 모양, 경계를 측량하여 지적도에 그려 넣었다. 이제 누구라도 토지대장과 지적도만 열람하면 해당 토지에 대한 상세한 정보를 얻을 수 있고 또 모든 토지소유자는 등기제도를 통하여 제3자에 대한 대항력을 확실하게 보장받게 되었다. 이외에도 일제는 1906년에 「수리조합조례」를 제정하고 1907년에는 「국유미간지이용법」을 만들었으며 1917년에는 「조선수리조합령」을 공포하였다. 토지거래는 물론 토지를 담보로 한 대출이나 그 외 각종 수리, 개간, 간척 투자가 안심하고 이루어질 토대를 만든 것이다.

이런 가운데 1910년대 후반 일본과 한국은 제1차 세계대전 특수로 엄청난 호황을 맞았다. 쌀값이 폭등하며 1918년 여름 일본에서는 이에 항의한 시민들이 각지의 미곡상들을 습격 방화한 '쌀 소동'까지 일어났다. 일본 정부는 차제에 일본제국의 식량 문제를 근본적으로 해결할 필요가 있었다. 이에 일제는 1920년에 조선산미증식계획을 입안하여 향후 장기에 걸쳐 일본에서 거액의 자금과 첨단의 토목 및 농학기술을 들여와 식민지 한국 농촌을 일본의 식량 공급지로 개발하기로 하였고, 1926년에는 그걸 더욱 확대하기로 하였는데, 그 과정에서 조선 농업 개발 자금의 동원과 배분을 맡은 핵심

8 신용하, 『조선토지조사사업연구』, 지식산업사, 1982; 조석곤, 「토지조사사업과 식민지지주제」, 강만길 외 편, 『한국사 13. 식민지시기의 사회경제(1)』, 한길사, 1994; 최원규, 『한말·일제초기 국유지 조사와 토지조사사업』, 혜안, 2019; 동, 「일제초기 조선부동산등기제도의 시행과 그 성격」, 『한국민족문화』 56, 부산대학교 한국민족문화연구소, 2015.

기관이 조선식산은행과 동양척식주식회사였다.

앞서도 잠시 말한 대로 이 은행은 1918년에 일제가 「조선식산은행령」을 제정하여 자본금 1천만 원으로 설립한 국책의 특수은행으로서 주주의 대부분이 민간인이었지만 총독부가 은행장 임명 등 은행의 인사권과 감독권을 장악하였다. 그 대신 총독부는 이 은행에 많은 특혜를 주었다.[9] 은행의 민간인 주주에게는 설립 후 5년간 연 7%의 배당을 보장하였고 총독부 소유 주식(6,598주)에 대해서는 창립 후 15년간 배당을 면제하여 주었으며, 특별히 납입자본의 최대 10배(1924년에 15배로 확대함)에 해당하는 채권(조선식산채권, 식산채, bond)을 발행하여 자금을 조달받게 하여 주었다. 당시 한국인 은행은 물론 일본인이 설립한 은행들 역시 대부분 자기자본금과 예금만으로 운영하였던 것과 크게 달랐다. 이들 채권은 공모인수와 대장성 예금부 인수, 기타 인수 등 세 가지 방식으로 매각하였는데 그중 공모인수의 비중이 가장 컸고 그 주요 인수자는 도쿄의 야마이치(山一)증권과 고이케(小池)은행, 오사카의 후지모토(藤本)빌브로커은행과 노무라(野村)증권 등 일본 자본시장과 증권업계의 큰손들이었다.[10] 당시 이들은 일본에서 국채와 회사채 인수를 주업으로 하여 흔히 '현물단'(現物團), '인수 현물단', '인수 신디케이트'(syndicate) 등으로도 불린 일본 최고의 투자은행(Investment Bank, IB)들로서[11] 조선식산은행이 발행한 '식산채권'의 인수에 적극적이었고 조선식산은행도 '조선투자의 공헌자로 망라된 단체'[12]인 이들의 자금을 유치(fund raising)하기 위하여 온갖 노력을 기울였다. 1924년 10월 조선식산은행은 야마이치(山

9 堀和生, 「植民地産業金融と經濟構造 −朝鮮殖産銀行の分析を通じて」, 『朝鮮史硏究會論文集』 20, 東京: 朝鮮史硏究會, 1983; 권대웅, 「1920년대 금융자본의 농업지배에 관한 연구 −조선식산은행을 중심으로」, 『민족문화논총』 5, 영남대학교 민족문화연구소, 1984; 정병욱, 『한국근대금융연구 −조선식산은행과 식민지 경제』, 역사비평사, 2004.

10 배영목, 「조선식산은행과 농업」, 『국사관논총』 36, 국사편찬위원회, 1992.

11 森泰博, 「株式現物問屋の社債·株式引受 −大阪株式現物團」, 『大阪大學經濟學』 23-2·3, 大阪: 大阪大學經濟學部, 1973; 이명휘, 「전전 일본에서의 증권업자의 성장 −山一證券을 중심으로」, 『사회과학연구논총』 12, 이화사회과학원, 2004.

12 『시대일보』 1924. 10. 5. '京阪현물단 入城期'.

一)합자회사의 스기노 기세이(衫野喜精) 사장과 후지모토빌브로커은행의 다니무라 이치타로(谷村一太郎) 회장 등 도쿄와 오사카의 투자은행 관계자들과 도쿄, 오사카의 유력 언론인들인 국민신보(國民新報)의 아베 미쓰이에(阿部充家), 호치(報知)신문의 이타타니 후미오(板谷文雄), 중외(中外)상업신문의 난바 기요토(難波淸人), 오사카매일(每日)신문의 이케다 류조(池田龍藏), 오사카아사히(朝日)신문의 가노 마사오(狩野正夫) 등을 조선으로 초청하여 조선식산은행의 주요 투자처였던 익옥·중앙·함남·부평수리조합과 대구제사공장, 개성전매국, 목포면작시장, 주안염전, 세포목장, 난곡목장 등을 시찰하게 하였다.[13] 조선 산업개발, 농업개발 자금을 유치하기 위하여 이들에게 "식은(殖銀) 채권(債券) 응모에 관한 자금이 여하히 이용되는가를 실제로 시찰"[14]하게 하였고 기대한 성과도 얻은 것이다.[15] 그리하여 1925년 말 경우 이 은행의 한국 내 대부고는 조선은행의 무려 3배, 동양척식주식회사의 4배나 되었고 한국 내 전체 은행 대부액에서 차지한 비중도 그 절반이 넘는 55%나 되었다.[16] 조선식산은행은 일본에서 식민지 개발 자금, 농업 개발 자금을 들여오는 최대의 파이프라인(pipeline)이었다. 조선식산은행은 이 자금을 산업 및 공공대부 자금으로 주로 활용하였다. 그리고 그중 가장 비중이 큰 분야

13 『朝鮮新聞』 10. 14. '東西현물단 朝鮮視察一行氏名'; 『매일신보』 10. 17. '현물단의 시찰지'.

14 『시대일보』 1924. 10. 9. '東西現物團 來鮮'.

15 『매일신보』 1924. 10. 30. '금후 융통이 용이할 조선의 산업자금. 현물단은 투자의 確適을 양해했다. 石井殖産理事 談'; 『시대일보』 1924. 10. 31. '朝鮮은 經濟的 獨立이 必要. 現物團이 視察한 所感. 谷村一太郎 氏 談'. 조선식산은행은 1929년 10월에도 도쿄 야마이치증권의 히라오카 덴쇼(平岡傳章) 부사장, 와타나베 진조(渡邊仁三) 상임감사역과 사원 정옥현, 도쿄부동산저축은행의 야나이 신지(柳井信治) 취체역과 하야카와(早川)빌브로커은행의 니시무라 가쓰로(西村活郎) 증권부장, 오사카 후지모토빌브로커은행의 미키 간지(三木寬治) 증권부장, 노무라(野村)증권의 이다 센조(飯田仙三) 인수부장 등을 조선으로 초청하여 은행의 주요 사업지인 전라북도 옥구의 불이농촌과 임익·임옥수리조합, 평안북도 용천의 불이흥업 서선농장, 전라북도 김제의 동진수리조합과 서울[경성], 부산, 경주, 군산, 목포, 평양, 신의주, 중국 안동현(단둥) 등의 주요 시가지 및 명승지, 경성박람회 등을 시찰케 하였고 특별히 서울에서는 조선식산은행 두취(頭取)의 관저에서 묵게 하는 등 정성을 다하였다. 『朝鮮新聞』 1929. 9. 28, 10. 5, 10. 6. '東西現物團けさ入城その日程'; 『중외일보』 1929. 10. 5.

16 윤석범 외, 앞의 책, 1996; 배영목, 『한국금융사, 1876~1959』, 개신, 2002; 矢島桂, 「戰間期朝鮮における '産米增殖計劃' と朝鮮殖産銀行」, 『社會經濟史學』 80-3, 東京: 社會經濟史學會, 2014.

는 농업대출로서 최장 30년 또는 50년 상환의 무담보 연부 대부와 5년 이내 상환의 정기 대부 등의 형태로 대지주, 농업회사들에 대출되어 토지 개량과 각종 농사 개량 자금으로 활용하도록 하였다.

20세기 초의 대지주, 농업회사들은 조선식산은행, 동양척식주식회사 등이 국내외에서 조달한 이런 자금을 대출, 투자받아 지주경영을 확대하였다. 쌀값이 폭등한 1910년대 후반과 조선산미증식계획이 본격적으로 추진된 1920년대는 더욱 그랬다. 이들은 각지에서 대규모 개간, 간척사업을 벌여 농장을 개설하고 자신의 농지가 포함되도록 수리조합을 만들어 수리시설을 개선하였으며 지주제를 통해 쌀을 생산하였다. 그리하여 수리사업과 지주경영에 성공한 이들은 엄청난 개발이익과 소작료 수입을 얻었다. 그러나 그중에는 은행 빚과 정부 보조금에 지나치게 의존하여 사업을 확장하였다가 1920년대의 장기 불황과 1930년대 초의 세계 대공황으로 쌀값이 떨어지고 부실 설계와 부실 시공, 주민 반발 같은 여러 악재로 공사가 지체되는가 하면 홍수, 해일 등 자연재해까지 겹쳐 각종 분쟁, 소송에 휘말리며 거액의 은행 빚과 적자만 떠안은 채 파산의 위기에 몰린 이도 많았다. 그리하여 그들의 땅과 회사는 땅 주인과 지배주주가 수차 바뀌는 인수·합병의 과정을 거쳐 결국은 거대농업회사, 거대은행에 집중되어 갔다.

일제하 지주경영의 위기는 은행의 위기이기도 하였다. 호황 때 은행에서 거액을 빌린 대지주, 농업회사들의 실적이 악화하며 은행에 부실자산, 부실채권이 쌓인 것이다. 물론 은행은 채무상환용으로 은행에 유입된 –주로 농지– 이런 자산과 채권을 매각하여 대출금과 투자금을 회수하면 되었지만, 불황이나 대공황 때는 이미 지가가 크게 떨어져 매매가가 장부가(취득원가)에 미치지 못한 경우가 많았다. 그래서 당장 팔 경우는 그만큼 손해를 볼 뿐이었다. 그렇다고 채무자를 그대로 파산, 폐업하게 둘 수도 없었다. 지주경영 규모가 작으면 몰라도 대지주, 대농업회사라면 이미 수많은 소작농과 거래처가 그곳에 생계를 걸고 있어 파산, 폐업에 따른 사회적 파장과 지역경제에 미칠 영향 등이 만만치 않았다.

이에 주거래 은행은 그런 대지주, 농업회사에 추가 대출이나 금리 인하(interest relief), 회사채(bond) 발행 같은 구제금융(bailout)의 제공을 조건으로 내세워 경영에 개입하였다. 은행은 주주 배당의 중지와 대규모 감자, 유휴자산의 매각, 중역 보수의 삭감, 회계장부의 조사와 감독, 회사대표 및 중역진의 교체, 소작쟁의(총파업) 해결과 소작인 통제의 강화 등 지주·농업회사의 실적 개선과 회생을 위한 고강도 구조조정과 워크아웃(workout)을 요구하였다. 나아가 은행은 차제에 자회사를 설립한 후 은행에 유입된 이런 부실자산(주로 농지), 부실채권을 자회사로 넘겨 그 실적을 개선하도록 하고 궁극적으로는 그걸 호가(好價)에 매각하여 은행의 재무건전성을 높이도록 하였다. 말하자면 은행의 부실자산정리회사, 배드뱅크(bad bank)의 기능을 할 자회사를 설립한 것인데 1924년 한일은행이 주식회사 남창사를 설립한 것, 1925년 한성은행이 경성흥산주식회사의 창립에 참여하였다가 점차 지분을 늘려 1931년에 지배주주가 된 것, 1931년에 조선상업은행이 대창흥업주식회사를 설립한 것이 예였다.[17] 1931년에 조선식산은행이 주식회사 성업사를 설립한 것은 그중에서도 가장 대표적인 경우였다.

은행은 자회사를 통해 이들 농업회사의 주식을 인수하기도 하였다. 성업사가 1934, 1935 회계연도에 조선개척(당시 상호는 선만개척)과 불이흥업의 주식을 인수하여 [그림 서-1]에서 보듯이 조선식산은행(모기업)–성업사(자회사)–불이흥업·조선개척(손회사)으로 연결된 피라미드형의 기업지배 구조(governance)를 구축한 것이 예였다. 조선식산은행은 여기서 그치지 않았다. 1940년에는 불이흥업을 중심으로 성업사, 조선개척 및 그 외 각지의 농업회사, 대지주들과 컨소시엄을 형성하여 조선농기구제조주식회사를 설립하였고, 1944년에는 조선개척을 불이흥업에 합병시켜 이를 동양척식주식회사

17 박현, 「한말·일제하 한일은행의 설립과 경영」, 『동방학지』 128, 연세대학교 국학연구원, 2004; 中村資良 편, 『朝鮮銀行會社組合要錄』, 京城: 東亞經濟時報社, 각 연도.

[그림 서-1] 일제하 조선식산은행의 농업회사 지배

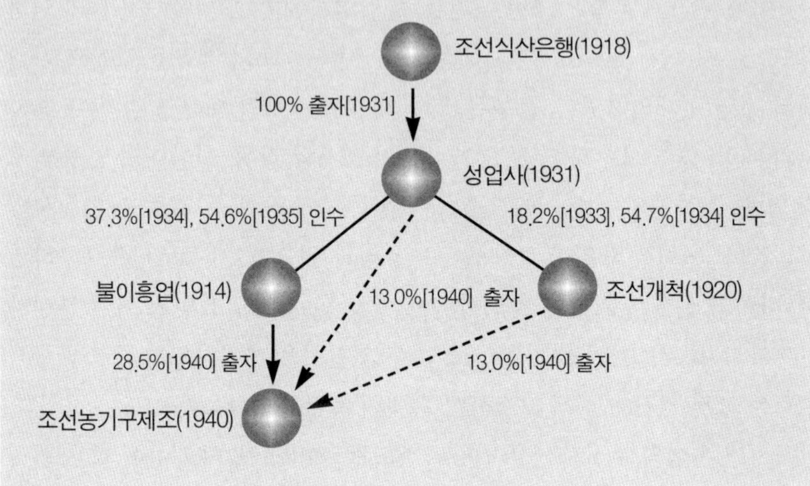

주: ( ) 안은 설립연도, [ ] 안은 출자 또는 주식 인수 연도.

에 버금가는 대농사회사로 만들었다. 그리하여 조선식산은행-성업사-불이흥업-조선농기구제조(증손회사)로 연결된 기업지배 구조를 구축하였다.

이 은행은 그 후 일본고주파중공업(1936), 국산자동차(1939), 한강수력전기(1939) 같은 초대형 기업의 설립에도 참여하였다. 그리하여 1942년 현재 [그림 서-2]에서 보듯이 산하에 20개의 대기업과 4개의 금융기관을 자회사, 손회사 등으로 거느린 '조선식산은행 콘체른'(konzern, concern)의 모기업(mother company), 지주회사(holding company)가 되었다.[18] 물론 '조선식산은행 콘체른'은 미쓰이(三井), 미쓰비시(三菱), 스미토모(住友), 야스다(安田) 같은 일본의 재벌 콘체른들처럼 '민간' 자본의 집중과 집적을 통하여 피라미드 형태

18 콘체른은 금융기관 또는 지주회사가 주식의 보유와 융자, 인적 결합 등을 통하여 여러 산업의 독립기업들을 통괄·지배하는 피라미드형의 기업집단(conglomerate, business group)을 말한다. 한국의 재벌과 제2차 세계대전 이전 일본의 재벌들도 여기에 속하는데 재벌은 가족, 동족의 폐쇄적인 소유, 지배 구조에 기초한 점에서 일반적인 콘체른과는 구분된다. 下谷政弘, 『新興コンツェルンと財閥 -理論と歷史』, 日本經濟評論社, 2008, 제1장.

[그림 서-2] 일제 말 '조선식산은행 콘체른'(그룹)의 지배 구조(1942)

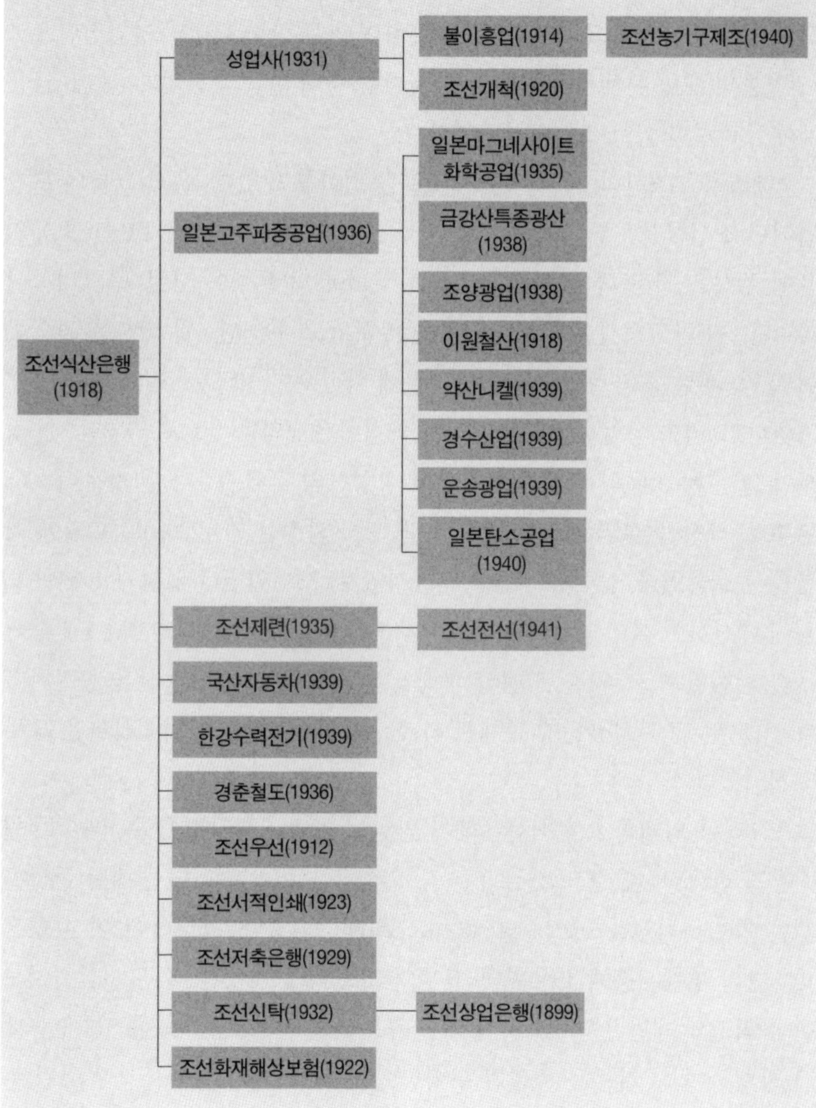

자료: 東洋經濟新報社 편, 「朝鮮産業の共榮圈參加體制」, 『年刊朝鮮』 제1회, 1942, 33쪽. ( ) 안은 설립연도.

의 기업지배 구조를 구축한 전형적인 '콘체른'은 아니었다. 그보다는 일제가 국가적 차원의 기획과 지원 아래 식민지 조선을 개발, 척식, 수탈하기 위하여 방대한 자금과 조직, 인력을 동원하여 만든 한국 최대의 기업집단으로서 일본의 재벌 콘체른들이 그랬던 것처럼 당대 한국의 산업계, 재계, 금융계에서 막강한 영향력을 행사하였다.

해방 후 '조선식산은행 콘체른'은 큰 변화를 맞았다. 우선 그룹의 모기업이던 조선식산은행은 미군정과 한국 정부가 일본인(자연인과 법인) 소유의 은행 주식을 전량 국가로 귀속시켜 정부 소유의 은행이 되었다. 그리하여 1950년 2월 한국식산은행으로 이름을 바꾸었고, 1954년 4월 해산을 결의하여 채권·채무 등을 정리하는 청산절차에 나섰으며, 1982년 4월 청산을 종결하였다. 그리고 성업사는 모기업인 한국식산은행의 해산으로 1962년 3월 정부가 그 은행 소유의 지분을 넘겨받아 성업사의 지배주주가 된 가운데 1965년 10월 해산을 결의하였고, 역시 오랜 청산 과정을 거쳐 2000년 12월에 청산을 종료하였다. 불이흥업도 마찬가지였다. 모기업인 성업사가 1965년 10월에 해산하여 불이흥업 역시 정부 소유 법인이 된 가운데 1973년 5월 해산을 결의하였고 그 후 오랜 청산 과정을 거쳐 2000년 12월 청산을 종결하였다. 이로써 '조선식산은행 콘체른'의 한 축을 이루었던 농업회사들은 모두 해체되었다.

그러나 일제하 조선식산은행이 맡았던 개발은행의 역할은 1954년 4월 정부가 한국식산은행의 자산과 조직, 인력을 모두 인수하여 설립한 한국산업은행(Korean Development Bank, KDB)으로 계승되었다. 그리하여 이 은행은 1950년대 경제부흥과 1960년대 이후의 고도성장 과정은 물론 지금까지도 한국 최고의 개발은행으로서 방대한 규모의 채권(bond, 산업금융채권, 산금채)을 발행하며 그 기능을 충실히 수행하여 왔다. 일제하 성업사에 맡겼던 부실자산정리회사의 기능은 1962년 4월 한국산업은행이 자본금 전액을 출자하고 회사의 이름도 성업사에서 따와 설립한 성업공사로 계승되었다. 그리하여 성업공사는 1966년에 한국산업은행 외 여타 금융기관의 부실채권까지 떠맡는 등 부실자산정리회사로서의 기능을 다 하다가 1997년 외환위기 이후 정부 출자의 한국자산관리공사(Korean Asset Management Company, KAMCO)로 개편되어 지금껏 운영되고 있다.

이 책은 20세기 초 한국에 근대 금융시스템이 도입되어 금융시장이 일본 및 세계의 금융시장·자본시장과 직접 연결된 이래 근 100년에 걸쳐 전개된 한국 농업과 한국 자본주의의 변화를 '지주제'와 '금융자본'이라는 두 개의 키워드를 가지고 살펴보려는 것이다. 좀 더 구체적으로 말하면 일제하 '조선식산은행 콘체른'의 중요한 한 축을 이루었던 불이흥업, 성업사, 조선개척 세 농업회사의 설립 및 경영변동과 조선식산은행 콘체른에의 편입 과정, 해방 후의 청산 과정 등을 추적하고 그 경제사적 의미를 탐구하여 보려는 것이다.

주지하듯이 그간 학계는 20세기 한국의 '지주제'와 '금융자본'에 관하여 많은 연구를 축적하였다. 그중 지주제에 대해서는 크게 세 계통에서 연구가 진행되어 큰 성과를 얻었다. 첫째는 총독부나 한국 정부 또는 민간에서 작성한 각종 조사, 통계 자료와 법령, 신문기사 등 전국 규모의 자료를 이용하여 20세기 한국 지주제의 성격을 거시적으로 조망한 연구였다.[19] 둘째는 지주 집안과 농업회사, 농사조합 등의 자료를 발굴하여 개별 지주경영의 성립, 발전, 해체 과정을 미시적으로 추적한 사례연구들로서 근래에는 그중 일본인 대지주, 농업회사에 관한 연구가 다수 발표되어 이 방면의 이해 폭을 한층 넓혔다.[20] 셋째는 앞의 거시적 연구와 미시적 연구가 각각 놓치기

19 김용섭, 앞의 책, 2000; 장시원, 앞의 글, 1989; 정연태, 앞의 책, 2014; 우대형, 앞의 책, 2001; 홍성찬, 「일제하 기업가적 농장형 지주제의 역사적 성격」, 『동방학지』 63, 연세대학교 국학연구원, 1989; 宮嶋博史, 「植民地下朝鮮人大地主の存在形態に關する試論」, 『朝鮮史叢』 5·6合併號, 神戸: 青丘文庫, 1982; 淺田喬二, 『日本帝國主義と舊植民地地主制』, 東京: 御茶の水書房, 1968; 이윤갑, 앞의 책, 2013.

20 김용섭, 앞의 책, 2000, 제2편; 최원규, 「한말·일제하의 농업경영에 관한 연구 –해남 윤씨가의 사례」, 『한국사연구』 50·51 합병호, 한국사연구회, 1985; 동, 「일제시기 수원 조씨가의 지주경영 분석」, 『역사문화연구』 46, 한국외국어대학교 역사문화연구소, 2013; 동, 앞의 책, 2021; 홍

쉬운 구체성과 총체성을 동시에 얻기 위하여 분석의 범위를 그 중간에 해당하는 특정 '지역'으로 한정하고 거기서 전개된 지주제와 사회변동의 양상을 장기사(長期史)로 추적한 연구였다.[21]

은행자본, 금융자본에 관해서도 크게 두 계통에서 연구가 진행되어 큰 성과를 얻었다. 첫째는 정부와 민간이 생산한 각종 조사, 통계 자료와 공문서 등을 활용하여 한국 근현대 금융사를 거시적으로 조망한 연구였다.[22] 다른 하나는 은행, 보험, 신탁, 증권 등 각 금융기관의 내부 자료를 발굴하여 그 설립, 발전 과정을 사례연구로 추적한 것이었다.[23] 근래에는 식민지 중앙

성찬, 「한말·일제하의 지주제 연구 -강화 홍씨가의 추수기와 장책 분석을 중심으로」, 『한국사연구』 33, 1981; 동, 「한말·일제하의 지주제 연구 -곡성 조씨가의 지주로의 성장과 그 변동」, 『동방학지』 49, 연세대학교 국학연구원, 1985; 동, 「한말·일제하의 지주제 연구 -50정보 지주 보성 이씨가의 지주경영사례」, 『동방학지』 53, 1986; 동, 앞의 책, 1992; 동, 「한말·일제하의 지주제 연구 -보성 양씨가의 지주경영과 그 변동」, 『동방학지』 114, 2001; 동, 「한말·일제하의 지주제 연구 -서울 종로 포목상점 수남상회의 농지투자 사례」, 『동방학지』 122, 2003; 이영학, 「한말 일제하 식민지주의 형성과 그 특질 -村井 進永農場을 중심으로」, 『지역과 역사』 21, 부경역사연구소, 2007; 최우중, 「日帝强占期 伊藤家의 土地所有와 地主經營」, 『농업사연구』 8-3, 농업사학회, 2009; 하지연, 『일제하 식민지 지주제 연구 -일본인 회사지주 조선흥업주식회사 사례를 중심으로』, 혜안, 2010; 동, 『식민지 조선농촌의 일본인 지주와 조선농민』, 경인문화사, 2018; 강명진, 「1910~1930년대 아베 일가의 동진강 유역 간척과 농업수탈」, 『한국근현대사연구』 73-1, 한국근현대사학회, 2015; 이동학, 「일본인 지주 다키 구메지로(多木久米次郎)의 조선 농장경영」, 전주대학교 석사학위논문, 2017.

21 이영호, 『토지소유의 장기변동 -경기도 시흥 석장둔의 250년 역사』, 경인문화사, 2018; 홍성찬, 앞의 책, 1992; Edwin H. Gragert, *Landownership under Colonial Rule, Korea's Japanese Experience, 1900~1935*, Honolulu: University of Hawaii Press, 1994.

22 고승제, 『한국금융사연구』, 일조각, 1970; 윤석범 외, 앞의 책, 1996; 배영목, 앞의 책, 2002; 이영훈·배영목·박원암·김석진·연강흠, 『한국의 은행 100년사』, 산하, 2004; 신수식, 『한국보험사』, 무역경영사, 1974; 한국보험공사, 『한국보험사』, 한국보험공사, 1985; 이영훈·박기주·이명휘·최상오, 『한국의 유가증권 100년사』, 해남, 2005; 김명수, 「일제하 조선신탁주식회사의 설립과 신탁통제의 완성」, 『연세경제연구』 13-1, 연세대학교 경제연구소, 2006.

23 朝鮮銀行史研究會 編, 『朝鮮銀行史』, 東京: 東洋經濟新報社, 1987; 배영목, 「한호농공은행에 관한 연구」, 『社會科學研究』 9-1, 충북대학교 국제개발연구소, 1992; 오진석, 「1906~1918년 평안농공은행의 설립과 경영변동」, 『대동문화연구』 48, 성균관대학교 대동문화연구원, 2004; 김동철, 「동래은행의 설립과 경영」, 『지역과 역사』 9, 부경역사연구소, 2001; 홍성찬, 「한말·일제초 재경 일본인의 은행 설립과 경영 -경성기업(起業)·경성은행의 사례를 중심으로」, 『한국사연구』 97, 1997; 동, 「일제하 평양지역 일본인의 은행설립과 경영 -삼화·평양·대동은행의 사례를 중심으로」, 『연세경제연구』 3-2, 연세대학교 경제연구소, 1996; 동, 「일제하 재경 일본인의 조선실업은행 설립과 경영」, 『연세경제연구』 6-2, 1999; 동, 「한말 일제하 전남 지역 한국인의 은행설립과 경영 -광주농공은행·호남은행의 사례를 중심으로」, 『성곡논총』 30-2, 성곡학술문화재단, 1999; 차철욱, 「구포[경남]은행의 설립과 경영」, 『지역과 역사』 9, 부경역사연

은행인 조선은행과 개발은행인 조선식산은행에 관한 본격적인 연구서들이 나와 이 방면의 이해를 훨씬 넓혔다.[24] 그리고 조선저축은행, 조선신탁, 조선상업은행, 조선화재해상보험, 조선금융조합연합회 등 이른바 '식은계'(殖銀系)로 불린 금융기관들을 산하에 거느려, 흔히 '선은계'(鮮銀系)로 불린 국내 일반은행(commercial bank)들을 산하에 거느렸던 조선은행과 더불어, 일제하 한국 금융계의 쌍벽을 이루었던 조선식산은행에 대해서는 더 많은 연구가 나왔다.[25]

그러함에도 불구하고 그간의 연구는 몇 가지 아쉬움을 남겼다. 첫째는 지주제와 금융자본 각각에 대해서는 많은 연구를 축적하였지만, 지주제가 은행자본, 금융자본과 결합·유착하는 가운데 이들 자본의 압도적인 영향 아래서 기왕의 지주경영, 농장경영이 어떤 변화를 겪었고 또 그 과정에서 한국 농업, 농촌, 농민은 어떻게 분화·변모하여 갔던가를 구체적으로 살피는 데 다소 소홀하였다. 20세기 전반기는 흔히 독점자본주의, 금융자본주의, 제국주의의 시대(the age of imperialism)라고 불렸던 데서 보듯이 그 이전과 달리 독점자본, 금융자본이 경제 운용에서 결정적으로 중요한 의미를 지닌 시대였다.[26] 식민지 경우는 더욱 그러하였다. 식민지 본국의 자본가들은 국

구소, 2001; 정태헌, 「조선총독부의 경상합동은행 경영권 장악과정과 일본인 은행으로의 흡수」, 『한국사학보』 40, 고려사학회, 2010; 김명수, 「식민지기 재조(在朝) 일본인의 신탁회사 경영 –조선토지신탁주식회사의 경영변동을 중심으로」, 『한일경상논집』 75, 한일경상학회, 2017; 동, 「재조(在朝) 일본인의 신탁회사 설립과 경영에 관한 연구 –인천 조선신탁주식회사(1921~1932)의 경영권 쟁탈전을 중심으로」, 『인천학연구』 23, 인천대학교 인천학연구원, 2015.

24 조명근, 『일제하 조선은행 연구 –중앙은행 제도의 식민지적 변용』, 아연출판부, 2019; 정병욱, 앞의 책, 2004.

25 윤석범 외, 앞의 책, 1995; 堀和生, 앞의 글, 1983; 권대웅, 앞의 글, 1984; 배영목, 앞의 글, 1992; 矢島桂, 앞의 글, 2014; 정병욱, 앞의 책, 2004.

26 일찍이 루돌프 힐퍼딩(1877~1941)은 금융자본을 '산업자본으로 쓰인 은행자본', '산업자본가가 쓴 은행 돈'으로 정의하였다. Rudolf Hilferding, *Finance Capital: a study in the latest phase of capitalist development*, London: Routledge, 2006, 225쪽(원저는 1910년 발행. 김수행·김진엽 역, 『금융자본』, 새날, 1994, 322쪽). 그 경우 일제하 지주, 농업회사가 '은행'에서 대출 또는 출자받아 농사자금으로 쓴 돈만 금융자본에 해당하는데 일제하 지주, 농업회사들은 은행 돈 외에 동양척식회사나 그 외 각종 투자은행(Investment Bank, IB), 증권회사 같은 비은행 금융기관의 돈도 끌어다 썼다. 따라서 이 책에서는 '은행자본'과 '금융자본'이란 용어를 엄격히 구분하여 쓰기보다 '은행자본'은 은행 돈으로, '금융자본'은 그 외 비은행 금융기관의 돈

가권력의 기획과 지원 아래 거액의 금융자본을 동원하여 식민지의 '이원'(利源)을 개발·수탈하는 데 앞장섰다. 식민지 한국도 마찬가지였다. 일본의 지주·자본가들은 당시 한국이 독립 국가였다면, 근대의 모든 주권 국가들이 그러하였듯이, 일본에서 거액의 개발자금을 들여와 국내에 투자하는 과정에서 각종 심사와 규제를 받았어야겠지만 그런 하등의 절차를 밟지 않은 채 자금을 들여와 한국의 토지와 농민을 지배하였다.

그런데 그간 학계는 일제하 지주제와 금융자본의 유착 및 결합과 그에 따른 변화를 실증적으로 해명하는 데 큰 관심을 기울이지 못하였다. 오히려 학계의 일각에서는 지주제와 금융자본의 유착 및 결합 사실 자체를 부정하였고,[27] 설사 둘의 관계에 깊은 관심은 보였어도 이론적 논의에 치중하거나 그게 아니더라도 대지주, 농업회사의 은행대출 사례를 확인하는 데서 그치기 일쑤였다.[28] 당연히 둘의 유착과 결합이 한국 근현대 경제사에서 가지는 의미를 음미하는 데도 소극적일 수밖에 없었다.

그뿐 아니었다. 일제하 한국의 농업과 전체 산업 운영에서 가장 막강한 영향력을 행사하였던 '조선식산은행 콘체른'에 대해서도 큰 관심을 기울이지 못하였다. 이는 일제하 '조선식산은행 콘체른'과 유사한 성격의 거대 기업집단이던 '동양척식 계열(그룹)'[29]이나 '일질(日窒) 콘체른'[30] 등에 기울였

까지 포함한 것으로 폭넓게 부를 생각이다.

27 안병직, 「제국주의와 식민지 지주제 -김준보 교수의 농업이론에 대한 비판을 중심으로」, 『경제사학』 10, 경제사학회, 1986; 장시원, 앞의 글, 1989가 대표적이다.

28 김준보, 「금융자본주의 하의 영세농의 성격」, 『서울대학교 논문집』 5, 서울대학교, 1957; 동, 『한국자본주의사연구』 I, II, III, 일조각, 1970, 1972, 1977; 우대형, 「일제하 久間健一의 농업인식과 식민지 농정의 모순」, 홍성찬·우대형·신명직·이상의, 『일제하 경제정책과 일상생활』, 혜안, 2008; 홍성찬, 앞의 글, 1989가 대표적이다.

29 河合和男·羽鳥敬彦·金早雪·松永達, 『國策會社·東拓の研究』, 東京: 不二出版, 2000; 黑瀨郁二, 『東洋拓殖會社 -日本帝國主義とアジア太平洋』, 東京: 日本經濟評論社, 2002; 배석만, 「전시체제기 동양척식주식회사의 자금 동원 구조와 투자 동향 분석」, 『지역과 역사』 34, 부경역사연구소, 2014; 조명근, 「戰時期 동양척식주식회사의 자금 조달과 운용 실태」, 『아세아연구』 63-1, 고려대학교 아세아문제연구소, 2020.

30 姜在彦 編, 『朝鮮における日窒コンツェルン』, 東京: 不二出版, 1985; 大塩武, 『日窒コンツェルンの研究』, 東京: 日本經濟評論社, 1989; 下谷政弘, 앞의 책, 2008.

던 깊은 관심과는 다소 대조적인 일로서 일제하 한국 자본주의와 한국 사회 구성의 성격을 이해하는 데 그만큼 장애를 남긴 셈이었다. 이런 점들을 염두에 두면서 여기서는 일제가 대규모 자본과 기술, 인력을 동원하여 한국 농업을 개발, 척식함에 따라 한국 농촌에서 무슨 일이 일어났던가를 집중적으로 살필 터인데, 사실 이런 정도의 대단위 농업 개발 프로젝트는 일본에서도 흔치 않던 일로서 지극히 자본주의적이고 식민지적인 개발 방식이었다.[31] 여기서는 그런 점들을 염두에 두면서 일제하 이런 방식의 농업 개발이 한국 근현대 경제사에서 가지는 의미를 음미하게 될 것이다.

둘째는 20세기를 해방 전과 후로 나누고 그중 한 시기에만 관심을 집중하여 해방 전의 제도와 시스템이 그 후 어떻게 계승되고 청산되었는가를 계통적으로 파악하는 데 다소 소홀하였다. 성업사–성업공사–한국자산관리공사로 이어진 우리나라 부실자산정리회사의 계보(origin)에 대한 이해 부족도 그중 한 예였다.[32] 일제하 일본인 지주, 농업회사의 농지로서 해방 후 미군정과 대한민국 정부에 편입되었던 '귀속농지'에 관한 연구도 마찬가지였다. 일제하 이들 일본인 농지의 경영에 관해서는 많은 연구가 나왔지만, 막상 이들의 해방 후 동향에 관해서는 미군정 시기 국가에 귀속되어 신한공사로 넘겨졌다가 1948년 3월 귀속농지 분배 때 일괄 분배되었다고만 알려졌을 뿐 그 구체적인 실태를 살핀 연구는 많지 않았다. 그리하여 해방 당시 동양척식주식회사처럼 일본에서 설립등기를 하여 본점이 일본에 있던 일본법인의 소유 농지와 불이흥업, 성업사처럼 한국에서 설립등기를 하여 본점이 한국에 있던 한국법인의 소유 농지가 각각 어떤 방식으로 국가에 귀속되어 농민에게 분배되었는가를 파악하는 데도 어려움을 남겼다.[33] 해방 후 이들

31 三好豊太郎, 「農事經營者の犧牲的改良事業に就て當局の理解を求む」, 『朝鮮農會報』 4-2, 朝鮮農會, 1930.

32 성업공사와 한국자산관리공사의 각종 사사(社史)에 성업사에 관하여 한마디 언급도 없는 것이 그런 예다.

33 농지개혁에 관한 가장 방대하고 중요한 연구였던 김성호·전경식·장상환·박석두, 『농지개혁사

일본인 농업회사의 해산과 청산도 마찬가지였다. 앞서 언급한 대로 성업사와 불이흥업이 해산을 결의하고 청산절차에 나서 잔여 재산과 채무를 모두 정리하고 청산을 종결한 것이 2000년도였으니 이들 기업은 해방 후 근 60년간 어떤 형태로든 존속한 셈이었는데, 이 기간 이들에게 무슨 일이 일어났던가를 검토하는 데도 매우 소홀하였다. 이상의 여러 문제를 이들 기업의 내부 자료들을 통하여 살펴보고 또 일제하에 만들어진 제도들 가운데 해방 후 무엇이 청산되고 무엇이 살아남아 남북한의 경제 체제에 계승되었는가를 살펴보는 것도 이 책의 목표이다.

이런 문제의식들 아래 이 책은 크게 두 편으로 구성하였다. 제I편에서는 일제하 불이흥업, 성업사, 조선개척 세 농업회사의 설립 및 지주경영의 변동과 '조선식산은행 콘체른'의 초기 형성 과정을 네 개의 장으로 나누어 다룬다.

제1장에서는 불이흥업을 검토한다. 이는 일제하 '조선의 수리왕'(水利王)으로 불린 후지이 간타로(藤井寬太郎)가 1914년에 설립한 대농업회사이다. 이 회사는 1910년대 말의 쌀값 상승과 1920년대 조선산미증식계획의 추진에 힘입어 한동안 간척사업과 지주경영을 크게 확대하였으나 1920년대 장기 불황과 1930년대 초 세계 대공황으로 거액의 적자와 은행 빚에 몰려 위기를 맞았다. 이에 주거래 은행인 조선식산은행은 이 회사에 추가 대출과 금리 인하, 회사채 발행 같은 구제금융의 제공을 조건으로 내세워 감자와 자산매각, 주주 배당의 중지와 중역 보수의 삭감, 중역 파견, 회계감독 같은 고강도 구조조정과 워크아웃을 요구하였고, 결국은 자신의 자회사인 성업사를 지배주주로 만들어 이 기업의 경영권과 소유권을 모두 장악하였다. 불이흥업은 조선식산은행과 무관하게 설립되었으나 마침내 그 은행의 손회사가 되어 '조선식산은행 콘체른'에 편입되었고 그 후 경기회복과 쌀값 상

연구』, 한국농촌경제연구원, 1989가 이 문제를 전혀 언급하지 않은 게 그런 예다.

승, 구조조정의 효과 등에 힘입어 기업회생에 성공하였다. 전형적인 대마불사(Too big to fail.)였다. 그 후 불이흥업은 1940년에 성업사, 조선개척 등과 컨소시엄을 형성하여 조선농기구제조를 설립하였고, 1944년에는 조선개척과 합병하여 동양척식주식회사에 버금가는 거대 농사회사가 되었다. 여기서는 이런 과정들을 불이흥업의 자료를 통해 살펴볼 것이다. 1920년대 말 불이흥업 서선농장의 소작인들은 용천소작조합을 조직하고 입주 초 소작인들이 부담하였던 '개간비의 환불'과 '소작권의 유상(有償) 양도', 즉 소작권의 물권화(物權化)를 요구하며 그 후 몇 년에 걸쳐 일제하 한국 최대의 소작쟁의(총파업)를 벌였다. 이 장에서는 1930년대 초까지 전국을 떠들썩하게 하였던 이 쟁의의 발생 배경과 경과 및 해산 과정을 불이흥업의 재무 상태, 지배 구조(governance)의 개편 등과도 관련지어 살펴볼 것이다. 일제하 소작쟁의를 지주 또는 농업회사의 내부 사정과 관련지어 살펴본 연구가 많지 않았던 점에서 의미를 지니리라고 생각한다.

제2장에서는 성업사를 검토한다. 이 회사는 불이흥업이나 후술할 조선개척과 달리 1931년에 조선식산은행이 자본금 전액을 직접 출자하여 자회사로 설립한 농업회사이다. 당시 조선식산은행은 1920년대 장기 불황과 1930년대 초 세계 대공황으로 파산의 위기에 몰린 대지주, 농업회사들의 농지가 채무상환용으로 대거 유입되자 그걸 인수하여 직할 또는 수탁농장으로 경영하며 한편으로는 그 실적을 개선하고 다른 한편으로는 그걸 호가에 매각하여 은행의 재무건전성을 높일 목표 아래 그 은행 산하의 부실자산정리회사, 일종의 배드뱅크(bad bank)로 성업사를 설립하였다. 여기서는 성업사의 설립 과정과 설립 초의 부동산(주로 농지) 관리회사에서 그 후 부동산을 대거 매각하여 부동산의 비중을 줄이고 유가증권의 비중을 높여 일종의 지주회사(持株會社, holding company)로 변모하여 간 과정을 살펴볼 것이다. 한편, 성업사는 조선식산은행에서 채산성, 수익성이 낮은 부실자산, 부실농장들을 주로 인수하거나 수탁(trust)받아 경영하였으므로 통상적인 방법으로는

농장의 수익성을 개선하여 그 가치를 높이기 어려웠다. 이에 성업사는 은행에서 그런 농지를 인수 또는 수탁받으면 곧바로 고강도 구조조정에 착수하였다. 기존 소작인을 해고하여 소작지와 소작인의 균형을 맞추었고, 연간 영농계획표와 계절별·월별·순별(旬別) 영농일정표를 만들어 소작인의 노동강도를 높였으며, 농학자들의 최신 연구성과들을 활용하고 농사시험장에 토성 분석이나 도태실험 등을 의뢰하여 그걸 토대로 농장별 영농개선사항을 자문받아 실천하는 등 과학영농에 앞장섰다. 그러나 후술하겠지만, 성업사 소유 농장(직할농장)의 경우 이렇게 증산한 미곡의 65% 정도를 농장이 차지하고 소작인은 35%를 차지할 뿐이었다. 게다가 일제 말 성업사 소작농의 76.1%는 호당 평균 92.7원의 빚을 진 부채 농가였다. 일제하 농업 개발이 누구를 위한 개발이었던가를 보여주는 사례인데 이 장에서는 이런 점들도 살펴볼 것이다.

제3장에서는 조선개척을 살펴본다. 이는 일본 니가타현(新潟縣) 나가오카(長岡)시의 자본가들이 1919년에 설립한 장강(長岡)척식, 그리고 가와카미 사타로(川上佐太郎. 제2대) 등 일본 미곡시장의 큰손들과 니가타현의 자산가들이 1920년에 설립한 선만개척 두 회사에 뿌리를 둔 농업회사이다. 둘은 동양척식주식회사 등에서 자금을 지원받아 경기도 김포와 황해도 연백에서 수리, 간척사업을 벌였는데 1920년대 쌀값 하락과 부실 설계, 자연재해, 현지 주민의 반발 등으로 공사가 지연되며 부채가 늘고 적자가 누적되었다. 이에 두 회사는 나가오카시의 69은행 등에서 자금을 빌려 사업을 계속하였으나 여전히 여의치 않았다. 그리하여 그중 선만개척은 총독부에 로비하여 황해도 연백군, 해주군 일대의 토지소유자들로 연해수리조합을 설립한 후 당초에 그 회사 명의로 건설하였던 저수지와 거액의 부채를 그 조합 명의로 떠넘겼다. 그러함에도 적자가 계속되자 결국 조선식산은행은 장강척식과 선만개척 두 회사에 구제금융을 지원하는 대가로 1927년 선만개척에 장강척식을 합병하고 그 은행 인사를 선만개척 대표(전무)로 임명하게 하는 등

경영에 개입하였다. 그 후에도 이 은행은 세계 대공황으로 쌀값이 더욱 하락하자 1934 회계연도에 성업사를 선만개척의 지배주주로 만들었고, 1936년에는 선만개척의 감자(capital reduction)를 단행하여 그 잉여금으로 그간의 누적 적자를 소각하게 하는 한편 상호도 조선개척주식회사로 바꾸었다. 여기서는 이런 문제들을 장강척식, 선만개척, 조선개척 세 회사의 자료를 통해 추적할 것이다. 이 장에서는 한국에 진출한 일본인 토목업자들의 동향도 살펴보려고 한다. 일제 초 한국은 일본의 토목업자들에게 최고의 신흥시장(rising market)이었다. 조선산미증식계획 같은 초대형 국책사업이 추진되며 천문학적인 규모의 자금과 물자, 인력, 기술이 밀려들어와 토건업 시장이 폭발적으로 확대하였다. 물론 그중에는 사업에 성공하여 부와 명성, 권력을 누린 이가 많았지만 충분한 자본, 기술, 경험, 인맥 없이 뛰어들었다가 자금 부족과 부실 설계, 부실 시공 등으로 공사가 지체되고 자연재해까지 겹쳐 투자금만 날린 채 온갖 분쟁과 소송에 휘말리며 파산한 이도 많았다. 그리고 그런 기업은 그 후 부단한 인수·합병의 과정을 거쳐 결국 대규모 토목회사, 대은행에 흡수되어 갔다. 그런 점들을 염두에 두면서 여기서는 일제하 장강척식, 선만개척(조선개척의 전신)의 협력회사가 되어 해당 토목, 수리, 간척 공사의 설계 및 시공을 도맡다시피 하였던 황해사(黃海社)와 데라오구미(寺尾組)의 부침을 살펴볼 것이다.

제4장에서는 조선개척의 영농조직과 농장 및 소작인 지배의 실태를 살펴본다. 일제 말 조선개척은 매년 몇 차례의 농장장회의와 영농타합회(打合會) 등을 열어 한 해의 영농목표를 정하고 거기에 맞추어 계절별·월별·순별 영농일정을 수립하였으며 그 실행 여부도 수시로 점검하였다. 그리하여 회사는 산하 각 농장, 출장소의 영농 과정을 손바닥 보듯이 파악하였고 그걸 토대로 그때그때 필요한 조치를 하며 생산성 향상에 매진하였다. 여기서는 1942년에 조선개척이 열흘 간격으로 간행·배포하였던 『순보(旬報)』라는 사내보(社內報)와 그 외 자료들을 찾아 회사의 영농조직과 업무 분담이 어떠

하였고 또 본사가 산하의 각 농장, 파출소를 계절별·월별·순별로 어떻게 지시·감독·통제하였는가를 검토할 것이다. 그리하여 일제하 이 회사의 소작인들이 경영상의 자립성을 상실당한 채 1년 내내 '월월화수목금금'의 자세로 휴일 없이 일하기만을 요구받은 농장 노동자 이상도 이하도 아니었음을 강조할 것이다.

제II편에서는 해방 후 성업사, 해동흥업(구 불이흥업) 두 농업회사의 지주경영과 농지개혁, 농지개혁 후의 해산 및 청산과 그에 따른 '조선식산은행 콘체른'(그룹)의 해체 과정을 두 개의 장으로 나누어 다룬다.

제5장에서는 해방 후 성업사를 살펴본다. 해방 후 성업사는 38선 이북의 농장을 모두 잃었지만, 그 이남의 황해도 옹진과 충청남도 보령 등지의 직할 및 수탁농장들은 1950년 농지개혁 때까지 종전처럼 지주제로 경영하였다. 미군정과 한국 정부가 한국에 본점을 둔 한국법인, 즉 '귀속국내법인'의 농지를, 동양척식주식회사 등 일본에 본점을 둔 농업회사들의 농지와 달리, 국가에 귀속시키지 않기로 한 때문이었다. 이로써 성업사와 불이흥업 등 이른바 '귀속국내법인'의 농지는, 동양척식주식회사의 농지가 신한공사로 넘겨졌다가 1948년 3월 귀속농지 분배 때 일괄 분배 당하였던 것과 달리, 1950년 농지개혁 때까지 미군정이 정한 소작료 3.1제에 따라 지주제로서 경영되었다. 여기서는 그 과정을 성업사의 자료를 통해 살펴볼 것이다. 해방 후 성업사의 소작인들은 곳곳에서 농장자주관리 운동을 벌였다. 1945년 9월에 38선에서 가까웠던 황해도 옹진군 북면의 성업사 수동농장(구 말영농장)의 소작인들이 '조선공산당 만세', '소비에트공산당 만세'를 선언하며 수동농민조합을 조직한 후 기존의 농장직원들을 배제한 채 조선공산당 등이 정한 소작료 3.7제에 따라 농장을 자주적으로 경영(self-management)하다가 미군정의 개입으로 이듬해 3월 성업사에 재접수당한 것이 대표적인 예였다. 해방 후에는 신국가 건설의 방향을 둘러싸고 자본주의, 사회주의 노선이 대립한 가운데 결국은 그걸 수습·절충·합작하지 못하여 남북한에 서로 다른 농

업 체제를 형성하게 하였는데 수동농장은 그 농업사적, 농민운동사적 배경의 일단을 보여주는 흥미로운 소재가 아닐 수 없다. 여기서는 수동농민조합의 자료를 통해서 이 문제를 검토할 것이다. 이 장에서는 성업사의 해체 및 청산 과정도 설명할 것이다. 일제하 '조선식산은행 콘체른'의 한 축을 이루었던 조선식산은행–성업사–해동흥업(구 불이흥업)으로 연결된 피라미드형의 지배 구조는 해방 후 큰 변화를 맞았다. 조선식산은행은 1954년 4월에 해산하여 1982년 4월에 청산을 종료하였고, 성업사는 모기업인 조선식산은행이 해산한 가운데 1965년에 해산을 결의하여 2000년 12월 청산을 종결하였다. 그러나 조선식산은행이 맡았던 개발은행의 기능은 그 후 정부 출자의 한국산업은행으로 인계되어 지금껏 이어져 왔고, 성업사가 담당하였던 부실자산정리회사의 기능도 1962년 4월 한국산업은행이 출자하고 이름도 성업사에서 따와 설립한 성업공사로 이관되었다. 그리고 성업공사는 1997년 외환 위기를 겪으며 정부 출자의 한국자산관리공사(KAMCO)로 개편되어 지금껏 운영되고 있다. 이상을 살펴보는 것도 이 장의 과제이다.

제6장에서는 해방 후 해동흥업공사(구 불이흥업주식회사)의 지주경영과 그 해산 및 청산 과정을 살펴본다. 해방 후 일본인 농업회사, 특히 한국에 본점을 둔 '귀속국내법인'들은 숱한 과제에 직면하였다. 불이흥업(해동흥업)도 마찬가지였다. 해방의 충격과 미소 군정의 실시에 따른 38선 이북 재산의 상실, 한국인 중역진으로의 교체와 해동흥업공사로의 회사 이름 변경, 소작료 3.1제에 따른 지주경영의 지속과 1947년 7월 신한공사와의 위탁관리 계약 체결, 1948년 귀속농지 분배에의 자발적 참여, 1950년 농지개혁과 6.25 전쟁 이후 휴전선 이북 농지의 상실, 전쟁 후 수복지구의 농지 환원과 그 분배 및 보상, 농지개혁에 따른 농지부속시설의 보상과 군 징발 재산에 대한 보상, 농지개혁에서 빠진 부동산과 주식의 처분, '귀속국내법인'의 법적 권리를 오해한 정부(농림부)의 돌연한 농지보상 중단(1955)과 그 재개를 둘러싼 오랜 법정 분쟁 및 대법원에서의 최종 승소(1967) 등이 그것이다. 그리고 1973

년 5월 해동흥업이 해산을 결의한 후에는 각지의 부동산을 매각하고 각종 세금을 정산하고 기부채납을 하는 등 오랜 기간 잔여 채권과 채무 등을 정리하여 청산을 종결하였다. 여기서는 이런 문제들이 어떻게 처리되어 갔는가를 이들 기업의 자료를 통해 자세히 살펴볼 것이다.

20세기 한국은 복합적인 사회였다. 특히 일제강점기의 경우 한쪽에는 '봉건'이라고 할 만큼 낙후한 부분이 있었는가 하면 다른 한쪽에는 20세기의 '첨단'과 '선진' 부분이 공존하며 때로는 서로 겉돌기도 하고 때로는 서로 긴밀하게 맞물려 작동하였다. 그리하여 일제하 연희전문학교 상과의 백남운 교수는 당시 조선 경제를 '기목세공'(寄木細工, parquet, 색깔과 재질이 다른 목재들을 정교하게 짜 맞춘 기하학 문양의 목공예)에 비유하였고, 조선총독부의 농정관리이자 그중 양심적인 농업경제학자였던 히사마 겐이치(久間健一)는 일제하 한국에는 재래의 '봉건적'인 것과 외래의 '자본제적'인 것, '권력적'인 것들이 공존하며 조선 농업의 저류를 이루고 있다고 보았다.[34] 이 책은 그 가운데 특별히 20세기 한국의 '첨단'과 '선진' 부분에서 무슨 일이 일어났던가를 주로 살핀 것으로 '봉건적'인 것, '권력적'인 것보다 '자본제적'인 것에 주목한 것이다. 일제하 한국 농촌의 저류를 이루었던 재래의 '봉건적'인 것과 외래의 '권력적'인 것, '자본제적'인 것의 지배와 수탈을 견디며 살아가야 하였던 조선인 중소지주와 자영농, 소작농의 지난한 삶과 저항에 관해서는 그 방면의 좋은 연구들에 기대고 싶다.[35]

34 久間健一, 『朝鮮農政の課題』, 東京: 成美堂, 1943, 제1장; 우대형, 앞의 글, 2008.
35 久間健一, 앞의 책, 1943; 飛田雄一, 『日帝下の朝鮮農民運動』, 東京: 未來社, 1991; 지수걸, 『일제하 농민조합 연구 -1930년대 혁명적 농민조합운동』, 역사비평사, 1993; Gi-Wook Shin, *Peasant Protest & Social Change in Colonial Korea*, Seattle: University of Washington Press, 1996; 이준식, 『농촌 사회 변동과 농민운동 -일제 침략기 함경남도의 경우』, 민영사, 1994; 조동걸, 『식민지 조선의 농민운동』, 역사공간, 2010.

제 I 편

일제하 조선식산은행 산하 농업회사의 설립과 경영변동

제1장

불이흥업의 경영변동과 조선식산은행

1. 서언

일제하 한국 경제의 성격을 정확히 이해하려면 당시 한국 산업의 대종이던 농업, 특히 지주제(landlord system)의 역사적 특질을 분명하게 파악하는 일이 무엇보다 중요하다. 지주제로 구현된 토지 소유 관계와 계급 관계, 지주제에 결부되고 체현된 자본 일반, 그중에서도 은행자본(bank capital)과 금융자본(finance capital)이 지주제를 매개로 한국 농업, 농촌, 농민을 지배하고 수탈한 메커니즘을 밝히는 일은 한국 사회와 한국 자본주의 발전의 기본 성격을 이해하는 관건이기 때문이다. 이에 그간 학계는 몇 가지 방향에서 일제하의 지주제를 연구하여 괄목할 성과를 거두었다. 그중 하나는 한국 자본주의의 발전과 변모 과정에서 지주제가 차지하는 의미를 거시적인 시야에서 정리한 논고들이고, 다른 하나는 개별 지주경영의 성립·발전·해체 과정을 미시적으로 추적한 일련의 사례 연구들이다.[1] 이 가운데 후자의 사례 연구는 전자의 거시적인 이해에 도달하기 위한 필수의 선행 작업으로서 큰 진

1 김용섭, 『한국근현대농업사연구 –한말·일제하의 지주제와 농업문제』 증보판, 지식산업사, 2000; 장시원, 「일제하 대지주의 존재형태에 관한 연구」, 서울대학교 박사학위논문, 1989; 홍성찬, 『한국 근대 농촌사회의 변동과 지주층 –20세기 전반기 전남 화순군 동복면 일대의 사례』, 지식산업사, 1992; 우대형, 『한국 근대 농업사의 구조』, 한국연구원, 2001; 최원규, 『일제시기 한국의 일본인 사회 –도시민·지주·일본인 농촌』, 혜안, 2021. 특별히 이에 관한 근래의 연구사 정리는 하지연, 『일제하 식민지 지주제 연구 –일본인 회사지주 조선흥업주식회사 사례를 중심으로』, 혜안, 2010, 제1장; 동, 『식민지 조선농촌의 지주와 조선 농민』, 경인문화사, 2018, 제1장.

전을 보이며 많은 주목을 받았다. 그러나 한계도 남겼다.

그중 하나는 일제 강점기 일본의 중앙은행인 일본은행(The Bank of Japan)과 식민지 한국의 중앙은행인 조선은행, 식민지 개발은행이던 조선식산은행, 그리고 다수의 일반은행, 금융조합 등으로 연결된 은행자본과 그 외 여러 보험회사, 증권회사, 투자은행, 동양척식주식회사까지 포함한 광의의 금융자본이 식민지 한국의 농업회사와 지주들을 자본적·인적으로 어떻게 지배하였던가를 단일의 사례 연구로서 간명하게 보여주지 못한 점이다. 사실 그러한 과제는 당시 은행자본, 금융자본과 결합·유착하였던 농업회사와 대지주의 사례들, 예컨대 애초 은행이 창립자본금을 직접 출자하여 설립하였거나,[2] 아니면 처음에는 은행과 무관하게 설립되었으나 그 후 주거래 은행, 주채권(主債權) 은행에 소유권과 경영권을 넘긴 채 그 은행의 자회사(daughter company)나 손회사로 편입된 사례를[3] 발굴, 분석하는 것이 첩경이었다. 그렇지만 그런 종류의 회사는 대부분 일본인 기업이라서 그간에는 그들의 경영 자료에 접근하기 어려웠고 결국 연구사의 공백으로 남았다.[4]

여기서 검토할 불이흥업(不二興業)주식회사는 일제 강점기에 '조선의 수리왕'(水利王)이라고 불린 일본인 기업가(entrepreneur) 후지이 간타로(藤井寬

2 조선식산은행이 1931년에 주식회사 성업사를 직접 설립·운영한 것이 대표적인 예로서 이 책 제2장에서 다룬다. 일본 제일은행이 그 은행의 '별동대'로 조선흥업주식회사를 설립·운영한 것도 같은 예다. 이는 淺田喬二, 「財閥地主の存在構造」, 『日本帝國主義と舊植民地地主制』, 東京: 御茶の水書房, 1968; 윤수종, 「일제하 일본인 지주회사의 농장경영분석 -조선흥업주식회사의 사례」, 『한국사회사학회논문집』 12, 한국사회사학회, 1988; 하지연, 앞의 책, 2010.

3 조선식산은행이 자회사인 주식회사 성업사를 통해서 조선개척주식회사의 전신인 선만개척주식회사의 소유권과 경영권을 차례로 인수한 것이 그런 예다. 선만개척과 조선개척은 이 책 제3장에서 다룬다.

4 이런 이유로 일제하 은행자본, 금융자본과 대지주, 농업회사의 관계에 대해서는 실증적 검토보다 주로 이론적 차원에서 크게 두 가지의 상반된 논점이 제기된 바 있다. 하나는 일제하 은행자본, 금융자본이 농업회사와 지주를 지배하였다는 견해이다. 金俊輔, 「金融資本主義下의 零細農의 性格」, 『서울대학교논문집』 5, 서울대학교, 1957; 동, 『韓國資本主義史研究』 I, II, III, 일조각, 1970, 1972, 1977; 洪性讚, 「日帝下 企業家的 農場型 地主制의 歷史的 性格」, 『東方學志』 63, 연세대학교 국학연구원, 1989; 우대형, 「일제하 久間健一의 농업인식과 식민지 농정의 모순」, 홍성찬·우대형·신명직·이상의, 『일제하 경제정책과 일상생활』, 혜안, 2008. 다른 하나는 금융자본의 지주, 농업회사 지배를 부정한 견해이다. 安秉直, 「帝國主義와 植民地 地主制 -김준보 교수의 농업이론에 대한 비판을 중심으로」, 『經濟史學』 10, 경제사학회, 1986; 장시원, 앞의 글, 1989.

太郎, 1876~?)가 1914년에 전라북도 군산에서 창립한 후 이듬해 서울(京城)로 본점을 옮겨 줄곧 운영한 농업회사였다. 설립 초 이 회사는 조선식산은행과 조선총독부의 지원을 받아 전라북도 익산, 평안북도 용천, 강원도 철원, 전라북도 옥구 등지에 임익(臨益), 대정(大正), 익옥(益沃), 중앙(中央)수리조합을 신설하고 그곳에 전북(全北), 서선(西鮮), 옥구(沃溝), 철원(鐵原)농장을 각각 개설하여 국내 최고 농업회사의 하나가 되었다. 그러나 이들은 1920년대에 일본의 만성적인 불황과 쌀값 하락, 서선농장의 오랜 소작쟁의가 겹친 데다 뒤이은 세계 대공황과 일본의 쇼와(昭和) 대공황으로 자금 운용에 차질을 빚어 1920년대 말부터 재무 구조가 악화하며 심각한 경영 위기를 맞았다. 이에 이 회사는 위기극복을 위하여 소작료 인상 등 소작인에 대한 압박을 강화하였고, 평안북도 용천 서선농장의 소작인들은 소작인조합을 결성하여 '개간비 환불'과 '영소작권 부여' 등을 요구하며 대규모 쟁의를 벌였다.

이런 가운데 주거래 은행인 조선식산은행은 1920년대 후반부터 불이흥업의 기구 개편, 임원 선임, 회사채 발행 등에 개입하였고, 1930년대 초에는 자본금 변경, 기구 개편, 임원 선임은 물론 그 외 구체적인 업무 조사와 회계 감독까지 요구하였으며, 오랫동안 쟁의를 벌여온 소작인조합도 해체시켰다. 그리고 이 은행은 불이흥업의 위기가 그 후에도 계속되자 자신의 자회사인 주식회사 성업사를 이 회사의 지배주주로 만들어 조선식산은행–성업사–불이흥업으로 연결된 피라미드형의 기업지배 구조를 구축하였다. 나아가 이들은 불이흥업의 창업자인 후지이 간타로를 경영 일선에서 배제하고 그 은행에서 지점장, 과장, 이사, 감사 등으로 일하며 잔뼈가 굵은 은행 임직원들을 불이흥업의 중역으로 대거 파견하였다. 불이흥업에 대한 자본 지배와 인적 지배를 실현한 것이다. 그 후 불이흥업은 조선식산은행이 자회사인 성업사를 통해 불이흥업의 소유권과 경영권을 모두 장악한 가운데 1930년대 중반 이후 세계 경제와 일본 경제가 대공황의 늪에서 벗어나며 경영 정상화에 성공하였다. 그리고 특히 중일전쟁 이후로는 전시 경제 통제가 크게 강화된 속에서 위기극복의 수준을 넘어 빠른 속도로 성장하였다.

한편, 조선식산은행은 1940년 4월에 자신의 자회사인 성업사와 그 성업사의 자회사인 불이흥업·조선개척주식회사 등을 중심으로 일종의 창업주식공동인수단인 컨소시엄(consortium)을 조직하여 경기도 수원에 생산공장을 둔 조선농기구제조주식회사를 설립하였다. 그리고 일제 말인 1944년 4월에는 조선개척을 불이흥업에 합병시켜 불이흥업을 동양척식주식회사에 버금가는 국내 최대의 농업회사로 만들었다. 이로써 조선식산은행은 한국 농업부문에서 조선식산은행-성업사-불이흥업·조선개척-조선농기구제조주식회사로 연결된 기업지배 구조를 만들었고, 이는 일제하 조선의 산업 각 부문에서 엄청난 지배력을 행사한 거대 기업집단인 '조선식산은행 콘체른'(konzern, concern)[5]의 중요한 한 축이 되었다.

이렇게 보면 불이흥업은 일제하 농업회사의 설립 과정, 농업회사와 금융자본의 관계, 금융자본의 산업기업 지배와 인수·합병, 소작쟁의 발생의 기업 내부적 배경은 물론이고 이른바 '조선식산은행 콘체른'의 성립 과정과 그 존재 양상까지 충실하게 보여주는 사례가 아닐 수 없다. 앞의 연구사의 과제에 답하기 위하여 불이흥업의 사례를 검토하는 이유가 여기에 있다.

5 '조선식산은행 콘체른'은 당시에 썼던 표현이다. 東洋經濟新報社 編, 「朝鮮産業の共榮圈參加體制」, 『年刊朝鮮』 第1回, 東京: 東洋經濟新報社, 1942, 26~27쪽; 藤田文吉, 「俗稱 殖銀コンツェルン」, 『朝鮮産業經濟の近代化と朝鮮殖産銀行』, 東京: 西田書店, 1993.

2. 창업과 경영 위기

1) 창업기(1914~1919)의 경영 확대

(1) 전사(前史)

불이흥업의 창업주는 일본인 기업가 후지이 간타로이다. 그의 내한 전후 활동은 분명하지 않지만, 여러 자료로 윤곽만 그리면 그는 1876년 일본 시코쿠(四國) 지방의 도쿠시마(德島)현에서 태어났다. 1891년부터 일본 오사카(大阪) 후지모토(藤本)합자회사의 본점과 지점에서 일하였고 1901년에 이 회사가 위기를 맞자 스스로 업무 담당 사원, 파트너(acting partner)가 되어 경영 일선에 나섰다.[6] 1904년 초 러일전쟁이 일어나자 그해 3월 일본군을 따라 내한하였고 5월에는 오사카 등지의 재계 인사들로부터 자본금 5만 원을 조달받아 후지모토합자회사의 조선지점을 개설하였다. 그리하여 조선 각지에 출장원을 보내 미곡과 소가죽(牛皮) 등을 매집(買集)하여 일본에 수출하고 일본에서 일용잡화를 수입하여 판매하는 무역업을 하였다.[7]

6 후지이에 관한 이하의 기술은 별도의 언급이 없는 한 「不二興業株式會社の水利開墾及移民事業」, 『朝鮮農會報』 20-11, 특별호, 1925; 不二興業株式會社, 『不二興業株式會社農業及土地改良事業成績』, 1929; 藤井寬太郎, 「朝鮮の水利開墾事業と私の實驗」, 『朝鮮』 173, 朝鮮總督府, 1929; 有馬純吉, 『朝鮮紳士錄』, 京城: 朝鮮紳士錄刊行會, 1931; 高承濟, 『朝鮮社會經濟史論』, 一志社, 1988; 이정인, 「일제하 일인 대지주의 농장경영에 관한 연구 -불이흥업주식회사의 사례분석」, 숙명여자대학교 석사학위논문, 1989; 李圭洙, 『近代朝鮮における植民地地主制と農民運動』, 東京: 信山社, 1996: 동, 「후지이 간타로(藤井寬太郎)의 한국진출과 농장경영」, 『대동문화연구』 49, 성균관대학교 대동문화연구소, 2005; 동, 『식민지 조선과 일본·일본인 -호남지역 일본인의 사회사』, 다[할]미디어, 전남대학교 호남학연구단, 2007; 하지연, 앞의 책, 2018, 제IV장.

7 후지이는 1905년 7월 대한제국의 일본인 재정고문인 메가타 다네타로(目賀田種太郎)가 화폐정리 사업을 단행하자 당국의 위촉을 받아 후지모토(藤本)합자회사의 영업망을 통해 구 백동화를 회수하고 신 백동화를 유통시키는 데 앞장서 상당한 경제적 이익과 메가타의 신임을 얻었다. 당시 그의 경제적 이익은 不二興業株式會社, 앞의 책, 1929의 "1905년 메가타는 조선의 화폐를 … 정리하고 제일은행권과 신화폐를 유통시키려 하였으나 … 지방에서는 신화폐의 가치를 불신하였다. 이에 후지이는 전라도와 충청남도 18개소에 사람을 보내 지폐와 신화폐로 미곡을 매입하였다. 이곳은 후지모토합자회사 군산지점의 활동무대로서 지점에서 발행한 어음을 현금처럼 신용하였으므로 후지이가 신화폐의 가치를 언제든지 보증하겠다고 선언하자 신화폐가 순조롭게 유통되었다. … 위조 백동화와 1문전(一文錢)을 매집(買集)하여 탁지부로 인도하였다. … 1문전

그는 내한 직후인 1904, 1905년경부터 전라북도 익산에 농장을 개설하고 농업경영을 시작하였다. 이른바 후지모토농장으로서 후일 불이흥업의 전북농장이 된 곳이다. 당시 이곳 농지는 대부분이 천수답이라서 땅값이 매우 쌌으나 수리가 불량하여 품종 개량이나 시비 증대 같은 농사 개량 투자가 무의미하였다. 그래서 수차와 증기펌프를 설치하고 우물을 파는 등 농업용수 확보에 나섰으나 그 정도로는 수리개선이 되지 않았다. 이에 후지이는 그 일대에 대규모 수리시설을 조성하기로 하고 대한제국의 일본인 재정 고문인 메가타 다네타로(目賀田種太郎)를 설득하여 그로부터 4만 5,000원에 달하는 거액의 수리조사비와 기사 두 명을 지원받아 전라북도 익산군 황등면의 오랜 저수지인 요교제(腰橋堤)를 조사하였다. 그리고 메가타에게 수리조합조례의 제정 필요성을 설득하여 1906년에 조례가 공표되자 그곳에 임익(臨益)수리조합을 설립하고 앞의 저수지를 모체로 그 일대 수리시설을 개선하는 공사를 벌였다.[8]

수리 사업에 전혀 경험이 없던 그가 착수한 이 공사는 삼국시대에 축조된 것으로 알려졌으나 당시 거의 방치되어 있던 총둘레 10리가량의 요교제 저수지를 복구하고 터널과 사이펀 공법으로 7억 입방척의 물을 끌어들여 그 일대 농지 3,500정보의 관개(灌漑)를 개선하는 일이었다. 1909년 2월에 임익수리조합의 설립을 인가받고 사업 계획과 측량 설계, 용지 매입 등을 마쳐 1910년 2월 공사를 시작하였는데 대지주이자 그 조합 이사인 일본인 가와사키 도타로(川崎藤太郎)와 그 조합 사무장을 맡은 가타기리 가즈미(片桐和三) 등의 도움을 받아 1911년 5월에 공사를 마쳤다.[9]

중에는 동(銅)이 고가일 때 실가(實價) 2전에 상당하는 것들도 섞여 있었는데 그런 양질의 것들도 거의 무가치한 철전(鐵錢)들처럼 1리(厘) 5모(毛)에 통용되어 … 큰 이익을 얻었다." 참조.

8 藤井寬太郎, 앞의 글, 1929; 「不二興業株式會社の水利開墾及移民事業」, 『朝鮮農會報』 20-11, 특별호, 조선농회, 1925; 不二興業株式會社, 앞의 책, 1929; 澤村九平, 「藤井寬太郎氏の先見其他」, 和田八千穗·藤原喜藏 編, 『朝鮮の回顧』, 京城: 近澤書店, 1945, 300~301쪽.

9 「不二興業株式會社の水利開墾及移民事業」, 『朝鮮農會報』 20-11, 특별호, 조선농회, 1925; 大橋清三郎 編, 『朝鮮産業指針』, 京城: 開發社, 1915, 645~647쪽.

공사 자금은 32만 5,000원이었다. 후지이는 이 자금을 수리조합 명의로 농공은행에서 대출받았다. 원금과 이자를 12~15년간 균등 상환하되 정부가 지급보증을 하는 조건이었다. 자기 돈을 전혀 들이지 않고 공사를 벌인 것이다. 당시 후지이는 이 조합의 몽리(蒙利) 예정 구역에 후지모토농장의 농지 약 800정보를 가지고 있었다. 후일 불이흥업 전북농장이 된 곳인데 수리공사를 마쳐 천수답이 수리안전답으로 바뀌자 다수확 품종의 도입과 시비(施肥) 증대, 경지 정리 등이 가능해졌다. 그래서 몽리구역 내 논 1단보, 300평의 소출이 8두에서 2석 4두 7승으로 3배가량 늘었다. 부산물로 얻은 양질의 볏짚으로는 새끼꼬기, 가마니 짜기 같은 부업을 하였다. 이로써 공사 전 1단보에 10원가량이던 지가는 1919년 말에 최고 300원까지 올랐다.[10] 엄청난 개발이익을 얻었다.

후지이는 이 공사에서 많은 교훈을 얻었다. 천수답 등 수리가 불량한 농지를 헐값에 사들이고 뻘밭 등 국유 미간지를 대규모로 대부받아 그 땅이 포함되도록 몽리구역을 정해 그곳에 수리조합을 설립한 후 그 조합 명의로 총독부 등에서 기술적·행정적·재정적 지원을 받아 공사를 마치면 소출이 늘고 지가가 상승하여 막대한 개발이익을 얻을 수 있음을 절감하였다. 그뿐 아니었다. 그는 이 공사를 직접 기획, 설계, 기공, 준공하며 수리 사업 특유의 기술적·사업적 애로가 무엇인지를 배웠고, 그런 종류의 대규모 공사에 임하는 경제 주체들의 욕망과 특히 노무관리의 어려움 등에 많은 노하우(know-how)를 가지게 되었다.

그렇지만 이 사업은 기존의 저수지를 복구하여 기존 농경지의 수리를 개선한 데 불과한, 따라서 '조선의 수리왕'(水利王)이라는 명성을 얻을 만한 공사는 아니었다. 그가 이런 명성을 얻게 된 것은, 그리고 그걸 넘어 '농지'를 새로 조성하고, 그곳에 '농민'을 이주시켜, '농촌'을 창설하고, '농산물'

10 不二興業株式會社, 앞의 책, 1929.

을 생산하는 이른바 '사작창업'(四作創業)의 독특한 경영 철학을 가진 기업가(entrepreneur)라는[11] 명성을 얻게 된 것은, 이 공사가 끝나갈 무렵인 1911년에 평안북도 압록강 입구에서 새로운 사업에 착수하여 이를 성공적으로 마무리한 후의 일이었다. 후일 불이흥업의 서선(西鮮)농장이 들어선 평안북도 용천군의 서선 사업지 공사가 그것이었다.

서선 사업지 공사는 임익수리조합 공사와 달리 단순한 수리개선 공사가 아니었다. 압록강 하구에 대규모 방조제와 갑문을 설치하여 바닷물의 유입을 막고 그곳에 방대한 간척지를 조성하는 공사였다. 원래 이곳은 오래전부터 여러 사람이 개간을 추진해 온 곳이었다. 20여 년 전 대한제국 시기에는 의주의 부호 오경연이 황실의 후원 아래 인근 회군산(回軍山)에 수로(canal)를 파 용수를 끌어오는 공사를 하였으나 성공하지 못하였고, 그 후에도 그 과정을 잘 알고 있던 인천의 상인[豪商] 이병호가 사업 재개에 공을 들였으나 뜻을 이루지 못하였다. 후지이 간타로는 인천에서 이병호의 제안을 받아 이 사업에 착수하였다.[12] 주지하듯이 간척농지 조성은 소금기 제거에 필요한 수원 확보가 필수라서 수리 사업까지 병행해야 하였다. 대자본이 필요하였고 염분 제거에 상당한 시간이 걸려 자본의 회임 기간(gestation period of capital)도 길었다. 게다가 후지이는 바다를 막아 농지를 조성하는 간척 공사의 경험이 전혀 없었다. 그 자신과 후지모토합자회사의 사운을 걸어야 할 만큼 리스크가 큰 대공사였다. 반면 이점도 있었다. 1907년 7월에 정부가 반포한 「국유미간지이용법」으로 간석지(干潟地, 갯벌, tideland) 등 국유 미간지를 대부받아 간척공사를 마치면 공사 후 그 토지의 소유권을 무상으로 이전받을 수 있었다.[13] 사유지(私有地)와 달리 매입 자금이 들지 않고 또 숱한 소유자들을 만

11 澤村九坪, 앞의 글, 1945, 303쪽.
12 『매일신보』 1918. 6. 2. '대정수리와 불이농장을 참관하고(2)'.
13 1907년 7월에 반포한 「국유미간지이용법」과 1911년 6월에 발표한 「국유미간지이용법 시행규칙」은 국유의 임야, 황무지, 초생지(草生地), 소택지, 간석지를 개간 또는 식수(植樹), 제염, 양어(養魚) 등의 목적으로 이용할 경우 이를 대부할 수 있게 하였다. 대개 1정보에 연간 50전의 대

나 일일이 매입 교섭을 해야 하는 번거로움도 덜 수 있었다.

후지이는 이 사업의 기술적·경제적 타당성을 세심하게 검토한 후 평안도 도장관(道長官)의 지원 약속도 받았다. 일본 농업 토목학의 창시자였던 도쿄제국대학 농과 교수 우에노 히데사부로(上野英三郎, 1872~1925) 박사와 일본에서 인조석공법(人造石工法)을 창안한 간척업계의 권위 핫토리 쵸시치(服部長七, 1842~1919) 등을 방문하고 현장에도 초빙하여 그들의 기술자문 아래 기본 설계와 시공 방침을 확정하였다. 그리하여 그 일대 미간지 4,000여 정보 가운데 수로와 도로, 소작인 마을 등이 들어설 부지를 뺀 3,500정보를 농지로 조성하되 수리시설이 없는 인근 기경지(既耕地) 3,000여 정보를 공사구역에 편입시켜 단보당 공사비를 줄이기로 하였다. 공사구역이 7,000여 정보로 늘어난 방대한 사업이었다. 후지이는 1912년 6월 임익수리조합의 공사가 끝나자 서선 사업지의 초생지(草生地)와 간석지 대부를 총독부에 출원하였다. 이듬해 3월에는 그 일대 수리공사를 담당할 대정(大正)수리조합을 설립하고 공사구역 안의 사유지(私有地) 2,000여 정보도 매입하였다.[14] 그리하여 1913년 5월 총독부에서 공사 허가가 나오자 다음 달인 6월 25일 기공식을 거행하였다.[15]

부료를 받고 대부 기한은 10년이었는데 기한 내 개간 등에 성공하면 해당 토지의 소유권을 무상 또는 헐값에 주도록 하였다. 그 경우 면적이 100정보를 넘지 않아야 한다는 원칙이 있었지만, 예외 규정을 두어 자본금만 넉넉하면 면적에 구애받지 않았다. 하지연, 앞의 책, 2018, 151쪽.

14 평안북도 의주부(義州府)의 향교 재산인 간석지 30정보는 완공 후 논 10정보와 교환하기로 하였다. 그곳 토착 지주로서 그 사업지에 가장 관계가 깊던 임병무(林炳茂)는 완공 후 논 500두락을 받는 조건으로 자기 집을 임시사무소로 내주고 기타 사업에 필요한 부지 제공 등 각종 지원을 약속하였다. 이외에도 지주 서정익(徐廷翼)에게는 공사 후 4만 평, 기무라(木村)·쓰지(辻)·가토(加藤) 3인에게는 100정보, 일본해상보험주식회사에는 100정보, 가와카미 사타로(川上佐太郎)에게는 600정보를 각각 매도, 양여하기로 하였다. 〈重役會決議錄, 1914. 4. 9〉(불이흥업에서 생산한 문서임. 이하 별도의 표시가 없는 한 이와 같음); 藤井寬太郎, 『不二農場之事業』, 1917. 가와카미 사타로는 이 책의 제3장.

15 후지이는 대정수리조합 공사를 위하여 일본 니가타(新潟)현 나가오카(長岡)시의 대자본가로서 황해도 옹진군 용연면 일대에서 대규모 간척 공사를 벌여 천좌(川佐)농장을 개설한 가와카미 사타로가 추천한 마쓰야마 쓰네지로(松山常次郎)를 조합의 기사장(技師長)으로 영입하였다. 마쓰야마는 도쿄제국대학 토목공학과를 졸업하고 미국 캔자스시 와델 해링턴(Wadell Harrington) 공무소에서 유학한 토목전문가로서 이때의 경험을 브랜드로 후일 황해사라는 토목설계 전문 회사를 설립한다. 그에 관해서는 이 책 제3장과 松山創, 『紀水·松山常次郎』, 京都:

(2) 전시 호황과 창업기의 경영

1913년 6월에 서선 사업지 공사에 착수한 후지이는 이듬해인 1914년 초에 불이흥업주식회사의 설립에 나섰다. 당시 후지이는 수리, 간척사업으로 대규모 농지를 조성하고 식량을 증산하는 등 일본의 식민지 농업 정책에 호응하고 그 과정에서 막대한 사업 이익도 얻겠다는 애국심과 기업가 정신에 가득차 있었다. 그리하여 이런 사업을 계속하려면 차제에 후지모토합자회사를 그보다 자본 동원이 용이한 주식회사 형태로 개편할 필요가 있다고 생각하였다. 당시 그는 임익수리조합 공사를 성공리에 마친데다 서선 사업지 공사를 의욕적으로 착수한 터였다. 그는 내한 초 후지모토농장을 운영하면서 다수의 일본인 자본가들에게 전라북도 일대의 농지 매입을 주선하고 그 중 상당한 농지를 자신이 위탁받아 경영해 주기도 하였다.[16] 이른바 수탁경영, 신탁경영이었다.[17] 그리하여 그는 특유의 사업 수완과 지주경영 능력을 인정받았고 특별히 그 과정에서 그곳 일본인 지주, 자본가들과 함께 당시 '화적', '폭도' 등으로 불린 의병들에 대적하면서는 끈끈한 동지애까지 쌓을 수 있었다.[18] 따라서 그가 나서서 주식회사 형태의 농업회사를 설립·운

松籟社, 2015.

16 不二興業株式會社, 앞의 책, 1929의 "후지이(藤井)는 내한 초부터 신탁부를 두어 일본 투자자들의 농지 매입과 경영을 대행하여 주었다. 즉, 일본 오사카 우콘(右近)가의 2,500정보 등 총 5,500정보를 신탁경영하여 투자금에 대한 배당 수익률[利廻率]이 연간 1~3할에 달하였는데 그 후 우콘가는 이 농장을 자영하였다. 그 외 신탁자 중에는 1918, 1919년 농업 호황 때 지가가 폭등하자 투자액의 수배에 달하는 이윤을 얻고 매각한 이도 있다. 신탁 토지는 현재(1929)도 1,800여 정보"에 달한다는 기록과 澤村九平, 앞의 글, 1945의 "후지이는 자기 회사의 소자본으로는 조선 농업 개발 자금이 부족하다고 여겨 조선 최초로 신탁사업을 일으켜 토지 매입과 그 후의 개량, 관리, 경영까지 맡았다. 신탁 방법은 인수신탁과 보통신탁으로 나뉘었고 간석지와 미간지의 개척신탁과 금전신탁으로 엄청난 호성적을 거두었는데 그러한 논과 미간지의 개척 규모는 무려 6,000정보에 달하였다." 참조. 후지이의 농지 수탁과 신탁경영은 홍성찬, 앞의 글, 1989; 동, 「일제하 지주층의 존재형태」, 김용섭교수정년기념 한국사학논총간행위원회 편, 『韓國 近現代의 民族問題와 新國家建設』, 金容燮敎授 停年紀念 韓國史學論叢 3, 지식산업사, 1997; 이규수, 앞의 글, 2005; 동, 앞의 책, 2007.

17 일제하 신탁경영은 김용섭, 「조선신탁의 농장경영과 지주제 변동」, 앞의 책, 2000; 김명수, 「조선총독부의 금융통제정책과 그 제도적 기초 -1931년 조선신탁업령의 제정을 중심으로」, 『동방학지』 131, 연세대학교 국학연구원, 2005; 동, 「일제하 조선신탁주식회사의 설립과 신탁통제의 완성」, 『한국경제학보』 13-1, 연세대학교 경제연구소, 2006.

영하기란 그리 어려운 일이 아니었다.

이런 배경 위에서 1914년 초 후지이는 자본금 100만 원(총주식 1만 주)의 불이흥업주식회사 설립에 나섰다. 일본 오사카의 유력 자본가였던 가나자와 진베(金澤仁兵衛), 우콘 와사쿠(右近和作), 야기 센노스케(八木千之助) 등 창립 발기인 15명을 모아 그해 2월 11일 정관을 작성하고 창립 주식 1만 주 가운데 8,785주를 발기인들에게 인수시켰다([표 1-1]).[19] 2월 21일에는 총독부에 설립 인가를 신청하고 나머지 주식 1,215주를 일반에 공모하여 3월 22일 응모를 마쳤다([표 1-2]). 4월 6일 총독부에서 설립 인가가 나오자 4월 8일 창립총회를 열었다. 총회 직후 열린 중역회는 전무에 후지이 간타로, 상담역에 우콘 곤자에몽(右近權左衛門), 취체역에 가나자와 진베, 우콘 와사쿠, 나카무라 세이조(中村淸藏), 가와카미 사타로(川上佐太郎, 1873~1921), 고데라 겐고(小寺源吾) 등을 선임하고, 감사역에는 다카타 요시마루(高田義丸), 야기 센노스케를 선임하였다. 또한 그날 중역회는 후지모토합자회사의 부동산, 채권, 채무와 업무 일체를 57만 5,880원에 인수할 것도 결의하였다.[20]

창업기(1914~1919) 불이흥업의 최대 중점 사업은 후지모토합자회사 이래 추구하여 온 수리 간척 사업, 그중에서도 특히 서선 사업지 공사였다.[21] 이

---

18 후지이가 내한한 직후인 1906년부터 1910년까지 전라북도 일대는 물론 전국에서 '화적', '폭도' 등으로 불린 의병들이 조직적 대오를 갖춘 채 백주에도 '횡행', '봉기'하였다. 따라서 군산, 인천지점에서 조선 각지에 출장원을 보내 쌀, 잡곡, 쇠가죽(牛皮) 등을 매매[買出]한 후지모토(藤本)합자회사는 출장원들의 호위를 위하여 소총을 휴대한 2~5명을 대동하게 하였고, 후지모토농장도 소총, 권총 등으로 무장한 채 사방 10여 리를 자체 경비하였다. 그러함에도 출장원 3명이 총살당하고 2명은 사지에서 겨우 도망한 사건이 일어났으며 농장에서 격렬한 교전 끝에 백여 명의 '폭도'를 격퇴한 일도 있었다. 不二興業株式會社, 앞의 책, 1929; 澤村九平, 앞의 글, 1945. 그래서 후지이는 일본인의 농지 매입을 저해한 요소로 소유권 불안, 조선인 관리의 방해, 중복 매수, 지리불통(地理不通)과 '폭도의 습격'을 들었다. 藤井寬太郎, 『朝鮮土地談』, 1911.

19 藤井寬太郎, 앞의 책, 1917의 "서선 사업지 공사의 기공에는 풍부한 자본력이 필요하여 합자회사를 주주 조직으로 고치고 오사카의 우콘(右近和作) 씨와 에치고(越後)의 가와카미(川上佐太郎) 씨를 끌어들여 불이흥업주식회사를 만들고 자본금을 1백만 원으로 늘리는 한편, 미키 사카에(三木榮)를 농장 주임으로 임명하여 회사 업무를 통할하게 하였다." 참조.

20 〈創立總會決議錄, 1914. 4. 8〉; 〈重役會決議錄, 1914. 4. 8, 1914. 4. 9〉.

21 불이흥업은 제1기에 무배당이었지만 일단 순익을 얻어 창업에 성공하였다. 〈제1365호. 1918. 5. 15. 當社所得調査報告〉; 〈제1회 定時總會決議錄〉. 中村資良 편, 『朝鮮銀行會社組合要錄』, 東亞經濟時報社, 1921은 제1기에 5%를 배당한 것으로 적었는데 이는 오기(誤記)일 것이다.

[표 1-1] 불이흥업의 창립발기인과 주식 인수

이름	주식 수	직위	주요 경력
藤井寬太郎	1,800	전무	
金澤仁兵衛	1,125	취체역	해산물 중개인 출신. 일본 오사카 공립은행 두취, 오사카상선(大阪商船) 부사장, 히라노(平野)방적 사장
右近和作	1,000	취체역	막부 말기 일본 홋코쿠(北國) 지역의 선운업자(shipping agent). 메이지 시기에 다른 선운업자들과 오사카상선(大阪商船) 공동 설립. 1909년 해운업 및 부동산 관리 회사인 우콘(右近)상사 설립. 1896년에 창립한 일본해상보험 경영. 1914년에 일해흥업(日海興業)회사 설립하여 농장경영. 제130 은행 취체역
高田義丸	700	감사역	
中村清藏	675	취체역	
寺田洪一	675		후지이 간타로(藤井寬太郎)의 친형. 후지이 구마타로(藤井熊太郎)가 본명
川上佐太郎	625	취체역	일본 니가타(新潟)현 나가오카(長岡) 시에서 가와사(川佐)상점을 경영한 대자본가. 일본 최고 미곡상으로 1910년대 초 황해도 옹진군 용연면에서 천좌(川佐)농장 개설. 쌀 소동(1918) 때 자택 습격당함. 니가타임항(新潟臨港)회사 설립. 나오카(長岡)척식 취체역(1918)
藤本시다	475		후지모토(藤本)합자회사의 공동설립자인 후지모토 쓰네지로(藤本常次郎)의 처
平野吉左衛門	450		
今津亦兵衛	335		
岩木六兵衛	260		
中村富三郎	225		
八木千之助	200	감사역	오사카(大阪) 상인. 교토(京都)에서 가업인 갱사염(更紗染) 경영. 1880년대 중엽 무역업 진출. 나라(奈良)에서 양조업 경영. 1920년대 중반 이후 일본해상보험 취체역. 야기 마사하루(八木正治)의 부친
岩崎太四郎	140		
右近權左衛門	100	상담역	우콘 와사쿠(右近和作)의 부친
계	8,785		

자료: 〈不二興業株式會社創立に關する事項報告書, 1914. 4. 8〉, 『總會決議錄, 監査役報告書』; 淺田喬二, 「舊植民地·朝鮮に於ける日本人大地主階級の變貌過程(上,下)」, 『農業總合硏究』 19-4, 20-1, 東京: 農林省 農業總合硏究所, 1965, 1966.

[표 1-2] 불이흥업의 공모주 인수 상황

주수	이름
100	小寺源吾(취체역), 小寺敬一, 山田喜一, 小津與右衛門
75	佐久間喜三郎
72	坂井히데
60	末松貞次郎, 若衫貞次, 村上政高
55	藤原謙市
50	安田善吉
40	八十島太郎
30	芳林徹, 右近和子, 由井一郎, 米谷卯之作
25	川上佐太郎
23	井口吉松
20	早瀨花江, 佐佐木信史, 淸永嘉八, 笹川加十二, 牛腸仁三郎, 豊田市九郎
15	大谷彌三郎, 佐佐木甚吉
10	柳瀨義治, 高田增次郎
5	渡部清太郎, 井上安次郎, 內田敬三, 赤星政吉
계	1,215주

자료: 〈不二興業株式會社創立に關する事項報告書, 1914. 4. 8〉.

들은 1913년 6월 25일 서선 사업지의 기공식을 마치고, 12월 20일 평안농공은행 등 농공은행 4곳에서 연리 10%, 4년 거치 10년 균등 상환의 조건으로 공사비 20만 원을 대부받아 본격적인 공사에 나섰다.[22] 그리고 1년 후인 1915년 10월에는 공사비 60여만 원을 들여 총연장 40여 리의 제1기 방조제 공사를 끝내고 3,800여 정보의 간척지를 조성하였다. 그러나 이들 간척지를 금방 개답(開畓)하지는 못하였다. 자금 사정으로 수리조합 공사가 지연되어 제염에 필요한 물을 댈 수 없었다. 좀 더 정확히 말하면 간척 공사 착수 당시에도 수리조합의 공사 자금이 마련되지 않아 사실 간척 공사에 착수하면 안

22 〈重役會決議錄, 1914. 4. 9〉.

되는 상황이었지만, 그것마저 미루면 수리조합 공사 자금의 조달이 더 어려워지겠다고 생각하여 강행한 터였다.[23] 이곳에 사운을 걸다시피 한 불이흥업으로서는 큰 위기였다. 자금 부족으로 수리공사가 지연되면 이미 완성한 3,800여 정보의 간척지를 이용할 수 없고 그러면 간척 자금으로 지출한 60여만 원에 대한 이자만 낼 상황이었다.

이런 가운데 1915년 12월 불이흥업 중역회는 농공은행에서 연리 18%에 3년 기한의 조건으로 20만 원을 빌리기로 하였다. 서선 사업지의 신규 간척지를 담보로 넣고 불이흥업의 중역들이 개인적으로 보증을 서는 조건이었다.[24] 그러나 이것으로도 부족하였다. 이에 후지이는 1916년 5월 마침 일본 교토(京都)를 출장 중이던 평안도 도장관과 총무국장을 찾아가 도움을 청하였고, 마침내 조선총독 데라우치 마사타케(寺內正毅)의 지원을 받아 동양척식주식회사에서 공사비 130여만 원을 대부받았다.[25] 공사 기간을 거치 기간으로 하고 원금과 이자를 15년간 균등 상환하는 조건이었다. 이로써 대정수리조합 공사는 그 후 1년 반 만에 완공되어 1917년 겨울 처음으로 수로에 물을 댔고 1918년 봄에는 약 4,000정보의 간척지에서 농사를 시작하였다. 그리고 그해 5월에는 조선총독 하세가와 요시미치(長谷川好道)가 참석한 가운데 서선농장과 대정수리조합 제1기 공사의 준공식을 성대히 거행하였다.

후지이 간타로는 간척 공사와 수리 사업에 따르는 온갖 기술적·사업적 난관을 극복하며 서선 사업지의 제1기 공사를 준공하였다. 그리하여 그는

---

23 藤井寬太郎, 앞의 책, 1917.

24 〈重役會決議錄, 1915. 12. 19〉.

25 서선 사업지의 준공 기념으로 만든 藤井寬太郎, 앞의 책, 1917의 "본 농장의 사업에 시종 동정과 원조를 베풀어 주신 조선총독부의 데라우치(寺內), 하세가와(長谷川) 총독과 야마가타(山縣) 정무총감, 이시즈카(石塚), 아라이(荒井), 우사미(宇佐美), 스즈키(鈴木), 오하라(小原) 각부 장관과 고다마(兒玉) 총무국장, 가와카미(川上), 후지카와(藤川) 도장관(道長官) 이하 총독부, 도(道), 군(郡), 각 경무소(警務所)의 관계 관헌과 조선은행, 동양척식회사의 중역들에게 사의를 표하는 동시에 수리조합 자금의 조달이 지연[澁滯]되어 사업이 위기에 빠졌을 때 불초한 저[藤井寬太郎]를 믿고 자금 조달을 도와 회사채 발행에 연대보증을 서고 수리조합 자금의 차입에도 보증의 책임을 다하여 주신 본사(불이흥업)의 중역들께 금일을 맞아 감사드린다." 참조.

한국은 물론 일본을 포함해서도 일약 이 분야 최고의 경영자가 되었다. 그런 이유로 서선 사업지 공사가 끝난 1918년 봄 전라북도 임옥(臨沃)수리조합의 조합장이자 그곳 대지주인 일본인 미야자키 요시타로(宮崎佳太郎)와 역시 그곳 대지주인 구마모토 리헤이(熊本利平)가 그에게 새로운 제안을 하였다. 군산과 익산[裡里] 사이의 임익남부(臨益南部)수리조합과 임옥수리조합의 수원이 확실하지 않아 농사에 어려움이 많으니 차제에 임익수리조합의 수원인 요교제 저수지를 이용(확장)하여 그 일대의 수리 체계(irrigation system)를 완성하여 달라는 요청이었다.[26]

후지이는 이 제안을 받아들였다. 곧바로 현지를 답사하여 측량과 설계에 착수한 그는 1919년에 앞서 조선총독부에서 만경강 유역의 홍수방지를 위하여 수립하여 두었던 대아저수지 설립계획을 채용하여 임익남부수리조합과 임옥수리조합을 합병한 초대형의 익옥(益沃)수리조합을 만들기로 하였다. 전라북도 전주군 동상면 계곡에 높이 100척의 콘크리트 댐을 쌓아 대아저수지를 축조하고 7억 2,000만 입방척의 물을 저장한 후 거기서 총연장 180리에 달하는 대간선 수로와 크고 작은 관배수 시설을 갖추어 만경강 일대의 홍수방지까지 할 계획이었다. 당시 한국에는 콘크리트 댐을 건설한 경험이 없어 미국인 댐 기술자인 피터슨과 일본의 권위자인 사노 도지로(佐野藤次郎, 1869~1929) 공학박사에게 자문받아 사업 계획을 세웠고, 1920년 2월 총독부의 승인을 받자 후지이 자신이 조합장이 되어 공사에 착수하였다.[27] 후지이는 이 공사를 추진하면서 군산 서쪽의 금강과 만경강 하류 사이의 간석지 2,500정보를 간척하여 그곳에 불이흥업 옥구농장을 개설하기로 하고 그

26 이곳의 수리 체계는 이경란, 「일제하 수리조합과 농장 지주제 –옥구·익산 지역의 사례」, 『학림』 13, 연세대학교 사학연구회, 1991; 우대형, 「일제하 만경강 유역 수리조합 연구」, 홍성찬·최원규·이준식·우대형·이경란, 『일제하 만경강 유역의 사회사 –수리조합, 지주제, 지역 정치』, 혜안, 2006. 이 일대 수리조합과 농장의 지도는 홍성찬·최원규·이준식·우대형·이경란, 앞의 책, 2006의 권말 부록.

27 不二興業株式會社, 앞의 책, 1929.

[그림 1-1] 일본 도쿄의 쌀값 변동(지수, 1919=100)

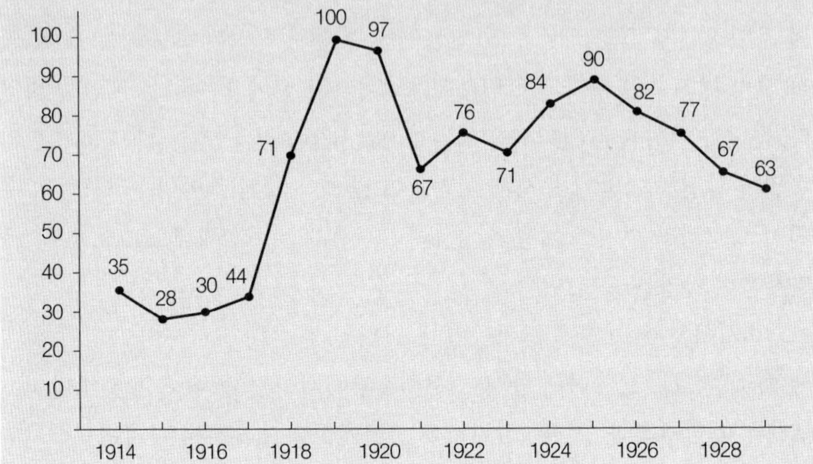

주: 도쿄(東京) 후카가와(深川) 쌀시장(正米市場) 기준.
자료: 川東竫弘, 「農民層分解の地代類型と地主制の後退」, 山崎隆三 編, 『兩大戰間期の日本資本主義(上)』, 東京: 大月書店, 1978, 210쪽.

농장이 포함되도록 익옥수리조합의 공사구역을 정하였다. 아울러 단보당 공사비를 줄이기 위하여 만경강 연안의 미간지와 인근의 수리 불안전 농지들도 몽리구역에 포함하였다. 몽리구역이 9,500여 정보로 늘었고 1919년 초에 공사를 시작하였다.

서선 사업지에 이어 옥구 사업지 공사까지 시작하자 막대한 자금이 필요하였다. 이에 불이흥업은 1919년 4월 옥구 간척 자금의 조달을 위하여 연리 8.3%로 50만 원 규모의 회사채를 발행하여 조선식산은행에 전액 인수시켰다. 1921년 말까지 거치하였다가 그 이듬해부터 20년간 매년 2만 5,000원 이상을 추첨하여 상환하는 조건이었다.[28]

불이흥업이 농공은행과 조선식산은행, 동양척식주식회사 등에서 돈을

28 〈重役會決議錄, 1919. 4. 19〉; 〈定時株總決議錄, 1919. 4. 28〉.

[그림 1-2] 불이흥업의 부채 비율과 이자 부담률(%)

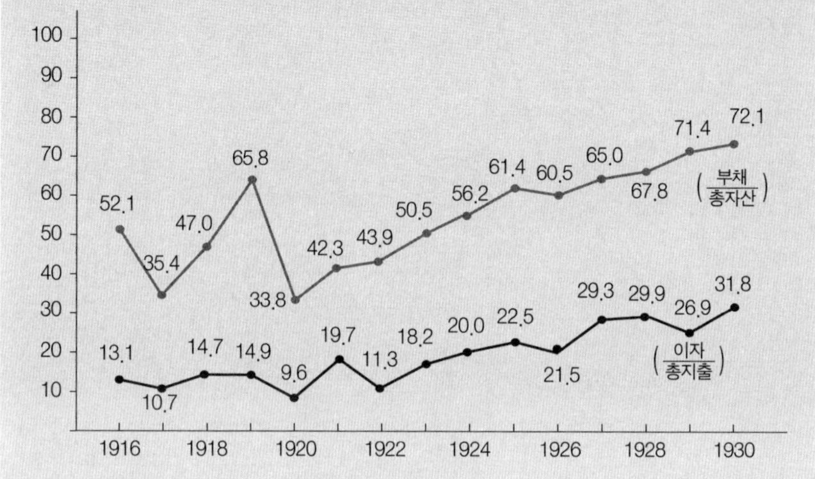

자료: [부록 1-2], [부록 1-4] 참조. 이자부담률(이자/총지출)은 [부록 1-4]의 이자·할인료/총지출이고, 총지출=계-당기순익금.

빌려 임익, 서선, 옥구 등지로 사업을 확대해 간 1910년대 말은 제1차 세계대전 특수와 1918년 일본의 쌀 소동으로 [그림 1-1]에서 보듯이 쌀값이 폭등한 때였다. 무역상사업도 극도의 활황을 맞았다. 농장경영과 상사업이 주업이던 불이흥업으로서는 최고의 기회였다. 게다가 차입금은 대부분 장기 차입금이었다. 그래서 [그림 1-2]에서 보듯이 총자산 대비 부채 비율은 1916년 52.1%(회계연도 말 기준. 이하 같음), 1917년 35.4%, 1918년 47.0%, 1919년 65.8%로 매우 높았지만, 총지출 대비 이자 부담 비중은 1916년 13.1%, 1917년 10.7%, 1918년 14.7%, 1919년 14.9%에 불과하였다. 이에 납입자본 대비 수익률은 [그림 1-3]에서 보듯이 1914년 1.5%, 1915년 5.3%, 1916년 5.6%에서 1917년 17.0%, 1918년 21.7%, 1919년 41.7%로 급증하였고, 주식배당률도 설립 첫해인 1914년의 무배당을 빼고는 1915년과 1916년의 6%에서 1917년 10%, 1918년 20%, 1919년 40%로 엄청나게 증가하였다([부록 1-2]). 높은 부채 비율이 레버리지

[그림 1-3] 불이흥업의 수익률(%)

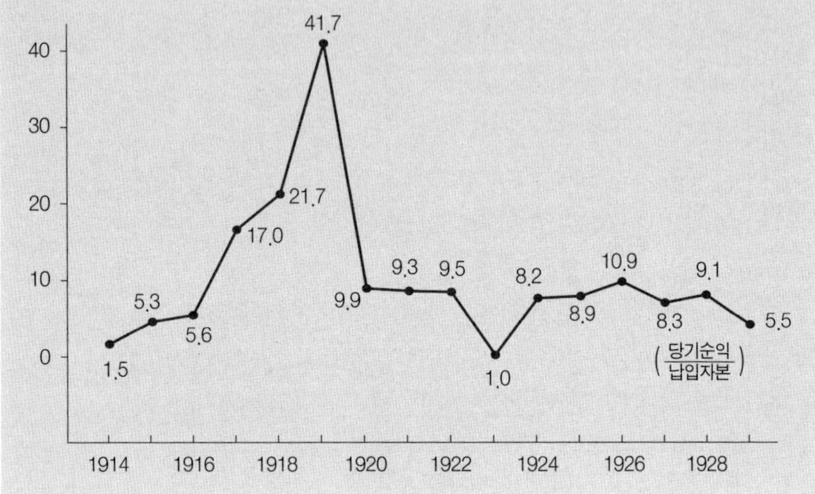

자료: [부록 1-2], [부록 1-4] 참조.

(leverage) 효과로 수익률을 크게 높인 것이다.

이런 호황을 배경으로 불이흥업은 회사 조직 전반을 정비하였다. 1917년 8월에는 후지모토합자회사 때부터 운영해 온 군산 및 인천지점을 폐쇄하고 대신 군산에 본점을 두고 인천에 지점을 둔 자본금 10만 원(2,000주)의 불이상업주식회사를 설립하였다. 그리하여 그간 불이흥업 상업부에서 취급하여 온 '물품의 매매와 위탁 매매, 정미업, 조면업(繰綿業), 대변업(代辯業)'을 그곳으로 이관하였다.[29] 1919년에는 자본금 100만 원(납입 50만 원)의 불

29 〈重役會決議錄, 1917. 7. 31〉; 〈제1회 臨時株總決議錄, 1917. 8. 3〉; 『釜山日報』 1917. 9. 13. 불이상업의 대주주는 자본금을 20만 원(4,000주)으로 증자한 후인 1921년 현재 불이흥업(1,000주), 하야시 가메스케(林龜助 800주, 전무), 무라카미 마사타카(村上政高 600주, 취체역), 이와키 로쿠베(岩木六兵衛 300주, 취체역), 후지이 간타로(藤井寬太郎 250주, 감사역), 가나자와 진베(金澤仁兵衛 200주), 쓰지 진사쿠(辻仁作 100주, 감사역), 가토 요시타로(加藤由太郎 100주), 나카무라 도미사부로(中村富三郎 100주), 가와카미 사타로(川上佐太郎 100주) 등이었다. 中村資良 편, 앞의 책, 1921년판.

이광산주식회사를 서울에 설립하였다. 불이광산은 자본금의 절반(5,000주)을 불이흥업 주주들에게 1주당 반(半) 주의 비율로 할당하고 나머지는 공모하여 설립하였다. 그리하여 그간 불이흥업 광산부에서 취급하여 온 조선, 만주, 몽고, 시베리아 등지의 금, 흑연, 철, 석탄광산 등 15개 광구를 그곳으로 이관하였다.[30] 불이흥업은 불이상업과 불이광산을 설립하여 비농업 업무를 이관함으로써 농업회사로 전업(專業)하였다. 한편, 불이흥업은 1920년 4월에 그간의 호황과 장래에 대한 자신감을 배경으로 공칭자본금 100만 원을 500만 원으로 증자하였다. 공칭자본금을 일거에 400만 원(4만 주)이나 늘렸는데 신주 4만 주의 제1회 납입금은 1주당 25원이고 4만 주 가운데 1만 주는 불이흥업의 중역과 사원들에게 공로주로 할당하였다.[31]

2) 불황기(1920~1929)의 위기 개시와 대응

(1) 사업 확장과 위기 개시

① 사업 확장

공칭자본금을 500만 원으로 증자하며 1920년대를 맞은 불이흥업은 1920년 2월 총독부가 익옥수리조합의 설립을 인가하자 곧바로 옥구 사업지 공사에 나섰다. 총연장 35리의 방조제를 쌓아 2,500정보의 농지를 조성하고

30 〈重役會決議錄, 1918. 11. 4〉; 〈제5회 定時株總決議錄, 1919. 4. 28〉; 中村資良 편, 앞의 책, 1921년판. 1921년 불이광산의 대주주는 불이흥업(2,800주), 후지이 간타로(藤井寬太郎 2,000주, 전무), 가나자와 진베(金澤仁兵衛 1,500주, 취체역), 일본해상보험(1,080주), 다카타 요시마루(高田義丸 1,000주, 감사역), 나카무라 세이효(中村清坪 900주, 취체역), 가와카미 사타로(川上佐太郎 850주, 취체역), 후쿠나가 료조(福永良造 600주, 취체역), 이와사키 세이시치(岩崎清七 800주), 오카 한에몽(岡半右衛門 500주), 나카무라 도미사부로(中村富三郎, 감사역) 등이다. 中村資良 편, 앞의 책, 1921년판. 최대 주주가 불이흥업이고 대주주와 중역도 불이흥업의 대주주, 중역과 대부분 일치하였다.

31 〈重役會決議錄, 1920. 4. 24〉; 〈定時株總決議錄, 1920. 4. 26〉. 공칭자본(nominal capital)은 은행, 회사 등이 정관에 적어 등기한 자본금 총액을 말한다. 납입자본(paid-in capital)은 그중 실제로 회사에 납입[拂入]된 자본을 말한다. 당시는 자본금 납입 시 분납이 인정되었고 특히 공칭자본의 1/4 이상만 납입하면 회사 설립이 가능하여 공칭자본과 납입자본이 일치하지 않는 경우가 많았다. 공칭자본의 증가(증자)는 공칭자본금 전액을 납입한 후에나 가능하였다.

그 중앙에 322정보 크기의 저수지를 만드는 공사였다. 그리하여 1923년 말 간선(幹線), 지선(支線) 수로와 관개용 도랑[支渠], 도로 등을 뺀 총 1,850정보에 달하는 농지 조성 사업을 완료하였다. 총공사비는 224만 3,000원이고 단보당 공사비는 121원이었다. 옥구 간척지는 군산과 인접하여 교통이 편하고 토질과 기후도 좋았다. 관배수 시설과 교육·위생 시설도 익옥수리조합 구역에서 가장 좋았다.[32] 불이흥업은 그중 남쪽 개간지 850정보(후에 1,000정보로 확장)에 한국인 소작인을 수용하였다. 일본인 이민도 받아들였다. 총독부 주선으로 저리 자금을 지원받아 저수지 북쪽 군산과 인접한 개간지 1,000정보에 일본인 이민 333호를 이주시켜 모범농촌, 이상촌을 만들기로 하고 1924년부터 매년 일정 수의 일본인 농가를 입주시켰다.[33] 일제가 식민 사업의 표본으로 선전하였던 '불이농촌'(不二農村)이 그렇게 만들어졌다.[34]

불이흥업은 익옥수리조합과 옥구 간척 공사를 추진 중이던 1920년에 세 번째 농지 조성 사업으로 강원도 철원군과 평강군 일대의 황무지 개간 사업에 나섰다. 후일 불이흥업의 철원농장이 된 곳인데 기후가 좋고 토질도 쌀농사에 적합한 중점토 지대였다. 화산암이 부스러지며 형성된 토양이라 가뭄에는 매우 건조하고 우기에는 쉽게 습윤화하여 밭보다 논농사에 적합하였지만, 고원의 용암 지대라서 수원이 없었다. 관배수 시설만 잘 갖추면 당장이라도 양질의 논으로 바꿀 수 있는 지역이었다. 후지이는 이곳을 답사하여 용암 아래 토양이 쌀농사에 적당한 점토임을 간파하고 시작지(試作地)를 두어 시험재배를 하였다. 그리하여 수리시설만 잘 갖추면 단보당 벼 5석 이상의 수확이 가능하겠다고 확신한 그는 우선 그 일대 4,000여 정보를 매

---

32 『朝鮮農會報』 20-11, 특별호, 1925; 不二興業株式會社, 앞의 책, 1929.

33 『조선일보』 1923. 11. 26. 한편, 불이흥업 옥구농장은 "이민(移民)이 오기까지 만반의 설비가 다 되었으므로 주먹만 쥐고 온 이민들일지라도 하등 곤란 없이 농사를 경영하는 중"이었다. 『조선일보』 1924. 6. 29.

34 불이농촌은 최원규, 앞의 책, 2021, 제3부 제2장; 엄지범·소순열, 「개인기록을 통해 본 일본인 이민농촌의 한 단면 -불이농촌의 야마가타촌(山形村)을 중심으로」, 『농업경제연구』 60-3, 한국농업경제학회, 2019.

입한 후 역시 그 농지가 포함되도록 몽리구역을 정해 1922년 5월 중앙수리조합의 설립을 신청하였다. 그해 10월 설립 인가가 나오자 스스로 조합장이 되어 1923년 5월 공사에 착수하였다. 저수지 5개를 축조하여 17억 입방척의 물을 저장하고 도수거(導水渠)와 총연장 16리에 이르는 대간선 수로, 90리의 지선과 지거(支渠), 750여 곳에 이르는 각종 교량, 잠관(潛管, inverted syphon) 수도 같은 구조물들을 설치하는 대공사였다. 1924년 7월에 거의 완공하여 논 1,500정보를 개답하였고 그 외 논 1,000정보의 관개를 개선하였다. 그리하여 1924년 7월에 제1차로 논을 푼 철원농장은 1925년 봄까지 몽리구역을 5,500정보로 늘렸고 그 후 계속 확장하여 1929년에는 1만 270정보로 늘렸다.[35]

불이흥업은 서선농장과 대정수리조합 공사도 계속하였다. 특히 이곳은 별도의 저수지 없이 압록강 하류에서 물을 끌어다 썼으므로 강우가 적을 때는 한해를 면하기 어려웠다. 그래서 1923년에 평안북도 의주군 고삭령면 대하동에 수원을 둔 높이 약 70척의 콘크리트 저수지인 대하저수지를 축조하여 1924년 7월에 준공하였다. 그리고 그걸 배경으로 약 900정보의 간석지를 추가 간척하였다.[36]

35 『朝鮮農會報』 20-11, 특별호, 1925; 不二興業株式會社, 앞의 책, 1929; 정승진, 「1922년 중앙수리조합의 설립과 철원 지역사회의 변동」, 『사림』 67, 수선사학회, 2019.

36 1918년에 준공한 서선 사업지의 제1기 공사는 자금난으로 용수 확보에 필수적인 '저수지 공사'를 제2기 공사로 넘겼다. 그런데 1919, 1920년에는 북중국과 만주 일대에 큰 한발이 들어 본격적인 작부조차 못하였고, 1921년에는 작부는 하였으나 2년 연속 한발로 제염이 제대로 되지 않아 예상보다 수확이 크게 적었다. 1922년에도 한발에 따른 용수 부족으로 간석지의 염분이 상승하여 벼의 태반이 고사한 데다 충해(蟲害)와 풍수해까지 겹쳐 수확이 저조하였다. 1923년에는 8월 중순의 대규모 해일로 또다시 참변을 당하였다. 이런 이유로 대정수리조합은 1921년에 저수지를 축조하면서 그곳 농지 900여 정보와 불이흥업 서선농장의 신간척지 750정보를 몽리구역에 추가하여 조합구역을 총 7,634정보로 늘렸고, 1923년 2월에는 저수지 축조 및 구역 확장과 그에 따른 공사 시행 등을 인가받아 공사에 착수하였다. 그리고 1924년 7월에는 의주군 고삭령면 대하동에 높이 70척, 연장 142간(間)의 아치형 콘크리트 댐을 축조하여 넓이 300정보, 저수량 8억 6,000만 입방척의 대규모 저수지를 완공하였다. 총공사비는 235만여 원이었다. 『朝鮮農會報』 20-11, 특별호, 1925, 204~212쪽; 不二興業株式會社, 앞의 책, 1929.

② 위기 개시

불이흥업은 1914년 창업을 전후해서부터 1920년대 말까지 [표 1-3], [표 1-4]에서 보듯이 각지에서 신규 또는 계속 사업으로 각종 간척 수리공사를 벌여 농장을 증설하였다. 그리고 거기에 필요한 사업 자금을 크게 세 가지 경로로 조달받았다. 첫째는 주식 발행을 통한 자기자본 조달이었다. 둘째는 회사 내부 적립금과 유보 자금 등 역시 자기자본이었다. 셋째는 타인자본,

[표 1-3] 불이흥업의 토지 개량 사업, 1925년 현재

사업명	면적 (정보)	총사업비 (천 원)	단보당 사업비 (원)	연간 증수 (만 석)	착수 연도	완공 연도	비고
전북농장	1,500	100	6.6	3	1904	1916	800정보는 임익수조구역 내
서선농장	3,200	1,500	5(1기) 47(2기)	12.8	1912	1916 공사 1924 사업	4,200정보 중 300정보 미완성
서선농장 간척지	750	1,150	153	3	1922	1924 공사 1926 사업	총 950정보
옥구농장	1,900	2,243	180	7.6	1919	1923 공사 1925 사업	총 2,500정보
옥구농장 신탁지	800	250	31	3.2	1919	1923	만경강 연안의 초생지
철원농장	4,000	650	40(논) 3(밭)	5 ?	1921	1924 공사 1925 사업	2,000정보는 중앙수조구역 내
계	12,150	5,893					
임익수조	3,400	550	16.17	8	1910	1912 1기	저수지는 조합 재산
대정수조	6,200	2,000	32.2	17	1916	1918 1기	3,200정보는 불이농장
대정수조 확장	1,600	1,700	106.2(확장) 47.4(전체)	4.3	1922	1924 말	750정보는 불이농장
익옥수조	9,500	5,000	52.6	19.5	1919	1923 봄	
중앙수조	8,000	5,700	63	20	1922	1924 공사	
계	29,500	20,843	66.5(간척)	70.3			면적, 증수는 중복 피해 계산

자료: 「不二興業會社の水利開墾及移民事業」, 『朝鮮農會報』 20-11, 특별호, 1925, 256쪽.

[표 1-4] 불이흥업의 토지 개량 사업, 1929년 현재

농장	사업 내용	면적(정보)	수리조합	몽리면적(정보)	사업비(원)	연간 증수(벼)
전북농장	관개개선	800	임익수리조합	3,450	840,393	125,000석
서선농장	간척	4,300[1)]	대정수리조합	11,351	5,676,318	341,300석
옥구농장	간척	1,000[2)]	익옥수리조합	10,118	6,474,951	189,200석
불이농촌	간척	1,000				
철원농장	개간	2,500	중앙수리조합	10,270	6,218,667	250,000석
계		9,600	계	35,189	19,210,327	905,500석

주: 불이농촌은 옥구의 일본인 농장을 말함. 면적은 정보. 1)은 총 5,000정보, 2)는 총 2,500정보임.
자료: 不二興業株式會社, 앞의 글, 1929.

[표 1-5] 1919~1921년 한국의 월별 미가지수

연월	지수	연월	지수	연월	지수
1919. 1	361	1920. 1	523	1921. 1	238
3	349	3	525	3	213
4	354	4	486	4	222
5	367	5	467	5	226
7	407	7	401	7	245
9	447	9	331	9	304
11	495	11	255	11	383

자료: 韓國銀行企劃調査課, 『쌀값의 形成과 그 影響 -적정 米價 산정을 위한 시론』, 調査資料 158호, 한국은행조사부, 1956, 附錄.

특히 부채(debt)로서 주로 은행 차입금이었다. 주식 발행을 통한 자본 조달이 순조롭거나 순이익이 많아 내부 적립금이 충분하면 굳이 높은 금리를 부담하며 타인자본을 차입할 필요가 없었다. 그러나 그게 아니면 타인자본에 의존할 수밖에 없었는데 1920년대에 불이흥업이 밟은 길이었다.

1918년 말에 제1차 세계대전이 끝나며 잠시 주춤하였던 일본 경제는 1919년 4, 5월부터 반전하여 그 후 대전 중에도 볼 수 없던 '투기열, 기업열의 백열화'(白熱化)라고 할 대호황을 맞았다.[37] 그러나 호황은 [표 1-5]에서 보듯이 1920년 3월까지 근 1년간 지속하다가 그해 4월 반동공황으로 곤두박질치기 시작하였다. 그리고 1923년 9월 관동대지진에 따른 진재(震災)공황과 1927년 4월의 쇼와 금융공황이 1920년대의 일본 경제를 만성 불황으로 몰아갔다. 1920년 4월에 자본금을 증자하며 신주 4만 주(400만 원)를 발행한 불이흥업은 첫해에 그중 1/4인 100만 원을 납입받은 후로는 매년 1주당 5원에 해당하는 20만 원씩 납입받았을 뿐이고 1924년 이후로는 그마저 중단되었다. 신주의 발행과 납입을 통한 자기자본 조달은 기대하기 어려웠다.

내부 자금 조달도 마찬가지였다. 우선 쌀값이 앞의 [그림 1-1]과 [표 1-5]에서 보듯이 1919년 봄부터 1920년 3월까지 빠르게 오르다가 증자를 결정한 1920년 4월부터 하락하여 1925년의 중간경기를 빼고는 내내 회복하지 못하였다.[38] 소출도 마찬가지였다. 특히 서선농장은 1921~1923년에 연이은 한해로 염분이 상승한 데다 충해, 풍해와 대규모 해일까지 겹쳐 작황이 나빴다.[39] 반면 지출은 줄지 않았다. 서선농장은 1923년에 해일로 파괴된 방조제를 복구하고 제방 보강 공사를 해야 했다. 철원농장은 개답 초 농업용수가 숙전(熟田)의 3배 이상이나 소요되어 수원 확장 공사가 필요하였고 개답 후 2, 3년이 지나도록 소출이 늘지 않아 수리조합 완공 후에도 지가가 하락할 정도였다.[40] 투자만 늘고 수지를 맞추기는 어려워 내부 적립금 조달이 쉽지 않았다.[41]

37 大內力 外, 『日本資本主義の沒落 I』, 東京大學出版會, 1970; 서정익, 『일본근대경제사』, 혜안, 2003.

38 불이흥업은 설립 초부터 매년 순익을 보았으나 1920년 4월 이후 쌀값이 하락하여 1920 회계연도에 순손실을 보았다. 1920년에도 고미가가 계속될 것으로 기대한 데다 1919년에 총독부가 하층민 구제의 명목으로 장려하여 수입, 저장하여 두었던 만주 좁쌀(粟)의 가격이 1920년 4월 초의 1대(袋) 23원에서 6월 말에 12원 내외로 떨어졌고 1921년 1월에는 5원 내외까지 하락한 데서 보듯이 농산물 가격이 급락하였기 때문이다. 〈不二興業. 京城府廳 小田直稅係 殿〉. [부록 1-4]의 매매손실 35만 8,002원은 특별준비금에서 9만 5,000원을 보전하여 그나마 과소평가된 액수이다.

39 1923년 8월의 해일 피해는 『매일신보』 1923. 8. 17. '용천군에만 死者 3천 명. 불이농장의 실견담. 이때의 해일 피해는 황해도 옹진군의 선만개척(조선개척의 전신) 농장들도 마찬가지였다. 이는 이 책 제3장.

40 不二興業株式會社, 앞의 책, 1929.

결국, 불이흥업은 신주 납입이 부진하고 내부 적립금 동원도 여의치 않은 상황에서 타인자본, 특히 은행 차입금으로 사업을 추진할 수밖에 없었다. 그렇지 않아도 은행에서 거액을 빌려 매년 상당액의 이자를 지불해야 했던 불이흥업으로서는 엄청난 부담이었다. 그러나 다른 도리가 없었다. 이에 불이흥업의 총자산 대비 부채 비율은 앞의 [그림 1-2]에서 보듯이 1919년 65.8%에서, 1920년에는 증자로 100만 원을 추가 납입받아 일시 33.8%까지 떨어졌지만, 그 후 다시 늘어 1923년 50.5%, 1926년 60.5%, 1929년 71.4%로 증가하였다.[42] 총지출 대비 이자 부담 비율도 1910년대에 비하여 크게 늘었다. 1919년 14.9%에서 1920년에 일시 9.6%까지 떨어졌으나 1923년 18.2%, 1926년 21.5%, 1930년 31.8%로 꾸준히 증가하였다. 반면 납입자본금 대비 수익률은 [그림 1-3]에서 보듯이 이자 지출이 총지출의 2~3할을 차지한 가운데 크게 줄었다. 1919년에는 41.7%였으나 중간경기 직후인 1926년의 10.9%를 제외하고는 1920년대 내내 8~9%대에 그쳤다. 1910년대 말과 달리 높은 부채 비율이 역으로 수익률을 크게 감소시켰다.

한편, 이 시기 불이흥업의 차입선(借入先)은 조선식산은행으로 더욱 집중되었다. 1921 회계연도 말 불이흥업의 전체 차입금은 283만 9,237원이었다. 은행별 차입액은 조선식산은행 본점 121만 원과 군산지점 15만 9,900원, 동양척식회사 57만 원, 69은행 15만 원, 18은행 군산지점 13만 7,588원, 조선실업은행 인천지점 10만 4,566원, 조선은행 50만 7,184원 등으로 전체의 48.2%를 조선식산은행에서 빌렸다. 여기에 조선식산은행에 인수시킨 불이흥업의 회사채 50만 원까지 합하면 그 비율은 56.0%나 되었다.[43] 그런데 1932

41 각 사업지의 지구별 투자액은 1922년 말에 철원지구 99만 7,318원, 서선 사업지 확장 사업 17만 3,365원, 옥구지구 144만 222원 등이고, 1923년 말에는 철원지구 120만 2,735원, 서선 사업지 확장 사업 51만 1,366원, 옥구지구 64만 958원 등이었다.

42 불이흥업의 부채 비율은 동종 기업의 평균 부채 비율보다 훨씬 높았다. 中村資良 편, 앞의 책, 각 연도판에서 한국에 본점, 지점을 둔 농업회사들의 부채 비율을 정리하면 1921년에 25사 평균 11.5%(최고 56.0%, 2위 40.8%), 1925년에 15사 평균 18.6%(최고 43.2%)였는데 불이흥업의 부채 비율은 1921년 42.3%, 1924년 56.2%, 1926년 60.5%였다.

년에는 불이흥업이 지출한 전체 이자 36만 364원 가운데 조선식산은행에 지불한 이자가 35만 8,961원으로 무려 99.6%를 차지하였다.[44] 그만큼 조선식산은행으로 부채가 집중되었고 대부분이 장기 차입금이었다.[45]

(2) 불황 대책과 조선식산은행

1920년대의 불황과 부채 급증 속에서 불이흥업은 다양한 대책을 모색하였다. 우선 대외적으로는 토지 개량 사업에 대한 이해와 쌀값 안정 대책을 당국과 사회에 촉구하였다. 당시 후지이는 토지 개량 사업이야말로 일본제국의 식량 문제를 해결하고, 식량 수입용 정화(正貨, specie)를 절약하여 국제수지를 개선하고, 조선 농촌의 구매력을 높여 일본 상품의 수출과 경기를 진작하며, 일본 이민을 수용하여 일본의 인구 문제도 해결할 묘책이라고 생각하였다.[46] 한편, 후지이는 이 사업의 주체를 지주로 설정하였다. 그리하여 지주들이 수리조합비의 부담과 사업적·기술적 난관을 무릅쓰고 이 사업에 동참하게 하려면 몇 가지 개선이 필요하다고 보았다. 즉, 수리조합비 징수를 조합 설립 후 일정 기간 유예하고 조합 채무의 거치 기간을 늘려주며,[47]

43 〈1922. 7. 1. 直第378號 回答. 京城府廳 御中. 1921. 4~1922. 3〉.

44 1922년도 〈利子支佛明細表〉.

45 아래는 1925 회계연도의 차입금 내역이다. 모두 정부저리 차입금 또는 연부 상환, 정기 상환 차입금들이다. 〈1926. 10. 27. 불이흥업. 京城府 直稅係 御中〉. 조선식산은행의 연부 상환 차입금은 무담보의 50년 이내 상환자금을 말하고 정기 상환은 5년 이내 상환자금을 말한다. 조선식산은행, 『조선식산은행20년지』, 1938, 83~85쪽.

종별	금액(원)	연리(%)	비고
저리 자금	1,800,000	6.1	일본인 이민 저리 자금(불이농촌)
저리 자금	561,000	6.5	서선농장 재해복구비(서선농장)
연부 상환	668,703	12.0	73만 원 차입분의 상환 잔고
연부 상환	474,789	12.0	50만 원 차입분의 상환 잔고
정기 상환	2,915,458	11.0	각종 정기 차입금
계	6,419,950		

46 藤井寬太郎, 「朝鮮の米と帝國食糧問題」, 『朝鮮農會報』 16-11, 1921; 동, 「朝鮮に於ける未墾地開拓と移民」, 『朝鮮農會報』 19-5, 1924.

47 藤井寬太郎, 「土地の改良は地主の義務」, 『朝鮮農會報』 19-2, 1924.

보조금 지급도 완공 후 조합 채무의 상환을 보조하여 주는 방식으로 전환하되 그 수속절차를 간소화하고, 또 공사비의 2~3할을 일률적으로 보조할 것이 아니라 관개개선, 지목 변경, 개간 간척 등 공사의 난이도에 따라 차등 보조해야 한다고 보았다. 그는 사업자들이 완공을 서두르도록 매년 공사 현황을 점검하여 완공된 부분에 한하여 보조금을 우선 지급할 것도 주장하였다.[48] 간척 등 대규모 공사에 나선 대지주, 대농업회사들을 집중적으로 지원하라는 것이었다.

후지이는 토지 개량 공사의 가장 큰 애로였던 기술과 경험 부족을 해결할 방안도 제시하였다. 조선토지개량주식회사를 설립하여 '포드시스템'과 유사한 '조선토지개량시스템'을 만들어 사업을 대행하게 하자는 것이었다.[49] 이러한 입장에서 그는 1926년에 총독부가 제2차 조선산미증식계획을 발표하자 자신이 상무로 있던 조선농회를 통해 토지개량령의 조속한 실시와 지주간담회의 매년 개최, 일본 「미곡법」의 조선 연장(延長) 실시, 이민보조금의 교부, 농업조사·연구기관의 강화 등을 보완책으로 제시하였고 같은 해 7월 조선토지개량주식회사가 설립되자 그 회사의 전무로 취임하기도 하였다.[50]

후지이는 쌀값 안정 대책도 촉구하였다. 그는 쌀값 안정이야말로 일본

48 藤井寬太郎, 「南鮮地方の大旱魃と水利事業竝びに土地改良會社設立請願に就て」, 『朝鮮農會報』 19-8, 1924; 동, 「朝鮮의 水利開墾事業에 대한 實驗上 將來 必要가 痛感되는 事業助成機關」, 『朝鮮農會報』 20-11, 특별호, 1925a.

49 藤井寬太郎, 앞의 글, 1925a.

50 藤井寬太郎, 「多望なる大正15年の朝鮮農界」, 『朝鮮農會報』 21-1, 1926; 동, 「朝鮮土地改良株式會社の設立に就て」, 『朝鮮農會報』 21-6, 1926; 동, 「新年の朝鮮農界」, 『朝鮮農會報』 22-1, 1927. 불이흥업 중역회는 1926년 4월 10일 "이번에 설립되는 조선토지개량주식회사는 당사와 밀접한 관계가 있으므로 장래 이를 이용하기 위하여 재력이 허용하는 한 동사 주식을 인수하되 주식 수의 결정은 전무 후지이(藤井)에게 일임"하기로 하였다. 『不二興業 重役會決議錄』. 후지이는 자신의 체험을 토대로 토지개량 사업과 토지개량주식회사에 대한 세간의 비판에도 일일이 반박하였다. 藤井寬太郎, 「産米增殖計劃の現況」, 『朝鮮』 170, 조선총독부, 1929; 동, 「プルンナ博士と朝鮮の農業及土地改良事業」, 『朝鮮農會報』 3-1, 1929; 동, 「帝國の食糧問題と朝鮮の米」, 『朝鮮農會報』 3-7, 1929; 동, 「水利組合に對する世評とその眞相」, 『朝鮮』 183, 조선총독부, 1930.

정부와 조선총독부, 조선 농업자가 함께 해결해야 할 최대 과제라고 강조하였다. 많은 돈과 시간을 들여 수리조합을 만들고 농지를 조성하여도 쌀값이 받쳐주지 않으면 채산을 맞추기 어려웠다. 그래서 후지이는 조선 쌀을 제값에 팔려면 경종(耕種), 수확, 조제(調製) 각 단계마다 세심하게 주의하여 혼석(混石)과 적미(赤米)를 없애고 이출 검사도 강화해야 한다고 보았다.[51] 후지이는 당시 조선 농촌과 농민이 이미 자본주의에 편입되어 카르텔, 트러스트 같은 독점체와 떨어져 살 수 없으며 어떤 면에서는 농민의 수입과 생활 조건도 이들 독점체의 지배 아래 있다고 보았다. 그래서 그는 철도회사가 농산물 운송요금을 스스로 결정하고 창고회사나 보험회사가 농산물의 등급과 가치를 스스로 결정하듯이, 농업자들도 상인이 정한 또는 시장에서 결정된 가격으로 –심지어 원가도 보장받지 못한 채– 농산물을 판매할 것이 아니라 생산비를 고려하여 스스로 가격을 결정해야 한다고 주장하였다. 그리고 그렇게 하려면 각지에 농업창고를 지어 농산물을 보관할 필요가 있고 또 그를 위해서는 정부에서 창고 건립 자금 등을 지원받아야 하므로 농업자들도 상공업자들처럼 비당파적 성격의 압력단체를 만들어 정부에 압력을 가하자고 하였다.[52] 그런 연장선 위에서 그는 일본에서 1921년에 제정한 「미곡법」의 개정을 촉구하였다. 「미곡법」을 조선에도 연장 실시하여 쌀값 안정 재원을 공채 발행이 아닌 일반 회계로 돌려 부산, 목포, 군산, 진남포, 원산 등지에 국립의 미곡 보관 창고를 세우고 풍년에는 벼를 매입 저장하되 흉년에는 이를 팔아 정부가 미가를 조절해야 한다고 주장하였다.[53]

후지이는 대내적인 대책도 마련하였다. 그는 1925년 현재 연리

51 藤井寬太郎, 「大正11年を迎へて」, 『朝鮮農會報』 17-1, 1922; 동, 「人類の食糧と米」, 『朝鮮農會報』 17-4, 1922.

52 藤井寬太郎, 「會員諸君に檄す」, 『朝鮮農會報』 17-3, 1922; 동, 「農民は速に自覺して其協力に依り自己を保護するを要す」, 『朝鮮農會報』 18-1, 1923.

53 藤井寬太郎, 「昭和3年의 初頭에 立하여 朝鮮農界에 대한 吾人의 希望」, 『朝鮮農會報』 2-1, 1928; 동, 「米穀法을 朝鮮에 延長改善하고 正租를 貯藏할 國立倉庫를 朝鮮에 建設하는 急務」, 『朝鮮農會報』 2-11, 1928; 동, 「米價調節の對策」, 『朝鮮農會報』 3-10, 1929.

9.5~10.1%에 달한 토지 개량 자금의 금리가 너무 높다고 보고 마침 미국 출장에 나선 조선총독부 기사 미쓰이 에이쵸(三井榮長, 후일 불이흥업 전무로 영입)에게 재미 일본인 교포나 미국인에게 조선토지개량사업 자금의 유치를 타진해 볼 수 있겠냐고 부탁하였다.[54] 해외 자금 조달 방안을 찾은 것이다.[55] 국내 자금 조달 방안도 찾았다. 1925년 4월 30일 정시 주총에서 불이흥업은 통감부 시기부터 일본 제일은행과 구 한국은행 근무를 거쳐 조선은행 이사와 조선식산은행 설립위원 등을 역임한 후 일본에서 일본 재계의 거물인 시부사와 에이이치의 추천으로 동양생명보험의 전무, 사장 등으로 일하여 조선 재계의 '거물', 일본 재계의 '유력자' 등의 평판을 얻은 기무라 유지(木村雄次)를 불이흥업의 상담역(相談役)으로 선임하였다. 그의 상담역 보수는 연간 무려 3,000원이고 그것도 1924년 8월부터 지출하도록 하였다.[56] 그에게 은행 로비 등 자금 운용 일체를 상담받으려 한 것이다.

한편, 1926년 4월 10일 불이흥업 중역회는 일찍이 1920년 4월에 공칭자본금을 100만 원에서 500만 원으로 늘리며 발행하였던 신주(新株) 가운데 1923년 말 이래 미납입 상태였던 240만 원을 추가 납입받을 방안을 모색하였다. 자기자본금의 확충을 통하여 부채와 이자 부담을 줄이려는 조치였는데 방법은 두 가지였다. 하나는 미납입 신주를 인수할 사람과 기관을 찾아

54 藤井寬太郎, 「三井榮長君の來信」, 『朝鮮農會報』 20-8, 1925. 당시 미쓰이는 정부가 보증을 서지 않는 한 둘 다 불가능하다고 보고하였다. 정부보증(원리금)을 통한 외채 도입은 조선식산은행 두취 아루가 미쓰토요도 1925년 일본 대장성에 요청한 터였다. 矢島桂, 「戰間期朝鮮における'産米增殖計劃'と朝鮮殖産銀行」, 『社會經濟史學』 80-3, 東京: 社會經濟史學會, 2014.

55 경남 함안군에서 함안농장과 함안수리조합을 설립 운영한 남해척식주식회사도 외자 유치를 모색하였다. 高嶋雅明, 『企業勃興と地域經濟 -和歌山縣域の檢證』, 大阪: 淸文堂, 2004, 제8장.

56 〈정시주총결의록, 1925. 4. 30〉. 기무라 유지(木村雄次)는 1874년생으로 1899년 도쿄제대 정치학과를 졸업한 후 일본 제일은행 오사카지점의 지배인 대리, 출장소 주임 등을 거쳐 1901년부터 그 은행 부산지점장, 경성지점 부지점장을 지냈다. 1909년 한국은행 설립에 참여하여 이사, 영업국장을 지냈고 강점 후 조선은행으로 개편되자 이사, 감사가 되었으며 조선식산은행의 설립위원으로도 활동하였다. 1922년에 조선은행을 그만둔 후에는 시부사와 에이이치(澁澤榮一)의 추천으로 동양생명보험주식회사의 전무, 사장이 되었고 그 외 금강산전기철도 취체역, 조선저축은행 감사, 성동전기철도 취체역, 동경운하토지 취체역도 지냈다. 有馬純吉 編, 앞의 책, 1931, 116~117쪽; 阿部薰 編, 『朝鮮功勞者名鑑』, 京城: 民衆時論社, 1935, 72쪽; 朝鮮人事興信錄編纂部, 『朝鮮人事興信錄』, 京城: 朝鮮新聞社, 1935, 125쪽.

최대 240만 원까지 인수시키는 방안이었다. 다른 하나는 추가 납입이 어려운 주주의 주식 수를 줄여주는 동시에 줄인 만큼의 기(旣) 납입금을 남은 주식에 대한 납입금으로 대체하여 주는 방법이었다.[57]

이상에 관한 좀 더 구체적인 방안은 그해 10월 13일 중역회에서 결정하였다. 그날 중역회는 "당사(當社)의 자금 충실을 도모하고 사무(社務)의 기초를 한층 공고히" 하기 위하여 "주채권(主債權) 은행인 조선식산은행의 아루가 미쓰토요(有賀光豊) 두취, 기무라 유지 상담역 등과 협의하여" 다음 세 가지를 이행하기로 하였다.[58] 첫째는 1926년 4월 10일 중역회에서 결의한 대로 미납입자본금 240만 원(주당 60원)을 연말까지 모두 납입받기로 하였다. 이를 위하여 일본의 대표적인 투자은행(Investment Bank, IB)이던 도쿄의 야마이치(山一)증권회사[59]와 주식의 매출가격, 수수료 등을 계속 협상하며 구체적인 납입 시기는 후지이 사장에게 결정을 일임하기로 하였다. 아울러 주식 매각이 용이하도록 납입 종료와 동시에 현재 액면가 100원의 주식을 액면가 50원의 주권으로 교체하며 신주주 가운데 적당한 사람을 뽑아 취체역이나 감사역으로 영입하기로 하였다. 둘째는 이자 부담을 줄이기로 하였다. 이를

57 〈중역회결의록, 1926. 4. 10〉. 이날 중역회는 정관의 영업 목적 가운데 '재산 관리와 타인을 위한 부동산 관리'를 '재산 관리, 신탁경영'으로, '제(諸) 물품 위탁 매매'를 '동산·부동산의 매매 및 위탁 매매'로, '물품 매매'를 '산림사업'으로, '정미업'을 '이민 사업'으로 고치고 또 '권업(勸業) 자금 대부. 단, 대부 총액은 납입자본금의 2분의 1 이내' 항목의 단서도 삭제하였다. 아울러 정관에 '옥구농장과 철원농장'을 추가하고, 전무 취체역을 사장으로 격상시켰으며, 지배인 제도를 신설하여 후지모토합자회사 이래 근속해 온 공로로 사원 사와무라 규헤이(澤村九平)를 취체역 겸 지배인으로 선임하는 조직변경도 단행하였다. 그리고 이상은 정시 주총에서 모두 승인받았다. 〈제12회 정시주총결의록〉.

58 〈중역회결의록, 1926. 10. 13〉.

59 야마이치증권은 일본 도쿄에서 야마이치(山一)합자회사로 출범하여 1926년 10월 27일 자본금 1,000만 원(총주식 20만 주)의 주식회사로 개편하였는데 조산식산은행도 주주로 참여하였다. 개편 직후 불이흥업의 미납입 주식과 회사채를 인수하였던 셈이다. 1937년 현재 대주주는 일본의 제일생명(1만 5,000주), 고이케 고노스케(小池厚之助 1만 1,325주), 오타 오사무(太田收 6,000주), 하마신증권(濱信證券 3,870주), 가토 마사하루(加藤正治 3,400주), 히라오카 덴쇼(平岡傳章 2,550주) 등이다. 1936년 3월 경성지점을 설치하였다. 中村資良 편, 앞의 책, 1937, 1939. 야마이치증권은 이명휘, 「전전 일본에서의 증권업자의 성장 -山一證券을 중심으로」, 『사회과학연구논총』 12, 이화사회과학원, 2004; 粕谷誠·伊藤修·橋本壽郎, 『山一證券100年史』, 東京: 日本經濟史硏究所, 2011.

위하여 조선식산은행의 보증 아래 연리 8%(수수료 포함)의 회사채 200만 원을 신규 발행하여 그 돈으로 기존 차입금 가운데 금리가 높은 것들을 우선 상환하며 신규 발행할 회사채의 거치 기간, 상환 기간, 이자율, 수수료 등은 조선식산은행의 결정에 따르기로 하였다.[60] 셋째는 "사무(社務)의 내용을 정비하기 위하여 지배인을 없애고 대신 상무 취체역 2인을 신설하여 사무(社務)를 장리(掌理)하도록 하였다. 그리하여 상무 2인 가운데 1인은 불이흥업에서 잔뼈가 굵은 취체역 겸 지배인인 사와무라 규헤이(澤村九平)를 승진 임명하고,[61] 다른 1명은 조선식산은행의 양해를 얻어 불이흥업의 상담역인 조선은행 출신의 기무라 유지가 추천한 전(前) 조선은행 서무국장 이이즈미 간타(飯泉幹太)를 선임하기로 하였다.[62]

불이흥업은 1926년 11월 29일 임시 주총에서 이상을 승인하자 1927년 1월 24일 중역회를 열어 미납입자본금의 징수와 회사채 발행에 관한 세부 사항을 정하였다.[63] 첫째의 미납입자본금 문제는 미납된 240만 원 전액을 야마이치증권에 신주 1주당(40원 납입) 38원에 넘기기로 계약하고 납입이 어려운 주주에게는 납입 소요 자금에 한하여 1주당 38원에 주식을 매각할 수 있게 편의를 제공하기로 하였다. 둘째의 회사채 발행 문제는 200만 원 규모의 회사채를 -발행가격을 액면가격으로 하여- 2년 거치 5년 수시 상환, 연리

60 이날 중역회는 불이흥업의 부채 비율을 줄일 목적으로 필요한 경우 별도 회사를 설립하여 불이흥업의 군산 소재 부동산과 그 외 영업과 직접 관계없는 부동산을 부채와 함께 그곳으로 넘기는 방안도 논의하였다. 〈중역회결의록, 1926. 10. 13〉.

61 사와무라 규헤이는 1903년 일본에서 도쿄법학원 대학을 졸업한 후 1906년 불이흥업의 전신인 후지모토합자회사에 입사하였고 1926년 4월 10일 불이흥업의 취체역(지배인)이 되었다. 경성곡물신탁의 취체역, 주식회사 횡산(横山)상점의 감사역도 지냈다. 朝鮮人事興信錄編纂部, 앞의 책, 1935, 667~668쪽; 앞의 주 57.

62 이이즈미 간타는 1901년에 도쿄제대 법학과를 졸업한 후 경부철도주식회사 사원으로 내한하였다. 1905년 이후 한성공동창고주식회사와 대한천일은행의 지배인을 거쳐 1909년 12월 조선은행에 들어가 본점 계산과장, 영업과장, 대구지점장, 장춘(長春)출장소장, 본점 문서과장, 국고과장 등을 지냈다. 1920년 4월 인사부장이 되었고 1926년 불이흥업에 '입사'하였는데 당시 "경성의 은행, 회사, 사교계의 중심인물"로 평가받은 인물이었다. 朝鮮人事興信錄編纂部, 앞의 책, 1935, 40쪽; 阿部薰 編, 앞의 책, 1935, 648~649쪽.

63 〈임시주총결의록, 1926. 11. 29〉; 〈중역회결의록, 1926. 10. 13, 1927. 1. 24〉.

7.3%의 조건으로 발행하기로 하였다. 이자는 매년 2월과 8월 두 번 지급하며 1927년 2월 15일에 발행과 함께 야마이치증권에 전액 인수시키되 인수 수수료 4만 원 가운데 3만 원은 발행 당일 지급하고 잔액 1만 원은 1년 후인 1928년 2월 15일에 주기로 하였다. 아울러 조선식산은행에는 원리금에 대한 지급보증료로 매년 원금의 0.5%를 이자 지급과 동시에 지불하기로 하였다.

이로써 불이흥업은 공칭자본금 500만 원을 모두 납입받았다. 그러나 그 과정에서 미납입자본금 240만 원 전액을 도쿄의 야마이치증권에 인수시킨 까닭에 불이흥업의 최대 주주는 [부록 1-5]에서 보듯이 창업주 후지이 간타로(藤井寬太郎)에서 야마이치증권으로 바뀌었다.[64] 불이흥업은 1927년 11월에도 "금리 저락을 계기로 앞서 고금리(高利)로 차입한 자금을 차환"(借換, replacement of loan)하기 위하여 100만 원 규모의 회사채를 연리 6.8%, 2년 거치 5년 수시 상환과 조선식산은행의 지불보증을 조건으로 발행하였다. 그리고 1928년 7월에는 앞서 1919년에 제1회로 발행하였던 회사채의 잔액 35만 원을 매입 소각(銷却)하기 위하여 100만 원 규모의 회사채를 신규 발행하여 고금리의 차입금들을 차환"하기로 하였다.[65]

이상에서 본 대로 불이흥업은 조선식산은행과 '협의'하고 조선식산은행의 '양해'를 얻어 상무 취체역 제도를 신설하고 실제 임명하였다. 그리고 그 은행의 '보증' 아래 미납입자본금과 신규 발행 회사채 전액을 야마이치증권에 인수시켰다. 그런데 불이흥업의 주식은 1925년 3월 말 현재 창업주 후지이 간타로가 전체 주식의 24.9%를 소유하는 데 그쳤을 만큼 상대적으로 분산되어 있었다. 주거래 은행인 조선식산은행의 경영 간섭과 통제가 그만큼 용이한 상황이었다. 그리하여 조선식산은행은 비록 대주주는 아니지만, 불이흥업에 거액의 장단기 신용을 제공하고 회사채 발행 때 지급보증을

64 1925년 4월 불이흥업의 상담역에 위촉된 기무라 유지는 1927년 4월 취체역이 되었다. 1926년 10월 13일 중역회에서 신주주 가운데 적당한 사람을 취체역이나 감사역으로 선임하기로 한 결의와 관련이 있을지도 모르겠다.

65 〈임시주총결의록, 1928. 7. 26〉.

해준 주거래 은행, 주채권 은행으로서 그 회사에 거액 채무, 경영 악화 같은 위기가 나타나자 신용 제한, 신용 해약 등을 무기로 여러 가지 까다로운 조건을 제시하며 경영에 개입하였다.[66] 불이흥업에 대한 조선식산은행의 자본적·인적 지배는 이렇게 표면화되었다.

3. 대공황기의 위기 심화와 조선식산은행의 개입 강화

1) 대공황기(1930~1934)의 경영 파탄

(1) 쌀값 하락

세계 대공황과 일본 쇼와 대공황 시기에 불이흥업은 쌀값 하락과 서선농장의 오랜 소작쟁의로 큰 위기를 맞았다. 그중에서도 결정적인 요인은 쌀값 하락이었다. 쌀값이 [그림 1-4]에서 보듯이 1929년 이후 급락하였고 1930년에는 전에 없던 대풍작까지 겹쳐 1931 회계연도 초에는 벼 1근의 가격이 3.56전까지 떨어졌다.[67] 이는 1931년 12월에 일본이 금본위제에서 이탈하며 그해 말 5.5전, 1932년 3월 말 5.6전까지 회복하였고, 1932년 12월에는 일본 정부의 인플레이션 정책이 예상된 가운데 일본에서 조선 쌀을 매입하기 시작하여 한때 6.23전까지 올랐다. 그러나 1933년 초 미국에서 은행 위기

---

66 일반적으로 은행의 기업지배는, 첫째 주식 소유를 통하여 기업을 직접 지배하거나, 둘째 해당 기업과 규칙적·지속적인 거래를 통해 거액의 신용을 제공한 후 그 기업에 거액 부채, 경영 악화, 부실관리 같은 은행의 이해와 상충하는 현상이 나타날 때 그걸 빌미로 평소와 달리 강력한 간섭과 통제를 가하여 지배하거나, 셋째 기업의 신주(新株) 또는 회사채 발행 등의 기회를 이용하여 지배를 강화하거나, 넷째 감사(監事)를 파견하여 기업을 지배하는 등의 방법이 있었다. O. Jeidels, *Das Verhältnis der Deutschen GroBbanken zur Industrie*, 1905(김승석, 「독일 금융자본 성립에 관한 사적 고찰 -라인 베스트팔렌지방의 석탄 · 철강업을 중심으로」, 서울대 석사학위논문, 1983에서 재인용). 1926년에 조선식산은행이 불이흥업에 통제를 가한 것은 둘째의 규칙적·지속적인 거래를 통하여 거래기업에 대한 지배를 강화하여 간 경우이다.

67 〈1930년도 불이흥업영업보고서〉. 군산 3등 현미[石拔] 1석의 가격은 1931 회계연도 초의 24원 70전에서 1931년 1월에는 14원 10전까지 떨어졌다.

[그림 1-4] 일본 도쿄의 쌀값 변동(지수, 1919=100)

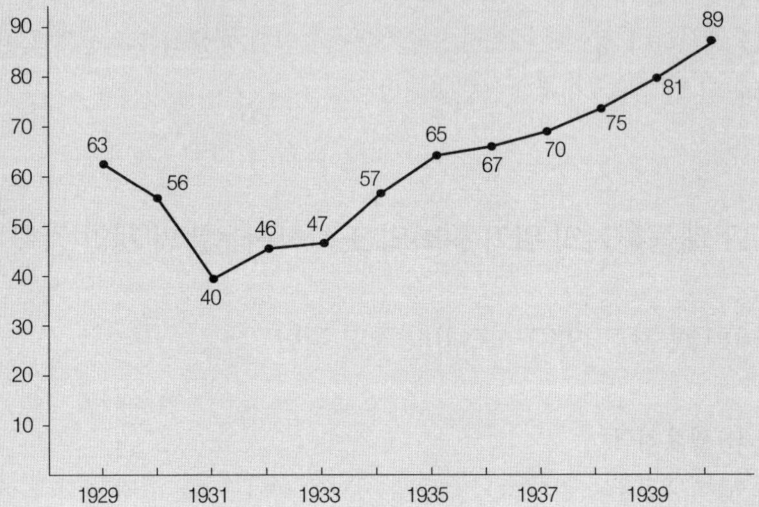

자료: [그림 1-1]과 같음.

(banking crisis)가 재발한 데다 일본과 한국에 풍년이 들고 1932년산 재고 쌀까지 이월되어 전체적으로 1,200~1,300만 석의 공급과잉이 예상됨에 따라 다시 1근당 5.4~5.5전으로 떨어졌다.[68]

이로써 일본 도쿄 후카가와(深川) 쌀(正米) 시장의 미가지수는 [그림 1-4]에서 보듯이 1919년 100에서 1929년 63, 1930년 56, 1931년 40으로 폭락하였고 1932, 1933년에도 각각 46, 47에 그쳤다. 한국도 1929년 46, 1930년 40, 1931년 27로 떨어졌고 1932, 1933년에도 크게 회복하지 못하였다.

(2) 소작쟁의

위기의 또 다른 요인은 평안북도 용천의 서선농장에서 일어난 소작쟁

68 각 연도 〈성업사영업보고서〉, 〈불이흥업영업보고서〉.

의였다.[69] 위기에 몰린 불이흥업이 소작료 인상 및 소작인 해고(교체) 등 소작인에 대한 압박과 수탈을 강화하자 그렇지 않아도 파탄에 직면하였던 서선농장의 소작인들이 일제하 조선 농민 '초유(初有)의 대쟁의'로 평가받은 대규모 쟁의를 일으킨 것이다. 불이흥업의 경영 위기가 소작쟁의를 부르고 소작쟁의가 불이흥업의 위기를 더욱 가속하였는데 일제하 '공전(空前)의 노동쟁의'로 알려진 원산총파업(1929)에 자주 비견되었던 이 쟁의가 본격화한 것은 1927년 초였다. 불이흥업이 경영 위기에서 벗어나려고 거액의 미납입 주식과 신규 발행 회사채를 조선식산은행의 '보증' 아래 야마이치증권에 인수시킨 바로 그 해였다.

앞서 언급한 대로 서선농장은 신설 간척농장인데도 자금 부족으로 제염에 필수적인 수리시설을 제대로 확보하지 못한 채 개답을 서둘렀다. 당연히 안정된 수확을 기대하기 어려웠고 그래서 소작인을 입주시키기가 쉽지 않았다. 이에 불이흥업은 통상적인 소작계약서 외에 〈간석지(干潟地) 개간 규정〉을 따로 만들어 수확이 안정될 때까지 첫해는 소작료 전액을 면제하고 이듬해는 3분의 2를 면제하며 3년째부터 비로소 절반 소작료(또는 정조제)를 받기로 하였다. 소작권도 소작료를 납부한 해부터 향후 10년을 보장하되 그 안에라도 부득이한 사정이 생겨 타인에게 양도하려 할 때는 그 사정을 조사하여 특별한 일이 없으면 승인하여 주기로 하였다. 소작인을 불러모으려고 여러 가지 '이익과 특전'을 주었는데 당시 불이흥업이 만든 〈간석지 개간 규정〉의 전문은 아래와 같다.[70]

69 서선농장 소작쟁의는 김용달, 「일제하 龍川지방의 농민운동에 관한 연구」, 『북악사론』 2, 북악사학회, 1990; 李圭洙, 「1920年代後半期不二西鮮農場地域の朝鮮農民運動について」, 『朝鮮民族運動史研究』 9, 神戸: 青丘文庫, 1993.

70 『동아일보』 1929. 4. 23. 소작인 중에는 입주 당시 회사가 개척기간 중의 주택[住家] 및 양식 제공, 경우(耕牛) 대여, 극빈 소작농에 대한 저리의 소작비용 제공, 소작권의 일생 보장, 소작 중 손해의 변상도 약속하였다고 주장한 이도 있었다. 『조선일보』 1929. 1. 27.

1조 본 규정은 불이흥업주식회사 서선농장 소작인 규정에 병(倂)하여 이를 적용함.

2조 간석지 소작인에 대하여는 좌기의 이익과 특전을 주기로 함.

1. 간석지는 최초 도작(稻作)을 하여 다소의 수확을 득(得)한 연도까지 소작료를 무료로 함.
2. 도작 차년도(次年度)에는 소작료를 징수하되 그 액은 수확고의 1/3로 하고 그 익년도부터는 절반 혹은 정조(定租)로 할 사.
3. 소작료를 납부하는 연도부터 기산(起算)하여 만 10개년의 소작권을 부여함.
4. 기한(期限) 중 부득이한 사고에 의하여 기득(旣得)한 권리를 타에 양여코자 하는 시는 농장에서 그 사실을 조사한 후 이를 승인하는 사가 유(有)함.

3조 전기(前記)의 취지를 요지(了知)하고 계약을 희망하는 자는 좌기의 사항을 구(俱)하여 별지 신입서(申込書)에 의하여 신입할 사.

1. 주소(원적지 및 현주소).
2. 전(全) 가족 및 노동자 수.
3. 농장 사업지역 내에 주가(住家) 및 경우(耕牛)의 유무.
4. 자산의 정도.
5. 소개자의 주소, 씨명. 단, 적당한 소개자가 무(無)한 때는 원적(原籍) 면사무소의 증명서를 지참하여 이상(以上) 농장에 신입할 사.

4조 소작인이 준수할 사항은 좌기와 같음.

1. 소작인은 농장의 방침에 따라 농감의 지휘 감독을 받고 농업에 근면 노력할 사.
2. 휴반(畦畔, 논둑)을 축조하고 정지(整地)할 사.
3. 1개년에 3회 이상의 우경(牛耕)과 기타의 방법으로 담수(湛水) 제염을 할 사.

4. 관개(灌漑) 수로 및 도로의 보호·수선에 태만하지 말 것.

5. 불가항력에 의하지 않고 3항의 제염 작업을 하지 않거나 혹은 매매(賣買)를 하는 시는 소작인 된 자격을 상실하기로 함.

6. 소작료 납부의 연도부터는 수리조합비 반액을 부담할 사.

5조 제염 방법과 도작(稻作) 방법 등에 경험이 무(無)한 자에 대하여는 농장은 기술원으로 하여금 간절히 교시함.

6조 가택을 건축하고자 하는 자에게는 대지를 부여(賦與)함.

그러나 서선농장은 예상대로 개답 후 고전을 면치 못하였다. 위의 〈간석지 개간 규정〉 제4조 2항에서 보듯이 '휴반(논둑)'과 '정지'(整地)조차 제대로 이루어지지 않은 곳에 입주한 데다, 1918년 개답 이래 1924년까지는 수리공사가 진척되지 않아 매년 용수 부족에 따른 염분 상승과 특히 1923년 8월의 예기치 못한 해일까지 겹쳐 크게 고전하였다. 이들은 1924년 7월 평안북도 의주군 고삭령면에 대정수리조합의 대하저수지를 완공한 후에도 한해, 충해, 풍해 등이 계속되어 1926년까지 충분한 수확을 얻지 못하였다. 그리하여 이곳 소작인들은 1918년에 입주를 시작한 이래 이런 난관을 극복하느라 1정보당 평균 50원에서 100원가량의 개간비를 '사비'[私資]로 지출하며 한편으로 개척하고 다른 한편으로 경작한 이가 대부분이었다.[71] 자연스럽게 자신들이 개척한 농지에 대하여 영소작권(永小作權), 경작권(耕作權), 도지권(賭地權) 같은 일종의 소유권 의식을 가지게 되었고, 그런 이유로 농장 측도 '소작권 10년 보장'과 사실상의 '소작권 양도'를 승인하였다. 개간 과정에서 소작인들이 들인 노력과 공헌을 인정한 것이었다. 따라서 이 문제를 건드릴 경우 그 갈등이 언제 어떤 방식으로 불거질지 모르는 상황이었다.

사실 서선농장의 소작쟁의는 1920년대 초부터 산발적으로 일어났다.

71 『동아일보』 1929. 4. 23; 『조선일보』 1931. 11. 7.

이런 가운데 1925년 1월에는 이곳 소작인들이 소작료 감면 등을 요구하며 쟁의를 일으켰고 그 과정에서 소작인 조합의 필요성을 절감한 소작인들은 그해 3월 2일 '부라(府羅)소작조합'을 결성하였다. 이에 농장은 온갖 회유와 분열 공작으로 이를 '서선불이농장(西鮮不二農場)소작인조합'이라는 어용조합으로 변질시켰다.[72] 이곳 소작인들은 그런 과정을 거쳐 1927년 2월 8일 '용천(龍川)소작조합'을 결성하였다. 그리고 이 조합은 1927년 초 농장 측이 농장에 빚(구채)이 있는 소작인에게 '소작권 해제장(狀)'을 돌리며 해고를 협박하자 그해 5월에 일찍이 평안북도 도평의원(1924. 4~1927. 3)까지 지낸 용천군의 유력인사 황관하(黃觀河)를 조합장으로 영입하고[73] 지부 조직을 정비하였다. 또 이들은 여타의 농민단체들과 연대하여 '용천농민회'를 주도적으로 결성하고 청년회 등과 연계하여 회관을 확장하는 등 내부 조직을 다졌다.[74]

이런 와중인 1927년 초에 서선농장은 그동안 밀린 '수세'(水稅)와 '저수지 수리비'를 논 1정보당 무려 15원이 오른 40원씩 징수하기 시작하였고 불응하면 해고하겠다고 압박하였다. 그러나 이에 반발한 조합원들은 1920, 1923년도분 수세 체납비와 저수지 공사비의 면제, 무수확 농지의 종자대와 일정 수확 미만 농지의 수세 면제 등을 요구하는 한편, 차제에 농장의 오랜 현안이던 소작권 매매의 공인과 개간비의 지급(환급)을 요구하며 쟁의를 일으켰다.[75] 보통의 소작지들과 달리 이곳 소작인들은 사실상 개간비의 일부를 부담하였으니 그걸 환급하고 해당 소작지에 대한 영소작권을 부여하여

72 부라소작조합은 평안북도 용천군 부라면의 소작인들이 만든 면 단위의 소작조합이었다. 그해 8월 회사는 이 조합의 조합장을 서선농장의 농감으로 임명하고, 서선농장의 주임인 일본인 아마쿠사(天草)를 조합의 고문으로 만드는가 하면, 농장 직원을 조합의 각 구역 책임자로 만드는 등 이를 '서선불이농장소작인조합'이라는 어용조합으로 변질시켰다. 『중외일보』 1929. 2. 13~2. 27. '용천소작쟁의 사건 전말'; 김용달, 앞의 글, 1990, 276~278쪽.

73 『매일신보』 1924. 4. 6; 『중외일보』 1927. 5. 20.

74 『동아일보』 1927. 2. 12, 9. 18, 9. 24, 10. 9, 10. 24, 12. 3.

75 『조선일보』 1927. 2. 6; 『동아일보』 1927. 2. 22; 『중외일보』 1929. 2. 13~2. 27.

소작권을 매매, 양도, 전대(轉貸)할 수 있게 해달라는 요구였다. 주지하듯이 당시 일본 민법과 그에 기초한 조선민사령은 소작권을 물권(物權)이 아닌 채권(債權)으로 보아 그 매매, 양도, 전대(sublet)를 모두 인정하지 않았다.[76] 그런데 이곳 소작인들은 당초에 개간에 참여하였던 공을 인정하여 통상 30~50년 기간의 '영소작권', '물권으로서의 소작권'을 달라고 요구한 것이었다.[77] 이들은 1920년대 내내 일본에서 「소작법」 제정을 추진하고 마침내 1927년에 「소작법」 초안을 만들어 발표하였던 인사들 가운데 특별히 '소작권의 물권화'에 대하여 진보적인 의견을 가졌던 이들의 견해를 인용하여 소작조합의 협상력을 높이기도 하였다.[78] 이에 회사는 그중 수세 체납비의 면제와 무수확지의 종자대 면제를 수용하고 소작권 매매 문제도 회사가 사실상 이를 '묵인'(默認)하기로 함으로써 해결을 보았다.[79]

1927년 가을 서선농장은 개답 후 거의 처음으로 평년작을 보았다. 그리고 마침 이 해는 앞의 〈간석지 개간 규정〉에 명시한 '소작기한 10년'이 끝나는 직전 해이기도 하였다. 이에 그해 가을 회사는 그간 소작조합을 결성하고 빈번하게 쟁의를 일으킨 소작인들을 정리하고 추후에 새로운 소작인들을 입주시킬 계획을 세웠다. 그리하여 그해 가을 도조(소작료)를 '과중'하게 책정하고 기왕에 미납 소작료나 미납 대부금이 있던 소작인들의 소작권을 박탈(해고)하기 시작하였으며, 이에 항의하거나 소작권 박탈이 쉬워보이지 않는 소작인에게는 출입[立入] 금지나 지불명령 등의 조치를 하였다. 물론 소작조합은 불과 몇 달 전만 해도 소작권 매매를 '묵인'하기로 하였던 회사

76 이는 해방 후도 마찬가지였다. 6.25 전쟁 후 정부가 소유자가 있는 미간지에 난민을 집단이주시켜 농지를 개발한 곳에서도 똑같은 분쟁이 일어났는데, 법원에서 거의 예외없이 이주민들이 패소하였다. 김아람, 「피난지에서 미군기지까지. 평택에서의 이주와 정착」, 『역사와 현실』 114, 한국역사연구회, 2019.

77 영소작권은 이윤갑, 『일제 강점기 조선총독부의 소작정책 연구』, 지식산업사, 2013, 103~105, 266쪽.

78 『朝鮮新聞』 1931. 11. 11. '(平安北道)不二農場の小作爭議根本的解決方案. 石川知事が三井不二專務と懇談. 小作人側が承服するか'.

79 김용달, 앞의 글, 1990; 『조선일보』 1927. 3. 3; 『동아일보』 1927. 2. 22.

의 이런 조치에 즉각 항의하였다. 대대적인 추수 거부 투쟁에 나서 그해 10월 말까지도 전체 소작지의 약 2/3 이상에서 추수에 불응하는 한편, 매일 1,000여 명의 소작인이 농장 사무실에 몰려가 농성하였다.[80] 이른바 '추투'(秋鬪)였다.

1927년 말 농장 측의 소작권 박탈 시도가 소작인들의 거센 반발로 유야무야된 가운데 용천소작조합은 1928년 초 조합 내부의 일부 반대세력을 제명하고[81] 향후 농장과 교섭에 필요한 다양한 대책들을 마련하였다. 용천군의 농민단체들과 연대하여 용천농민연합회를 주도적으로 결성하고 청년회 등과 협조하여 회관을 확장하기로 하였으며, 1928년 가을에는 그간 독자적으로 조사한 서선농장 소작인의 '연간 수지(收支) 내역'[82]을 작성하여 서선농장은 물론 용천군의 다른 지주들에게도 발송하고 그걸 토대로 아래 5개 항의 협상안을 회사에 제시하였다.

1. 비료대는 지주가 절반(천연 관개 답은 1/3)을 부담함.
2. 볏짚[藁草]대는 소작료[打半租] 1석당 7~8승으로 함.
3. 소작료[打半租] 운반비는 마름의 창고 또는 10리 이내까지만 소작인이

80 『조선일보』 1927. 10. 22. '定租 과징으로 作人 추수 태만. 용천 불이농장 작인들이'.

81 1928년 4월 19일 용천소작조합의 지도부 일부가 탈퇴하여 조합원 106명이 참석한 가운데 '평안농민조합'을 만들었다. 강령은 1. 농민 생활 안정을 위한 과학적 신농사법(新農方)의 구명(究明)과 농민 교양 실행, 2. 공평선 상에 입(立)하여 작인 대 지주 간의 융화를 도하며 정리(正理)를 지지함, 3. 조합원 간 상호부조와 협력적 사업 실행 등이었다. 이에 용천소작조합은 3일 후인 4월 22일 8백여 조합원이 참석한 가운데 임시총회를 열어 이들을 제명하였다. 『동아일보』 1928. 4. 21, 4. 27.

82 『중외일보』 1928. 11. 8. '일가족(1.5정보 경작 평균) 1년 생활 부족액 121원. 용천소작조에서 조사한 소작인의 생활 상태. 지주에 5개 조항 요구'; 『중외일보』 1928. 11. 11. '5개 조 요구문과 생활 수지표를 군내 각 지주에게 발송. 용천소조에서.' 조사 결과에 따르면 소작 농가의 연간 수입은 371원이고 지출은 492원 25전으로 부족분이 121원 25전이었다. 좀 더 구체적으로 보면 그중 수입은 소작 수입 315원, 초가(草價) 26원, 부업 수입 30원 등이고, 지출은 농량(農糧) 163.20원, 연료 36원, 장유(醬油) 4원, 소금 1.25원, 어물(魚物) 5원, 등유 3원, 피복대 30원, 교제 잡비 36원, 지주댁 공물비(供物費) 5원, 제세(諸稅) 2.70원, 기타 잡비 3원, 소작지 춘추경(春秋耕) 임금 15원, 비료대 99원, 용수료 42.60원, 제 농구비 3원, 초대(草代) 31.50원, 가옥영선비(營繕費) 8원 등이었다.

부담함.

4. 농번기의 소작인 사역을 절대 금지함.

5. 획어조(獲漁條)는 닭 1마리로 함.

그러나 회사는 이에 응하지 않았다. 그 전해 가을에 소작권 박탈을 시도하였던 연장선 위에서 전보다 더 가혹하게 간평(看坪)을 하고, 소작료 납부 방법도 절반 타작제로 바꾸었으며, 재선곡(再選穀)도 소작인 부담으로 더욱 엄격히 실시하겠다고 나섰다.[83] 이에 소작조합은 소작료 납부를 중단한 채 차제에 '영소작권' 인정과 '개간비' 지급 등 아래 10여 항을 요구하며 본격적인 쟁의에 돌입하였다.[84]

1. 영소작권(永小作權) 인정.
2. 개간비 지급.
3. 수리조합비의 지주 전담.
4. 탈곡현장에서 조제(調製) 실시.
5. 재선곡(再選穀) 비용의 지주 전담.
6. 묘대(苗代, 못자리) 제공 소작인에 손해 변상.
7. 소작료 양정(量定)은 법정 도량형으로.
8. 쌍방 협의로 금년도 간평 소작료 감제(減除).
9. 소작료 강제 징수 엄금.
10. 정조제(定租制) 실시.

이로써 1928년 11월 말부터 이듬해 5월까지 6개월여를 끌며 일제하 소

83 『동아일보』 1928. 10. 12; 『중외일보』 1928. 10. 14.
84 『동아일보』 1928. 12. 4; 『조선일보』 1928. 12. 30은 11개 항을 실었다. 위의 10항 가운데 7항이 없는 대신 10. 제 대부금의 이자를 은행 이자로 인하할 것, 11. 금년 농작 미수를 전부 징수함은 부당하므로 연부 상환하도록 할 것 등 2항이 추가되어 있다.

작쟁의 가운데 가장 조직적인 쟁의였다고 평가받은 서선농장 쟁의, 용천소작쟁의가 시작되었다. 1928년 12월 5일 용천소작조합은 용천군과 평안북도 당국에 1,000여 명의 소작인이 서명한 탄원서를 제출하였고, 그달 27일에는 소작인 대표자들이 상경하여 총독부에도 진정하였다.[85] 이듬해인 1929년 1월 15일에는 소작인 200여 명이 농성하며 신의주의 평안북도 도청까지 몰려가 요구 사항 관철을 재차 촉구하였고, 대표 40여 명이 다시 상경하여 총독부에 진정하고 총독부 농무과의 주선으로 불이흥업 사장실에서 사장 후지이와 만나 제1회 교섭을 하였다.[86]

그런데 당시 후지이의 소작인관, 소작조합관, 소작쟁의관은 매우 반동적이었다. 그는 조합 대표들과 마주한 자리에서 소작인의 '영소작권' 요구를 일본에서도 '아직 실행하지 못하는' 제도라며 일축하였고 소작인의 어려운 처지는 결국 '근로' 부족 때문이니 부업으로 해결하라고 하였다.[87] 소작인 조합에 대해서도 극히 부정적이었다. 소작인 개개인의 사정을 보아서는 들어줄 만한 요구가 없지 않으나 소작인 조합을 보아 결코 들어줄 수 없다고 하였다. 그는 1929년 2월 14일 서선농장을 직접 방문하여 농감(農監) 회의를 주재하면서도 소작인의 요구를 들어주기 시작하면 쟁의가 만성화할 거라며 농장경영을 그만둘지언정 소작인의 요구를 들어줄 수 없다는 강경 방침을 재확인하였다.[88] 이에 소작인 조합도 쟁의의 방향을 '진정'에서 '투쟁'으로 전환하고 장기전으로 끌고 갈 것이라고 천명하였다.[89]

그러나 막후에서는 당국의 중재로 조합장 황관하 등 조합 지도부와 불이흥업 사이에 교섭을 벌였다. 그리하여 1929년 3월 13일 조합장이 회사 측 입장이라며 조합 지부장 회의에서 공개한 내용은 다음 6개 항이었다.

85 『조선일보』 1928. 12. 8, 12. 28.
86 『조선일보』 1929. 1. 27, 1. 29, 1. 30.
87 『조선일보』 1929. 2. 1.
88 『중외일보』 1929. 2. 18.
89 『조선일보』 1929. 2. 1; 『중외일보』 1929. 2. 18.

1. 영소작권은 인정할 수 없다. 소작계약 기한은 3년으로 하되 1년 계약 후 성적이 좋으면 2년을 추가 계약하는 방식으로 한다.
2. 개간비 요구에 응할 수 없다.
3. 수리조합비는 농장이 모두 부담하되 도조율(賭租率)을 높여 1정보당 4석 수확까지는 면제하고, 4석 이상 10석 수확까지는 5할, 10석 이상 15석 수확까지는 5할 6분, 15석 이상 수확의 경우는 5할 8분으로 한다.
4. 소작료는 현장에서 조제하고 재선곡 비용은 지주가 부담하며 묘대(못자리)를 제공한 소작인의 손실을 배상한다. 소작료 강제 징수는 향후 타조제(打租制)로 변경할 계획이라서 문제 될 게 없다.
5. 불공평한 간평으로 생긴 손해를 지주가 보상하라는 요구는 수용할 수 없다.
6. 정조제는 지주에게 큰 손해가 예상되어 수용할 수 없다.

이에 지부장들은 토론 끝에 아래 수정안을 만들어 조합의 공식 입장으로 회사에 제시하였다.[90]

1. 영소작권을 요구하는 대신 소작기한 10년을 요구한다.
2. 개간비를 요구하는 대신 소작권 매매의 '공인'이 아닌 '묵인'을 요구한다. 그 경우 소작권은 후계 소작인이 소작인 자격을 가졌는지를 보고 넘긴다. 그러나 농장이 무리하게 소작권을 박탈하면 1정보당 최소 1백 원의 개간비 지급을 요구한다.
3. 소작료[賭租] 인상 대신 수리조합비 일부를 분담하겠다.
4. 타작제를 수용한다.
5. 도조(賭租) 부족액(간평 불공평으로 생긴)에 대해서는 농장에 간원적(懇

90 『중외일보』 1929. 3. 19.

願的)으로 교섭한다.

6. 농장의 대부(貸付) 금리를 연 12% 이내로 한다.
7. 종자는 농장이 부담하고 곡초(穀草, 볏짚)는 절반씩 나눈다.
8. 농장 대부금의 연부 상환 기간을 30원 이내는 2년, 50원 이내는 3년, 50원 이상은 5년으로 연장한다.

회사 역시 이를 수용하지 않았다. 마침 이 해는 첫 소작료를 납부한 지 10년이 지난 때였다. 그리하여 회사는 앞의 6개 항을 토대로 [부록 1-6]의 새 소작계약서를 대량 인쇄하여 계약 체결을 강요하였고[91] 그나마 전년도 소작료와 수리조합비 등을 상환하지 않으면 새 계약서에 의한 계약도 체결할 수 없다고 압박하였다. 나아가 소작인들이 새 계약서에 끝내 불응하면 외지인, 특히 일본인 노동자를 데려다 농장을 직영하겠다고 협박하였다.[92] 소작조합의 지부장들이 만든 이 수정안은 조합원들도 거부하였다. 그리고 조합원들은 누구든 먼저 계약하는 이는 조합 차원에서 제재할 것이며 당분간은 농장과 새 계약을 체결하지 않은 채 경작을 강행하되 회사가 이를 방해하면 지난 10년간 소작인들이 쏟아부은 개간비를 모두 받아 일제히 농장을 떠나자고 하였다.

기경(起耕) 날짜가 다가오자 회사는 강온 양면으로 계약 체결을 회유하였다. 사장 후지이가 직접 나서 장차 시비(施肥) 등 농사 개량 자금을 투입하여 1단보당 4~5석을 수확한 다수확 소작인에게는 소작료를 5할로 내려주

91 새 소작계약서의 내용은 『중외일보』 1929. 4. 13. '신소작증서 내용. 용천불이 소작쟁의 후보(後報)'.

92 『동아일보』 1929. 3. 22. '쌍방 태도 강경으로 해결 희망은 막연. 지주는 소작 연한 단축코 소작료 인상. 소작인은 이에 불응'; 『조선일보』 1929. 3. 23. '소작인 위협하는 불이농장 횡포 익심(益甚). 이곳 농민이 조건 듣지 않으면 외지 노동자 데려온다고'; 『조선일보』 1929. 3. 23; 『중외일보』 1929. 4. 13. 소작인이 농장 지시에 불응할 경우 일본인을 불러 직영한다는 방침은 1928년 말 쟁의 시작 때부터 언명한 터였다. 『동아일보』 1928. 12. 17. '농장 주장 불복이면 즉시 이민으로 보충. 강경한 용천 불이농장'.

고, 그런 다수확이 20년 계속되면 그 농지를 해당 소작인에게 무상 양도하겠다고 약속하였다. 그와 동시에 회사는 직영을 위하여 농우 1백여 마리를 사들이고 노동자를 모집할 계획을 세웠고 그중 30여 마리를 실제 구입하여 일부 기경에 착수하였다.[93] 이에 소작인들은 실력 저지에 나섰다. 일촉즉발의 위기가 계속된 가운데 회사는 소작인들에게 4월 12일까지 계약에 응하지 않으면 직영을 강행하겠다고 최후통첩하였다. 반면 조합은 4월 7일 지부장 회의를 열고 찬반 양쪽의 격론과 심한 진통 끝에 [부록 1-6]의 새 계약서를 토대로 소작권 매매를 묵인하고 소작 기간을 10년으로 한다는 내용을 골자로 하는 아래 5개 항의 최종 협상안을 확정하였다.[94]

1. ([부록 1-6]) 10조 2항의 '(소작지를) 타인에게 매도, 전대(轉貸), 또는 담보로 제공하지 못함'을 '간석지 규정에 따라 소작권 매매를 묵인'함으로 정정함.
2. 농장이 요구한 소작료 5할 8분을 수용함.
3. 제3조를 예년처럼 소작인이 종자를 부담하는 대신 곡초는 전부를 소작인 소유로 함으로 정정함.
4. 제13조의 (소작 기간) 3년을 10년으로 갱신함.
5. 10조 7항에 도당(徒黨) 운운한 것은 소작조합을 파괴하고자 한 것이므로 전문을 삭제함.

회사는 이것도 거부하였다. 그리고 무장 경관의 엄호 아래 직영에 착수

93 『중외일보』 1929. 3. 28. '다수확 소작인에 토지 무상 양도. 불이흥업회사의 신사업. 본 연도부터 실행', 1929. 4. 13; 『조선일보』 1929. 4. 13.

94 『중외일보』 1929. 4. 17. 그 과정에서 5개 항에 반발한 조합원이 많아 조합장 황관하에 대한 농장 측의 매수설이 급속히 번졌고 이후 조합장 옹호파와 반대파가 분립하였다. 『조선일보』 1929. 4. 13. '소작조 지부장회. 군중격분으로 수라장. 타협적 태도에 분개하여. 현장에서 경관과 충돌'; 『중외일보』 1929. 4. 16. '용천 불이쟁의단 양파로 분립대치. 조합장 황관하 씨에 대하여 옹호(擁護)와 대파(對派)의 주장'.

하였다.[95] 소작인들도 결속을 다지며 소작계약에 불응하였다. 파종기가 임박하자 양쪽 모두 무작정 대치할 수만은 없었다. 4월 22일 조합장 황관하와 사장 후지이는 재차 막후교섭을 벌여 아래 6개 항의 타협안을 만들어 4월 27일 지부장 회의를 거쳐 4월 30일 조합원에게 공개하였다.[96]

1. 소작권 이동: 소작권의 공연(公然)한 매매에 의한 이동을 절대 금지함. 단, 소작인이 이사하거나 소작을 그만두어 친척이나 관계인에게 호의로 양보하려 할 때는 해당 사실을 충분히 조사한 후 후계자가 선량한 소작인의 자격을 갖추었을 경우 이를 승인하며 현재와 같은 매매제도에 의한 소작권 이동은 사정 여하를 불문하고 절대 불허함.
2. 소작료 인하: 소작료 5할 8분을 수용하되 다수확 장려의 취지로 수확이 38석을 초과하면 초과분의 8%를 소작인에게 돌려주기로 함. 이는 소작증서에 기재하지 않더라도 농장의 내규로 정하여 확실히 이행할 것이며 농장은 적당한 기회에 그 비율을 인상할 용의가 있음.
3. 미납금 상환: 1927년도 미납분은 금액에 따라 2~3년 연부(年賦)로 상환하고 1928년도분은 반드시 완납하기로 함. 단, 그럴만한 능력이 없는 자는 농장에서 신규 영농 자금을 빌려주어 우선 갚게 한 후 수확기에 소작료와 함께 상환하게 하며 그로 인하여 다음 해 영농이 곤란해지면 영농 자금을 재대부하기로 함.
4. 볏짚[藁草] 반분(半分): 볏짚을 반분하려는 것은 농사 개량용 퇴비를 얻

95 『중외일보』 1929. 4. 18; 『동아일보』 1929. 4. 23. '만여 주민 사활 불고(不顧) 불이농장 직영 착수. 경찰은 사복 무장 경관을 급파 엄계(嚴戒). 소작인은 최후까지 항쟁할 결심으로 결속 … 용천소작쟁의 진상. 농민들이 고심(苦心) 기간(起墾) 황무지를 옥토화. 명문(明文) 자재(自在)한 간석(干潟) 개간 규정. 수세를 구실로 소작료 인상. 당국은 청이불문(聽而不聞) … 천여 명이 결속 대항. 채무청장(債務淸帳) 요구 계약 체결 거절' ; 『동아일보』 1929. 5. 7. '용천소작 대쟁의. 파종기에도 의연 계속 … 농장 측은 직영으로 위협 … 시위(示威) 선전에 불과(不過)나 직영에는 대찬성. 소작살이 보담 노동살이. 소작인 측 모씨 담(談)'.

96 『중외일보』 1929. 5. 7; 『동아일보』 1929. 5. 7.

기 위함이지 금전상 모리(謀利) 때문이 아니므로 지주 몫은 모두 비료로 활용할 것임. 관례대로 볍씨의 반은 소작인이 지주에게 현품으로 내고(지주와 소작인이 비료대를 반분하기 때문) 그에 대한 이자는 가산치 않음.

5. 종자 재요(再要): 이는 소작인이 농장의 지도에 불응하거나 심대한 태만으로 농사가 무효케 된 경우에 한하며 일반적 재해의 경우는 해당하지 않음. 사례가 극히 적겠지만 만일을 위하여 삽입하니 농장 방침을 신뢰할 것.
6. 소작증서의 모종(某種) 문구: 소작증서에 도당 조직 운운한 것은 현재의 소작조합 같은 단체를 말하는 게 아님. 오해가 있다면 유감으로 생각하고 삭제하기로 함.

그러나 조합원들은 이것 역시 회사가 강행하려는 새 소작계약서와 별 차이가 없다며 거부하였다. 이에 회사도 직영 방침을 고수하였다. 기경(起耕) 시기가 거의 끝나가는 절박한 상황에서 조합 지도부는 타협안 수용을 권했으나 소작인들은 지도부를 탄핵하며 신의주의 평안북도 도청까지 몰려가 농성하였고 당국도 경관을 보내 경비를 강화하며 수차 조정에 나섰다. 그러나 모두 실패하였다.[97] 해결 전망이 보이지 않는 가운데 파종기마저 다 끝난 5월 중하순이 되자 소작인 조합에서는 타협안에 따라 기경하자는, 우선 논부터 갈자는 온건파와 그에 반대하는 강경파가 분화하였다. 지도부는 실농(失農) 위기를 들어 조합원 각자의 선택에 맡기자는 '쟁의 자유 해결안'을 내놓았고 강경파는 그에 불응하며 끝까지 투쟁하길 주장하였다.[98] 결국

97 『조선일보』 1929. 5. 16~17; 『동아일보』 1929. 5. 12~16; 『중외일보』 1929. 5. 18.
98 『동아일보』 1929. 5. 14. '폭우 중 70리 답파 도청으로 속속 쇄도. 강제 저당은 안켔다고 농장 측 성명. 소작인들은 경파와 연파로 난우워. 용천소작쟁의 속보. … 작료(作料)는 5할로 이작권(移作權) 사수(死守). 합리적 계약이 생사 문제. 백보를 양(讓)한 경파(硬派) 주장. … 하여간 기경. 연파(軟派) 측 주장' ; 『중외일보』 1929. 5. 15. '쟁의 자유 해결안에 일부 작인은 불응.

조합은 날이 갈수록 온건파가 늘자 쟁의 6개월 만인 1929년 5월 말에 "후일 다시 문제를 일으키기로 하고" 타협안을 받아들였다.[99] 이에 회사도 1928년도분 미수금 전액을 면제하는 선으로 양보하여 쟁의는 일단락되었다.[100]

1929년 가을에 협상이 재개되었다. 그리하여 1929년 10월 31일 소작조합 대표단과 후지이 사장이 협의하여 회사는 소작조합이 요구한 1. 1928년 이후 미수금(未收金)의 연부 상환, 2. 소작권 이동 승인, 3. 소작료 58%를 50%로 인하, 4. 볏짚 반분제(半分制)의 종전대로 환원, 5. 묘대비의 농장 부담 등 5개 항 가운데 2, 3, 4항은 그대로 수용하기로 하였다. 그리고 1항의 미수금은 30석 이상은 2할, 25석 이상은 1할을 징수하고 25석 이하는 연기(延期)하는 것으로, 또 5항은 20석 미만은 면제하고 20~25석은 3분의 1, 25~30석은 2분의 1, 30석 이상은 전납(全納)하는 것으로 타협안을 제시하고 소작인 조합이 이를 수용함으로써 일단락되었다.[101]

그런데 서선농장 소작인들은 1930년 봄에 다시 쟁의를 일으켰다. 그해 봄 일부 소작인이 소작권을 '무단' 이동하자 회사가 그들에게 시말서를 받고 그중 25명의 소작권을 전격 박탈(해고)한 것이 직접적인 발단이었다.[102] 주지하듯이 소작인에게 소작권 이동, 소작권 박탈은 가장 치명적인 조치였다. 그래서 조선식산은행의 자회사로 설립된 성업사조차 산하 각 농장에 〈소작인 이동에 관한 취급 방법의 건〉이라는 문서를 보내 '소작권 이동', 특히 '일시에 다수의 소작권을 이동하여 충동을 주는' 집단해고에 거듭 신중하라고 지시할 정도였다.[103] 게다가 이때의 쟁의 역시 근저에는 소작권 매매

태도 극강경. 절대로 반대. 용천불이 분규 후문'.

99 『동아일보』 1929. 5. 19. '기경 절박으로 계약자 속출. 반수 이상 벌써 계약을 해'; 『중외일보』 1929. 5. 22. '소작인 측의 양보로 용천쟁의 수(遂)해결. 기경기에 지구전함은 불리하야 조정을 부득이 승인'; 『조선일보』 1929. 5. 22. '농기(農期) 이만(已滿). 농장 강경. 소작인 음한(飮恨) 체결'.

100 『조선일보』 1929. 6. 1. '용천쟁의 수(遂)해결. 불이 측의 양보로'; 『중외일보』 1929. 6. 8. '용천소작대쟁의 해결. 쌍방의 양보로 낙착되어 만기경(晩期耕)으로 조춘(早春) 기분'.

101 『동아일보』 1929. 11. 15. '용천불이쟁의 쌍방이 절충 타협. 금년은 무사히 넘길 듯'.

102 『동아일보』 1930. 4. 19. '소작권 이동을 회사가 단연 금지. 직접 원인은 여기에'.

와 개간비 지급 문제를 둘러싼 불만이 가로놓여 있었다. 당시 소작인들은 1930년 초의 미가 하락으로 생활이 더욱 어려워져 여차하면 농장을 떠날 태세였고 당연히 소작권 매매와 개간비 지급 문제가 더욱 큰 관심사였다. 그런데 때마침 소작권 이동을 이유로 20여 호의 소작인이 소작권을 박탈당하고 그 가족 50여 명이 이에 집단 항의하자 삽시간에 전체 조합원의 지지를 받는 대쟁의로 확대하였다.

소작인들은 경찰이 개입하여 조합 간부와 조합원들을 검거하고 각종 집회를 저지한 속에서도 불면불식(不眠不食)의 아사(餓死)동맹과 불경(不耕)동맹을 맺고 기경을 거부하였다.[104] '춘투'였다. 파종기가 거의 다 지나도록 계속된 1930년 4월 '춘투'는 5월 말 회사가 소작권 양도를 '친척'에 한하여 승인하고 또 앞서 소작권을 박탈당한 소작인들도 차제에 기경에 참여하면 복구하여 주기로 타협안을 내어 해결되는 듯하였다. 그러나 5월 30일 기경에 착수한 온건파 소작인들을 강경파 조합원들이 공격하여 부상자를 냈고, 이에 회사도 앞의 타협안을 번복한 채 쟁의에 나선 이들의 소작권을 박탈하는가 하면 소작인들을 선동하여 내분까지 일으켰다.[105] 이에 쟁의는 기경에 나섰던 온건파 농민들까지 합세하여 6월 말까지 끌었다. 소작인들은 1930년 춘투에서도 소작권 매매 요구를 관철하지 못하자 그해 8월 28일 소작조합에 개척권(開拓權)위원회를 두고 교섭위원 3인을 선발하여 이 문제를 계속 교섭하기로 하는 등 투쟁을 멈추지 않았다.[106]

103 이 책 제2장 주 110.
104 『조선일보』 1930. 4. 16. '용천불이농장에 우복(又復) 대쟁의 발발', 4. 17. '70명 용천소작인 3일간 불면 단식', 4. 18. '용천소작쟁의단 불온타고 경찰이 해산. 단식항쟁이 점점 확대되는 것을 보고', 4. 19. '2백 명 쟁의단이 아사동맹까지 조직', 5. 11. '불경동맹으로 농장에 항쟁'; 『중외일보』 1930. 5. 12. '작인 등 일시 검속. 경찰은 농장 엄계', 5. 14. '무장 경관대는 엄계. 수백 작인은 계속 대항'; 『조선일보』 1930. 5. 15. '용천소작쟁의단 경찰이 해산 강박. 소작인 부상자 두 명'. 5. 19. '불이소작쟁의 해결 전도 답연'.
105 『조선일보』 1930. 4. 26, 6. 1~2, 6. 20.
106 『조선일보』 1930. 6. 13, 6. 16, 6. 20; 『중외일보』 1930. 9. 6.

(3) 위기 심화

1920년대 후반의 불이흥업은 총수입의 9할 이상을 '지소가옥 수입'(地所家屋收入), 즉 농지와 가옥을 운용하여 얻은 농업회사였다. 그런데 이들은 대공항을 전후하여 쌀값이 폭락하고 서선농장의 소작쟁의마저 장기간 계속되자 위기를 넘어 파탄으로 치달았다. [그림 1-5]에서 보듯이 1929년에 총자산 대비 71.4%였던 부채는 1931년 74.4%, 1933년 78.9%로 늘었고, 자기자본 대비 부채의 비중도 1929년 249.7%에서 1931년 289.9%, 1933년 372.9%로 급증하였다([부록 1-2] 부채비율 2). 총지출 대비 이자 부담의 비중도 1929년 26.9%에서 1931년 38.3%로 급증하였고 1932, 1934년에도 31.6%, 34.4%로서 여전히 3할대를 유지하였다([그림 1-5]).

쌀값은 폭락하는데 총지출의 3할 이상을 매년 이자로 고정 지출해야 했으므로 수익률도 악화하였다. [그림 1-3]과 [그림 1-6]에서 보듯이 1920년대의 8~9%에서 1929년의 5.5%를 거쳐 1930년 이후 1932년 사이에는 매년 적자로 반전하였다. 총자산의 7할 이상을 점한 부채가 레버리지(leverage) 효과를 통

[그림 1-5] 불이흥업의 부채 비율과 이자 부담률(%)

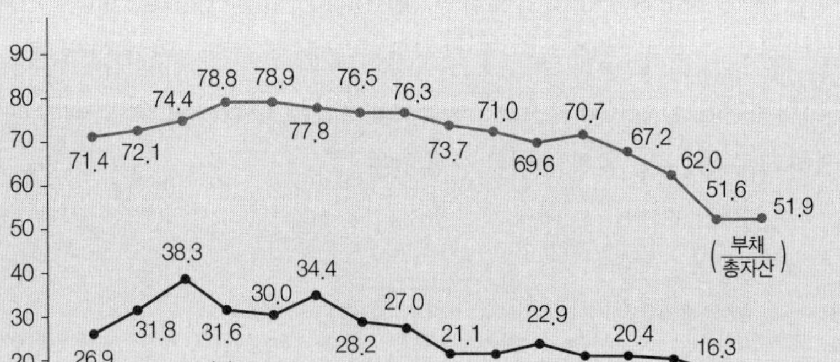

자료: [그림 1-2]와 같음.

[그림 1-6] 불이흥업의 수익률(%)

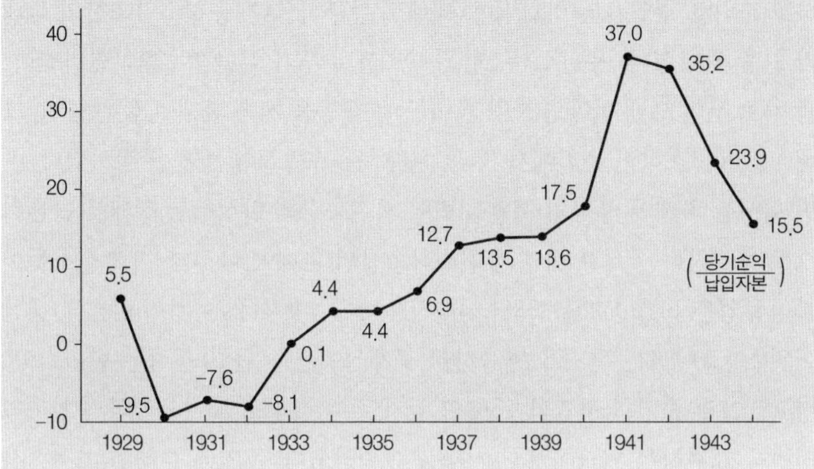

자료: [그림 1-2]와 같음.

하여 역으로 수익률을 급감시킨 것이다. 그리하여 당시 불이흥업은 1930년 1월 취체역 기무라 유지(木村雄次)가 매년 받던 교제수당 2,400원과 도쿄~서울 간 왕복 여비 전액을 자진 반납하였고, 4월에는 중역회가 1923년에 이어 창립 후 두 번째로 중역상여금의 지급 중단을 자진 결의할 정도로 사정이 좋지 않았다.[107]

2) 공황 대책

(1) 소작쟁의 해결

이런 가운데 불이흥업은 당면한 위기를 극복할 다양한 대책을 마련하였다. 우선 이들은 조선과 일본의 조야(朝野)에 쌀값 폭락을 막을 대책을 촉

107 〈중역회결의록, 1930. 1. 12, 4. 14〉.

구하는 한편, 서선농장의 오랜 소작쟁의로 크게 실추한 회사 이미지를 회복하고 소작료 수입을 늘리기 위한 대책도 강구하였다. 용천소작조합의 와해가 그중 하나였다. 용천소작조합은 1930년 춘투가 끝난 후 '개척권위원회'를 따로 두어 오랜 현안인 소작권 이동 문제 등을 계속 과제로 삼는 한편, 그해 9월 18일 소작인 총회에서 '추투'(秋鬪), 즉 가을 투쟁 방침을 정하였다. 반면 회사는 차제에 당국의 지원을 받아 서선농장의 만성화된 쟁의를 근본적으로 해결한다는 목표 아래 용천소작조합의 와해에 나섰다.[108] 후술하듯이 불이흥업은 1930년 8월 7일 조선식산은행에 〈당사(當社) 정리(整理)에 대한 어원(御願)〉이라는 문건을 제출하여 구제금융 제공을 요청하는 한편, 1930년 8월 21일 중역회 결의와 9월 9일 임시 주총 결의로 불이흥업의 경영조직 전반을 개편하는 워크아웃(workout)을 단행하였다. 주거래 은행인 조선식산은행이 불이흥업에 대한 회계감독권, 예산편성권, 업무조사권을 가진 채 창업주 후지이 간타로의 대표 등기를 말소하고 전무 미쓰이 에이쵸(三井榮長)를 영입하여 후지이와 공동 대표로 등기하는 등 사실상 불이흥업의 경영권을 장악하였다. 당연히 소작쟁의를 대하는 방식도 그만큼 달라졌는데 1930년 9월 초의 소작조합 간부 검거령은 그 시작이었다.[109] 이에 소작조합은 9월 10일 총회에서 조직을 조합장 중심제에서 일종의 집단지도 체제에 해당하는 위원회 제도로 바꾸고 위원장 황관하와 위원 28인을 선임하여 전열을 정비하였다. 그리고 10월 10일 소작조합의 집행위원회는 상무위원과 부서장들을 선임하고 아래 5개 항의 투쟁목표를 제시하였다.[110]

1. 개간비(開拓費) 요구.

108 〈중역회결의록, 1930. 8. 21〉; 〈임시주총결의록, 1930. 9. 9〉.

109 『동아일보』 1930. 9. 7. '용천소작조합 간부 등 대검거', 9. 9, 9. 13. '용천소작조합 간부 7인 송국 … 또 2인 검거', 9. 28; 『조선일보』 1930. 9. 9. 원래 경찰은 쟁의 발생 후 "소위 불온분자의 책동이 있다"며 소작인 집회를 봉쇄하고 간부와 조합원을 검속하는 게 일반적이었는데(『동아일보』 1928. 12. 17) 이때는 총회 전에 미리 검거를 시작하였다.

110 『동아일보』 1930. 9. 14, 10. 19, 10. 27; 『중외일보』 1930. 9. 18.

2. 전대금(前貸金) 상환 1년 연기.
3. 1930년도 대부금을 1931년 4월의 예상 쌀값 시세인 1석당 10원으로 환산하여 상환하도록 할 것.
4. 비료(大豆粕, 콩깻묵) 가격 인하.
5. 비료의 강제 배부 거부.

그런데 1930년 말은 대공황이 극에 달한 때였다. 따라서 당시 농민들은 쌀값이 폭락하고 농가 경제가 파탄한 속에서 학업을 중단하거나, 월동 걱정에 일가가 야반도주하거나, 심지어 '살인적 전황(錢荒)으로 목매고 할복'하는 등 그야말로 참담한 지경이었다.[111] 이런 가운데 이곳 소작인 조합은 1929년 춘투 때 분화하였던 온건파, 강경파의 연장선 위에서 조합의 지도노선과 이념을 둘러싸고 크게 두 그룹으로 나뉘었다. 하나는 소장 개혁파였다. 당시 언론에서 "주의적 색채"를 가지고 "항상 신의주 등지의 사상단체와 연락하여 불온사상 주입에 급급"한 백용구 중심의 "좌경화하여 가는 청년파"라고 소개한 강경파로서,[112] 여기서 신의주 등지의 사상단체란 신의주청년동맹을 말하며 이는 모스크바동방노동자공산대학 출신의 안병진 등이 1928년에 조직한 사회주의 운동단체였다.[113] 다른 하나는 노장 보수파였다. 당시 언론에서 "운동의식이 없는 일종 봉건 두뇌의 소유자"로서[114] 1929년 춘투 때 매수설이 나돌기도 하였던 전 조합장이자 현 집행위원장 황관하를 중심으로 한 온건파였다.

이러한 대립은 1931년 3월 14일 총회에서 소장 개혁파가 자파 세력으로 집행위원회를 구성하고 그달 28일 보수파의 중심인물인 황관하 등 4명을

111 『동아일보』 1930. 11. 29, 12. 2, 12. 18, 12. 24, 1931. 1. 3.
112 『조선일보』 1931. 4. 26; 『동아일보』 1931. 9. 21.
113 金容達, 앞의 글, 1986의 주 165.
114 이병관, 「龍川小作組合은 왜 解散되었나」, 『農民』 9, 10호, 조선농민사, 1932.

제명하는 등 헤게모니를 장악한 가운데[115] 공안 당국이 이들을 탄압하고 보수파를 지원하자 새로운 국면을 맞았다. 보수파는 백용구를 "주의적 색채를 가지고 청년들로 하여금 실권을 잡게 하려고 노년파를 배척"한 인물이라고 비난하면서, 용암포경찰서의 경관 20여 명의 보호 아래 자파 조합원 300여 명으로 별도 총회를 열어 조합 조직을 조합장제로 환원하고 조합 사무실에 '난입'하여 서류를 탈취하였다.[116] 이에 개혁파 800여 명은 경찰의 저지와 검거에도 불구하고 그 서류의 탈환을 시도하는 등 온건파와 개혁파가 일진일퇴를 거듭하였다. 결국, 개혁파 간부들은 강도죄로 대거 구속되었고 보수파는 별도 사무실을 열어 분가하는 등 양파의 분열은 법정 싸움으로까지 번졌다.[117]

개혁파는 조합 간부 대부분이 검거되어 재판받는 가운데서도 1931년 6월 30일 집행위원회를 열어 조직을 정비하고 그해 가을 대규모 쟁의를 주도하였다. 발단은 1930년에 농채(農債)를 벼 1석당 8원으로 환산하여 현물 상환하게 하였던 회사가 1931년에 쌀값이 더욱 하락하자 소작인들과 상의 없이 이를 8원이 아닌 6원으로 감가(減價) 환산하여 받겠다고 선언하며 강행한 데서 비롯하였다.[118] 그러나 그 저변에는 소작권 매매 공인, 개간비 지급(반환) 문제 등 오랜 불만이 누적되어 있었고 어느 때보다 강경한 지도부도 큰 몫을 하였다.

1931년 가을 소작농들은 개혁파의 지도 아래 개간비 반환, 소작권의 매매와 이동 승인, 채무 지불 유예 등을 요구하며 소작료 불납동맹을 결성하였다. 그러나 회사는 경찰 등 관계 기관의 지원 아래 경관과 폭력배 50여 명

---

115 『동아일보』 1931. 3. 17, 4. 25.
116 『조선일보』 1931. 4. 26; 『동아일보』 1931. 4. 24~26.
117 『동아일보』 1931. 4. 27; 『조선일보』 1931. 4. 28. '충돌의 원인은 지도이론의 상위. 일은 급진파, 일은 온화파', 1931. 5. 14, 5. 16, 5. 19, 5. 28, 5. 30; 『동아일보』 1931. 5. 14, 5. 20, 5. 24, 6. 1, 6. 27.
118 『조선일보』 1931. 11. 8.

을 동원하여 소작료와 기타 미수금 일체를 징수하기 시작하였다. 그 과정에서 불응하는 소작농을 폭행하였고 소작인 집회를 경계하던 경관이 소작인의 아내와 노모를 구타하는 사건까지 벌어졌다. 그리고 이에 흥분한 농민들이 경관 11명의 무장을 해제하고 그들에게 경위서(始末書)를 받는 한편, 농장 직원과 경관까지 집단 구타하는 '파천황(破天荒)적 일대 충돌'이 일어났다. 용암포경찰서는 평안북도 철산, 신의주 두 경찰서의 지원을 받아 현장 경계를 강화하고 같은 날 60여 명을 검속한 데 이어 신의주검사국의 검사까지 총출동하여 소작인은 물론 현장을 취재하던 동아일보, 조선일보 기자와 구경꾼들까지 무려 140여 명을 검거하였다.[119]

이 사건 후 용천소작조합은 급속히 영향력을 잃어 갔다. 1931년 추투를 경찰과 검찰이 강경 진압한 데다 회사가 소작인 조합의 분열을 틈타 '농사개량회'(農事改良會)라는 어용조합을 만들어 세력을 확장하고, 공안 당국이 사상 악화를 이유로 개혁파 간부와 조합원들을 체포 기소하는 등 조합 해체를 밀어붙인 때문이었다. 그리하여 용천소작조합은 1932년 2월 26일 소작계약 갱신이라는 결정적인 '춘투' 시기를 앞두고 돌연 해체하였다.[120] 불이흥업은 서선농장의 오랜 쟁의를 이렇게 해결하였다.[121]

119 『동아일보』 1931. 11. 5. '개간비 불급으로 소작료 불납. 소작인들이 전부 가져가 경찰관 권유도 무효', 11.7. 용천소작쟁의 격화? 경관 자동차대 급행. 용암포서장 검사국 방문. 평북 경찰부대 긴장. 농장 측과 군중 충돌. 68명 대검거. 나종엔 경관대와 또 충돌. 용천쟁의 격화 내용', 11. 8. '사태가 험악. 응원 경관 집중. 사실조사 간 기자도 검속'; 이병관, 앞의 글, 1932; 『조선일보』 1931. 11. 9. '불이농장 쟁의로 현재 피검 백여 명. 충돌 당시 경관무장을 해제. 신의주 검사국 직접 취조', 11. 10. '용천쟁의 사태 중대화. 피검자 140여 명. 경관에 맞은 노파 필경 사망. 남편과 아들 경찰에 갇쳐서 장사도 문제'.

120 『조선중앙일보』 1932. 3. 3, 3. 29~30; 이병관, 앞의 글, 1932.

121 1931 회계연도 불이흥업 〈영업보고서〉의 "소작농의 경제적 향상과 촌풍(村風)의 작흥(作興)에 노력하고 관청의 심대한 지도 원조 아래 소작 벼의 도난 방지, 소작쟁의 해결, 부업 증진에 양호한 성적"을 얻었다는 지적과 1932년 3월 11일 불이흥업 전무 미쓰이 에이쵸(三井榮長)가 취체역 회장 기무라 유지(木村雄次)에게 보낸 "서선농장에서는 현재 소작계약을 해제당한 80여 호가 새 농작자의 농경을 방해하는 등 여러 가지 책동을 하고 있으나 … 본사는 사원을 파견하여 관청의 원조(경찰대 16명을 특파함) 아래 대경계를 하고 있어 큰일은 없을 듯"하다는 보고 참조. 『불이흥업 취체역회·주주총회 관계 서류철』.

(2) 미가 대책

불이흥업은 경영 파탄의 가장 근본적 원인인 쌀값 대책에도 부심하였다. 후지이는 1920년대부터 미곡 증산 정책이 실효를 얻으려면 쌀값 안정이 전제되어야 한다고 보고 그 일환으로 일본의 「미곡법」을 개정하여 이를 조선에도 연장 실시하도록 강력히 촉구하였다.[122] 1930년에도 미가 문제가 더욱 심각해지자 그는 정부가 일반 회계의 재원으로 전국에 국립창고를 건설하여 풍년에는 미곡을 매입, 보관하고 흉년에는 이를 방출하는 전면적인 미가 조절 정책을 시행해야 한다고 '절규'하고 '통론'하였다.[123] 1930년 10월 20일에는 조선농회가 개최한 전선(全鮮)농업자대회에서 조선미 옹호를 위한 동상(東上)위원, 동경 파견 위원에 선발되어 일본에서 총리대신 이하 대신들과 접촉을 꾀하고 일본의 제국농회(帝國農會)에도 출석하여 조선 쌀 매입의 절박성을 절규하였다.[124] 그러나 성과가 없었다. 조선은 「미곡법」 적용 지역이 아니고 또 현재 재원으로는 일본 쌀조차 전부 매입할 수 있는 상황이 아니며 총독부가 저리 자금(4,000만 원)을 풀어 조선 쌀을 매입하는 방안도 자금 부족으로 곤란하다는 것이었다.[125] 일본의 미가 문제도 해결하지 못한 상황

122 일본의 「미곡법」은 일본 정부가 쌀값 안정을 위하여 쌀 수급 관계를 조정할 수 있게 한 법률이다. 1921년에 제정하였고 1933년에 「미곡통제법」으로 발전하였다. 「미곡법」의 내용은 제1조 정부는 미곡의 수급조절을 위하여 필요하다고 인정할 시 미곡을 매입, 매도, 교환, 가공 또는 저장할 수 있다. 제2조 정부는 미곡의 수량 또는 미가를 조절하기 위하여 필요하다고 인정할 시 칙령으로 기간을 정하여 미곡 수입세를 증감, 면제하고 그 수입과 수출을 제한할 수 있다 등이다. 「미곡법」 1차 개정은 제1조에 '시가조절'을 추가하고, 제2조에 이를 '외지'에도 적용할 수 있도록 한 것이다. 둘 다 미가 하락에 대처한 개정이었다. 오호성, 『일제시대 미곡시장과 유통구조』, 경인문화사, 2013, 290쪽.

123 藤井寬太郎, 「昭和第5の新年を迎へて」, 『朝鮮農會報』 4-1, 1930; 동, 「大豊作と米價調節の必要を痛論す」, 『朝鮮農會報』 4-10, 1930. 이런 입장에서 후지이는 미곡조사회가 미가 안정책으로 제안한 '조선미 이입 제한' 방안은 물론 '조선미 월별[月割] 평균 이입' 방안도 미봉책에 불과하다고 비판하였다.

124 이들의 활동은 기유정, 「식민지 대(對) 모국 간 경제마찰과 재조 일본인 사회의 대응 – 1929~1936년 '선미옹호운동'(鮮米擁護運動)의 정치학적 함의에 대한 분석을 중심으로」, 『사회와 역사』 82, 한국사회사학회, 2009; 백주영, 「1920~30년대 선미옹호운동 세력에 관한 연구」, 서울대 석사학위논문, 2018.

125 藤井寬太郎, 「米穀政策は內鮮を統一すべし. 全國農會長大會に於ける朝鮮農業者大會東上委員の叫び」, 『朝鮮農會報』 4-12, 1930.

에서 조선 미가 대책에 정책의 우위를 둘 수 없다는 것이었다. 후지이는 미가 대책을 민간 운동으로 해결하지 않을 수 없다고 생각하였다.

1930년 말에 그가 전선농업자대회에서 보고하고 그해 11월 21일 경성방송을 통해서도 밝힌 '조선미곡조절(調節)주식회사안'이 그것이었다. 이 안은 1930년도 증수(增收)분의 약 1/4인 200만 석의 미곡을 지주 등으로부터 현물 출자받아 –출자자에게는 그에 상응한 주식 교부– 자본금 1,500만 원의 회사를 만들어 이를 저장하였다가 미가가 오른 후 되팔아 출자자(주주)에게 원금과 이윤을 배당하자는 것이었다.[126] 그런데 이 안의 치명적 결함은 출자에 강제력이 없는 점이었다. 그래서 후지이는 1931년 초에 정부가 미곡조절회사의 기능을 수행하도록 강제하는 법안을 미곡법개정안의 형식으로 제안하였다. 그에 따르면 정부는 일본의 주요 산지와 조선의 부산, 목포, 인천, 진남포, 원산 등 대형 정미소가 많은 6곳에 국립창고를 건설하여 미곡 공급이 과잉인 해에는 농업자로부터 과잉 미곡 전량을 납입받아 공급이 부족한 연도까지 보관하고 농업자에게는 예탁(預託)증권을 발행하여 이를 담보로 저리 자금을 융통받을 수 있게 하자는 것이었다. 반면 미곡 공급이 부족한 해에는 예탁증권 소유자에게 보관물량의 매각가격을 입찰시켜 최저 입찰자부터 순차 매각 청산하게 하는 방식으로 6월에서 9월 사이에 해당 미곡을 균분(均分) 매각하자는 것이었다. 그리고 이 법으로도 미가가 조절되지 않으면 정부가 별도 자금을 풀어서라도 미가를 조절해야 한다는 입장이었다.[127]

그의 거듭된 주장에도 불구하고[128] 쌀값은 여전히 '저미'(低迷)를 거듭하였다. 이에 후지이는 현재처럼 매년 풍작이 들어 공급 초과가 계속되면 비료 생산을 국영화하거나 그 판매만이라도 국영화하는 방법 등으로 미곡 생

126 藤井寬太郎, 「米價對策に對する運動」, 『朝鮮農會報』 4-12, 1930.
127 藤井寬太郎, 「昭和6年と米穀問題」, 『朝鮮農會報』 5-1, 1931.
128 藤井寬太郎, 「重ねて米價對策の急を愬ふ」, 『朝鮮農會報』 5-11, 1931; 동, 「年頭に立ちて農界の前途を念ふ」, 『朝鮮農會報』 6-1, 1932; 동, 「米穀永久對策に就いて」, 『朝鮮農會報』 8-7, 1934; 동, 「國策と米穀問題の重要性」,『朝鮮農會報』 8-2, 1934.

산을 통제해야 한다고 주장하였다. 그는 실업과 디플레이션이 심한 이때야말로 대규모 개간 사업을 벌여 경기를 회복해야 할 호기이며 이것이 민간 차원에서 불가능하면 정부가 관영 사업으로라도 추진해야 한다는 주장도 하였다.[129] 케인스처럼 정부가 대규모 토목 사업을 일으켜 경기를 부양해야 한다고 본 것이다. 이 시기 자본가들은 대공황의 위기와 파탄 속에서 국가의 전면적 개입에 의한 자본주의의 수정, 국가독점자본주의로의 이행을 간망(懇望)하였던 것이다.

그런 연장선 위에서 그는 1927년에 조선농회, 즉 초창기 민간이 설립·운영하였던 각종 단체들을 통합한 '계통(系統) 농회'가 만들어지자 그것이 관청식 농회가 아닌 민간업계의 소리를 존중하는 농회가 되어주기를 당부하며 구체적 방안으로 농회 의원 가운데 민간업계 사람의 비중을 3분의 1에서 2분의 1로 늘리자고 제안하였다.[130] 그리고 1925년 조선토지개량주식회사 설립 때는 정부의 관여를 가능한 줄여 이 회사를 순수 민영회사로 설립, 운영하는 것을 골자로 한 조선토지개량주식회사 설립안을 사론(私論)으로 제안하기도 하였다.[131]

(3) 조선식산은행에 구제요청

불이흥업은 그간 누적되어 온 재무 구조의 악화, 금융비용의 증가를 개선할 방안도 모색하였다.[132] 당시는 쌀값이 폭락한 농업공황 시기라서 농업

129 藤井寬太郎, 「農業國本主義は國家の爲めに益益緊切なることを忘るる勿れ －獨逸失業者が490萬の多きに鑑みよ」, 『朝鮮農會報』 5-3, 1931; 동, 「水利組合の事業創設は今が絕好の時期 －米價は農民の自覺に自由に調節し得られ」, 『朝鮮農會報』 5-7, 1931.

130 藤井寬太郎, 「本農會의 解散에 當하여」, 『朝鮮農會報』 22-3, 1927; 동, 「系統農會の設立を際に綠肥紫雲英栽培を絕叫す」, 『朝鮮農會報』 1-1, 1927.

131 藤井寬太郎, 앞의 글, 1925a.

132 불이흥업의 총자산 대비 부채 비율은 동종 농업회사들의 평균치보다 훨씬 컸다. 中村資良 편, 앞의 책, 각 연도판에서 몇몇 농업회사의 평균 부채 비율을 보면 1927년 22.1%(12사 평균. 최고는 60.3%, 불이흥업은 65.0%), 1929년 16.5%(9사 평균. 최고는 34.1%, 불이흥업은 67.8%), 1930년 27.9%(13사 평균. 최고는 69.2%, 불이흥업은 72.1%), 1932년 28.9%(12사 평균. 최고는 성업사 87.4%, 2위는 68.4%, 불이흥업은 78.8%)였다. 위의 평균이 전체 농업회

회사인 불이흥업이 주식을 발행하여 재무 구조를 개선하는 게 쉽지 않았다. 내부 적립금을 이용한 자기자본 조달도 적자로 법정적립금조차 마련하기 힘든 상황에서 불가능하였다. 이에 불이흥업은 주거래 은행인 조선식산은행에 기존의 고금리 차입금들을 저금리 차입금으로 전환하여 주거나 기존 차입금의 금리 상환을 유예하여 달라고 청원하는 수밖에 없었다.

1930년 8월 7일 '차입금 이율(利率) 저하에 관한 조선식산은행에의 원서(願書) 제출의 건'을 의제로 열린 불이흥업 중역회는 〈당사(當社) 정리(整理)에 대한 어원(御願)〉이라는 제목의 문건을 조선식산은행에 제출하기로 하였다.[133] 우선 이 문건은 "당사의 사업이 종종(種種)의 장해로 예정의 성적을 거두지 못하여 회사경영이 자못 어려운 상태"라고 진단하였다. 그리하여 "이번에 제반의 정리(整理) 혁정(革正)을 단행하고 증수(增收) 기타에 노력함은 물론 금리 인하로 사운(社運)을 속력(速力) 회복하기 위하여" 조선식산은행에 "종종의 간청을 하고 대략 내락을 얻어" 문서를 제출하게 되었다고 그간의 경위를 설명하였다. 그리고 청원서 제출의 구체적인 배경을 다음과 같이 부연하였다. 첫째, 서선, 옥구, 철원 사업지의 제염과 개답을 위한 용수 확보에 예상 밖의 거액이 소요되었다. 둘째, 수확량이 계획보다 순연(順延) 감수(減收)하였다. 셋째, 미가가 사업계획 당시 예상하였던 벼 1석당 16, 17원에

사의 평균은 아니지만, 불이흥업의 부채 비율이 얼마나 높았던가를 잘 보여준다. 한편, 이 가운데 성업사는 조선식산은행이 주식 인수 자금과 유통 자금 전액을 대출 형식으로 출자하여 설립한 자회사라서 부채 비율이 그렇게 높았다. 성업사는 이 책 제2장.

133 〈중역회결의록, 1930. 8. 7〉. 조선식산은행의 내락을 얻어 이 문건을 작성하고 중역회가 이를 채택 결정한 1930년 7, 8월의 불이흥업은 아래의 '1930년도 실수(實收)예상표'에서 보듯이 1929년의 예상치보다 총수확이 11%가량 감수할 것으로 예상되었다. 〈當社整理ニ對スル御願〉.

농장명	1929년도 실수(석)	1930년도 증수 예산(석)	1930. 7. 23 현재 실수 예상(석)	증감 석수(석)	증감률(%)	비고
전북	24,290	26,096	19,524	−6,572	−25	3회의 홍수 피해
서선	64,773	82,943	71,337	−11,606	−13	소작쟁의, 일시 급수 부족
철원	20,302	31,028	30,391	−637	− 2	
옥구	5,635	13,793	14,417	624	4	
계	115,000	153,860	135,669	−18,191	−11	

훨씬 못 미치는 12원가량으로 폭락하여 수입이 지출에 미치지 못한 채 각 사업지의 투자 잔고와 조선식산은행의 차입금만 크게 늘었다고 보았다. 이런 이유로 차제에 불이흥업의 재정을 정리하여 장래를 도모하고 은행 차입금도 차질 없이 상환하려고 이 정리안을 마련하였다는 것인데, 정리안에서 제시한 청원 사항은 크게 네 가지였다.[134]

첫째, 현재 조선식산은행에 납부 중인 회사채 500만 원에 대한 보증료와 수수료를 금후 면제하여 달라고 하였다. 둘째, 1930년 6월 말 현재 조선식산은행에서 빌린 차입금 955만 6,904원 가운데 벼를 담보로 빌린 104만 846원과 당좌 차월금 4만 3,752원, 이민 자금 180만 원, 토지 개량 자금 97만 5,182원, 그리고 1930년 4월 1일 이후 차입한 단기 차입금 84만 7,000원 –1929 회계연도의 배당 자금 25만 원과 철원 신탁지(信託地) 환매[買戻] 자금 35만 원 등 60만 원은 제외– 등 470만 6,779원을 뺀 485만 124원의 금리를 현행의 연 8.5%에서 6.0%로 인하하여 달라고 하였다. 셋째, 아울러 위의 485만 124원 가운데 연부 차입금 67만 8,000원을 제외한 정기 차입금 40만 원과 어음 차입금 377만 2,124원 등 417만 2,124원을 모두 정기 차입금으로 교체[振替]하여 달라고 하였다. 넷째, 1년 미만 단기 차입금의 금리를 추후 연 5.0%로 인하하되 연말까지 단기 차입금 잔고가 남으면 이를 연리 6.0%의 정기 차입금으로 바꾸어 달라고 요청하였다.[135]

불이흥업은 이상의 4개 항을 조선식산은행에 요청하면서 이들을 1930년 7월 1일부터 1935년 6월 30일까지 5년간 적용하여 주면 1935년 7월 1일부터 –혹은 그 전에라도 사업(社業)이 회복되는 대로– 현행 금리로 복귀함은 물론 그간의 유예나 인하로 발생한 미지급 이자도 전액 지급하겠다고 약속하였다. 이와 함께 불이흥업은 조선식산은행의 '구제'에 상응하는 '자구노

134 〈當社整理ニ對スル御願〉.
135 이 밖에 불이광산(주)이 불이흥업에 예탁한 자금의 예탁 금리를 현행 8%에서 5%로 인하하여 줄 것도 포함되었다.

[표 1-6] 불이흥업의 차입금과 예탁금 명세(1930. 7. 15 현재)

(단위: 금액 원, 금리 %)

차입금 종류	금액	현금리	정리	정리이식	비고
회사채(2회)	2,000,000	7.3	7.3	146,000	보증료 0.5% 면제
회사채(3회)	2,000,000	6.8	6.8	136,000	보증료 1.0% 면제
회사채(4회)	1,000,000	6.2	6.2	62,000	보증료 0.6%, 수수료 0.2% 면제
조선식산은행재해복구연부	98,572	6.1	6.1	6,012	연 2회 상환
〃	414,609	6.5	6.5	26,949	〃
조선식산은행연부	462,000	6.0	6.0	27,720	〃
〃	678,000	8.5	6.0	40,680	〃
조선은행연부	40,000	7.0	7.0	2,800	연 1회 상환
제18은행연부	35,000	8.0	8.0	2,400	연 2회 상환
제(諸) 예탁금	452,115			30,367	내 불이광산 291,626원(연8→5%)
1928, 29년 차입, 철원신탁지 환매 자금, 1929년 배당금	4,172,124	8.5	6.0	250,327	1929년도 배당 25만 원, 철원신탁지 환매 35만 원 포함
계(장기)	11,352,421			731,255	
1929년 벼담보 차입 잔고	988,697	9.1	5.0		8월 말 매각으로 상환 완료 예정
당좌차월	51,648	9.5			8월 1일부터 8.8%로 개정 예정
1930년 사업 자금 차입	847,000	8.5	5.0		1930년에 빌린 1929년 배당금과 철원신탁지 환매 자금 제외
계(단기)	1,887,346				
총계	13,239,766				

주: 이민 자금 180만 원은 불이농촌산업조합에 인수시킬 예정이라 제외함.
자료: 〈當社整理ニ對スル御願〉.

력'도 제시하였다. 크게 두 가지였다. 첫째는 현재의 부채 가운데 담보가 불확실한 것은 추가 담보를 제공하고 나아가 회사 소유 부동산을 매각하는 등 모든 수단을 동원하여 부채 상환에 나서기로 하였다. 좀 더 구체적으로는 우선 불이흥업이 소유한 부동산을 엄밀히 조사하여 그중 미제공[未差入] 물건을 모두 담보로 제공하기로 하였다. 그리고 1926년 10월 13일 중역회에서 군산 시가지와 그 접속지의 부동산을 처분할 기관으로 군산토지회사(群山土地會社)를 설립하여 해당 부동산과 기존 채무 가운데 상당액을 그 회사로

[표 1-7] 정리안에 의한 불이흥업의 1930년도 지출 절감 예상

(단위: 금액 원, 금리 %)

종류	금액	금리		감률 기간	절감액
		현행	개정		
회사채	5,000,000	보증료·수수료 면제			23,062
연부(年賦)	678,000	8.5	6.0	1930. 7~1931. 3	12,712
비료 자금	450,000	7.5	5.0	〃	8,437
정기(定期)	400,000	8.5	6.0	〃	7,500
1928년도 자금 어음차입금	800,000	8.5	6.0	〃	15,000
1929년도 배당 자금	250,000	8.5	6.0	〃	4,687
1929년도 어음차입금	2,372,124	8.5	6.0	〃	44,518
불이광산 예탁금	294,853	8.0	5.0	1930. 4~1931. 3	8,845
1930년 사업 자금 평균 차입액	1,760,000	8.5	5.0		46,200
철원신탁지 환매에 따른 35만 원 차입 이자(7. 1~3. 31)와 신탁지료(信託地料)의 차액					38,250
계	12,004,977				209,211

자료: 〈當社整理ニ對スル御願〉.

[표 1-8] 정리안에 의한 불이흥업의 1년간 지출 절감 예상

(단위: 원)

내역	금액
회사채 보증료와 수수료 면제	36,124
1928년도 이후 조선식산은행 차입금 상환 잔고 450만 124원에 대한 금리 8.5%를 6%로 인하(신탁지 환매 자금 제외)	112,503
연도 내 사업 자금 평균 차입금 230만 원에 대한 연리 8.5%를 5%로 인하	80,500
철원신탁지 환매 자금 차입이자와 신탁지료의 차익(신탁지료 5만 4,000원, 차입이자 35만 원의 6%인 2만 1,000원)	33,000
불이광산 예탁금 금리의 인하	8,845
계	270,972

자료: 〈當社整理ニ對スル御願〉.

[표 1-9] 정리안에 의한 불이흥업의 지출 절감 예상(1931~1935년)

과목			절감액(원)	비고
손실계정	영업비		9,000	
		여비	2,000	극력 절약하여 감액
		교제비	3,000	
		임시비	2,000	
		잡비	2,000	
	지소가옥비		34,000	
		농감 수수료	2,000	예분법(刈分法)으로 농감 수수료 점감
		시작비	2,000	직접 필요한 시작(試作)으로 제한하여 감액
		비료보조	20,000	미가 하락에 따른 비료 가격 저락과 녹비, 퇴비 장려로 감액
		직영비	5,000	인부임(人夫賃) 하락, 기타 경작법 개량으로 감액
		수납비	5,000	예분법의 개량과 숙련으로 감액
	부대비		16,000	
		인접(籾摺)비	16,000	추후 적어도 벼 3만 석 내외를 벼채로 매각하여 감액
	계		49,000	
자산계정	대부금		32,000	
		비료	20,000	미가 하락에 따른 비료 저락과 녹비, 퇴비 장려로 감액
		농량(農糧)	10,000	증수, 부업 장려 및 만주 속(粟) 등의 하락으로 감액
		부업 장려	2,000	증수에 따라 점차 감소할 예정
	부동산		20,000	
		토지 개량	10,000	물가 하락 기타 사유로 감액(1935년도는 감액하지 않음)
		건물비	10,000	필요 불가결한 것 외에는 그만둠
	계		52,000	

자료: 〈當社整理ニ對スル御願〉.

떠넘기려고[肩代] 하였던 계획을 백지화하고[136] 가능한 한 이들 부동산을 매각하여 채무부터 상환하기로 하였다. 군산 이외 지역의 부동산도 적기에 팔아 채무를 줄이기로 하였다. 그리고 불이농촌산업조합(不二農村産業組合)으

136 〈중역회결의록, 1926. 10. 13, 1929. 5. 11〉.

[표 1-10] 불이흥업의 수입 예상(1930~1935년)

(금액: 원)

연도	소작료		잡수입	수익계	대부금 회수 기타	총수입
	벼(석)	금액				
1930	135,669	1,899,366	103,003	2,002,369	616,599	2,618,968
1931	153,461	2,148,454	110,140	2,258,594	625,162	2,883,756
1932	166,565	2,331,910	120,909	2,452,819	638,683	3,091,502
1933	180,835	2,531,690	132,139	2,663,829	654,661	3,318,490
1934	195,574	2,738,036	144,477	2,882,513	668,572	3,551,085
1935	208,334	2,916,676	155,929	3,072,605	689,514	3,762,119

주: 1930년도 수납 석수는 7월 25일 현재 각 농장에서 조사한 것이고 1931년도 이후는 수납의 확실을 기하려고 본 연도의 편성예산에서 1할 감수로 편성. 벼 1석=14원.
자료: 〈當社整理ニ對スル御願〉.

로 불이농촌(불이흥업 옥구 간척지의 일본인 이민농장)의 '농지'와 그간 일본 대장성 예금부에서 불이흥업 명의로 대출받아 불이농촌에 대부 중이던 '이민자금 180만 원'을 함께 넘겨 불이흥업의 부채를 줄이는 방안도 마련하였다.[137] 둘째는 매년 당기순익을 늘려 채무 상환을 위한 장기 계획을 세우기로 하였다. 구체적인 방안은 증수(增收) 계획에 배치하지 않는 한도에서 모든 경비 지출을 적극적으로 줄이고, 나아가 향후 사업 순익만으로 배당이 가능할 때까지 주주 배당도 모두 중지하기로 하였다.

1930년 7월 15일 현재 불이흥업의 차입금은 [표 1-6]에서 보듯이 장기 고정 차입금 1,135만 2,421원, 단기 차입금 188만 7,346원으로 차입금과 예탁금(불이광산분) 등의 총액이 1,323만 9,766원이었다. 따라서 불이흥업은 조선식산은행이 이상의 청원을 모두 받아들여 향후 5년간 금리를 인하하고 지불

137 이에 따라 불이흥업이 불이농촌에 대부한 이민자금은 1929년 183만 1,089원에서 1930년 3만 1,017원으로 180만 원이 줄었다([부록 1-1]). 이에 앞서 불이흥업은 일본 정부가 대장성 예금부의 자금운용 제도를 바꾸어 '산업조합' 같은 공익법인이 아니면 이민자금을 대출받을 수 없게 하자 '불이농촌'의 이민자금을 대부받기 위하여 1928년에 불이농촌산업조합을 설립한 터였다. 불이농촌 관련 논의는 하지연, 앞의 책, 2018, 159쪽; 최원규, 앞의 책, 2021, 제3부 제2장. 군산토지회사 설립 논의는 〈중역회결의록, 1926. 10. 13, 1929. 5. 11〉.

[표 1-11] 불이흥업의 1930~1935년도 지출 예상(1930. 8. 1 개정)

(금액: 원)

과목		1930	1931	1932	1933	1934	1935
손실계정	영업비	238,042	252,606	261,231	269,663	280,623	289,001
	지소가옥비	1,233,871	1,276,595	1,247,399	1,298,673	1;311,623	1,342,505
	부대비	153,774	164,604	174,630	188,635	197,503	209,407
	권업비	20,550	29,277	20,118	21,373	22,383	23,690
	공과	50,199	37,521	37,771	38,607	38,857	39,017
	신탁지료	58,357	58,357	58,357	58,357	58,357	58,357
	잡손	450	3,280	3,020	3,220	3,780	1,820
	이자할인료	920,115	920,642	939,341	944,682	947,152	922,368
	계	2,675,358	2,742,882	2,741,867	2,823,310	2,860,278	2,886,165
자산계정	부동산	132,831	66,834	56,746	74,524	56,088	12,708
	집기	5,258	600	600	500	600	500
	식림	32,396	12,876	12,717	9,815	11,597	10,925
	대부금	483,239	478,382	482,882	473,527	472,504	471,756
	예금불출	23,500	22,820	20,420	20,020	20,020	20,020
	상환금	55,356	105,751	90,481	95,509	90,852	96,527
	예비비	50,000	0	0	0	0	0
	계	782,580	687,263	663,846	673,895	652,661	612,436
총계		3,457,938	3,430,145	3,405,713	3,497,205	3,512,939	3,498,601

주: 1930년도에는 본 예산 외 1929년도 배당금 25만 원, 철원신탁지 환매 자금 35만 원 등 계 60만 원을 차입한 것이 있어 지출총계가 405만 7,938원이 됨.
자료: 〈當社整理ニ對スル御願〉.

도 유예하여 주면 [표 1-7], [표 1-8]에서 보듯이 1930년 7월 1일부터 그해 말까지는 20만 9,211원, 연간으로는 27만 972원의 이자 경감 효과를 볼 것으로 전망하였다. 이 밖에도 불이흥업은 경비 절감 방안으로 [표 1-9]에서 보듯이 손익계산서의 손실 항목에서 약 4만 9,000원, 대차대조표의 자산 항목에서 약 5만 2,000원의 지출을 줄일 수 있다고 전망하였다.

그리하여 불이흥업은 1930년 이후 1935년까지 총수입과 총지출이 [표 1-10], [표 1-11]과 같을 것으로 예상하였다. 즉, 1934년 이후는 순익을 얻어 [표

[표 1-12] 불이흥업의 1930~1935년도 손익 예상(1930. 8. 1 개정)

(금액: 원)

연도	수익	손실	차인손익
1930	2,002,369	2,675,358	-672,989
1931	2,258,594	2,742,882	-484,288
1932	2,452,819	2,741,867	-289,048
1933	2,663,829	2,823,310	-159,481
1934	2,882,513	2,860,278	22,235
1935	3,072,605	2,886,165	186,440

주: 군산 시가지는 연 20만 원 내외를 매각할 예정임. 실행 초에는 약 10만 원의 순익이 있을 예정이나 본 예산에는 계상하지 않음.
자료: 〈當社整理ニ對スル御願〉.

[표 1-13] 불이흥업의 1930~1935년도 수입, 지출 예상(1930. 8. 1 개정)

(금액: 원)

연도	수입	지출	차액
1930	2,618,968	3,457,938	-838,970
1931	2,883,756	3,430,145	-546,389
1932	3,091,502	3,405,713	-314,211
1933	3,318,490	3,497,205	-178,715
1934	3,551,085	3,512,939	38,146
1935	3,762,119	3,498,601	263,518

자료: 〈當社整理ニ對スル御願〉.

1-12], [표 1-13]에서 보듯이 전체적으로 적자에서 흑자로 돌아설 것이며, 그에 따라 각 연도 차입금 누계도 [표 1-14]에서 보듯이 1933년까지는 차입액이 상환액을 초과하여 매년 증가하겠지만, 1934년 이후는 줄어들 것으로 전망하였다. 지불 유예와 금리 경감 기간을 5년으로 청원한 것은 그런 이유에서였다.

[표 1-14] 불이흥업의 1929~1935년도 차입금 누계 예상(1930. 8. 1 개정)

(단위: 원)

연도	수입	지출	차액	상환금	차감누가액	고정차입누계
1929						10,317,833
1930	2,618,968	4,057,938	-1,438,970	55,356	1,383,614	11,701,447
1931	2,883,756	3,430,145	-546,389	105,751	440,638	12,142,085
1932	3,091,502	3,405,713	-314,211	90,481	223,730	12,365,815
1933	3,318,490	3,497,205	-178,715	95,509	83,206	12,449,021
1934	3,551,085	3,512,939	38,146	90,852	-128,998	12,320,023
1935	3,762,119	3,498,601	263,518	96,527	-360,045	11,959,978

주: 이민 저리 차입금 180만 원은 불이농촌산업조합에 인수시킬 예정이라 제외. 1930년도 지출이 [표 1-13]보다 60만 원 많은 것은 1929년도 배당 자금 25만 원과 철원신탁지 환매 자금 35만 원 등 60만 원을 합산한 때문.
자료: 〈當社整理ニ對スル御願〉.

3) 조선식산은행의 인수 과정

조선식산은행은 이상의 자구 노력을 전제로 불이흥업의 정리안을 수용하였다. 그러면서 몇 가지 추가 조건을 붙였다. 사실 조선식산은행은 불이흥업에 거액을 대출하고, 회사채를 인수하여 주고, 지급보증도 해주었으나 주주는 아니었다([부록 1-5]). 그래서 불이흥업의 재무 구조 개선이나 인사 개편, 기구 변경 등 경영 전반을 직접 수술할 처지가 아니었다. 이에 조선식산은행은 불이흥업의 '지불 유예'와 '금리 인하' 요구를 수용하는 대신 이 회사에 회계 감독을 파견 입사시켜, 첫째 장부(帳簿) 조직과 부기(簿記) 방법을 통일 개선하고, 둘째 예산 편성 방침을 확립하며, 셋째 경비 절감을 여행(勵行)하는 등 이른바 회계 조직의 확립과 엄중 감독을 꾀할 것이며 나아가 불이흥업 본사와 각 농장에 대한 회계감사와 업무실황 조사도 하기로 하였다.[138] 불이흥업에 대한 경영 개입과 통제를 요구한 것이다.

138 〈당사정리에 대한 어원〉. 실제 불이흥업의 회계처리 방식은 1932년부터 전면 변경되었다([부록 1-1]~[부록 1-4]).

그뿐 아니었다. 조선식산은행은 불이흥업의 창업주인 후지이 간타로를 경영 일선에서 퇴진시키고 새로운 기구와 인물로 조직을 개편하라고 요구하였다. 그간 방만한 경영으로 회사를 파산 위기로 몰고 간 장본인인 데다 1927년 이후 전국을 소란하게 한 서선농장의 소작쟁의 하나 제대로 해결하지 못한 그리고 무엇보다도 조선 농업계의 거물로서 개성이 강했던 그를 대표자리에 그대로 두고는 불이흥업에 대한 통제가 어렵다고 여겼을 것이다. 그리하여 불이흥업은 1930년 8월 21일 회사의 '중요 사항에 대한 의결기관'으로 기존의 중역회 대신 취체역회를 두기로 하였다. 취체역회는 취체역회 회장, 사장, 전무, 상무를 각 1명씩 두고 감사역의 호선으로 상임감사역도 1명 두기로 하였다.[139] 그리고 취체역회 회장에 기무라 유지(木村雄次), 사장에 후지이 간타로(藤井寬太郎), 전무에 미쓰이 에이쵸(三井榮長), 상무에 사와무라 규헤이(澤村九平), 상임감사역에 이이즈미 간타(飯泉幹太)를 각각 선임하였다. 아울러 그동안 대표였던 사장 후지이 간타로의 대표 등기를 말소하고 사장 후지이 간타로와 전무 미쓰이 에이쵸 2명을 공동 대표로 등기하였다.[140] 이로써 1927년에 최대 주주에서 밀려난 후지이는 이제 비록 명색은 여전히 '사장'이지만 위로는 취체역회 '회장'과 아래로는 '전무'에게 실권을 넘긴 채 회사의 단독 대표에서 공동 대표로 밀려났다. 한편, 후지이와 함께 불이흥업의 공동 대표가 된 전무 미쓰이 에이쵸는 조선총독부 농무과에서 20여 년간 근무한 자타가 공인하는 조선 농업과 미곡 전문 관료였다.[141] 그

139 〈중역회결의록, 1930. 8. 21〉; 〈임시주총결의록, 1930. 9. 9〉.

140 〈취체역회결의록, 1930. 9. 9〉. 당시 신문은 이때의 조직개편을 창업시대 후지이의 독단적, 전횡적 경영에서 사업 합리화 시대의 합의적, 합리적 경영으로 옮겨가는 과정으로 보았다. 『朝鮮新聞』 1930. 9. 4. '不二興業の陣容を更新. 會長常任監事役專務取締役を置く創業期より守成期へ'.

141 미쓰이 에이쵸는 1879년생으로 1907년에 동경제대 농과를 졸업하였다. 1910년 3월 일본 농상무성 기사를 거쳐 그해 10월 조선총독부 농무과 기사가 되었다. 총독부 재직 중 "조선미(米)의 미쓰이(三井)냐, 미쓰이(三井)의 조선미(米)냐"는 말이 나올 정도로 조선 농업과 조선 미곡에 정통하였다. 불이흥업으로 옮긴 것은 조선총독부와 아루가 미쓰토요(有賀光豊) 조선식산은행 두취의 간청 때문이었다고 한다. 朝鮮人事興信錄編纂部, 앞의 책, 1935, 723쪽; 阿部薰 編, 앞

리하여 1930년 9월 그가 영입될 당시 불이흥업 중역의 보수는 취체역회 회장 기무라 유지 2,000원, 사장 후지이 간타로 6,000원, 전무 미쓰이 에이쵸 1만 원, 상무 사와무라 규헤이 4,200원, 그 외 취체역 500원 등이고 상임감사역 이이즈미 간타 4,200원, 그 외 감사역 500원 등이었다.[142] 전무 미쓰이의 보수가 사장 후지이보다 훨씬 많았다. 사장보다 더 큰 권한을 가진 전무로 영입된 것이다. 이로써 불이흥업 중역진에는 창업 후 처음으로 정부 관리가 영입되었다. 공황기 파산 위기에 직면한 불이흥업은 주거래 은행, 주채권 은행인 조선식산은행의 지원과 개입 아래 정부와의 인적 결합도 모색한 것이었다.[143]

불이흥업은 조선식산은행이 경영권을 장악한 가운데 창업자인 후지이 간타로를 경영 일선에서 퇴진시키고 회사 조직 전반을 개편한 후에도 재무구조와 경영 상태가 쉽게 개선되지 않았다. 이에 조선식산은행은 좀 더 획기적인 대책이 필요하다고 보고 그간 불이흥업에 누적된 적자를 '법정적립금'과 자본금 감소, 즉 감자(減資, reduction of capital)[144]에 의한 '감자잉여금'(gain

의 책, 1935, 428쪽.

142 〈취체역회결의록, 1930. 9. 9〉. 은행이 거래기업의 경영에 개입하기 위하여 사장이 아닌 전무 등을 파견하고 실제로는 사장보다 더 큰 권한을 주어 경영하게 하는 것은 흔한 일이었다. 1927년에 선만개척(조선개척의 전신)에 위기가 누적되자 조선식산은행이 그 은행 출신 미요시 도요타로(三好豊太郎)를 전무로 파견하여 경영하게 한 것이 그런 예다. 이 책 제3장.

143 금융자본주의 단계의 국가에서 은행이 정부를 '매수'하거나 '로비'하기 위하여 전·현직 정부 관리를 산하 회사의 중역으로 영입하는 등 정부와의 인적 결합을 추구하는 것은 매우 흔한 일이다. 이처럼 은행 인사와 정부 관리를 기업의 중역회에 파견, 영입하는 추세가 늘면 은행과 산업, 국가의 결합이 강화되고 그들 사이에 전문영역들이 생겨 전문화, 분업화의 추세까지 나타난다. 1931년에 조선식산은행이 성업사를 창립하면서 설립 발기인에 불이흥업 전무 미쓰이 에이쵸와 취체역 이이즈미 간타, 그리고 조선개척 전무 미요시 도요타로와 취체역 하시모토 도요타로 등 대농업회사의 인사들을 포함시킨 것은 그러한 전문화, 분업화가 상당히 진행되었음을 보여주는 예이다.

144 감자(자본 감소)는 실질적 감자와 형식적 감자로 구분된다. 실질적 감자는 유상감자라고 하며 형식적 감자는 무상감자라고 하는데 후자는 거액의 적자가 누적되어 오랫동안 이익배당을 할 수 없거나 주가 하락의 우려가 있어 신주를 발행할 수 없을 때 이루어진다. 대개 주주가 납입한 주식액의 일부를 주주의 손실로 처리하여 삭제하고 나머지 금액을 주식액으로 하는 방법과 수 개의 주식을 합하여 그보다 적은 수의 주식으로 바꾸어 주는 방법이 있다. 감자는 주주의 이해에 중대한 영향을 미치므로 주주총회의 특별 결의가 필요하다.

on capital reduction)으로 보전(補塡)하라고 요구하였다.[145] 그리하여 1932년 3월 11일 불이흥업 취체역회는 1930년부터 누적되어 온 적자를 불이흥업 주식 5주를 4주로 병합하는 방식으로 납입자본금 500만 원을 400만 원으로 감자하여 만든 100만 원과 그동안 적립하여 온 법정적립금 25만 원을 합산한 125만 원으로 보전하기로 하였다.[146]

이외에도 이날 취체역회는 대공황기에 누적된 '체대금'(滯貸金), 즉 소작농에게 빌려주었다가 받지 못한 연체대부금을 '상각'(償却)하여 재무 구조를 건실하게 하고 또 '조선식산은행에 약간의 성의를 보일 필요'가 있으므로 1933년부터 미쓰이 에이쵸(三井榮長) 전무를 제외한 모든 중역의 보수를 5%씩 삭감하고 특별히 후지이 간타로 사장은 '본인의 심지(心持)도 있어' 보수를 5% 삭감하는 동시에 사택료(舍宅料) 지급도 폐지하기로 하였다. 불이흥업은 앞서 불이광산이 예탁한 30만 494원의 금리를 인하하여 달라고 조선식산은행에 요구하였던 문제에 대해서도 '불이광산과 절충하여 인하하여도 좋다는 내락'을 얻어 조선식산은행에 구체적인 방안을 일임하기로 하였다.[147] 1932년 4월 30일 정시 주주총회는 이상의 취체역회 결의를 모두 승인하였고 그해 5월에는 일련의 후속 조치들을 추가하여 감자를 위한 법적 절차를 완료하였다.[148]

145 감자와 법정적립금으로 손실을 보전하는 방안은 조선식산은행의 요구로 이루어졌다. 이는 1931 회계연도 정시 주주총회 소집공고일인 1932년 4월 15일에 불이흥업 전무 미쓰이 에이쵸가 일본에 체류 중인 취체역 회장 기무라(木村雄次)에게 보낸 편지의 "전보(電報)로 지시하신 대로 조선식산은행과 타합(打合)하여 … 영업보고서, 대차대조표, 재산목록, 손익계산서를 작성하였습니다. … 법정적립금을 이번 기(期)에 이입[繰入, transfer]하는 문제에 대하여 당사는 사장 이하 모두 찬성하지 않았지만, 조선식산은행이 본사의 1931년도 손실을 가급적 줄일 목적으로 그 은행 두취와 야나베 에이자부로(矢鍋永三郎) 이사 등이 모두 강력하게 주장하여 … 이루어졌습니다." 참조. 『不二興業株式會社取締役會 · 株主總會關係書類綴』.

146 〈취체역회결의록, 1932. 3. 11〉.

147 〈취체역회결의록, 1932. 3. 11〉. 당시 불이광산의 자본금은 100만 원(2만 주)이었다. 그중 1만 2,222주를 불이흥업이 소유하였고 그 외에도 불이흥업의 담보 주식이 200주, 후지이 간타로 개인 명의의 주식이 2,227주인 명실상부한 불이흥업의 자회사였다.

148 1932년 5월 5일에는 〈昭和 7年 5月(1932. 5) 債權名簿〉에 기초하여 주주총회의 주식 병합과 감자(減資) 결의에 대한 '채권자(債權者) 이의신청(伸立) 공고'를 냈고 그달 10일에는 주주들에게 주식 병합과 감자를 위하여 소유 주식을 제공하여 달라는 공고를 하였다.

그런데 불이흥업은 1932 회계연도에도 적자를 보았다. 외관상으로는 4,175원의 순익을 보았으나 이는 1931 회계연도 말에 감자하여 얻은 잉여금 100만 원으로 누적 '적자'를 보전하고 또 나머지 41만 827원을 수익으로 처리하여 1932 회계연도의 연체 대출금(滯貸金)과 토지 건물비를 상각(29만 1,249원)하였기 때문이지 실제는 적자로서 배당도 하지 못하였다.[149] 그리하여 불이흥업은 금리 부담을 더 줄이는 방안을 강구하지 않을 수 없었다. 1933년 4월 조선식산은행은 불이흥업이 앞서 발행한 연리 7.3%의 회사채 100만 원과 연리 6.8%의 회사채 200만 원, 연리 6.2%의 회사채 100만 원 등 총 400만 원의 회사채 중 일부를 상환하고 대신 그보다 금리가 낮은 회사채를 새로 발행하여 전액 조선식산은행에 인수시키는 방안을 검토하였다. 그리고 그중 어떤 회사채를 어떤 금리로 인수시킬지는 전적으로 조선식산은행의 결정에 맡기기로 하였다.[150] 1933년 4월 불이흥업의 미쓰이 에이쵸 전무는 조선식산은행에 '호출'되어 인수 조건을 상담하였다. 그리하여 연리 6%의 회사채 400만 원을 새로 발행하여 조선식산은행에 전액 인수시키고 그 자금으로 기존 회사채 400만 원 전액을 상환하기로 하였다.[151] 발행 조건은 1933년 5월 20일부터 1935년 6월 20일까지 거치하였다가 1938년 6월 20일까지 수시 상환하며 이자는 매년 4회 지불하고 원리금 모두 조선식산은행 본점에 납부하는 것이었다.[152]

149 1932년도 〈영업보고서〉. 1933년 3월 17일 취체역회에서 1932 회계연도 결산 건을 논의하여 1. 이번 기(期)도 무배당으로 하고, 2. 이익금 13만여 원 가운데 순이익금을 3만 6,000여 원으로 하고 나머지 10만 원과 감자잉여금 41만여 원을 제(諸) 상각금, 즉 연체대출금(滯貸)과 토지 건물의 상각비(償却費)로 충당하며, 3. 특별 상여금 1만 원을 가수금으로 처리하여 결산 후 지출키로 하였다.

150 1933년 4월 18일 미쓰이 전무가 일본에 있던 기무라(木村雄次) 취체역 회장에게 보낸 편지의 "오늘 조선식산은행에 호출되어 두취와 야나베 에이자부로, 이모리 메이지(伊森明治) 두 이사의 재석하에 불이흥업의 회사채를 조선식산은행에 인수시키는 문제를 상담하였습니다. 물론 우리는 이의가 있을 리 없고 오히려 청원하는 처지였는데 현재 연리 7.3%짜리 100만 원, 6.8%짜리 200만 원, 6.2%짜리 100만 원 가운데 어떤 것을 어떤 형식과 금리로 인수하여 줄지는 이후 조선식산은행에서 연구하기로 하였습니다." 참조. 『不二興業株式會社取締役會·株主總會關係書類綴』.

151 〈취체역회결의록, 1933. 5. 1〉.

불이흥업의 경영은 1933년에도 크게 호전되지 않았다.[153] 그러나 1934년에 들어서며 회복 국면으로 반전하였다. 일본의 적자재정과 저금리, 저환율, 고물가 정책으로 경기가 상승하는 가운데 조선 재계도 광공업계를 중심으로 활황을 보였다. 특히 1933년 이후로는 후지이 사장이 오랫동안 주장하였던 미곡 창고의 건립과 저장을 통한 쌀값 안정 대책이 「미곡통제법」 실시(1933. 11)로 일부 실현되었다.[154] 1934년에는 전국에 흉년이 들어 쌀값이 1933년 대비 3할이나 올랐다. 그래서 1934 회계연도의 불이흥업은 전년보다 감수(減收)를 보았으나 대신 쌀값이 올라 연 4.4%의 수익을 올리며 4년 만에 처음으로 무배당에서 벗어나 3%를 배당하였다.

그렇지만 1933년의 쌀값 상승과 「미곡통제법」 실시, 1934년 이후의 쌀값 상승과 경기회복은 불이흥업의 운명을 되돌리기에 너무 늦었다. [부록 1-5]에서 보듯이 1926년에 일본 도쿄의 야마이치(山一)증권회사에 인수시켰던 불이흥업의 주식이 1930 회계연도에 야마이치증권의 직계회사(1926년 12월 야마이치증권이 하마신(濱信)증권의 전(全) 주식을 매수하였다)인 하마신(濱信)증권회사로 이전되었다가 1934 회계연도에 결국 조선식산은행의 자회사인 성업사에 전량 인수된 후였다. 조선식산은행은 1930년 8월에 불이흥업이 제출한 〈당사 정리에 대한 어원〉을 수락하는 조건으로 불이흥업 본사와 각 농장의 회계 감독과 감리까지 하며 불이흥업의 경영에 개입한 데서 더 나아가 1934년 회계연도에는 자신의 자회사인 성업사를 불이흥업 전체 주식의

152 『不二興業株式會社取締役會·株主總會關係書類綴』의 1933년 5월 17일 불이흥업에서 조선식산은행 두취에게 보낸 편지.

153 1934년 3월 31일 불이흥업 취체역회가 "조선식산은행 차입금 850만 원에 대한 1933년도분 금리(연리 2.5%) 21만 2,500원을 지불"하기로 하면서 조선식산은행에 "체납 미불(未拂) 이자의 면제를 교섭하기로" 한 것이 그 예다. 〈취체역회결의록, 1933. 3. 31〉.

154 「미곡통제법」은 정부가 쌀값 안정을 위하여 미곡을 매입, 매도하고 최고, 최저가격 등을 정할 수 있게 한 법령이다. 앞의 주 122 참조. 이로써 후지이가 주장한 미가 대책의 일부가 실현되어 미곡 저장 창고를 정부의 보조를 받아 본격적으로 건립하기에 이르렀다. 박섭, 『한국근대의 농업변동 –농민경영의 성장과 농업구조의 변동』, 일조각, 1997, 105~107쪽; 石塚峻, 『朝鮮米穀事情』, 上編, 朝鮮總督府穀物檢査所, 1938.

37.3%인 2만 9,848주를 소유한 최대 주주로 만들었고 1935 회계연도에는 전체 주식의 54.6%인 4만 3,676주를 소유한 지배 주주로 만들어 소유권까지 장악하였다. 그런 위에서 1935년 5월 18일 불이흥업 취체역회는 1930년 9월 이래 경영 일선에서 물러나 일본 도쿄에 머물고 있던 사장 후지이 간타로의 사표를 수리하고 그달 28일 그의 퇴임 등기까지 마쳤다. 창업주 후지이의 영향력은 그렇게 사라졌고[155] 불이흥업은 성업사의 자회사로, 조선식산은행의 손회사로 편입된 채 명실상부 조선식산은행의 시대를 맞았다.

4. 조선식산은행 인수 이후의 경영

1) 공황 회복기(1935~1940)의 경영개선과 조선농기구제조의 설립

(1) 경영 실태

1935년 5월 이후 명실상부하게 조선식산은행의 시대를 맞은 불이흥업은 일본 경제의 빠른 회복에 힘입어 순조롭게 위기를 극복하여 갔다. 첫해인 1935년에는 일본의 인플레이션 정책과 저금리 정책으로 재계 전체가 활황을 맞은 데다 쌀값도 1934년 대비 25%나 올라 납입자본 대비 4.4%의 수익과 3.0%의 배당을 실현하였다.[156] 1936년에도 불이흥업은 일본 대자본의 조선 진출로 대공장이 급증하고 저금리로 재계 전체가 호전한 가운데 전국적

155 [부록 1-5]에서 보듯이 후지이 간타로가 소유한 불이흥업의 주식은 1934 회계연도의 1만 6,008주에서 1935 회계연도 2,180주, 1938 회계연도 4,362주 등으로 줄었다. 그걸 전후하여 후지이는 만주 및 북중국 개척에 관심을 가지고 여러 사업과 정책을 제안하였다. 藤井寬太郎, 「國策と移民事業の重大性」, 1933; 동, 『滿洲國大移民案 -最近の滿洲を視察して』, 1933; 동, 「昭和十年歲頭所感 -米穀問題と移民問題」, 1935; 동, 『滿洲及朝鮮移民實行案愚見概要』; 동, 『新東亞の建設と支那の水利灌漑事業 -北支棉花の增産には灌漑施設が絕對必要』; 최원규, 앞의 책, 2021, 〈보론〉.

156 1935, 1936년도 〈성업사영업보고서〉와 〈불이흥업영업보고서〉.

인 벼 수확 감소(1935년 대비 14% 감수)로 쌀값이 크게 올라 전년도 재고 벼까지 고가에 판매할 수 있었다. 그리하여 납입자본 대비 6.9%의 수익과 5.0%의 배당을 기록하였다([부록 1-2]).

재무 구조도 개선되기 시작하였다. [그림 1-5]에서 보듯이 1934년에 77.8%였던 총자산 대비 부채 비율은 1936년에 76.3%로 감소하였고, 자기자본 대비 부채 비율도 1934년 349.9%에서 1936년 322.1%로 줄었다([부록 1-2]). 총지출 대비 이자 부담률도 1934년 34.4%에서 1936년 27.0%로 감소하였다. 불이흥업은 비록 회복 속도는 느렸지만[157] 1936 회계연도 말에 "1937년도 증수 계획이 예정대로 달성되어 단보당 평균 벼 2석의 소작료를 수납하게 되면 다음 기(期)에는 사원들에게 '회사 갱생(更生) 기념 포상금'을 급여"하기로[158] 결의할 만큼 자신감을 회복하였고 실제 그렇게 되었다.

1937년에도 조선 재계는 활황을 맞았다. 그해 7월 중일전쟁 발발로 전시 경제 체제가 강화되며 정부가 각종 산업의 생산력 확충과 통제 정책을 강화하고, 국책의 견지에서 전시 금융정책을 강력히 추진한 때문이었다. 조선은 일본과 북중국을 잇는 '군수 자재 수송의 중계지'이자 '출정군 병참부의 근거리 기지'라는 지리적 이점으로 식료 공업품 같은 생필품의 생산과 이출이 증대하여 상공업계가 전체적으로 호황을 누렸고 농산품 가격도 높은 수준을 유지하였다. 여기에 쌀농사도 총수확고가 1936년 대비 38.1%나 증가하는 대풍작이었다.[159] 그리하여 불이흥업은 1937년에 예상 이상의 수확을 얻은 데다 1936년산 재고 벼까지 고가에 매각하여 납입자본 대비 수익률이 1920년 이래 최고인 12.7%를 기록하였다. 사운갱생(社運更生)에 성공한 것이다.[160]

157 1937년 4월 20일 취체역회는 "군산 시가지는 지금 상태로는 급속한 매각 처분이 곤란하다. 차제에 시가지 경영과 처분에 경험이 많은 적임자를 고빙(雇聘)하여 구체적인 처분 계획을 수립하여 매각을 촉진"하기로 하였다. 〈취체역회결의록, 1937. 4. 20〉. 부채 상환이 여전히 회사의 중요한 현안이었다.

158 〈취체역회결의록, 1937. 4. 20〉.

159 1937년도의 〈성업사영업보고서〉와 〈불이흥업영업보고서〉.

이를 계기로 조선식산은행은 1935년 5월 후지이 사장이 퇴임한 후에도 새 사장을 임명하지 않은 채 위기 수습만을 목표로 과도 체제로 운영하여 왔던 불이흥업의 회사 조직을 흑자 시의 그리고 전시하의 적극적인 경영조직으로 개편함은 물론 불이흥업 취체역회에 조선식산은행과 정부 농정관료 출신 인사들을 속속 영입하였다. 1938년 4월 28일 불이흥업 정시 주총은 총독부 출신의 전무 미쓰이(三井榮長)를 사장으로 선출하였다.[161] 그리고 취체역 2명을 증원하여 1920년대부터 조선식산은행 김제, 청진, 광주, 대구, 인천지점장 등을 거쳐 당시 평양지점장으로 있던 전형적인 조선식산은행 인사인 쓰치야 다이스케(土屋泰助)를 취체역에 선임하고,[162] 전라남도 산업기사와 총독부 권업모범장 기수(목포지장) 등을 지낸 총독부 농정관료 출신의 쓰지 젠이치(辻善一)를 취체역 겸 지배인으로 선임하였다. 대공황 이후 정부와 재정의 역할이 증대한 가운데 정부와의 인적 결합을 강화한 것이다.

1938년에도 조선 재계는 중일전쟁의 확대와 장기화에 따라 시국과 관련한 광공업계를 중심으로 크게 성장하였다. 「국가총동원법」 발동으로 당국의 경제 통제가 소비 제한, 소매가격 공정으로까지 진전하는 가운데 군사비 확대, 임시자금조정법 실시, 소비 절약, 저축 80억 원 돌진 정책 등에 힘입은 것이다. 미곡 등 농산물 가격도 올라 농촌 경제는 호황을 보였고, 상업거래도 활발해져 조선은 모든 산업 부문을 통해 일제의 병참기지로 진전하여 갔다.[163] 이를 배경으로 불이흥업은 1938 회계연도에 –전국 평균은 1937년 대비 9.9% 감수한 흉년이었으나– 다행히 전년도 작황을 유지한 데다 재

160 1938년 3월 22일 취체역회에서 '사운갱생(社運更生) 공로상여금'의 의미로 전 직원에게 총 10만 4,000원을 급여하고 '사원호조회'(社員互助會)에 5만 원을 기부하며 '농촌 복리 증진 조성기금'으로 10만 원을 갹출하기로 한 것 등이 예다. 〈취체역회결의록, 1938. 3. 22〉.

161 이날 미쓰이(三井榮長)는 일본 권업은행 총재 이시이 미쓰오(石井光雄), 조선식산은행 두취 아루가 미쓰토요(有賀光豊)와 부두취 와타나베 야코(渡邊彌幸) 등에게 본인의 사장 취임과 사세(社勢)의 완전한 회복을 알리고 그간의 오랜 심로(心勞)에 감사의 예(禮)를 드리는 편지를 보냈다. 『不二興業株式會社取締役會·株主總會關係書類綴』.

162 中村資良 編, 앞의 책, 각 연도판.

163 1938년도 〈성업사영업보고서〉.

고 벼까지 고가에 매각하여 1920년 이후 최고인 13.5%의 수익률을 기록하였다.[164] 그리하여 1938년 6월 20일에는 1919년에 제1회 회사채 50만 원을 발행하여 조선식산은행에 인수시킨 이래 그때까지 누적되어 온 회사채 400만 원을 전액 청산하여[165] 1919년 이후 처음으로 '무(無)회사채' 시대를 맞았다. 재무 구조도 개선되어 [그림 1-5]에서 보듯이 1936년에 76.3%였던 총자산 대비 부채 비율은 1938년에 71.0%로 감소하였고, 1936년에 322.1%였던 자기자본 대비 부채 비율은 1938년에 245.0%로 떨어졌다. 1936년에 27.0%였던 총지출 대비 이자 부담률도 1938년에는 21.3%로 하락하였다.[166]

(2) 조선농기구제조의 설립과 정관 변경

1939년에도 불이흥업은 1938년을 능가하는 호황을 누렸다. 일제는 중일전쟁 3년째를 맞아 대규모 재정지출에 의한 산업 생산력 확충과 국가총동원법 발동에 의한 물가 통제, 그리고 자금 조정에 의한 생산, 배급, 소비 통제를 강화하고 시국 산업을 집중적으로 지원하였다. 그리하여 조선에서는 군수품, 특히 중국행 물자 생산이 격증하고 수요도 대폭 증가하였다.[167] 여기에 미증유의 한발로 쌀값이 폭등하여 전년도 재고 벼까지 고가에 매각한 불이흥업은 [그림 1-6]에서 보듯이 13.6%의 높은 수익률을 기록하였다. 그러나 중일전쟁 확대로 물자, 특히 철강 부족이 심해지자 농기구 제조 등 관련 산업의 타격이 컸다. 당시 조선의 주요 농기구는 거의 9할가량을 일본에서

---

164 1938년도 〈불이흥업영업보고서〉.

165 〈취체역회결의록, 1938. 6. 20〉.

166 1939년 4월 17일 불이흥업 취체역회는 1938년 4월에 "농촌 복리 증진 자금의 운용을 위하여 조속히 재단법인을 설립"하기로 한 결의(〈취체역회결의록, 1938. 4. 28〉)에 따라, 회사 각 농장의 소작인 복리 증진을 위한 농산물 개량증식(改良增殖), 부업 보급, 기타에 필요한 시설 조성을 목적으로, 불이흥업 사장을 대표로 한 재단법인 불이흥농회(不二興農會)를 불이흥업이 기부한 10만 원으로 본사에 설립, 운영하기로 하였다. 아울러 그에 필요한 〈불이흥업 기부행위안(寄附行爲案)〉도 통과시켰다. 〈취체역회결의록, 1939. 4. 17〉. 경영 호전을 반영한 조치였다.

167 1939년도 〈성업사영업보고서〉와 〈불이흥업영업보고서〉.

이입하여 사용하였는데 조선에 배당할 물량을 크게 줄였다. 이에 총독부는 일본과 교섭하여 물량 확보에 노력하는 한편, 그렇게 확보한 농기구의 배급 통제에도 주력하였다.[168]

이런 가운데 총독부는 조선의 농기구 생산을 늘리기로 하고 그 일환으로 1939년 말 서울에 조선농기구제조주식회사를 설립할 계획을 세웠다.[169] 그리고 1940년 3월 불이흥업은 "조선 농업 진흥에 기여할 농기구류의 제조, 매매, 수선 및 그와 관련한 사업"을 목표로[170] 자본금 100만 원(2만 주)의 조선농기구제조주식회사의 설립에 나서 발기인 대표 겸 최대 주식인수자가 되었다. 그에 앞선 1939년 11월 14일 조선농기구제조(주)의 설립 발기인회는 정관과 설립 발기인들의 인수 주식 수(1만 7,100주)를 확정하였고, 1940년 2월 8일에는 「임시자금조정법」에 따라 총독부에 설립 인가를 신청하였다. 그리고 3월 6일 인가가 나오자 나머지 공모주(公募株) 2,900주를 일반에 신청받아 할당하였다. 3월 15일에는 조선식산은행 본점과 지점을 통해 납입자본금 50만 원 전액을 납입받아 3월 30일 창립총회를 열었다.

조선농기구제조(주)의 설립 발기인과 주요 창립 주주는 불이흥업 사장 미쓰이 에이쵸(三井榮長)를 비롯하여 당시 조선 농업계를 대표하던 동양척식회사의 조선지사 이사 야마우치 히코사쿠(山内彦策), 조선신탁 사장 다니 다키마(谷多喜磨), 조선개척 사장 미요시 도요타로(三好豊太郎), 성업사 사장 시치다 쓰네이치(七田常市) 같은 국내 유수의 농업 관련 회사 대표들과 민규식, 김한규, 김연수 등 각 도지사가 추천한 각지의 대표적인 대지주들이었다([표 1-15]).[171] 조선농기구제조회사는 조선 농업계의 수뇌부, 조선 재계의 수뇌부라고 할만한 대기업, 대농업회사, 대지주들이 일종의 창업주식공동인

168 『매일신보』 1938. 12. 21. '내지서 제조 제한되어 조선농기구 공급난. 총독부 대책을 강구 중'. 1939. 2. 18. '농기구 배급 교섭. 소모율 견해 상위'.
169 『매일신보』 1939. 11. 16. '농기구판매통제. 내년 1월 회사 창립'.
170 〈조선농기구제조(朝鮮農器具製造)주식회사설립취지서〉. 이하 별도의 주가 없는 한 같음.
171 『동아일보』 1940. 3. 7. '조선농기구 감자'.

[표 1-15] 조선농기구제조주식회사의 창립 주주와 임원

주주명	주수	주소	참고
三井榮長1)	5,200	경성	불이흥업 사장, 조선축산 취체역
山內彥策	2,600	〃	동양척식 조선지사 이사, 조선철도 감사역, 조선축산 취체역, 평북철도 취체역
谷多喜磨	2,600	〃	조선신탁 사장
三好豊太郎	2,600	〃	조선개척 사장, 성업사 감사역
七田常市	2,600	〃	성업사 대표 취체역, 조선개척 취체역
金漢奎1)	500	〃	조선신탁 감사역, 조선화재해상보험 감사역, 광장(주) 사장, 금보합명(농업) 대표사원
閔奎植2)	500	〃	동일은행 사장, 조선생명보험 감사역, 동방식산 취체역, 계성(주) 감사역
金季洙	500	〃	삼양사 대표사원, 조선신탁 감사역, 조선저축은행 감사역, 한성은행 취체역, 조선권농 취체역, 조선경동철도 취체역, 경춘철도 취체역, 서선중앙철도 감사역
嶋谷篤	400	전북	도곡(嶋谷)농장 전무, 도곡산업 취체역, 만경축산 취체역
大塚治三郎	250	전남	
多田榮吉	200	신의주	공동보관 사장, 다사도철도 상담역
國武一生	150	전남	(합)국무(國武)농장 대표사원
辻 善一	100	경성	불이흥업 지배인
矢島慧1)	100	〃	조선축산 감사역, 동양척식 조선지사 농업과장
高橋申2)	100	〃	조선신탁 기술과장
飯島寬一郎1)	100	〃	성업사 취체역
曺秉學	100	〃	경성창고금융 감사역, (주)영익사 취체역
閔泳殷	100	충북	
大林義雄	100	황해	(주)대림(大林)농장 취체역 회장
飯泉幹太	50	경성	불이흥업 상임감사역
土屋泰助	50	〃	불이흥업 상무취체역
藤井久平	50	〃	
佐佐木龜太郎	50	〃	
金基德	50	〃	
德弘國太郎	50	경기	성산농업 대표 취체역, 조선경동철도 감사역, 동산농사 취체역
高橋茂兵衛	50	충남	
森菊五郎	50	군산	(주)삼국(森菊)농장 사장, 조선신탁 취체역, 조선화재해상보험 감사역
白勢春三	50	전북	이엽사(二葉社)
多木衛三	50	〃	
大橋與市	50	〃	(주)대교(大橋)농장 취체역
鎌田勝太郎	50	목포	조선실업 사장, 조선흥업 취체역
廣島敏行	50	전남	
徐丙朝	50	대구	조선화재해상보험 취체역, 경북무진 사장, 조선축산 취체역
徐丙柱	50	〃	
日浦廣治	50	경북	
川崎武之助	50	경남	
孫永暾	50	〃	영유합명(농업) 대표사원
崔正洙	50	평양	
吳在殷	50	평북	
江原基陽	50	강원	경춘철도 감사역, 조선축산 취체역
金本安民	50	함흥	
方義錫	50	함남	조선생명보험 취체역, 함남무진 감사역, 공흥(주) 사장
崔智煥	50	함북	
계	20,000		

주: 1) 취체역, 2) 감사역.

자료: 『불이흥업주식회사 취체역회·주주총회관계서류철』; 中村資良 편, 앞의 책, 1940년판.

[표 1-16] 설비 신설에 의한 예상 생산능력(1개년)

제품명	생산능력		실제 생산 예정	
	수량	가액	수량	금액
탈곡기	5,000	110,000	3,750	75,000
제초기	50,000	165,000	23,500	67,500
가래, 삽, 쟁기	10,000	165,000		
풍구[唐箕]	2,000	88,000	900	36,000
선풍기	10,000	110,000	4,500	45,000
삼태기[鋤簾]	35,000	77,000	15,000	30,000
갈퀴	20,000	44,000	7,500	15,000
제연기(製筵機)	4,000	132,000	600	18,000
건조기	6	33,000	15	75,000
괭이[鍬]	20,000	56,000	15,000	37,500
기타		20,000		
계		1,000,000		399,000

자료: 〈朝鮮農器具製造株式會社事業目論見書〉.

수단인 컨소시엄(consortium)을 구성하여 농기구류의 제조, 매매, 수선과 관련한 업무를 수행할 목적 아래 창업[起業] 자금 80만 원(납입자본 50만 원과 차입금 30만 원)으로 설립한 제조회사였다. 그리하여 경기도 수원역 부근 약 10만 평의 부지에 4월부터 공장을 건설하고 7, 8월경 기계를 설치하여 탈곡기, 제초기, 선풍기, 쟁기, 제연기(製筵機) 등 연간 100만 원 규모의 각종 농기구를 생산하여 전국의 주요 농장과 일반 시장에 판매하기로 하였다.[172] [표 1-16], [표 1-17]은 조선농기구제조회사 설립 첫해의 생산 계획과 수지 예산서이다.

설립 취지서에 따르면 이들은 조선 농업계의 사명을 전시 병참기지로서 식료 자원과 각종 공업 원료의 생산 확충에 있다고 보았다. 그리고 그에

172 〈조선농기구제조주식회사사업목론견서(事業目論見書)〉.

[표 1-17] 조선농기구제조의 수입, 지출 예산표(1개년)

(단위: 원)

수입		지출	
제조품 판매대금	1,000,000	영업비	112,160
부분품 판매, 수선 수수료	5,000	제품개량연구비	20,000
		동력연료비	12,000
		금속원료비	250,000
		목재원료비	252,000
		공장비(工場費)	277,400
		차입금 이자	15,000
		제(諸) 소각금	25,000
		순이익금	41,440
계	1,005,000	계	1,005,000

자료: 〈朝鮮農器具製造株式會社事業目論見書〉.

필요한 농기구 공급이 업계의 기대만큼 충분하지 않다는 공통 인식도 가졌다. 조선의 농기구는 대부분 일본에서 일본 농법에 맞추어 생산한 구식들이라서 조선 농기구의 개량 발달을 일본 업자들에게 더는 맡길 수 없다는 것이었다. 말하자면, 조선 농업에 충분한 이해와 체험을 가진 자신들이 권농기관의 지도를 받아 조선 농업의 실상에 맞고 조선의 기후와 풍토, 조선 농업 기구의 특성에도 적합한 효율적인 농기구를 생산할 단계라고 보았다. 특히 이들은 장차 농업 생산력을 확충하려면 농기구 수요가 크게 늘 터인데 전시의 특수 사정으로 일본에서 농기구 공급이 여의치 않게 되면 조선 농업의 국책 수행에 장애가 될 수 있으므로 차제에 비록 전시라서 자본과 물자가 부족하지만 농업 생산 확대라는 국책 차원에서 조선농기구제조주식회사를 설립할 필요가 있다고 보았다.[173]

불이흥업은 이 회사 창립에 적극적으로 나섰다. 사장 미쓰이(三井榮長)

173 〈朝鮮農器具製造株式會社事業目論見書〉. 그래서 당시는 농기구 제조를 위한 국책회사의 설립을 요망하는 소리가 높았다. 『조선농회보』 13-8, 1939, 94쪽.

는 설립 발기인 대표로서 설립 사무를 관장하였다. 1940년 3월 30일 불이흥업 중역회는 조선농기구제조회사의 주식 인수 문제를 토의한 후 "본사에서 사용하는 농기구의 수리와 보수"를 위하여 이 회사에 투자할 필요가 있다고 보고 전체 2만 주의 28.5%인 5,700주(1주당 25원 납입)를 인수하여 최대 주주가 되었다.[174] 이는 물론 불이흥업의 독자적 결정은 아니었다. 조선식산은행이 전시 식량 확보라는 국책의 견지에서 총독부 정책에 호응하여 내린 결정이었다. 여기에 조선식산은행의 자회사인 성업사(2,600주)와 성업사의 자회사이자 조선식산은행의 손회사인 조선개척(2,600주)도 각각 전체 주식의 13%씩을 인수하여 조선식산은행 산하 이들 세 회사의 인수 주식이 전체의 5할을 넘었다.[175] 조선신탁도 2,600주를 인수하였는데 이 회사는 총주식 20만 주 가운데 6만 주를 조선은행이, 5만 9,900주를 조선식산은행이 인수하여 설립한 국책회사로서 조선식산은행이 제2의 대주주였다.[176] 그리하여 조선농기구제조는 임원도 불이흥업 출신의 미쓰이 에이쵸 사장과 동양척식주식회사, 성업사 및 일반 지주 출신의 야지마 사토시(矢島慧), 이이지마 간이치로(飯島寬一郎), 김한규(金漢奎)가 취체역을 맡고, 조선신탁과 일반 지주 출신의 다카하시 신(高橋申), 민규식(閔奎植) 등이 감사역이 되었다. 조선농기구제조(주)의 실제 창업자는 조선식산은행이었다.

불이흥업은 1940년 3월 조선농기구제조(주)의 설립을 계기로 그해 6월 28일 임시 주총에서 향후 타인과 공동 경영, 공동 투자하거나 타 회사의 설립 발기인이 될 수 있도록 정관을 개정하였다.[177] 당시 불이흥업은 정관상 다른 회사의 주식을 취득할 수 없고(소액은 예외), 다른 회사를 공동 경영하

174 〈취체역회결의록, 1940. 3. 30〉.
175 1939년 8월 조선개척의 총주식은 8만 주인데 성업사가 4만 4,192주, 조선식산은행 행우회 공조부(共助部)가 1,450주를 가졌다. 중역 6명 가운데 미요시 도요타로(三好豊太郎), 시치다 쓰네이치(七田常市), 미즈마 요시쓰구(水間美繼, 당시 조선식산은행 이사) 등 조선식산은행 출신이 사장, 취체역, 감사역으로 들어갔다. 조선개척은 이 책 제3장.
176 中村資良 편, 앞의 책, 1940년판.
177 〈임시주총결의록, 1940. 6. 28〉.

[표 1-18] 1938, 1939 회계연도 불이흥업의 유가증권 보유 현황

종류	1주당 납입액		1938	1939
불이광산	25원	5원체(替)	3,055주	3,055주
조선화재보험	12원 50전		200주	200주
조선신탁	12원 50전	10원체(替)	100주	100주
다사도철도	25원		500주	500주
강원식산	20원		500주	200주
조선중앙미유(米油)	20원		-	500주
조선축산	15원		-	100주
조선농기구제조	25원		-	5,800주
국고채권	3.5% 이자부	100원券(98원替)	1매	21,560원

자료: 1938, 1939 회계연도 〈영업보고서〉.

거나 공동 투자할 수도 없었다. 따라서 조선농기구의 설립 발기인이 되기 위해서라도 개정이 필요하였다. 물론 개정의 필요성은 이뿐 아니었다. 1941년 1월 31일 불이흥업은 총독부에 〈회사 목적 변경 인가 신청서〉를 제출하여 정관 개정의 필요성을 두 가지로 들었다. 하나는 조선농기구제조에 상당액을 출자하기 위해서였다. 불이흥업은 [표 1-18]에서 보듯이 그간에도 회사 운영과 관계 있는 여러 회사의 주식을 취득한 바 있지만, 대개 정관에 위배되지 않는 범위의 소액 출자들이었다. 그런데 이번에는 총독부 등의 지도 주선으로 여타의 농사경영자들과 함께 공동 발기인이 되어 조선농기구제조(주)를 설립하기로 하였고 1940년 3월에 설립 인가를 받았으므로 이 회사에 상당액을 출자하려면 차제에 정관을 개정할 필요가 있다는 것이었다. 다른 하나는 이뿐 아니라 '금후 가일층의 생산 확충을 위해서는' 타인과 공동으로 경영하거나 혹은 설립 발기인이 될 경우가 있을 터이므로 차제에 정관을 고쳐 대비할 필요가 있다는 것이었다.[178] 이로써 불이흥업은 이제 단순한

178 1941년 1월 31일 신청한 '목적 변경의 건'은 임시자금조정법 제4조에 의하여 그해 3월 4일 인가받았다. 〈조선총독 南次郎. 불이흥업주식회사 殿. 1941. 3. 4〉.

농업회사가 아닌 새로운 기업의 창업자, 발기인이 될 수 있게 되었다.

한편, 이렇게 설립된 조선농기구제조는 그 후 큰 변화를 겪었다. 이들은 1941년 5월 심경(深耕)용 쟁기(犁) 8만 대, 유아등(誘蛾燈) 40만 개, 분무기 6,000대, 제연기(製挺機) 2,000대, 바디(筬) 10만 본(本), 하충(夏蟲) 절취(切取)용 낫(鎌) 60만 정(丁), 제초기 5,000대, 우마차 300대, 제승기(製繩機) 1,000대를 생산할 계획이었고,[179] 1942년 2월에는 태평양 전쟁의 개전으로 물자 부족과 통제가 더욱 심해진 가운데 심경용 쟁기 4만 대, 유아등 20만 개, 분무기 6,000대, 제연기 2,000대 등을 생산하여 조선농회에 전량 납품할 계획이었다.[180] 그런데 1944년 1월 총독부가 서울의 조선농기구제조회사와 그 외 각지의 주요 농기구회사들을 하나로 합동하여 농기구의 제조와 배급을 일원적으로 통제하기로 하였다.[181] 그리고 1944년 7월 서울의 조선농기구제조, 동산(東山)산업, 미야바야시(宮林德三郎), 인천의 원전(原田)농구제작소[原田淸之助], 대전의 호전(芦田)농잠구, 군산의 군산농기(農機)공업, 대구의 야마자키(山崎織平)상점, 경상북도 김천의 조선주물공장[吉岡正藏], 포항의 이시카와(石川憲治), 부산의 후지타(藤田正夫), 동래 구포의 남선농기구제조유한회사, 평안북도 용천의 신흥철공소(김치환, 金山致煥) 등 12개 농기구공장에 명령하여 각자의 토지, 건물, 기계설비 등을 현물 출자하는 방식으로 자본금 500만 원의 조선농기구통제회사를 만들었다.[182] 이로써 조선농기구제조회사는 생산, 배급 모든 면에서 당국의 강력한 통제를 받는 조선농기구통제회사로 변질되었다.

179 『매일신보』 1941. 5. 2. '조선농기구 제조계획을 결정'.
180 『매일신보』 1942. 2. 27. '농기구회사 생산량 결정'.
181 『매일신보』 1944. 1. 20. '농기구회사 통제. 선내 1사의 강력회사 설립'.
182 『매일신보』 1944. 7. 13. '농기구통제회사 신설. 전선 12 지정공장 일괄'; 『조선총독부 관보』 제5229호 1944. 7. 11. '統制會社令 제3조 第1項ノ規定ニ依リ左ノ通統制會社ノ設立ヲ命ス. 朝鮮總督府 告示 제984號'; 동, 제5229호 1944. 7. 11. '統制會社令 제3조 第1項ノ規定ニ依リ左ノ通 농기구제조의 통제회사 설립위원을 인가함. 조선총독부 고시 제986호'.

2) 전시 통제기(1941~1945)의 증자와 조선개척 합병

(1) 합병 배경

불이흥업은 1940년 3월의 조선농기구제조 설립을 계기로 정관을 개정하여 타인과 공동 경영, 공동 투자하거나 다른 회사의 창립발기인이 될 수 있게 하였다. 그리하여 1943년에는 새 정관에 기초하여 일제하 굴지의 농업회사였던 조선개척을 흡수·합병함으로써 동양척식주식회사에 버금가는 조선 최대의 농업회사가 되었다. 주지하듯이 조선식산은행은 1940년대 초 중일전쟁과 태평양 전쟁의 확대 과정에서 일제가 국책으로 추진한 산업 합리화, 산업 간소화 정책을 일선에서 추진한 주무 기관이었다. 그리하여 전시 식량 증산과 국내 경제 체제의 '간소(簡素)·강력화(强力化)' 요구에 부응하여 성업사와 불이흥업, 조선개척 등 조선식산은행 산하 농업 3사의 역할 분담과 통폐합을 추진하였다.

우선 조선식산은행은, 후술할 이 책 제2장에서 보듯이, 1930년대 중반 이래 자회사인 성업사의 부동산을 꾸준히 매각하여 성업사의 총자산에서 부동산이 차지한 비중을 줄이고 대신 유가증권의 비중을 늘리도록 하였다. 이에 따라 성업사는 창업 후 첫 회계연도 말인 1932년 3월에는 부동산이 총자산의 80.5%를 차지하였고 세 번째 회계연도 말인 1934년 3월에는 89.2%까지 증가하였으나 그 후 점차 감소하여 1941년(이하 회계연도 말인 이듬해 3월 기준) 46.3%, 1942년 37.3%, 1943년 36.0%, 1944년 39.7%로 줄었다. 반면 유가증권은 1941년 40.5%, 1942년 57.5%, 1943년 53.2%, 1944년 52.1%로 늘었다(이 책 제2장의 [부록 2-5]). 이에 따라 1931 회계연도에 총수입의 73.2%였던 성업사의 경지(耕地) 수입은 그 후 감소하여 1941년 32.3%, 1942년 30.8%, 1943년 32.0%, 1944년 30.2%로 줄었고, 반면 총수입 대비 주식배당금 수입의 비중은 1935년에 처음 0.2%를 기록한 이래 계속 늘어 1941년 24.0%, 1942년 29.9%, 1943년 33.2%, 1944년 33.6%가 되었다(이 책 제2장의 [부록 2-7]).[183] 조선식산은행은 성업사의 성격을 그 은행 산하의 주요 유가증권 취득 기관, 다른 회사의 창업자, 발기자, 인수자로 변모시켜 간 것이다.

그런 위에서 조선식산은행은 1940년에 총독부가 조선증미계획을 발표하고 1942년에 조선증미계획갱신안(更新案)을 발표한 가운데[184] 사업의 목적과 자본 계통을 같이하는 불이흥업과 조선개척 두 회사를 통합하기로 하였다. 이에 앞서 조선식산은행은 1941년 9월 24일에 그 은행 이사 겸 도쿄사무소장을 거쳐 일본 권업은행(勸業銀行)의 총재를 역임한 일본 금융계의 거물 이시이 미쓰오(石井光雄)[185]와 역시 조선식산은행에서 각 지점장과 본점의 조사, 검사, 심사과장 등을 거쳐 당시 그 은행 상임감사역으로 있던 나카토미 게이타(中富計太)[186]를 불이흥업의 감사역으로 파견하였다. 그리고 조선식산은행 출신으로 1938년에 불이흥업 취체역에 선임되었던 쓰치야 다이스케(土屋泰助)를 불이흥업의 상무취체역으로 승진 임명하였다. 1943년 5월 29일에는 조선식산은행 이사 출신의 야나베 에이자부로(矢鍋永三郎)[187]를 불

183 각 연도 〈성업사영업보고서〉; 이 책 제2장.

184 조선증미(增米)계획은 최유리, 「일제 말기 조선증미계획에 대한 연구」, 『한국사연구』 61·62 합집, 한국사연구회, 1988; 이송순, 「전시기(1937~1945) 조선의 미곡증산 정책 실시와 그 성격」, 『사총』 56, 역사학연구회, 2003.

185 1906년 교토(京都)제대 법과를 졸업한 후 일본 판검사 등용시험에 합격하여 고베(神戶) 지방재판소 검사국 근무를 거쳐 대한제국 재정고문부에 초빙되어 재정개혁에 간여하였다. 그 후 함경농공은행에 들어갔고 한성공동창고 지배인, 한국은행 검사역을 거쳐 1911년 조선은행 오사카지점 차석으로 전보되었다. 1913년 도쿄지점 개설에 조역(助役)으로 참여한 후 부산지점장, 도쿄지점 부지배인 등을 역임하였고 조선식산은행 창립과 함께 이사가 되어 1923년까지 재임하였다. 사임 후에는 일본 권업은행 이사로 발탁되어 1927년에 그 은행 부총재, 1936년에 총재가 되었다. 阿部薰 편, 앞의 책, 1935, 614~615쪽.

186 1908년에 고베고등상업학교(神戶高商)를 졸업한 후 고베 등지에서 은행원으로 일하다가 1914년에 내한하여 지방금융조합의 창립위원, 이사 등으로 활약하였다. 1917년 광주농공은행으로 옮겨 1918년 조선식산은행에 합병되자 그 은행 이리, 인천, 목포, 함흥, 신의주지점장과 본점 검사과장, 조사과장, 심사과장 등을 지냈다. 1938년 부산지점장을 거쳐 조선식산은행 감사, 상임감사로 승진하였다. 阿部薰 編 편, 앞의 책, 1935, 411쪽; 有馬純吉 編, 앞의 책, 1931, 309쪽.

187 1907년 도쿄제대 법과 졸업과 함께 고문(高文)에 합격하여 통감부 서기관으로 내한하였다. 공주재무감독국장, 경남재무부장, 세관장, 관세과장, 참사관 등 재무 방면에서 주로 근무하였다. 황해도지사에 발탁되어 1919년 10월 중국, 인도, 구미를 시찰하였고 1925년 8월 퇴관하여 조선식산은행 이사가 되어 주로 공공금융을 담당하면서 그 은행의 제3대 두취로 촉망받았으나 1933년 8월 조선금융조합연합회장으로 자리를 옮겼다. 조선토지개량(주) 감사역, 한성은

이흥업의 사장에, 조선신탁 출신의 사쿠라이 긴고(櫻井金吾)[188]를 취체역에 선임하는 등 조선식산은행 인사들을 불이흥업에 대거 영입하였다. 1943년 8월 18일에도 조선식산은행은 총독부 농정관료로서 조선증미갱신계획을 일선에서 진두지휘하였던 아사노 겐이치(淺野健一)[189]를 불이흥업의 상무취체역에 선임하였다. "시국(時局)하 증미 계획의 국책에 순응하고 사업의 확장 발전"에 절대적으로 필요한 중역진의 강화를[190] 완료한 것이다.

합병의 다른 한쪽인 조선개척도 마찬가지였다.[191] 1940년에는 조선식산은행의 히라하라 다모쓰(平原保)[192]가 조선개척의 취체역으로 영입되었고,

---

행 취체역도 지냈다. 有馬純吉 編, 앞의 책, 1931, 436쪽; 朝鮮人事興信錄編纂部, 앞의 책, 1935, 480쪽; 阿部薰 編, 앞의 책, 1935, 60쪽.

188 1920년에 도쿄제대 법학부를 졸업하고 조선은행에 들어가 오사카, 도쿄(東京)지점 등에서 근무하다가 내한하여 인천지점에서 지배인 대리로 일하였다. 1934년 이후 조선신탁(주) 부산지점 지배인으로 발탁되어 근무하였다. 朝鮮人事興信錄編纂部, 앞의 책, 1935, 216쪽; 阿部薰 編, 앞의 책, 1935, 518쪽.

189 도쿄제대 농과를 졸업한 후 관계로 나섰다. 당시 경상남도 농무과장이었다. 京城日報社 編, 『朝鮮人名錄, 昭和17年度』, 京城: 京城日報社, 1941. 미쓰이 에이쵸(三井榮長)에 이어 총독부 농정관리 출신으로 불이흥업 중역이 된 두 번째 인물이다.

190 1941년 9월 24일 사장 미쓰이 에이쵸가 다카타(高田) 감사역에게 보낸 편지의 "이번 이이즈미 간타(飯泉幹太) 감사역의 퇴임을 맞아 보궐선거와 일부 정관 변경을 위하여 오는 25일 임시 주총을 개최할 생각입니다. … 시국하 증미계획의 국책에 순응하고 사업(社業)의 확장 발전에 대비할 중역진 강화를 위하여 금회 후임 감사역으로 전(前) 권업은행 총재 이시이 미쓰오(石井光雄) 씨와 현 조선식산은행 감사 나카토미 게이타(中富計太) 씨를 선임할 생각입니다." 참조. 『不二興業株式會社取締役會 · 株主總會關係書類綴』.

191 조선개척은 니가타(新潟)현 나가오카(長岡)시의 대자본가인 가와카미 사타로(川上佐太郎)가, 니가타현에서 유전을 개발하여 '에치고(越後)의 석유왕'이라는 별명을 얻은 나카노 간이치(中野貫一)와 이세(伊勢, 三重縣) 출신으로 일본의 거물 곡물상이던 오카 한에몽(岡半右衛門) 등과 함께, 1920년에 설립한 자본금 700만 원의 선만개척(鮮滿開拓)이 일찍이 같은 나가오카시의 자산가들이 1918년 이래 창립하여 운영해 온 자본금 100만 원의 장강척식(長岡拓殖)을 1927년에 합병하여 자본금을 800만 원으로 늘렸고 그 후에도 실적이 부진하자 1936년 9월에 자본금 800만 원을 400만 원으로 감자하며 상호를 조선개척으로 변경하여 성립한 농업회사이다. 선만개척은 1920년 창업 이래 적자가 누적되고 거의 매년 무배당일 만큼 성적이 좋지 않았다. 이에 조선식산은행은 1927년에 그 은행의 미요시 도요타로(三好豊太郎)를 선만개척의 전무로 파견하였고 1935년에는 그 은행의 자회사인 성업사를 선만개척의 지배주주로 만들었다. 그리하여 그 은행 각 지점장, 본점 과장 등을 거쳐 성업사 취체역으로 있던 도쓰 마나부(戶津學), 그 은행 각 지점장, 본점 과장을 거쳐 성업사 전무 및 대표 취체역을 지낸 시치다 쓰네이치(七田常市), 그 은행 오사카지점장과 이사를 지낸 미즈마 요시쓰구(水間美繼), 그리고 총독부 농정관리 출신으로 조선 '미곡통'(米穀通)이라는 명성을 얻은 이시즈카 다카시(石塚峻) 등을 감사역과 취체역으로 선임하였다. 선만개척, 장강척식, 조선개척은 이 책 제3장.

192 1907년에 동양협회전문학교를 졸업한 후 통감부 탁지부 촉탁으로 내한하여 영동(永同)금융조

1941년에는 조선식산은행 출신의 하야시 유타카(林豊)[193]가 취체역으로 영입되었으며, 총독부 고위 관리 출신으로 당시 조선식산은행 이사였던 도미나가 후미카즈(富永文一)[194]가 사장으로 영입되었다. 전시 국가 통제가 강화되는 가운데 조선식산은행은 그 은행 사람들을 산하의 불이흥업과 조선개척에 파견하여 인적 지배를 강화하였고 조선총독부의 전현직 고위 관리들을 중역으로 영입하여 국가권력과의 인적 결합도 공고히 하였다.

불이흥업은 1940년대 초에도 매우 양호한 경영 성과를 얻었다. 1940년 9월 이후에도 일본 경제는 일본, 독일, 이탈리아 삼국동맹의 성립과 일제의 동아광역경제권(東亞廣域經濟圈) 수립을 계기로 기왕의 영미 의존 체제에서 벗어나 동아공영권(東亞共榮圈) 내의 자급 체제를 확립하기 위한 관민 협력, 내선 일체, 생산력 확충, 산업이윤 통제령과 경리 통제령, 가격 공정제 등 일련의 경제 통제 정책을 더욱 정비 강화하였다. 이런 가운데 불이흥업은 [그림 1-6]에서 보듯이 1940년에 17.5%의 수익률을 기록한 이래 1941년 37.0%, 1942년 35.2%, 1943년 23.9% 등의 높은 수익률을 기록하였다.[195]

(2) 증자와 조선개척의 흡수·합병

그런 위에서 조선식산은행은 불이흥업과 조선개척의 합병에 나섰다.

합 이사와 한호농공은행 등을 거쳐 1920년 이후 조선식산은행의 충주, 해주, 청주, 전주, 마산, 대구지점장과 본점의 산업금융과장으로 일하였다. 朝鮮人事興信錄編纂部, 앞의 책, 1935, 770쪽; 阿部薰 編, 앞의 책, 1935, 460~461쪽.

193 1907년 야마구치(山口)고상을 졸업한 후 일본에서 은행을 다니다가 내한하여 1910년 한호농공은행, 1911년 함경농공은행, 1914년 광주농공은행에서 일하였고 1917년 광주농공은행 목포지점장이 되었다. 1918년 농공은행이 조선식산은행에 합병되자 목포지점장으로 계속 근무하였고 그 후 김천, 전주, 원산, 인천, 신의주·의주 지점장과 본점 계산과장, 산업금융과장으로 일하였다. 朝鮮人事興信錄編纂部, 앞의 책, 1935, 60~61쪽; 阿部薰 編, 앞의 책, 1935, 402쪽.

194 1916년 도쿄제대를 졸업하였다. 1915년 고문(高文)에 합격하여 이듬해 총독부 시보로 내한하여 1918년 총독부 사무관, 1923년 총독부 감찰관 겸임, 1925년 전라북도 경무부장, 1926년 경무국 보안과장 등을 거쳐 1931년 함경북도지사, 1934년 경기도지사, 1937년 조선식산은행 이사가 되었다. 불이흥업이 조선개척을 합병한 후는 조선금융조합연합회장으로 자리를 옮겼다. 有馬純吉 編, 앞의 책, 1931, 301쪽; 朝鮮人事興信錄編纂部, 앞의 책, 1935, 327쪽; 阿部薰 編, 앞의 책, 1935, 39쪽.

195 1940 회계연도의 〈불이흥업영업보고서〉와 〈성업사영업보고서〉.

1943년 8월 30일 오전 10시 조선식산은행 두취 아루가 미쓰토요(有賀光豊)는 그 은행 두취실에서 불이흥업 사장 야나베 에이자부로와 조선개척 사장 도미나가 후미카즈(富永文一)를 불러 두 회사의 합병에 관한 타합회(打合會)를 열었다. 그 은행 이사 야마구치 시게마사(山口重政), 곤도 도쿠조(近藤得三), 후지모토 슈조(藤本修三)와 감사 나카토미 게이타(中富計太), 나카마쓰 도우치(永松統治), 그리고 본점 산업금융과장 등이 배석하였다. 여기서 아루가 미쓰토요는 참석자들에게 양사 합병의 근본 방침에 관한 격의 없는 협의를 요구하는 한편, 미리 준비한 1943년 3월 말 현재 불이흥업과 조선개척의 대차대조표, 재산목록, 순(純)자산표, 1주당 순자산표 등을 공람시키고 '사정(査定) 순자산'에 기초한 두 회사의 '1주당 순자산'을 비교 설명하였다. 이어 불이흥업이 조선개척을 흡수하는 방식으로 양사를 합병하되 양사의 주식을 일대일 대등의 방법으로 합병하면 좋겠다는 방침을 통고하였다.[196]

불이흥업과 조선개척 두 회사 사장은 이에 따르지 않을 수 없었다. 두 회사 모두 성업사가 주식의 1/2 이상을 가진 지배주주였고[197] 특히 조선개척 사장 도미나가 후미카즈는 전라북도 경무부장, 총독부 경무국 보안과장과 함경북도, 경기도 지사를 지낸 공안관리 출신이었다. '시국 식량 확보'와 '국내 경제 체제의 간소·강력화' 등 국책을 명분으로 한 통합에 반대할 리 없었고 그럴 수도 없었다. 다만 양사를 일대일로 합병할 경우 그에 앞서 두 회사의 1주당 순자산을 균등하게 해둘 필요가 제기되었다.

우선 양사는 [표 1-19]에서 보듯이 창립 이래 배당률이 달랐다. 물론 조선개척도 [표 1-20]에서 보듯이 지난 3년간 상당한 순익을 보았고 1943년에도 순익이 예상되었다. 그러나 1940, 1941, 1942년의 불이흥업과 조선개척의

196 〈양회사합병에 관한 타합기록〉. 이하 별도의 주가 없는 한 같음.

197 1942 회계연도 말(1943. 3) 조선개척(8만 주)의 대주주는 성업사(4만 4,167주), 조선신탁(1만 180주), 사이토 규타로(齊藤久太郎 4,510주), 가와무라 소시치(河村宗七 1,246주), 시노자키 한스케(篠崎半助 1,189주), 충남흥업(1,105주), 합자회사 가등(加藤)정미소(900주), 마쓰이(松井)지바(865주), 일선해운(日鮮海運 810주) 등이다. 이 책 제3장의 [표 3-7].

[표 1-19] 조선개척, 불이흥업의 자본금, 배당률

연도	조선개척			불이흥업 배당률 (%)	연도	조선개척			불이흥업 배당률 (%)
	공칭자본 (만 원)	납입자본 (원)	배당률 (%)			공칭자본 (만 원)	납입자본 (원)	배당률 (%)	
1920	700	2,450,000	6	8.5	1932	800	4,530,000	0	0
1921	700	3,500,000	6	8	1933	800	〃	0	0
1922	700	3,500,000	0	8	1934	800	〃	0	3
1923	700	3,500,000	0	0	1935	800	〃	0	3
1924	700	3,723,800	0	7	1936	400	2,265,000	6	5
1925	700	3,771,900	0	8	1937	400	〃	7	7
1926	700	3,775,040	0	8.3	1938	400	〃	8	8
1927	800	4,530,000	0	8	1939	400	3,249,740	8	8
1928	800	〃	0	8	1940	400	3,250,000	8	8
1929	800	〃	0	5	1941	400	〃	8	8
1930	800	〃	0	0	1942	400	〃	8	8
1931	800	〃	0	0					

자료: 〈兩會社內容調書 1943. 4. 1〉, 『增資合併書類綴』 1943. 10~1944. 4.

자기자본 대비 수익률은 각각 9.6%, 18.9%, 16.7%와 12.0%, 11.5%, 11.5%이고 납입자본 대비 수익률은 각각 17.5%, 37.0%, 35.2%와 15.6%, 15.6%, 16.1%로 두 회사의 수익률이 크게 달랐다([부록 1-2]와 이 책 제3장의 [부록 3-6]). 주식 시가도 [표 1-21]에서 보듯이 크게 달랐다. 당연히 [표 1-22]에서 보듯이 두 회사의 1주당 순자산이 각각 79원 48전과 69원 38전으로 역시 달랐다. 따라서 둘을 일대일로 합병하면 불이흥업의 주주가 일방적으로 손해를 볼 처지였다. 해결책은 조선개척의 주식을 절기(切棄, canceling)하거나 불이흥업이 증자하여 기존 주주들에게 주식을 추가 배당하는 방법이 있었다. 그런데 전자는 조선개척의 주주들에게 손해를 끼치는 일이라서 주주총회의 승인을 얻기 어려웠으므로 실제 모색한 것은 후자의 증자였다. 그리고 증자는 1937년에 발표된 「임시자금조정법」 하에서 임의로 결정할 일이 아니었다. 따라서 그날 타

[표 1-20] 조선개척의 합병 전 실적과 1943년도 예상 수지

항목		1940	1941	1942	1943(예상)
수입	작득물(作得物)	1,909,822 (96,682석)	2,137,443 (101,783석)	2,347,835 (107,243석)	2,461,900 (103,500석)
	이자 수입	50,245	19,350	31,077	30,000
	산림 수입			20,000	10,000
	잡수입	153,904	208,701	302,587	102,000
	이월[持越]벼 차익	424,528	198,195	50,800	
	계	2,538,500	2,563,689	2,752,299	2,603,900
지출	인건비	264,051	411,720	339,781	392,573
	여비	25,260	19,740	24,328	28,634
	경리비	81,048	143,157	93,945	111,633
	영선비	14,834	18,746	49,060	20,795
	수리비	319,831	333,780	334,413	335,000
	비료비	221,450	217,427	249,855	166,075
	영농비	92,758	93,928	209,755	235,894
	경지유지(耕地維持)비	403,056	264,325	193,027	80,000
	작득물처분비	46,258	74,785	122,947	92,084
	제세공과	370,140	160,924	333,556	263,664
	지불이식	179,703	225,639	224,537	244,575
	잡손	12,916	93,043	53,637	25,000
	계	2,031,304	2,057,215	2,228,841	1,995,927
순익금		507,196	506,474	523,458	607,973

자료: [표 1-19]와 같음.

합회에서는 첫째, 불이흥업은 기존 적립금에서 160만 원을 충당하고 현금에서 40만 원을 납입하여 총 200만 원을 증자한다. 둘째, 양사는 일대일로 합병한다. 셋째, 당기손익은 따로 떼어(切離) 협의한다는 안을 만들어 조선식산은행의 후지모토 슈조 이사를 통해 총독부에 그 가능성을 타진하기로 하였다.[198] 1943년 8월 31일 조선식산은행의 후지모토 슈조 이사는 총독부 이

198 〈兩會社合併에 관한 打合記錄〉. 이하 별도의 주가 없는 한 같음.

[표 1-21] 최근 1년간 불이흥업, 조선개척 주식의 시가 변동

(단위: 원)

연도	불이흥업	조선개척		연도	불이흥업	조선개척	
		구주	신주			구주	신주
1942. 12	61	61	52.5	1943. 7	63	60	51
1943. 1	61	61	52.5	1943. 8	63.3	60.5	49
1943. 2	63	61	52.5	1943. 9	65.3	62.1	50.3
1943. 3	64	62	52.5	1943. 10	73	68	54
1943. 4	62	60	51.7	1943. 11	73	67	54
1943. 5	62	60	51.7	1년 평균	64.4	61.9	52
1943. 6	62.5	60	51.7				

주: 불이흥업의 주식은 50원 납입. 조선개척의 구주는 50원 납입, 신주는 42원 납입.
자료: [표 1-19]와 같음.

[표 1-22] 불이흥업, 조선개척의 자산, 부채, 순자산(1943. 4. 1 현재)

(단위: 원)

종별		불이흥업	조선개척
자산		20,272,744	9,509,295
부채	차입금	10,877,541	3,422,868
	예탁금(預託金)	672,307	
	가수금	948,457	90,367
	납세준비금[諸稅引當金]	900,000	300,000
	미불이식	196,388	
	미불배당금	320,000	260,143
	미불역원상여	40,000	
	직원신원보증금		176,171
	미납입자본금		750,000
	계	13,914,693	4,999,548
순자산		6,358,051	4,509,747
1주당 순자산(50원 납입제)		79.48	69.38
불이흥업의 증자(200만 원) 후 자산		20,272,744	
〃 부채		11,914,693[1)]	
〃 순자산		8,358,051	
〃 1주당 순자산		69.65	69.38

주: 1) 증자금 200만 원을 차입금 상환에 충당.
자료: [표 1-19]와 같음.

재과장, 관리과장, 재무국장 등에게 두 회사의 대차대조표, 1주당 자산표, 사정(査定) 순자산표 등을 제출하였다. 9월 1일에도 총독부 산업금융과장, 이재과장에게 지난 3년간 두 회사의 수익률표, 수지표 등을 제출하였다. 그리고 그들로부터 "총자본 증가나 배당 증가를 용인하는 합병을 억제"하는 것이 총독부 방침이므로 다른 방안을 찾으라는 설명을 들었다. 그리하여 후지모토는 총독부에 추가 문서(이재과(理財課) 추가분)를 제출하고 9월 2일 총독부 이재과장과 사무관 등을 만나 증자 문제를 재차 논의하였다.

결국, 불이흥업의 증자는 「임시자금조정법」 하에서 편법으로 진행할 수밖에 없었다. 합병에 앞서 합병과 무관한 이유를 들어 증자를 신청하는 방법이었다. 1943년 10월 9일 불이흥업이 「임시자금조정법」에 의거하여 총독부에 제출한 증자인가신청서는 증자의 필요성을 두 가지로 들었다.[199] 둘 다 합병과는 무관한 이유였다. 첫째는 재무 구조를 개선할 필요가 있다는 것이었다. 1943년 8월 말 현재 불이흥업의 자기자본은 납입자본 400만 원과 각종 적립금을 합한 569만 원이고, 차입금은 장기 고정차입금 945만 3,800원과 단기 운전자금 차입금 331만 8,700원을 합한 1,277만 2,500원으로 1 : 2.2 정도의 비율이었다. 그런데 차입금 중 단기 차입금은 추수 후 벼를 매각한 대금으로 대부분 연말까지 상환할 예정이었지만, 기왕에 사업확장을 위하여 차입한 장기 고정차입금들은 매년 그중 극히 일부만 상환할 뿐인 장기 고정된 것이 대부분이었다. 따라서 종래의 경험상 어느 날 사업 부진이라도 닥친다면 회사 경리에 심대한 압박이 될 것이고 그런 이유로 차제에 자본금을 늘려 고정차입금 일부를 상환하여 회사의 재무 구조를 개선해 둘 필요가 있다는 것이었다.

둘째는 증미 정책의 추진을 위하여 증자가 필요하다는 것이었다. 즉, 현재 불이흥업은 전시 증미(増米) 사업의 일환으로 평안남도 안주군, 전라북

199 〈臨時資金調整法에 의한 資本増加認可申請, 1943. 10. 9〉, 『増資合併書類綴』 1943. 10~1944. 4.

도 옥구군, 김제군 등지에서 4,000정보가량의 간척 사업을 계획 중인데 그 사업비가 1,000만 원가량이나 소요되어 보조금을 빼도 600만 원가량을 차입금이나 자기자본으로 충당해야 한다. 그런데 이를 모두 차입금으로 충당하면 자기자본과 차입금 비율이 더욱 악화할 것이므로 차제에 증자로 고정차입금을 줄여 장래에 대비할 필요가 있다는 것이었다. 증미 정책을 강력하게 추진하기 위하여 증자가 불가피하다는 요지였다.

1943년 10월 10일 불이흥업은 증자를 주요 안건으로 임시 주총을 소집하였다. 10월 25일 임시 주총은 1943년 10월 10일 현재 주주들에게 2주당 1주의 비율로 신주를 인수시켜 자본금 400만 원(8만 주)을 600만 원(12만 주)으로 증자한다는 방침을 정하였다.[200] 증자가 완료되자 불이흥업과 조선개척의 1주당 순자산은 [표 1-22]에서 보듯이 증자 전의 79원 48전과 69원 38전에서 각각 69원 65전과 69원 38전으로 균등해졌다. 이에 불이흥업은 조선개척과의 합병 문제를 본격적으로 처리하기 시작하였다.

1943년 12월 6일 불이흥업 취체역회는 〈조선개척주식회사 흡수·합병에 관한 건〉을 토의하여 합병계약서를 인준하였다. 12월 7일 총독부에 내인가 신청서를 제출하였는데 12월 6일 불이흥업 기획과에서 기안하여 다음날 사장 결재를 받은 〈조선개척주식회사 흡수·합병에 관한 내인가신청서 제출의 건〉에 의하면, 합병의 명분은 "양사 공(共)히 이십 수년 전 조선에서 미간지 간석지의 개간 개답(開畓)으로 산미를 증식할 목적 아래 설립되어 금일까지 … 상당한 성적을 거두었다. 그러나 현 전시의 식량 증산이 매우 긴박한 실정에 비추어 사업 목적과 자본 계통이 거의 같은 양사를 합병하여

200 불이흥업은 1943년 10월 9일 총독부에 〈임시자금조정법에 의한 資本增加認可申請書, 1943. 10. 9〉를 제출하였다. 10월 26일 내인가를 받자, 10월 27일 도(道)를 거쳐 정식 신청서를 제출하였다. 11월 8일 총독부의 인가를 받았다. 11월 15일 신주(新株) 납입 통지서를 송부하였고 12월 2일 신주 납입 완료를 보고하기 위한 임시 주총 개최를 통지하였으며 1944년 2월 1일 신 주주들에게 주권 교부 사항을 통지하였다. 신주 발행 업무는 조선식산은행의 서울 본점과 도쿄, 오사카지점에서 취급하였다. 『增資合併書類綴』 1943. 10~1944. 4.

체제 강화를 도모하고 증산에 더욱 기여 정신(挺身)하며 국내 경제 체제의 간소·강력화 요청에도 응하기 위"한다는 것이었다.[201] 그리하여 12월 8일 합병 계약을 체결하였고 12월 10일에는 총독부에서 내인가 지령이 나왔다. 두 회사의 합병 소식은 당시 일본제국 최대의 통신사였던 동맹통신사의 뉴스를 타고 즉각 국내외에 알려졌다.[202] 양사는 12월 28일 임시 주총을 열어 앞의 합병계약서를 승인하였다. 두 회사의 합병은 일본 증권거래소에서도 큰 뉴스였다. 1944년 1월 6일 일본증권거래소 동경지소 업무부 시장2과는 불이흥업에 합병계약서의 송부를 요청하였고 불이흥업은 이를 송부하였다. 12월 8일에 도를 거쳐 총독부에 제출된 합병신청서는 1944년 1월 15일 정식 인가받았다.[203]

1943년 12월 28일 불이흥업의 임시 주총은 조선개척의 흡수·합병과 더불어 향후 본사를 현재의 불이흥업 본사로 하고, 농장은 [표 1-23]에서 보듯이 기존의 전북, 서선, 옥구, 철원농장에 조선개척의 황해도 연백(延白), 충청남도 해미(海美)농장을 추가하며, 자본금은 1,000만 원(20만 주)으로 하기로

201 〈조선개척주식회사 흡수·합병에 관한 건, 1943. 12. 6. 불이흥업 기획과〉. 이는 〈임시자금조정법시행령 제5조에 의한 회사합병 내인가신청서〉에도 그대로 들어 있다.

202 〈同盟通信電文31, 1943. 12. 11〉 '대농사회사 출현. 불이흥업 조선개척 합병'; 〈同盟通信電文23, 1943. 12. 13〉 '불이흥업과 조선개척 양사(兩社)의 합병 경위 발표'; 〈同盟通信電文34, 1943. 12. 28〉 '양사 임시 주주총회 개최'; 『京城日報』 1943. 12. 18. '조선개척 해산. 합병 조건은 대등. 불이흥업회사로. 합병내용 발표'의 "불이흥업과 조선개척은 자본적으로 똑같은 조선식산은행 계통이고 사업적으로도 같은 농업회사로 … 양사 합병이 최근 구체화하여 합병계약을 체결하기에 이르렀다. … 오는 28일 임시 주총에 … 부의하고 내년 3월 말일까지 법정 수속을 완료하여 4월 1일부터 새로 발족할 예정인데 … 합병 후 자본금은 1,000만 원, 불입액은 925만 원이며 … 불이흥업이 조선개척을 흡수·합병하는 형식 … 합병 조건은 대등으로 조선개척 주주에게 일대일의 비율로 불이흥업 주식을 교부 … 합병 결과 불이흥업은 현재의 경지면적 1만 2,000정보에 조선개척의 … 6,000정보를 합하여 총 1만 8,000정보 … 연간 수확고 30만 석의 동양척식 다음가는 조선 제2의 농사회사가 된다."

203 『增資合併書類綴』 1943. 10~1944. 4. 1943년 12월 28일 총회 후 불이흥업의 야나베 에이자부로 사장은 기자회견을 통해 향후 평안남도, 경상북도 등지에서 수천 정보를 간척할 예정이고 또 당사 기술진을 이용하여 부재지주들의 관리 소홀한 경지도 예탁(預託)받아 경작할 예정이라고 밝혔다. 여기서 부재지주들의 관리 소홀한 경지를 '예탁'받아 경작한다는 것은 1944년에 총독부가 발표한 '농지관리실시요강'을 말하는 것으로 보이는데 이는 홍성찬, 앞의 글, 1989; 이윤갑, 『일제강점기 조선총독부의 소작정책 연구』, 지식산업사, 2013, 188~189쪽.

[표 1-23] 조선개척 합병 후의 불이흥업 농장

전 회사명	농장명	소재지	논	밭, 대지	산림	평균소작료(석)
불이흥업	전북농장	전북 익산군	1,524	281		28,000
	서선농장	평북 용천군	3,995	180		92,000
	철원농장	강원 철원군	2,367	2,404		50,000
	옥구농장	전북 옥구군	1,026	51		21,000
	경성농원	경기 고양군		24	14	
	경북산림부	경북 영일군			3,905	
조선개척	연백농장	황해 연백군	5,447	740		110,000
	해미농장	충남 서산군	24	57	383	
	황해산림부	황해 신계군			6,277	

자료: 〈임시자금조정법시행령 제5조에 의한 회사합병내인가신청서〉.

정관을 변경하였다. 이어 조선개척의 각 농장에는 합병에 따른 주의 사항을 내려보내[204] 1944년 4월 1일로 예정된 합병에 차질이 없도록 하였다. 1944년 4월 1일 드디어 두 회사는 정식 합병하였다.[205] [표 1-24], [표 1-25]에서 보듯이 자본금이 1,000만 원이고 연간 소작료가 28만 석가량인 초대형 농업회사가 출범하였다. 1944년 5월 7일 불이흥업은 정시 주총과 취체역회를 열어 합병에 따른 취체역 4명을 증원하였다. 조선개척의 취체역 이시즈카 다카시(石塚峻), 히라하라 다모쓰(平原保)가 불이흥업의 취체역으로 수평 이동하였고, 조선개척 사업과장 출신의 구라타 야스시(倉田保)[206]와 1942년 3월 현재 불이흥업 서선농장의 농장장 겸 평안북도양곡주식회사의 이사였던 호사카 노부히코(穗坂申彦)[207]를 취체역으로 새로 선임하였다. 조선개척의 취체역 하

204 『增資合併書類綴』 1943. 10~1944. 4; 〈연안출장소장·연백 각 농장장·해미농장장 완(宛). 당사합병에 따른 조치에 관한 건, 1943. 12. 31〉.

205 『增資合併書類綴』 1943. 10~1944. 4.

206 도쿄제대 농학부를 졸업한 후 1924년 4월 총독부 기수로 출발하여 식산국 농무과에서 일하다가 1929년 조선산업기사로 승진하였다. 불이흥업으로 옮길 당시는 함경남도 농무과장이었다. 有馬純吉 編, 앞의 책, 1931, 147쪽; 경성일보사 편, 앞의 책, 1942.

207 1942년 3월에 설립된 평안북도양곡주식회사(대표 多田榮吉, 關朝雄. 공칭자본 200만 원, 납입자본 100만 원)의 이사였다. 이 회사는 "도내에서 생산한 양곡의 매입, 조선양곡주식회사

[표 1-24] 두 회사의 합병대차대조표(1944. 4. 1 현재)

항목	불이흥업	조선개척	합계
미납입자본금		750,000	750,000
부동산	16,064,436	6,982,251	23,046,686
간척사업	5,846		5,846
농산물	1,060,612		1,060,612
대부금	422,777	252,326	675,103
가불금	436,983	47,922	484,905
예금	2,328,056	1,518,267	3,846,323
저장품	684,109	222,917	907,025
기계 및 집기	228,921	26,522	255,443
유가증권 출자금	526,105	274,085	800,190
축산	243,663	30,225	273,888
본사농장간미달금	34,739		34,739
현금	38,749	6,799	45,547
계	22,074,996	10,111,313	32,186,309
자본금	6,000,000	4,000,000	10,000,000
법정적립금	390,000	170,000	560,000
별도적립금	1,300,000	570,000	1,870,000
퇴직위로기금	315,000	180,000	495,000
차입금	9,749,975	3,456,822	13,206,798
예탁금	667,962	211,306	879,268
가수금	853,882	16,284	870,165
납세준비금	900,000	500,000	1,400,000
미불이식	109,361		109,361
전기이월금	353,051	339,747	792,798
당기순익금	1,435,764	667,154	2,102,918
계	22,074,996	10,111,313	32,186,309

자료: 『증자합병서류철』 1943. 10~1944. 4.

[표 1-25] 합병 전 불이흥업, 조선개척의 벼 실수량

(단위: 석)

연도	불이흥업			조선개척 총소작료
	사유(社有)지	관리지	합계	
1938	205,471	5,174	210,645	96,568
1939	153,881	1,129	155,010	138,892
1940	175,849	4,437	180,286	96,682
1941	186,220	2,360	188,580	101,783
1942	171,692	1,825	173,517	107,243
평균	178,622	2,985	181,607	108,233

주: 1939년도는 대한발로 불이흥업의 전북, 옥구 두 농장은 대감수하였으나 조선개척은 큰 풍작이었음.
자료: 『증자합병서류철』 1943. 10~1944. 4.

야시 유타카(林豊)는 감사역에 선임되었다. 상무 취체역에는 취체역 호선으로 조선총독부 곡물검사소 및 경상남도 농무과 기사와 경상남도양곡주식회사 대표 출신의 아사노 겐이치(淺野健一)[208]와 쓰치야 다이스케(土屋泰助)가 선임되었다.[209]

이로써 합병 후 불이흥업의 취체역은 사장 야나베 에이자부로(矢鍋永三郎), 상무 쓰치야 다이스케, 아사노 겐이치, 히라하라 다모쓰, 취체역 사와무라 규헤이, 구라타 야스시, 호사카 노부히코, 이시즈카 다카시 등 8명이고, 감사역은 나카토미 게이타(中富計太), 사쿠라이 긴고(櫻井金吾), 하야시 유타카 등 3인이었다. 중역 11명 가운데 순수 불이흥업 출신은 창업 이래 근무해 온 사와무라 규헤이 1명뿐이었다. 그를 제외한 취체역 7명 중 사장, 상무 등

및 다른 도 양곡주식회사와의 양곡 매매, 도내의 양곡 배급, 양곡의 가공, 앞의 각 항에 부대하는 사업, 그리고 특별 사업으로 도지사의 허가를 받은 잡화의 이입 등"을 취급하였고 본점을 신의주에 두었다. 호사카는 1941년 현재 불이흥업 서선농장이 소재한 평안북도 용천군 부라면의 부라우편국장도 지냈다.

208 조선토지개량주식회사 기사장, 총독부 곡물검사소 기사, 경상남도 농무과 기사 등을 거쳐 1942년 7월에 설립된 경상남도양곡주식회사의 대표가 되었다.

209 『增資合併書類綴』 1943. 10~1944. 4; 〈연안출장소장, 연백 각 농장장, 해미 농장장 宛. 當社合併에 따른 조치에 관한 건, 1943. 12. 31〉.

회사의 중요 직위는 조선식산은행 출신이 모두 독점하였다. 감사역 3인 중에서도 사쿠라이 긴고를 제외한 2인은 조선식산은행 출신이고, 사쿠라이 긴고도 조선식산은행이 제2대 주주였던 조선신탁(주) 출신이었다. 따라서 사와무라 규헤이를 제외한 비(非)조선식산은행 출신은 취체역 3인뿐인데 이들은 모두 총독부 고위 농정관료 출신이었다. 불이흥업의 중역은 조선식산은행과 조선총독부 출신들로 구성된 셈이었다.

이상에서 본대로 조선식산은행은 1939년에 산하의 불이흥업을 중심으로 창업주식 공동 인수단인 컨소시엄을 만들어 조선농기구제조(주)를 설립하였고, 1940년대 초에는 성업사의 성격을 기업의 설립과 인수를 전문으로 하는 일종의 증권 취득 기관, 창업회사로 바꾸었으며, 1944년에는 산하의 불이흥업과 조선개척을 합병하여 이를 동양척식주식회사에 버금가는 초대형 농업회사로 만들었다. 이렇게 보면 일제하 조선식산은행은 주식의 인수와 취득을 통하여 새로운 회사를 창립하고 기존 회사를 합병한 거대 기업집단, 거대 콘체른의 모회사였다.[210]

5. 결어

이상에서 일제하 한국 최고의 농업회사였던 불이흥업의 설립과 경영변동을 이들 기업의 내부 자료를 통하여 실증적으로 검토하였다. 이하 여기

210 불이흥업은 1945년 1월 29일에 원래 조선개척 소속이었던 황해도 연해(延海)농장 6,677정보의 관할구역이 너무 넓고 행정구역도 달라 효과적인 관리가 어렵다며 그중 벽성군 소재 일신(一新), 영양(迎陽) 두 분장(分場)에 속한 1,500여 정보를 따로 분리하여 해주(海州)농장을 신설하기로 하였다. 〈해주농장 설치에 관한 건, 1945. 1. 29〉. 당시는 경영 효율성 제고를 위한 이런 종류의 회사 간, 농장 간 통폐합이 흔했다. 불이흥업은 1942년 초에 농장장회의를 열어 1942 회계연도의 신규 사업 계획을 논의하였는데 여기서는 평안북도 서선농장의 '양수(揚水) 및 탈곡 작업의 전화(電化) 실행', 전라북도 옥구농장의 '양수기 2개 소의 전화 실행', 강원도 철원농장의 탈곡 작업의 '전화'를 타합(打合)하였다. 〈취체역회결의록, 1942. 2. 9〉의 '농장장회의 타합사항'. 전시노동력 부족에 대응한 '전화'(電化) 사업으로서 주목된다.

서 발견한 몇 가지 사실들을 언급하여 결어에 대신하려고 한다.

불이흥업은 일제하 '조선의 수리왕'으로 불린 일본인 후지이 간타로(藤井寬太郎)가 1914년에 설립한 농업회사이다. 후지이는 러일전쟁 직후인 1904년에 일본 오사카에 본점을 둔 후지모토합자회사의 사원(파트너)으로 내한하여 인천, 군산 등지를 다니며 한일 간 무역업에 종사한 상인인데 그 과정에서 한국 농업, 농촌의 개발 가능성에 크게 주목하였다. 당시 한국은 일본에 비교하여 값싼 토지와 노동력이 풍부하였고 시장경제와 사적 소유권도 발달하였다. 그리하여 일본에서 개발 자금과 인력, 기술을 도입하여 한국 농촌에 수리시설과 수리체계(irrigation system)를 갖추고 앞서 조선인들이 시도하였으나 성공하지 못하였던 미간지의 개척과 기간지의 개량을 시작하면 농업 생산성과 지가가 크게 올라 엄청난 개발이익을 얻을 수 있다고 생각한 것이었다. 이에 후지이는 후지모토합자회사와 일본 및 한국 현지의 일본인 자산가들로부터 상당한 자금을 얻어(fund raising) 전라북도 익산에 임익수리조합과 전북농장을 개설하였으며, 불이흥업주식회사를 창업한 1914년을 전후해서는 제1차 세계대전 특수에 따른 쌀값의 폭등과 농공은행, 조선식산은행, 동양척식주식회사, 조선총독부의 지원에 힘입어 평안북도 용천, 전라북도 옥구, 강원도 철원 등지에 대정, 익옥, 중앙수리조합을 설립하고 그곳에 서선, 옥구, 철원농장을 개설하며 일약 조선 최고의 대지주, 대농업회사가 되었다.

그러나 영광은 잠시였다. 1920년대 일본의 오랜 불황으로 쌀값이 하락하며 적자와 부채가 누적되었고, 그런 와중에 평안북도 용천의 서선농장에서는 대규모 소작쟁의가 발발하였으며, 1930년대 초에는 세계 대공황으로 쌀값이 더욱 폭락하여 거액의 적자와 은행 빚이 쌓이며 파산의 위기에 직면하였다. 이에 주거래 은행인 조선식산은행은 1920년대 후반부터 불이흥업에 추가 대출, 금리 인하, 회사채 발행 같은 구제금융(relief-loan)의 제공을 조건으로 내세워 감자와 자산매각, 주주 배당 중지와 중역 보수 삭감, 중역파견, 회계감독 같은 고강도 구조조정과 워크아웃을 요구하였다. 그리고 1934년과 1935년에는 자신의 자회사인 성업사를 불이흥업의 최대주주, 지배주주로 만들어 경영권과 소유권을 모두 장악하였다. 불이흥업은 조선식산은행과 무관하게 설립되었으나 결국 은행의 손회사가 되어 '조선식산은행 콘체른(그룹)'에 편입된 것이다. 그 후 불이흥업은 1930년대 중반 이래 세계 경제와 일본 경제가 대공황의 늪에서 벗어나며 쌀값이 상승하고 구조조정의 효과도 나타나자 기업회생에 성공하였고, 중일전쟁 이후로는 전시 경제통제가 강화된 속에서 위기극복의 수준을 넘어 빠른 속도로 성장하였다. 전형적인 대마불사(Too big to fail.)였다. 그리하여 불이흥업은 1940년에 성업사, 조선개척 등과 컨소시엄을 형성하여 조선농기구제조를 설립하였고, 1944년에는 조선개척을 합병하여 동양척식주식회사에 버금가는 거대 농사회사가 되었다.

일제하 불이흥업 서선농장의 소작쟁의는 그 규모와 기간에서 일제하 한국에서 일어난 최고의 소작쟁의였다. 주지하듯이 일제하 개간, 간척농장들은 대부분 개답(開畓, openning paddy field)에 필요한 시설과 농지를 제대로 갖추지 못한 채 농민을 입주시켰다. 바닷가 간석지를 개척한 불이흥업 서선농장은 더욱 그랬다. 그리하여 초기 입주자들은 소금기가 가득한 척박한 땅에서 농사와 개척을 병행하며 어렵게 살았는데 그나마 하루라도 더 빨리 안정된 농지를 만들고 싶어 입주자 자신의 돈과 노력까지 쏟아부으며 개발에 박차를 가하였다. 그래서 소작인들은 비록 내 땅은 아니지만, 그들이 온힘을 다하여 개척한 소작지에 대하여 도지권·전세권 같은 일종의 물권적 권리의식을 가지게 되었고 농장도 그런 사정을 잘 알았다. 불이흥업 서선농장이 입주 당시 소작계약서 외에 〈간석지 개간 규정〉을 따로 만들어 소작기한을 10년으로 하고 소작권 매매를 공인(묵인)한 게 그 예였다. 당시 민법에도 없던 '은전'과 '특혜'를 주며 소작인의 인내와 노력을 끌어낸 것이다. 그러나 회사는 1920년대 후반 쌀값이 하락하며 부채와 적자가 누적되어 경영 위기에 몰리자 소작인에 대한 이런 조치를 철회하고 오히려 압박을 강화하였다. 때마침 소작 기간 10년 만기가 도래하고 생산성도 비로소 안정될 기미를 보였으므로 차제에 '불량' 소작인을 정리하고 소작료와 여타 부담을 인상하여 위기를 극복하려 한 것이다.

소작인들은 큰 실망과 배신감을 느꼈다. 당연히 반발하여 일제하 조선 최대의 소작쟁의로 확대하여 갔는데 쟁의의 가장 큰 이슈는 '개간비 환급'과 '영소작권 부여'였다. 개척 기간의 공을 인정하여 소작권을 매매, 양도, 전대(sublet)할 수 있게 영소작권, 즉 소작지에 대한 물권적 권리를 인정하라는 것이었다. 물론 회사는 이에 불응하였다. 그러나 이곳 소작농들도 용의주도하게 대응하였다. 이들은 용천소작조합을 조직하고 평안북도 도평의원까지 지낸 거물급 인사를 조합장으로 선임하였으며 인근의 사회운동 단체들과도 연대하였다. 조합 차원에서 소작농의 생계비 등 수입, 지출 실태를 따로 조사하여 협상의 근거로 삼았고, 1920년대에 일본에서 「소작법」 제정을 추진하고 마침내 1927년에 「소작법」 초안을 만들어 발표하였던 일본의 인사들 가운데 특별히 '소작권의 물권화'에 대하여 진보적인 견해를 가졌던 이들의 견해를 인용하여 소작조합의 협상력을 높이려고 하였다.[211] 이들의 주변에는 다수의 우호적인 세력이 존재하였다. 그런 점에서 불이흥업 서선농장의 소작쟁의는 일제하 소작쟁의의 민족적, 계급적 대립의 성격을 가장 상징적으로 보여주는 사건이었지만, 농민이 승리하지는 못하였다. 당시 한국은 조선인 소작인의 이해를 대변할 정당은 고사하고 입법권, 사법권, 행정권을 전혀 가지지 못한 일본의 식민지였으며, 상대는 불이흥업 만이 아니었다. 그 뒤에는 같은 처지의 대지주, 대농업회사가 즐비하였고 또 그 뒤에는 일제가 식민지 조선의 개발과 수탈을 위하여 국책으로 설립한 특수금융기관인 조선식산은행과 각급 언론 기관들, 그리고 그런 조선식산은

211 『朝鮮新聞』 1931. 11. 11. '(平安北道) 不二農場 の小作爭議根本的の解決方策. 石川知事が三井不二專務と懇談. 小作人側が承服するか'.

행에 거액을 투자한 일본의 각급 금융기관과 투자은행, 국가권력이 있었다. 소작농들이 상대하기에 너무 벅찬 존재였다.

일제하 조선식산은행이 불이흥업의 경영권과 소유권을 장악해 간 과정은 금융자본주의 단계의 선진 자본주의 국가에서 은행이 기업을 지배하여 간 과정을 전형적으로 보여주는 사례였다. 조선식산은행은 1934년까지는 불이흥업의 주거래 은행으로서 그 기업과 규칙적·지속적인 거래를 통하여 회사의 영업 상태를 정확하게 파악하였고 그리하여 회사에 거액채무, 경영악화 같은 위기가 나타나자 은행 자금의 공급 제한과 축소, 해약 등을 무기로 새로운 신용 제공에 점차 까다로운 조건을 붙여 불이흥업의 중역 선임, 기구개편, 자본 감소, 정관 변경 등 중요 의결 사항에 개입하였다. 그리고 1934, 1935년에 조선식산은행이 자신의 자회사인 성업사를 통해 불이흥업의 최대주주, 지배주주가 된 후에는 조선식산은행 산하의 불이흥업과 성업사, 조선개척 등으로 창업주식 공동인수단인 컨소시엄을 만들어 조선농기구제조주식회사 같은 새로운 회사를 설립하거나, 혹은 산하의 손회사인 불이흥업에 조선개척을 합병시켜 불이흥업을 거대기업으로 만들기도 하였다. 일제하 조선식산은행은 주식의 취득으로 새로운 기업을 발기, 설립, 인수하고 기존 회사들을 흡수·합병하여 자본의 집중과 집적을 유감없이 추구한 거대 금융 '콘체른'의 모회사, 지주(持株)회사였다. 그리하여 이 은행은 한국 농업계에서 성업사를 자회사로, 불이흥업과 조선개척을 손회사로 거느린 채 이들 농업 3사에 조선식산은행 사람들을 파견하여 그 중역회를 장악하였다. 그리고 이 은행은 대공황 이후 정부와 재정의 역할이 점점 커지자 총독부의 고위 농정관료들을 영입하여 정부와의 인적 결합도 추구하였는데, 일제하 조선식산은행과 이들 농업 3사가 배출한 이런 인맥은 그 후 그 역할을 더욱 전문화·분업화하며 조선 농업계, 재계의 수뇌부를 형성하였다.

[부록 1-1] 불이흥업의 자산

(단위: 원)

과목 \ 연도	3 1916	4 1917	5 1918	6 1919	7 1920	8 1921	9 1922
미납입자본금	50,000	–	–	–	3,000,000	2,800,000	2,600,000
부동산	967,331	972,769	974,382	1,012,671	1,328,316	1,329,060	1,307,261
개간사업	695,420	776,822	801,930	478,084	1,404,617	1,974,945	2,610,905
서선농장	428	879	–	874,373	1,209,936	1,564,384	1,823,291
전북농장	4,194	5,545	–	5,292	–	–	–
식림	–	–	–	–	8,156	10,108	13,527
각점 · 분파소(分派所)	302	8,506	–	22,827	28,158	26,616	96,203
영업집기	9,113	5,871	7,937	12,988	15,543	15,211	14,772
예금	12,314	404	277	1,250	4,834	5,506	4,427
정미부	20,694	3,356	350	–	–	–	–
작득물(作得物)	409,123	180,685	–	–	280,316	502,989	355,002
적송품(積送品)	102,278	7,195	241,408	203,610	20,452	–	–
대부금	9,985	80,404	237,009	240,445	391,943	233,711	235,817
받을어음(債權手形)	33,651	17,998	3,049	5,500	92,558	102,056	100,379
유가증권	–	28,750	32,813	87,350	118,600	132,574	135,134
입체금(立替金)	8,358	23,343	2,238	68,685	918	27,914	127,550
득의선(得意先)	107,573	44,490	20,407	–	12,528	181,030	79,935
가불금	32,023	10,550	29,987	107,846	11,687	13,098	6,687
미수금	7,878	2,554	–	3,503	4,939	1,672	675
농장가계정	–	–	9,178	–	12,334	18,202	41,194
사입선(仕入先)	–	–	129,887	104,112	78,159	–	–
상품	–	–	351,931	867,984	–	267,788	–
은행	56,484	–	–	–	–	–	–
대리점	8,716	–	–	–	–	–	–
위탁품하주(荷主)	77,300	–	–	–	–	–	–
지방회미부(廻米部)	62,050	–	–	–	–	–	–
농장부(農場部)	4,901	–	–	–	–	–	–
신탁자(信託者)	–	–	–	–	–	17,679	–
현금	620	112	72	168	430	388	396
계	2,680,733	2,170,235	2,842,857	4,096,686	8,024,423	9,224,929	9,553,156

주: 원 미만은 버리거나 반올림 함(이하 부록의 모든 표도 같음).
자료: 각 연도 〈영업보고서〉(이하 모두 같음).

[부록 1-1] 불이흥업의 자산(계속)

(단위: 원)

과목 \ 연도	10 1923	11 1924	13 1926	14 1927	15 1928	16 1929	17 1930	18 1931
미납입자본금	2,400,000	2,400,000	–	–	–	–	–	–
부동산	1,259,124	1,306,484	10,624,160	11,864,453	13,100,971	15,089,374	16,471,343	16,437,064
개간사업	2,355,059	3,127,995	–	–	–	–	–	–
서선농장	2,294,329	2,998,000	–	–	–	–	–	–
식림	20,831	30,315	74,561	97,524	124,883	150,111	175,751	175,751
각점·분파소	10,124	26,611	–	956	2,050	682	1,165	–
영업집기	16,584	17,078	19,592	19,805	22,123	24,251	27,271	36,333
예금	5,137	2,680	19,035	20,100	19,591	19,407	99,519	49,295
정미부	–	–	–	–	–	–	–	–
작득물(作得物)	265,479	447,777	913,114	1,301,980	1,744,825	1,561,091	975,723	1,505,622
대부금	183,160	187,379	146,164	283,068	453,198	535,783	661,843	641,706
받을어음	74,599	74,208	–	–	–	–	–	–
유가증권	132,964	132,964	59,630	69,656	83,704	89,569	89,569	106,252
입체금(立替金)	284	1,243	–	–	–	–	–	29,222
득의선(得意先)	62,405	61,838	–	–	–	–	–	–
가불금	6,833	7,875	28,921	25,546	19,272	2,048	2,606	10,761
농장가계정	97,966	47,152	50,698	111,117	172,518	143,819	119,679	96,094
은행	62,757	1,383	6,441	–	–	49,533	–	28,793
신탁자(信託者)	3,586	1,588	9,865	13,011	9,295	17,691	22,605	–
불이농촌	1,222,650	1,462,631	1,989,314	2,393,934	1,990,851	1,831,089	31,017	31,021
공장	–	–	–	24,942	25,674	45,072	44,749	43,722
현금	229	887	426	319	183	43	48	68
당기손실금	–	–	–	–	–	–	474,970	129,762
전기이월손실	–	–	–	–	–	–	–	459,412
계	10,474,101	12,336,106	13,941,921	16,226,414	17,769,138	19,559,569	19,197,859	19,780,878

[부록 1-1] 불이흥업의 자산(계속)

(단위: 원)

과목 \ 연도	19 1932	20 1933	21 1934	22 1935	23 1936	24 1937
부동산	16,661,351	16,673,932	16,456,412	16,023,315	16,140,316	15,887,228
예금	86,261	110,115	61,222	73,583	39,979	128,640
대부금	409,436	333,351	335,426	399,729	268,001	252,888
유가증권	106,252	18,775	18,775	21,275	36,275	43,775
가불금	26,812	84,860	54,770	33,503	90,501	204,368
농산물	1,334,826	1,651,312	1,690,142	1,249,634	1,665,991	2,378,407
저장품	175,910	39,457	180,424	143,180	143,931	99,929
기계 및 집기	74,853	40,751	34,107	42,281	47,142	52,087
본사 농장 간 미달금	9,791	–	11,556	8,060	9,794	17,628
현금	8,735	12,273	–	–	–	–
계	18,894,228	18,964,826	18,842,834	17,994,561	18,441,923	19,064,950

[부록 1-1] 불이흥업의 자산(계속)

(단위: 원)

과목 \ 연도	25 1938	26 1939	27 1940	28 1941	29 1942	30 1943	31 1944
부동산	15,822,541	15,959,144	16,026,818	15,883,392	15,990,247	16,064,436	23,633,875
예금	63,615	65,775	333,832	910,613	1,941,725	2,328,056	5,170,705
개간사업	–	–	–	–	–	5,846	8,178
대부금	273,810	356,934	265,652	328,449	357,391	422,777	1,005,184
유가증권	44,755	211,835	243,145	709,367	432,901	526,105	850,755
가불금	182,177	176,017	383,763	199,321	298,251	436,983	730,067
미납입자본금	–	–	–	–	–	–	750,000
농산물	2,368,477	1,780,645	1,894,559	1,000,382	140,049	1,060,612	239,288
저장품	99,791	188,377	331,440	499,737	549,447	684,109	793,393
기계 및 집기	51,394	50,443	70,422	117,184	146,948	228,921	282,094
본사 농장 간 미달금	43,273	7,601	37,525	–	–	34,739	6,324
축산	61,602	161,543	331,280	330,453	371,073	243,663	295,606
납세준비예치금	–	–	–	–	–	–	150,372
현금	6,788	21,685	21,323	46,599	44,711	38,748	50,109
계	19,018,224	18,980,000	19,939,760	20,025,497	20,272,744	22,074,996	33,965,952

[부록 1-2] 불이흥업의 자본금, 부채

(단위: 원)

과목 \ 연도	3 1916	4 1917	5 1918	6 1919	7 1920	8 1921	9 1922
자본금	1,000,000	1,000,000	1,000,000	1,000,000	5,000,000	5,000,000	5,000,000
법정적립금	2,950	5,605	14,125	36,000	60,000	80,000	100,000
특별준비금	220,000	220,000	220,000	95,000	-	-	-
적립회미(廻米)보험	1,271	-	-	-	-	-	-
신인(信認)적립금	5,591	5,493	9,736	20,847	47,337	38,205	30,981
차입금(借入金)	871,186	600,000	988,780	1,601,910	1,906,822	2,839,237	3,274,046
사채(社債)	-	-	-	500,000	500,000	500,000	475,000
갚을어음	229,633	1,100	23,600	1,500	-	201,676	34,400
적송품하환	85,657	29	178,033	162,363	15,600	-	-
가수금	75,241	88,855	68,450	114,206	43,234	65,758	77,892
사입선(仕入先)	136,093	30,094	-	8,806	-	-	-
신탁자(信託者)	-	32,460	-	51,920	14,283	-	5,957
은행	-	16,050	77,608	21,599	24,070	83,440	108,719
불이광산	-	-	-	35,057	211,082	209,748	216,980
전기이월금	96	157	45,028	30,650	3,478	2,993	865
당기순익금	53,015	170,391	217,497	416,828	198,515	203,871	228,318
계	2,680,733	2,170,235	2,842,857	4,096,687	8,024,423	9,224,929	9,553,157
수익률	5.6%	17.0%	21.7%	41.7%	9.9%	9.3%	9.5%
배당률	6.0%	10.0%	20.0%	40.0%	8.5%	8.0%	8.0%
부채 비율 1	52.1%	35.4%	47.0%	65.8%	33.8%	42.3%	43.9%
부채 비율 2	108.9%	54.8%	88.7%	168.5%	51.1%	73.2%	78.2%

주: 1919년 '사입선'(仕入先)은 '득의선'(得意先) 항목의 금액임. 수익률 = 당기순익금/납입자본금. 부채 비율 1 = 부채/총자산, 부채 비율 2 = 부채/자기자본.

[부록 1-2] 불이흥업의 자본금, 부채(계속)

(단위: 원)

과목 \ 연도	10 1923	11 1924	13 1926	14 1927	15 1928	16 1929	17 1930	18 1931
자본금	5,000,000	5,000,000	5,000,000	5,000,000	5,000,000	5,000,000	5,000,000	5,000,000
법정적립금	120,000	120,000	150,000	170,000	200,000	230,000	250,000	-
신인(信認)적립금	34,750	38,194	41,469	40,072	57,389	72,765	84,744	73,357
차입금	4,372,254	5,527,795	5,632,599	5,752,277	6,576,161	8,577,833	8,393,288	10,220,217
사채(社債)	450,000	425,000	2,375,000	4,350,000	5,000,000	5,000,000	5,000,000	4,000,000
갚을어음	8,400	462,637	-	-	-	-	-	-
가수금	176,793	218,432	78,439	40,870	7,336	18,007	4,691	103,951
은행	-	-	-	37,294	84,853	-	71,355	-
불이광산	224,829	-	-	-	-	-	-	-
예탁금(預託金)	54,101	297,717	347,882	366,233	375,218	370,405	378,222	383,352
전기이월금	7,182	32,974	33,446	55,534	14,069	13,181	15,559	-
당기순익금	25,792	213,354	283,088	413,535	454,112	277,377	-	-
계	10,474,101	12,336,106	13,941,921	16,226,414	17,769,139	19,559,569	19,197,859	19,780,878
수익률	1.0%	8.2%	10.9%	8.3%	9.1%	5.5%	-	-
배당률	무	7.0%	8.3%	8.0%	8.0%	5.0%	무	무
부채 비율 1	50.5%	56.2%	60.5%	65.0%	67.8%	71.4%	72.1%	74.4%
부채 비율 2	101.9%	128.3%	153.1%	185.7%	210.3%	249.7%	258.8%	289.9%

[부록 1-2] 불이흥업의 자본금, 부채(계속)

(단위: 원)

과목 \ 연도	19 1932	20 1933	21 1934	22 1935	23 1936	24 1937
자본금	4,000,000	4,000,000	4,000,000	4,000,000	4,000,000	4,000,000
법정적립금	-	-	-	20,000	40,000	60,000
퇴직위로기금	-	-	-	-	5,000	25,000
차입금	10,161,602	10,502,993	10,146,616	9,232,702	9,084,212	8,808,596
사채(社債)	4,000,000	4,000,000	4,000,000	4,000,000	4,000,000	4,000,000
가수금	334,788	325,284	410,348	395,102	612,242	714,727
예탁금(預託金)	393,663	126,431	97,823	140,336	153,237	222,471
미지불이식	-	-	-	-	223,620	301,033
납세준비금	-	-	-	-	-	357,287
전기이월금	-	4,175	10,118	31,047	49,422	68,621
당기순익금	4,175	5,942	177,929	175,375	274,199	507,215
계	18,894,228	18,964,826	18,842,834	17,994,562	18,441,932	19,064,950
수익률	0.1%	0.1%	4.4%	4.4%	6.9%	12.7%
배당률	무	무	3.0%	3.0%	5.0%	7.0%
부채 비율 1	78.8%	78.9%	77.8%	76.5%	76.3%	73.7%
부채 비율 2	371.9%	372.9%	349.9%	325.8%	322.1%	279.9%

[부록 1-2] 불이흥업의 자본금, 부채(계속)

(단위: 원)

과목 \ 연도	25 1938	26 1939	27 1940	28 1941	29 1942	30 1943	31 1944
자본금	4,000,000	4,000,000	4,000,000	4,000,000	4,000,000	6,000,000	10,000,000
법정적립금	90,000	130,000	170,000	210,000	290,000	390,000	660,000
특별준비금	100,000	200,000	300,000	500,000	900,000	1,300,000	2,070,000
퇴직위로기금	55,000	95,000	135,000	175,000	245,000	315,000	565,000
납세적립금	–	–	–	–	–	–	650,000
차입금	12,178,815	11,855,488	12,584,779	11,859,340	10,877,541	9,749,975	16,066,603
가수금	685,936	676,611	691,389	826,169	948,457	853,882	720,000
예탁금	380,266	424,216	642,583	599,547	672,307	667,962	735,049
미지불이식	261,249	253,725	179,923	169,997	156,388	109,361	121,568
납세준비금	614,500	677,193	400,000	–	500,000	900,000	225,904
전기이월금	110,836	122,457	137,766	206,086	275,445	353,051	701,415
당기순익금	541,621	545,309	698,319	1,479,360	1,407,606	1,435,764	1,450,413
계	19,018,224	18,980,000	19,939,760	20,025,498	20,272,744	22,074,996	33,965,952
수익률	13.5%	13.6%	17.5%	37.0%	35.2%	23.9%	15.5%
수익률 1	–	–	9.6%	18.9%	16.7%	–	–
배당률	8.0%	8.0%	8.0%	8.0%	8.0%	8.0%	8.0%
부채 비율 1	71.0%	69.6%	70.7%	67.2%	62.0%	51.6%	51.9%
부채 비율 2	245.0%	228.9%	241.4%	204.8%	166.1%	106.4%	109.6%

주: 수익률 1=당기순익금/자기자본금.

[부록 1-3] 불이흥업의 수입

(단위: 원)

과목 \ 연도	3 1916	4 1917	5 1918	6 1919	7 1920	8 1921	9 1922
지소가옥수입	236,017	404,235	566,564	767,792	733,711	674,343	542,819
수수료수입	8,696	9,151	-	-	-	-	-
이자수입	21,234	21,716	32,841	79,596	52,257	-	-
잡수입	866	2,977	6,255	19,491	12,745	57,473	75,026
할려(割戻)수입	2,842	3,253	-	-	-	-	-
매매이익금	122,036	117,183	60,210	275,315	277,649	-	-
회미(廻米)이익금	-	15,645	-	-	-	-	-
유가증권수입	-	-	9,807	5,705	18,455	-	-
계	391,691	574,162	675,676	1,147,898	1,094,817	731,816	617,844

주: 지소가옥수입 = 소유뷰동산과 신탁(수탁)부동산에 대한 소작료, 대가임(貸家賃), 대지료(貸地料) 수입금.
회미(廻米)이익금 = 당사(當社) 이외의 지방 출장원을 거쳐 매입한 미곡의 매매이익금.
할려(割戾)수입 = 상선회사 및 운임에 대한 리베이트(割戾) 수입금.

[부록 1-3] 불이흥업의 수입(계속)

(단위: 원)

과목 \ 연도	10 1923	11 1924	12 1925	13 1926	14 1927	15 1928	17 1930	18 1931
지소가옥수입	309,008	481,610	823,396	1,016,560	1,424,549	1,681,836	1,020,169	1,156,821
수수료수입	-	-	-	-	-	-	-	-
이자수입	-	-	-	-	-	-	-	61,759
잡수입	79,725	51,433	85,938	61,637	86,769	99,673	147,424	157,005
할려(割戾)수입	-	-	-	-	-	-	-	-
법정적립금이입	-	-	-	-	-	-	-	250,000
당기손실금	-	-	-	-	-	-	474,970	129,762
계	388,733	533,042	909,334	1,078,197	1,511,318	1,781,509	1,642,563	1,755,347

[부록 1-3] 불이흥업의 수입(계속)

(단위: 원)

과목 \ 연도	19 1932	20 1933	21 1934	22 1935	23 1936	24 1937
관리지수입	48,112	76,274	90,171	92,218	49,992	73,952
지소가옥수입	1,435,163	1,605,062	1,663,574	1,871,552	1,668,442	2,634,382
사유지(社有地)수입	1,427,329	1,595,815	1,652,405	1,861,032	1,657,466	2,623,676
가옥수입	7,834	9,247	11,169	10,520	10,976	10,706
이자수입	47,253	55,278	47,498	41,793	44,094	37,428
잡수입	127,294	257,981	364,018	458,803	1,493,392	1,241,599
감자(減資)이입금	410,827	-	-	-	-	-
계	2,068,649	1,994,596	2,165,262	2,464,366	3,255,919	3,987,362

[부록 1-3] 불이흥업의 수입(계속)

(단위: 원)

과목 \ 연도	25 1938	26 1939	27 1940	28 1941	29 1942	30 1943	31 1944
관리지수입	65,234	14,548	64,147	-	-	-	52,739
지소가옥수입	2,676,956	2,043,671	2,662,174	2,542,248	2,401,710	4,222,094	4,807,481
사유지(社有地)수입	2,666,084	2,032,997	2,649,134	2,528,272	2,389,304	4,209,383	4,793,947
가옥수입	10,872	10,674	13,040	13,976	12,406	12,711	13,534
이자수입	39,010	42,371	50,491	61,683	115,533	148,269	256,464
잡수입	1,097,358	1,376,074	1,374,570	2,376,400	2,446,251	1,010,149	1,200,466
축산수입	7,284	84,919	141,386	197,696	198,154	170,043	315,327
조선개척주식인계수익금	-	-	-	-	-	-	667,154
계	3,885,842	3,561,583	4,292,769	5,178,027	5,161,648	5,550,554	7,299,633

[부록 1-4] 불이흥업의 지출

(단위: 원)

과목＼연도	3 1916	4 1917	5 1918	6 1919	7 1920	8 1921	9 1922
매매손실	87,407	96,034	9,558	68,822	358,002	–	–
농사장려비	–	2,794	9,096	20,202	9,572	10,840	12,895
지소가옥비	7,435	6,103	36,197	103,702	73,148	68,071	46,509
인수관리료	93,433	105,010	163,239	164,836	165,939	118,196	90,894
부대비	16,162	12,229	12,726	14,044	34,207	44,296	33,612
세금	43,372	67,133	60,807	72,032	56,226	66,250	36,261
이자·할인료	44,513	43,265	67,389	109,286	85,862	103,760	44,140
잡손실금	909	1,415	2,357	409	350	–	211
영업비	45,445	51,286	69,148	177,739	112,996	116,534	125,005
회미(廻米)손실금	–	4,298	–	–	–	–	–
선박손실금	–	4,728	–	–	–	–	–
체대(滯貸)손실금	–	9,475	–	–	–	–	–
서선농장임시비	–	–	12,352	–	–	–	–
보관료	–	–	15,310	–	–	–	–
당기순익금	53,015	170,391	217,497	416,828	198,515	203,871	228,318
계	391,692	574,162	675,677	1,147,899	1,094,818	731,817	617,844

[부록 1-4] 불이흥업의 지출(계속)

(단위: 원)

과목＼연도	10 1923	11 1924	12 1925	13 1926	14 1927	15 1928	17 1930	18 1931
농사장려비	7,218	9,727	9,336	16,197	–	–	10,197	9,282
지소가옥비	72,651	41,412	237,879	272,164	382,587	408,069	702,015	728,670
인수관리료	38,464	38,487	38,661	65,076	119,595	116,857	47,807	16,149
식림관리료	–	–	–	–	–	–	–	5,417
부대비	20,053	34,866	62,015	52,675	55,895	128,705	54,716	–
세금	35,935	23,374	35,672	39,588	37,374	70,817	52,201	48,601
이자·할인료	65,945	63,974	152,778	170,576	321,856	396,501	523,080	672,731
잡손실금	674	800	2,623	–	–	–	–	7,988
영업비	122,000	107,048	140,254	178,832	180,477	206,447	252,545	254,599
보관료	–	–	–	–	–	–	–	11,909
당기순익금	25,792	213,355	230,117	283,088	413,535	454,112	–	–
계	388,733	533,043	909,334	1,078,197	1,511,318	1,781,509	1,642,561	1,755,346

[부록 1-4] 불이흥업의 지출(계속)

(단위: 원)

과목 \ 연도	19 1932	20 1933	21 1934	22 1935	23 1936	24 1937
인수관리료	14,273	15,211	24,126	25,031	11,436	12,009
세금	33,102	41,535	47,754	50,261	247,665	358,625
이자·할인료	653,402	596,032	684,049	646,392	805,651	733,335
잡손	12,458	25,878	4,793	7,721	167,303	237,597
보관료	18,582	20,412	20,493	24,555	22,655	24,780
인건비	229,667	220,653	215,667	262,446	438,042	394,500
경리(經理)비	47,778	43,170	44,245	58,516	71,557	215,688
수리(水利)비	390,864	474,045	415,709	575,080	532,691	605,247
수리(修理)비	13,719	29,363	81,645	118,159	125,783	176,517
영농비	359,381	402,354	448,852	520,829	558,938	521,848
상각금	291,249	120,000	-	-	-	200,000
당기순익금	4,175	5,942	177,920	175,375	274,199	507,215
계	2,068,650	1,994,595	2,165,261	2,464,365	3,255,919	3,987,361

[부록 1-4] 불이흥업의 지출(계속)

(단위: 원)

과목 \ 연도	25 1938	26 1939	27 1940	28 1941	29 1942	30 1943	31 1944
인수관리료	11,973	11,751	12,087	-	-	-	-
세금	414,582	387,996	659,523	175,992	122,140	171,825	342,695
이자·할인료	713,146	691,426	728,074	755,056	725,312	672,169	920,686
잡손	195,632	94,524	5,747	13,238	4,425	11,672	36,651
보관료	29,862	23,324	39,038	77,158	69,225	-	-
인건비	349,991	392,100	468,234	550,702	555,179	940,780	1,241,178
경리(經理)비	88,633	109,157	158,578	207,830	191,211	263,631	474,897
수리(水利)비	600,540	503,985	589,444	562,339	600,549	583,811	964,951
수리(修理)비	161,930	133,218	98,672	145,917	166,294	135,753	130,352
영농비	621,233	561,053	585,989	719,196	805,283	932,420	1,063,786
축산비	56,699	107,740	167,683	191,240	214,424	190,644	237,570
작득물처리비	-	-	-	-	-	212,085	176,454
조선개척주식교부	-	-	-	-	-	-	260,000
상각금	100,000	-	81,382	300,000	300,000	-	-
당기순익금	541,621	545,309	698,319	1,479,360	1,407,606	1,435,764	1,450,413
계	3,885,842	3,561,582	4,292,768	5,178,027	5,161,648	5,550,554	7,299,632

[부록 1-5] 불이흥업의 대주주

(단위: 원)

순위	1 1914	7 1920	11 1924	13 1926	14 1927	16 1929	17 1930
1	藤井寬太郎 1,800	藤井寬太郎 11,000	藤井寬太郎 12,463	山一증권 16,765	山一증권 34,210	山一증권 34,910	濱信증권 37,310
2	金澤仁兵衛 1,125	金澤仁兵衛 5,000	金澤仁兵衛 5,000	藤井寬太郎 10,000	藤井寬太郎 20,014	藤井寬太郎 20,014	藤井寬太郎 19,914
3	右近和作 1,000	高田兵次郎 3,340	右近和作 4,320	金澤仁兵衛 2,675	金澤仁兵衛 5,350	金澤仁兵衛 5,350	金澤仁兵衛 5,350
4	高田兵次郎 700	右近和作 3,320	高田兵次郎 3,340	右近和作 2,380	右近和作 4,760	右近和作 4,760	右近和作 4,760
5	寺田保子 675	中村淸藏 3,200	川上佐太郎 2,500	高田兵次郎 1,600	蓮昭安太郎 2,880	蓮昭安太郎 2,880	蓮昭安太郎 2,880
6	中村淸藏 675	川上佐太郎 2,500	岩木六兵衞 1,854	蓮昭安太郎 1,440	高田兵次郎 2,600	高田兵次郎 2,500	高田兵次郎 2,500
7	川上佐太郎 625	藤本시다 1,660	藤本시다 1,660	川上佐太郎 1,100	藤本시다 1,800	藤本시다 1,800	藤本시다 1,800
8	藤本시다 475	寺田保子 1,600	福永良造 1,200	藤本시다 900	松村喜美子 1,750	松村喜美子 1,750	松村喜美子 1,750
9	平野吉左衞門 450	八木千之助 1,300	寺田保子 1,000	松村喜美子 875	岩木六兵衛 1,444	岩木六兵衛 1,444	福永良造 1,320
10	今津亦兵衛 335	福永良造 1,200	中村淸藏 725	岩木六兵衛 822	福永良造 1,320	福永良造 1,320	岩木六兵衛 1,244
총계	1만 주	5만 주	5만 주	5만 주	10만 주	10만 주	10만 주

[부록 1-5] 불이흥업의 대주주(계속)

(단위: 원)

순위	18 1931	19 1932	20 1933	21 1934	22 1935	25 1938	29 1942	30 1943
1	濱信증권 37,310	濱信증권 29,848	濱信증권 29,848	성업사 29,848	성업사 43,676	성업사 43,576	성업사 43,576	성업사 65,514
2	藤井寬太郎 19,914	藤井寬太郎 15,928	藤井寬太郎 16,008	藤井寬太郎 16,008	金澤仁兵衛 4,280	藤井寬太郎 4,362	藤井寬太郎 3,362	조선신탁 7,200
3	金澤仁兵衛 5,350	金澤仁兵衛 4,280	金澤仁兵衛 4,280	金澤仁兵衛 4,280	蓮昭安太郎 2,304	金澤仁兵衛 4,280	金澤仁兵衛 3,000	藤井寬太郎 5,043
4	右近和作 4,760	右近和作 3,808	右近和作 3,808	右近和作 3,808	藤井寬太郎 2,180	蓮昭安太郎 2,204	조선신탁 2,950	蓮昭長藏 3,306
5	蓮昭安太郎 2,880	蓮昭安太郎 2,304	蓮昭安太郎 2,304	蓮昭安太郎 2,304	根岸開次郎 2,102	松村喜美子 1,400	蓮昭安太郎 2,204	金澤仁兵衛 3,000
6	高田兵次郎 2,500	藤本시다 1,440	藤本시다 1,440	藤本시다 1,540	藤本시다 1,540	藤本시다 1,400	松村喜美子 1,400	松村喜美子 2,100
7	藤本시다 1,800	高田兵次郎 1,410	松村喜美子 1,400	松村喜美子 1,400	松本喜美子 1,400	高田兵次郎 1,032	迫間一男 1,334	迫間一男 2,001
8	松村喜美子 1,750	松村喜美子 1,400	福永良造 1,056	福永良造 1,056	福永良造 1,056	森野喜貞 740	藤本시다 1,300	藤本시다 1,950
9	福永良造 1,320	福永良造 1,056	岩木六兵衛 832	高田兵次郎 932	高田兵次郎 1,032	澤村九平 680	福永良造 1,056	福永正造 1,584
10	岩木六兵衛 1,244	岩木六兵衛 832	久保凡 800	久保凡 800	木村孝太郎 800	西山吉兵衛 660	高田兵次郎 1,020	澤村九平 1,020
총계	10만 주	8만 주	8만 주	8만 주	8만 주	8만 주	8만 주	12만 주

[부록 1-6] 불이흥업 서선농장의 신소작계약증서

1조 농사에 정려(精勵)하고 소작지, 제방, 도로, 수로, 휴반(畦畔)의 보호 수리 등은 모두 농장지도를 엄수하고 품질의 개량, 수확의 증진을 꾀할 것.

2조 소작료는 타작법(打作法)에 의하여 정선한 후(유망종[有芒種]은 망을 제거하고) 그 경작지 전 생산 벼의 100분의 58을 납부함. 단, 천재 기타 불가항력에 의하여 주당(株當) 전 생산벼 1석 5두 미만 되는 것은 별표 감면율에 의하여 납부함. 수리조합비는 전부 귀장(貴場)에서 부담하여 주기로 함.

3조 종자는 귀장의 부담으로, 귀장의 배부(配付)를 받고 볏짚[藁草]은 벼 수납[納付]할 동시에 절반을 귀장에 납부함. 단, 종자는 졸자의 부주의로 인하여 무효되는 것은 졸자의 자변(自辨)으로 함.

4조 벼베기는 귀장의 지도에 따라 행하고 충분건조한 후 도속(稻束)은 귀장 지정장소에 지참하여 지정기일에 귀장 감독하에 탈곡 조제한 후 소작료와 차입금품(借受金品)은 즉시 귀장 지정장소에 운반 납부함. 예취 탈곡 조제 및 운반비용은 일체 졸자 부담으로 하고 만일 귀장의 소작료 등 납부 전에 망실 도난 또는 손상으로 귀장에 손해를 끼친 때는 졸자가 납부기일 전에 배상함.

5조 예취 탈곡 조제에 당해서는 전(專)혀 산미개량에 유의하고 특히 피초실조수사석비(稗草實條穗沙石粃) 기타 협잡물을 혼입치 않을 것.

6조 소작료 및 차수(借受)금품은 12월 20일 내로 귀장 지정기일에 납부함.

7조 소작료의 용기(容器)는 5두입 가마니(叺)로 하고 5두 이하의 단수는 2두 5승 이상 될 때는 가마니 제작 불능의 실정을 귀장에서 승인하는 때에 한하여 조선 가마니(朝鮮俵)를 사용할 수 있음.

8조 귀장의 승인 없이 소작지의 휴반 경계 기타 설비를 변경치 못함.

9조 귀장원(場員) 급 감독원의 지휘는 모두 준수함.

10조 좌기 각호의 1에 해당할 때는 하시든지 소작을 해제해도 이의가 없음은 물론 졸자가 소작지 또는 휴반 경계 수로 등에 자기의 비용을 가하거나 또는 기타 사유로 손해를 당해도 그 반환 혹은 배상을 청구치 아니함.

1. 소작료 급 기타 차수금품을 완납치 않을 때
2. 타인에게 소작권을 매매(賣買) 전대(轉貸) 또는 담보로 제공할 때
3. 소작지를 타인에게 경작케 할 때
4. 토지를 황폐케 할 우려가 있다고 귀장이 인정할 때
5. 경작 또는 소작인의 의무를 이행함에 불편한 장소에 전거(轉居)할 때
6. 소작계약 또는 경작 급 소작료 납부상에 부정행위가 있을 때
7. 도당(徙黨)을 조직하고 농장의 명령에 반항하거나 또는 불온한 행동이 유(有)하다고 인정하는 때
8. 기타 본 계약 각조에 위반하는 시

11조 계약기간 중 소작지를 수로 도로에 편입 매각 기타 귀장의 필요가 생(生)하는 경우는 예고(豫告)로써 소작지의 전부 또는 일부를 해제할지라도 이의가 없음(단, 해제로 인해 생긴 손해는 귀장이 부담함).

12조 좌의 경우에는 보증인 입회한 후 입모(立毛)의 예취(刈取) 또는 조제를 행하여 소작료 및 차수(借受) 금품을 징수하고 또는 제10조의 처분을 받을지라도 이의 없음. 단, 입회인의 일급[日給]과 사용인부임은 졸자의 소득 중으로 지출함.

1. 수확 전 입모를 매각하거나 혹은 소작료 및 차수금품 납부 전에 수확물을 임의처분코저 할 때
2. 전호(前號) 기타의 이유로 소작료 차수금품 납부 전에 수확물을 임의처분코저 할 때

3. 사유 없이 예취 탈곡 조제 운반을 지정기일에 시행치 않고 소작료 급 차수금품의 납부를 반상(返償) 하는 시

4. 소작료 급 차수금품 납부 전에 대리인을 정하지 않고 10일 이상 부재(不在)한 시

13조 본 계약은 체결일을 시작으로 쇼와(昭和) 7년(1932) 1월 31일에 종(終)함. 단, 본 계약기간이라도 계약 의무를 이행치 않는 경우 언제든지 본 계약을 해제하여도 이의가 없음.

14조 보증인은 본 계약의 의무에 대해 총(總)히 연대책임을 부(負)할 사.

제2장

조선식산은행의 성업사 설립과 운영

1. 서언

20세기 금융자본주의, 제국주의 단계의 국가들에서 은행자본과 금융자본의 산업자본, 산업기업 지배는 매우 흔한 일이고 그 경로는 크게 두 가지였다. 하나는 은행 등이 자신과 무관하게 설립된 기업과 규칙적·지속적인 금융거래를 통해 그 기업의 재무 상태를 자세히 알게 되고, 그리하여 그 기업에 거액 부채, 경영 악화, 관리 부실 같은 위기가 나타날 때 그걸 빌미로 신용 공급을 제한하거나 중단하는 등의 압박을 가하여 해당 기업에 중역 파견, 기구 개편, 자본금 변경 등을 요구함으로써 궁극적으로 경영권과 소유권까지 모두 장악해 간 유형이다. 다른 하나는 은행 등이 지주회사(持株會社, holding company)와 자회사(daughter company) 제도를 이용하여 직접 또는 자신의 자회사를 통해 창업 자본금을 출자하고 창립 요원을 파견하여 처음부터 자신이 필요로 하는 산업기업을 자회사나 손회사로 설립한 유형이다.

금융자본 지배하의 선진 제국에서 은행 또는 보험회사와 증권회사 등을 포함한 광의의 금융자본이 흔히 추구하였던 이 두 유형의 산업기업 지배, 그중에서도 농업회사 지배가 일제하 한국에서도 일어났던가는 연구사적으로 오랜 관심사의 하나였다. 일제하 멀리는 일본은행, 가까이는 조선은행과 조선식산은행을 정점으로 한 금융자본의 네트워크가 한국의 산업기업, 특히 대지주와 농업회사를 자본적·인적으로 어떻게 지배하였던가를 밝히고 나아가 당시 한국의 재계와 농업계를 좌우하였던 금융 과두 그룹의 존재 형태까지 추적할 수 있다면, 일제 시기는 물론 해방 후 한국 사회구성의 성격을 이해하는 데 큰 시사를 얻을 수 있다고 여긴 것이다.

이에 그간 학계는 일제하 금융자본과 농업회사, 대지주의 관계를 밝히는 데 주목하여 이론적 수준에서 다양한 논의를 벌였고 그 결과 연구사적으로 주목할 만한 두 개의 상반된 논점을 제기하였다. 하나는 일제하 농업회사와 대지주들이 금융자본의 지배를 받았다고 본 견해이다.[1] 다른 하나는 일제하 은행 등이 농업회사의 주식을 소유하거나 농업회사에 장기 자금을 투자하고 중역을 파견하는 등 자본적·인적 지배를 한 적이 없었다며 금융자본의 농업회사 지배를 전면 부정한 견해이다.[2] 그러나 은행 등의 농업회사 지배를 부정한 후자의 견해도 사실은 이론적 차원의 문제 제기였을 뿐 엄밀한 실증적 근거에 기초한 것은 아니었다. 따라서 이 문제에 관한 한 그동안 큰 진전이 없었던 셈인데, 부진의 가장 큰 이유는 은행자본과 금융자본의 농업회사 지배 사례를 구체적으로 검토하지 않았기 때문이었다.

이에 앞의 제1장에서는 조선식산은행이 세계 대공황을 전후한 시기에, 애초 그 은행과는 무관하게 설립되었던 불이흥업주식회사의 경영권과 소유권을 장악하여 간 과정을 구체적인 사례 연구로 검토하였다. 이는 앞에서 말한 금융자본의 산업기업 지배의 두 가지 유형 가운데 전자의 유형을 사례 연구로 제시한 점에서 의미가 크지만, 후자의 사례는 여전히 제시되지 않은 실정이다. 여기서는 그런 연구사를 염두에 두면서 후자의 유형을 조선식산

1 김준보, 「금융자본주의하의 영세농의 성격」, 『서울대학교논문집』 5, 서울대학교, 1957; 동, 『한국자본주의사연구』 I, II, III, 일조각, 1970, 1972, 1977; 홍성찬, 「일제하 기업가적 농장형 지주제의 역사적 성격」, 『동방학지』 63, 연세대학교 국학연구원, 1989; 우대형, 「일제하 久間健一의 농업인식과 식민지 농정의 모순」, 홍성찬·우대형·신명직·이상의, 『일제하 경제정책과 일상생활』, 혜안, 2008.

2 안병직, 「제국주의와 식민지 지주제 –김준보 교수의 농업이론에 대한 비판을 중심으로」, 『경제사학』 10, 경제사학회, 1986; 장시원, 「일제하 대지주의 존재 형태에 관한 연구」, 서울대학교 박사학위논문, 1989.

은행이 1931년에 직접 설립하여 운영하였던 주식회사 성업사(成業社)의 사례를 통해서 검토하려고 한다.

성업사는 1931년 5월 조선식산은행이 창업[起業] 자금 전액을 출자하고 창립 요원 전원을 파견하여 자회사로 설립한 농업회사이다. 당시 조선식산은행이 성업사를 설립한 일차적인 이유는 세계 대공황으로 부실자산, 부실채권이 급증하며 은행에 농지 등 방대한 규모의 부동산 담보 물건이 '채무대상'(債務 代償), 즉 채무상환용으로 유입(流込)되었기 때문이다. 성업사는 그런 부실자산들을 떠맡아 한편으로는 조선식산은행을 재무 건전성이 높은 굿 뱅크(good bank), 클린 뱅크(clean bank)로 만들고, 다른 한편으로는 그렇게 인수한 부실자산 –주로 농지– 을 효과적으로 관리·개선(workout)하여 자산가치를 높이고 궁극적으로 그걸 고가에 매각하는 등의 역할을 맡은 일종의 배드 뱅크(bad bank), 부실자산 정리회사로 설립된 농업회사였다.[3]

그러나 이렇게 설립된 성업사는 그 후 성격이 변해 갔다. 우선 1930년대 중반에는 당대 한국 최대의 농업회사였으나 심각한 경영 위기에 빠져 있던 불이흥업주식회사와 선만개척주식회사(1936년에 조선개척으로 개명)의 주식을 인수하여 그 두 회사의 지배주주가 되었다. 그리고 1940년에는 성업사와 불이흥업, 조선개척 등 조선식산은행 산하의 농업 3사를 중심으로 일종의 창업주식공동인수단인 컨소시엄(consortium)을 구성하여 농업 관련 제조기업인 조선농기구제조주식회사를 창업하기도 하였다. 조선 농업 부문에서 조선식산은행–성업사–불이흥업·조선개척–조선농기구제조주식회사로 연결

3 배드 뱅크에 대해서는 고성수, 『부실자산 관리은행(bad bank) 설립 방안』, 한국금융연구원, 1999; 동, 『금융기관 부실자산 정리 방안』, 한국금융연구원, 2000 참조. 기업과 은행이 금융 위기(financial crisis) 등으로 연쇄 도산할 경우 그 혼란을 수습하기 위하여 국가 또는 민간 주도로 '가교은행' (bridge bank)을 만들고 그 은행 산하에 부동산 회사를 설립하여 은행에서 인계받은 불량채권(부동산)을 소유, 이용, 처분하게 하기도 하였다. 1927년 쇼와 금융공황 때 일본의 은행권과 재계가 '쇼와은행' (昭和銀行)을 설립하고 그 은행의 자회사로 '메이와(明和)부동산'을 창립하여 수습에 나선 것이 예다. 梶原一明, 「歴史合せ鏡 60. 昭和恐慌を終息させた昭和銀行とブリッジバンク構想の類似性」, 『フオーブ ス』 7(10), 1998; 山崎廣明, 「昭和金融恐慌の經營史 –破綻銀行の受け皿=昭和銀行の設立と展開」, 『東海學園大學研究紀要』 5, 東海學園大學, 2000.

된 피라미드형의 기업지배 구조를 구축한 것이다. 나아가 성업사는 1944년에 –산하의 선만개척이 상호를 바꾼– 조선개척을 불이흥업에 합병시켜 불이흥업을 동양척식주식회사에 버금가는 대농업회사로 만들었다. 이 밖에도 성업사는 조선제련과 일본고주파중공업 같은 첨단의 신설 거대 광공업회사의 창업 주식을 인수하는 등 유가증권 투자의 비중을 크게 늘렸다. 그리하여 1940년대 초에는 총자산에서 유가증권이 차지한 비중이 부동산의 비중을 능가하며 수위로 올라섰고, 총수입에서 주식배당금 수입이 차지한 비중도 경지 수입(주로 소작료 수입)을 능가하며 역시 수위가 되었다. 성업사는 조선식산은행 산하의 부실채권, 부실자산 정리기관으로 출발한 농업회사였으나 그 후 산업자본과 산업기업의 창업자, 발기인, 인수자가 되어 일제하 한국 산업개발의 중축을 맡은 조선식산은행의 대리기관, 전위기관의 역할을 충실하게 수행한 것이었다. 이상 언급한 조선식산은행의 성업사 설립 과정을 살펴보고 그 후 성업사가 어떻게 변모하여 갔는가를 추적하는 것이 이 장의 첫 번째 과제이다.

성업사는 앞서 말한 대로 조선식산은행이 가지고 있던 부실자산, 부실채권을 인수하여 이를 효과적으로 관리·개선하고 처분함으로써 모기업인 조선식산은행을 재무 건전성이 좋은 굿 뱅크, 클린 뱅크로 만들어 주는 일종의 배드 뱅크, 부실자산 정리회사로 애초에 설립되었다. 그런데 일제하 은행들은 대부분 이런 종류의 부실자산 정리회사를 자회사로 거느렸다. 예컨대, 한일은행은 1924년 5월에 농지, 건물, 유가증권 등 은행의 부실자산, 부실채권을 관리할 자본금 5만 원(1930년 5월에 10만 원으로 증자)의 주식회사 남창사(南昌社)를 자회사로 설립하였다.[4] 한성은행은 1925년 6월 한상룡 등 조선생명보험과 한성은행의 대주주, 중역들이 주도하여 "부동산의 매매 및 중개와 경영, 농업과 산림사업 경영, 금전대부, 재산의 위탁 정리와 관리"

4 박현, 「한말·일제하 한일은행의 설립과 경영」, 『동방학지』 128, 연세대학교 국학연구원, 2004.

등을 목표로 자본금 50만 원의 경성흥산(京城興産)을 설립하자 그 주식 5%를 인수하였고 1929년에는 그 지분을 9.3%로 늘렸다. 그리고 대공황의 와중인 1931년에는 지분을 61.4%로 재차 늘려 지배주주가 되었을 뿐만 아니라 은행 사람들을 이 회사의 중역으로 대거 파견하여 이를 자회사로 거느렸다.[5] 조선상업은행도 1930년 3월에 "동산, 부동산, 기타의 관리·경영·매매와 금전대차, 어음할인, 채권의 양수·징수·정리와 채무의 보증·인수 같은 여신 업무, 그리고 일반 신탁, 창고 및 각종 대리 업무"를 목표로 자본금 10만 원의 대창흥업(大昌興業)주식회사를 창립하고 은행 사람들을 중역으로 파견하였다.[6]

그런데 조선식산은행의 성업사 설립은 이들과는 규모와 영향력 면에서 차원이 달랐다. 그리고 성업사는, 해방 후인 1954년에 정부가 모기업인 조선(한국)식산은행을 해산하고 한국산업은행을 신설한 가운데, 1965년에 해산하였고 그 후 아주 오랜 청산 과정을 거쳐 2000년이 되어서야 모든 청산 절차를 종료하였다. 그러나 종래 성업사가 수행하였던 배드 뱅크, 부실자산 정리회사의 기능은 1962년 4월 한국산업은행이 자본금 전액을 출자하고 성업사에서 회사 이름까지 따와 설립한 성업공사(成業公社)로 이어졌다. 그리고 성업공사는 1997년 외환 위기 이후 정부 출자의 한국자산관리공사(Korea Asset Management Company, KAMCO)로 개편되어 지금껏 운영되고 있다.[7]

---

5 中村資良 편, 『朝鮮銀行會社組合要錄』, 동아경제시보사, 각 연도. 1931년도 경성흥산의 중역은 지배 주주인 한성은행 출신의 전무 신승균(申昇均), 취체역 장홍식(張弘植), 미노베 미치토오(美濃部道遠)와 두 번째 대주주인 조선생명보험주식회사 출신의 감사역 오노 도시오(小野敏雄) 등으로 구성되었다.

6 中村資良 편, 앞의 책, 각 연도. 창립 당시 대창흥업의 전무 쓰루노 조(鶴野穰), 상무 이희춘(李喜春), 취체역 후루카와 히로시(古川博), 감사역 도쿠야마 신(德山新) 모두 조선상업은행 출신이었다. 朝鮮人事興信錄編纂部, 『朝鮮人事興信錄』, 京城: 朝鮮新聞社, 1922년판, 312, 327, 407쪽; 高橋三七 · 高杉藤吉, 『事業と鄕人』, 第1輯, 京城: 實業タイムス社, 大陸硏究社, 1939, 327쪽; 阿部薰 편, 『朝鮮功勞者銘鑑』, 京城: 民衆時論社, 1935, 250, 291쪽; 『每日申報』 1931. 4. 29.

7 성업공사, 『成業公社 三十年史』, 成業公社, 1992; 곽용진 외, 『한국자산관리공사 40년사 -부실채권정리의 어제와 오늘, 그리고 내일』, 한국자산관리공사, 2002; 장형규·박성욱·이광찬, 『KAMCO 50년사 -신뢰의 50년, 가치의 100년』, 제1권 통사, 한국자산관리공사, 2012.

성업사를 통해 우리나라 부실자산 정리회사의 기원(origin)을 살펴보는 것도 이 장의 또 다른 과제이다.

성업사는 조선식산은행에 유입된 부실자산, 부실기업을 인수한 후 일련의 기업개선작업(workout)을 벌여 해당 자산의 가치를 높이고 그걸 고가에 매각하는 게 기업의 일차적인 목표였다. 그러나 그렇게 은행에 유입된 부실자산들은 채산성, 수익성이 아주 낮아 통상적인 방법으로는 그 가치를 높이기가 쉽지 않았다. 그야말로 고강도의 구조조정이 필요하였다. 이에 성업사는 조선식산은행에서 부실자산인 농지와 농장을 인수하면 곧바로 강도 높은 구조조정에 착수하였다. 농장 소작인을 과감하게 줄여 소작지와 소작인의 균형을 맞추고, 영농일정표를 작성하여 소작인을 효과적으로 동원·통제하는 등 노동 강도를 높였으며, 농업전문가들을 고용한 후 농학자들의 새로운 논문·보고서·강의를 적극적으로 참고하고 농사시험장에 연구 용역을 주어 토성(土性) 조사 등을 실시한 후 그에 기초하여 장단기 영농개선 사항을 자문받는 등 당대 첨단의 영농 방법을 도입·활용하였다. 그런 성업사를 통해서 일제하 농장경영, 농업경영이 도달한 첨단의 농장경영 방식과 과학적 영농법을 살펴보는 것이 이 장의 또 다른 과제이다.

2. 조선식산은행의 성업사 설립

1) 설립 배경

1931년 5월 6일 조선식산은행은 주식회사 성업사의 창립발기인 대회를 열었다. 발기인은 [표 2-1]에서 보듯이 미요시 도요타로(三好豊太郎), 도쓰 마나부(戸津學), 마쓰오 사와키치(松尾澤吉), 미쓰이 에이쵸(三井榮長), 이이즈미 간타(飯泉幹太), 하시모토 도요타로(橋本豊太郎), 도지마 료(登島亮) 등 7명이었

[표 2-1] 성업사 창립발기인

이름	인수 주식	현직	비고
三好豊太郎	38,400	선만개척 전무 취체역	설립위원장
戶津學	500	조선식산은행 중앙금고과장	설립위원
松尾澤吉	500	조선저축은행 권유과장	설립위원
三井榮長	100	불이흥업 전무	
飯泉幹太	100	불이흥업 취체역	
橋本豊太郎	100	선만개척 상무 취체역	
登島亮	100	한성은행 업무과장	

자료: 株式會社 成業社, 〈株式會社 成業社 設立發起人會 記錄〉, 『創立關係重要書類』; 中村資良 편, 앞의 책, 각 연도.

다. 이들은 조선식산은행 이사 야나베 에이자부로(矢鍋永三郎)에게 성업사 설립의 동기와 취지, 경과를 보고받은 후 창립에 필요한 설립취지서[設立趣意書], 사업계획서[事業目論見書], 정관(定款)과 주주모집 및 주식할당 요항 등을 결정하였다. 설립에 따른 제반 업무는 설립위원장인 미요시 도요타로와 설립위원인 도쓰 마나부, 마쓰오 사와키치 3인에게 일임하였다.[8]

설립 준비는 순조로워 그달 22일 조선식산은행 본점에서 창립총회를 열고 설립을 마쳤다.[9] 공칭자본은 200만 원(납입자본 50만 원)이고 사무소는 설립위원장 미요시 도요타로가 전무로 있던 선만개척에 두었다. 영업은 그 달 25일부터 시작할 계획이었고 당분간은 1930년 말에 조선식산은행에 채무상환용으로 유입된 황해도 옹진군 용연면의 천좌(川佐)농장 경영에 전념할 예정이었다.[10]

8 〈株式會社 成業社 設立發起人會 記錄〉(성업사에서 생산한 문서임. 이하 별도의 표기가 없는 문서는 이와 같음).

9 1931년 5월 4일 발기인 인수 주식을 모아 발기인회 소집을 통지하였고, 5월 6일 발기인회를 열었다. 5월 7일 공모주 모집을 마감·할당하고 주식대금 납입을 통지하였으며, 5월 22일 창립총회를 열고 그 이튿날 설립 등기를 마쳤다. 『創立關係重要書類』; 『동아일보』 1931. 5. 24. '성업사의 창립. 22일 총회'.

10 『朝鮮新聞』 1931. 5. 23. '성업사 창립총회. 중역선임'. 천좌농장은 이 책 제3장.

[그림 2-1] 한국의 쌀값과 지가 변동(지수, 1919=100)

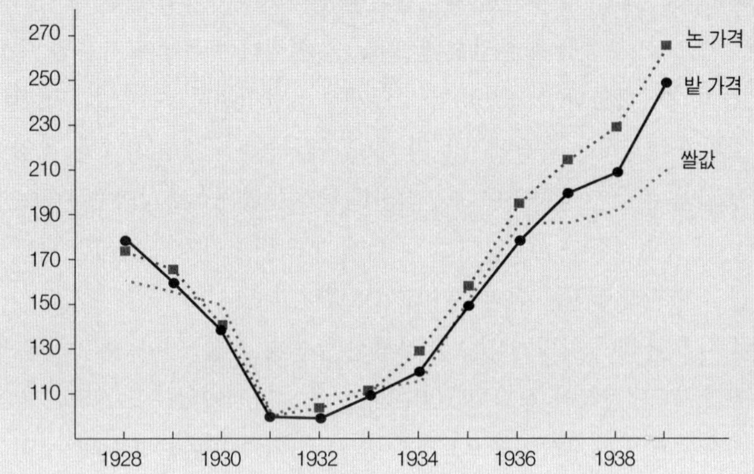

자료: 조선식산은행, 『全鮮畓田賣買價格及收益調』.

조선식산은행이 성업사를 설립한 1931년 5월은 세계 대공황과 일본의 쇼와 대공황이 극으로 치달은 때였다. [그림 2-1]에서 보듯이 쌀값이 최저로 떨어지며 중소 지주는 물론 대지주, 대농장, 대규모 농업회사들조차 심각한 위기를 맞았다. 그중에서도 1910년대 말과 1920년대에 거액의 타인자본, 은행 돈을 빌려 방대한 수리, 간척 사업을 벌인 수리조합 구역의 대지주, 농업회사들은 엄청난 타격을 받았다. 1920년대 후반의 경기불황과 뒤이은 세계 대공황, 일본의 쇼와 농업 공황 등으로 쌀값은 폭락하였으나 수리조합비와 은행 차입금 등에 대한 원리금 상환은 매년 고정되어 적자를 면하기 어려웠다. 그중에는 원금은 고사하고 이자조차 제때 상환하기 힘든 지주가 많았다. 거액의 은행 부채가 레버리지(leverage) 효과를 통하여 역으로 수익률을 현저히 떨어뜨린 것이다.[11]

11 홍성찬, 앞의 글, 1989; 동, 「일제하 지주층의 존재형태」, 金容燮敎授停年紀念 韓國史學論叢刊

이에 당시 대지주, 대농장, 대농업회사들은 은행 차입 때 담보로 맡겼던 농지, 건물, 대지, 임야 등을 채무상환을 위하여 은행에 소유권 채 넘기거나 아니면 그런 부동산에 질권(質權, pledge)을 설정하여 은행에 사용권, 수익권을 넘기기도 하였다.[12] 이런 이유로 일제하 금융기관들, 특히 일제가 산미증식계획을 추진하는 과정에서 토지 개량 자금과 농사 개량 자금 등 농업금융의 공급을 주로 담당하였던 조선식산은행과 동양척식주식회사는 1920년대 후반의 농업불황과 1930년대 초의 세계 대공황을 거치며 방대한 규모의 부동산 소유권과 질권을 집적하기에 이르렀다.[13]

이 시기 은행이 이렇게 인수한 부동산은 농지, 건물, 임야, 대지 등 여러 종류였다. 그중 농장은 농장 채 인수하는 게 일반적이었는데 1930년 겨울 조선식산은행이 채무상환용으로 넘겨받은 가와카미동족(川上同族)주식회사의 황해도 옹진군 용연면의 천좌(川佐)농장처럼 "채산상 유리한 농장"[14]

行委員會 편, 『韓國 近現代의 民族問題와 新國家建設』, 金容燮教授停年紀念 韓國史學論叢 3, 지식산업사, 1997.

12 질권이란 채권자가 채무자에게 담보로 수취한 물건을 채무변제 때까지 유치(留置)하여 채무자의 변제를 간접 강제하고 기한 내 갚지 않으면 채권자가 거기서 우선 변제받게 한 담보물권이다. 질권과 저당권은 둘 다 계약에 따라 성립한 담보물권으로서 채무자가 금융을 얻기 위하여 주로 이용하는데 질권은 질(質)의 목적물을 질권자인 채권자가 점유하는 점에서 그 목적물을 설정자(設定者)에게 두는 저당권과 구분된다. 즉, 채무자가 질권을 설정하면 목적물을 상대방 채권자에게 넘겨 채권자가 사용권, 수익권을 가지므로 질권설정자는 채무변제 때까지 그걸 사용할 수 없다. 김성수, 「일본 구민법 채권담보편 물적담보(제2부)의 동산질권(제2장)과 부동산질권(제3장)에 관한 연구」, 『사법행정』 58-2, 한국사법행정학회, 2017; 김상용, 「한국의 전세권, 중화민국(대만)의 典權과 일본의 不動産質權의 비교」, 『토지법학』 30-1, 한국토지법학회, 2014.

13 성업사 설립을 전후하여 조선식산은행에 '유입된 토지와 건물'은 아래 표에서 보듯이 꾸준히 증가하다가 1931년에 성업사를 설립하여 그곳으로 넘겨 그 후 크게 줄었다. 이 표는 中村資良 편, 앞의 책, 각 연도; 朝鮮殖産銀行, 『朝鮮殖産銀行十年志』, 京城: 조선식산은행, 1928 등에서 작성하였다. 1930년 12월 이전의 대차대조표의 과목명은 '유입(流込) 토지 건물 기타'이고 그 후는 '소유 동산 부동산'이다.

연월	금액(지수)	연월	금액(지수)
1925. 6	2,493,937원(100)	1930. 12	3,192,027원(128)
1926. 12	2,927,462원(117)	1932. 12	543,587원(22)
1928. 6	3,022,200원(121)	1934. 12	277,583원(11)
1928. 12	2,801,864원(112)	1936. 12	454,845원(18)

14 〈成業社設立由來〉, 『創立關係重要書類』.

도 일부 있었지만, 대개는 채산성과 수익률이 낮은 농장들이었다. 은행은 채무 대신 이들 부동산, 특히 농장의 농지와 부속건물, 재고품 및 각종 채권, 채무 등을 통째로 인수할 경우[15] 그걸 매각 처분하여 은행 채권부터 회수하는 게 상례였다. 그러나 때로는 처분을 보류한 채 은행이 직접 관리하거나, 또는 여타 농업 전문회사들에 위탁하여 관리시키기도 하였다.[16] 크게 두 가지 이유 때문이었다. 하나는 인수 농장의 채산성, 수익성이 좋아 굳이 서둘러 매각할 필요가 없는 경우였다. 다른 하나는 인수 농장의 채산성이 좋지 않아 시가, 즉 현재의 매도 가격이 은행 장부 가격에도 미치지 못하여 지금 처분하면 은행이 당장 손실을 볼 우려가 있는 경우였다. 그러나 어떤 경우든 은행이 부동산을 인수하여 직영하거나 위탁을 맡겨 경영하는 것은 규모가 작고 단기가 아닌 한 쉬운 일이 아니었다.

사실 조선식산은행은 그 전에도 적지 않은 농지를 압류하여 원리금 반제에 갈음하여 왔다. 그러나 대개는 그 규모가 크지 않아 압류 부동산만을 따로 관리할 별도 기구까지 필요하지는 않았다. 은행 본점의 조사과에 총괄 업무를 맡겨 해당 부동산 소재지의 은행 지점에서 농업 전문회사 등에 위탁 관리를 맡겼다가 적당한 시기에 공매 처분하여 채권을 회수하면 되었다. 그

15 〈成業社重役會回議票 제36호 1933. 4. 25. 永北農場 引受에 關한 件〉에 따르면 성업사는 모기업인 조선식산은행의 '종용'으로 이와나가 요네키치(岩永米吉) 등 5인이 소유한 경기도 포천군 영북면 운천리 외 4개 리 소재의 구(舊) 암영(岩永)농장을 인수하였다. 인수대금은 이전(移轉)등록세 848원을 포함하여 34만 687원이었다([부록 2-1]은 그중 일부 부동산에 대한 계약서임). 인수 재산의 내역은 토지 30만 5,959원, 잡대부(雜貸付) 5,047원, 소(牛) 매입 자금 대부 617원, 건물 2,795원, 재고품(곡물) 2만 5,421원 등 33만 9,839원이다. 그런데 이와나가 요네키치 등 5인의 소유자들은 조선식산은행에 연부금(年賦金) 23만 원, 어음대부금 5,000원, 기타 조선식산은행 입체금(立替金) 1만 4,839원 등 총 33만 9,839원의 부채를 지고 있었다. 따라서 성업사는 인수대금 가운데 23만 원은 조선식산은행의 연부 차입금(年賦金)을 그대로 인수하는 조건으로 은행과 '채무갱개(更改)계약'을 체결하고 잔금 10만 9,839원만 현금 지급하기로 하였다. 이렇게 하여 성업사는 영북농장의 토지, 건물, 재고 곡물과 각종 대부금 등 모든 채권, 채무와 농장설립 이래의 서류, 장부까지 함께 인수하였다. 요즘 은행들의 부실기업 인수·매각 절차도 이와 같다.

16 영북농장의 이와나가 요네키치 등이 은행 빚을 갚지 않자 1929년에 조선식산은행이 그 농장을 농장 채 인수하여 좌등(佐藤)농장에 위탁 관리시킨 게 예다. 金奎承, 「模範的 經營 永北農場 訪問記」, 『朝鮮農會報』 8-2, 1934; 홍성찬, 앞의 글, 1989, 1997. 조선식산은행은 앞의 주 15에서 본대로 1933년에 이 농장의 소유권을 자회사인 성업사로 넘겼다.

런데 1931년에는 사정이 달랐다. 1920년대의 오랜 불황과 뒤이은 세계 대공황으로 은행에 유입된 농지 등 부동산이 방대하였고 시세도 폭락하였다. 게다가 그렇게 유입된 농지의 대부분은 채산성, 수익성, 이회율(利廻率, rate of yield)이 낮아 그걸 매각하려면 은행의 장부 가격이나 저당 가격보다도 낮은 헐값에 팔 수밖에 없었다. 그리고 설사 장부 가격 이하로 내놓아도 수익성, 이회율이 좋은 농장부터 순차 매각되어 은행에는 이회율, 수익성이 낮은 농장만 누적되었다. 그렇다고 농업 전문회사에 계속 관리를 맡기기도 어려웠다. 그만큼 관리수수료를 내야 했고 또 쌀값이 폭락하여 수익률도 낮았다.

더욱이 은행은 그 체제와 속성상 그리고 법적으로도 채무상환용으로 들어온 '유입(流込) 물건'들을 효과적으로 관리하며 적당한 매입자를 찾아 적기에 좋은 값을 받고 팔기가 쉽지 않았다. 특별히 조선식산은행에 유입된 부동산은 대부분 "특수 시설을 요하는 집단적 물건"들, 주로 수리조합 구역이나 신규 간척지 등에 집단 분포하여 이미 거액의 토지 개량 자금을 대출받은 농장들이라서 쌀값이 폭락한 당시는 전문 농업경영자라도 수지타산을 맞추기 힘들었다.[17] 결국, 조선식산은행은 "부동산 금융은행으로서 이런 문제점을 측면에서 엄호할 보강(補強) 기관 출현의 필요성을 통감"하였고 그래서 차제에 별도의 농업회사를 설립하여 조선식산은행에 '유입'된 부동산 물건들을 관리, 매각하는 업무를 맡기는 게 유리하겠다고 판단하였다.[18]

여기에 더하여 당시 조선식산은행이 성업사 설립에 더 적극적으로 나선 직접적 계기는 앞서도 말한 대로 1930년 겨울에 '채산성이 좋은' 천좌농장이 채무 대상(代償), 즉 채무상환용으로 유입된 일이었다.[19] 이에 조선식산

17 〈成業社의 沿革 및 事業의 概況〉, 『秘 株式會社成業社概要』, 1937. 12. 31; 〈成業社設立由來〉, 『創立關係重要書類』.

18 주 17과 같음.

19 천좌(川佐)농장은 일본 니가타(新潟)현 나가오카(長岡)시의 최대 자본가였던 가와카미 사타로(川上佐太郎, 제2대. 제1대 가와카미 사타로의 사위. 1905년 장인이 죽자 장인의 이름을 이어받았다)가 1913년에 황해도 옹진군 용연면 일대에서 간척 사업을 벌여 개설한 농장이다. 1921년에 가와카미 사타로(제2대)가 사망하자 그의 처남인 가와카미 사지로(川上佐次郎. 제1대 가와카미

은행은 이 농장을 기반으로 별도의 농업회사를 설립하여 조선식산은행에 유입된 농지와 각종 부동산을 관리, 경영하고 또 매매, 처분한다면 장차 운영상 큰 문제가 없는 부실자산 –주로 농지– 정리회사를 자회사로 거느릴 수 있겠다고 생각하였다.[20] 성업사는 조선식산은행에 유입된 부실채권, 부실자산들을 인수하여 일종의 구조조정, 기업개선작업(workout)을 하고 또 그걸 유리하게 처분함으로써 결국 '조선식산은행의 재적(財的) 기초를 일층 강고하게 하는 데' 목표를 두고 설립된 농업회사였다. 말하자면 성업사는 "법적, 대세간적(對世間的)으로는 엄연한 일개의 독립 법인"이지만 "창업[起業] 자금을 조선식산은행이 모두 지출하고 운용기관도 모두 그 은행 관계자들 명의로 구성·조직된" 따라서 "내면적으로는 그 발현(發現)의 동기상 조선식산은행의 일분과(一分課)의 외연적 일형태(一形態)에 지나지 않는, 조선식산은행과 이체동심(二體同心) 형영불가리적(形影不可離的) 상관관계에 있는" 자회사였다.[21] 요컨대 성업사는 비록 사업 목적이 "형식적으로는 정관에 명시된 토지 및 농사 경영, 부동산의 매매와 대차 및 관리, 유가증권의 취득 및 처분 등이지만 실제는 조선식산은행에 '유입'된 물건만을 인수·관리·경영하거나 유리(有利)하게 처분하는 데 국한되고 그 밖의 농사경영, 부동산 관리 등은 일절 취급하지 않았다."[22] 조선식산은행에 유입된 부실자산 –주로 농지– 을 인수·관리하여 은행의 자산 건전성을 높일 일종의 배드 뱅크, 부실자산 정리회사로 설립한 농업회사였다.

사타로의 장남)가 운영하였다. 사지로는 1922년에 가와카미동족(川上同族)주식회사를 설립하여 이 농장을 비롯한 일본과 한국의 재산들을 관리하였는데 1930년 12월에 갑자기 사망하였다. 이 농장이 조선식산은행에 유입된 것은 그의 갑작스러운 죽음으로 '회사 경영의 중심인물을 잃은' 때문이기도 하였다. 『朝鮮新聞』 1930. 12. 27. '川佐農場主 死去'; 〈1943年 3月末日 現在 會社概況〉. 천좌농장과 가와카미 사타로는 이 책의 제3장.

20 〈成業社設立趣意書 事業目論見書〉, 『創立關係重要書類』; 『朝鮮新聞』 1931. 5. 1. '不動產會社 5月中創立. 動機は川佐農場經營. 有賀殖銀頭取談'.

21 〈成業社의 沿革 및 事業의 概況〉.

22 〈成業社의 沿革 및 事業의 概況〉.

2) 설립 원칙

(1) 자본 지배

조선식산은행은 성업사를 설립하면서 두 가지 원칙을 견지하였다. 하나는 창립 자본금 전액을 직접 출자한 일이다. 다른 하나는 설립 발기인과 설립 준비위원, 설립 후의 중역진을 거의 모두 조선식산은행 사람들로 충원한 일이다. 이 중 전자는 다음과 같다. 1931년 5월 6일 조선식산은행 이사 야나베 에이자부로(矢鍋永三郎)는 성업사 설립 발기인회에서 '설립 방침'을 보고하며 두 가지 자본 조달 방안을 제시하였다. 첫째, 성업사의 창업 주식 전량을 발기인과 찬성인에게 인수시키며 인수 자금으로 쓸 제1회 납입금 50만 원을 전액 조선식산은행에서 대출하여 준다. 대신 성업사는 발기인 인수 주식 전량을 조선식산은행에 담보로 제공하며 제1회 납입자본금 50만 원은 모두 운전 자금으로 활용한다. 둘째, 성업사는 조선식산은행이 소유한 부동산을 은행 장부 가격으로 인수하여 경영하되 –제1차는 천좌농장– 인수 자금 전액을 조선식산은행에서 대출하여 주며 당분간 그 금리를 연 2.5%로 하고 추후 성과를 보아 조정하여 준다.[23]

이처럼 성업사는 창업 자본금 전액을 조선식산은행에서 대출받아 충당하기로 하였는데 좀 더 구체적인 절차는 다음과 같았다.[24] 우선 은행은 성업사 설립 준비위원장인 미요시 도요타로에게 창업 주식 인수대금 50만 원 전액을 대출하여 그가 발기인 인수 주식을 전량 인수하게 해주었다. 대신 미요시는 발기인 인수 주식 3만 9,800주 가운데[25] 취체역이 감사역에게 공탁

23 〈成業社發起人會記錄〉의 '회사의 설립 방침'. 이외에 다음 사항도 포함하였다. 중역은 무보수로서 전무만 유급인데 당분간은 전무도 무급이다. 영업소는 서울(京城)에 신설하고 서기, 기수, 고원, 용원 등의 사무원을 둔다. 결산은 연 1회이며 순익금에서 법정적립금, 역원(役員)상여금, 주식배당금을 뺀 잔금은 임의적립금 또는 후기이월금으로 처리한다. 조선식산은행 지점 소재지의 '물건(物件) 관리'는 당분간 은행에 위탁하고 실비를 지급한다.

24 〈株式拂入金 및 株式處理事項에 關한 件〉, 『創立關係重要書類』. 전문은 [부록 2-2]. 이하 별도의 주가 없는 한 같음.

해야 할 100주를 제외한 3만 9,700주를 조선식산은행에 전량 담보로 맡기며 미요시에게 대출한 주식 인수대금의 대출 금리는 향후 성업사의 주식 배당률과 동률로 하기로 하였다. 미요시가 자기 명의로 대출받아 발기인 인수 주식 3만 9,800주를 전량 인수하였기 때문에 그를 제외한 [표 2-1]의 설립 발기인들은 해당 주식을 미요시에게 무상 차입(借入)하는 형식을 취하였다. 그리하여 미요시는 이들에게 〈위임장〉, 〈담보차입(差入)승낙서〉, 〈담보권설정승낙서〉와 함께 해당 주식과 차입증서를 받아 두었다. 조선식산은행에서 빌린 차입금에 대한 담보 제공 수속도 정하였다. 미요시 명의의 주식에는 〈위임장〉과 성업사의 〈담보권설정승낙서〉를 첨부하고 그 외 발기인 명의의 주식에는 〈위임장〉, 〈담보차입(差入)승낙서〉와 성업사의 〈담보권설정승낙서〉를 첨부하여 조선식산은행에 제출하기로 하였다. 미요시 이외의 발기인이 미요시에게 제출한 차입증(差入證)은 조선식산은행에 모두 공탁하고 취체역들이 감사역에게 맡긴 주식도 모두 조선식산은행에 예탁하기로 하였다. 그리고 주식 배당금은 모두 미요시의 소득으로 하기로 하였다.

(2) 인적 지배

조선식산은행이 성업사를 설립하며 견지한 두 번째 원칙은 설립 발기인과 그 외 창업 초 및 창업 후의 거의 모든 중역을 그 은행 사람들로 구성하고 거기에 총독부의 대표적인 농정관료 출신을 몇몇 포진시킨 일이다. 우선 [표 2-1]의 창립발기인 7명 가운데 위원장 미요시 도요타로(三好豊太郎)는 조선식산은행 설립 초부터 의주, 신의주, 개성, 부산지점장 등을 거친 전형적인 조선식산은행 사람으로 1927년에 그 은행 두취(頭取) 아루가 미쓰토요(有賀光豊)의 간청으로 전도 양양한 금융계를 떠나 때마침 심각한 위기에 놓여

25 전체 4만 주 가운데 200주는 공모주였다. 기무라 가즈미(木村和水)와 다케무라 히사미쓰(竹村久光)가 100주씩 인수하였다. 기무라 가즈미는 조선식산은행 본점 주계(主計)과장, 저축과장에서 조선저축은행 상무 겸 영업과장으로 옮긴 인물이다.

[표 2-2] 성업사의 중역

이름	직위	주요 경력
三好豊太郎	전무(1931~32) 감사역(1932~42)	조선식산은행 개성(1921), 부산(1925) 지점장. 조선개척 전무(1927), 사장(1939)
戶津學	취체역(1931~32) 전무(1932~35)	조선식산은행 조사(1925), 권업금융(1929), 중앙금고(1931) 과장. 조선개척 감사역(1935)
松尾澤吉	취체역(1931~32)	조선식산은행 강경지점장(1927), 조선저축은행 권유과장(1931~35), 부산지점장(1937~40)
三井榮長	감사역(1931~32)	불이흥업 전무(1931~40), 사장(1940~43)
橋本豊太郎	감사역(1931~32)	조선개척 상무(1925~37)
安井淸	감사역(1932~37)	조선식산은행 비서과장(1927~37)
中富計太	취체역(1932~38)	조선식산은행 목포(1921~25), 함흥(1927) 지점장, 조사(1929), 검사조사(1931), 심사(1933~37) 과장, 상임 감사(1939~40)
飯島寬一郎	취체역(1932~42)	조선식산은행 기술(1931~33), 감정(1935~40) 과장
山口重政	취체역(1932~37)	조선식산은행 군산지점장(1927), 계산증권(1929), 산업금융(1931~37) 과장, 이사(1939~40). 조선저축은행 취체역(1939~40)
七田常市	전무(1935~41)	조선식산은행 인천지점장(1925~27), 심사과장(1929~31), 대구지점장(1933). 조선개척 취체역(1937~40)
平原保	취체역(1937~40)	조선식산은행 청주(1925), 전주(1927~29), 마산(1931~35), 대구지점장(1933), 산업금융과장(1939). 조선개척 전무(1940~42), 불이흥업 상무(1944~45)
高松勇吉	감사역(1937~41)	조선식산은행 비서역(1935~37), 서무과장(1939)
石川淸深	취체역(1938~)	조선식산은행 공주(1933~35), 사리원(1937) 지점장, 심사과장(1939~40)
林豊	취체역(1940~41) 전무(1941~)	조선식산은행 전주(1925), 원산(1927), 인천(1929, 1930), 의주 신의주(1933~37) 지점장, 계산(1939), 산업금융(1940) 과장
永松統治	취체역(1941~43)	조선식산은행 춘천(1925), 해주(1927, 29), 수원(1931~35), 김천(1937), 전주(1939~40) 지점장
山口毅	취체역(1941~)	
立花定民	감사역(1941~42)	조선식산은행 증권(1939), 검사(1940) 과장
三上吉隆	감사역(1942~)	조선식산은행 남원(1935), 정읍(1937) 지점장
立山軍藏	취체역(1942~)	수원고등농업학교 교수, 전라남도 및 함경남도 농무과장
佐藤久成	감사역(1942~)	조선식산은행 벌교포(1927, 29), 상주(1933) 지점장
寺田數一	취체역(1943~)	조선식산은행 강릉(1939), 웅기(1940) 지점장
井田德次郞	감사역(1944~)	조선식산은행 철원(1933, 35), 순천(1937~40) 지점장

주: ( ) 안은 재직 연도.
자료: 각 연도 〈영업보고서〉; 中村資良 편, 앞의 책, 각 연도.

있던 선만개척(鮮滿開拓)의 전무 취체역이 되어 농업경영의 제일선에 나서 활동한 조선 농업계의 중요 인물이었다.[26] 설립위원 도쓰 마나부(戶津學)는 농공은행을 거쳐 조선식산은행 김천·상주·통영·군산 등지의 지점장과 본점의 조사과장, 권업금융과장, 중앙금고과장 등을 역임하였고,[27] 마쓰오 사와키치(松尾澤吉)도 조선식산은행 강경지점장을 거쳐 그 은행이 출자하여 설립한 조선저축은행의 본점 권유과장으로 일하였다. 도지마 료(登島亮)도 조선식산은행 본점 상업금융과장대리로 일하다가 그 은행 이사 이모리 메이지(伊森明治)가 한성은행 취체역으로 자리를 옮기자 그를 따라가 한성은행 업무과장으로 근무 중인 인물이었다.[28]

나머지 발기인 3명은 조선식산은행 출신은 아니지만, 그 은행이 주채권은행, 주거래 은행으로서 엄청난 영향력을 행사한 불이흥업과 선만개척의 주요 임원들이었다. 미쓰이 에이쵸(三井榮長)는 동경제대에서 농학을 공부한 후 1910년 3월부터 일본 농상무성 기사로 일하다가 그해 10월에 내한하여 조선총독부 농무과 기사 등으로 20여 년 근무한 고위 농정관료로서 1930년 9월에 "조선총독부와 조선식산은행 두취 아루가의 간청으로" 불이흥업의 전무가 된 자타가 공인하는 조선 농업통이었다.[29] 이이즈미 간타(飯泉幹太)도 동경제대 법과 출신으로 1909년 12월에 조선은행의 전신인 한국은행에 입행한 후 조선은행의 본점 각 과장과 지점장, 본점 인사부장과 비서역 등을 거쳐 1926년에 불이흥업 상담역 기무라 유지(木村雄次)의 추천으로 불이흥업의 상무 취체역이 된 인물이었다.[30] 하시모토 도요타로(橋本豊太郎)는

26 1879년생으로 히로시마(廣島)현립 중학을 중퇴한 후 1895년부터 제18 국립은행 오사카(大阪) 지점, 인천지점을 거쳐 조선식산은행에서 줄곧 일하였다. 阿部薰 편, 앞의 책, 1935, 399쪽; 朝鮮人事興信錄編纂部, 앞의 책, 1922, 779쪽. 선만개척은 조선개척의 전신인데 이들은 이 책의 제3장.

27 1906년 대만협회전문학교를 졸업한 후 대한제국 정부의 재정고문부에서 일하였다. 조선식산은행이 산금(産金) 정책의 일환으로 설립한 조선제련주식회사의 전무로도 활약하였다. 朝鮮人事興信錄編纂部, 앞의 책, 1922, 117쪽; 阿部薰 편, 앞의 책, 1935, 600~601쪽.

28 『每日申報』 1928. 7. 20. '한은(漢銀) 간부이동'; 1935. 2. 28. '한은(漢銀) 인사이동'.

29 朝鮮人事興信錄編纂部, 앞의 책, 1922, 723쪽; 阿部薰 편, 앞의 책, 1935, 428쪽; 이 책 제1장.

1905년에 일본 외무성 서기로 경성영사관에 부임한 이래 초대 목포 부윤, 진남포 부윤 등을 지냈고 1922년에 사직한 후 조선개척(주)의 전신인 선만개척(鮮滿開拓)의 상무 취체역이 된 인물이었다.[31]

조선식산은행은 성업사의 설립 발기인에 그 은행 출신이 아닌 불이흥업과 선만개척의 임원 3명을 포함하였으나 창립 후 중역은 그 은행 출신들로만 구성하였다. 창립 이래 1945년까지 성업사의 임원은 [표 2-2]에서 보듯이 창업 초의 미쓰이 에이쵸, 하시모토 도요타로와 일제 말 전시하의 야마구치 다케시(山口毅), 다쓰야마 군조(立山軍藏. 구명은 후지이 군조(藤井軍藏))[32] 정도를 빼고는 모두 그 은행 출신이었다.

(3) 업무 감독

조선식산은행은 은행의 돈과 사람들로 성업사를 설립하였으나 둘의 이해관계가 사안마다 같을 수는 없었다. 그래서 창업 3년째를 맞은 1934년 4월 1일 그 은행 두취 아루가 미쓰토요는 성업사 대표 도쓰 마나부 전무와 성업사의 업무경영에 관한 〈각서〉에 공동 서명하였다.[33] 이에 따라 조선식산은행은 성업사에 언제라도 필요한 '장부와 증빙서류, 기타의 열람과 보고를 요구'하고 성업사의 모든 업무를 감독, 통제할 수 있게 되었다. 즉, 주주총회 소집 사항과 안건을 미리 제출하여 승인받게 하였고 주식대금의 납입, 규정의 제정과 폐지, 중요 계약 체결, 공사비 5,000원 이상 공사의 시행, 조

30 이이즈미 간타(飯泉幹太)는 이 책 제1장. 기무라 유지(木村雄次)는 1901년에 경부철도주식회사 사원으로 내한하여 한성공동창고와 대한천일은행의 지배인을 거쳐 조선은행에 들어갔다. 당시 "경성의 은행, 회사, 사교계의 중심인물"로 평가받았다. 朝鮮人事興信錄編纂部, 앞의 책, 1922, 40쪽; 阿部薰 편, 앞의 책, 1935, 648~649쪽.

31 阿部薰 편, 앞의 책, 1935, 357쪽.

32 다쓰야마 군조(立山軍藏)는 도쿄제대 농학부 출신으로 1919년에 내한하여 수원권업모범장 기수, 수원고등농림학교 교수, 충청북도 기사, 전라남도 농무과장, 조선총독부 기사, 경상북도 농무과장 겸 소작관, 전매국 기사, 곡물검사소 기사, 함경남도 농무과장 등을 지낸 농정관료 출신이다. 朝鮮研究社 편, 『新興之北鮮史』, 京城: 朝鮮研究社, 1937, 116쪽; 朝鮮人事興信錄編纂部, 앞의 책, 1922, 290쪽.

33 전문은 [부록 2-3]. 이하 별도의 주가 없는 한 같음.

[표 2-3] 성업사의 창업[起業] 예산

(단위: 원)

과목	제1년도	제2년도	제3년도
운전 자금	500,000	500,000	500,000
천좌농장 인수 자금	650,000	–	–
농경지 신규 매입	900,000	650,000	600,000
시가지, 건물, 토지 신규 매입	600,000	600,000	730,000
전년도 이월 농경지		1,555,000	3,210,000
전년도 이월 시가지 건물, 토지		600,000	1,200,000
개간비	5,000	5,000	5,000
현금		465	634
전년도 이월 손실금		13,535	–
납입자본금	500,000	500,000	500,000
전기이월 이익금	–	–	3,634
차입금	2,155,000	3,424,000	4,742,000
계	2,655,000	3,924,000	5,245,634

자료: 〈株式會社 成業社 設立趣意書 事業目論見書〉.

선식산은행 이외 제3자 소유 토지 건물 부동산의 구입, 장부 가격 2만 원 이상 부동산의 처분, 토지 건물 집기와 부동산 가격의 변경, 사업 및 경비 예산과 수확물 평가, 농장 출장소의 설치와 폐쇄, 중요 소송과 정부인가 사항 등을 모두 승인받게 하였다. 그 외 사원 채용과 과장, 농장장, 출장소 주임의 임면·이동 및 상벌, 중역 보수의 결정, 기타 중요 사항들도 모두 사전 승인받도록 하였다.[34]

34 1933년 11월 15일에 〈社示達 제2578호〉로 제정하여 그해 12월 1일부터 실시하기로 한 성업사 '직무 규정'은 농장 출장소의 개폐, 주총 제출 사항과 소집, 주식대금 납입, 규정의 제정과 개폐, 중요 계약의 체결, 차입금, 토지 건물 집기의 매매 처분과 가격 변동, 사업경영 계획, 비료의 대량 구입과 배급, 수확물의 평가 처분, 체대금(滯貸金)의 정리, 예산, 1구좌 2천 원 이상의 경비, 소송 및 중재, 정부인가 사항, 주요 사원의 임면(任免)·이동과 직원의 상벌, 기타 전무 취체역이 필요하다고 인정한 사항을 중역회 결의 사항으로 규정하였다(제2조). 〈각서〉의 조선식산은행 '승인 사항'과 거의 같은데 이렇게 보면 성업사 중역회는 조선식산은행과 성업사가 체결한 〈각서〉를 토대로 운영되었던 셈이다.

[표 2-4] 성업사 창립 당시 손익계정 예상

(단위: 원)

과목		제1년도	제2년도	제3년도
운전 자금 이용 수익(연 1할, 1회전)		50,000	50,000	50,000
소작 벼[1]		122,040	220,275	270,398
임대료(시가지, 건물, 토지)		15,270	42,515	100,428
수수료 수입		10,000	10,000	10,000
부동산 매각 가격에 대한 이익(5%)[2]		15,000	15,000	20,000
계		212,310	337,790	450,826
차입이자 연 8.8%(천좌, 영북농장 몫)[3]		83,600	84,040	84,480
차입이자 연 2.5%(천좌, 영북농장 이외 몫)[4]		30,125	61,725	94,450
농경지 경영비(공과, 관리, 영농비)		83,920	135,471	154,696
시가지 경영비(공과, 관리, 영농비)		5,200	11,385	29,958
사무비		22,000	28,000	50,000
계		225,845	320,621	413,684
당기 순손익금		−13,535	17,169	37,146
전기이월 손익금		−	−13,535	3,634
차인(差引) 당기 순익금		−	3,634	40,780
처분	법정적립금	−	−	4,500
	역원상여금	−	−	2,000
	배당금(연 6%)	−	−	30,000
	후기이월 손익금	−13,535	3,634	4,130

주: 1) 소작 벼 환산 가격은 제1, 2년도 9원, 제3년도 9원 50전으로 계산. 2) 부동산 매매 가격은 제1, 2년도는 30만 원, 제3년도는 40만 원으로 계산. 3) 차입금은 제1년도 95만 원, 제2년도 95만 5,000원, 제3년도 96만 원으로 계산. 4) 차입금은 제1년도 120만 원, 제2년도 246만 9,000원, 제3년도 378만 2,000원으로 계산.

자료: 〈成業社 設立趣意書 事業目論見書〉.

이 밖에도 조선식산은행은 성업사의 취체역회에 부의할 사항을 은행에 즉시 보고하게 하였다. 그 외 〈월말 실제 보고서〉, 〈손익계정(勘定) 예산수입 월표(月表)〉, 〈손익계정 예산지출 월표〉, 〈월말 손익내역표〉, 〈월말 미결산 계정표〉는 그 다음 달 10일까지, 〈비료계획표〉는 1월 하순까지, 〈농작

상황표〉, 〈수확 상황표〉, 〈업무검사보고서〉는 수시로, 〈토지가옥 임대 상황표〉와 〈소유 부동산 이동 상황표〉도 그 다음 달 5일까지 제출하도록 하였다.

조선식산은행은 이상의 승인, 보고와 열람권을 행사하기 위하여 성업사와 그에 관한 사무처리 방침을 정하였다([부록 2-4]).[35] 문서 접수와 발송은 조선식산은행 산업금융과에서 취급하되 접수부(授受簿)를 만들어 접수와 발송을 기록하게 하였다. 〈각서〉의 승인 사항은 조선식산은행의 사무(社務) 분장(分掌)에 따라 관계 각 과(課)와 합의 심사하고 은행의 성업사 담당 이사가 이를 '사열'(查閱)한 후 은행 이사들을 거쳐 두취의 결재를 받도록 하였다. 승인 사항은 특별한 경우가 아니면 성업사의 기안용지에 도장[證印]을 받아 승인장을 생략하되 승인 대장(臺帳)에 건명(件名)과 승인 연월일을 반드시 기재하도록 하였다. 보고 사항도 은행의 성업사 담당 이사가 사열한 후 필요에 따라 은행의 각 이사와 두취에게 공람시키며 성업사의 보고서에 도장을 찍어 증서 작성을 생략할 수 있게 하였다. 조선식산은행은 이처럼 성업사에 대한 자본적·인적 지배와 업무 감독을 보장받은 가운데 1931년 5월 6일 발기인회가 작성한 [표 2-3], [표 2-4]의 창업 예산을 토대로 그해 5월 25일 운영에 나섰다.

3. 성업사의 경영변동

창립 이후 성업사의 경영은 [그림 2-2], [그림 2-3]에서 보듯이 크게 세 시기로 나뉜다. 제1기는 창업 초인 1931년부터 1933년까지이다. 정관의 사업 목적이 '토지 및 농사 경영'과 '부동산의 매매, 대차, 관리'이고 그에 상응하여 총자산 대비 부동산 구성비가 줄곧 8할대를 유지한 기간이다. '토지 및

---

35 〈成業社의 業務監督에 關한 事務處理方法〉.

[그림 2-2] 성업사의 주요 자산 구성(%)

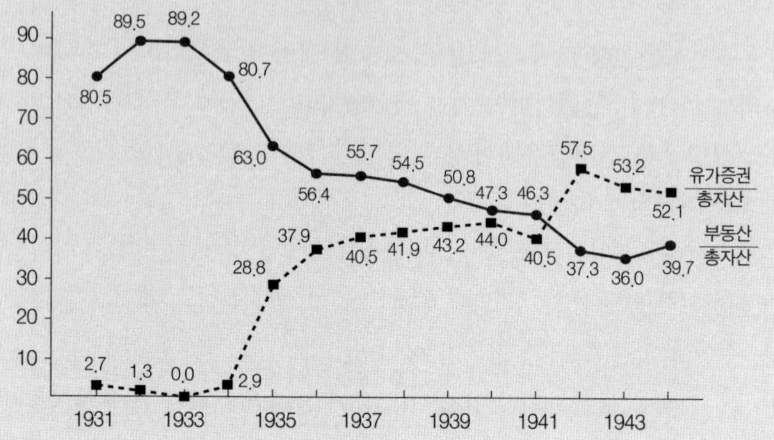

자료: [부록 2-5].

농사 경영 수입'(경지 수입)과 '부동산 대차 관리 수입'(토지, 건물, 산림 수입) 등 부동산 관련 수입이 총수입의 8할 이상을 점하였다.

제2기는 1934년부터 1936년까지이다. 1935년 말에 정관의 사업 목적에 '유가증권의 취득과 처분'을 추가하여[36] 유가증권 매입을 개시하고 부동산을 급속히 매각한 기간이다. 그리하여 이 기간 총자산 대비 부동산의 비중이 8할대에서 5할대로 떨어졌고, 총수입에서 부동산 관련 수입이 차지한 비중도 8할대에서 3할대로 떨어졌다. 반면 부동산의 급속한 처분으로 '부동산 매매' 수입, 즉 부동산 매각익은 총수입 대비 1934년의 7.1%에서 1935년의 28.6%를 거쳐 1936년 말에 55.6%로 크게 늘었다.

제3기는 1937년부터 1945년까지다. 이는 1937~1941년과 1942~1945년으로 다시 나뉘는데 전시 경제 통제가 강화되는 가운데 부동산 매각 속도를

36 『株式會社 成業社 株主總會 關係 重要書類綴』.

[그림 2-3] 성업사의 주요 수입 구성(%)

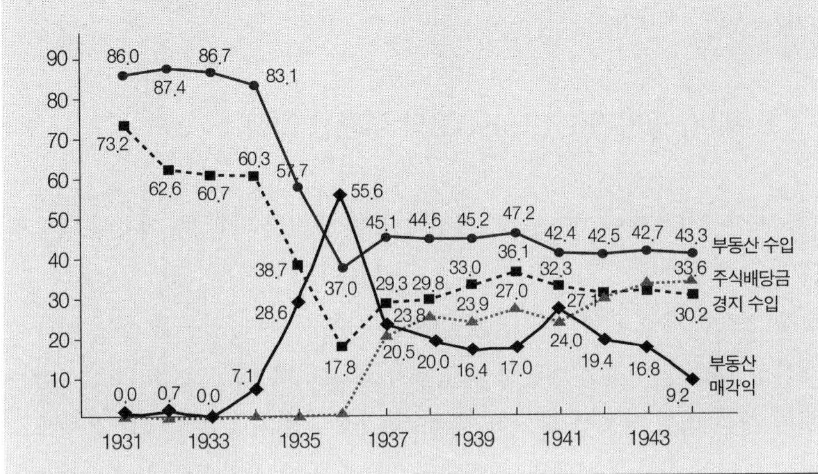

주: 부동산 수입=경지 수입+토지건물 수입+산림 수입.
자료: [부록 2-7].

늦추고 모기업인 조선식산은행의 방침에 따라 시국 관련 광공업 회사의 유가증권 투자를 확대한 기간이다. 따라서 그 재원 마련을 위하여 창립 이래의 미납입자본금을 추가 납입받거나 증자하였고 정관의 사업 목적에 '보험대리 업무'를 추가하여 자체적인 자금 동원 능력도 갖추려고 하였다.[37] 이로써 제3기의 총자산 대비 부동산의 비중은 3할대로 떨어지며 2위로 밀렸고, 유가증권 구성비는 5할대로 늘며 수위가 되었다. 수입 구성도 유가증권, 즉 주식배당금 수입이 총수입 대비 3할대로 늘었다. 그리하여 경지(耕地) 수입, 토지 건물 수입, 산림 수입을 모두 합한, 즉 총수입의 4할대를 점한 '부동산 관련 수입'에는 미치지 못하였지만, 차제에 경지 수입을 앞서 수위로 부상하였다. 성업사는 애초 조선식산은행에 채무상환용으로 유입된 농지 등 부동산을 맡아 관리(경영)하고 처분할 농업회사로 설립되었으나 일제 말에는

37 『株式會社 成業社 株主總會 關係 重要書類綴』.

유가증권의 집적기관, 일종의 지주회사(持株會社)로 변질하여 간 것이다. 제3기는 그런 기간이었다.

1) 제1기 공황기(1931~1933)의 부동산 집적

조선식산은행이 1931년 5월에 성업사를 설립한 가장 큰 이유는 대공황을 거치며 은행에 유입(流込)된 담보 물건들 특히 수익성, 채산성이 낮은 농장을 인수하거나 위탁받아 경종법 개선, 수리시설 보강 등을 통해 이들을 채산성, 수익성이 높은 매물로 개조하여 고가에 처분함으로써 '조선식산은행의 재적(財的) 기초를 강고하게' 하기 위해서였다. 부동산금융 은행으로서 은행의 속성상 부실채권, 부실자산으로 유입된 취득 물건을 효과적으로 경영하기 어려운 데다 그런 부실자산을 가지고 있는 한 은행의 재무 건전성도 낮아질 것이므로 그걸 대신 맡아 관리하고 처분할 기관으로 성업사를 설립한 것이다. 따라서 창립 초 성업사의 업무는 "조선식산은행에 유입된 물건들을 인수, 관리하며 이를 유리(有利)하게 처분하는 데 국한"[38]되었다.

이에 따라 성업사는 [표 2-5]에서 보듯이 설립 직후부터 조선식산은행에 유입된 부동산을 대량으로 매입·수탁받아 그곳에 다수의 직할 또는 수탁농장과 출장소를 개설하였다. 성업사는 농지 및 임야개발 사업에도 적극적으로 나섰다. 1932년에 충청남도 서산군 대산면·팔봉면 일대에서 공유 수면 매립 공사를 벌여 논 18만여 평을 새로 조성하였고, 황해도 옹진군 용연면 일대의 국유림을 양수(讓受)받아 조림 사업을 하였으며, 강원도 통천군 임남면 일대 국유 미간지의 이용권을 양수받기도 하였다.[39]

성업사의 제1기 부동산 소유 규모는 [표 2-6], [표 2-7]에서 보듯이 잇따른

---

38 〈成業社의 沿革 및 事業의 概況〉.

39 1932년도 〈영업보고서〉. 1933년 11월 경상북도 성주군 선남면 일대 국유 미간지의 대부를 허가받아 개간에 착수하고, 1934년 3월 강원도 이천군 안협면 일대의 토지개량사업 시행을 인가받은 것도 같은 예다.

[표 2-5] 성업사 농장, 출장소의 개폐 현황

소재지	농장, 출장소	개설일	폐지일	구분
경남 창원군 북면 신촌리	창원(昌原)농장	1931. 5. 30	1939. 10. 31	직할농장
황해 옹진군 용연면 장능리	천좌(川佐)농장	1931. 6. 16		〃
황해 옹진군 용연면	옹진(甕津)출장소[1]	1931. 6. 16	1935. 8. 20	〃
강원 철원군 철원면 외촌리	철원(鐵原)농장	1931. 8. 7	1935. 6. 10	〃
평남 평원군	평원(平原)출장소	1932. 4.	1934. 6. 30	〃
충남 서산군 대산면 화곡리	서산(瑞山)출장소	1932. 4. 1	1936. 3. 31	〃
황해 연백군 온정면 행정리	연백(延白)출장소	1932. 4. 16	1935. 5. 10	〃
경기 수원군 장안면 석포리	수원(水原)출장소	1932. 4. 16	1932. 9. 7	수탁농장
충남 당진군 신평면 남산리	당진(唐津)출장소	1932. 5. 2	1935. 2. 28	직할농장
경기 광주군	광주(廣州)출장소	1932. 5. 5	1934. 12. 31	〃
경기 이천군	이천(利川)출장소	1932. 8. 1	1934. 12. 31	수탁농장
경기 포천군 영북면 운천리	영북(永北)농장	1933. 2. 1		직할농장
황해 재령군 재령면 신정리	재령(載寧)출장소	1933. 2. 1	1935. 6. 10	〃
충남 보령군 대천면 대천리	대천(大川)출장소	1933. 3. 7		〃
전남 장흥군 대덕면	장흥(長興)출장소	1933. 4. 1	1942. 4. 18	수탁농장
평북 정주군 남서면 보산동	서수(瑞穗)농장	1933. 4. 1	1939. 8. 30	〃
경남 함안군 가야면 말산리	함안(咸安)농장	1933. 10. 1	1939. 10. 31	〃
경기 김포군 하성면 전류리	김포(金浦)농장	1934. 12. 2	1940. 8. 26	직할농장
함북 경흥군 노서면 굴포리	경흥(慶興)출장소	1935. 4. 1		〃
충남 논산군 논산읍 욱정	논산(論山)출장소	1935. 4. 1	1936. 6. 30	〃
전북 부안군 상서면 감교리	부안(扶安)출장소	1938. 1. 30	1939. 2. 28	〃
황해 옹진군 북면 삼산리	말영(末永)농장	1939. 2. 1		수탁농장
황해 옹진군 서면 읍저리	귀두(鬼頭)농장	1939. 2. 20		〃
평북 정주군 남서면 보산동	서수(瑞穗)농장	1939. 8. 30		직할농장
경기 양주군 노해면 창동리	창동(倉洞)농원	1940. 4. 1		수탁농장
황해 안악군 서해면 신장리	원전(元田)농장	1942. 3. 25		〃
평남 강서군 적송면 삼부리	적송(赤松)농사주재소	1943. 4. 1		직할농장
평남 평원군 서해면 보덕리	평원(平原)주재소	1943. 4. 1		〃
강원 통천군 통천면 중리	통천(通川)주재소	1943. 5. 1		〃

주: 1) 천좌농장 소속.
자료: 각 연도 〈영업보고서〉.

[표 2-6] 성업사의 부동산 소유

(단위: 평)

연도	토지	건물	산림	시가대지	합계
1931	14,332,919	5,833	5,914,055	21,309	20,274,116
1932	27,388,171	20,850	5,914,055	–	33,323,076
1933	29,549,456	26,280	5,914,055	–	35,489,791
1934	23,495,779	24,446	12,981,395	–	36,501,621
1935	13,576,145	20,638	12,985,205	738	26,582,725
1936	9,437,638	13,653	10,777,605	738	20,229,633
1937	7,934,165	18,014	10,777,605	738	18,730,522
1938	9,683,990	15,815	10,755,091	738	20,455,634
1939	10,406,576	12,099	10,767,063	738	21,186,476
1940	10,271,864	10,007	10,772,793	738	21,055,402
1941	8,856,399	9,471	10,772,793	738	19,639,401
1942	9,578,745	10,295	10,772,793	738	20,362,571
1943	12,184,354	10,380	10,786,053	738	22,981,525
1944	12,534,415	10,242	14,354,340	738	26,899,735

자료: 각 연도 〈영업보고서〉.

부동산 인수와 토지 개량 사업으로 면적과 금액 모두 크게 늘었다. [그림 2-2], [그림 2-3]에서 보듯이 총자산 대비 부동산의 비중은 1931년 80.5%에서 1933년에는 89.2%가 되었고, 수입 구성에서도 경지(耕地)·토지 건물·산림 수입 등 '토지 농사 경영' 수입(경지 수입)과 '부동산 대차 관리' 수입이 총수입의 8할 이상을 점하였다. 그리고 그중 전자의 경지 수입, 즉 주로 소작료 수입은 총수입의 6할 이상이나 되었다.

이 시기 성업사는 설립 초의 약정에 따라 조선식산은행 소유 부동산의 인수 자금 대부분을 그 은행에서 차입하여 충당하였다. 그래서 성업사의 부동산 소유 증가와 농장 및 출장소의 개설 확대는 은행 부채와 이자 부담률 상승으로 이어졌다. 실제로 성업사의 총자산 대비 부채 비율은 [부록 2-6]에서 보듯이 1931 회계연도 말의 87.6%에서 1933 회계연도 말에 95.2%로 늘었

[표 2-7] 성업사의 부동산 이동

(단위: 천 원)

구분 / 연도	토지			건물			산림			시가대지(市街垈地)		
	증가	감소	소각	증가	감소	소각	증가	감소	소각	증가	감소	소각
1931	2,111	6	-	218	2	-	10	-	-	915	-	-
1932	3,761	102	-	567	8	-	-	-	-	-	-	-
1933	2,073	371	-	184	34	-	1	-	-	-	-	-
1934	1,293	1,762	-	77	115	42	13	-	-	-	-	-
1935	723	3,324	72	121	197	207	10	-	160	3	-	-
1936	480	2,213	108	174	192	115	-	8	-	-	-	24
1937	162	299	193	19	69	42	-	-	-	-	16	-
1938	355	398	70	57	35	26	-	-	-	-	9	-
1939	1,141	888	-	13	64	20	0	-	-	-	7	-
1940	264	542	-	52	5	19	-	-	-	-	-	7
1941	612	290	-	39	11	10	-	-	-	-	5	-
1942	1,333	175	-	564	76	29	-	-	-	-	3	-
1943	1,423	234	-	73	20	50	-	-	-	-	9	-
1944	733	51	-	47	15	-	190	-	-	-	3	-

자료: 각 연도 〈영업보고서〉.

[표 2-8] 성업사의 차입금 이자 지출 상황

(단위: 원)

연도	연리(%)	이자액	연리1(%)	연도	연리(%)	이자액	연리1(%)
1931	3	41,252	3.7	1937	5	206,716	5.7
1932	3	159,408	3.4	1938	6	367,954	
1933	2	168,063	2.2	1939	7	419,896	
1934	3	295,732	3.2	1940	7	424,888	
1935	4	331,811	4.3	1941		467,141	
1936	4	225,416	4.4	1942		384,204	

주: 1) 납입자본금 50만 원에 대한 이자를 합산하여 작성함. 2) 연리1은 자본금에 대한 이자를 차입금 이자에 넣어 환산한 것임. 3) 1933년도 연리는 상반기 3%, 하반기 1%. 4) 1938, 1939년도 이자액은 과년도(過年度) 추불분(追拂分) 5%를 합산한 것임.

자료: 〈1942年度 12月 末日 現在 會社 槪況〉.

고 그에 따라 총지출에서 지불 이자가 차지한 비중도 [표 2-8]과 [부록 2-8]에서 보듯이 연간 3% 정도의 낮은 금리를 적용받았음에도 불구하고[40] 기초인 1931 회계연도의 23.3%에서 기말인 1934 회계연도에 41.4%로 늘었다.

2) 제2기 회복기(1934~1936)의 부동산 매각과 유가증권 집적

제2기 자산 구성의 특징은 두 가지다. 첫째는 1934 회계연도 초에 총자산 대비 8할대였던 부동산의 비중이 [그림 2-2]에서 보듯이 1935 회계연도 말에 6할대로 하락하고 1936 회계연도 말에는 5할대까지 떨어졌다. 둘째는 유가증권의 구성비가 1935 회계연도 말에 2할대로 급증한 후 1936 회계연도 말에는 3할대로 증가하였다. 이런 변화는 애초에 조선식산은행에 유입된 물건의 관리, 처분기관으로 설립된 성업사가 대공황 시기의 지가 하락으로 그간 미루었던 부동산 매각을 본격화하고 대신 유가증권을 매입하였음을 의미한다. 그러면 이 시기 성업사가 부동산 매각에 본격적으로 나선 배경은 무엇이었을까. 1933년 1월 성업사 전무 도쓰 마나부는 조선식산은행의 각 지점장에게 '극비' 문서를 전달하였다.[41] 여기서 그는

> 근래 호세(好勢)를 보이는 물가는 향후 수요가 급증하고 인플레이션 정책이 시행되면 더욱 호전될 것이 자명하다. 따라서 부동산을 유리하게 처분할 시기도 멀지 않았다. 다액의 물건(物件)을 포용한 당사는 진실로

40 '회사의 설립 방침'에 의하면 창업 주식 인수대금과 부동산(농경지, 시가지, 건물 등) 인수 자금, 개간비는 조선식산은행에서 연리 2.5%로 전액 대출받되 금리는 추후 재조정하기로 하였다. 그 후 성업사는 창업[起業] 예산을 편성하면서 천좌(川佐)·영북농장의 인수 자금 금리를 연 8.8%로 상정하였다([표 2-4]). 이들 농장의 연간 수익률이 7% 이상이었음을 고려하면(주 47의 해당 본문) 수익률이 좋은 농장과 그렇지 않은 농장의 인수 자금 금리를 차등 적용한 듯하다. 1930년대 전반의 전체 평균 금리는 2~4% 정도였던 셈이다([표 2-8]).

41 〈成第2448號 1933. 1. 10. 成業社 專務. 殖銀支店長 殿. 土地建物 處分에 關한 件〉. 이튿날 보낸 〈成第2448號 1933. 1. 11. 成業社 專務. 殖銀支店長 殿. 土地建物 處分에 關한 件〉은 전날의 문서를 '극비'(極秘)로 해 달라는 내용이다.

> 절호의 기회를 맞았다. 그러나 그간의 토지 건물 매각 현황을 보면 오직 우량 물건의 처분만 속진(速進)하고 불량 물건의 정리는 지지부진하여 불량 물건만 남게 되었는데, 이는 당사는 물론 모태은행(조선식산은행 –저자)에도 누를 끼치는 일이다.

라는 인식하에 성업사 소유 물건에 대한 몇 가지 처분 원칙을 제시하였다. 즉, 부동산을 신속히 처분하려는 회사의 방침은 불변이나 부동산 가격이 점차 오르는 형세이므로 모든 부동산을 장부 가격으로 매각하지는 말라. 현재 수익률(利廻率], rate of yield)이 낮고 장래성도 없는 물건이라면 장부 가격에라도 팔아야 하고 또 특수 사정이 있다면 그 이하에라도 적극 매각·처분해야겠지만, 수익률이 높은 우량 물건은 언제든지 쉽게 처분할 수 있으므로 차제에 장부 가격 이상으로 고가에 처분하여 그 처분 이익으로 장부 가격 이하로 매각한 물건의 결손을 보전하라. 공황기에 매각을 미루었던 부동산을 일반 물가와 지가가 회복되는 차제에 집중적으로 매각하되 일정한 원칙 아래서 처분하라는 지시였다.

사실 성업사는 이 공문을 하달한 직후인 1933년부터 부동산 매각에 나서 그 해에 "일반 재계의 호전에 따른 부동산, 특히 농경지 수요의 갑작스러운 증가[喚起]"에 힘입어 이미 60만 원 상당의 부동산을 처분한 바 있었다.[42] 이제 그 연장선 위에서 1934년에 재계의 사정이 호전되며 쌀값이 전년도 대비 3할가량 오르고 일반 물가도 일제히 올라 "부동산 투자열이 왕성"해지자, 성업사는 부동산 매각에 더욱 본격적으로 나서 1934년 한 해에 "실로

42 1933년도 〈영업보고서〉. 1933년의 쌀값은 1932년산 재고 쌀의 이월과 1933년의 쌀생산 과다로 1천 200~300만 석가량이 과잉 공급될 것 같고 정부의 미가 조절 정책도 미온적이어서 1932년 겨울의 쌀값 수준인 1근당 5전 4, 5리 정도에 머물렀다. 그러나 재계의 사정은, 만주 침략에 따른 국제연맹과의 관계 악화와 경제적 고립 등으로 경기가 저미(低迷)를 거듭할 것이라던 예상과 달리, 5월 이후 중국과의 전투 중단, 군수공업 융성, 해외무역 호전 등 인플레이션 정책이 효과를 발휘한 데다 저금리, 저환율이 계속되어 물가도 일제히 올랐다.

[표 2-9] 성업사의 차입금 내역

(단위: 천 원)

내역 연도	연부차입			정기차입			어음차입		
	차입	상환	잔고	차입	상환	잔고	차입	상환	잔고
1931	490	-	490	170	-	170	3,499	675	2,824
1932	-	-	490	-	-	170	5,557	1,284	7,096
1933	230	-	720	-	-	170	2,395	607	8,885
1934	22	16	726	-	-	170	1,707	1,586	9,007
1935	-	-	726	-	1	169	3,420	4,867	7,559
1936	-	-	726	-	-	169	692	2,969	5,281
1937	-	-	726	-	-	169	176	928	4,530
1938	-	-	726	-	-	169	673	903	4,300
1939	174	38	862	-	169	-	1,838	811	5,328
1940	-	692	170	643	-	643	471	669	5,130
1941	-	49	121	-	-	643	6,425	6,472	5,083
1942	-	20	101	-	-	643	9,763	4,860	9,987
1943	-	11	90	-	-	643	5,367	1,650	13,703
1944	341	12	420	28	-	671	14,434	14,672	13,465

내역 연도	당좌차월			아사히빌 차입		
	차입	상환	잔고	차입	상환	잔고
1931	144	129	16	-	-	-
1932	1,620	1,630	6	-	-	-
1933	2,072	2,078	-	-	-	-
1934	-	-	-	-	-	-
1935	-	-	-	157	-	157
1936	-	-	-	-	23	134
1937	16	16	-	-	16	118
1938	214	214	-	-	9	109
1939	286	286	-	-	7	102
1940	228	220	8	-	7	95
1941	30	38	-	-	5	90
1942	924	826	98	-	3	87
1943	1,533	1,631	-	-	9	78
1944	1,365	1,365	-	-	3	75

주: 천 원 미만은 반올림. 아사히빌(旭ビル)은 투자은행(IB)의 하나였던 것 같다.
자료: 각 연도 〈영업보고서〉. 차입금 총계는 [부록 2-9], [부록 2-10] 참조.

290여 만 원에 달하는" 부동산 매각 계약을 체결하였다.[43] 1935년에도 일본 경제는 강력한 재정팽창 정책과 저금리 정책으로 크게 성장하였다. 조선 재계도 1934년 대비 25%의 쌀값 상승과 누에고치값(繭價) 상승에 따른 농촌 구매력 확대로 고물가 시대를 맞았다.[44] 이를 배경으로 성업사는 "부동산 매각에 더욱 박차를 가하여" [표 2-5]에서 보듯이 그 회계연도에 철원농장과 연백출장소, 재령출장소, 서산출장소 그리고 천좌농장의 옹진출장소를 폐쇄하는 등 무려 1,000만여 평의 농지를 처분하였다.[45] 이는 [표 2-6], [표 2-7]과 [부록 2-5]에서 보듯이 1934년 말 소유 부동산 대비 27%였고 금액으로는 근 280만 원 –그중 농지가 268만여 원– 에 달하는 규모였다.

1936년의 조선 재계는 일본 대기업의 조선 진출이 더욱 확대하고 각지에 대공장이 들어서는 등 도시와 농촌을 불문하고 크게 호전하였다. 토지 구매력도 1935년보다 왕성해졌다.[46] 이를 배경으로 성업사는 좀 더 방대하고 조직적인 부동산 처분 계획을 수립하였다. 1936년 5월 성업사가 〈부동산 처분 3개년 계획〉으로 마련한 2개의 구체안이 그것이다. 그중 제1안은 [표 2-10]에서 보듯이 1935년 말 현재 부동산 잔고 531만 9,000원 가운데 특수 사정이 있는 김포농장, 경흥출장소와 그 외 당시 연부 매각 중이던 농장을 제외한 모든 부동산 478만 4,000원 상당을 향후 3년 안에 매각하여 시가와 장부가격 사이의 평가 차익(150만 원)을 매각과 동시에 순익으로 실현 계상(計上)하는 안이었다. 제2안은 [표 2-11]에서 보듯이 조선식산은행에서 위탁받아 관리 중이던 수탁농장과 그 외 성업사가 소유한 직할농장 가운데 연간 수익률[利廻率]이 7% 이상인 천좌, 창원, 영북 세 농장은 그대로 두고 수익률이 7% 이하인 기타 농장, 출장소의 부동산(장부 가격 약 353만 원 상당)만 향후 3년 안

43 1934년도 〈영업보고서〉.
44 1935년도 〈영업보고서〉.
45 1935년도 〈영업보고서〉.
46 1936년도 〈영업보고서〉.

[표 2-10] 성업사의 부동산 처분 계획, 제1안

(금액: 천 원)

농장		기본 장부 가격	1936년 처분	1937년 처분	1938년 처분	3년 누계 처분	3년 후 장부 잔고
농지	천좌	753	17	736	-	753	0
	창원	226	-	226	-	226	0
	영북	308	-	308	-	308	0
	김포	193	-	-	-	-	193
	논산	233	233	-	-	233	0
	대천	66	66	-	-	66	0
	경흥	41	-	-[1]	-	-[1]	21
	기타	371	224[2]	7	-	231[2]	60
	계	2,192	540	1,277	-	1,817	275
시가지		3,334	1,460	1,223	284	2,967	67
계		5,319	2,000	2,500	284	4,784	342

주: 천 원 미만은 반올림. 1) 소각액 2만 원, 2) 소각액 8만 원.
자료: 『不動産處分 3個年計劃案. 附財産增減豫想』(1936. 5. 21).

[표 2-11] 성업사의 부동산 처분 계획, 제2안

(금액: 천 원)

농장		기본 장부 가격	1936년 처분	1937년 처분	1938년 처분	3년 누계 처분	3년 후 장부 잔고
농지	천좌	753	17	-	-	17	736
	창원	226	-	-	-	-	226
	영북	308	-	-	-	-	308
	김포	193	-	-	-	-	193
	논산	233	233	-	-	233	0
	대천	66	-	66	-	66	0
	경흥	41	-	-[1]	-	-[1]	21
	기타	371	220[2]	24	3	247[2]	44
	소계	2,192	470	90	3	563	1,529
시가지		3,334	1,030	1,110	827	2,967	67
계		5,319	1,500	1,200	230	3,530	1,596

주: 천 원 미만은 반올림. 1) 소각액 2만 원, 2) 소각액 8만 원.
자료: 『不動産處分 3個年計劃案. 附財産增減豫想』(1936. 5. 21).

[표 2-12] 성업사 소유 부동산의 시가, 장부가(1936. 2)

(단위: 천 원)

농장		시가(A)	장부가(B)	A/B
천좌농장	총액	713,773	601,067	119%
	토지	646,811	567,301	
	건물	13,342	10,782	
	삼림	53,620	22,984	
천좌농장 마산지구	총액	119,824	31,492	380%
	토지	116,994	-	
	건물	2,830	-	
창원농장	총액	239,158	226,179	106%
	토지	233,970	219,422	
	건물	5,188	6,756	
김포농장	총액	139,780	136,032	103%
	토지	135,730	133,599	
	건물	4,070	2,433	
대천출장소	총액	46,653	66,399	70%
	토지	45,494	64,780	
	건물	1,159	1,619	
서산출장소	총액	53,756	79,066	68%

자료: 각 농장, 출장소, 〈所有物件時價調査報告〉. A/B(%)는 총액 기준임.

에 모두 처분하는 안이었다.[47]

성업사는 1936년 5월에 부동산 처분 3개년 계획을 작성하기에 앞서 각 농장, 출장소에 소유 부동산의 시가를 조사하게 하였다. 1936년 2월 그 결과를 보고받았는데 내역은 [표 2-12]와 같다. 각 농장, 출장소의 농지와 관리사무소, 직원 숙소, 소작인 가옥 등 각종 부대 건물과 임야를 한꺼번에 매각한다면 대천, 서산출장소는 시가가 장부 가격의 6, 7할에 불과하겠지만 창원, 김포농장은 거의 같을 것으로 보고되었다. 그리고 천좌농장의 본장(本場)은

47 『不動産處分 3個年計劃案 附財産增減豫想』(1936. 5. 21).

시가가 장부 가격의 1.2배가량이고 특별히 같은 천좌농장의 마산(馬山)지구는 시가가 장부 가격의 무려 3.8배에 달할 것으로 보고되었다. 그야말로 '채산상 유리한 농장'이었다.

1936년 2월의 시가 조사 보고서는 시가, 장부 가격 외에 각 농장의 연혁과 기왕 실적, 1936년의 예상 실적 등 매각 시 참고해야 할 사항도 포함하였다. 천좌농장 보고서의

> 황해도 옹진군 용연면. 해주읍 서남 80리, 강령(康翎)의 남 10리(里) 여 지점에 위치하여 해로로 인천에 농산물을 반출하기 자유롭고 편리함. … 인수 당시 소작 벼는 5,609석이었으나 연년 증수하여 1936년에는 단보당 3석 1두, 총 8,048석 여를 수납받을 계획임. 향후 급격한 증수 여지는 있으나 토질[地味] 관계로 가속적 증가는 곤란함. 그래도 실경(實耕)면적 520정보에서 단보당 3석 5두를 수확하여 총 소작벼를 9,200석까지 올리기는 지난하지 않을 듯함. 매각 시 이 점을 참조 바람.[48]

과 천좌농장 마산지구 보고서의

> 옹진군 마산면 마산수리조합 구역 안에 주로 소재. 집단 분포하지 않고 타인의 경지에 개재하여 있음. 일본의 산업, 특히 광산업의 호전으로 현지가 활기를 보임에 따라 토지열(土地熱)이 다른 지방보다 왕성함. 토질은 대개 중급 이상의 양토(壤土)이지만 남의 농지를 가로질러[田越] 용수를 끌어와야 하는 경우가 많아 적극 경영이 불편함. … 경지가 타인 소유지에 개재하여 분포 산재하므로 토지열이 왕성한 호기(好機)를 이용하여 매각함이 득책인 듯함.[49]

48 〈川佐農場 所有物件 時價調査 報告, 1936. 2. 22〉. 황해도 봉산(1,978정보), 해주(918정보), 송화(1,137정보), 옹진(233정보)의 국유 임야를 대부받아 식림한 후 소유권을 받기도 하였다.

[그림 2-4] 1930년대 한국의 논, 밭, 주식 수익률(%)

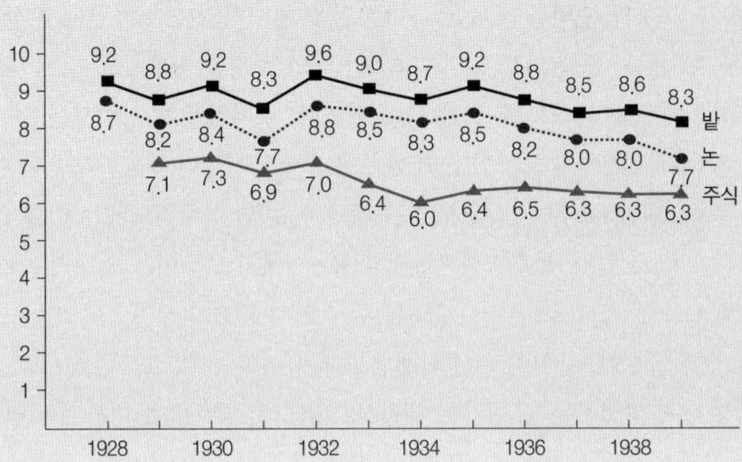

자료: [그림 2-1]과 같음.

이 그것이다.

1936년 5월에 성업사가 이처럼 치밀한 조사를 거쳐 두 개의 부동산 처분 3개년 계획을 수립하고 그중 제2안에서 연간 수익률이 7% 이상인 농장은 그대로 두고 7% 이하의 농장들을 순차 처분하기로 한 이유는 무엇이었을까?[50] 1930년대 중반 한국에서 논의 연간 평균 수익률은 [그림 2-4]에서 보듯이 8%대이고 밭의 연평균 이회율은 8~9%대였다. 반면 주식의 연평균 수익률은 6%대였다. 성업사가 농지 매각의 기준으로 택한 연평균 수익률 7%는 논밭보다는 낮지만, 주식 수익률보다는 높았다. 수익률이 주식의 평균 수익률보다 높은 농장은 계속 경영하지만 그렇지 않은 농장은 차제에 처분하여 주식, 채권 등 유가증권을 매입하는 편이 나았다.[51]

49 〈川佐農場 馬山地區 所有物件 時價調査 報告, 1936. 2. 25〉. 천좌농장 마산지구의 시가가 장부가의 3.8배나 된 이유도 이런 '토지열' 때문이었을 것이다.

50 성업사는 둘 중 제2안을 실행에 옮기려 한 듯하나 1937년 중일전쟁 발발로 상황이 급변하여 실제는 어느 안도 그대로 실행에 옮기지는 못하였다.

그 후 성업사는 실제로 연간 수익률이 7% 이하인 부동산을 처분하고 그 자금으로 그보다 수익률이 높은 유가증권을 매입하였다. 1936년에 논산출장소를 폐지하는 등 전년도 대비 약 600만 평의 농지를 처분하고 그 대신 유가증권의 매입을 본격화한 것이 그런 예였다. 주지하듯이 성업사는 이 책 제1장의 [부록 1-5]에서 보듯이 1934 회계연도에 불이흥업(자본금 400만 원, 8만 주)의 주식 2만 9,848주(37.3%)를 인수한 데 이어 1935 회계연도에는 이를 4만 3,676주(54.6%)로 늘렸고, 후술할 제3장의 [표 3-7]에서 보듯이 조선개척(자본금 800만 원, 16만 주. 당시 이름은 선만개척)의 주식 역시 1933 회계연도에 2만 9,155주(18.2%)를 인수한 데 이어 1934 회계연도에는 이를 8만 7,485주(54.7%)로 늘렸다. 이로써 성업사는 두 회사를 자회사로 거느린 지주(持株)회사가 되었는데 그 연장선 위에서 1935 회계연도 말에는 정관의 사업 목적에 "유가증권의 취득과 처분"을 추가하여 향후 유가증권의 지속적인 집적에 필요한 근거를 만들었다. 그리고 이를 기반으로 1936 회계연도 이후에는 비농업 분야의 조선제련, 조양광업, 한강수력전기 같은 광공업 회사의 주식도 인수하였다([표 2-13]).[52]

제2기 자산 구성의 변화는 수입 구성에도 반영되었다. [그림 2-3]과 [부록 2-7]에서 보듯이 총수입 대비 6할대였던 경지 수입의 비중은 부동산을 본격 매각한 1934년 이후 감소하여 1935년 38.7%, 1936년 17.8%로 급감하였

51 성업사는 농장 매각에 착수한 1933, 1934년에 연리 6%의 불이흥업 회사채 5,000원권 20매, 1,000원권 7매를 소유하였다([표 2-13]의 주). 연리 6%의 회사채를 소유한 이유는 조선식산은행이 부채로 시달리는 불이흥업을 구제하기 위하여 기존의 고금리(高利) 회사채(연리 7.3%의 100만 원, 6.8%의 200만 원, 6.2%의 100만 원)를 저금리(6%) 회사채로 교체[借替]하도록 주선하고 대신 신규 발행 회사채를 조선식산은행이 전부 인수해 주기로 한 때문이었다. 이 책 제1장 참조. 따라서 성업사가 그 전까지 소유하였던 불이흥업 회사채의 연리는 대략 7%였다.

52 조선제련은 1935년 2월 총독부의 조선 산금 장려 정책에 호응하여 총 20만 주 중 조선식산은행 명의로 5만 주, 조선식산은행 두취 아루가 미쓰토요(有賀光豊) 명의로 3,000주, 조선식산은행의 방계인 조선신탁 명의로 2,940주를 인수하는 등 조선식산은행과 산하 회사들이 공동인수단을 만들어 창업한 회사이다. 1939년 현재 조선제련의 취체역회는 회장 아루가 미쓰토요, 전무 도쓰 마나부(戸津學) 등 조선식산은행 인사들로 주로 구성되었다. 조선식산은행의 자본적·인적 지배를 받은 자회사였다. 中村資良 편, 앞의 책, 각 연도.

[표 2-13] 성업사의 유가증권 소유

(단위: 주, 매, 구좌)

종별 \ 연도	1934	1935	1936	1937	1938	1939	1940	1941	1942	1943	1944
불이흥업[1]	–	43,676	43,676	43,676	43,676	43,676	43,676	43,676	43,676	65,514	67,611
조선개척[2]	89,075	89,075	44,542	44,542	44,542	44,542	44,577	44,667	44,667	44,667	–
조선토지개량	2,200	6,000	–	–	–	–	–	–	–	–	–
일본마그네사이트	–	1,000	1,000	1,000	2,000	2,000	2,000	2,000	2,000	2,000	2,000
조선취인소	–	1,800	1,190	1,190	1,190	1,190	1,190	1,190	1,190	1,190	–
오사카주식취인소	–	180	80	80	80	80	80	80	80	80	–
조선은행	–	52	52	52	–	–	–	–	–	–	–
만몽모직	–	2	2	–	–	–	–	–	–	–	–
불이광산	–	30	30	30	30	30	30	30	30	30	–
중앙물산	–	1,159	1,159	1,159	1,159	1,159	1,159	1,159	1,159	1,159	1,159
조선미곡창고[3]	–	–	100	100	100	20	20	20	20	–	–
조선제련	–	–	1,100	1,100	1,100	1,100	1,100	1,100	51,100	51,100	51,100
조양광업	–	–	–	–	2,800	2,800	2,800	2,800	2,800	–	–
조선농기구제조	–	–	–	–	–	2,700	2,700	2,700	2,700	2,700	2,700
한강수력전기	–	–	–	–	–	–	1,050	1,050	1,050	–	–
국산자동차	–	–	–	–	–	–	1,100	1,100	1,100	1,100	1,100
조선무연탄	–	–	–	–	–	–	1,900	1,900	1,900	1,900	1,900
조선목재	–	–	–	–	–	–	–	100	100	100	100
일본고주파중공업	–	–	–	–	–	–	–	–	75,000	79,500	79,500
조선저장식량	–	–	–	–	–	–	–	–	–	9,000	9,000
국고채권[4]						10	14	25	46	80	140
보국채권[4]							3	146	20	20	9,175
저축채권[4]							3	14	26	26	20
조선증권취인소[5]										1,553	1,553
일본증권취인소[5]										62	62
조선식량영단[5]										10	10
대가(貸家)조합[5]											152

주: 연도는 회계연도 말인 그 이듬해 3, 4월 기준임. 불이흥업과 조선개척의 주식수가 이 책 제1장의 [부록 1-5], 제3장의 [표 3-7]과 다른데 이유는 알 수 없다. 1) 성업사는 1933년 3월, 1934년 3월 현재 불이흥업의 회사채 5,000원권 20매, 1,000원권 7매 소유 중. 2) 1936년 9월 15일 이전의 상호는 선만개척임. 3) 1940년 이후 조선미곡시장(주)으로 변경됨. 4) 단위: 매(枚). 5) 단위: 구좌(口).

자료: 각 연도 〈영업보고서〉.

다.[53] 매각 농지의 시가와 장부 가격의 차이도 크게 늘어 1936년에는 부동산 매각익이 총수입의 5할 이상을 점하였다.[54]

3) 제3기 전시(1937~1945)의 자산 구성과 지주(持株)회사로 변화

제3기 자산 구성의 특징은 크게 두 가지다. 첫째, 창업 이래 총자산 대비 구성비에서 줄곧 수위였던 부동산의 비중이 4할대, 3할대로 감소하며 1942년부터 2위로 밀렸다. 대신 유가증권의 비중이 4할대, 5할대로 늘며 수위로 올라섰다. 둘째, 1941년에 창업 이후 줄곧 미납입 상태였던 미납입자본금 150만 원을 전액 납입받아 납입자본을 200만 원으로 늘렸고, 1942년에는 100만 원을 증자하며 납입자본도 300만 원으로 늘렸다. 이 가운데 특별히 주목되는 것은 부동산을 집중적으로 매각한 제2기와 달리 부동산 매각을 줄인[漸減] 점이다.

이 기간 성업사가 제2기에 비하여 부동산 매각을 점차 줄인 데는 두 가지 배경이 있었다. 첫째는 1937년 7월 중일전쟁 발발로 토지 투기열이 감퇴한 데다 전시 경제 통제가 강화된 때문이었다. 중일전쟁은 성업사의 부동산 처분 계획에 전면적인 차질을 가져왔다. 성업사는 "1934년 이래 반도(半島) 독자의 호황에 따른 왕성한 토지열(土地熱)에 힘입어" 1931년 창업 이래 인수한 "부동산의 6할 강(强. 인수 가격 대비)을 이미 유리(有利)하게 처분"하여 "인수액 대비 27%에 달하는 매각 차익을 얻"었으나[55] 1937년에는 전년도의 1/3에 불과한 60만 원(약 150만 평) 규모의 부동산을 처분하는 데 그쳤다. 성업

53 1930년대 성업사 농장의 논 소작료율이 소폭이나마 상승했음을([표 2-23], [표 2-24]) 고려하면 경지 수입의 감소는 농지 매각 등 경지 규모의 축소 때문이었던 셈이다.

54 유가증권 구입에 따른 배당 수입은 1937년 이후에야 본격적으로 실현되었다.

55 『1937. 12. 31. 現在 成業社 槪要』. 성업사는 1937년 말 현재 그간의 소각액과 매각손금(賣却損金)을 뺀 잔여 부동산의 시가가 장부상의 잔여 가치보다 64만 891원 더 많아 인수 가격 대비 15% 정도[强增]의 매각 이익을 얻을 수 있다고 보았다. '부동산의 유리(有利) 처분 가능성이 아직 충분'하다고 판단한 것이다.

사는 그 이유를 두 가지로 들었다. 하나는 "비교적 매매가 쉬운 부동산이 이미 대부분 처분"되었기 때문이고, 다른 하나는 "중일전쟁[日支事變]으로 전시 경제 정책의 영향을 받아 일반의 토지열이 감퇴하였기" 때문이었다.[56]

한편, 일제는 중일전쟁의 장기화를 예상하는 가운데 산업 생산력의 확충과 통제 정책을 썼다. 그리고 이를 국책 차원에서 뒷받침하기 위하여 1937년 9월부터 「수출입품 등에 관한 임시조치법」, 「임시자금조정법」 등 시국 관련 경제 통제를 강화하였다. 1939년에는 「국가총동원법」(1938. 4 제정)을 발동하여 물가, 소작료 등 가격 통제는 물론 그 외 모든 물자, 노무, 자금에 대한 통제를 강화하였다. 경제 통제는 1940년대에 들어서며 더욱 강화되었다. 일제는 일본, 독일, 이탈리아 삼국동맹 체제와 대동아(大東亞) 광역경제권 수립으로 동아공영권의 자급 체제를 확립한다며 각종 산업 이윤과 경리를 통제하고 일체의 가격 공정제(公定制)를 실시하였다. 통제를 생산, 유통 전 분야로 확대하여 자금, 원료, 물자, 노무가 불요불급(不要不急) 산업이 아닌 군수 등 시국 산업에 집중적으로 배분되도록 전체 경제 운용을 재편하였다.

중일전쟁으로 시작된 부동산 경기의 냉각은 제3기 내내 지속되지는 않았다. 일제가 전시 식량 확보를 위하여 국책 사업으로 조선증미계획을 수립하자 부동산 투자열이 살아났고 성업사도 이에 호응하여 각지에서 개간, 간척 사업을 벌였다. 따라서 1940년대 초 성업사의 부동산 규모는 절대면적이 늘기도 하였다. 그러나 이는 일시적인 일이었다. 전쟁 말기 일제는 물자와 인력 부족하에서 "미완성 공사의 정리(整理) 전력화(戰力化)로 당면 전력(戰力)의 급속 증강을 기한다"는 명분 아래 진행 중인 공사조차 중단시키며 그 "설비와 자재 등을 다른 긴급 공사에 전활용(轉活用)하도록" 지시하였다.[57]

56 1937년도 〈영업보고서〉.
57 1942, 1943, 1944년도 〈영업보고서〉.

성업사가 1942년 이후 평안남도 강서군 적송면 일대에서 벌인 적송(赤松) 간척공사(농경지 700여 정보)는 당시 조선증미계획에 호응하여 벌인 농지개발투자가 전쟁 말기의 물자, 노무, 자금의 '정리 전력화' 방침에 따라 어떻게 변질되었는가를 잘 보여준다. 성업사는 1942년에 적송 간척 공사에 착수하여 부근 용지와 관계지의 과반을 사들였고 1943년 8월 조선농지개발영단에 공사 감독을 위탁하여 영단의 주선으로 와타나베 다케오(渡部武郎)와 총공사비 224만 4,000원에 공사청부계약을 맺고 본격적인 공사에 들어갔다. 처음에 이 공사는 운송난에 따른 공사 자재 확보의 어려움과 인력 부족, 현장대리인의 불성실과 결빙기 등이 겹쳐 난관에 봉착하였다. 그러나 현장대리인을 교체하고 1944년 7월 이후 평안남도 도청 노무과의 주선으로 매달 800여 명의 정신대(挺身隊)까지 할당받아(실제 출동 정신대는 8월 500명 내외, 9월 600명 내외였다) 공사를 진척하였다. 하지만 이 공사는 1944년 9월 30일 총독부 농상국장이 "미완성 공사의 정리 전력화(戰力化)로 당면 전력의 급속 증강을 기하기" 위하여 10월 1일까지 "적송 간척 공사를 정지하고 그 설비 자재 등을 다른 긴급 공사에 전활용하라"고 돌연 명령하여 일거에 중단되었다.[58]

전쟁 말기 부동산 경기의 감퇴는 시가지 부동산도 예외가 아니었다. 1939년에 성업사는 '도시의 건물 건설과 경영'을 정관의 사업 목적에 추가하고 시가지 부동산 경영에 착수하였다. 그러나 "시국(時局)하 시가지 부동산의 유리(有利)한 처분이 곤란하고 건축 자재의 부족으로 당분간 주택신축은 물론 소유 건물의 수리마저 전적으로 정돈(停頓) 상태"에 빠지자 시가지 부동산 경영은 인수 가격 대비 평균 수익률이 1941, 1942년에 각각 3.7%, 1943년에 2.5%, 1944년에 2.0% 등으로 매우 낮았고 그나마 계속 하락하였

58 1942, 1943, 1944년도 〈영업보고서〉. 당시 성업사는 적송 공사 외에 강원도 통천군과 평안남도 평원군에서도 통천, 평원 농사주재소(駐在所)를 개설하고 농지개발 공사를 하였다.

다.[59]

산림부 경영도 마찬가지였다. 성업사는 1939년에 정관의 사업 목적에 '임업의 경영 관리와 임산물 매매'를 추가하고 산림부 경영에 착수하였다. 그리하여 1941년에는 황해도 봉산, 송화 두 곳의 임야 3,000여 정보에서 목탄(木炭), 땔나무[薪], 용재(用材) 등을 생산하여 공출하였고, 약 80여 정보의 임야에 묘목, 가라송(松) 등 16만여 그루[本]를 심기도 하였다. 그 후에도 땔나무, 용재와 가솔린 대용의 목탄, 백탄(白炭), 송탄(松炭)을 만들어 공출하였다. 1944년에는 성업사 본사에 임업과를 신설하여 제신(製薪) 사업과 흑탄(黑炭), 가솔린탄(炭) 등 제탄 사업을 계속하는 한편 강원도 양구군 일대의 국유림 1만 8,000여 정보를 대부받아 '조림 사업 15년 계획'을 수립하기도 하였다. 이밖에도 강원도 철원군, 김화군과 경기도 포천군, 평안남도 강서군 등지의 임야 1,200여 정보를 구입하여 신탄재(薪炭材) 증산과 우량 용재림(用材林) 조성 계획을 세우는 등 활발하게 사업을 벌였다. 그러나 산림부 경영도 전쟁 확대에 따른 노무자 확보의 어려움, 제탄 재료의 부족, 화차(貨車) 배급 부족에 따른 운송난 등으로 소기의 성과를 거둘 수 없었다.[60]

성업사가 제3기에 부동산의 비중을 크게 줄인 둘째 이유는 성업사 내부 사정이었다. 앞서 언급한 대로 성업사는 대공황기에 조선식산은행에 유입(流込)된 담보 물건의 관리, 경영기관으로 설립되었다. 그리하여 1934년 이래 '반도 독자의 호황에 따른 왕성한 토지열에 힘입어' 그 후 1937년까지 창

---

59 1941, 1942, 1943년도 〈영업보고서〉. 1943년 12월 말 현재 주요 시가지의 인수 가격과 수익률[利廻率]은 아래와 같다. 〈1943년 영업보고서〉.

소재지	인수 가격(원)	임대료(원)	평균 수익률(%)
나진부	1,387,205	6,851	0.4
경성부	892,928	37,122	4.1
진남포부	224,541	1,912	0.8
인천부	142,212	8,052	5.6
청진부	101,199	5,850	5.7

60 1942, 1943, 1944년도 〈영업보고서〉.

립 이래 인수한 부동산의 무려 '6할강(强. 인수 가격 대비)을 처분'하였는데 이 때 매각한 부동산은 대부분 수익성, 이회율(利廻率)이 좋아 '비교적 매매가 용이한' 것들이었다. 따라서 추후에도 이런 식으로 부동산 처분을 계속하면 장차 성업사는 단순한 유가증권 보유회사로 전락할 것이고 결국은 회사의 기구 축소와 인원 감축이 불가피한 것으로 예상되었다. 성업사 사원들은 불안하였다. 1938년 6월 29일 성업사 사원 이토 요시오(伊藤芳夫)가 올린 〈상신서(上申書)〉가 그런 사정을 보여준다.

> 본사는 성립 이래 7개여 성상(星霜)을 지나는 동안 사국(事局)의 추이와 경제계의 발전에 따라 내용도 충실해졌고 기초도 일층 강화되었습니다. 우리 사원들도 진심으로 기뻐할 일이라고 생각합니다. 그러나 원래 본사의 설립 취지가 조선식산은행에 유입된 담보 물건의 관리경영에 있었기 때문에 경제계의 호전에 따라 부동산의 매각 처분 등이 적지 않아 업무가 점차 축소되는 상태가 되었습니다. 따라서 이처럼 호경기가 계속될 때는 장래 현저하게 사업이 축소되지 않을까 하는 우려가 없지 않아 사원 간에도 다소 불안해 하는 기분이 있는 것으로 보이며 이에 낙망하여 본사 장래의 경영 문제, 기타에 대하여 적극적·연구적 태도를 결(缺)한 점도 있다고 생각합니다. 회사의 방침을 명시하여 이런 기분을 일소하고 업무에 일층 면려(勉勵)할 수 있게 해주시기 바랍니다.

부동산의 집중매각으로 사원들이 불안해 하니 이에 대한 회사의 방침을 명시해 달라는 것이다. 1936년에 작성한 부동산 처분 3개년 계획과 달리 1937년 이래 성업사가 부동산 매각을 점차 줄인[漸減] 데는 사원들의 이러한 동요도 반영되었을 것이다.

이상의 두 가지 이유로 제3기 성업사는 농지의 집중매각을 사실상 중단하였다. 그리고 [표 2-13]에서 보듯이 유가증권 소유는 계속 확대하였다. 예컨대, 성업사는 1938년에 조선식산은행이 자신의 방계회사인 일본고주파(高周波)중공업(조선식산은행이 20만 주 중 5만 주 소유)[61] 등과 공동인수단을 구성하여 자본금 500만 원(총 10만 주)의 조양(朝陽)광업[62]을 창업하자 조양광업의 주식 2,800주를 인수하였다. 1939년 2월에는 조선식산은행이 방계회사인 일본고주파중공업(한강수력의 50만 주 중 8만 주 인수), 경춘철도(8만 주 인수), 조선신탁(2만 주 인수), 조선저축은행(2만 주 인수) 등과 공동인수단을 구성하여 자본금 2,500만 원(총주식 50만 주)의 한강수력전기를 설립하자 역시 그 회사 주식 2,800주를 인수하였다.[63] 또 같은 해 말에도 성업사는 총독부의 권유와 조선식산은행의 지시로 산하의 조선개척과 불이흥업 그리고 조선의 주요 농업회사, 대지주들과 공동인수단을 구성하여 시국 식량 확보에 필수적인 조선농기구제조(주)를 설립하였다.[64]

이 밖에도 성업사는 [표 2-13]에서 보듯이 전시 체제 확립에 필요한 국산

61 일본고주파중공업은 철강(특수강) 생산회사인데 1936년 1월 자본금 1,000만 원(20만 주)으로 설립하여 1940년에 5,000만 원으로 증자하였다(총 100만 주). 1940년 5월의 대주주는 아루가 미쓰토요(有賀光豊), 아루가 미쓰노리(有賀光則), 다카하시 쇼조(高橋省三) 각 7만 5,000주, 조선식산은행 6만 주, 이원철산(利原鐵山) 3만 600주, 스나다 시게마사(砂田重政) 3만 주, 노무라증권(野村證券) 2만 6,980주, 야스이 기요시(安井清), 고주파회(高周波會) 각 1만 5,000주, 북전(北田)흥업 1만 4,040주, 제114은행(일본 가가와[香川]현 다카마쓰[高松]시) 1만 5,500주, 고주파공제회(共濟會), 고주파공조(共助)구락부 각 1만 주, 조선식산은행 행우회 7,450주, 기무라 가즈미(木村和水) 9,000주, 조선신탁 3,250주 등이다. 임원은 사장 아루가 미쓰토요, 전무 다카하시 쇼조, 상무 기무라 가즈미, 야스이 기요시 등이었다. 사장 아루가(有賀)와 상무 기무라(木村), 야스이(安井) 모두 조선식산은행 사람들이다. 中村資良, 앞의 책, 각 연도.

62 조양광업은 "석탄 기타 광물의 채굴과 매매, 광업권의 취득과 매매, 광업에 속한 투자와 금융, 전 각호에 관련한 사항"을 목표로 설립한 광업회사이다. 임원은 회장 아라이 하쓰타로(荒井初太郎), 사장 고스기 긴파치(小杉謹八), 상무 스즈키 사부로(鈴木三郎), 야마자키 진페이(山崎陳平), 시바타 도오루(柴田達), 이사 기무라 가즈미(木村和水), 오가사 지로(小笠二郎), 아사노 다사부로(淺野太三郎), 감사 기구치 가즈노리(菊池一德) 등이다. 총주식 10만 주, 총주주 63명이다. 대주주는 일본고주파중공업 5만 주, 다카하시 쇼조, 아사노(淺野)합명, 우쓰미 세이조(內海淸藏), 조준팔(趙俊八), 조준호(趙俊鎬), 아라이 하쓰타로(荒井初太郎), 고스기 긴파치(小杉謹八), 김연수(金季洙) 각 3,000주, 그 외 5명 각 2,000주 등이다. 본점은 경성부 남대문통 3정목이다. 中村資良 편, 앞의 책, 1939년판.

63 이런 이유로 조선식산은행 출신의 아루가 미쓰토요와 야마구치 시게마사(山口重政), 사쿠라이 고이치(櫻井小一) 등이 한강수력전기(漢江水力電氣)의 사장과 취체역에 취임하였다. 한강수력전기는 오진석, 『한국근현대전력산업사, 1898~1961, 푸른역사, 2021, 242쪽.

64 조선농기구제조의 설립 과정은 이 책 제1장.

자동차(주), 조선무연탄(주) 등의 주식을 인수하였고,[65] 1943년에는 조선제련 주식 5만 주와 일본고주파중공업 주식 7만 5,000주를 추가 인수하였다. 1944년에는 일본고주파중공업 주식 4,500주와 조선저장식량 주식 9,000주를 인수하였고, 산하의 농업회사인 조선개척(선만개척이 상호 변경)을 불이흥업에 합병시켜 불이흥업을 동양척식주식회사에 버금가는 거대 농업회사로 만들었다.[66]

제3기의 유가증권 소유 확대는 성업사가 조선식산은행의 자회사로서 당국의 정책에 호응하기 위한 것만은 아니었다. 이들 시국 관련 기업들이 정부의 적극적인 지원과 전시 호황으로 높은 이윤과 고배당을 실현하는 등 그 자체 채산성, 수익률이 낮지 않기 때문이었다. 1941년 3월 성업사가 소유한 유가증권의 평균 수익률은 [표 2-14]에서 보듯이 장부 가격 대비 10.2%였고 시가 대비 7.1%였는데 당시 조선의 주식 평균 수익률은 5.2%였고 농지 가운데 논의 평균 수익률은 7.4%였다. 장부 가격 대비 수익률이 논의 평균 수익률보다 높고 시가 대비 수익률도 논의 평균 수익률과 거의 같았다. 제3기에 이들이 유가증권을 대규모로 매입한 또 하나의 이유였다.

제3기의 성업사는 부동산 경기의 침체로 부동산 매각을 중단한 채 시국 관련 광공업 회사의 창업 주식과 신주(新株)를 인수하였다. 그래서 그 자금을 부동산 매각이 아닌 별도 재원으로 조달해야 했는데 당시 재계는 「임시자금조정법」 등에 따른 엄격한 자금 통제로 극심한 자금난을 겪었다. 농업 부문은 더욱 심했다. 이에 성업사는 1936년에 '부동산 처분 3개년 계획'을 수립하면서 수익률이 연 7% 이상이라서 매각하지 않기로 하였던 창원농장

65 조선무연탄은 1927년에 설립된 자본금 2,000만 원(40만 주)의 회사이다. 1939년 현재 대주주는 미쓰비시(三菱)광업 11만 4,980주, 동척광업 9만 4,803주, 동척 3만 3,057주, 메이지(明治)광업 2만 7,460주, 미쓰이(三井)물산 2만 2,900주, 조선신탁 9,290주, 조선저축은행 3,550주 등이다. 김은정, 「일제의 조선무연탄주식회사 설립과 조선 석탄자원 통제」, 『한국민족운동사연구』 58, 한국민족운동사학회, 2009; 박현, 「식민지 조선에서 석탄 생산력 확충 계획의 수립과 전개」, 『경제발전연구』 19-1, 한국경제발전학회, 2013.

66 이 책 제1장.

[표 2-14] 성업사의 유가증권 현재고(1941. 4. 10 현재)

(금액: 원)

구분	주식수	1주당 납입액	1주당 장부가	1주당 시가	차인손익	배당률 (%)	1주당 배당금	수익률 A(%)	수익률 B(%)
조선개척 구주	2,097	50	5.46	59	112,279	8	4	73.3	6.8
〃 1신주	39,160	40	19.57	47	1,074,307	8	3.2	16.4	6.8
〃 2신주	3,410	40	24.14	47	77,946	8	3.2	13.2	6.8
일본마그네 구주	1,000	50	49	45.50	-3,500	8	4	8.2	8.8
〃 신주	1,000	50	48.50	45	-3,500	8	4	8.2	8.9
조선거래소 신주	1,190	12.50	26	25.20	-952	10	1.25	4.8	5.0
대판거래소 신주	80	5	57	54.80	-176	6	1.5	2.6	2.7
조선제련	1,100	37.50	34.50	35	550	8	3	8.7	8.6
조양광업	2,800	12.50	10.80	10	-2,240	6	0.79	7.4	7.5
불이흥업	43,676	50	48.28	54	249,818	8	4	8.3	7.4
불이광산	30	25	7	9	60	0	-	-	-
중앙물산	1,159	27	29.63	29.50	-153	10	2.7	9.1	9.2
미곡시장	20	6.25	6.25	7.40	23	6	0.375	6.0	5.1
조선농기구	2,700	25	25	23	-	-	-	-	-
한강수전	1,050	25	19	18.80	-210	5	1.22	6.2	6.3
국산자동차	1,100	25	20	21.30	1,430	7	1.73	8.8	8.2
조선무연탄 신주	1,900	12.50	14	16.70	5,130	8	1	7.1	6.0
채권	12	1,000	980	980	-	3.5			
〃	1	500	490	490	-	3.5			
〃	1	10	7	7	-	3.5			
보국채권	3	10	10	10					
저축채권	3	15	10	10					
계	103,792				1,510,813			10.2	7.1

주: 수익률 A=1주당 배당금/1주당 장부가, 수익률 B=1주당 배당금/1주당 시가. 일본마그네=일본마그네사이트화학공업.

자료: 〈1941年 3月 末日 現在 會社槪況〉.

과 그 외 조선식산은행에서 수탁받아 경영 중이던 함안농장까지 1939년에 매각하였다.[67] 그러나 이것으로도 충분하지 않았다.

이에 성업사는 1941년에 창업 이래 미납입 중이던 자본금 150만 원을 추가 납입받았다.[68] 1942년에는 자본금 100만 원을 증자하여 납입자본금 총액을 300만 원으로 늘렸다. 그리고 1941년에는 성업사 스스로 자금 동원 능력을 지니도록 정관의 사업 목적에 '보험대리 업무'를 추가하기도 하였다.[69]

제3기의 자산 구성 변동은 수입 구성 변화로도 나타났다. 1943년을 전기(轉機)로 창업 이래 전체 수입 구성비에서 계속 수위였던 경지 수입의 비중이 2위로 밀렸다. 대신 당초에 총수입의 0.4%였던 주식배당금의 비중은 [그림 2-3]에서 보듯이 1937년에 20.5%로 급증한 후 계속 늘어, 비록 총수입의 4할대를 차지한 경지, 건물, 산림 등 부동산 관련 수입 총액에는 미치지 못하였지만, 1943년 이후 단일 항목으로는 수위가 되었다. 1942, 1943년 이후 성업사는 유가증권 소유와 주식배당금 수입이 총자산과 총수입 대비 비중에서 모두 수위를 점한 회사가 되었다. 성업사는 전시체제기에 천좌농장과 말영, 귀두, 대천농장 등을 산하에 거느렸을 뿐만 아니라 불이흥업, 조선개척 같은 대농업회사와 여타 광공업 회사들의 주식을 소유한 지주(持株)회사로 변모하여 갔다.

67 경상남도의 창원농장과 함안농장을 매각한 시기를 전후하여 평안남도 정주의 서수농장과 황해도 옹진의 말영, 귀두농장이 각각 직할 및 수탁농장으로 새로 유입(流込)되었다. 성업사에서 관리한 농지가 1938, 1939 회계연도에 각각 175만여 평, 72만여 평 늘어난 것은 이런 사정을 반영한 것이다([표 2-6]). 이 중 말영, 귀두농장은 1930년에 질권자가 된 조선식산은행이 1939년 2월 성업사에 위탁경영을 맡긴 농장이며 해방 전후 이들의 동향은 이 책 제5장.

68 1941년 〈영업보고서〉.

69 1941년 〈영업보고서〉. 각 연도 영업보고서에서 '보험대리점 경영' 성적을 보면 아래 표와 같다.

연도	계약고(원)	구좌 수	보험료(원)	수수료(원)
1942	51,792,038	1,471	169,768	15,036
1943	163,381,464	2,410	457,633	40,199
1944	311,654,840	3,071	2,105,379	87,790

4. 성업사의 각 농장, 출장소 경영

1) 본사의 농장, 출장소 관리와 통제

(1) 인수 농지의 관리

성업사는 제3기의 전시 체제 시기, 특히 1942년을 전기로 종래의 부동산 관리, 처분기관에서 조선식산은행 산하의 유가증권 취득기관, 지주회사로 변모하여 갔다. 그러나 농사회사의 성격은 해방될 때까지 변함이 없었다. 성업사가 창립 이래 인수한 여러 농장, 출장소는 이전의 소유자들이 거액 부채나 관리 부실 등으로 채산성, 수익률이 낮아져 주채권 은행인 조선식산은행에 채무상환용으로 소유권을 넘겼거나 질권(質權, pledge)을 설정한 것들이었다. 따라서 이들은 조선식산은행에 유입(流込)되기 전과 같은 통상적인 방식으로 운영해서는 수지타산을 맞추기 힘든 농지가 대부분이었다.

예컨대, 1939년 2월 성업사가 조선식산은행에서 경영을 위탁받은 말영(末永)농장은 원래 일본인 기업가 스에나가 쇼지(末永省二)가 1910년대에 황해도 옹진군에서 간석지를 대부받아 간척 경영해 온 곳인데 1920년대 일본의 장기 불황으로 쌀값이 하락한 데다 그 후 세계 대공황까지 겹쳐 경영이 악화하며 부채가 누적되자 1930년에 주거래 은행인 조선식산은행에 질권을 설정하였다. 그 과정에서 이 농장은 "옹진수리조합 준공(1928) 후 제반의 영농설비를 갖추"는 등 다양한 노력을 기울였지만 1939년 2월까지 "영농법 특히 합리적 경종법(耕種法)에 개량을 요하는 점이 많아" 수확이 늘지 않았고 그래서 1939년 2월 조선식산은행이 성업사에 위탁(trust) 관리를 맡겼다.[70] 1939년 2월 성업사가 조선식산은행에서 관리를 위탁받은 귀두농장(鬼頭農場)도 일본인 기업가 기토 겐지로(鬼頭兼次郎)가 20여 년 전 황해도 옹진군 용

70 이 책 제5장. 질권은 앞의 주 12.

천면 등지에 방조제를 쌓고 국유 미간의 갯벌 512정보를 간척하여 개답(開畓) 경영해 온 420정보의 대규모 농장이었다.[71] 그 후 이 농장은 여러 가지 이유로 경영이 악화되었으며 농장주 기토는 경영비 절약에만 집착하고 소작인은 경작면적 확대에만 전념한 까닭에 간척농장 경영에서 가장 중요한 배수시설이 매립되어 제염조차 불가능하게 되었다. 이로써 대규모 부채가 누적되자 기토는 1930년경 주채권 은행인 조선식산은행에 질권을 설정하였고, 그 후에도 매년 고사(枯死)면적이 늘며 "1932년에 단보당 1석 5두였던 수확량이 계속 줄어 1938년에 5두까지 떨어어"지자 1939년 2월 조선식산은행이 성업사에 위탁 관리를 맡겼다.[72]

이렇게 보면 성업사에서 소유, 관리한 직할, 수탁농장의 모든 농지는 과학적·합리적 영농법 도입이 어느 농지보다 절실하였다. 지주로서는 이들 농지의 수익률이 다른 농지나 주식의 평균 수익률보다 낮으면 그만큼 기회비용을 치르는 셈이어서 그 자체가 손해를 의미하였다. 특히 성업사는 이들 농지를 관리하는 데 그치지 않고 그걸 수익성, 상품성이 높은 매물로 만들어 고가에 처분하는 데 궁극적 목표를 두었으므로 인수 농지의 효율적 관리와 개량이 더욱 절실하였다.[73]

---

71 기토 겐지로(鬼頭兼次郎)는 인천의 일본인 기업가로서 1914년 3월 황해도 옹진군 서면, 용천면 일대 국유 미간의 간석지 512정보를 대부받아(1919년 12월 말 기한) 간척 공사를 벌였다. 이 책 제5장.

72 〈1940年 3月 末日 現在 會社概況〉; 이 책 제5장.

73 성업사는 창립 후 조선식산은행에서 대규모 농지를 인수, 수탁받아 다수의 직할, 수탁농장과 출장소를 개설하였다. 그러나 유입된 모든 부동산 소재지에 농장, 출장소를 개설하지는 않았다. 규모가 작거나 여러 이유로 출장소 등을 설치하기 곤란한 경우는 조선식산은행의 각 지점에 관리를 맡겼다. 이는 성업사에서 그 은행 지점장들에게 보낸 〈1933. 1. 19. 成第3061號. 農耕地管理方御依頼ノ件〉과 〈1933. 12. 12. 成第2922號. 市街地垈建物管理方御依頼ノ件〉 두 문서가 잘 보여주는데 전자의 주요 내용은 아래 8개 항이다. 1. 종래의 유입 물건 관리와 같은 관념으로 관리하라. 2. 귀점(貴店)에 유입된 물건 외에 인접 타 지점의 유입 물건도 필요하면 함께 관리하라. 3. 귀점이 직접 관리하든 적당한 관리인을 선정하여 관리하든 상관없다. 4. 관리계약은 1933년 말까지로 일단 체결하고 매년 갱신한다. 관리수수료는 소작료의 8% 이내로 하되 그 안에서 협정할 수 있다. 직접 관리할 경우는 무(無) 수수료로 하기 바라며 소작료 징수는 관례대로 한다. 5. 토지개량 공사, 비료 시용(施用), 농사개량, 관리인의 지휘와 감독, 수확물 보관 방법 등은 귀점(貴店)이 결정한다. 6. 수확물 처분은 당사와 타합(打合) 결정한다. 7. 토지

이런 이유에서 성업사는 이들 직할, 수탁농장을 과학적·합리적으로 경영할 필요가 있었다. 이를 위하여 성업사는 우선 인수 농지의 성격과 인수 이전의 소작관행 등을 수집, 조사하였다. 성업사가 창업 초에 작성한 문서에 의하면 농지 인수 당시 이들은 그 농지의 소재지, 지번, 지목, 지적, 법정지가, 장부 가격을 필지별로 적은 〈인수 물건(引受物件) 명세표〉와 수리조합 구역 내 농지의 조합비 등급과 부담액을 적은 〈수리조합구역 내 토지지목별(地目別) 명세표〉, 그 외 각종 〈감정서(鑑定書)〉, 〈도면(圖面)〉, 〈기왕(旣往) 경비 지출표〉 등을 함께 인수하였다.[74] 인수 농지의 소작관행을 파악하기 위하여 〈관리(管理)계약서류〉, 〈소작계약서류〉, 〈기왕(旣往) 소작료 징수표[秋收記]〉, 〈미수(未收) 소작료 명세표〉, 〈비료대 명세표〉, 〈비료 경우(耕牛) 농구 배부상황 일람표〉 등 일체의 장부를 인수하고 소작료 징수 비율과 공과금 부담 내역(소작인별, 은행별), 관리수수료와 관리비 부담 내역(소작인별, 관리인별, 은행별), 종자대와 비료대 부담 방법, 징수 벼 보관 방법 등도 상세히 조사하였다.[75]

그러나 이상은 합리적 농장경영에 필요한 기본 정보에 불과하였다. 과

개량 공사, 비료 시용, 기타 농사개량 시설은 실행 계획을 제출(伸出)하라. 8. 공과금 등은 당사(當社)가 부담한다. 한편, 후자의 주요 내용은 다음과 같다. 1. 관리 방법을 귀점에 일임한다. 종래의 유입 물건 관리와 같은 관념으로 관리하되 전속 관리인을 둘 경우는 다시 협정한다. 단, 그 경우 지휘 감독은 귀점에 일임한다. 2. 공과금, 화재보험료, 수리유지비(100원 이상의 경우는 견적서 첨부하여 협정할 것), 제(諸) 용지대(用紙代), 소송비용, 측량비, 퇴거료[立退料]는 당사(성업사)가 부담한다.

74 〈流込物件 引受에 關한 引繼書類에 關한 件〉. 시가지에 대해서도 임대 물건, 이름, 주소, 임대료(家賃)와 미납분에 대한 미납 기간 및 미납액을 적은 별도 명세표를 첨부한 〈차가인 개인별표(借家人個人別表)〉와 〈임대차계약서〉, 〈공과금 명세표(필지별)〉, 그리고 보험의 목적물 표시, 보험회사 이름, 보험 기간, 금액, 보험료 등을 적은 〈화재보험료 명세표〉를 추가로 인수하도록 하였다.

75 직할, 수탁농지 모두 같았다. 1933년 9월 성업사가 함안농장을 수탁받으며 함께 인수한 문건은 〈건물목록〉, 〈기구기계(器具機械) 및 부속품명세〉, 〈비품 목록〉, 〈곡류(기타) 재고 조사〉, 〈농구품(農具品)류 목록〉, 〈소작인대부금〉(1925, 1933년분. 내역서는 별책), 〈소모품 목록〉, 〈유가증권 목록〉(유가증권은 성업사에 인계하지 않고 조선식산은행 마산지점에 보관), 〈함안(咸安)수리조합 조합비명세〉, 〈대함안(對咸安)수리조합 토지대차(貸借)계약서〉, 〈개인 채무조(債務調)〉, 〈대함안(對咸安)수리조합 잡초매매계약서〉 등이다. 『咸安農場管理契約書綴』 참조. 계약서는 이 장의 [부록 2-9].

학적 영농을 위해서는 좀 더 과학적인 데이터가 필요하였다. 1937년 말에 조선식산은행에서 전라북도 부안군 상서면 일대의 농지경영을 수탁받은 성업사는 1938년 1월 하순 그곳에 부안출장소를 개설하였다. 원래 이 농지는 1917년 11월에 합자회사 하전조(賀田組, 가다구미)가 국유 미간지 207정보를 대부받아 개간하고 그 후 약 20년간 경영해 온 곳이었다. 그러나 경영 성적이 나빠 심한 자금난을 겪었고 이에 하전조(가다구미)는 인건비까지 절약하며 극도의 긴축경영을 하였지만 결국 주거래 은행인 조선식산은행에 인수되어 성업사에 위탁경영을 맡긴 것이다.

그런데 성업사는 인수 직후 세 가지 주목되는 조치를 하였다. 첫째는 하전조(가다구미)의 구 직원들을 경질하고 성업사의 손광순(孫光淳) 주임 이하 직원들을 파견하여 새 진용을 갖춘 일이다. 둘째는 “소작계약을 갱신하고 목하 신규 계획에 따라 실행준비를 한” 일이다. 셋째는 “총독부 수원 농사시험장에 토성(土性, soil texture –영문은 저자. 이하 같음) 조사를 의뢰하여 3월 12일부터 16일까지 5일간 현지 조사와 토양채취를 마쳐 현재 조사 중인 바 근일 중 보고가 있으면 그 결과에 따라 근본 계획을 수립하기로”한 일이다.[76] 부안출장소 개설 직후 성업사가 취한 이상의 조치 가운데 첫째의 구 농장직원 경질과 새 직원 임명은 일상적인 일이었다. 1933년 여름 조선식산은행에서 경상남도 함안의 함안농장 경영을 위탁받은 성업사가 그 농장의 구 직원들을 대부분 경질하고 그 대신 1923년부터 평안북도 용천군 불이흥업 서선농장에서 주임 등으로 근무하며 전후 10여 차례의 소작쟁의를 경험하였던 도쿠나가 모토카즈(德永箴登一) 농장장과 직원 15명을 보내 새 진용을 갖추게 한 것이 그런 예였다.[77] 둘째의 소작계약 갱신을 통한 기존 소작인 정리와 소작료 인상 등 소작관행의 개편도 일제하 대지주, 농업회사들이 기경지(既耕地)를 인수한 후 일상적으로 취한 조치였다. 성업사가 앞의 함안

76 〈1937년도 扶安出張所 決算書〉.
77 『남선일보』 1933. 8. 8; 『부산일보』 1933. 10. 29.

농장을 인수한 이듬해인 1934년 봄에 그곳 소작인 100여 명을 무더기로 해고하여 격렬한 소작쟁의가 일어난 것, 1934년에 성업사가 강원도 철원군 동송면 일대 백인기(白寅基)의 토지 100정보가량의 관리를 맡으며 소작료를 인상한 것이 그런 예였다.[78] 그래서 성업사도 농지를 인수할 때 기존 소작관행을 조사한 바 있었다. 그러면 성업사가 농지를 인수하고 출장소를 개설한 직후에 당대 최고의 농업연구기관인 총독부 수원 농사시험장에 토성 조사를 의뢰하고 결과에 따라 근본 계획을 수립하기로 하였다는 것은 무엇을 말할까?

1938년 5월 성업사는 경기도 포천군 영북면 영북농장의 토성 조사를 전문기관에 의뢰하고 그해 7월 결과를 보고받았다.[79] 보고자는 당시 총독부 농사시험장 화학부 기사였던 농학박사 미스 히데오(三須英雄)와 히사기 노코(久木野兪)였다. 1938년 5월 30일부터 6월 3일까지 5일간 영북면 운천리와 자일리 일대 농지 20여 곳에 구멍을 뚫어 토층(土層, soil horizon) 조사를 한 결과를 그 후 한 달간 분석하여 만든 〈영북농장 토성 조사 결과보고서〉는 크게 세 부분으로 구성되었다. 하나는 운천리, 자일리 일대의 토성 조사 결과이다. 모든 시갱지(試坑地)를 분석한 결과를 일일이 기술하였는데 한두 가지 예를 보면 다음과 같다.

1. 운천리 552번지: 담수(湛水) 시간 3~4시간. 단보당 수량(收量)은 1석 1두. 제1층은 1m 간(間) 회색(灰色)으로 세식토(細埴土)이나 면적은 넓지 않다. 다른 곳은 5리 정도의 모래층(砂層)이 있어 흡수계수(질소나 인산

78 『동아일보』 1934. 4. 15, 4. 18. 황해도 은율군의 지주 홍씨가, 경상남도 김해의 대지주 미토(三戸國益), 김성수·김연수 집안의 삼양사, 전남 화순군 동복면 오씨가의 동고농장 등도 모두 그랬다. 홍성찬, 앞의 글, 1989; 동, 앞의 글, 1997, 349쪽; 동, 『한국 근대 농촌사회의 변동과 지주층 –20세기 전반기 전남 화순군 동복면 일대의 사례』, 지식산업사, 1992, 187쪽. 1928년에 경상남도 진영의 촌정(村井, 무라이)농장을 인수한 하자마 후사타로(迫間房太郎)가 소작관행 개편에 나서 소작료를 인상한 것도 같은 예이다. 최원규, 『일제시기 한국의 일본인 사회 –도시민·지주·일본인 농촌』, 혜안, 2021, 387쪽.

79 〈永北農場 土性調査 報告, 1938. 7. 1〉.

등을 흡수할 수 있는 능력)가 질소는 약간 크고(稍大) 인산은 크다(大). 인산의 결핍이 아주 심하고 산성이 조금 강해(稍强) 단보당 26관(貫)의 소석회(消石灰)를 요한다. 제2층은 황색을 띤 두립상(豆粒狀)의 구조를 보인다.

2. 운천리 623-1번지: 간선(幹線) 수로에 가까워 담수 시간이 명확하지 않다. 단보당 수량은 4석. 제1층은 회색의 식양토(埴壤土)로서 흡수계수가 질소, 인산 모두 중용(中庸)이다. 부식(腐植), 인산, 칼리(potash)의 결핍이 특히 심하고 산성이 아주 강하다. 단보당 21관의 소석회가 필요하다.
3. 자일리 738-1번지: 담수 시간은 1일. 단보당 3석 5두. 제1층은 20리 간 회색 식양토로서 화강암이 상당히 풍화한 토양이다. 적갈색의 철반점(鐵斑點)이 많은 숙전(熟田) 토양의 모습(觀)을 보인다. 흡수계수는 질소는 중용, 인산은 크다. 인산 결핍이 특히 심하고 부식, 칼리도 많지 않아 산성이 약하다. 중화(中和)를 요한다. 제2층은 황색의 식양토로서 조야(粗野)한 조직을 지녔다. 현무암이 풍화한 토양으로 생각되나 구멍[孔穴]이 많고 태반(大半)은 토립(土粒)으로 채워지지(充塡) 않는다.

또 하나는 이를 토대로 향후 영북농장이 택해야 할 영농개선 지침을 기술한 것이다. 마지막은 채집 토양에 대한 도태 분석(淘汰分析, soil mechanical analysis), 화학 분석 결과 등을 정리한 부표(附表)였다. 화학 분석은 비료 3요소(N, P, K)의 시험과 질소 적량(適量) 시험이 주였다. [표 2-15]는 도태 분석표의 일부이다.

이들 가운데 가장 중요한 부분은 둘째의 영농개선 지침, 즉 영농 개선안이었다. 보고서에 수록된 영농 개선안은 모두 6개 항으로 토성 조사 결과를 토대로 작성하였다. 토성 조사 결과 이곳은 전체적으로 크고 작은 구멍이 많아 누수가 심하고 토양도 원야토(原野土) 수준으로 아직 숙전화(熟田化)

[표 2-15] 성업사 영북농장의 토양 도태 분석표

위치	자갈	조사	세사	미사	점토	토성 이름
운천 552	1.29	7.45	9.70	28.35	54.50	부식(腐植) 포함 세식토(細埴土)
〃 623-1	0.31	5.25	8.65	37.50	48.60	세식양토(細埴壤土)
자일 738-1	0.48	7.83	9.20	39.45	43.50	부식을 포함한 세식양토
〃 751-1	3.29	10.75	9.30	33.85	46.10	〃

주: 숫자는 자갈(礫)은 원토(原土) 100분(分) 중의 중량. 조사(粗砂, coarse sand), 세사(細砂, fine sand), 미사(微砂, silt), 점토(粘土, clay)는 세토(細土, fine soil) 100분 중의 중량. 세식토, 세식양토 등 토성(土性) 이름은 농학회보(農學會報)에 의함.

하지 않았다. 부식, 질소, 인산, 칼리, 석회의 결핍이 심하고 산성이 강하다. 비료 성분의 비율이 적절하지 않고 자급 비료의 증진과 증시(增施) 장려도 극히 불철저하다. 따라서 풍화가 많이 진행된 논일수록 수확량이 많고 또 대부분의 토양이 3~4할 이상의 점토를 함유하고 있다. 보고서는 이를 토대로 다음 6개 항의 영농 개선안을 제안하였다.

1. 추경(秋耕) 심경(深耕)을 철저히 하라: 현재의 기경(起耕) 깊이 1촌(寸) 5분(分)은 벼 뿌리(水稻根)의 번무(繁茂)로 보아 극히 천협(淺狹)하다. 철저한 추경 심경으로 식생(植生)과 숙전화를 촉진하고 누수로(漏水路)인 대소(大小)의 구멍을 메워 관개수와 비료의 탈루(脫漏)를 극소화하라. 토양의 풍화가 진행된 논일수록 담수(湛水)가 좋아 수확량이 많고 논둑[畦畔] 부근일수록 생육이 양호하다는 농민들의 말에 비추어 보아도 이는 긴급한 일이다.
2. 대소(代搔. 논에 물을 대고 바닥 흙을 부수어 모내기를 준비하는 것), 반도(畔塗. 논물이 새어 나가지 않도록 논두렁 벽에 흙을 발라주는 것), 중경제초(中耕除草, intertillage)를 각별하게 하라: 증산에 극히 유효한 작업들로서 토양의 풍화를 조장하며 숙전화를 신속하게 하는 효과가 있으나 현재

는 극히 거칠게(粗暴) 행해지고 있다. 논두렁 아래(畔下) 2~2.5자(尺) 부분에서 누수가 가장 심한 것은 전적으로 반도(畔塗)의 조방(粗放)함을 보여주는 것이다.

3. 퇴비와 녹비(綠肥)의 증시(增施)를 급속히 여행(勵行)하라: 현재는 거의 무(無)퇴비이거나 무녹비인데(민유지와 엄청난 차이가 난다) 이들 유기질 비료는 수도(水稻)에 직접 영양이 됨은 물론 토양의 풍화, 숙전화에도 지대한 관계가 있으니 급속히 철저하게 여행할 필요가 있다. 객토양(客土壤)의 부식량(腐食量)이 극히 적은 것은 지력(地力)의 박약을 반증하는 것이다. 지력 증진의 관점에서도 증시가 급무이다. 시비는 양질의 산야초(山野草)라면 수촌(數寸)으로 절단 살포하여 서입(鋤入)할 수 있게 하고, 퇴비와 녹비 모두 단보당 300~500관 이상을 시용하되 서입 후 관개(灌漑)하라. 산야초를 구답(舊畓)에 시용하고, 신답에는 시용하지 않는 관습을 속히 버려라. 신답이야말로 한층 더 필요하다. 특히 이 농장은 퇴비, 초목재(草木炭) 등 주요 자급 비료의 이용 장려에 대한 근본책을 수립하여 곧 단행할 필요가 있다.

4. 비료 배합률을 시정하라.
   1) 질소(N)는 인산(P), 칼리(K)보다 상당 다량인 평균 1.108%로서 전 조선 경작지 토양 평균 0.14%와 비슷하나 이는 조사 수일 전에 석회질소를 단보당 3~5관 시여하였기 때문이다. 전반적으로 질소 결핍이 심한 토양으로 인정된다.
   2) 인산은 평균 0.0031%로 전 조선 경작지 토양 평균 0.044%에 크게 못 미친다. 이는 경작지 전반의 사정으로서 단보당 적어도 1~2관의 인산 시용이 필요하다.
   3) 칼리는 평균 0.0143%로 전 조선 경작지 토양 평균 0.0303%의 5분지 1에 불과하다. 퇴비, 녹비, 온돌재 등 자급 비료와 배합 비료에 의한 칼리 성분의 증시(增施)가 요구된다.

5. 산성(酸性)의 중화(中和)를 도모하라: 두세 곳을 빼면 모두 산성이 강해 단보당 석회 소요량이 83관에 달하는 곳도 있다. 산성의 정도는 연도마다 다르나 우선 단보당 평균 30관 전후를 시용하라. 온돌 재를 사용할 경우는 50~60관이면 된다.

6. 밑다짐(상체(床締). 누수를 막기 위하여 논바닥에 진흙을 뿌리는 것)을 하라: 누수 방지 효과가 있으니 경비(經費)가 허락하는 한 실시하라. 대증수(大增收)를 볼 것이다.

영북농장은 전문기관에 연구 용역을 주어 토성 조사, 즉 토층 조사와 채취토양에 대한 도태(淘汰) 및 화학 분석 등을 하였고 그 결과를 토대로 이 농장이 과학적·합리적 영농을 위하여 실천해야 할 6개 항의 개선안을 보고받았다. 성업사가 전라북도 부안출장소를 개설한 직후 총독부 수원 농사시험장에 의뢰하여 실시한 토성 조사도 내용이 이와 같았을 것이다. 성업사가 부안출장소 개설 직후 첫 번째 농사를 시작하기도 전에 이러한 조사를 한 것은 이들이 과학적 영농을 위하여 과학적으로 데이터를 수집하였음을 보여준다.

성업사는 농장 개설 직후 이상과 함께 농지 개량을 위한 수리시설 개선 등 토지 개량 투자도 병행하였다. 1933년 성업사는 조선식산은행에서 충청남도 보령의 대천출장소를 인수하였다. 이 농지는 조선식산은행이 1928년부터 방조제 안의 간석(干潟) 농구(農區) 약 79정보 가운데 20여 정보를 '직할'(直轄)로 이식(移植)하는 등 직접 경영해 온 곳이었다. 그러나 "매년 취입(取入) 용수(用水) 부족으로 염해를 당하자" 이때 성업사에 매각하였고 인수 직후 성업사가 "적극적으로 경종(耕種)개선에 착수"하였으나 "용수취입(用水取入) 곤란"으로 여전히 증산이 불가능하자 1935년 봄에 1만 2,000원을 투자하여 펌프, 하천횡단체관(河川橫斷替管), 도수로(導水路)를 개선하고 기타 개량 공사를 벌여 수리개선 공사를 완료하였다.[80] 경종법 개선과 수리시설

개선을 병행한 예였다.

성업사는 1934년 말에도 조선식산은행에서 경기도 김포농장을 인수하였다. 이 농장은 1928년 7월에 전 소유주 가미야(神谷)가 16만 6,000원의 공사비를 들여 '을축'년 홍수로 유명한 1925년 최대 홍수 때의 수위보다 석 자(尺)나 높게 제방을 쌓고 그 외 관개 설비와 필요한 공사를 완료하였다. 그러나 1933년에 이어 1934년 여름에도 방수 제방이 다시 붕괴하여 보강 공사가 절실하였던 반면 수확은 거의 이루어지지 않았다. 결국, 주채권 은행인 조선식산은행은 이 농장의 소유권을 인수하고 이를 다시 성업사에 매각하였다. 성업사는 김포농장 인수 직후 방수제 복구 공사에 착수하였고 1935년 해빙기에 방수제가 다시 붕괴하자 사석(捨石, riprap) 보강 공사를 추가 시공하였다.[81] 수리개선 공사를 한 예였다. 성업사는 1933년 4월 전라남도 장흥(長興)농장의 수탁경영에 착수하여 "개답 후 10여 년이 지났음에도 비교적 성적이 불량하여 실수량(實收量)이 단보당 2석 5두 내외에 불과"한 원인을 조사하였다. 그리하여 저수량 부족에 의한 한발과 제염 부진, 그리고 배수갑문의 높이(排水閘門敷高)와 경지면(耕地面)의 높이가 거의 같아 배수가 불량한 데 원인이 있음을 발견하고, "응급조치로 저수답(貯水畓)을 신설하고 염분이 많이 포함된 구역에 배수지구(排水地區)를 특설하여 제염에 노력하는 한편, 그 외 여러 개량 시설과 경종법 개선" 조치를 하였다.[82] 인수 농장 대부분이 수리조합 구역에 집단 분포하였기 때문에 인수 농지에 대한 영농법 개선과 토지 개량 투자의 병행이 더욱 필요하였다.

80 〈大川出張所 所有物件 時價調査 報告, 1936. 2. 7〉.

81 〈金浦農場 所有物件 時價調査 報告, 1936. 2. 27〉; 『조선총독부 관보』 제378호 1928. 4. 6. '工作物新築許可ニ因ル權利義務移轉竝同工事竣功期限延長許可' 김포군 하성면 전류리 마곡리 석탄리 … 제방 3,545간 갑문 3개소. 피허가인 가토 만지로(加藤萬次郎)를 … 신곡산업(神谷産業) 주식회사로 변경. 사유는 양도.

82 〈1940年 3月 末日 現在 會社槪況〉.

(2) 영농 지도와 통제

성업사는 직할 및 수탁농장과 출장소 등에 대한 영농 지도와 감독도 강화하였다. 1931년 5월 창립총회와 설립 등기를 마친 이들은 그해 5월 30일 경상남도 창원군 북면 수리조합 내의 창원농장을 인수하였다. 곧이어 6월 6일에는 직무 규정과 복무 규정 등을 제정하여 각 농장, 출장소에 하달하는 한편, 농장경영상 유의해야 할 '심득 사항'(心得事項) 몇 가지를 시달하였다. 창업 초의 지시라서 개괄적 수준에 그쳤지만, 농장 운영과 관련한 전반적인 사항이 고루 언급되었는데 주요 내용은 다음과 같다.[83]

첫째는 토지 개량, 경작법 개선, 시비 장려, 품종의 선정과 통일, 농사 지식의 보급과 향상, 기타 농사 관련 사항의 연구와 지도에 적극적으로 나서라고 요구하였다. 예컨대, 그중 경작법 개선을 보면 개량 쟁기의 보급에 맞추어 더욱 심경할 것, 시비 장려는 경우(耕牛)와 가축 보급으로 만든 퇴비에 금비(commercial fertilizer)를 적절히 배합 시용하여 상승 효과가 나게 할 것, 품종의 선정과 통일은 각 지방 풍토에 적합한 우량종을 골라 통일하되 벼의 생육, 강약, 수량(收量), 풍토 적합 여부 등을 충분히 연구하여 결정하고 후일 우량 품종 선정 시에도 자료로 삼으라고 지시하였다. 용수 확보는 농장의 사활을 결정할 만큼 중요한 사안이었다. 그래서 저수지 관리와 배수에 주의하여 적기에 배수하고 또 평소 소작인의 용수 절약 관념을 선전 함양하라고 요구하였다. 적극 영농을 위해서는 비료, 경우, 농구와 농사 자금의 대부가 필요하다고 보았다. 그 경우 차입자의 성품[素性], 근태(勤怠), 상환능력, 용도를 살펴 정실(情實)이 아닌 실제에 적합하고 회수가 용이한 이에 한하여 융

83 〈1931. 6. 6. 專務取締役. 各農場長 宛〉. 시달한 이유는 다음과 같다. "금반 직무규정, 복무규정을 제정하여 각원(各員)이 준거할 지침으로 시달하였으나 설립 초라 … 세목까지 철저를 기하지 못하였다. 차츰 완비할 생각이다. 귀직(貴職)은 이 점을 고려하여 소정(所定) 이외 사항은 종래의 농장 관행과 경험을 토대로 농장원을 독려하고 … 선처하여 농장경영에 유감이 없게 하라. 목하 경제계는 극도의 불황으로 각종 산업이 침체하고 농사경영도 쉽지 않다. 이에 귀직이 본사의 뜻을 체득하고 … 효과적으로 농장경영에 임하게 하려고 농장경영상 심득(心得)할 여러 점을 시달한다. 진의를 함미(含味)하여 운용의 묘를 얻기 바란다."

통하여 주되 가능하면 1년 미만의 단기 대부를 해주고, 대출의 성격, 규모, 상환 자원의 유무에 따라서는 장기 대부도 서슴지 말라고 하였다.

둘째는 소작인 대책이었다. 평소 소작인을 애호하여 그들이 기쁜 마음으로 노무(勞務)하며 생활 안정을 얻도록 배려하라고 주문하였다. 불량 소작인이나 도배(徒輩)가 생기면 끝까지 선도하되 정 안 되면 단호하게 인연을 끊어야겠지만 이는 소작인의 일생 운명과 관련된 중대사이므로 거듭 신중하게 결정하라고 하였다.

셋째는 본사와 긴밀하게 연락하며 본사의 통제와 지시에 따라 농장을 운영하라고 요구하였다. 본사의 지시 없이는 기채(起債), 보증, 기타 어떤 명목으로도 회사에 부담이 될 계약을 체결하지 말고, 또 농장경영에 관한 중요 사항은 규정이 있든 없든 모두 본사와 연락을 유지하여 일정한 방침 하에 시행하도록 지시하였다. 특히 농작물의 생육, 용수 관계, 한수해, 병충해 상황 등 농장의 이해와 직결되는 사항은 완급에 따라 각 농장에서 알아서 처리하되 반드시 그 전말을 즉각 보고해야 하며 절대로 이를 은폐하거나 허위 보고하거나 선후(先後)의 처치를 그르치는 일이 없게 하라고 주문하였다. 이 밖에 각 농장의 경비(經費)는 예산 범위 안에서 지출하고 항상 절약할 것이며, 물품 구매와 기증도 가장 경제적인 방법으로 할 것, 소모품, 기타 물품 사용을 철저히 감독하고 소모품은 공사를 구분하여 낭비가 없게 할 것도 지시하였다. 아울러 농업일지(農業日誌)를 만들어 농작, 경영, 관개, 시설 상황 등을 기록한 후 이듬해 경영 계획 수립에 참고하라는 지시도 하였다.

이상의 '심득 사항'은 창업 초의 임시 조치일 뿐이었다. 성업사는 그 후 실제 농장 운영 과정에서도 그때그때 필요한 조치를 하달하였다. 이제 이들이 각 농장, 출장소에 하달한 문서들을 통해 한 해, 한 영농연도(營農年度)에 본사가 각 농장, 출장소에 구체적으로 어떤 조치를 하였는지를 검토한다. 본사의 관리와 통제는 영농 착수 전부터 시작되었다. 전 회계연도 말에 이듬해 예산의 편성 양식과 지침을 송부하고[84] 예산 편성에 필요한 이듬해 수확물의 예상 가격과 보관료, 비료, 농구 및 각종 소모품의 가격 –농장, 출장소마다 운임, 저괘비(諸掛費, various expenses)가 달라 가격이 모두 같지는 않았다– 을 지정하여[85] 이를 토대로 예산 계획을 편성, 제출하도록 하였다. 이와 동시에 본사는 [표 2-16]에서 보듯이 이듬해의 전체 경영방침과 목표 수량(收量)에서부터 올해의 목표 달성을 위한 품종, 수리, 경운, 시비, 묘대, 모내기, 제초, 수납 계획과 기타 각종 재해 대책, 농사 장려 사항에 이르는 상세한 영농 계획을 수립하여 2월 말까지 제출하도록 하였다.[86]

영농 착수 후에도 본사는 영농계획서대로 차질 없이 진행 중인지를 단계별로 점검하였다. 묘대기(苗代期), 즉 모내기철에는 5월 30일 기준으로 묘대시업(施業) 상황을 상세히 보고하도록 하였는데 이에 따라 각 농장, 출장소는 농구(農區)별·품종별 식부 예정면적, 묘대시업 면적, 파종량, 파종기, 묘대의 단독·집합·공동 설치 여부, 시용 비료의 이름과 평당 수량, 시용 상황 등을 적은 〈묘대시업 상황일람표〉를 제출하였다. 그 외 본사는 묘대기의 기후(기후 개황과 4, 5월의 날짜별 강우량표 첨부)와 관개, 발아, 생육, 병충해, 염해 상황을 일목요연하게 작성한 표, 기왕 3년간 파종기와 금년도 파종기를 비교한 표, 삽앙 예정일 표도 제출하게 하였으며, 심지어 품종 이름과 파종 및 채취 날짜를 적은 모(苗)의 표본도 송부하도록 하였다.[87]

모내기 후 벼가 자라기 시작하면 매달 1회 〈도작성육(稻作成育) 상황〉을 보고하게 하였다.[88] 벼가 어느 정도 자라면 '수도(水稻) 실경(實耕) 면적표'와

84 1932년 2월 9일 〈成第932號 通達〉로 처음 송부하였고 그 후 몇 번 변경하였다. 〈庶示達 第2499號 1933. 1. 7. 전무 취체역 戶津學. 관계부장 각 농장장 宛. '豫算書雛形一部變更의 件'〉은 그 예다.

85 〈成業 第2545號 1933. 1. 19. 전무 취체역 戶津學. 각 농장장 출장소 주임 殿. '1933년도 예산 편성에 관한 건'〉.

86 [표 2-16]은 〈成農 第287號 1940. 1. 10. 전무 戶津學. 각 농장장 출장소 주임 殿. '영농계획作製 보고에 관한 건'〉의 주요 목차를 적은 것인데 영농계획서의 맨 위[卷頭]에 각 농장의 수계(水系), 논밭별 사무소와 소작인 배치 상황 등을 적은 농장 약도 1매를 첨부하여 모두 10부를 제출하도록 하였다. 각 농장이 서로 참고하게 하기 위해서였다.

87 〈社示達 제4호 1937. 5. 15. 전무 七田常市. 각 농장장 출장소 주임 殿. '苗代施業상황 보고에 관한 건'〉. 1935년 4월 22일자 〈成農 第464號〉로 보고가 시작된 듯하다.

[표 2-16] 성업사 각 농장, 출장소 영농계획서 목차

1. 경영 조직
 1) 경영 방침
 2) 직원, 소작인 총대(각자의 분담 개황을 기입)
 3) 소작인과 그 지도
2. 경지면적과 계획 수량(收量)
 1) 농구별, 등급별 면적
 2) 3개년 증수 계획 담당별 면적, 책임 수량
3. 품종 선정과 종자 갱신
 1) 품종별 재배면적
 2) 원종답(原種畓)·채종답 설치, 종자갱신 계획
4. 수리관개와 배수, 제염
 1) 용수계통(用水系統), 저수량
 2) 급수 계획, 저수답 설치
 3) 배수 제염구(區) 설치
5. 경운(耕耘)과 심경(深耕) 및 추경(秋耕) 장려
 1) 경운(경서행정(耕鋤行程))
 2) 심경 및 추경 독려
6. 시비 계획
 1) 시비상 주의 사항
 2) 등급별 시비 표준표
 3) 비료 배합표
 4) 단보당 시비량과 시비기표(施肥期表)
7. 묘대
 1) 묘대 설치 및 작업상 주의 사항
 2) 농구별 묘대면적과 100평당 시비량
 3) 묘대 작업 일정
8. 본답 직파
 1) 직파 시 주의 사항
 2) 직파면적 및 기타 작업 행정(行程)
9. 본답 이식
 1) 이식기(移植期) 및 기타 주의 사항

2) 이식 본수(本數), 주수(株數) 및 이식 방법
3) 이식 진척 예정표
10. 제초 및 기타 관리
1) 제초 횟수, 시기 및 독려 방법
2) 피뽑기(稗拔)와 기타 지도 사항
11. 병충해 기타 재해 대책
1) 충해(유스리카(깔따구), 부진자(浮塵子), 이화명충 등)
2) 병해(모[苗] 부패병, 도열병 등)
3) 한해, 염해
12. 수납
1) 예취, 건조의 주의 방법
2) 조제, 수납의 주의 방법
13. 자급 비료 증산 방법
1) 퇴비
2) 녹비
3) 잡재(雜灰), 재(灰)
14. 가축 증산 계획
1) 소
2) 돼지
3) 닭
15. 시작
1) 각종 시험, 시작(試作) 사항
16. 농사 장려
1) 소작인 장려 사항
17. 전작(田作) 증수 계획
1) 작부 품종별 면적과 수확 예상고표
2) 금비 시용 및 시비 합리화
3) 퇴비, 잡재의 증산 시용
4) 작부품종별 재배법 개량 지도
18. 쇼와(昭和)　년도　월차(月次) 계획표
1) 지도 및 주의 사항별

자료: 〈成農第287號 1940. 1. 10. '營農計劃作製報告에 關한 件'〉.

‘예상 수확고표’를 적은 〈수도 수확 예상 보고서〉와[89] 〈수납계획서〉를 제출하도록 하였다.[90] 소작료 수납이 모두 끝나면 주주 총회 전인 4월 5일까지 연말 결산과 주주 총회 준비를 위하여 〈쇼와 몇 년도 무슨 농장 사업경영실적 보고〉라는 제목의 업무실적 보고서를 제출하게 하였는데, 여기에는 사업실적 개황, 자산이동 상황, 대차대조표, 손익계산서, 전년도 대비 손익계정 수지결산 비교표, 영농실적 상황, 기상 개황 등 7개 항을 상세하게 보고하도록 하였다. 예컨대, 그중 영농실적 상황 항목을 보면 영농 개황, 공부(公簿)상 면적과 실수(實收)면적의 비교, 전년도 대비 증감 원인, 밭작물의 수량(收量)과 작황[作柄], 녹비 작부 상황, 부업 장려 사항, 인사(人事) 배치 상황, 수도작 개요(槪要) 등 보고 사항이 치밀하였다. 그리고 그 각각에 대한 보고내용도 예컨대 마지막 수도작 개요의 경우 묘대 작업 상황, 직파 작업 상황, 본답 실시 상황 등으로 개별 항목마다 상세하게 보고하도록 하였다.[91]

---

88 보고내용은 강우, 관배수, 성육, 병충해 상황과 기타 참고 사항 등이다. 〈成發第 號 1933. 8. 2. 전무 戸津學. 殿. ‘稻作成育狀況 調査에 關한 件’〉.

89 〈成業發 第1825號 1933. 9. 7. 전무 戸津學. 각 농장장 출장소 주임 殿. ‘水稻收穫 예상 보고에 관한 건’〉. 매년 9월 10일과 10월 1일 현재의 ‘가공’(架空)하지 않은, 즉 작황[作柄] 실황에서 실수(實數)에 가깝게 추단(推斷)한 예상치를 보고하도록 하였다. 수도실경(水稻實耕) 면적표는 농구별 공부(公簿)면적 중에서 불경지(不耕地), 실경지(實耕地)가 얼마이고, 실경지 중 작부불능지(作付不能地), 고사지(枯死地), 실수지(實收地)가 얼마인가를 수리지(水利地)[시비지(施肥地)]와 비수리지(非水利地)[무비지(無肥地)]로 나누어 조사한 표이다. 예상수확고표는 실제 수납이 가능하다고 예상하는 실수지의 면적, 단보당 수량, 총수량, 소작비율, 소작료 규모 등을 농구별로, 그리고 수리지·비수리지별로 나누어 조사하고 이를 영농 착수 당시 계획한 실경지 면적, 단보당 수량, 총수량(收量), 소작료 규모 등과 비교한 표이다.

90 〈社示達 業第1643號 1933. 8. 22. 전무 戸津學. 殿. ‘收納計劃에 關한 件’〉. 보고 사항은 수납소 설치 계획, 종업원 배치 상황, 예취·탈곡 시의 임시 용인(傭人)과 용인 기간 및 그 소요 경비, 각 수납소의 하루 평균 탈곡수(脫穀數)와 총 소요 일수(日數), 탈곡 조제용 기구(器具) 소요수(所要數), 수납소 설비비 내역, 현재 창고 수용 용적과 예정 수용 및 야적 수량, 수납소와 창고 사이의 운반 거리와 그 방법·수량 및 소요 운반비 등이었다.

91 묘대 작업과 관련해서는 기상, 관개, 발아, 생육, 파종, 병충해, 염해, 시비 상황과 삽앙 예정일, 묘대 설치와 비료 계획에 대한 각 농장, 출장소의 양부(良否) 간 의견을 보고하도록 하였다. 직파 작업과 관련해서는 발아와 활착(活着) 성적, 관개, 용수량, 성육 상황, 제초 횟수와 시기, 시비량, 시비기(期), 직파 이유, 전년 대비 직파면적 등을 보고하게 하였다. 본답(本畓) 작업과 관련해서는 기경, 삽앙, 시비, 제초, 중경, 생육, 예취, 수납, 탈곡, 조제 상황과 전년도 예상수량 대비 실수고(實收高)를 보고하도록 하였다. 이들 각각에 대한 보고는, 예컨대 본답 기경(起耕)은 착수와 종료 시기, 하루 경운면적, 경우(耕牛) 두수와 조수(組數), 심경 정도, 1일 1조(組)의 평균 경운면적 등을 보고하게 하였다. 삽앙(揷秧)은 개시 및 종료 일자, 이식 간격과 주수(株數),

이상의 업무실적 보고서가 제출되면 본사는 그중 '영농실적 상황' 만을 모아, 여기에 각 농장에서 자체적으로 분석 보고한 그해 수확 증감의 원인과 경과, 대책을 토대로 본사 차원에서 마련한 과학적인 대책까지 첨부하여, 각 농장, 출장소에 다시 '송부'(送付)하였다.[92] 농장, 출장소가 자신은 물론 다른 농장, 출장소의 경험까지 다음 해 영농에 참고하도록 한 것이다. 그리고 본사는 그중 우수한 성적을 낸 농장, 출장소를 별도로 표창하였다. 농장, 출장소 간 경쟁을 자극할 의도였는데 1939년 2월 각 농장장과 출장소 주임들에게 하달한 문서 맨 앞의 "수제(首題)의 1938년도 수도(水稻) 증감수(增減收) 및 대책에 관한 건에 대해서는 본 연도 실적을 모아 '별지'와 같이 송부하오니 참고하기 바람. 추신. 본 연도 책임 수량을 돌파한 영북농장에는 전무 취체역이 책임상(賞)으로 금일봉을 하부(下附)하였음을 알림."이 이를 잘 보여준다.[93] [표 2-17], [표 2-18]은 위에서 '별지'와 같이 송부하였으니 참고하라고 한 영북농장과 서수농장의 '1938년 수도 증감수 및 대책에 관한 건'의 내용이다. 그해 경기도 포천의 영북농장은 계획 수량 7,997석보다 153석을 증수하여 표창을 받았고, 평안북도 정주의 서수농장은 계획 수량 1만 8,370석보다 2,379석이 감수하였다. 수확이 증감한 원인과 대책을 영농단계별로 구체적으로 기술하였고 특별히 수확이 크게 준 서수농장의 원인과 대책을 매우 상세히 분석한 점이 주목된다.

성업사 본사는 이상의 '업무실적 보고서' 외에 그 해와 기왕 연도의 영농실적을 참조하여 향후 3년간의 장기 증수 계획을 수립 보고하도록 하였다. 1940년 1월 각 농장에 하달한 문서에 의하면[94] 3개년 증수 계획서에는 기

1주당 본수(本數), 이들 각각의 예년과의 비교 등을 포함하도록 하였다. 〈社示達 庶第5號 1937. 5. 19. 전무 취체역 七田常市. 관계 과장, 농장장, 출장소 주임 殿. '每年度末 業務實績 報告書 提出에 關한 件'〉.

92 조선개척에서 발행한 『순보(旬報)』가 대표적인 경우겠다. 이는 이 책 제4장.

93 〈成農 第300號 1939. 2. 10. 農務課長 小川龜彌. 各農場長 出張所主任 殿. 1938年度 水稻增減收 및 對策에 關한 件〉.

[표 2-17] 성업사 영북농장의 수확량 증감 원인과 대책(1938)

종별	증감 내역과 원인 및 대책
식부(植付) 조잡	5정보에서 24석 감수. 원인: 모[苗]가 유약(柔弱)하고 부족. 축력이 부족하고 못줄(植繩)도 부실. 대책: 건강한 모(健苗)의 육성과 묘대 면적 및 축력 확대. 못줄 정돈
관개수 부족	20정보에서 93석 감수. 원인: 수로가 불비한 데다 지반이 높아 물대기(水懸)가 불편하고 삼투가 극심함. 대책: 수로 정비와 논둑(畦畔) 정리. 지균(地均)과 배급 용수 통제
병충해	15정보에서 85석 감수. 원인: 냉수 용출(湧出), 비수(肥水) 유입, 식부 지연으로 도열병 발생. 논둑(大畦畔) 부근에 메뚜기(蝗) 발생. 대책: 건강한 모를 육성하여 조기에 식부할 것. 메뚜기 알(蝗卵)을 채취하고 논둑(畦畔) 풀베기(草刈)
소작인 태만	5.2정보에서 29석 감수. 원인: 질병과 일손 부족으로 작업 실기(失機). 대책: 불량 소작인을 정리하고 경지의 분배에 주의할 것
용수 윤택, 비배(肥培) 관리 적절	102.9정보에서 318석 증수. 원인: 풍부한 용수와 합리적 시비로 인산(燐酸)의 비효(肥效) 증가. 철저한 관리로 적기에 작업하였고 농장설비도 정돈. 시국 영향으로 소작인의 신뢰가 증대하고 직원들도 열성적으로 노력
기타	3.7정보에서 65석 증수. 원인: 계획보다 실수(實收)면적 증가하여 증수

자료: 〈成農 第800號 1939. 2. 10. 農務課長 小川龜彌. 各農場長出張所主任 殿. '1938年度 水稻增減收竝對策ニ關スル件'〉.

왕 연도 실적표와 이에 기초한 향후 3개년 증수 계획표, 그리고 농장 도면에 토지 개량 계획 개황을 도시한 증수 계획도를 붙인 농지 등급별 증수 계획표를 제출하도록 하였다. 또 3개년 증수 계획 달성을 위한 구체적인 방안을 기술 개량 사항(주로 경종법 개선), 토지 개량 사항(관배수, 제염, 기타 토지 개량 등 증수상 필행(必行) 사항), 소작인 장려 사항(증수상 장려 사항, 타조지(打租地)의 소작료 환급(割戾, rebate) 상여제(賞與制)) 등으로 나누어 보고하게 하였다.[95] 각

94 〈成農 第293號 1940. 1. 22. 전무 취체역. 각 농장장, 출장소 주임 殿. '1940年度以後 3個年增收計劃樹立方 依賴에 關한 件'〉.

95 증수 계획표에는 기왕 연도 중 실경(實耕)면적, 단보당 수확량·총수확량, 소작료 지수(기왕 최고수확량=100)가 최고였던 해의 실적치와 향후 3년간의 증수 계획치를 기재하도록 하였는데 실제 각 농장이 수립한 증수 계획은 기왕 연도 최고치를 모두 초과하였다(주 96의 표). 1939년 2월 말영농장을 수탁받은 성업사는 이 농장의 기왕의 단보당 최고수량(收量)이 3석 1두였으므

[표 2-18] 성업사 서수농장의 수확량 증감 원인과 대책(1938)

종별	증감(면적, 수량) 원인과 대책
묘대	대책: 간척지의 묘대는 원래 병충해가 많고 초기에 성육이 지연되다 말기에 갑자기 왕성해져 웃자라기 쉽다. 앞으로는 1. 저수답 내에 작부할 모는 가능하면 구답(舊畓)에 묘대를 만들어 조기 육성할 것. 2. 석회질소를 시비하면 해충이 발생하니 유안(硫安)으로 바꾸고 깔따구(유스리카)의 발생은 시빠근(根) 구제(驅除)를 할 것. 3. 묘대는 소구획으로 나누어 풍파막이(風波堤)를 만들고 모의 부유(浮游)를 막아 생육도 속진(速進)하게 할 것.
식부	43.4정보에서 163석 증수. 원인: 구답에 설치한 묘대에서 모를 키워 6월 1일 이전에 삽앙해야 7월 중순 우기(雨期) 전에 단단하게 자라 병해를 입지 않음. 대책: 가능하면 묘대를 구답에 설치하여 조기 육성하고 조기 이식할 것.
시비	원인: 비료의 2/3를 기비(基肥)로 쓰고 1/3을 추비(追肥)로 썼는데 이곳은 벼의 생육 기간이 짧아 다량의 추비가 위험하고 도열병 발생에도 악영향 준 것 같음. 대책: 1. 앞으로는 금비에 의한 질소의 4/5는 기비로, 1/5은 추비로 쓸 것. 2. 개답 연수가 길수록 지력 감모가 심하니 퇴비를 단보당 200관 이상 시용하여 지력을 증진할 것.
배수	3.6정보에서 53석 감수. 원인: 저수지(堤堰) 상류의 본답이 여름철 홍수 때 물에 잠김. 대책: 그 지구(地區)는 원래 침수지로 목하 방임할 수밖에 없음.
관개	1.9정보에서 3석 증수. 원인: 저수지였던 곳(貯水池跡)의 동쪽은 수원이 멀어 용수가 부족하므로 제1 방조제에 연(沿)한 조유지(潮游地)를 막아 저수하고 소형 발동기를 새로 구입하여 양수한 결과 증수를 봄. 대책: 금후도 똑같이 함.
기후	318.6정보에서 1,541석 감수. 원인: 7월 9일부터 19일 사이의 장기 강우와 그 후 1주간의 농무(濃霧)로 여러 장해가 발생하였고, 8월 26일 폭풍을 동반한 호우로 청숙(靑熟) 중의 벼가 넘어져 임실(稔實) 불량으로 예상 외의 감수를 당함. 대책: 기왕 실적에 비추어 영농 각반(各般)을 충분히 연구하여 불순한 기후(天候)도 극복할 수 있게 노력할 것.
병충해	50정보에서 950석 감수. 원인: 7월 중하순의 오랜 장마와 농무로 벼가 연약한 채 웃자라 잎도열병이 발생함. 뽀르토액(液)으로 방제(防除)하였지만 피해 여전함. 대책: 1. 칼리를 증시하고 조기 이식하여 우기 전에 벼를 튼튼히 자라게 할 것. 2. 비료는 단보당 질소 2관 내외를 주되 주로 기비(基肥)로 주고 추비(追肥)는 소량을 6월 20일 전후에 조기 시용할 것. 3. 올해 도열병은 서(西) 1, 2, 3구(區) 등 개답 연수가 긴 곳에서 많이 발생하였는데 지력이 감모한 때문이므로 추후 퇴비를 증시하여 지력 증진과 금비 보유력(保持力)을 강화할 것.
기타	원인: 영적의 저지대, 기타 고지반(高地盤)은 배미구[夜味區]로서 논둑이 넓어 염천 한발에 염분이 상승하고 주위 고처(高處)에서 염분이 유입되었으나 용수량 감소로 환수(換水)가 어려워 감수함. 대책: 1. 공사비 2,673원을 들여 올 가을부터 3개년 계획으로 논둑 정리와 지균(地均) 공사를 하는 중임. 2. 제염구(溝)를 설치하여 제염에 힘씀.

자료: [표 2-17]과 같음.

로 목표 수량을 최소 3석 4두로 정한 바 있었는데 아마 이런 사정을 반영한 듯하다. 〈1940年度 3月末 現在 會社槪況〉. 각 농장의 증수 계획표 역시 각 농장이 "목표실현을 위해 노력"하도록 경쟁시키기 위하여 이를 모아 각 농장, 출장소에 다시 '송부' 하였다. 〈成農 第283號 1939. 2.

농장, 출장소에서 이상의 3개년 증수 계획서를 제출하면 본사는 실행 가능성을 판단하여 각 농장, 출장소에 다음 해의 목표 수량, 책임 수량을 결정 통고하였다.[96] 그리고 이듬해 말에는 책임 수량 달성 여부 등 앞의 업무실적 보고서를 다시 제출하게 한 후 농장, 출장소별로 그 성적을 평가하여 그 이듬해의 책임 수량을 지정하였다.

성업사 본사와 각 농장, 출장소는 설립 초부터 조선식산은행에 매년 약정 기일까지 각종 월말 보고서와 기타 농작 상황표, 수확 상황표, 업무 검사 보고서 등을 제출하기로 〈각서〉를 교환하였고([부록 2-3]) 그걸 토대로 조선식산은행의 정기적인 업무 감독과 경영 평가도 받아야 하였다. 따라서 성업사는 그에 따르기 위해서만이라도 이상의 통제와 지시를 준수하지 않을 수 없었다. 한편, 성업사 본사는 이외에도 농장경영과 관련한 새로운 법규가 공포되면 그 사본을 각 농장, 출장소에 보내(寫送) 참고하게 하였고[97] 학계의 최근 연구 결과도 적극적으로 활용하였다. [표 2-19]에서 보듯이 규슈(九州)제국대학, 홋카이도(北海道)제국대학, 수원고등농림학교의 교수나 총독부 농사시험장, 권업모범장의 기사, 기수들이 작성한 간척지 경종법(耕種法), 병충해 방제법, 가축 사육법, 묘대 풍제(風除) 설비법 등에 관한 각종 논문, 보

28. 農務課長 小川龜彌. 各 農場長 出張所主任 殿. '1939年度以降 3個年增收計劃表 送付에 關한 件'〉.

96 농장, 출장소별 책임 수량도 모두 보내 경쟁을 독려하였다. 참고로 〈成農 第323號 1939. 2. 28. 專務 取締役 七田常市. 各 農場長 出張所主任 殿. '1939年度以降 3個年 增收計劃表'〉에서 각 농장, 파출소별 책임 수량을 보면 다음과 같다. 전반적으로 각 농장, 출장소가 제출한 계획치보다 하향 조정되었는데 계획량은 '1939年度以降 3個年 增收計劃表'에서 따왔고 지수는 기왕 연도 최고실적을 100으로 한 것임.

농장	책임량	계획량(지수)	농장	책임량	계획량(지수)
영북	8,165석	8,165석(106)	대천	1,838석	1,840석(137)
천좌	18,378석	19,289석(130)	창원	9,476석	9,654석(108)
김포	4,731석	4,831석(114)	서수	16,894석	16,894석(101)
장흥	4,619석	4,619석(115)	함안	25,060석	26,137석(106)

97 1939년 12월에 공포된 소작료통제령, 동 시행규칙, 시행세칙을 등사하여 보낸(寫送) 〈成農 第301號 1940. 1. 23. 농무과장 小川龜彌. 각 농장장, 출장소장 殿. '소작료통제령에 관한 법령寫送付의 건'〉이 그 예다.

[표 2-19] 성업사의 『영농참고서류(철)』에 편철된 논문, 보고서들

제목 / 저자, 발표자
간척지 경종법(耕種法)
벼 모(稻苗)의 부패병(病)에 대하여
도열병 방제법에 대하여 / 홋카이도제대 교수 농학박사 이토(伊藤誠哉) 발표
도열병 방제법에 대하여 / 규슈제대 교수 다나카(田中覺五郎) 발표(談)
이누자우무시에 대하여(鞘翅目象鼻蟲科)
벼명충나방(稻螟蛉)과 방제(1938. 8) / 수원고농 교수 나카야마(中山昌之介)
비피구제법(肥皮驅除法)
개정(改訂) 도열병(いもち病) 방제법 / 조선총독부 농사시험장
底生生物 貧毛類(ユリミミズ 학명 Limnodrilus spp) 발생과 그 방제법에 대하여
벼(稻)의 진디등에(浮塵子) 및 매미충과(橫這類, Cicadellidae)에 대하여
묘대(苗代) 부패 예방법 / 성업사 이치키 히로시(一木寬), 총독부 농사시험장 김제(金堤) 간척출장소에서 시험
이누무구리바헤(학명 Oscinis oryzella Matsumurs)에 대하여
이화성명충(二化性螟蟲, 학명 Chilo simplex Butler)의 발생과 그 대책에 대하여
메뚜기(蝗蟲, 학명 Pachytylus danicus Linne)의 발생과 그 대책에 대하여
병우(病牛)의 간단한 치료법
사우법(飼牛法) 개선에 대하여
돼지(豚) 사육법에 대하여

자료: 성업사, 『營農參考書類(綴)』.

고서, 발표문을 수집하고 초청 강의를 들은 것이 그런 예였다.[98]

한편, 본사는 1932년 2월 각 농장, 출장소에 '손익계정(勘定) 지출 예산서' 의 부속 서류 형식으로 〈비료계획서〉를 제출하도록 하였다.[99] 1933년 11월에는 이를 개정하여 '쇼와 년 월 일 비료계획서안'이라는 새로운 양식

98 [표 2-19]의 나카야마 쇼노스케(中山昌之介)는 총독부 권업모범장 기사(1928)를 거쳐 총독부 농사시험장 기사 겸 수원고등농림학교 교수를 지낸 농작물 해충연구의 권위자로서 『朝鮮農作物主要害蟲と其の防除法』, 朝鮮農會, 1935의 저자이기도 하다. 이치키 히로시(一木寬) 역시 총독부 권업모범장 기수(1927), 총독부 토지개량부 개간과(開墾課) 기수(1930), 총독부 농사시험장 김제간척출장소 기수(1931)를 지낸 농업전문가였다.

99 〈成第932號 1932. 2. 10〉.

에 따라 매년 1월 15일까지 〈비료계획서〉를 제출하라고 지시하였다.[100] 지시 내용은 두 가지였다. 하나는 본답, 묘대, 밭, 직영답, 원종답(原種畓), 시작답(試作畓) 각각에 대하여 퇴비, 녹비, 잡재(雜灰) 등 자급 비료의 연간 생산량과 시용량을 녹초(綠草) 채취 장소의 광협, 원근, 채취의 난이도와 양, 그 외 볏짚 이용 정도, 소작인의 생산 기능과 노력 정도, 가축 상황까지 고려하여 정확하게 예측한 후 부족분에 대한 증산 계획을 상세히 수립하여 보고하라고 하였다.[101] 또 하나는 무기질 비료가 토양 경화(硬化)와 지력 소모 등 경토(耕土)를 퇴화시키는 주요 원인이므로 미강(米糠), 대두박 등 유기질을 반드시 배합하여 시용해야 하며 금비는 채산성을 고려하여 양분 배합에 더욱 유의함은 물론 금비 시용 후 심경하지 않으면 오히려 손해가 날 수 있으니 비료 계획을 수립할 때 이를 꼭 참고하라고 하였다.

성업사의 과학적 시비법 모색과 보급 노력은 여기서 그치지 않았다. 매년 각 농장이 보고한 비료계획서대로 자급 비료를 중심으로 실제 시용, 증산 중인지를 수시로 감독하였고,[102] 본사에서 수집한 자료와 직접 시험, 연구한 결과를 토대로 시비상 주의할 점을 각 농장, 출장소에 하달하였다. 비

100 〈成第2570號 1933. 11. 14. 전무 戶津學. 각 농장장, 출장소 주임 殿. '肥料計劃에 關한 件'〉. 계획수립에 필요한 비료 단가는 매년 12월 말일까지 본사가 지시하며 계획서에 첨부할 비료의 소요량표, 단보당·석당 성분량표, 소요금액표[所要金高表], 묘대비료 소요량표, 묘대비료 100평당 성분량표 등은 별도로 인쇄 배부하기로 하였다. 비료계획서 제출기일은 그 후 몇 번 바뀌었다(〈社示達 農第8號 1935. 8. 9. 전무 七田常市. 관계 과장, 농장장, 출장소 주임 殿. '肥料計劃의 提出期에 關한 件'〉; 〈社示達 農第14號 1937. 10. 11. 전무 취체역. 각 과장, 농장장, 출장소 주임 殿. '肥料計劃 提出期 變更의 건'〉).

101 퇴비 계획 수립요령은 다음과 같았다. 먼저 소작호를 퇴비 생산호와 비(非)생산호로 나누어 소작인, 경우(耕牛), 양돈에 의한 생산량을 각각 예측한다. 각 농구별·등급별 시용면적과 시용량(질소, 인산, 칼리 등 단보당 성분과 생산비도 함께)을 조사하여 시용량을 예측한다. 양자를 대비하여 예상 부족량을 결정하고 부족분에 대한 증산 계획을 현재 시설에 의한 증산, 신규 시설에 의한 증산, 소작인, 경우, 양돈에 의한 증산 등으로 나누어 구체적으로 수립한다(〈成第2570號 1933. 11. 14. '肥料計劃에 關한 件'〉).

102 〈社示達 農第5號 1935. 7. 30. 전무 취체역 七田常市. 각 농장장, 출장소 주임 殿. '肥料 實際施用量 報告에 關한 件'〉에 의하면 각 농장, 출장소는 비료 시용 계획과 실제 시용에 변동이 있으면 이를 본답(本畓), 묘대(苗代), 전작(田作) 등으로 나누어 매년 8월 15일까지 보고하도록 하였다.

료에 따라서는 시비 방법이 부적절하면 비효(肥效)가 떨어지고 작물에 해를 끼칠 수도 있기 때문이었다. 1933년 3월 본사에서 하달한 한 문서에서 몇 가지만 보면 다음과 같다.[103]

1. 석회질소는 주성분이 '칼슘, 산아미드'(acid amide)로 식물에 유독한 성분이지만 토양 중 세균의 작용으로 암모니아로 변하여 비배(肥培) 효과가 나타나므로 … 반드시 삽앙 2주 전에 살포하라. 논은 경서(耕鋤), 배수한 후 수면에 고루 뿌리고 퇴비 뒤집은(攪拌) 것과 혼합 시용하는 게 득책이다. … 단, 이를 인분뇨(人糞尿)가 혼입된 퇴비와 병용하면 암모니아가 발산되어 비효분(肥效分)이 손실되므로 유의하라.
2. 과린산석회는 석회, 잡재류(雜灰類)나 석회질소와 혼합 시용하면 수용성(水溶性) 인산이 불용성(不溶性)으로 변해 쉽게 흡수되지 않아 비효분이 손실되므로 유의하라. 특히 본 연도에 배부한 것은 30%, 19.5% 짜리가 대부분이므로 미강, 대두박, 세사(細砂) 등과 혼합하여 시용하라.
3. 유산(硫酸) 암모니아는 석회질소, 잡재류, 석회 등 알칼리성 비료와 혼합 시용하면 비효 성분인 암모니아가 발산되니 반드시 수일(數日) 이상 격(隔)하여 시용하라.
4. 녹비는 예취 후 수일간 말리고(生干) 헤어리베치(hairy vetch)는 경간(莖稈)을 잘게 잘라(細斷) 시용하여 분해를 촉진하게 하라. 청초(青草) 채서입(鋤込)하면 7, 8월경 분해가 개시되어 도열병 발생의 우려가 있으니 주의하라. … 단보당 시용량이 200관이면 5관, 300관이면 10관 정도의 석회를 가용(加用)하여 … 분해 시 생기는 유해 산류(酸類)를 중화할 필요가 있다.

103 〈社示達 第3133號 1933. 3. 11. 전무 취체역 戸津學. 각 농장장, 출장소 주임 宛. '肥料施用上注意에 關한 件'〉.

5. 대두박은 발효성 있는 퇴비, 녹비, 미강, 과린산석회 등을 가하여 적어도 삽앙 10일 전에 시용하고, 묘대용은 … 시용 전 상당히 부식(腐植)시킨 후 시용하거나 파종 10일 전에 시용하여 산효(酸效)에 의한 피해를 막도록 유의하라.

성업사는 비료 종류에 따른 이러한 과학적 시비법을 거의 연중무휴로 각 농장, 출장소에 하달하였다.[104] 그러나 대개는 비료의 화학적 부작용을 염두에 둔 지도로서 시비의 경제성까지 고려한 것은 아니었다. 성업사는 비료의 화학작용만큼이나 시비의 경제성을 고려할 필요가 있었는데 그 직접적 배경은 1933년도에 사용한 비료의 가격 산출액이 농장, 출장소별로 지나치게 큰 차이를 보인 점이었다. 물론 이런 차이는 지역 차이 등 농장별 특수 사정에서 기인한 불가피한 현상일 수도 있었다. 그러나 성업사는 이를 농장, 출장소마다 시비 계획의 경제적 유의(用意) 정도, 시용 기술의 교졸(巧拙), 자급 비료 증산을 위한 지도 장려의 정도, 경제적 시용법의 검색(檢索) 정도가 다른 데서도 기인한다고 보았다. 그리하여 농장, 출장소별로 가장 경제적인 시비법을 찾게 하는 동시에 본사 차원에서 다양한 방법으로 경제적 시비법을 연구하여 각 농장, 출장소에 보급하였는데 주요 내용은 다음과 같다.[105]

첫째는 퇴비, 녹비, 분토(糞土), 잡재 등 자급 비료를 비료의 주체로 삼고

104 이듬해의 비료 구입 계획을 세우려고 9월 15일까지 소요 예상 비료 수량을 조사 보고하게 한 〈成農發 第1644號 1933. 8. 22. 성업사. 각 농장, 출장소 주임 殿〉의 다음 몇 가지도 그 예다. 1. 질소질 화학비료의 연년(年年) 사용으로 도열병 등 병충해가 발생하는 경향이 있다. 그걸 방지하려면 칼리질 비료 사용을 장려하여 조직을 강건하게 할 필요가 있다. 각 농장, 출장소는 소작인에게 잡재(雜灰) 생산을 극력 독려하고 부득이한 때만 유산 칼리를 사용하라. 2. 화학비료를 잘못 써(違用) 토질이 나빠지는(惡變) 걸 막고 비료의 분해 촉진과 비(肥)효율 향상을 꾀할 필요가 있으니 녹비 생산이 부진한 곳에서는 퇴비증식을 더욱 독려하라.

105 〈成第1882號 1933. 9. 13. 전무 戸津學. 각 농장장, 출장소 주임 殿. '묘대 비료 시용에 관한 건'〉; 〈成第2165號 1933. 10. 9. 전무 戸津學. 각 농장장, 출장소 주임 殿. '본답 비료 시용에 관한 건'〉.

금비는 보조적으로 쓰라고 하였다. 자급 비료가 금비 절약은 물론 비효가 안전하고 지력 증진과 개량에도 가장 효과가 크다고 여긴 때문이었다.[106]

둘째는 적기, 적량 시비를 하라고 하였다. 기후변화와 벼의 발육 상태를 살펴 적기에 시비하되 일반적으로 기온 상승이 늦은 곳에서는 발아 시기가 길어 파종 후 발아까지 비효 성분의 유실과 삼투가 크니 가능한 한 파종기와 발아기를 단축하여 손실을 줄이라고 하였다. 적기 시비를 강조한 예였다. 한편, 비료를 두텁게 뿌리는 '후시'(厚施)는 비료를 많이 쓰고도 건전한 모를 얻기 어려우니 얇게 뿌리는 '박시'(薄施)를 장려하여 비료를 절약하고 또 토질을 살펴 비료를 과다 시용하지 말라고 하였다. 묘대(못자리) 시비는 일반적으로 비효(肥效)가 모의 성육기가 지난 식부(모내기) 후에 나타나므로 묘대였던 곳[跡地]에 다량의 비료를 시용하면 이삭이 형성[穗孕]될 때까지 기간이 단축되고 또 과다 비효로 곡물이 여무는 등숙기(登熟期, grain filling stage)에 줄기와 잎(莖葉)이 청색을 띠며 성장이 지나치게 왕성해져 도열병이 발생하기 쉽고 완숙(完熟) 벼를 얻기도 어려우니 특히 유의하라고 하였다. 적량 시비를 강조한 예였다. 적량 시용을 위한 노력은 벼 1석 생산에 필요한 적정(適正) 3성분 비율의 하달로도 나타났다. 3성분(N, P, K)의 소요량은 농장별 기후, 토질, 시비 기술, 토지분포 상태, 지도 감독의 난이 등에 따라 같을 수 없겠지만, 그러함에도 불구하고 질소 900문(匁), 인산 450문, 칼리 300문을 표준 구성 비율로 정하도록 하였다.

셋째는 특히 금비의 경우 이를 원비(元肥, 밑거름)와 추비(追肥, 웃거름)로 구분하여 시비하되 양자의 시비 기술상 특징을 정확히 파악하여 시용의 묘를 얻으라고 하였다. 원비와 관련해서는 처음부터 배합 불가능하거나 배합

106 그중에서도 퇴비가 가장 중시되었다. 녹비는 퇴비재료가 부족한 곳에서 그 대용으로 재배를 장려하였으나 토질(地味)·기후·재배 기술 등에 따라 생산이 불안정하였다. 따라서 퇴비재료를 얻기 힘든 곳이라도 퇴비사(堆肥舍)의 증설과 퇴비재료의 집적, 조성을 통해 그 증산에 박차를 가하도록 하였다. 잡재도 칼리 성분을 다량 함유하여 유산칼리처럼 고가(高價)의 비료를 대용할 수 있으므로 한편으로 저장사(貯藏舍)를 설치하여 축적하되 이를 분변(糞便)에 혼용하거나 노지(路地)에 방치하여 비효의 태반을 잃는 일이 없도록 하라고 지도하였다.

으로 오히려 비효분을 잃는 경우가 아니라면 적극적으로 배합하여 시비하라. 두 종류 이상의 비료를 배합할 때 그 방법이 부적절하면 성분이 휘발되거나 가용성(可溶性)이 불용성으로 변하여 비효분을 감쇄시킬 수 있으니 적절한 배합법을 찾아라.[107] 유산 칼리와 기타 소량 시용이 곤란한 것들은 유안(硫安), 미강, 세사 등과 섞어 쓰되 유산 칼리와 석회질소는 둘을 섞으면 조성이 악화하니 혼용하지 말라고 지시하였다.

추비와 관련해서는 시험 결과 분할 시용이 가장 효과적이니 이를 원칙으로 가능한 한 조기(早期)·단기에 모내기를 마쳐 벼의 성육과 추비(웃거름) 시용에 필요한 기간을 확보하라. 이식 후에는 이삭이 형성될 때(穗孕期)까지의 장단(長短)을 고려하여 3~4회(단기인 지방에서는 2~3회) 분할하여 추비하되 그에 앞서 각 지방 종묘장의 실험 성적을 참고하여 가장 유효한 방법을 택하라. 시비할 때는 농담(濃淡) 없이 고루 살포하되 관개수의 인용(引用)을 정지하고 박수(薄水, thin water)에 살포하여 물의 흐름에 따라 비효분이 유실되지 않도록 하라고 지시하였다.

2) 각 농장, 출장소의 소작인 지배와 경영

성업사가 한 해 동안 각 농장, 출장소에 하달한 지시와 통제는 이처럼 다양하고 철저하였다. 그런데 본사의 각 농장에 대한 이런 지시와 통제는 현장에서 일하는 소작농의 노동 과정에 구체적으로 반영될 때 효과를 얻었다. 이하 성업사의 소작계약증서 1종을 통해[108] 성업사가 소작인의 노동 과

107 지시는 매우 구체적이었다. "유산암모니아와 과린산석회를 미리 배합하면 과린산석회에 함유된 다량의 석회 때문에 가용성(可溶性) 인산이 불용해성(不溶解性)으로 변하는 문제점이 있지만, 유산암모니아 속의 불용성(不溶性) 암모니아를 불휘발성으로 변화시켜 질소분의 손실을 줄이는 효과가 있다. 따라서 간척답처럼 알칼리성이 풍부한 토양에서는 암모니아의 유리(流離)를 막는 효과가 있다. … 간척답에는 시비 1개월 전에 미리 배합해 두되 배합비율은 과린산석회(15%) 5관문(匁)에 유산암모니아(20%) 10관문으로 하는 것이 실험에 비추어 가장 유효하다."가 이를 보여준다.

정을 어떻게 통제하였는가를 검토한다.

우선, 성업사는 모든 소작인에게 '품질 향상과 수확 증가를 위하여' 회사가 실시하는 경작, 종자, 시비, 수확, 조제(調製)상의 모든 농사 개량 방침에 따르도록 요구하였다. 소작인이 고의나 태만으로 경운(耕耘), 파종, 시비, 제초하지 않거나 지정 날짜까지 예취, 탈곡하지 않으면 회사가 이를 임의로 대행하고 그 경비를 소작인에게 부담시킴은 물론 소작권까지 박탈할 수 있게 하였다. 회사는 소작지는 물론 소작지와 관계있는 경계(境界), 도로, 수로, 휴반(논둑) 등을 항상 주의하여 보호·관리해야 하며 필요에 따라 그런 시설을 수리할 때도 반드시 회사의 지휘를 받도록 하였다. 소작지는 소작지의 원래 용법에 따라 소작인 자신이 직접 사용, 수익하도록 하였다. 따라서 소작지의 전대(轉貸), 양도와 계약 이외 작물의 작부, 소작지의 경계, 휴반, 지형, 지목(地目)의 변경 행위를 모두 금지하였고 위반하면 소작권을 박탈할 수 있게 하였다. 반면 회사가 필요하여 토지 개량 사업을 시행할 경우 소작인은 회사의 소작지 변경, 소작 계약 해제 요구에 이의 없이 응해야 하였다. 그 외에도 회사는 소작지가 수리조합 구역에 편입되거나 특수한 개량 공사 등의 시행으로 그 상태가 현저히 변한 경우 계약 기간 내라도 소작인에게 경작물의 종류, 소작료 징수 방법(租法), 소작료의 수량 변경 등을 요구할 수 있었다.

분배 과정에서도 소작인은 소작료를 해당 소작지의 생산물로 회사가 지시한 방식에 따라 정선(精選)·건조·포장하여 지정 기일, 지정 장소까지 운반 납입하도록 하였다. 또 회사는 소작료와 기타 종자대, 비료대, 농구대,

108 〈소작계약증서〉. 전문은 [부록 2-10]. 1940년대에 사용한 계약서이다. 『成業社規程類纂』에 의하면 성업사의 소작증서는 조선농지령(1934) 공포를 계기로 1935년 2월에 한 번 개정한 후 변동이 없었다. 〈成第4606號 1935. 2. 1. 전무 七田常市. 관계 과장, 농장장, 출장소 주임 殿. '小作契約書에 關한 件'〉. [부록 2-10]과 1936년 6월 성업사 천좌농장의 소작계약서가 일치하는 것은 그 때문이다. 久間健一, 「巨大地主の農民支配 −特にその小作條件を中心して」, 『朝鮮農政の課題』, 東京: 成美堂, 1943.

경우대(耕牛代) 등 회사가 선대(先貸)한 일체의 영농 자금을 완납하기 전에는 소작지에서 생산한 수확물 일체의 소유권 귀속을 회사와 소작인의 공동점유, 공동소유물로 한다는 '특약'(特約) 규정을 삽입해 두었다. 수확물에 대한 소작인의 배타적 소유권 행사를 제한한 것이다. 회사는 소작인이 회사의 승낙 없이 소작 경영상 또는 기타 계약 이행상 불편하다고 판단되는 장소로 전거(轉居)하는 것도 용납하지 않았다. 회사는 소작인이 소작지를 황폐하게 하거나 그럴 우려가 있다고 인정될 경우, 소작계약이나 그 외 경작 및 소작료 납부 과정에 부정행위가 발견된 경우, 심지어는 소작인이 도당(徒黨)을 만들어 회사에 반항하거나 불온한 행동을 할 경우에도 해당 소작인의 소작권을 언제든지 박탈할 수 있게 하였다. 이른바 해고였다. 〈소작계약증서〉에 규정된 생산, 분배 과정에서의 이러한 소작인 통제는 [표 2-20]에서 보듯이 각 농장에 배치된 사원, 고원(雇員), 촉탁, 용인(傭人) 등 많게는 150여 명, 적게는 100여 명에 달한 회사 조직을 통해 철저히 준수되었다.

각 농장과 파출소는 영농에 착수하기에 앞서 예산서, 영농계획서, 비료계획서, 전년도 업무실적 보고서 등을 제출하였고 이를 토대로 본사에서 정한 그해의 목표 생산량과 책임 생산량, 소작료 수량(收量) 등을 할당받았다. 영농 착수 후에도 묘대에서 이식, 성육, 시비, 수납에 이르는 모든 상황을 본사에 일일이 보고하고 본사에서 그때그때 지침을 하달받아 영농에 임하였다. 따라서 각 농장, 출장소는 책임 수량을 달성하기 위해서만이라도 소작인에 대한 독려와 통제에 철저하지 않을 수 없었다. 그리고 농장별 책임 수량, 목표 수량을 책정하고 그걸 달성하기 위하여 거사적(擧社的)으로 추진한 소작인에 대한 이러한 통제와 지배, 수탈의 강화는 회사와 소작인 간의 크고 작은 계급 대립, 크고 작은 마찰을 불렀다.[109]

109 소작인의 저항은 매우 다양하였다. 우선 벼를 베기 전에는 1) 피뽑기(稗拔), 잡수발(雜穗拔), 수선(穗選)을 위장하여 벼이삭(稻穗)을 발취(拔取) 절취(切取)하고, 2) 논 한 가운데를 조금씩 규취(摎取)하여 마치 새[鳥獸]가 먹은 것처럼 위장하였으며, 3) 벼 1주(株)의 근원(根元)에서

[표 2-20] 성업사 본사와 각 농장, 출장소의 직원 수

구분 농장	중역		사원		고원		촉탁	용원		계	
	1939	1942	1939	1942	1939	1942	1942	1939	1942	1939	1942
본사	7	7	30	30	8	4	2	7	8	52	51
천좌	–	–	10	11	–	3	–	6	3	16	17
서수	–	–	7	10	2	2	–	5	4	14	16
영북	–	–	7	7	–	–	–	2	–	9	7
대천	–	–	2	1	–	–	–	1	1	3	2
경흥	–	–	1	1	2	–	–	2	–	5	1
말영	–	–	10	12	1	2	–	3	3	14	17
귀두	–	–	8	7	–	1	–	2	1	10	9
장흥	–		3		1			1		5	
창동		–		2		–	–		2		4
송화		–		2		–	–		–		2
봉산		–		–		1	–		–		1
적송		–		3		–	–		–		3
평원		–		1		–	–		1		2
통천		–		3		–	–		1		4
원전		–		3		1	–		2		6
입대자		–		10		1	–		–		11
계	7	7	78	103	14	15	2	29	26	128	153

자료: 〈1940年 3月 末日 現在 會社概況〉; 〈1943年 3月 末日 現在 會社概況〉.

주를 나누어 그 일부를 눈에 띄지 않게 예취(刈取)·발취하였다. 벼를 베어 묶을 때는 1) 지주의 승낙 없이 벼(立稻)의 일부를 베어 수확 때 식량으로 이용하거나, 2) 벼를 묶을 때(結束) 일부러 크게(大束) 묶어 낮에 인도한 후 밤중에 단독 혹은 여럿이 그걸 나누어 볏단 수(束數)만 맞추어 놓고 나머지를 가져갔다. 탈곡 조제(調製) 때도 1) 어지럽게 쌓인 볏짚[扱藁] 속에 볏단[稻束]을 숨기거나 탈곡을 마친 후 볏짚을 집으로 옮기며 그 안에 볏단을 섞어 넣었고, 2) 섶(粗朶, fascine)을 일부러 크게 묶어 그 안에 탈곡한 벼를 숨기거나 부녀자들을 시켜 섶을 가져가는 것처럼 위장한 채 탈곡한 벼를 가져가기도 하였다. 시비할 때도 자작 논이 있는 소작인의 경우 비료 가마니에서 눈에 띄지 않을 소량의 비료를 발취하여 자기 논에 뿌렸다. 久間健一, 「農民の貧窮と廢頹」, 앞의 책, 1943.

이에 성업사는 영업개시 직후인 1931년 6월 6일 앞서 소개한 바 있던 '심득 사항'으로 소작인 대책을 하달한 데 이어 같은 해 12월 22일에는 〈성제(成第) 710호〉로 소작인 시설에 대한 주의 사항을 추가 통달하였다. 그리고 1932년 12월 「조선소작조정령」이 제정되어 1933년 2월부터 시행되자 그 직후인 3월 15일에는 그러함에도 불구하고 "근시(近時) 소작권 이동에 따른 문제가 야기된 예가 있"었다며 각 농장장, 출장소 주임에게 다음 같은 지시를 내렸다.[110]

1. 게으르고(懈怠), 성질 불량하고, 의무를 불이행하거나 그 외 적량(適良)치 않다고 인정되는 소작인은 평소 지도, 감독에 더욱 노력하여 향상(向上)의 실(實)을 얻되 소작권 이동은 가급적 피할 것.
2. 위의 취지로 선도해도 효과가 없다고 인정되면 구두나 서면으로 군(郡) 또는 경찰 당국에 구체적인 사실을 진술하고 그들과 연계하여 개심(改心)하도록 노력할 것.
3. 앞의 방법으로도 개선의 실(實)이 없어 소작권을 이동하지 않을 수 없을 때는 매년 수확물 수납 후에 그 사유를 적은 서면을 당국에 제출하고 충분한 요해(了解)를 얻어 실시할 것.
4. 소작권 이동 시에는 그 사유를 잘 간유(懇誘)하여 충분히 납득시키고 감정을 격발시키는 일이 없게 할 것.
5. 소작권 이동은 이동 자체로 문제를 야기하기 쉬우니 점진적으로 개선토록 하고 일시에 다수의 소작권을 이동하여 충동을 주는 일이 없도록 특히 유의할 것.

소작권 이동, 특히 '다수의 소작권을 이동하여 충동을 주는 일'이 없도

110 〈示達 第3140號 1933. 3. 15. '小作人 移動에 關한 取扱方의 件'〉.

록 하라는 지시였지만 현실은 그렇지만은 않았다. 앞서 잠시 언급한 대로 1934년 봄 성업사가 경상남도 함안군 함안농장의 소작인 100여 명을 무더기로 해고하여 소작인이 농장본부로 몰려가 연와(漣臥) 농성을 하며 격렬하게 저항한 것이 예였다.[111] 요컨대 성업사는 소작인 통제를 위하여 회사 조직을 총동원하였고[112] 궁극적으로는 군(郡)과 경찰관서의 협조 아래 소작인 통제의 최대 무기인 소작계약 해제, 소작권 박탈까지 강행하였다.[113] 그리고 그 경우도 일거에 다수의 소작권을 박탈하여 집단적인 소작쟁의가 일어나지 않도록 가급적 일정한 절차를 밟아 점진적으로 시행토록 지시하였다.

성업사가 이상의 방법으로 각 농장, 출장소와 그 소작인들을 지도, 감독, 통제하면서 경작한 경지 규모와 경지 형태는 시기별로 달랐다. 그중 비교적 자료가 완비된 1938, 1939, 1942년 3개년을 보면 [표 2-21]에서 보듯이 경지 규모는 1938, 1939년에는 약 4,000정보, 1942년에는 약 4,500정보였고, 경

111 『동아일보』 1934. 4. 18. '작권 뺏긴 백여 작인 농장 뜰에 漣臥 항쟁. 함안농장에서 춘경기에 작권이동. 농장주는 마산으로 피신'.

112 성업사는 주 109에서 언급한 소작인의 저항, 회사 입장으로는 부정행위에 대해서도 '수확 시는 임시로 인원을 증가하고 감독을 엄중히 하여 부정을 막으라'는 일반적인 대책과 함께 아래의 세부적인 대책도 만들어 실시하였다. 예컨대, 벼를 베서 묶을 때는 1) 가능한 한 소속(小束)으로 묶고, 2) 속수(束數)와 퇴적해 둔 위치를 도면에 명기한 후 운반 때 예취 시의 속수와 퇴적 위치를 재확인하도록 하였다. 탈곡, 조제 때는 1) 작업 시간을 제한하고 감독원 입회하에 일하도록 하고, 2) 일몰까지 작업을 마치게 하며, 3) 탈곡한 짚(藁)과 짚 부스러기(藁屑)는 벼의 혼입 유무를 검사한 후 가져가게 하고, 4) 탈곡 종료 후에는 짚 부스러기(屑籾), 쭉정이(粃) 등에 벼가 섞였는지를 조사하라고 하였다. 소작료 납입 때는 1) 수납계(收納係)가 탈곡 현장에서 소작인에게 '송장'(送狀)을 교부하고 창고계는 송장을 현물과 대조하여 이상이 없는 경우 '도착서'(到着書)를 발행하며 다시 수납계는 소작인이 제시(呈示)한 '송장'과 '도착서'를 대조하여 상위가 없을 때만 소작료 납입이 완료되었음을 인정하는 '수납완료(收納濟)통지서'를 발행하라고 하였다. 시비할 때는 1) 비료를 지주, 소작인 입회하에 시용하게 하고, 2) 금비 시용이 그날 끝나지 않으면 남은 비료를 농장 창고에 맡기든가 아니면 꽁꽁 묶고 무게를 달아(嚴封秤量) 맡긴 뒤 다음날 반드시 무게를 확인한(秤量) 후 시용하도록 하고, 3) 비료 시용 후에는 빈 가마니에 비료가 남았는가를 점검하라고 하였다. 久間健一, 「農民の貧窮と廢頹」, 앞의 책, 1943.

113 [표 2-17] '소작인 태만' 조항의 "불량 소작인을 정리하고 경지 분배에 주의"할 것이 그 예다. [표 2-17]에는 없지만 같은 자료 함안농장분의 '시비의 적부(適否)' 항에 '대책' 사항으로 적은 "1. 소작인에게 미리 제시한 퇴비 책임 시비량을 생산하게 할 것, 2. 특별히 퇴비 생산량이 적고 소작인의 성의도 인정하기 어려운 경우는 소작지 일부를 반환받을 것"도 같은 예다. 이처럼 불성실하거나 질병 또는 노동력 부족 등으로 농작업에 실기(失機)한 소작인의 농지는 추후 줄여 우수 소작인에게 분배하였을 것이다.

[표 2-21] 성업사의 전체 경지 상황(1938, 1939, 1942)

농장	연도	소작지(정보) 사유(社有)지 논	소작지(정보) 사유(社有)지 밭	소작지(정보) 타인지 논	소작지(정보) 타인지 밭	자작지(정보) 논	자작지(정보) 밭	계(정보) 논	계(정보) 밭	호당(단보) 전체 논	호당(단보) 전체 밭	호당(단보) 전속호 논	호당(단보) 전속호 밭	소작호수
영북	1938	261	76	25	26	9	9	295	112	13.4	5.1	15.0	4.2	220
	1939	276	72	20	40	4	1	300	113	14.7	5.4			210
	1942	274	76	15	24	6	12	295	111	14.4	5.4	15.3	3.8	204
대천	1938	56		27	2	5	5	88	6	12.5	0.9	8.5	0.02	70
	1939	61		28	3	4	6	93	9	12.7	1.2			76
	1942	61		24	2	5	6	89	8	9.7	0.8	6.5		92
천좌	1938	479	214	24	174	8	123	510	511	12.2	12.2	12.8	8.4	416
	1939	492	229	20	149	7	107	520	485	13.7	12.7			379
	1942	487	225	16	139	5	85	508	449	14.5	12.8			350
창원	1938	237	2	32	15	39	25	308	42	10.1	1.4	7.0	0.1	304
김포	1938	150	15	128	37	17	12	295	62	14.6	3.2	9.0	0.12	201
서수	1938	418	2	74	34	53	34	544	71	11.3	1.5	9.9	0.2	483
	1939	418	2	90	38	31	35	539	75	11.6	1.6			463
	1942	418	3	81	38	22	31	520	72	11.2	1.5	10.7	0.1	467
함안	1938	627	24	81	59	44	37	752	125	10.7	1.8	10.1	6.3	702
장흥	1938	171	25	27	38	18	45	216	108	8.6	4.3	10.5	3.5	249
	1939	171	25	25	28	21	43	217	96	8.1	3.6			265
말영	1939	681	190	20	54	17	42	717	287	25.6	8.0			477
	1942	689	207	21	54	7	34	717	295	16.1	6.6	16.8	6.3	445
귀두	1939	254	40	12	68	2	49	266	157	11.9	7.0			225
	1942	264	58	19	71	4	39	287	168	14.0	8.2	13.4	9.5	205
조포	1942	73	81	7	9	1	10	81	100	12.4	15.4	11.8	15.1	65
원전	1942	363	74	127	145	30	127	520	347	10.7	7.1	8.9	6.0	485
경흥	1939	45	83	5	8	7	14	57	106	9.4	12.5			60
	1942		39	4	1	2	2	6	42	0.1	6.1			78
계	1938	2,399	364	416	383	192	290	3,007	1,038	11.4	3.9	10.4	2.9	2,645
	1939	2,397	642	219	388	94	298	2,710	1,328	13.4	7.1			2,155
	1942	2,629	763	312	482	81	346	3,022	1,591	12.6	6.6	11.9	5.8	2,391
비율		72.4(80.8)		17.3(43.0)		10.3(28.3)		100.0(68.8)						

주: 비율은 사유지, 타인지, 자작지의 1938, 1939, 1942년도의 3년 평균. ( ) 안은 논의 비중.
자료: 〈1938年 12月 末日 現在 小作人狀況調〉; 〈1940年 3月 末日 現在 會社槪況〉; 〈1943年 3月 末日 現在 會社槪況〉.

작 형태는 위의 3개년 평균으로 자작지가 전체의 10.3%, 소작지가 89.7%였다. 소작지는 성업사의 사유지(社有地)와 타인지(他人地)로 구성되었는데 전자가 전체 소작지의 80.7%, 전체 경지의 72.4%였다. 지목별로는 논의 비중이 전체 경지의 68.8%였으나 이는 경작 형태에 따라 조금씩 달라 소작지는 논이 73.5%였고 −그중 사유지는 80.8%, 타인지는 43.0%− 자작지는 논이 28.3%에 그쳤다. 논 중심으로 사유지를 확보하여 그중 8할 이상을 소작지로 대여하였고 자작지는 7할 이상이 밭이었다.

성업사는 1938, 1939, 1942년에 총 4,000정보에서 4,500정보에 이르는 경지를 경작하기 위하여 2천 수백여 호의 소작농가를 동원하였다([표 2-21]). 그중에는 영북농장의 소작인들처럼 7할 이상이 전속 소작호인 경우도 있지만, 대개 전속 소작호의 비중은 전체 소작농가의 4할 미만(38.9%)에 그쳤다([표 2-22]).[114] 1938년도의 경우 성업사 전체 소작 농가의 호당 평균 가족 수는 [표 2-22]에서 보듯이 5.8명이고 그중 노동 능력이 있는 이는 평균 2.9명이었다. 한편 1939, 1942년도 기준으로 성업사 전체 소작 호의 평균 차경(借耕)면적은 [표 2-21]에서 보듯이 논 1.2~1.3정보, 밭 0.6~0.7정보로서 논밭 합계 약 2정보였다. 그러나 말영(末永)농장 소작인은 평균 2, 3정보 이상을 차경하고 창원, 함안농장과 장흥출장소 소작인은 1정보 남짓 차경하는 등 농장 간 격차가 컸다. 소작인 개인 간 차이도 있었다. 그러나 농장의 전속 소작호는 대부분 비전속 소작호보다 적은, 평균 규모 이하의 농지를 차경하였다.[115]

114 해방 당시에도 거의 변동이 없었다. 1945년 9월 성업사가 '전후(戰後) 처리' 용으로 조사한 아래의 소작호 통계에도 전속호는 4할 미만인 36.7%였다.

소재지	전속호	겸경(兼耕)호	계	소재지	전속호	겸경(兼耕)호	계
평북	200	487	687	평남	45	137	182
황해	125	236	361	강원	69	58	127
경기	140	102	242	충남	35	40	75
함북	35	40	75	계	649	1,116	1,765

115 비전속호(非專屬戶)는 전속호보다 넓은 농지를 차경한 외에 다른 지주의 농지를 추가 차경하

[표 2-22] 성업사의 소작인 상황(1938)

농장	호수			인구				호당		생활 정도(호)		
	전속호	기타	계	내이민	남자	계	노동수	가족수	노동수	상	중	하
영북	159	61	220	122	648	1,191	482	5.7	2.2	13	76	131
대천	17	53	70	–	201	384	255	5.5	3.6	15	32	23
천좌	205	211	416	30	1,124	2,220	1,069	5.3	2.6	95	187	134
창원	94	210	304	–	844	1,707	762	5.6	2.5	39	89	176
김포	26	175	201	–	683	1,277	486	6.4	2.4	46	121	34
서수	198	285	483	–	1,464	2,981	1,210	6.2	2.5	71	243	169
장흥	29	220	249	15	773	1,473	866	5.9	3.5	26	97	126
함안	301	401	702	–	2,121	4,082	2,412	5.8	3.4	125	315	262
계	1,029	1,616	2,645	168	7,858	15,315	7,541	5.8	2.9	430	1,160	1,055
비율	38.9	61.1	100	6.4			49.2			16.3	43.9	39.9

주: 비율은 %. 내이민=內 移民. 노동 수=노동 가능자 수.
자료: 〈1938年 12月 末日 現在 小作人狀況調〉.

성업사는 이처럼 2천 수백여 호의 소작농가를 동원하여 기경, 파종, 묘대, 이식, 시비, 제초 등 생산의 전 과정과 탈곡, 예취, 건조, 조제, 수납 등 분배의 전 과정을 차질없이 수행하였다. 그리하여 각 농장, 출장소별로 차이는 있지만, [표 2-23]에서 보듯이 창업 초인 1930년대 전반기에는 직할농장의 경우 1단보당 논에서 2.47석, 밭에서 0.38석을 수확하여 그중 약 50% –논은 49%, 밭은 55%– 를 소작료로 징수하였다. 그런데 1930년대 전반기에 논 1단보당 수확고가 2.47석이고 소작료율이 49%였던 직할농장의 경영 성적은 [표 2-24]에서 보듯이 1930년대 후반과 1940년대 초에는 논 1단보의 수확고가 그보다 0.52석, 즉 21.1% 증가한 2.99석으로 늘고 소작료율도 6% 증가한 55%로 상승하였다. 따라서 이 기간 성업사 직할농장의 논 1단보당 소작료 수입은 1.21석(2.47석×0.49)에서 0.43석, 즉 35.5% 증가한 1.64석(2.99석×0.55)으로 늘었

거나 또는 자기 소유농지가 있어 형편이 좀 나았을 것이다. 따라서 농장은 크고 작은 임노동을 전속호에 우선 맡기지 않았을까 한다.

[표 2-23] 성업사 직할 농장·출장소의 경영 실적(1932~1935)

농장	연도	실제 경작 면적(정보)		단보당 수확량(석)		총수확량 (석)		소작벼 (석)		소작료율 (%)	
		논	밭	논	밭	논	밭	논	밭	논	밭
천좌	1932	514	393	2.18	0.28	11,217	1,109	5,609	555	0.50	0.54
	1933	569	347	2.02	0.35	11,457	1,217	5,750	608	0.50	0.50
	1934	591	378	2.41	0.50	14,221	1,896	7,147	948	0.50	0.50
	1935	489	256	2.81	0.74	13,832	1,907	6,916	821	0.50	0.43
천좌 마산	1932	107	66	1.75	-	1,885	-	1,044	146	0.55	-
	1933	106	86	1.35	-	1,474	-	1,020	130	0.69	-
	1934	117	73	1.60	-	1,862	-	1,048	118	0.56	-
	1935	62	8	2.90	-	1,793	-	1,042	34	0.58	-
대천	1933	41	-	2.05	-	557	-	283	-	0.50	-
	1934	29	-	2.06	-	851	-	425	-	0.50	-
	1935		-	2.07	-	605	-	303	-	0.50	-
서산	1932	20	-	2.20	-	440	-	220	-	0.50	
	1933	34	-	2.20	-	738	-	369	-	0.50	-
	1934	39	-	2.11	-	824	-	412	-	0.50	-
	1935	42	-	2.96	-	1,236	-	618	-	0.50	-
창원	1932	-	-	-	-	4,763	-	-	-	-	-
	1935	243	-	3.43	-	8,318	-	5,000	-	0.60	-
김포	1935	153	21	1.75	0.20	2,675	41	1,605	21	0.60	0.50
계	1932			2.85	0.24					0.38	0.63
	1933			1.93	0.28					0.52	0.61
	1934			2.25	0.42					0.51	0.56
	1935			2.80	0.68					0.54	0.45
4년 평균				2.47	0.38					0.49	0.55

주: 1) 1935년 이후 산재지(散在地)를 매각하여 감소. 2) 1933, 1934년도는 낙동강 홍수로 수확이 거의 없음.
3) 밭 수확물은 콩(大豆)임. 4) 자료의 성격상 모든 농장, 출장소를 포괄한 것이 아님.
자료: 각 농장, 출장소, 〈所有物件時價調査報告, 1936. 2〉.

고, 소작농가의 수취분은 1단보당 1.26석(2.47석×0.51)에서 0.09석, 즉 7.1% 증가한 1.35석(2.99석×0.45)으로 늘었다. 이제 [표 2-23], [표 2-24]에서 두 기간의

[표 2-24] 성업사 직할 농장·출장소의 경영 실적(1937~1942)

농장	연도	총면적 (정보)	실수예정 (정보)	실수면적 (정보)	1단보 수량(석)	총수확량 (석)	소작료 (석)	소작료율 (%)
창원	1937			240	3.23	7,738	4,646	0.60
	1938			237	4.00	9,472	5,685	0.60
천좌	1937			469	3.54	16,596	8,298	0.50
	1938			470	2.15	10,109	5,125	0.51
	1939	721	498	495	2.46	12,157	6,470	0.53
	1942		485	482	2.97	14,292	7,592	0.53
영북	1937			264	2.70	7,126	4,278	0.60
	1938			261	3.12	8,150	4,890	0.60
	1939	349	268	230	2.86	6,588	3,953	0.60
	1942		276	274	2.74	7,503	4,507	0.60
대천	1937			50	2.84	1,149	709	0.50
	1938			56	1.93	1,085	542	0.50
	1939	61	60	60	2.76	1,661	830	0.50
	1942		61	59	2.40	1,412	699	0.50
김포	1937			147	2.54	3,732	2,056	0.55
	1938			152	2.93	4,467	2,461	0.55
장흥	1939	128	-	-	-	-	-	
서수	1939	420	418	418	3.17	13,262	7,161	0.54
	1942		418	418	3.88	16,205	8,752	0.54
소계	1937			1,169	3.13	36,611	19,987	0.55
	1938			1,176	2.83	33,282	18,702	0.56
	1939	1,678	1,244	1,204	2.80	33,668	18,414	0.55
	1942		1,240	1,232	3.20	39,412	21,550	0.55
4년 평균				4,781	2.99	142,973	78,653	0.55

주: 소작료율은 논 소작료율.

자료: 1937, 1938년은 〈成農 第300號 1939. 2. 10. 農務課長 小川龜彌. 각 농장장, 출장소 주임 殿. '1938年度 水稻增減收 및 對策에 關한 件'〉의 '1938年度 各農場出張所 水稻實收穫表'; 1939, 1942년은 1940년 3월 말, 1943년 3월 말 현재 〈會社槪況〉.

비교가 가능한 천좌, 대천, 창원, 김포 4개 농장 전체의 논 1단보당 평균 수확량을 보면 2.40석에서 2.88석으로 0.48석(20%) 증가하였고, 소작료율(소작료/총수확량)은 51.9%에서 54.0%로 상승하였다. 이로써 논 1단보당 성업사 몫은 0.31석(2.88×0.54-2.40×0.519), 소작인 몫은 0.17석(2.88×0.46-2.40×0.481)이 각각 늘어 성업사가 증수분(0.48석)의 64.6%를 차지하고 소작인이 35.4%를 차지한 셈이었다.

한편, 같은 자료로 1930년대 후반과 1940년대 초 성업사 수탁농장의 성적을 보면, 논 1단보당 실수량이 평균 3.01석으로 직할농장보다 0.02석 많고 소작료율도 56%로서 1% 정도 높았다([표 2-25]). 그 결과 수탁농장 소작인의 실수취분이 논 1단보당 평균 1.32석(3.01석×0.44)으로 직할농장 소작인 수취분 1.35석보다 0.03석가량 적었다. 그런데 수탁농장은, 1930년대 전반기는 자료 미비로 일률적으로 말할 수 없으나 그 후반과 1940년대 초에는 직할농장과 마찬가지로 단보당 수량이 늘었다. 1933년 4월 성업사가 조선식산은행의 위탁을 받아 수탁경영에 착수한 장흥출장소의 단보당 수량이 수탁 이전의 평균 0.5석대에서 수탁 직후인 1930년대 전반에 1석 5, 6두대로 늘고, 1930년대 후반과 1940년대 초에 2, 3석대로 더 크게 증가한 것이 예였다.[116] 1939년 2월에 성업사가 조선식산은행의 위탁을 받아 수탁경영에 착수한 말영(末永)농장과 귀두(鬼頭)농장의 단보당 수량도 수탁 전의 평균 2.32석과 0.55석에서 수탁 후인 1942년에 말영농장은 2.60석으로 소폭 늘고, 귀두농장은 1.97석으로 대폭 증가하였다.[117] 1930년대에 성업사의 각 농장, 출장소 및 소

116 장흥출장소의 단보당 수확량이다. 〈1940年 3月 末日 現在 會社槪況〉.

연도	실수면적	실수량	1단보 수량	연도	실수면적	실수량	1단보 수량
기왕	154정보	821석	0.53석	1937	144정보	3,060석	2.12석
1933	159	2,040	1.28	1938	171	4,000	2.34
1934	133	2,051	1.54	1939	169	5,578	3.30
1935	151	2,425	1.60	1940	171	4,654	2.73
1936	145	2,781	1.91				

[표 2-25] 성업사 수탁 농장·출장소의 경영 실적(1937~1942)

장명	연도	총면적(정보)	실수예정(정보)	실수면적(정보)	1단보 수량(석)	총수량(석)	소작료(석)	소작료율
서수	1937			414	4.27	17,656	9,536	0.54
	1938			418	3.82	15,991	8,631	0.54
장흥	1937			144	2.24	3,241	1,620	0.50
	1938			171	2.48	4,235	2,122	0.50
	1939	196	171	171	2.73	4,654	2,327	0.50
함안	1937			654	4.00	26,143	15,683	0.60
	1938			640	3.64	23,298	13,966	0.60
부안	1937			70	0.80	480	182	0.40
	1938			49	1.41	685	343	0.50
말영	1939	871	690	640	2.30	14,758	8,701	0.59
	1942		676	666	2.60	17,353	10,323	0.59
귀두	1939	294	280	273	2.06	5,626	2,813	0.50
	1942		275	255	1.97	5,025	2,515	0.50
조포	1942		70	67	2.29	1,531	766	0.50
원전	1942		330	330	2.56	8,448	4,497	0.53
소계	1937			1,272	3.74	47,519	27,032	0.57
	1938			1,277	3.46	44,210	25,062	0.57
	1939	1,361	1,140	1,083	2.31	25,038	13,841	0.55
	1942		1,351	1,318	2.46	32,357	18,100	0.56
4년 평균					3.01	149,123	84,035	0.56

주: 부안출장소의 1938년도 수확량(收量)은 예상치임.
자료: [표 2-24]와 같음.

117 말영농장, 귀두농장의 단보당 수확량이다. 〈1943年 3月 末日 現在 會社槪況〉. 단, 말영농장의 1940년도 수확은 '도열병'으로 크게 감소함.

말영농장				귀두농장			
연도	실수면적	실수량	1단보 수량	연도	실수면적	실수량	1단보 수량
기왕	676정보	15,714석	2.32석	기왕	360정보	2,000석	0.55석
1939	675	19,603	2.90	1939	282	5,463	1.94
1940	640	14,758	2.30	1940	273	5,626	2.06
1941	664	16,322	2.46	1941	265	5,133	1.94
1942	666	17,353	2.60	1942	255	5,025	1.97

[표 2-26] 성업사 직할·수탁농장의 소작료 수취(1937~1942)

(단위: 석)

연도	직할농장			수탁농장			총계		
	총수량	소작료	소작료율	총수량	소작료	소작료율	총수량	소작료	소작료율
1937	40,419	21,548	0.53	26,349	15,146	0.57	66,768	36,694	0.55
1938	33,368	18,122	0.54	21,714	12,276	0.57	55,082	30,398	0.55
1939	34,712	18,628	0.54	30,644	17,153	0.56	65,356	35,781	0.55
1940	33,668	18,414	0.55	25,038	13,841	0.55	58,707	32,255	0.55
1941	40,740	22,223	0.55	30,153	16,936	0.56	70,892	39,159	0.55
1942	39,412	21,550	0.55	32,357	18,100	0.56	71,769	39,650	0.55

자료: 〈1937年度以降 各農場 水稻收量(5個年分)一覽表〉.

작인에 대한 지도, 감독, 통제의 강화와 그걸 통한 영농법 개선, 수리개선 등 일련의 증산대책이 수탁농장의 단보당 수량을 크게 늘린 것이다.

성업사는 수탁농장을 경영하고 애초 약정한 대로 소작료 수입의 몇 '퍼센트'를 관리수수료로 받는 게 관례였다.[118] 따라서 더 많은 관리수수료를 얻으려면 수탁농장 역시 직할농장과 마찬가지로 증산을 독려해야 하였는데 1930년대 후반과 1940년대 초의 수탁농장은 [표 2-24], [표 2-25]에서 보듯이 단보당 실수량이 평균 3.01석으로 직할농장의 2.99석보다 0.02석 많고 소작료율도 1% 더 높은 56%였다. 그리하여 수탁농장 소작인의 단보당 실수취분

118 성업사 창립 초에 조선식산은행의 지점장들에게 보낸 〈1933. 1. 19. 成第3061호 農耕地管理方依頼의 件〉은 "관리수수료는 소작료의 8% 이내로 하되 그 안에서 협정할 수 있다"고 하였다(앞 주 73 참조). 한편, 조선식산은행과 성업사가 1933년 4월에 체결한 전라남도 장흥군 대덕면 소재 서산대덕농장의 관리계약서는 "제3조 관리수익 중에서 조세, 공과 급 관리비용과 농장경영 자금 일체를 지불한 잔액을 갑(조선식산은행)에 교부할 것. 단, 교부 시기는 쌍방이 협의하여 결정할 것. … 제5조 제3조의 여잉수익(餘剩受益)이 있을 때 갑은 그 100분의 1을 관리수수료로 을[성업사]에게 교부할 사"에서 보듯이 관리수수료를 여잉수익의 1%로 정하였다. 그러나 1939년 4월의 〈추가계약서〉는 "제1조 갑은 관리수수료로 농장 소작료 총수익의 100분의 5를 을에게 지불하는 동시에 원(原)계약 제3조의 여잉수익이 있는 경우 갑은 그 100분의 2를 다시 을에게 교부할 것, 제2조 전조에 의하여 원계약 제5조는 삭제할 것"에서 보듯이 관리수수료로 소작료 수입의 5%를 성업사에 지불하는 동시에 여잉수익이 있을 때는 그중 2%를 성업사에 추가 교부하는 것으로 수정하였다. 홍성찬, 앞의 글, 1989의 부록.

[표 2-27] 성업사 소작인의 가축 보유(1938)

농장	경우(耕牛)							양돈		양계	
	차입처		소유 호수(%)	계	사양 호수	사양 두수	1두당 면적	마릿수	소유 호수	마릿수	소유 호수
	회사	타인									
영북	-	34	68(30.9)	102	99	4.66	29	99	99	637	106
대천	14	8	11(15.7)	33	33	4.71	28	7	6	65	20
천좌	79	63	51(12.3)	193	193	4.64	53	203	188	1,369	248
창원	79	51	102(33.6)	153	150	5.03	23	104	66	197	74
김포	-	76	69(34.3)	145	141	7.21	25	41	38	866	145
서수	-	46	90(18.6)	136	136	2.81	45	81	77	1,809	378
장흥	16	23	75(45.8)	114	114	4.58	28	105	92	153	48
함안	38	178	228(32.5)	444	437	6.32	20	225	179	738	264
계	147	479	694(26.2)	1,320	1,032	4.99	31	875	545	5,834	1,283

주: %는 각 농장, 출장소별 총소작호수 대비임.
자료: 〈1938年 12月 末日 現在 小作人 狀況調〉.

은 1.32석(3.01석×0.44)으로 직할농장의 소작인 수취분 1.35석(2.99석×0.45)보다 0.03석 적었다. 성업사의 직할농장과 수탁농장, 그리고 개별 소작인에 대한 철저한 영농 지도, 감독, 통제와 그걸 통한 증산 독려는 이런 점에서 소작농에 대한 수탈 강화와 다를 게 없었다.[119] 직할농장과 수탁농장에서 평균 55%, 56%의 소작료를 받은 성업사의 1930년대 후반과 1940년대 초 연간 소작료 수취량은 [표 2-24], [표 2-25], [표 2-26]에서 보듯이 대략 직할농장에서 2

119 1941년 5월 성업사는 전시 체제가 강화되는 가운데 "시국의 방향을 정시하며 황도정신을 가지고 늘 수신제가하여 인격 향상을 도모하고 인고단련(忍苦鍛鍊)의 힘을 키워 부단한 활력으로 총후(銃後) 국민의 실(實)을 얻기" 위한다는 명분 하에 1. 우리는 항상 자신의 사명을 자각하고 인고연찬(忍苦硏鑽)으로 생산확충을 도(圖)한다. 2. 우리는 서로 친애협력하고 근검역행으로 봉공(奉公)의 성(誠)을 다한다. 3. 우리는 항상 천은(天恩)에 감사하고 수신제가로 인격을 도야한다는 3개 항의 회사 '강령'을 정하고 전 직원에게 조석으로 제창케 하는 한편, 이를 '표장(表裝)하여 적당한 벽상(壁上)에 게시토록' 하였다. 〈社示達 庶第7號 1941. 5. 2. 전무 林豊. 관계 과장, 농장장, 출장소 주임 殿. '我社의 綱令制定에 관한 件'〉.

만 석, 수탁농장에서 1만 5,000석 이상이었다.[120]

일제 말 성업사의 소작인은 평균적으로 논 1.3정보와 밭 0.7정보를 차경하였다([표 2-21]). 따라서 1단보당 수취분을 논 1.32석, 밭 0.17석으로 보면(1단보의 수확량을 논 2.47석, 밭 0.38석으로 가정. [표 2-23]) 1호당 평균 29.8석을 수취한 셈이었다. 당시 성업사 소작농의 73.8%는 경우(耕牛)를 소유하지 않았고([표 2-27]), 개량 쟁기도 소작농의 52.7%만 소유하였으므로([표 2-28]) 이들은 성업사나 다른 농가에서 경우 등을 빌려 농사를 지어야 했다. 따라서 소작농들은 소작료 외에 경우 및 농구 구입용 영농 자금을 빌려 그에 대한 선대(先貸) 이자와 경우 사용료[借牛料]를 공제당하였을 것이다. 결국, 이들은 양돈, 양계나 가마니, 새끼 짜기 등을 부업으로 하여 생계를 보충하였다([표 2-27], [표 2-28]). 그런 후에도 성업사의 소작농들은 [표 2-29]에서 보듯이 전체 소작호의 76.1%는 호당 평균 92.7원 –차입처 비중은 사채(私債) 48.4%, 금융기관 31.6%, 성업사 20.0%– 의 부채를 진 농가였다. 성업사가 자체 조사하여 다소 과대평가되었을 것으로 보이는 1938년 말 현재 각 농장, 출장소 소작 농가의 생활 정도 조사에서도 상으로 분류된 소작 농가는 전체의 16.3%, 중은 43.9%, 하가 39.9%였다([표 2-22]). 하로 분류된 농가는 말할 것도 없고 중으로 분류된 농가도 대부분 부채 농가였다. 일제하 성업사의 소작농들이 직면한 현실이었다.

---

120 [표 2-23]의 숫자 중에는 [표 2-24], [표 2-25]의 소계를 합한 아래 총계표와 일치하지 않는 것이 많은데 이유는 분명하지 않다.

연도	총면적(정보)	실수예정 면적(정보)	실수면적(정보)	1단보 수량(석)	총수량(석)	소작료(석)	소작료율
1937			2,441	3.45	84,130	47,019	0.56
1938			2,453	3.16	77,492	43,765	0.56
1939	3,040	2,384	2,287	2.57	58,706	32,255	0.55
1942		2,591	2,550	2.81	71,769	39,650	0.55
평균				3.00			0.56

[표 2-28] 성업사 소작인의 농구 보유(1938)

농장	개량 쟁기			가마니 직기			제승기(製繩機)		
	개수	호수	%	개수	호수	%	개수	호수	%
영북	60	60	27.3	154	154	70.0	4	4	1.8
대천	33	33	47.1	30	37	52.9	9	9	20.0
천좌	220	220	52.9	209	209	50.2	118	118	28.4
창원	136	135	44.4	78	78	25.7	4	4	1.3
김포	112	110	54.7	178	177	88.1	11	11	5.5
서수	185	185	38.3	439	436	90.3	68	68	14.1
장흥	103	92	36.9	13	13	5.2	6	6	2.4
함안	560	558	79.5	289	289	41.2	32	32	4.6
계	1,409	1,393	52.7	1,390	1,393	52.7	252	257	9.7

주: %는 각 농장, 출장소별 총소작호수 대비임.
자료: 〈1938年 12月 末日 現在 小作人 狀況調〉.

[표 2-29] 성업사 소작인의 부채(1938)

농장	소작 호수	부채 소작호(%)	차입처별 차입금 총액(원)				차입처별 호당 차입액(원)			
			성업사	금융기관	개인	계	본사	금융기관	개인	계
영북	220	114(51.8)	2,663	3,442	7,088	983	21.5	27.8	7.9	57.2
대천	70	47(67.1)	660	465	905	2,030	14.1	9.9	19.3	43.2
천좌	416	269(64.7)	3,047	7,097	16,492	26,636	11.3	26.4	61.3	99.0
창원	304	288(94.7)	6,336	9,019	11,695	27,048	22.0	31.3	40.6	93.9
김포	201	120(59.7)	-	5,108	3,175	8,283	-	42.6	26.5	69.0
서수	483	335(69.4)	-	7,845	23,385	31,230	-	23.4	69.8	93.2
장흥	249	159(63.9)	1,032	6,128	10,220	17,380	6.5	38.5	64.3	109.3
함안	702	671(95.6)	23,521	19,945	23,406	66,872	35.1	29.7	34.9	99.7
계	2,645	2,013(76.1)	37,259	59,049	90,261	186,569	18.5	29.3	44.8	92.7
%			20.0	31.6	48.4	100.0				

자료: 〈1938年 12月 末日 現在 小作人 狀況調〉.

5. 결어

성업사는 1931년 5월 조선식산은행이 창업[起業] 자금 전액을 출자하고 창립 요원 전원을 파견하여 자회사로 설립한 농업회사였다. 당시 이 은행이 성업사를 설립한 일차적인 이유는 세계 대공황으로 부실자산, 부실채권이 급증하며 농지 등 방대한 규모의 부동산 담보 물건이 '채무 대상'(代償), 채무상환용으로 은행에 유입(流込)되었기 때문이다. 성업사는 그런 부동산을 인수하여 한편으로는 조선식산은행의 재무 건전성을 높여 이를 굿 뱅크(good bank)로 만들고, 다른 한편으로는 그렇게 인수한 부동산, 농지, 농장들을 효과적으로 관리·개선(workout)하여 자산가치를 높이고 나아가 그걸 고가에 매각하는 등의 역할을 맡은 일종의 배드 뱅크(bad bank), 부실자산 정리회사로 설립한 농업회사였다.

그러나 이렇게 설립된 성업사는 그 후 성격이 변해 갔다. 1930년대 중반에는 당시 한국 최대 농업회사로서 심각한 경영 위기에 놓였던 불이흥업과 선만개척(조선개척의 전신)의 지배 주주가 되어 이를 자회사로 거느렸고, 1940년에는 불이흥업, 조선개척 등과 컨소시엄(consortium)을 구성하여 조선농기구제조를 설립하였다. 농업 부문에서 조선식산은행–성업사–불이흥업·조선개척–조선농기구제조로 연결된 피라미드형의 기업지배 구조를 구축한 것이다. 한편, 성업사는 1944년에 산하의 조선개척(선만개척의 후신)을 불이흥업에 합병시켜 불이흥업을 동양척식주식회사에 버금가는 대농업회사로 만들었으며, 그 외 조선제련과 일본고주파중공업, 한강수력전기 등 신설 거대 광공업 회사의 창업 주식을 인수하는 등 자산 구성에서 유가증권의 비중을 크게 늘렸다. 그리하여 1940년대 초 성업사의 총자산에서 유가증권이 차지한 비중은 부동산의 비중을 능가하며 수위로 올라섰고, 총수입에서 주식배당금 수입이 차지한 비중도 경지 수입(주로 소작료 수입)을 능가하며 역시 수위가 되었다. 성업사는 조선식산은행의 부실자산(주로 농지), 부실채권의 정리 기능을 맡은 농업회사에서 산업자본과 산업기업의 창업자·발기인·인수자가 되어, 일제하 한국 산업개발의 중축을 맡은 조선식산은행의 대리기관, 전위기관의 역할을 잘 수행하게 되었다. 이렇게 보면 성업사는 일제하 은행자본, 금융자본의 산업기업, 특히 농업회사 지배의 경로와 실태를 충실하게 보여주는 동시에 일제하 한국에서 엄청난 영향력을 행사하였던 '조선식산은행 콘체른'의 초기 형성 과정과 존재 형태를 보여주는 귀중한 사례가 아닐 수 없다. 한편, 당시 조선식산은행에서 이들 기업에 파견한 인사들은 그 후 조선 재계, 조선 농업계의 수뇌부로 성장하여 갔다. 이 은행은 조선 농업계와 재계를 움직이는 중요 인물들을 배출한 산실 역할도 다한 것이다.

성업사는 조선식산은행의 부실자산들을 인수하여 이를 효과적으로 관리, 개선, 처분할 배드 뱅크로 애초에 설립되었다. 그런데 일제하 은행들은 대부분 이런 종류의 부실자산 정리회사를 자회사로 거느렸다. 한일은행은 1924년 5월 남창사(南昌社)를 설립하였고, 한성은행은 1925년 6월에 창업한 경성흥산(京城興産)의 주식 일부를 인수한 후 1931년에 지배주주가 되어 이를 자회사로 거느렸다. 조선상업은행도 1930년 3월 대창흥업(大昌興業)을 설립하여 이를 자회사로 거느렸다. 그러나 성업사는 규모와 영향력 면에서 이들과 차원이 달랐다. 그리고 성업사는, 해방 후 모기업인 조선식산은행이 1954년에 해산하고 한국산업은행이 신설되는 가운데, 1965년에 해산하였고 그 후 오랜 청산 과정을 거쳐 2000년에 청산이 종결되었다. 그러나 종래 성업사가 수행하였던 부실자산 정리회사의 기능은 1962년 4월에 한국산업은행이 자본금 전액을 출자하고 성업사에서 이름까지 따와 발족한 성업공사(成業公社)로 이어졌고 이는 1997년 외환 위기 이후 정부 출자의 한국자산관리공사로 계승되어 지금껏 운영되고 있다. 그 점에서 성업사는 우리나라 부실자산 정리회사의 기원(origin)을 보여주는 사례인 셈이다.

성업사는 조선식산은행의 부실자산을 인수받아 관리, 개선하고 자산

가치를 높여 고가에 매각하는 게 창립 당시 기업의 목표였다. 그런데 이들 부실자산은 애초 채산성, 수익성이 낮아 통상적인 방법으로는 그 가치를 높이기 어려웠다. 그야말로 고강도의 구조조정이 필요하였다. 이에 성업사는 농장을 인수 또는 수탁받으면 소작인을 줄여 소작지와 소작인의 균형을 맞추었고, 영농일정표를 작성하여 소작인을 효과적으로 동원하고 노동 강도를 높였으며, 농업전문가를 고용하고 농사시험장에 연구 용역을 주어 영농개선 사항을 자문받는 등 당대 첨단의 영농방식으로 경영하였다. 이렇게 보면 성업사는 일제하 농장경영, 농업경영이 도달한 최고의 영농법을 보여주는 최상의 사례였다. 그러나 성업사 직할농장의 경우 그렇게 증산한 미곡의 65% 정도는 농장이 차지하고 소작인은 35%를 차지할 뿐이었으며, 그곳 소작인의 76.1%는 호당 평균 92.7원의 빚을 진 부채농가였다. 그 과실이 그곳 소작인이 아닌 성업사로 대부분 돌아갔던 것이다.

[부록 2-1] 계약서

이와나가 요네키치(岩永米吉), 이와나가 마사오(岩永正男), 이즈미 고타로(泉光太郎), 이즈미 하치로(泉八郎)[이상 4명 이하 갑]와 후쿠다 다케시(福田武)[이하 을]는 그 소유에 속한 별지 목록의 부동산 및 부동산 상의 부속물 일체를 현상대로 주식회사 성업사[이하 병]에 매도하기로 하고 좌기 사항을 확약함. …

1. 전기(前記) 물건 일체의 대가를 23만 5,000원으로 정해 갑과 을은 이를 매도하고 병은 이를 매수함.
2. 전조(前條)의 매매대금 내 23만 원은 갑이 주식회사 조선식산은행에 현재 지고 있는 별지 채무목록의 연부(年賦) 차입금 채무를 병과 주식회사 조선식산은행 간의 채무자 교체에 따른 채무갱개계약(債務更改契約)에 의하여 병이 계승하는 것으로 하고, 5천 원은 갑이 주식회사 조선식산은행에 지고 있는 어음차입금(手形債務)을 병이 대신(代位) 변제하는 것으로 함.
3. 갑과 을은 전조(前條) 채무자의 교체에 따른 채무갱개계약에 동의할 뿐 아니라 대금수수 방법에도 추호의 이의를 신립하지 않기로 함.
4. 갑과 을은 부동산 및 부동산 상의 부속물 일체를 병에게 명의 이전하는 데 필요한 서류를 작성하고 이에 각종 권리 증서를 첨부하여 병에게 교부할 것.
5. 전조의 명의 이전에 요하는 비용은 병의 부담으로 함.
6. 갑이 소작인 등에 가지고 있는 채권(債權)은 무상으로 병에게 양도하기로 함. 전항 채권양도에 필요한 서류는 갑이 이를 작성하여 병에게 교부하기로 함.
7. 부동산 및 부동산 상의 일체 부속물의 인도는 본계약 성립일에 완료되는 것으로 간주함.
8. 병은 부동산 및 부동산 상에 있는 부속물의 인도 완료 전이라도 주식회사 조선식산은행의 동의를 받아 이를 사용(使用), 수익(收益), 기타 관리상(管理上) 필요한 일체의 조치를 할 수 있기로 함.
9. 병이 부동산 및 부동산 상에 있는 부속물 일체를 사용, 수익함에 있어 갑, 을은 절대로 방해하거나 또는 고장(故障)을 신립할 수 없다.
10. 본 계약 및 제2조의 매매대금 결제 완료 시에는 갑이 주식회사 조선식산은행에 1929년 1월 28일부로 차입(差入)한 차입증(差入證)에 의한 관리계약(管理契約)은 소멸하는 것으로 함.
11. 본 계약을 이행치 않거나 이행할 수 없는 경우 본 계약은 효력을 상실함.

1933년 2월 1일

채무목록

1. 1927년 4월 12일부 연부상환금 차용증서에 의한 채무 현재액	94,000원
1. 1927년 6월 25일부 연부상환금 차용증서에 의한 채무 현재액	96,000원
1. 1927년 6월 25일부 연부상환금 차용증서에 의한 채무 현재액	34,000원
1. 1927년 6월 25일부 연부상환금 차용증서에 의한 채무 현재액	6,000원
1. 1928년 8월 2일 발행[振出] 약속어음에 의한 채무 현재액	5,000원
합계	235,000원(이상)

[부록 2-2] 주식 납입자본금 및 주식 처리 사항에 관한 건

1. 주식 납입자본금은 미요시 도요타로(三好豊太郎)의 명의로 주식회사 조선식산은행에서 전액(50만 원) 차입(借入)할 것.
2. 차입금(借入金)에 대해서는 주식회사 성업사 주식 3만 9,700주(취체역이 감사역에 제공할 주식을 제외한 나머지 주식[殘株])를 담보로 제공할 것.
3. 주식회사 조선식산은행에서 차입할 주식 납입 자금에 대한 이율(利率)은 주식회사 성업사에서 배당받는 비율(步合)과 똑같이(同樣) 할 것.
4. 미요시 도요타로(三好豊太郎) 이외의 주주는 모두 그로부터 주식을 무상 차입(借入)하는 것으로 단지 명의상의 주주에 그침.
   1) 각 주주는 위임장, 담보차입(差入)승낙서와 주식회사 성업사의 담보권설정(設定)승낙서를 주식에 첨부하여 별지 차입(差入)증서와 함께 미요시 도요타로에게 차입(差入. 제출-저자)할 것.
   2) 취체역 제공(提供) 주(株)는 이를 구분하여 전호(前號)의 차입(差入)증서를 차출(差出)해 둘 것.
5. 차입금(借入金)에 대한 담보 제공 수속은 좌에 의한다.
   1) 미요시 도요타로 명의의 주식에 위임장, 주식회사 성업사의 담보권설정승낙서 첨부.
   2) 미요시 도요타로 이외 명의의 주식에 위임장, 담보차입승낙서 및 주식회사 성업사의 담보권설정승낙서 첨부.
   3) 이상을 모은[取纏] 담보차입증(擔保差入證)을 주식회사 조선식산은행에 차입금(借入金) 담보로 제공할 것.
   4) 각 주주가 미요시 도요타로에게 차입(제출-저자)한 차입증(差入證)은 이를 모아[取纏] 주식회사 조선식산은행에 공탁할 것(취체역 제공주(株)도).
6. 취체역의 신입(申込) 주(株)는 2구(口)로 구분하여 주금(株金) 영수증을 발행할 것.
7. 취체역 공탁 주(株)는 감사역이 주식회사 조선식산은행에 예탁할 것.
8. 주식에 대한 배당금은 모두 미요시 도요타로의 소득으로 함.

[부록 2-3] 각서(1934. 4. 1)

주식회사 성업사(이하 성업사라 칭함)의 업무 경영에 관하여 주식회사 조선식산은행(이하 은행이라 칭함)과 성업사 사이에 좌의 각항을 약정함.

1. 좌의 사항은 성업사에서 실시 전에 미리 은행의 승인을 구하기로 함.
   1) 주주 총회에 제출할 사항 및 그 소집에 관한 사항
   2) 주금(株金, 주식대금)의 납입에 관한 사항
   3) 규정의 제정 또는 개폐에 관한 사항
   4) 중요한 계약의 체결에 관한 사항
   5) 공비(工費) 5천 원 이상의 공사시행에 관한 사항
   6) 은행 관계 이외의 제3자의 소유에 속한 토지 건물 및 부동산 상의 권리의 구입에 관한 사항
   7) 장부 가격 2만 원 이상의 부동산 처분에 관한 사항
   8) 토지 건물 집기 및 부동산 상의 권리 등의 가격 변경에 관한 사항
   9) 사업 및 경비(經費) 예산에 관한 사항
   10) 작득물(作得物)의 평가에 관한 사항
   11) 농장 혹은 출장소의 설치 개폐에 관한 사항
   12) 중요한 소송에 관한 사항
   13) 정부의 인가를 요하는 사항
   14) 사원의 채용에 관한 사항
   15) 과장, 농장장 및 출장소 주임의 임면(任免) 이동과 상벌에 관한 사항
   16) 중역의 보수에 관한 사항
   17) 기타 중요한 사항
2. 제1항 이외의 사항으로 성업사의 취체역회에 부의된 사항은 즉시 은행에 보고하기로 함.
3. 성업사는 좌의 보고서를 각각 지정된 기일까지 은행에 제출하기로 함.

1) 매월 말의 실제 보고서	다음 달 10일
2) 손익계정(勘定) 예산수입(豫算收入) 월표(月表)	동
3) 손익계정 예산지출 월표	동
4) 매월 말의 손익내역표	동
5) 매월 말의 미결산 계정표(勘定表)	동
6) 비료 계획표(관리 물건을 포함)	1월 하순
7) 농작(農作) 상황표(관리 물건을 포함)	수시
8) 수확 상황표(관리 물건을 포함)	동
9) 토지가옥 임대상황표	다음 달 5일
10) 소유 부동산 이동(異動) 상황표	다음 달 5일
11) 업무 검사 보고서	수시

4. 성업사의 업무에 관하여 은행은 하시(何時)라도 관계 장부 및 증빙서류 기타의 열람을 요구하고 또는 필요한 보고를 요구할 수 있도록 함.

우 협정의 증(證)으로 본 증서 2통을 작성하여 각자 1통씩 소지하기로 함.

1934년 4월 1일

주식회사 조선식산은행 두취 아루가 미쓰토요(有賀光豊)

주식회사 성업사 전무 취체역 도쓰 마나부(戶津學)

[부록 2-4] 성업사의 업무 감독에 관한 사무처리 방법

1. 은행과 성업사 간 문서의 접수발송은 산업금융과에서 취급할 것.
2. 문서의 접수는 수수부(授受簿)에 의하여 접수 발송을 명료히 할 것.
3. 각서 1항의 승인 사항은 당행의 사무분장(事務分掌)에 기초하여 미리 관계 과(課)와 합의 심사하고 담임 이사(理事)가 이를 사열(査閱)하여 각 이사를 경유 두취(頭取)의 결재를 받을 것.
4. 전항의 승인은 특별한 경우를 제하고 성업사의 기안에 증인(證印)을 얻어 승인장을 생략할 수 있음.
5. 승인 사항은 승인 대장을 갖추고 건명(件名), 승인 연월일을 기입하여 둘 것.
6. 각서 제2항 및 제3항의 보고는 담임 이사가 이를 사열(査閱)하고 필요에 따라 각 이사 및 두취에 공람하기로 함.
7. 전항의 보고는 성업사의 원본에 증인(證印)을 받아 보고서의 작성을 생략할 수 있음.

[부록 2-5] 성업사의 자산

(단위: 원, ( ) 안은 %)

과목 \ 연도	1 1931	2 1932	3 1933	4 1934	5 1935	6 1936	7 1937
부동산	3,246,077 (80.5)	7,463,998 (89.5)	9,317,012 (89.2)	8,781,417 (80.7)	5,981,487 (63.0)	3,977,059 (56.4)	3,538,238 (55.7)
토지	2,104,706	6,678,724	8,381,049	7,912,148	5,228,754	3,397,780	3,067,337
건물	215,723	774,995	925,165	845,693	562,918	430,671	338,217
산림	10,278	10,278	10,798	23,577	22,984	14,884	14,884
시가대지	915,370	-	-	-	156,801	133,724	117,800
사업비	51,159	52,104	54,523	21,001	117,818	38,299	38,664
토지개량비	-	-	1,952	20,198	117,015	37,496	37,496
간척사업비	38,888	38,888	39,245	-	-	-	-
식림사업비	12,271	13,216	13,326	803	803	803	1,168
동산	26,618	26,495	39,031	13,155	9,791	800	4,020
유가증권	106,888 (2.7)	106,888 (1.3)	- (0.0)	319,752 (2.9)	2,732,787 (28.8)	2,672,867 (37.9)	2,572,670 (40.5)
소작인대부	10,269	56,447	27,604	40,846	32,218	39,689	27,235
저장품	130,324	298,543	247,630	134,094	72,065	68,558	14,937
적송품(積送品)	35,629	-	-	-	-	-	-
본사농장간미달(未達)	692	57	518	10,117	2,052	-	-
예금	352,438	302,713	593,789	1,253,221	321,103	43,075	26,985
출자금	4,482	4,946	5,086	5,799	3,627	-	-
가공금	-	2,918	452	-	-	-	-
가불	65,927	13,387	155,544	306,066	226,045	209,769	128,119
미수금(未收金)	373	42	-	-	-	-	-
현금	1,267	2,456	2,853	1,527	1,648	583	138
계	4,032,143 (100.0)	8,340,995 (100.0)	10,444,041 (100.0)	10,886,993 (100.0)	9,500,639 (100.0)	7,050,698 (100.0)	6,351,006 (100.0)

주: 원 미만은 반올림하거나 버림. 이하 부록의 모든 표도 같음.
자료: 각 연도 〈營業報告書〉.

[부록 2-5] 성업사의 자산(계속)

(단위: 원, ( ) 안은 %)

과목 \ 연도	8 1938	9 1939	10 1940	11 1941	12 1942	13 1943	14 1944
부동산	3,412,250 (54.5)	3,860,612 (50.8)	3,603,469 (47.3)	3,938,466 (46.3)	5,552,964 (37.3)	6,736,225 (36.0)	7,638,646 (39.7)
토지	2,953,702	3,480,069	3,202,475	3,524,092	4,682,667	5,871,975	6,554,511
건물	334,664	263,539	290,990	309,370	768,293	771,245	803,659
산림	14,884	15,004	15,004	15,004	15,004	15,004	205,476
시가대지	109,000	102,000	95,000	90,000	87,000	78,000	75,000
사업비	4,253	187,671	174,077	202,080	202,080	202,079	742,254
토지개량비	3,085	186,387	172,754	200,616	-	-	-
식림사업비	1,168	1,284	1,323	1,464	-	-	-
동산	3,853	3,975	3,635	2,874	2,450	2,166	2,411
유가증권	2,623,857 (41.9)	3,268,912 (43.2)	3,352,902 (44.0)	3,448,178 (40.5)	8,553,211 (57.5)	9,950,681 (53.2)	10,021,725 (52.1)
소작인대부	16,516	18,551	18,082	17,913	15,216	14,948	13,660
저장품	56,670	161,731	333,497	324,956	38,265	38,181	20,716
농산품	-	-	-	-	-	60,068	29,210
예금	14,259	16,205	1,680	74,691	235,151	522,037	524,953
농장	-	-	-	-	25,830	31,460	53,774
가불	127,883	86,378	130,311	505,176	261,162	1,148,880	184,916
현금	193	1,105	185	267	362	1,343	2,487
계	6,259,735 (100.0)	7,605,140 (100.0)	7,617,836 (100.0)	8,514,600 (100.0)	14,886,690 (100.0)	18,708,069 (100.0)	19,234,754 (100.0)

[부록 2-6] 성업사의 자본, 부채

(단위: 원, ( ) 안은 %)

과목 \ 연도	1 1931	2 1932	3 1933	4 1934	5 1935	6 1936	7 1937
납입자본금	500,000	500,000	500,000	500,000	500,000	500,000	500,000
사원신원보증금	6,992	12,829	36,990	49,414	60,837	59,976	73,622
예탁금	5,403	–	–	–	–	–	–
차입금	3,500,288 (86.8)	7,763,213 (93.1)	9,774,766 (93.6)	9,902,213 (91.0)	8,610,534 (90.6)	6,310,356 (89.5)	5,543,091 (87.3)
가수금	17,799	62,132	128,120	429,708	322,072	171,284	222,810
전기이월금	–	1,661	2,820	4,166	5,659	7,196	9,082
당기순익금	1,661	1,159	1,346	1,493	1,538	1,886	2,400
계	4,032,143	8,340,995	10,444,041	10,886,993	9,500,639	7,050,698	6,351,006
부채/총자산	87.6%	94.0%	95.2%	95.4%	94.7%	92.8%	91.9%
당기순익률	0.3%	0.2%	0.3%	0.3%	0.3%	0.4%	0.5%

주: 당기순익률 = 당기순익금/납입자본금.

[부록 2-6] 성업사의 자본, 부채(계속)							
(단위: 원, ( ) 안은 %)							
연도 과목	8 1938	9 1939	10 1940	11 1941	12 1942	13 1943	14 1944
납입자본금	500,000	500,000	500,000	2,000,000	3,000,000	3,000,000	3,000,000
법정적립금	–	10,000	20,000	40,000	60,000	85,000	115,000
별도적립금	–	10,000	20,000	30,000	40,000	50,000	60,000
납세적립금	–	–	–	–	–	–	55,000
퇴직위로기금	–	15,000	30,000	45,000	60,000	80,000	95,000
신원보증금	–	–	153,098	114,949	138,398	172,955	195,398
예탁금	98,105	130,989	–	–	–	–	–
차입금	5,304,662 (84.7)	6,291,763 (82.7)	6,045,867 (79.4)	5,937,223 (69.7)	10,915,720 (73.3)	14,514,636 (77.6)	14,630,779 (76.1)
대리점[1)]	–	–	–	6,793	4,994	7,792	690,820
가수금	308,300	551,899	732,727	190,142	399,975	455,249	209,742
전기이월금	11,482	13,668	25,489	34,445	39,315	42,640	46,437
당기순익금	37,185	81,821	90,655	116,049	228,288	299,797	136,578
계	6,259,735	7,605,140	7,617,836	8,514,600	14,886,690	18,708,069	19,234,754
부채/총자산	91.2%	91.7%	91.0%	73.4%	77.0%	81.0%	81.8%
당기순익률	7.4%	16.4%	18.1%	5.8%	7.6%	10.0%	4.6%

주: 1) 대리점의 계정 이름은 1942년 '조선화재대리점', 1943년 '화재보험대리점', 1944년 이후 '대리점'임.

[부록 2-7] 성업사의 수입(위탁관계분을 제외한 순 회사분만)

(단위: 원, ( ) 안은 %)

과목 \ 연도	1 1931	2 1932	3 1933	4 1934	5 1935	6 1936	7 1937
경지수입	141,968 (73.2)	310,315 (62.6)	406,081 (60.7)	530,732 (60.3)	388,072 (38.7)	166,645 (17.8)	276,860 (29.3)
토지건물수입	24,566 (12.7)	121,716 (24.6)	175,074 (26.2)	198,700 (22.6)	190,409 (19.0)	179,627 (19.1)	149,076 (15.8)
산림수입	354	898	40	1,339	655	433	779
주식배당금	– –	– –	– –	– –	1,668 (0.2)	3,732 (0.4)	193,400 (20.5)
대부금이자	1,131	3,173	13,189	8,896	13,490	3,181	3,650
예탁금이자	13,075	19,355	16,175	25,775	31,976	7,003	1,378
부동산 매각익	27 (0.0)	3,331 (0.7)	329 (0.0)	62,225 (7.1)	287,512 (28.6)	521,991 (55.6)	224,928 (23.8)
관리수입	–	46	3,807	7,242	16,213	8,810	20,442
기타 잡익	12,930 (6.7)	36,320 (7.3)	54,304 (8.1)	44,973 (5.1)	73,911 (7.4)	46,663 (5.0)	75,029 (7.9)
계	194,051	495,354	668,999	879,884	1,003,906	938,085	945,542
부동산수입의 비중	(86.0)	(87.4)	(86.7)	(83.1)	(57.7)	(37.0)	(45.1)

주: 부동산수입의 비중=(경지수입+토지건물수입+산림수입)/총수입.

[부록 2-7] 성업사의 수입(위탁관계분을 제외한 순 회사분만)(계속)

(단위: 원, ( ) 안은 %)

과목 \ 연도	8 1938	9 1939	10 1940	11 1941	12 1942	13 1943	14 1944
경지수입	290,383 (29.8)	396,749 (33.0)	436,537 (36.1)	458,931 (32.3)	469,784 (30.8)	601,764 (32.0)	568,540 (30.2)
토지건물수입	139,326 (14.3)	135,009 (11.2)	117,808 (9.7)	117,569 (8.3)	144,284 (9.4)	171,437 (9.1)	186,271 (9.9)
산림수입	4,542	12,280	17,465	27,322	35,221	31,067	60,142
주식배당금	251,468 (25.8)	288,144 (23.9)	327,344 (27.0)	341,578 (24.0)	456,248 (29.9)	625,564 (33.2)	632,837 (33.6)
대부금이자	3,782	5,310	4,954	4,925	4,996	4,687	4,620
예탁금이자	965	1,555	564	1,030	3,387	8,405	13,115
부동산 매각익	194,593 (20.0)	197,569 (16.4)	205,606 (17.0)	385,834 (27.1)	295,493 (19.4)	315,946 (16.8)	172,620 (9.2)
관리수입	22,701	36,084	16,950	16,962	21,859	25,841	23,288
기타 잡익	65,324 (6.7)	130,898 (10.9)	83,512 (5.3)	68,650 (4.8)	80,778 (5.3)	56,682 (3.0)	132,983 (7.1)
보험대리수수료	–	–	–	–	15,036	40,199	87,790
계	973,084	1,203,598	1,210,740	1,422,801	1,527,086	1,881,592	1,882,206
부동산수입의 비중	(44.6)	(45.2)	(47.2)	(42.4)	(42.5)	(42.7)	(43.3)

[부록 2-8] 성업사의 지출(위탁관계분을 제외한 순 회사분만)

(단위: 원, ( ) 안은 %)

과목 \ 연도	1 1931	2 1932	3 1933	4 1934	5 1935	6 1936	7 1937
인건비	27,777	60,026	85,560	104,969	106,424	100,302	97,601
여비	4,507	10,013	12,506	11,417	12,195	7,851	5,958
제세공과	17,142	56,591	78,658	74,851	51,752	33,406	28,004
영선(營繕)비	12,358	29,878	35,765	38,538	48,132	235,653	87,046
경리(經理)비	16,503	41,669	53,475	53,774	47,989	30,646	40,787
영농비	57,629	110,639	135,003	110,644	105,895	51,547	96,461
지불이자	41,918 (23.3)	171,323 (34.8)	192,038 (30.6)	298,971 (41.4)	335,814 (45.9)	229,851 (32.6)	211,764 (36.9)
부동산 매각손	-	1,909	8,634	20,386	18,950	12,378	-
기타 잡손	1,727	10,013	25,720	8,884	4,571	2,720	5,864
계	179,561	492,061	627,359	722,434	731,722	704,354	573,485
소각고	-	558	2,218	87,644	298,106	231,680	348,961
후기이월손금	12,829	14,405	52,481	120,794	93,334	93,499	114,195
당기순익금	1,661	1,159	1,346	1,493	1,538	1,886	2,400
합계	194,051	508,183	683,404	932,365	1,124,700	1,031,419	1,039,041
전기이월금누계		2,820	4,166	5,659	7,196	9,082	11,482
주주배당률	무	무	무	무	무	무	무
후기이월금	1,661	2,820	4,166	5,659	7,196	9,082	11,482

[부록 2-8] 성업사의 지출(위탁관계분을 제외한 순 회사분만)(계속)							

(단위: 원, ( ) 안은 %)

과목 \ 연도	8 1938	9 1939	10 1940	11 1941	12 1942	13 1943	14 1944
인건비	128,890	153,822	181,141	190,733	193,107	255,323	285,808
여비	6,799	9,401	10,148	9,304	12,349	18,696	21,448
제세공과	52,553	137,046	115,145	227,654	66,240	85,050	266,178
영선(營繕)비	87,551	120,539	80,288	55,729	79,833	83,710	35,941
경리(經理)비	48,543	134,121	110,445	136,374	95,345	139,568	109,508
영농비	118,306	92,719	103,593	106,879	105,622	111,502	113,063
지불이자	374,301 (45.6)	428,029 (39.2)	435,473 (41.2)	480,499 (39.2)	393,762 (39.1)	977,760 (57.1)	920,942 (51.8)
부동산 매각손	-	4,523	-	-	-	39,920	26,611
기타 잡손	3,016	12,125	19,513	37,180	54,556	-	-
계	819,959	1,092,325	1,055,746	1,224,352	1,005,814	1,711,530	1,779,500
소각고	128,513	20,313	52,910	10,488	134,315	50,488	-
후기이월손금	100,519	108,480	119,215	170,472	328,489	162,603	128,130
당기순익금	37,186	81,821	90,655	116,049	228,288	299,797	136,578
합계	1,086,177	1,302,940	1,318,526	1,541,361	1,696,906	2,224,418	2,044,208
전기이월금 누계	48,668	95,489	116,144	150,493	267,781	342,437	183,015
법정적립금	10,000	10,000	20,000	20,000	25,000	30,000	14,000
별도적립금	10,000	10,000	10,000	10,000	10,000	10,000	10,000
직원퇴직위로금	15,000	15,000	15,000	15,000	20,000	15,000	15,000
납세적립금	-	-	-	-	-	55,000	50,000
주주배당률	무	6%	7%	3%	5.5%	6%	무
주주배당금	-	30,000	35,000	61,000	165,300	180,000	-
역원상여금	-	5,000	1,700	5,000	4,840	6,000	5,500
후기이월금	13,668	25,489	34,444	39,493	42,640	46,437	88,515

[부록 2-9] 함안(咸安)농장 관리계약서

주식회사 조선식산은행(이하 갑이라고 칭함)과 주식회사 성업사(이하 을이라 칭함) 사이에 경상남도 함안군 가야면 소재 남해척식(南海拓殖)주식회사 소유 통칭 함안농장(이하 농장이라 칭함)의 관리경영에 관하여 좌의 계약을 체결함.

제1조 갑은 농장 소속 별지 부동산 및 부동산 상에 존재 또는 부속하는 건물, 공축물(工築物) 및 이에 부속하는 일체의 물건에 대한 을의 사용권을 인정하고 을은 농장의 관리경영에 관하여 갑을 대신하여 책임지고 농장의 보전, 농사 개량 및 소작인의 지도, 감독에 임한다.

제2조 을은 관리수익 중에서 조세, 공과, 수리조합비 및 관리비용 기타 농장경영 자금 일체를 지불하고 잔액을 갑에 교부하기로 함.

제3조 전조 수익이 제 지출금에 충당되지 않을 경우 그 부족금은 갑의 부담으로 함.

제4조 좌기 사항에 대해서는 갑을 간에 협의하여 결정함.

1. 예산 편성 및 결산
2. 수확물 처분
3. 입체금(立替金) 금리
4. 소작인에 대한 대도금(貸倒金)의 손해보전
5. 을의 관리수수료에 관한 사항
6. 기타 본건 관리경영에 관한 사항으로 중요하다고 인정되는 것

제5조 본 계약의 존속 기간은 1933년 10월 1일부터 년 월 일까지로 함. 단, 기간 만료 시는 갑을이 협의하여 기간을 연장할 수 있음.

제6조 갑의 관리 중의 1933년도의 수지계산은 1933년 9월 30일 현재로 을이 승계하고 그날까지 갑의 입체(立替) 지출금은 을이 갑에게 지불하는 것으로 함.

우 계약을 증(證)하기 위해 본 증서 2통을 작성하여 각자 1통을 보유함.

1933년 9월 30일

조선식산은행 두취 아루가 미쓰토요(有賀光豊)
성 업 사 전무 도쓰 마나부(戶津學)

[부록 2-10] 성업사의 소작계약증

(타조 정조) 소작지 경작물 종류 급 소작료의 표시

소작지					경작물 종류	소작료			적요
소재지	지번	地割번호	지목	지적		租法	종류	수량 또는 비율(割合)	

금반 졸자가 귀사의 소작인 됨을 어(御) 승락하심에 대하야 전게(前揭) 사항 외에 좌기 조항을 확약함.

제 1 조 농사에 관하여는 항상 성실 열심으로 노력하고 경작, 종자, 시비, 수확, 조제 등에 관한 일체의 농사 개량에 대하여는 전부 귀사의 지도 장려에 따라 품질의 향상 및 수확의 증가를 도하기로 함.

제 2 조 소작지는 자신이 이를 경작하고 이의 전대(轉貸) 또는 그 권리의 양도를 하지 않기로 함.

제 3 조 소작지는 그 용법에 따라 이를 사용 수익(收益)하고 계약 이외의 작물을 이에 작부하지 않음은 물론 귀사의 승낙 없이 이의 경계, 휴반(畦畔), 지형 또는 지목 등의 변경을 행치 않을 것으로 함.

제 4 조 소작지 및 이에 관계 있는 경계, 도로, 수로 및 휴반 등은 항상 선량한 관리자의 주의로써 이를 관리하고 귀사의 지휘에 따라 그 보호 및 수리를 행할 것으로 함.

제 5 조 소작계약 기간은 쇼와 년 월 일부터 쇼와 년 월 일까지로 함.

제 6 조 귀사에서 토지개량사업 시행을 하기 위해 소작지의 변경 또는 본 계약의 해제를 필요로 인(認)하여 그 신출(申出)이 있으면 이의 없이 이에 응함.

제 7 조 소작지가 수리조합구역 내에 편입될 때 또는 특수한 개량 공사를 시행하여 현저히 그 상태가 변했을 때에는 계약 기간 내 일지라도 귀사에서 적당히 경작물 종류, 조법(租法) 또는 소작료를 변경해도 하등 이의가 없을 것으로 함.

제 8 조 소작지의 수확물은 소작료 및 종자, 비료대, 경우대(耕牛代), 기타 경농(耕農)상 귀사로부터의 차입금품 완제 전까지는 귀사와 졸자(拙者)의 공동점유물 및 소유물임을 특약함.

제 9 조 졸자의 고의 혹은 태만으로 인해 경운, 파종, 시비, 제초 등의 작업을 행치 않을 시 혹은 귀사의 지정일까지 예취, 탈곡을 행치 않을 시는 귀사에서 임의로 이를 대행해도 이의 없을 것으로 함. 전항의 경우에 소요한 경비는 전부 졸자의 부담으로 함.

제10조 소작료는 소작지의 생산물로써 하되 귀사의 지시에 따라 정선(精選), 건조 및 포장을 하고 지정(指定) 기일 및 장소에 이를 운반 납입할 것으로 함. 단 벼는 가마니입(入)으로 하되 1가마니 정미(正味) 93근(斤) 입(入)으로 함.

제11조 졸자는 귀사의 승낙 없이 소작지의 경작상 또는 본 계약 이행상 불편한 장소에 전거(轉居)치 않을 것으로 함.

제12조 졸자는 좌의 각호의 1에 해당할 때는 하시(何時) 본 계약을 해제하더라도 이의를 신출(申出)치 않음은 물론 귀사에 대해 일체 손해 배상 등을 요구치 않기로 함.

1. 소작료를 체납한 때
2. 소작지의 전대(轉貸) 또는 그 권리를 양도한 때
3. 소작지의 경계, 휴반(畦畔), 지형 또는 지목 등을 임의로 변경한 때

4. 종자, 비료대, 농구대, 경우대(耕牛代), 기타 영농상 차입금품(借入金品)의 반환을 태만할 때
5. 소작지를 황폐하게 하거나 또는 황폐하게 할 염려가 유(有)할 시
6. 소작계약에 관하여 또는 경작 혹은 소작료 납입에 관하여 부정행위가 유할 시
7. 도당(徒黨)을 작(作)하여 귀사에 반항하거나 불온한 행동이 유할 시
8. 귀사의 지휘에 반(反)하여 농사 개량에 협력치 아니할 시
9. 경작 또는 의무 이행상 불편한 장소에 전천(專擅) 전거(轉居)할 시
10. 기타 본 계약의 의무를 이행치 아니할 시

본 계약을 해제할 경우에는 소작지의 실지(實地) 인도(引渡)는 이를 요(要)치 아니하고 소작지는 귀사의 점유에 귀(歸)할 것으로 함.

제13조 귀사가 졸자의 본 계약 불이행으로 인하여 손해를 입었을 때는 즉시 졸자가 일체 손해의 배상을 할 것으로 함.

제14조 보증인은 소작인과 연대로 본 계약 이행의 의무가 유함.

우(右) 확약의 증(證)으로 본 증서를 작성함.

쇼와 년 월 일

군 면 리 번지 소작인

군 면 리 번지 보증인

군 면 리 번지 보증인

주식회사 성업사 어중

제3장

조선개척의 경영변동과 조선식산은행

1. 서언

20세기 초 한국은 일본인 자본가들에게 기회의 땅이었다. 당시 한국은 시장 경제와 사적 소유권이 발달한 자본주의 사회였다. 일본과 비교하여 값싼 토지와 노동력도 넘쳐났다. 그러나 개발 자금과 기술이 부족하였다. 농업 부문이 특히 그랬다. 그래서 일본의 재벌급 자본가로부터 지방의 이름 없는 중소 자본가들까지 '코리안 드림'을 찾아 돈과 기술을 가지고 '신천지'인 한국 농촌으로 몰려왔다. 일본 자본주의의 아버지로 불리는 시부자와 에이이치(澁澤榮一)와 미쓰비시(三菱), 오쿠라(小倉) 같은 재벌들이 그랬고,[1] 이시카와(石川)현의 석천현(石川縣)농업주식회사와 오카야마(岡山)현의 조선농업장려조합 등 지방의 중소기업들이 그랬으며,[2] 시가현(滋賀縣)의 이토(伊

1 淺田喬二, 「財閥地主の存在構造」, 『日本帝國主義と舊植民地地主制』, 東京: 御茶の水書房, 1968; 윤수종, 「일제하 일본인 지주회사의 농장경영 분석 -조선흥업주식회사의 사례」, 『한국사회사학회논문집』 12, 한국사회사학회, 1988; 하지연, 『일제하 식민지 지주제 연구 -일본인 회사지주 조선흥업주식회사 사례를 중심으로』, 혜안, 2010; 동, 「일본인 회사지주의 식민지 농업경영 -三菱재벌의 東山農事주식회사를 중심으로」, 『사학연구』 88, 한국사학회, 2007; 동, 「대한제국기 일본 대자본의 지주화 과정 연구」, 『이화사학연구』 33, 이화사학연구소, 2006; 동, 「한말 일본 대자본의 對韓 경제침탈 -大倉組를 중심으로」, 이화여대 한국근현대사연구실, 『한국 근현대 대외관계사의 재조명』, 국학자료원, 2007.

2 田中喜男, 「石川縣農業株式會社」, 『北陸史學』 15, 金澤: 北陸史學會, 1967; 田中喜男, 「明治後期'朝鮮拓殖'への地方的關心 -石川縣農業株式會社の設立を通して」, 『朝鮮史硏究會論文集』 4, 東京: 朝鮮史硏究會, 1968; 淺田喬二, 「舊植民地(朝鮮)における日本人大地主の存在形態 -石川縣農業株式會社の事例分析」, 『旗田巍先生古稀記念 朝鮮歷史論集』 下卷, 東京: 旗田巍先生古稀記念會, 龍溪書舍, 1979; 田中愼一, 「朝鮮(韓國)農業奬勵組合の展開過程」, 『經濟學硏究』 53-3, 札

藤) 집안과 오카야마현의 미조테(溝手) 집안, 교토(京都)의 무라이(村井) 집안 같은 개인 지주들도 마찬가지였다.[3]

물론 이들은 한국에서 모두 성공하지는 못하였다. 그중에는 한동안 엄청난 호황을 누리다가 부실 경영, 쌀값 하락, 자연재해 같은 대내외 경제 여건의 변화에 적응하지 못하여 은행에 거액의 빚만 진 채 중도 탈락한 이가 많았다. 그리고 그들의 토지와 회사는 그 후 부단한 인수·합병의 과정을 거쳐 결국 대지주, 대농업회사, 대은행에 흡수되고 말았다. 일본인 자본가들이라고 자본의 논리에서 예외일 수는 없었다. 이 장은 그런 이들 가운데 일본 니가타현(新潟縣) 나가오카시(長岡市)의 자본가들이 일제 초 한국에 진출하여 설립, 운영한 장강척식(長岡拓殖)주식회사, 선만개척(鮮滿開拓)주식회사, 조선개척(朝鮮開拓)주식회사 같은 농업회사들과 그에 깊이 연관되어 있던 황해사(黃海社) 같은 토목청부기업과 기업가들의 부침을 살펴보려는 것인데, 여기서 특별히 이들에 주목한 이유는 크게 두 가지이다.

첫째는 이들이 일제하 금융자본, 은행자본과 지주, 농업회사의 관계를 잘 보여주기 때문이다. 그간 학계는 이 문제에 관하여 두 개의 상반된 견해를 제시하여 왔다. 하나는 일제하 지주, 농업회사들이 금융자본, 은행자본의 자본적·인적 지배를 받았다고 본 견해이다.[4] 다른 하나는 일제하 은행이 농업회사의 주식을 소유하거나 농업회사에 장기 자금을 투자하고 중역을

幌: 北海道大學大學院經濟學研究科, 2003; 하지연, 「식민지 지주제와 石川縣농업주식회사」, 『이화사학연구』 47, 2013.

3 최우중, 「일제강점기 伊藤家의 토지소유와 지주경영」, 『농업사연구』 8, 한국농업사학회, 2009; 松本武祝, 「植民地朝鮮における日本人大地主と河川水利用秩序の改編 –參禮伊藤農場の事例」, 『한일관계사연구』 51, 한일관계사학회, 2015; 森元辰昭, 『近代日本における地主 · 農民經營 –岡山縣の事例』, 御茶の水書房, 2007; 이영학, 「한말 일제하 식민 지주의 형성과 그 특질 –村井進永農場을 중심으로」, 『지역과 역사』 21, 부경역사연구소, 2007; 최원규, 『일제시기 한국의 일본인 사회 –도시민·지주·일본인 농촌』, 혜안, 2021.

4 김준보, 「금융자본주의하의 영세농의 성격」, 『서울대학교논문집』 5, 서울대학교, 1957; 동, 『한국자본주의사연구』 I, II, III, 일조각, 1970, 1972, 1977; 홍성찬, 「일제하 기업가적 농장형 지주제의 역사적 성격」, 『동방학지』 63, 연세대학교 국학연구원, 1989; 우대형, 「일제하 久間健一의 농업인식과 식민지 농정의 모순」, 홍성찬·우대형·신명직·이상의, 『일제하 경제정책과 일상생활』, 혜안, 2008.

파견한 일이 없었다며 그걸 전면 부정한 견해였다.[5] 이에 이 책 앞의 제1, 2장에서는 전자의 입장에서 조선식산은행이 불이흥업주식회사와 주식회사 성업사를 자본적·인적으로 지배하여 간 과정을 구체적인 사례 연구로 추적한 바 있는데, 여기서는 그 연장선 위에서 앞의 제1, 2장에서도 언급하였던 조선개척의 사례를 추가로 검토하려는 것이다.

조선개척은 1919년에 일본 니가타현 나가오카시의 자본가들이 설립한 장강척식과 1920년에 역시 그곳 자본가들이 대거 참여하여 설립한 선만개척에 뿌리를 둔 농업회사이다. 원래 이 두 회사는 경기도 김포군과 황해도 연백군에 각각 농장을 개설하고 간척 사업을 벌였다. 그런데 이들은 애초에 설계와 시공에 문제가 많았던 데다 1920년대에 쌀값이 하락하여 부채가 늘고 적자가 누적되었으며 잦은 홍수와 엄청난 해일까지 겹쳐 큰 위기를 맞았다. 이에 조선식산은행은 이들 회사에 거액을 지원하는 한편, 1927년 2월 선만개척과 장강척식의 합병을 요구하였고 그해 5월에는 조선식산은행 출신 인사를 선만개척의 전무로 파견하는 등 경영에도 직접 개입하였다. 그리고 그 후 세계 대공황으로 선만개척의 경영이 더욱 악화하자 1934 회계연도에는 그 은행의 자회사인 성업사를 선만개척의 지배주주로 만들고 그 은행 인사들을 선만개척의 중역회에 대거 파견하였다. 이로써 선만개척은 조선식산은행의 자본적·인적 지배를 받는 성업사의 자회사이자 조선식산은행의 손회사가 되었다. 조선식산은행–성업사–선만개척·불이흥업으로 연결된 피라미드형의 기업지배 구조인 '조선식산은행 콘체른'에 편입되어 그 중요한 한 축을 이룬 것이다.

선만개척의 경영은 그 후에도 쉽게 호전되지 않았다. 1935 회계연도에는 아주 오랜만에 흑자를 보았으나 그간 누적된 적자가 너무 많아 여전히

5 안병직, 「제국주의와 식민지 지주제 –김준보 교수의 농업이론에 대한 비판을 중심으로」, 『경제사학』 10, 경제사학회, 1986; 장시원, 「일제하 대지주의 존재형태에 관한 연구」, 서울대학교 박사학위논문, 1989.

주주 배당을 하지 못하였다. 이에 선만개척은 1936년에 자본금을 반으로 감자(capital reduction)하여 그 잉여금으로 그간 누적된 적자를 일거에 소각하는 한편, 차제에 회사의 이름도 조선개척으로 바꾸었다. 그리고 1938년에는 장강척식 이래 개척하여 운영하여 온 김포농장을 인천의 일본인 자본가에게 매각하였다. 이로써 조선개척은 오랜 적자와 무배당의 늪에서 벗어나며 활력을 찾았다. 그러나 조선식산은행은 1944년에 일제가 아시아 태평양 전쟁의 와중에서 전시 산업 간소·강력화 정책을 추진하자 그에 호응하여 조선개척을 성업사의 자회사인 불이흥업에 합병시켰다. 이로써 조선개척은 역사의 무대에서 사라졌다. 이렇게 보면 조선개척은 일제하 금융자본, 은행자본과 농업회사의 관계를 잘 보여줄 뿐만 아니라 '조선식산은행 콘체른'의 형성 경로와 구조까지 구체적으로 보여주는 요긴한 사례가 아닐 수 없다.

둘째는 이들이 일제하 조선 농업에 진출한 일본인 기업과 기업가들의 부침을 잘 보여주기 때문이다. 일제하 한국 농촌은 일본인 자본가들에게 거대한 신흥시장(emerging market)이었다. 당시 한국의 간척 사업은 해면(tidal shore) 간척과 하구(estuary barren) 간척 두 종류였다. 대개는 민간의 개발업자들이 현장 조사와 기본 설계(scheme design)를 마쳐 당국에 국유 미간지의 대부와 이용을 신청하였고 허가가 나오면 그 후 다시 실시 설계(working design)를 하여 공사에 착수하였다. 당시 일제는 일본제국의 식량 문제 해결을 위하여 조선산미증식계획 같은 초대형 국책 사업을 기획, 추진하였다. 그리하여 한국 농촌에 천문학적인 규모의 자금과 물자, 기술, 인력이 밀려들며 토건(civil engineering and construction)시장이 폭발적으로 확대하였다. 설계회사(design firm), 전문 시공회사, 종합건설회사(general contractor)와 그 하청, 재하청 기업 및 관련 자재회사, 인력회사 등 각종 비즈니스가 급증하였고, 금융시장은 이들 개발 자금의 조달과 배분으로 활기를 띠었다. 총독부와 지방관청도 개발과 관련된 각종 인허가 업무와 자금 및 기술 지원, 감독 업무 등으로 분주하였다.

이 과정에서 조선에 몰려온 일본의 자본가들은 농업회사를 만들어 각지에 농장을 개설하고 수리조합을 설립하였다. 후지이 간타로(藤井寬太郎)가 불이흥업주식회사-서선농장-대정수리조합을 연이어 설치한 것, 후술할 마쓰야마 쓰네지로(松山常次郎)가 남해척식주식회사-함안농장-함안수리조합을 연달아 개설한 것이 그런 예였다. 물론 이들은 그 후 모두 성공하지는 못하였다. 그중에는 마쓰야마 쓰네지로처럼 조선에서 부와 명성을 쌓고 그걸 발판으로 일본 정계에 진출하여 권력을 누린 이도 있지만, 충분한 자본과 기술, 경험, 인맥 없이 뛰어들었거나 정부 보조금과 은행 빚에 지나치게 의존하여 사업을 벌였다가 부실 설계와 부실 시공, 자금 부족과 적자 누적 등으로 공사가 지체되고 뜻하지 않은 홍수, 해일로 둑이 터지고 토사가 흘러내려 그간의 투자금을 모두 잃은 채 온갖 분쟁, 소송에 휘말리며 파산한 이도 많았다. 그리고 그런 토지와 기업들은 그 후 부단한 인수·합병을 거쳐 결국은 대농업회사, 대은행에 흡수되어 갔다. 일본인 자본가인들 자본의 논리에서 예외일 수 없었다.

동시에 이들의 이면에는 어느 날 식민지 개발 붐이 불며 토목 공사판이 벌어져 방조제와 저수지가 들어서고 도로와 수로가 나고 일본인 농장과 수리조합이 생기고 이민자들이 몰려들어 한적하였던 시골 마을이 '신천지', '신개지'(新開地)로 바뀌었으나, 막상 자신은 그 공사판의 인부나 신설 농장의 소작인으로 전락하거나 아니면 아예 고향 땅을 떠나 객지를 전전해야 했던 고달픈 삶들이 있었다. 이렇게 보면 조선개척은 식민지 한국에 진출한 일본인 기업, 기업가의 욕망과 좌절을 보여주는 동시에 그들을 둘러싸고 전개된 식민지 농촌 개발의 현장과 자본주의 발전의 실상을 생생하게 보여주는 좋은 소재가 아닐 수 없다.

2. 조선식산은행 인수 이전의 경영변동

1) 가와카미 사타로의 천좌농장 개설

1910년대 말 일본과 한국의 기업가들은 제1차 세계대전 특수로 엄청난 호황을 누렸다. 대지주, 대농업회사는 쌀값이 폭등하여([그림 3-1]) 더욱 그랬다. 이에 일찍이 조선에 진출한 일본인 자본가들은 농업 투자를 크게 늘렸고 그러지 못한 이들도 조선 진출을 서둘렀다. 일본 니가타(新潟)현 나가오카(長岡)시의 자본가들도 마찬가지였다. 니가타현은 일본 도후쿠(東北) 지방의 관문이었다. 특히 현도(縣都)인 니가타시(市)는 하코다테(箱館), 요코하마, 고베, 나가사키와 함께 1858년에 문을 연 '개항 5항'의 하나였다. 니가타현의 제2 도시였던 나가오카시는 에치고(越後) 지방의 쌀과 직물의 집산지였다. 그런데 19세기 말 그곳에 유전이 개발되며 석유 붐이 불었다. 1887, 1888년쯤에는 여러 석유회사가 생겼고 석유의 채굴, 정제, 송유, 판매는 물론 그

[그림 3-1] 서울과 도쿄의 쌀값과 일반 물가(지수, 1910=100)

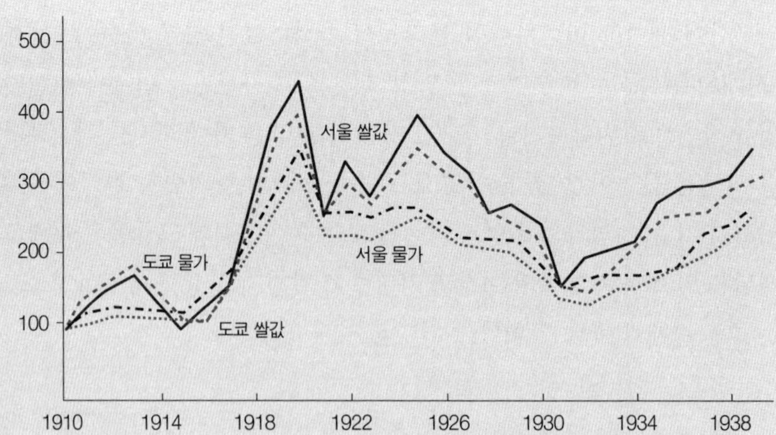

자료: 조선총독부, 『조선미곡요람』, 1940; 이헌창, 『한국경제통사』, 제6판, 해남, 2014, 334쪽.

와 관련된 제조업종들이 우후죽순처럼 일어났다.[6] 그곳을 지나는 호쿠에쓰(北越) 철도가 놓였고 니가타항구 개발도 본격 추진되었다.[7]

이곳의 자본가들은 재계 전체가 활기를 띠는 가운데 조선 진출에도 큰 관심을 보였다. 니가타현 산토군(三島郡)에서 산토(三島)농상은행을 창립하고 나가오카시에서 포목점을 경영하였던 가와사키 도타로(川崎藤太郎, 1877~1926)가 1904년에 내한하여 전북 옥구군 서수면에서 천기(川崎)농장을 경영한 것이 그 예였다.[8] 그리고 그는 1911년에 니가타현의 시로세 슌조(白勢春三, 1863~1941), 다케야마 다무로(竹山屯) 등과 합작하여 이엽사(二葉社)라는 농사회사를 설립하고 조선 각지에 농장을 개설하기도 하였다.[9]

일제 초 나가오카시의 최고 자산가는 일본의 대표적인 곡물상, 곡물 중매인(仲買人), 곡물 메이저로서 도후쿠 지방의 '일류 부호',[10] '니가타현 최고의 정미사(正米師)'[11] 등으로 불린 가와카미 사타로(川上佐太郎, 제2대, 1873~1921. 5)였다. 그는 니가타현 산토군에서 사토 사이치로(佐藤佐一郎)의 4남으로 태어나 원래 이름이 사토 사쿠지로(佐藤作次郎)였는데 아버지를 도와 농사를 짓다가 그곳 곡물상 가와카미 사타로(川上佐太郎, 제1대, ~1908)의 눈에 들어 1892년에 사위가 되었다.[12] 장인이 그곳 미곡주식거래소의 중매인과

6 內藤隆夫, 「寶田石油の成長戰略」, 『社會經濟史學』 66-4, 東京: 社會經濟史學會, 2000.

7 松本和明, 「1920年代における新潟臨港の事業展開 -新潟港の近代化の一側面」, 『地域研究』 13, 長岡: 長岡大學地域研究センター, 2013.

8 淺田喬二, 「舊植民地朝鮮における日本人大地主階級の變貌過程(下)」, 『農業總合研究』 20-1, 東京: 農林省農業總合研究所, 1966, 124쪽; 朝鮮公論社 編, 『在朝鮮 內地人 紳士銘監』, 京城: 朝鮮公論社, 1917, 164쪽; 大橋淸三郎 編, 『朝鮮産業指針』, 京城: 開發社, 1915; 하지연, 「일제하 한국농업의 식민성과 근대성 -일본인 대농장 가와사키농장의 소작제 경영을 통하여」, 신용하 외, 『식민지 근대화론에 대한 비판적 성찰』, 나남, 2009.

9 시로세는 니가타현에서 제4은행, 니가타저축은행의 두취와 시로세(白勢)합명회사의 대표사원, 니가타수력전기, 니가타신탁, 니가타농원의 사장 등을 지냈다. 일본석유, 니가타창고 등의 취체역과 니가타상공회의소 고문을 지냈고 중의원(1904), 귀족원 의원(1932)도 지냈다. 최원규, 앞의 책, 2021.

10 『매일신보』 1920. 10. 15. '川上社長 張宴'.

11 北越銀行史編纂室 編, 『創業百年史』, 長岡: 北越銀行, 1980, 195쪽.

12 이하 가와카미 사타로(제2대)에 관한 기술은 松本和明, 「新潟港の近代化についての一考察 -新潟健康舍の設立および展開と村山米策·川上佐太郎」, 『長岡大學硏究論叢』 11, 長岡: 長岡大學, 2013.

주식회사 69은행의 감사역으로 분주한 가운데 그는 처가의 곡물상을 일본 굴지의 곡물 메이저로 키웠다. 그리하여 1908년 5월 장인이 급서하자 장인의 이름을 그대로 이어 가와카미 사타로(제2대)로 개명하였고 나가오카시에서 호덴(寶田)석유와 도치오(栃尾)철도의 취체역, 69은행과 그곳 미곡주식거래소의 감사역 등 무려 30여 개 회사의 임원을 맡았다. 1911년에는 그곳 상업회의소 상의원, 1912년에는 시의원으로도 활동하였다.

그는 곡물 메이저로서 일본 각지의 쌀은 물론이고 조선 쌀도 취급하였다. 당연히 군산 쌀도 취급하였고 자연스레 그곳 불이흥업의 창업주 후지이 간타로(藤井寬太郎)를 통해 조선 농업 개발과 간척 사업의 중요성을 배웠다. 당시 조선은 시장 경제와 사유재산제도가 발달한 데다 값싼 농지와 노동력이 풍부하였다. 그러나 이를 개발할 자본과 기술이 부족하였다. 이에 사타로는 1913년에 황해도 옹진군 용연면과 봉구면의 강령만 일대 간석지 2,000여 정보를 개발하는 해면 간척에 나섰다. 자본금 100만 원의 천좌(川佐)농장을 설립하고 해안에 방조제와 배수갑문을 설치하여 약 500정보, 150만 평의 경지와 도로, 수로, 논둑(畦畔), 교량 등을 조성하고 염분 제거와 관개용 용수를 공급할 방대한 저수지를 만드는 일이었다. 그는 이 업무를 매제인 와타나베 데이이치로(渡邊定一郎, 1872~)에게 맡겼다.[13]

와타나베는 원래 도치기현(栃木縣) 사람인데 이바라키현(茨城縣)에서 목재업, 제차업(製茶業)을 하였고 1896년 도쿄의 유서 깊은 토목청부회사인 가지마구미(鹿島組)에 들어가 철도 공사에 종사하였다. 그 후 오쿠라 재벌의 오쿠라구미(大倉組) 토목부로 옮겨 우지나(宇品) 항구 건설과 대만철도 사업에 참여하였고 1904년에 내한하여 경의선 공사에 종사하였다. 1907년경 귀국하여 잠시 제분업을 경영하던 그는 처남인 가와카미 사타로(이하 제2대 표기 생략)의 부탁으로 1913년경 천좌농장 지배인으로 다시 내한하여 간척 사

13 도리우미 유타카, 『일본학자가 본 식민지 근대화론 –일제 강점기 일본인 토목청부업자의 부당 이익을 중심으로』, 지식산업사, 2019, 257쪽.

업을 맡았다.[14] 우선 와타나베는 황해도 옹진군 용연면과 봉구면의 국유 미간지 560정보를 1918년 말까지 경지로 조성한다는 기본 설계를 작성하여 당국에 국유지 대부신청을 하였고 1914년 6월 허가를 받았다.[15] 그해 12월 말에는 용연면 내삼리 변전동에서 화강암 259입방척을 향후 3년간 '미간지 토목용'으로 채취할 허가를 얻었으며, 1915년 3월에는 같은 곳 석화동에서 사석(砂石) 766입방평과 토사(土砂) 7,420입방평을 향후 2년간 채취하고 동암면 송현리 옹암에서도 같은 용도로 화강암 500입방평을 향후 5년간 채취할 허가를 받았다.[16]

1915년 4월 와타나베는 31세의 신예 마쓰야마 쓰네지로(松山常次郎, 1884~1961)를 천좌농장의 기술장(技術長)으로 영입하였다. 마쓰야마는 와카야마현(和歌山縣) 이토군(伊都郡) 구도야마쵸(九度山町) 출신으로 교토(京都)에서 제3고를 나와 1908년에 도쿄제국대학 토목공학과를 졸업한 공학사였다.[17] 곧바로 미국 캔자스시 와델 해링턴(Waddell & Harrington) 공무소로 유학하여 거기서 교량 설계와 강재(鋼材) 건축물 설계, 부재(部材) 제조, 공사현장의 관리 감독, 그리고 토목 공사의 계획, 조사, 설계, 시공에 필수적인 측량기술을 배웠다. 1910년에 귀국한 그는 1912년부터 도쿄부(東京府) 토목기사와 교량 주임으로 근무하였고 그 후 약 4년간 공병 장교 등으로 일하며 일본의 대표적인 호소(湖沼) 간척지인 후쿠시마(福島)현의 야자와(八澤) 개간지, 지바(千葉)현의 인바누마(印旛沼) 간척지와 데가누마(手賀沼) 개간지, 그리고 대표적인 해면 간척지인 오카야마현(岡山縣)의 고지마만(兒島灣) 개간소, 구마모토

14 朝鮮中央經濟會 編, 『京城市民名鑑』, 京城: 朝鮮中央經濟會, 1922, 99쪽; 朝鮮人事興信錄編纂部, 『朝鮮人事興信錄』, 京城: 朝鮮新聞社, 1935, 544쪽; 阿部薰 편, 『朝鮮功勞者銘鑑』, 京城: 民衆時論社, 1935, 86쪽.

15 『조선총독부관보』 1914. 6. 22.

16 『조선총독부관보』 1915. 1. 9, 3. 4, 3. 9.

17 이하 별도의 주가 없는 한 松山創, 『紀水 · 松山常次郎』, 京都: 松籟社, 2015; 淺田喬二, 앞의 책, 1968, 126쪽; 朝鮮人事興信錄編纂部, 앞의 책, 1935, 447쪽; 高嶋雅明, 『企業勃興と地域經濟 -和歌山縣域の検證』, 大阪: 清文堂出版, 2004, 제8장.

현(熊本縣)의 야쓰시로군(八代郡) 축신지(築新地) 등을 답사하였다. 현지의 토목기술자들을 만나 각지에서 활용되는 재료와 토목기술도 배웠다.

와타나베와 마쓰야마에게 천좌농장 공사는 매우 도전적인 일이었다. 경지면적이 500정보나 되고 공사구역도 평지가 아니었다. 이들은 현장에 나아가 기준지점을 정하고 거리, 면적, 고저차, 지형을 골격(skeleton) 측량, 지형(topographic) 측량, 세부(detail) 측량의 순서로 진행하였다. 야외 작업 후에는 측량 결과를 정리, 점검, 계산, 제도하는 기술적 작업을 하였다. 간만의 차가 큰 곳에서는 방조제를 해안선 양쪽 끝에서 쌓아 들어와야 했으므로 필요한 석재와 토사를 예측하여 미리 견적을 내야 했다. 방위를 확인하고 지적(地籍)을 조사하고 기상과 하천의 유수량(流水量)을 조사하는 것도 필수였다. 측량에 필요한 수평각(角)과 고도를 측정하는 경위의(經緯儀, theodolite), 측사조준기(側射照準器), 나침의(羅針儀), 기포수준기(氣泡水準器)와 삼각(三脚), 곡척(曲尺), 쌍안경, 망원경 등 기자재를 준비하고 사용법을 숙지하였으며 보측(步測) 등 실기(實技)의 정밀도를 높이고 최신 기자재를 연구 탐색하는 데도 노력하였다.[18]

마쓰야마는 일본의 주요 간척지들을 답사한 경험을 살려 방조제 조성과 구획정리, 용배수로 구축과 수문 설치 등 공사의 개요를 작성하고 설계를 주도하였다. 해안선은 장소에 따라 지질과 지형이 다르고 기상과 조류의 흐름, 간만의 차가 달랐다. 그래서 여러 장소에서 관측 조사를 하여 제방의 형상과 크기를 정하였는데 그중에는 간만의 차가 18척, 5.4미터나 되는 곳도 있었다. 일본의 구 기술로는 간만의 차가 8척, 2.4미터 정도인 곳의 물막이 공사가 한계였다. 그 이상이면 물살이 너무 세 근대 기술로도 난공사였다. 그래서 마쓰야마는 현장을 답사하여 제방의 모양과 크기를 정하고 수문과 갑문도 현장 상황에 맞게 설계하였다. 조사 후에는 견적을 내고 예산을

18 松山創, 앞의 책, 2015, 83~84쪽.

수립하였으며 공사에 필요한 자재와 설비, 부재(部材)를 수배하였다. 일본에서 개발한 인조석 공법도 활용하기로 하였다.[19]

1915년 5월 이들은 애초 계획을 확장하여 경지 규모를 598정보로 늘리고 논 외에 밭도 조성하기로 하였다.[20] 6월에는 옹진군 동남면 송현리 망해산에서 간석지용 사석(砂石)을 향후 5년간 매년 100입방평씩 채취할 허가도 받았다.[21] 7월에는 둑 쌓는 축동(築垌) 공사를 청부업체 히로하시구미(廣橋組)에 18만 원을 주고 맡겨 그해 말 준공예정으로 공사 중이었다.[22] 그리하여 1917년에는 76정보의 저수지와 430정보의 논을 조성하고 그 접속지에 약 300정보의 밭을 매입하였으며, 약 400정보의 국유림을 대부받아 식림하고 이를 무상 불하받을 계획도 세웠다. 방조제 앞 150정보의 간석지는 농장의 어지(魚池)로 쓰기로 하였다. "타인의 소유를 혼(混)치 아니 한" 대단지에 논, 밭, 저수지, 임야, 어지를 두루 갖춘 도합 1,500정보 규모의 '이상적'인 대농장인 천좌농장을 완공한 것이다.[23]

그리하여 이들은 그곳에 소작인을 입주시켰는데 1918년 2월에는 일찍이 일본 미에현(三重縣) 농회의 기수(技手)와 미에현의 기사(技師)를 지낸 후 1910년 4월에 내한하여 황해도 권업과장 등으로 9년을 일한 야스오카 쇼조(安岡莊藏)를 천좌농장의 지배인으로 영입하였다.[24] 그리고 1920년대 초에는 조합원 600명의 소작조합을 만들고 그걸 통해 소작료의 10분의 1을 소작인 명의로 저금하게 하여 근검저축 정신을 기르도록 하고, 추수 후 농산물품평회를 열어 우수 소작인을 표창하였으며, 양잠을 장려하고 퇴비사(堆肥舍) 조성에 15원씩 지원하는 등 증산을 위하여 노력하였다.[25] 가와카미 사타로는

19 松山創, 앞의 책, 2015, 89~90쪽.
20 『조선총독부관보』 1915. 5. 5.
21 『조선총독부관보』 1915. 6. 18.
22 『매일신보』 1915. 7. 2. '황해도 財産家 好事業(옹진)'.
23 松山常次郎, '産米增殖問題와 朝鮮(4)', 『每日申報』 1919. 8. 17.
24 朝鮮人事興信錄編纂部, 앞의 책, 1935, 483쪽; 阿部薰, 앞의 책, 1935, 207쪽.
25 『동아일보』 1922. 5. 1. '川佐農場小作組合總會開催(康翎)'.

1920년 10월 충청남도 서산군 해미면 등 3개 면에서도 간석지 1,539정보를 대부받아 논으로 조성하기로 하였다.[26]

2) 니가타현 자본가들의 장강척식 설립과 김포농장

가와카미 사타로가 황해도 옹진군 용연면 일대에서 천좌농장을 조성하자 이에 자극받은 나가오카의 자산가들은 1918년 9월 4일 '조선에서의 농사경영과 그 부대 사업'을 목표로 일본 니가타현 나가오카시에 본점(長岡市表 1의 町 386번지)을 두고 서울에 지점(경성부 영정 6번지. 지금의 용산구 신계동 6번지)을 둔 자본금 50만 원(1만 주. 납입 12만 5,000원)의 장강척식(長岡拓殖)을 설립하였다. 일본에서 그해 7월 쌀 소동이 일어난 직후였다. 그 후 이 회사는 1919년 5월 납입자본을 30만 원으로 늘렸고 12월에는 50만 원 전액을 납입받았으며 1920년 6월에는 자본금을 100만 원으로 증자하였다. 그리하여 그해 9월 그중 12만 5,000원을 납입받고 1921년 8월 12만 5,000원을 추가 납입받아 납입자본이 구주 50만 원, 신주 25만 원을 합쳐 총 75만 원이 되었다. 창립 당시 주주는 명확하지 않지만, 증자(1920. 6) 후인 1921 회계연도 말(1922. 3)의 주주는 58명인데 도쿄에 주소를 둔 3명을 빼고 전원 니가타현 사람이었다. 대주주는 [표 3-1]에서 보듯이 가와카미 사타로(川上佐太郎, 川上이네[イ ネ]는 부인) 4,250주, 오사베 마쓰사부로(長部松三郎) 2,600주, 오가와 세이노스케(小川淸之輔) 2,220주, 와시오 도쿠노스케(鷲尾德之助) 1,000주, 기시 고로(岸五郎) 1,000주, 야마구치 겐조(山口健造) 900주 등이었다.

[표 3-2]는 창립 임원 명단이다. 1921년 5월 가와카미 사타로가 사망하여 6월에 처남인 사지로(川上佐次郎, 1892~1930)가 취체역이 되고 1926년 2월 마쓰야마 쓰네지로가 취체역 사장으로 들어온 것을 빼고는 그 후 거의 변화가

---

26 『조선총독부관보』 1920. 10. 12.

[표 3-1] 장강척식의 대주주

주주명	1921			1922, 1924			1925		
	구주	신주	합계	구주	신주	합계	구주	신주	합계
川上이네	2,000	2,250	4,250						
川上同族회사				2,500	2,250	4,750	2,300		2,300
松山常次郎								5,000	5,000
野口巳之助								4,770	4,770
長部松三郎	1,200	1,400	2,600	1,200	1,400	2,600	1,200		1,200
小川清之輔	1,000	1,200	2,220	1,000	1,200	2,220	1,000		1,000
鷲尾德之助	500	500	1,000	500	500	1,000	500		500
岸五郎	500	500	1,000	500	500	1,000	500		500
山口健造	450	450	900	450	450	900	450		450
山口穗名宜	650		650	650		650			650
長谷川六次郎	500		500	500		500			
川上佐次郎		500	500		500	500	200		200
野本恭八郎	250	250	500	250	250	500	250		250
松田周平	230	230	460	230	230	460	230		230
佐藤하루	200	200	400	200	200	400			

주: 가와카미(川上)이네는 가와카미 사타로(川上佐太郎 제2대)의 부인.
자료: 장강척식, 〈제4, 5, 7, 8회 영업보고서〉, 1921, 1922, 1924, 1925 회계연도.

[표 3-2] 장강척식의 창립 임원

구분	이름	주소	재임기간
취체역	川上佐太郎	니가타현 나가오카시	1918. 9 ~ 1921. 5
	小川清之輔	니가타현 나가오카시	1918. 9 ~
	長部松三郎	니가타현 나가오카시	1918. 9 ~
	岸五郎	니가타현 고치(高知)군	1918. 9 ~
	松田周平	니가타현 나가오카시	1918. 9 ~
	川上佐次郎	니가타현 나가오카시	1921. 6 ~
	松山常次郎	도쿄(東京)부 도요타마(豊多摩)군	1926. 2 ~
감사역	橋本圭三郎	도쿄부 도요타마군	1918. 9 ~
	鷲尾德之助	니가타현 나가오카시	1918. 9 ~

자료: 장강척식, 〈제4, 5, 7, 8회 영업보고서〉, 1921, 1922, 1924, 1925 회계연도; 〈법인등기부〉; 『조선총독부관보』 1914. 12. 25.

없었다. 가와카미 사지로는 제1대 사타로의 장남이자 제2대 사타로의 처남인데 1908년 4월 부친이 사망하자 호주[家督]가 되었고 가와사(川佐)상점의 대표사원, 니가타임항(臨港)회사의 사장을 맡았다. 나가오카저축은행·나가오카상업은행의 상무, 69은행·가와카미동족(川上同族)회사의 취체역과 나가오카천연가스(瓦斯)·니가타항만창고·니가타신탁의 감사역도 지냈다. 장인이 시즈오카(靜岡) 출신의 시노다 지사쿠(篠田治策, 1872~1946)인데 도쿄제대 법학부를 나와 조선통감부 사무관, 조선총독부 서기관을 거쳐 평안남도 지사, 이왕직 차관, 조선사편수위원 등을 지냈다.

오가와(小川淸之輔)는 1921년 5월에 사망한 제2대 사타로의 뒤를 이어 사장을 맡았다. 나가오카시에서 서양 직물을 수입 판매한 자산가로 나가오카신탁, 호쿠에쓰(北越)수력전기, 나가오카저축은행의 중역과 그곳 시의원, 상업회의소 의원도 지냈다.[27] 오사베(長部松三郎)는 나가오카의 장유(醬油)양조업자로 69은행, 일본천연가스(瓦斯) 취체역과 그곳 상업회의소 의원을 지냈다.[28] 기시(岸五郎)는 나가오카시에서 '오후쿠슈조'(お福酒造)라는 명주를 만들어 판 양조업자였다. 마쓰다 슈헤이(松田周平)는 나가오카에서 유전 개발과 송유관사업을 하며 20여 개 회사의 중역을 맡은 명망가였고, 감사역 하시모토 게이자부로(橋本圭三郎)도 그곳 석유업계에서 일하였다.[29] 와시오(鷲尾德之助)는 나가오카에서 와시오(鷲尾)상점을 운영한 상인으로 제유업, 비료판매업에 종사하며 나가오카저축은행, 나가오카신탁회사, 나가오카상사의 설립에 참여하였다.[30] 그 외 대주주 야마구치 겐조(山口健造)는 그곳 상인으로 니가타현에서 맥주, 비료, 석유를 도매하며 일용잡화(小間物)조합장,

27 猪爪巴, 『長岡新進實業家』, 猪爪巴, 1920, 88~89쪽.
28 人事興信所 編, 『人事興信錄』, 제8판, 人事興信所, 1928.
29 內藤隆夫, 앞의 글, 2000.
30 猪爪巴, 앞의 책, 1920, 2~3쪽. 와시오는 1907년부터 산소(酸曹)비료, 대일본비료와 특약을 맺어 니가타현에서 이를 독점 판매하였는데 가와카미 사타로와 인척 관계였다. 北越銀行史編纂室 編, 앞의 책, 1980, 195쪽.

상업회의소 의원과 나가오카저축은행, 나가오카신탁의 임원, 시의원을 지낸 기업가였다.[31]

장강척식은 1919년 3월 한강 하구의 경기도 김포군 고촌면과 군내면 걸포리의 국유 미간지를 농지로 만드는 간척 사업을 시작하였다. 김포 읍내를 흐르는 김포천 북쪽 6개 리에 걸친 한강 연안의 모래가 쌓인 복사지(伏沙地)로서 장강척식의 김포농장이 된 곳이다.[32] 한강 유수지(retarding basin)인 이곳에 연장 3,174간의 제방을 쌓아 약 500정보의 농지를 조성하고 55마력의 펌프 2대를 가동하여 농업용수를 공급하는 공사였다. 원래 이곳은 한강 하구의 침수지로서 토질은 좋으나 홍수 때 1주일 이상 침수되기 일쑤여서 농사가 어려웠다. 장강척식은 이곳에 둑을 쌓고 양배수 시설을 완비하면 단보당 벼 5석 수확도 가능하다고 보았다.[33] 게다가 이곳은 국유 미간지라서 간척 후 토지를 무상 양여받을 수 있고 해면 간척과 달리 염해의 우려도 없었다. 대신 유수지라서 홍수 때 제방 바깥 수위가 올라가 배수 불량으로 제방 안의 작물이 피해를 당하기 일쑤였다.[34] 또 더 많은 농지를 확보하려고 제방을 내어 쌓으면 그만큼 강폭이 줄어 홍수 때 멀쩡한 상류가 침수되기도 하였다. 1920년 8월 홍수로 용산이 침수되었을 때 장강척식이 유수지를 간척하며 강폭을 좁혀 그렇게 되었다고 비난받은 것이 그런 예였다.[35] 양수도 문제였다. 대개 이런 큰 강 하구의 양수는 자연 유입법과 펌프양수법(pumping irrigation, 喞筒揚水法) 중 후자를 많이 썼는데 양수시설을 유지, 가동하는 비용이 많이 들었다. 그만큼 고도의 설계와 시공 기술이 필요하였다. 장강척식

31 猪爪巴, 앞의 책, 1920, 16~17쪽.

32 橋本豊太郎, 『朝鮮開拓株式會社沿革』, 1937(복각판), 波形昭一 · 木村健二 · 須永德武 編, 『社史で見る日本經濟史 植民地編』 第9卷, 東京: ゆまに書房, 2002.

33 『매일신보』 1921. 1. 20. '수리관개사업 성황. 경기도에'; 松山常次郎, 「産米增殖 問題와 朝鮮(5)」, 『매일신보』 1919. 8. 18.

34 松山常次郎, 「産米增殖 問題와 朝鮮(4)」, 『매일신보』 1919. 8. 17.

35 『매일신보』 1920. 8. 1. 장강척식과 경찰은 이런 비난을 근거 없는 말로 몰았으나 막상 마쓰야마는 그 전부터 배수량이 적은 걸 걱정하였다. 松山常次郎, 「産米增殖 問題와 朝鮮(5)」, 『매일신보』 1919. 8. 18.

은 이 일을 황해사(黃海社)에 맡겨 1918년 가을 측량 및 설계에 착수하였고 1919년 봄 공사를 개시하여 1920년 봄 경작에 나섰다.[36]

3) 토목청부회사 황해사와 마쓰야마 쓰네지로

1915년 4월 천좌농장의 간척 사업에 참여하였던 마쓰야마 쓰네지로는 반년 후 가와카미 사타로의 추천으로 평안북도 용천군 용암포에서 불이흥업이 추진한 대정수리조합 공사의 기술감독으로 발탁되어 갔다. 거기서 약 3년간 일하며 경험을 쌓은 그는 1918년 3월 그 공사가 마무리되자 와타나베 데이이치로(渡邊定一郎)와 함께 황해사 설립에 나섰다. 당시 일본의 토목업자들에게 한국은 그야말로 블루오션(blue ocean)이었다. 일본과 달리 아직 개발이 이루어지지 않은 데다 일본제국의 식량 문제를 해결하려면 조선 농촌에 천문학적인 자금을 풀어 농지개발 사업을 벌여야 하였다. 이에 마쓰야마와 와타나베는 그간의 공사 경험을 브랜드로 '수리 사업의 측량 및 설계와 공사 청부, 철도 공사 청부', 그중에서도 특히 '간척' 공사의 '대행'을 주요 목표로 황해사를 설립하였다.[37] 이들은 가와카미 사타로의 출자를 받고 그 쪽 인사들을 중역으로 영입하여 회사의 자금, 신용, 명성을 일거에 높였다. 특히 마쓰야마는 1919년 8월 '황해사 사장' 자격으로 매일신보, 경성일보, 오사카(大阪)매일신문, 조선급만주 등 한국과 일본의 신문, 잡지에 간척 사업과 조선산미증식계획의 필요성을 역설하는 글을 동시다발적으로 연재하였다.[38] 후지이 간타로나 가와카미 사타로의 후광 없이는 불가능한 일이었

36 松山常次郎, 「産米增殖 問題と朝鮮(5)」, 『每日申報』 1919. 8. 18.
37 松山創, 앞의 책, 2015, 93쪽.
38 松山常次郎(黃海社社長 工學士), 「産米增殖 問題와 朝鮮(1~15)」, 『매일신보』 1919. 8. 13~8. 28; 동, 「産米增殖問題と朝鮮(1~19)」, 『京城日報』 1919. 8. 7~8. 26; 동, 「産米增殖と朝鮮(1~6)」, 『大阪每日新聞』 1919. 8. 9~8. 15; 동, 「干潟地開拓事業に就て」, 『朝鮮及滿洲』 132, 朝鮮雜誌社, 1918. 6.

을 터인데 그 후에도 그는 인천에 조력발전소를 세우자고 제안하는 등 토목 전문가로서의 식견을 적극적으로 홍보하였다.[39]

황해사는 마쓰야마가 사장 겸 기술주임으로 사업 운영과 기술 관계를 맡고 와타나베가 지배인 겸 토목부장으로 경리와 총무를 담당한 가운데, 앞서 본 장강척식의 김포농장(1919) 공사와 후술할 선만개척의 연백농장(1920), 연해수리조합(1925) 공사를 청부받았다. 마쓰야마가 자신의 외삼촌이자 장인인 노구치 미노스케(野口巳之助)와 숙부인 오자와 요시사부로(小澤由三郎) 등 와카야마현 이토군의 고향 사람들과 함께 설립한 남해척식(南海拓殖)주식회사의 함안농장(1919)과 함안수리조합(1921) 공사도 수주하였다.[40] 황해사는 요즘의 종합건설회사들처럼 설계, 시공과 각종 인허가 업무까지 모두 대행하였고 이들 공사의 상당 부분을 서울 용산의 토목건축 청부회사인 데라오구미(寺尾組)에 하청을 주었다.[41] 한편, 마쓰야마는 1920년 5월 일본 효고(兵庫)현에서 입헌정우회 소속으로 제14회 국회의원(중의원) 선거에 당선하였다. 일약 엄청난 권력과 인맥을 거머쥔 조선의 거물 인사가 되었다.[42] 그 후에도 그는 선거구를 고향인 와카야마현으로 옮겨 제16회(1928. 2~1930. 1) 때 한 번 낙선한 것을 빼고는 2차 세계대전 후 피선거권을 박탈당할 때까지 줄곧 당선하였다. 총독부나 도에서 각급 공사의 수주는 물론 각종 인허가와 보조금을 받아야 하고 국책기관인 동양척식회사와 조선식산은행에서 거액의 토지 개량 자금을 빌려야 했으며 공사현장에서 온갖 민원에 시달려 경찰

39 『매일신보』 1921. 6. 9. '潮勢 이용 發電계획'.

40 남해척식은 1919년 7월 마쓰야마가 고향인 와카야마현 이토군 구도야마쵸 사람들과 함께 설립한 자본금 50만 원의 농업회사이다. 낙동강 지류인 남강 유역의 유명한 침수지였던 경상남도 함안군의 농지 600정보를 일본인 지주 무라이 기치베(村井吉兵衛)에게 매입하고 그곳이 포함되도록 몽리구역을 정해 함안수리조합을 설립하였다. 1922년 3월 총사업비 173만여 원으로 수리 공사를 마쳐 농사를 시작하였다. 高嶋雅明, 앞의 책, 2004, 제8장. 무라이 기치베는 이영학, 앞의 글, 2007; 최원규, 앞의 책, 2021.

41 佐佐木太平, 『朝鮮の人物と事業』, 京城: 京城新聞社, 1930, 5~9쪽.

42 『매일신보』 1920. 9. 10. '총독 귀빈 초대'; 『동아일보』 1921. 4. 6. '水野 정무총감 代議士 松山常次郎 씨 등 56명의 溫古會員 초대 만찬회'.

등 권력기관의 협조가 절실하였던 황해사로서는 날개를 단 셈이었다.

1921년 9월 황해사는 회사 조직을 주식회사로 개편하였다. 마쓰야마가 의정 활동차 도쿄에 체류해야 하였고 사업확장에 더 많은 자본이 필요하여 그랬을 터인데, 자본금은 105만 원(총주식 2만 1,000주)이고 납입자본은 26만 2,500원으로 1주당 12원 50전이었다. 정관의 사업 목적도 "조선과 만주, 시베리아, 중국 칭타오(青島)에서의 농사경영, 식림, 신탁업, 광산업, 전기 사업 경영과 토지 매매 및 중개업, 이들 사업을 조성할 측량 설계의 청부와 기타 부대 사업"으로 확장하였다. 본점은 경성부 영정(榮町) 6번지로서 장강척식의 경성지점과 주소가 같았다. 창립 임원은 [표 3-3]과 같다. 그중 취체역 오가와(小川清之輔), 가와카미 사지로(川上佐次郎), 야스오카 쇼조(安岡莊藏)와 감사역 구마쿠라 후쿠마쓰(熊倉福松)[43]는 와타나베 쪽 사람이고, 취체역 하나오카 소타로(花岡宗太郎)와 나카지마 와카마쓰(中島若松)는 와카야마현과 경상남도 마산에 주소를 둔 마쓰야마 쪽 사람인데 전자 쪽 사람이 더 많았다. 그래서 마쓰야마는 처사촌인 미노베 쇼헤이(美濃部正平)를 불러 와타나베 밑에 두고 경리를 맡겼고[44] 뒤에는 그를 황해사의 취체역(1926), 대표 취체역(1934)으로 선임하였다.

황해사는 주식회사로 개편한 후인 1921년에도 3,500정보 규모의 경기도 부평평야의 수리 사업을 수주하였다.[45] 그곳 대지주 한다 젠시로(半田善四郎)의 요청으로 마쓰야마가 초대 조합장을 맡아 부평수리조합(1923)을 설립하되 실제 설계와 시공, 각종 인허가 업무는 황해사에 맡기기로 하였다. 황해사는 1927년에 황해도 재령군 안녕수리조합의 제3구 공사도 수주하였다.[46] 그리하여 황해사의 조선 내 공사 수주액(누적 계약금)은 1935년 현재 2,495만

43 제1대 가와카미 사타로 때부터 나가오카의 가와사(川佐)상점에서 일한 그 집안의 집사 같은 인물이었다.
44 松山創, 앞의 책, 2015, 96쪽.
45 『동아일보』 1921. 6. 12.
46 『중외일보』 1927. 4. 14, 4. 22.

[표 3-3] 황해사의 임원			
구분	이름	주소	재임기간
취체역	松山常次郎	경성부 영정(榮町)	1921. 9. 30~1926. 4. 10[대표]
	渡邊定一郎	경성부 영정	1921. 9. 30~1931. 5. 11 대표취임~1934. 3. 4 취체역중임, 1935. 7. 14 대표취임
	小川淸之輔	니가타현 나가오카시	1921. 9. 30~1921. 12. 14
	川上佐次郎	니가타현 나가오카시	1921. 9. 30~1924. 1. 31, 1925. 4. 10~1926. 8. 3
	花岡宗太郎	와카야마현 이토군	1921. 9. 30~1924. 1. 31
	安岡莊藏	황해도 해주군	1921. 9. 30~1925. 12. 11
	中島若松	경남 마산부	1921. 9. 30~1925. 9. 25
	野田俊作	동경시 아사오(麻生)구	1923. 9. 25~1926. 2. 28
	前田正次	동경시 지구지	1923. 9. 25~1923. 12. 31
	加藤權六郎	도치기현 나스(那須)군	1926. 2. 28~1926. 8. 3
	福島又二	경성부 영정	1926. 2. 28~1932. 10. 26
	美濃部正平	경성부 영정	1926. 2. 28~1934. 4. 17 대표취임~1935. 6. 30
	池澤茂	경성부 원정(元町)	1931. 5. 11~
	衫山亮一	경성부 영정	1931. 5. 11~1931. 10. 25
	河邊漸	경성부 삼판통(三坂通)	1931. 5. 11~1933. 5. 11
	上野一雄	경성부 삼판통	1932. 11. 15~1934. 12. 8
	渡邊사이	가고시마현 이부스키(揖宿)군	1935. 7. 14~1935. 11. 16
	小田島芳治	경성부 원정	1935. 11. 30~
감사역	熊倉福松	니가타현 나가오카시	1921. 9. 30~1924. 1. 31
	松谷忠助	경성부 원정	1921. 9. 30~1927. 9. 3
	海老原彌次郎	경성부 원정	1921. 9. 30~1928. 1. 17
	梅井義八	경성부 원정	1924. 1. 31~1926. 1. 5
	中島若松	경성부 한강통	1926. 2. 28~1930. 10. 20
	加藤權六郎	도치기현 나스군	1929. 4. 12~1931. 4. 27
	小田島芳治	경성부 원정	1931. 2. 10~1934. 7. 15
	前田祐三郎	경성부 원정	1931. 5. 11~1934. 12. 8
	加藤淸三	도치기현 나스군	1934. 12. 23~
	加藤順治	경성부 원정	1934. 12. 23~

자료: 〈법인등기부〉.

여 원으로 1위 하자마구미(間組), 2위 마쓰모토구미(松本組), 3위 나가도구미(長門組)에 이어 4위였고 일본, 만주, 대만, 기타 사업지의 수주액까지 합하면 전체의 13위였다.[47]

마쓰야마는 국회의원으로 활동하며 조선토목건축협회 고문(1924~1927), 조선토지개량주식회사 전무(1927), 조선농회 이사(1921)·고문(1925) 등을 지냈다. 와타나베도 그런 마쓰야마의 정치적 후광과 사업수완을 배경으로 조선토목건축협회 이사(1922~1929), 상담역(1930~1935)을 지내는 등 조선 토목업계의 대표적인 인물로 성장하였다.[48] 특히, 와타나베는 황실 중심주의를 표방하며 폭력 행동을 일삼아 일본 경찰조차 폭력 조직으로 의심한 극우단체 대일본국수회(大日本國粹會)의 조선 본부장이 되어 황해사 안에 그 사무실을 두고 조직을 운영하였다.[49] 그리하여 1923년 서울 용산 대로에서 칼부림 사건이 일어났을 때는 그 당사자로서 심한 자상을 입었고,[50] 1926년 국수회 회원 한 명이 사이토 총독으로 오인받아 창덕궁 앞에서 살해되었을 때는 조직원 수십 명을 이끌고 창덕궁에 난입하여 난동을 부리는 등 폭력 행사를 서슴지 않았다.[51] 당시 토목건설업계는 공사 과정에서 온갖 민원과 분규가 그치지 않은 데다 거친 노무자들을 상대하고 입찰경쟁에서도 이겨야 했으므로 폭력 조직과 연계되는 경우가 많았는데, 와타나베는 그런 문제를 국수회

---

47 고태우, 「일제하 토건업계와 식민지 개발」, 연세대학교 박사학위논문, 2019, 316쪽. 일제하 토건업은 김명수, 「재조(在朝) 일본인 토목청부업자 아라이 하츠타로(荒井初太郎)의 한국 진출과 기업활동」, 『경영사학』 59, 한국경영사학회, 2011; 도리우미 유타카, 앞의 책, 2019; 고태우, 위의 글, 2019.

48 조선 토목업계에서 조선토목건축협회가 가지는 의미는 최병택, 「일제하 조선(경성)토목건축협회의 활동과 그 성격의 변화」, 『한국학연구』 39, 인하대학교 한국학연구소, 2015a.

49 경기도, 〈治安情況〉, 1938의 '附表. 主要團體調 -大日本國粹會 朝鮮本部'; 『매일신보』 1919. 10. 31. '俠客연합 성립. 日本國粹會라 명명'.

50 『매일신보』 1923. 9. 15. '노상에 淋漓한 선혈. 국수회지부장 白晝 遭難. 황해사 중역으로 있는 渡邊 씨가 네 명의 반대파에게 찔려'.

51 〈京龍高秘 제1046호 1926. 4. 29. 경성 용산경찰서장. 경성지방법원 검사정 殿. '대일본국수회 조선본부의 행동에 관한 건'〉; 〈京本高秘 제2408호 1926. 5. 5. 경성 본정경찰서장. 경성지방법원 검사정 殿. '국수회원 창덕궁 闖入사건에 관한 건'〉; 『시대일보』 1926. 5. 6. '법조 언론계 유지 국수회 문제로 궐기'.

조직을 통해 해결하였던 셈이다. 이런 배경 위에서 와타나베는 1920년대에 토목업계가 조선산미증식계획, 하천 개수 사업, 조선철도 12개년 계획(1927~1938), 제2차 총독부 발전 수력 조사 사업 등으로 붐을 맞은 가운데 당시 조선 재계의 쌍벽이던 '상업파'와 '토목파·공업파'의 경쟁 구도 속에서 후자의 대표 주자로서 경성 재계, 조선 재계의 수장격인 경성상업회의소 부회두(1923. 12~1925. 11), 회두(1925. 12~1932. 11)에 올라 장기간 재임하였다.[52]

4) 선만개척의 설립과 연해수리조합 공사

(1) 선만개척의 설립과 저수지 부실 공사

가와카미 사타로를 비롯한 오사카, 도쿄 미곡시장의 주요 미곡상, 중매인과 나가오카시의 자본가들은 쌀값이 유례없이 폭등한 1919년 말과 1920년 초에 선만개척 설립에도 나섰다. 이들은 황해도 연백군과 해주군 사이에 '일망무제'로 펼쳐진 2만여 정보의 연백평야 개발에 주목하였다. 당시 한국에 남아있던 20만 정보의 개간 가능 간석지 가운데 가장 규모가 큰 사업지였다. 동양척식회사가 일찍부터 눈독을 들여 그중 4,000여 정보를 매입하였으나 수리시설이 없어 좋은 토질에도 불구하고 3년에 한 번꼴로 밖에 수확하지 못하였고 그래서 이민조차 오지 않는 곳이었다.

이에 동양척식주식회사는 1917년 11월 가와카미(川上) 이사의 주도로 이곳을 조사하여 수리개선이 급선무이며 500정보, 2,000정보 등으로 나누어 개발하기보다 지역 전체를 통채로 개발하는 게 좋겠다고 결론지었다.[53] 그리하여 동척은 1918년 5월 그곳 벽란도에 예성강을 수원으로 하는 저수지를 200만 원의 예산을 들여 만들 계획을 세웠고,[54] 1919년 1월에는 동양척식회

52 朝鮮中央經濟會 편, 앞의 책, 1922, 99쪽; 朝鮮人事興信錄編纂部, 앞의 책, 1935, 544쪽; 阿部薰 편, 앞의 책, 1935, 86쪽.

53 『매일신보』 1917. 11. 2. '연백수리계획. 2만 정보 평야에 천상 동척 이사담'.

54 『매일신보』 1918. 5. 7. '연백수리계획. 면적 2만 정보'.

사 경성지점의 주도로 그곳 간석지 1,500정보의 개간을 당국에 출원하였다.[55] 그런데 이곳은 그 일대의 수리 문제를 근본적으로 해결하지 않는 한 개발이 곤란한 곳이었다. 그리하여 동양척식은 300만 원의 예산으로 그곳에 15~16억 입방척의 물을 가둘 저수지를 만들어 그 일대 2만 정보의 '광막한 대평야'를 개발할 계획을 세웠다.[56]

이런 가운데 1919년 11월 가와가미 사타로(川上佐太郎)와 일본 미에(三重)현 출신으로 오사카 도지마(堂島) 미곡시장의 전설적인 곡물 중매인, 곡물 메이저였던 오카 한에몽(岡半右衛門), 그리고 '에치고(越後)의 석유왕'으로 니가타현에서 중의원 의원까지 지낸 나카노 간이치(中野貫一) 등 12명이 연백평야의 토지 1만 2,170정보를 향후 10년간 논 6,070정보와 밭, 대지, 저수지 등으로 개발하겠다는 신청서를 당국에 제출하였다. 자세한 경위는 알기 어려우나 이들은 자본금 1,000만 원 정도의 농업회사를 설립하여 동양척식회사에서 추진하던 연백평야 개발 계획을 넘겨받고 자금도 지원받아 황해사에 설계 및 시공과 각종 인허가 업무까지 맡겨 추진하기로 한 것이다.[57] 당시 가와카미 사타로는 조선총독을 직접 만나 교섭하고 총독부 내무국, 식산국 관리와 그 밖의 유지들을 한자리에 불러모을 만한 힘을 가진 거물 인사였다.[58] 게다가 가와카미와 오카 한에몽은 일본에서 쌀 소동(1918)이 일어났을 때 자신들의 자택과 상점을 습격당하여 쌀 증산의 필요성을 절감하였고, 일본 정부와 조선총독부 역시 쌀 소동 직후라서 한국의 농업 개발과 산미 증식을 위한 자본유치가 절실하였다.

이런 여건하에서 이들은 1920년 2월 23일 '조선의 이원(利源) 개발'을 위한 '조선에서의 간석지 개간과 농업경영 및 그 부대 사업'을 목표로 자본금

55 『매일신보』 1919. 2. 1. '東拓 延白 干潟地 開墾計劃. 關屋 토목과장 談'.
56 『매일신보』 1919. 2. 9. '연백수리 계획. 관개 2만 정보 工費 3백만 원'.
57 『조선총독부관보』 1919. 11. 28; 『매일신보』 1919. 11. 29. '연백 간석지, 척식회사의 新開拓計劃'; 『大阪時事新報』 1919. 12. 3(松山創, 앞의 책, 2015, 100쪽에서 재인용).
58 橋本豊太郎, 앞의 책, 1937; 『매일신보』 1920. 10. 15. '川上社長 張宴'.

[표 3-4] 선만개척의 대주주(1923. 4)

주주명	주수	주소
岡半商事 사장 岡半右衛門	19,470주	미에(三重)현
中野興業 전무 中野忠太郎	19,000주	니가타(新潟)현
川上同族 사장 川上佐次郎	10,650주	니가타현
長部松三郎	3,500주	니가타현
萩原長吉	3,000주	도쿄
萩原亘	3,000주	도쿄
小川清之輔	3,000주	니가타현
松村金兵衛	3,000주	도쿄
茂木七郎右衛門	2,500주	지바(千葉)현
鷲尾德之助	2,100주	니가타현
岩崎清七	2,000주	도쿄
岡田莊四郎	2,000주	도쿄
황해사 대표 松山常次郎	2,000주	한국
中野殖產 사장 中野信吾	1,750주	니가타현
中村直吉	1,740주	고베(神戶)
山口歌	1,500주	니가타현
佐藤佐太郎	1,500주	니가타현
계 534명	140,000주	

자료: 선만개척, 〈제3기 영업보고서〉, 1922. 4~1923. 3.

700만 원(납입자본 245만 원)의 선만개척(鮮滿開拓)을 설립하였다.[59] 자본금이 불이흥업의 500만 원(납입자본 200만 원)보다 큰 대농업회사였다. 본점은 나가오카시에 두고(長岡市 表 1의 町 386번지) 지점은 경성부 영정 6번지에 두었는데 본점과 지점의 주소가 장강척식의 본지점 주소와 모두 같았다. 창립 당시 주주는 알 수 없지만 제3기 말인 1923년 3월의 총주식은 14만 주이고 주주는 534명이었다. 그중 대주주는 [표 3-4]와 같고, 설립 당시 임원은 [표 3-5]와

59 선만개척, 〈정관〉; 中村資良 편, 『朝鮮銀行會社組合要錄』, 京城: 東亞經濟時報社, 1921.

[표 3-5] 선만개척, 조선개척의 임원

구분	이름	주소	재임기간
취체역	小川清之輔	니가타현 나가오카시	1920. 2~1932. 5. 1931. 5 사장
	長部松三郎	니가타현 나가오카시	1920. 2~1928. 5
	橋本圭三郎	도쿄부 도요타마(豊多摩)군	1920. 2~1927. 5
	岡半右衛門	미에현 쓰(津)시	1920. 2~1928. 9
	荻原亘	도쿄시 우시고메(牛込)구	1920. 2~1934. 5
	中野信吾	니가타현 나가오카시	1920. 2~1933. 1
	川上佐次郎	니가타현 나가오카시	1921. 6~1930. 12. 1930. 5 사장
	橋本豊太郎	경성부 청엽정	1923. 5~1938. 5 상무
	松山常次郎	도쿄부 도요타마(豊多摩)군	1927. 2~1929. 6
	三好豊太郎	경성부 욱정	1927. 5~1935. 5 대표~1941. 4 사임
	岡長平	미에현 쓰시	1930. 5~1934. 5
	川上十郎	니가타현 나가오카시	1931. 5~1934. 5
	七田常市	경성부 남산정	1934. 5~1941. 4
	宮崎匡雄	경성부 송현정	1938. 5~1939. 12
	石塚峻	경성부 명륜정	1938. 5~
	平原保	경성부 송현정	1940. 3~1943. 9 대표취임~
	豊田橋藏	연백군 연안읍	1940. 5~1943. 4
	富永文一	경성부 송현정	1941. 5 대표~1943. 8
	林豊	경성부 고시정	1941. 5~
	倉田保	경성부 신당정	1943. 4~
감사역	松田周平	니가타현 나가오카시	1920. 2~1929. 11
	鷲尾徳之助	니가타현 나가오카시	1920. 2~1934. 5
	松村金兵衛	도쿄시 간다(神田)구	1920. 2~1927. 4
	岸五郎	니가타현 우지군	1922. 5~1934. 5
	戶津學	경성부 송현동	1934. 5~1936. 5
	松井房治郎	경성부 남대문통	1934. 5~1937. 12
	齋藤久太郎	경성부 남대문통	1936. 5~1943. 12
	水間美繼	효고(兵庫)현 무코(武庫)군	1938. 5~
	加藤喜一	경성부 남산정	1940. 5~

주: 오카 쵸헤이(岡長平)는 오카 한에몽(岡半右衛門)의 양자이고, 가와카미 주로(川上十郎)는 가와카미 사지로의 동생임.
자료: 선만개척, 〈영업보고서〉, 각 회계연도; 〈법인등기부〉.

같았다.

오카 한에몽(岡半右衛門, 1860~1928)은 미에현 출신으로 메이지, 다이쇼기에 오사카 도지마(堂島) 미곡시장에서 활동한 역대 중매인[相場師] 가운데 '가장 걸출한' 전설적인 인물로 꼽히는데 오카한상사(岡半商事)주식회사를 운영하였고 1918년 쌀 소동 때는 자택을 습격당하였으며, 쓰시(津市) 미곡거래소의 감사역과 이세(伊勢)철도, 일본인조견사, 대일본궤도의 취체역도 지냈다.[60] 나카노흥업(中野興業)의 나카노 츄타로(中野忠太郎)와 나카노식산(中野殖産)의 나카노 신고(中野信吾)는 나카노 간이치(中野貫一)의 장남과 차남인데 간이치는 니가타현에서 니쓰(新津), 가나즈(金津) 유전 개발을 주도하여 '에치고(越後)의 석유왕'으로 불린 지방 재벌로 거기서 중의원을 지냈고 후일 참의원까지 지냈다.[61] 하기와라 쵸키치(萩原長吉, 1871~)는 도쿄 후카가와(深川) 미곡시장에서 활동한 유명한 미곡상으로 산쿄(三協)은행, 고만금(古滿金)상사, 하기쵸(萩長)상점의 취체역과 다이호쿠(大北)산업의 감사역 등을 지냈다. 중외상업신보 등에서 미가 전망 기사를 낼 때 그를 취재하곤 하였던 이름난 미곡 중매인이었다.[62] 하기와라 와타루(萩原亘)는 도쿄 미곡거래소의 지배인과 이사를 지낸 이리에 야스노스케(入江保之助)의 2남으로 원래 이름이 이리에 와타루(入江亘)였다. 하기와라 쵸키치(萩原長吉)의 양자가 되어 이름을 바꾸었고 도쿄 미곡거래소에서 '거래원'(取引員)으로 활동하였다.[63] 마쓰무라 긴베(松村金兵衛)도 도쿄 후카가와 미곡시장의 중매인으로 1918년

---

60 鍋島高明, 「'暴利取締令' 適用第1號の岡半右衛門氏」, 『日本經濟新聞』 2012. 3. 10; 『大阪朝日新聞』 1918. 8. 18. '津の放火騷擾詳報. 岡半取引所外30餘戸 燒失'.

61 가와카미, 오카, 마쓰무라는 이외에도 여러 사업에 동참하였다. 1921년 오사카의 오카(岡半右衛門), 가와카미(川上佐太郎), 이시이(石井福房)와 도쿄의 마쓰무라(松村金兵衛) 등이 경성현주취인신탁(京城現株取引信託)회사의 증자에 함께 참여한 것이 예다. 『매일신보』 1921. 10. 23. '現取 增資 확정'.

62 『中外商業新報』 1927. 6. 3~1927. 6. 13. '米價は今後どう動くか(6). 思惑米整理安は天災期高を作る. 萩原長吉氏'.

63 『大阪時事新報』 1923. 10. 26~1923. 11. 7. '銀行會社營業所調(二) 取引所及一般取引員(下) 東京米商 … 第三部 取引員 萩原亘'.

에 도쿄미곡도매시장(東京廻米問屋市場)의 임원(行事)을 지낸 인물이다.[64] 모기 시치로에몽(茂木七郎右衛門, 1860~1929)은 지바(千葉)현 출신으로 일본의 유명한 장유양조가(醬油釀造家)이자 지바현의 거액 납세자였다. 지금 기코망(Kikkoman)의 전신에 해당하는 노다장유(野田醬油)의 초대 사장으로 노다상유(野田商誘)은행 두취, 노다인거(野田人車)철도 고문, 센슈사(千秋社) 대표사원 등을 지냈다.[65] 이와사키 세이시치(岩崎清七)는 메이지(明治) 시기 도치기(栃木)현 출신의 실업가로 가업인 미곡상, 장유양조업을 운영하다가 지금 스미토모오사카(住友大阪)시멘트의 전신에 해당하는 이와키(磐城)시멘트를 창업한 인물이다. 닛신(日清)방적, 일본제분의 경영에 참여하고 도쿄가스(東京瓦斯) 사장, 전국실업협회 회장, 대일본산업보국회 심의원 등을 지냈으며 1919년에는 일본제분의 사장이 되었다. 선대부터 모기(茂木) 집안에 대두, 소맥을 납품하였고 모기 시치로에몽의 자금원조를 받는 등 두 집안이 각별한 사이였다. 이들 외의 주주는 대부분 니가타현 사람들이었다. 이외 선만개척 설립에 참여한 취체역 오가와, 오사베, 하시모토와 감사역 마쓰다, 와시오 등은 앞서 장강척식의 설립과 운영에도 참여한 나가오카의 대표적인 자본가들이었다.

선만개척이 간척 공사를 벌이기로 한 곳은 서쪽은 해주 동부에, 동쪽은 연백 서부에, 남쪽은 서해에 접한 동남에서 서북으로 약간 경사져 내린 약 80리에 달하는 광활한 평야 지대였다. 선만개척은 그 일대 화양천과 어사천이 합류하여 바다로 빠지는 거래포와 동령곶포 두 곳을 막아 두 개의 저수지를 만들고 이를 수원으로 저수지 아래쪽의 해주군 청룡, 일신, 내성, 추화

---

64 東京廻米問屋市場 編, 『東京廻米問屋市場沿革』, 東京廻米問屋市場, 1918, 復刻版, 『明治後期産業發達史資料』 第629卷, 第12期 府縣産業篇 9, 東京: 龍溪書舍, 2002. 마쓰무라는 1913년에 '도쿄의 일류 미곡상'인 쓰지(辻仁作), 기무라(木村德兵衛), 가토(加藤由太郎), 우에하라(上原豊吉), 마스다(增田猶七) 등과 함께 도쿄 후카가와(深川)구에서 자본금 10만 원의 합자회사 '선미(鮮米)상회'를 설립하기도 하였다. 『京城日報』 1914. 2. 19. '內地米商と鮮米'.

65 人事興信所 編, 『人事興信錄』 제8판, 人事興信所, 1928.

면과 연백군 호남, 송봉, 해룡, 봉서, 용도, 해성면 등지의 1만 2,000여 정보를 관개개선, 지목 변환하기로 하였다.[66]

그런데 선만개척을 설립한 1920년 2월은 제1차 세계대전 종전 후 일시 침체하였던 경기가 1919년 4, 5월부터 다시 상승하여 대전 중에도 볼 수 없던 '투기열 기업열의 백열화(白熱化)'[67]를 보인 대호황기였다. 반면 간척 공사에 착수하기로 한 1920년 4월은 이른바 '반동공황'으로 경기가 급냉한 때였다. 그래서 사장 가와카미 사타로와 전무 오가와(小川淸之輔)가 내한하여 설계 및 시공사인 황해사와 공사 계속 여부를 상의한 후 이듬해 3월까지 공사비 220여만 원을 들여 방조제용 석재 채취와 저수지 공사 등을 마치기로 하였다. 아울러 일본 농상무성 기사인 마쓰타니 츄스케(松谷忠助)를 연백출장소장으로 영입하고 황해사에 공사와 경영 일체를 맡겨 모든 공사를 3년 안에 완공하기로 하였다.[68] 동양척식주식회사도 가와카미 등 일본 재계의 주요 인사들이 투자하고, 현역 국회의원인 마쓰야마가 설립한 황해사가 설계와 시공을 맡은 '동양 제일의 대수리 공사'에 깊은 관심을 보이며 자금 지원을 약속하고 기사를 보내어 실지(實地) 조사도 해주었다.[69] 총독부도 1921년 5월에 이이지마 간이치로(飯島寬一郎) 기사 등 20여 명을 보내 그 일대 하천의 수량과 관개면적, 수로 굴착 등을 기본 조사하여 주었다.[70]

공사는 계획대로 진행되었다. 조류 간만의 차가 34척이나 되는 바다를 막는 대공사였다. 그중 난제는 연백, 해주 두 군의 경계에 위치한 유역 7리의 어사천과 15리의 화양천이 합류하여 바다로 빠지는 곳에 총 915간, 약 1.7km의 둑을 막아 도합 1,850정보 규모의 저수지 2개(제1, 2저수지)를 만드는 일이었다. 거센 물살로 토사(土砂)와 사석(捨石, riprap)이 여러 차례 쓸려가고

66 『동아일보』 1922. 9. 25, 1923. 6. 16, 1924. 8. 14, 1925. 10. 30; 『조선일보』 1924. 4. 14.
67 大內力 外, 『日本資本主義の沒落 I』, 東京大學出版會, 1970.
68 『동아일보』 1920. 4. 25. '연백수리 起工'.
69 『매일신보』 1921. 5. 17. '연백수리 진척'.
70 『동아일보』 1921. 5. 22. '연백수리 기본실측'.

제방에 균열이 생기는 등의 어려움 끝에 1921년 드디어 성공하였다. 이로써 17억 입방척의 물을 담을 저수지가 완공되어 그 일대 1만 2,000정보의 간척이 가능하게 되었다.

(2) 연해수리조합 설립과 주민 반발

그런데 선만개척이 저수지 공사를 완료한 이듬해인 1922년 7월 저수지 설계에 큰 결함이 드러났다. 거래포에 저수지를 만들며 60여 간의 수문을 두었는데 -원래는 900여 간이었다고 한다- 그해 7월 '그리 큰 비가 아니었음에도' 수문 부족과 배수장치 불완전으로 해주군 추화면, 내성면, 청룡면과 연백군 신도면 일대의 농가 1,441호와 농지 3,700여 정보가 침수되는 일이 일어났다. 심한 곳은 수확이 거의 없고 심하지 않은 곳도 3할가량 줄어 피해 규모가 평년작의 7할에 해당하는 3만여 원이나 되었다. 이에 피해 농민 9,000여 명은 피해보상은 물론 재발 방지를 위하여 거래포 저수지를 헐라고 요구하였다. 그해 11월 주민 973명이 연명하여 제출한 탄원서에 의하면 7월 2~5일, 21~26일 사이의 비로 그곳 농지 1,715정보가 침수되었는데 결정적인 이유는 원래 935간이던 배수구를 60간으로 줄였기 때문이며 보를 쌓은 후 강바닥에 진흙이 가라앉아 유속이 늦어지며 물이 역류한 것도 또 하나의 원인이라고 주장하였다.[71] 그 밖에도 이들은 화양천과 어사천에 제방이 생겨 수운으로 드나들며 수백만 원의 물화를 거래하던 이들이 큰 손해를 보게 되었으니 그것까지 계산하면 저수지 설치의 손해가 이익보다 크다며 차제에 그걸 헐라고 요구하였다. 선만개척의 문제는 여기서 그치지 않았다. 거래포 저수지를 수원으로 그 일대 1만 2,000여 정보를 간척하려던 계획이 차질을 빚었다. 그 저수지를 이용하지 못하면 그중 1만여 정보의 개간이 불가능해져 1,800여 정보만 개간 가능지로 남는 것이었다.[72]

71 『동아일보』 1922. 9. 25, 1923. 6. 16; 『매일신보』 1922. 9. 27~9. 28.
72 『조선일보』 1924. 4. 14; 『시대일보』 1924. 4. 14; 『신한민보』 1923. 5. 10.

물론 선만개척은 200여만 원이나 들여 만든 저수지를 그냥 헐 수 없었다. 저수지를 헐지 않고 사태를 수습할 방안을 찾아야 했다. 이에 선만개척은 문제의 저수지보다 고지대의 기경지들을 몽리구역으로 편입하고 그곳 지주들을 조합원으로 가입시켜 수리조합을 만드는 안을 찾았다. 그리하여 그 조합이 조합 명의로 거액의 토지 개량 자금을 빌려 문제의 저수지를 인수하게 함으로써 선만개척의 저수지 공사비를 우선 회수하는 방안이었다. 선만개척은 저수지 설계에 문제가 드러난 1922년 하반기부터 이 방안을 밀고 나갔다. 좀 더 자세히 말하면 고지대의 일반 지주 2,000여 명을 가입시켜 연해(延海)수리조합을 만들고 그 조합 명의로 토지 개량 자금 500여만 원을 융자받아, 선만개척이 지출한 저수지 공사비 200여만 원을 우선 회수하며 조합의 채무는 추후 조합이 조합원들에게 조합비, 기타 유지비 명목으로 단보당 얼마씩 받아 해마다 50여만 원씩 장기 균등 상환하는 방식이었다.[73]

그러나 이는 곧 반발에 부딪혔다. 그곳 농업자들이, 몽리구역보다 저지대에 저수지를 만들고 그 물을 고지대에 기계로 양수 공급하려면 매년 큰 비용이 들고 또 배수 설계가 잘못된 문제의 저수지를 그대로 두는 한 1922년과 같은 침수가 되풀이될 게 뻔하다며 손해배상 소송까지 제기하였다. 사실 이곳은 1921년에 기본 수리 조사를 한 총독부조차 화양천 '상류'의 4, 5리 지점에 2개의 저수지를 만들고 그 물을 '순류' 공급하는 안을 제시한 터라서, 그 물을 동력으로 '역류' 공급하려는 방안에 일반 지주는 물론 그곳에 많은 농지를 가진 동척조차 반대하였다. 그곳 지주들은 수리사업 자체를 반대한 게 아니라 사업자인 선만개척과 설계시공회사인 황해사의 잘못을 그런 방식으로 해결하려는 데 반대한 것이었다.[74]

이에 선만개척은 1923년 초 연백, 해주 두 군수를 회장으로 연해수리조

73 『조선일보』 1924. 4. 14; 『동아일보』 1925. 10. 30, 1927. 9. 27. '전조선 수리조합 실황 답사기'.

74 『동아일보』 1921. 5. 22. '연백수리 기본실측'; 『시대일보』 1924. 6. 6; 『동아일보』 1925. 10. 30; 『조선일보』 1924. 4. 14.

합 설립기성회를 만들고 주민 설득에 나섰다. 당시는 수리조합을 설립하려면 '관계 지주 과반수 이상의 동의와 관계지 면적 2/3 이상 소유자의 동의'가 필요하였다(「조선수리조합령」 1917. 7. 17. 제3조). 그런데 이곳은 관계 토지가 1만 2,000~1만 3,000여 정보나 되고 소유자도 2,000여 명이 넘었다. 소유 규모도 선만개척 3,973정보, 동양척식 1,430정보 등 두 회사가 압도적인 비중을 차지하였고 그 외는 조선인 2,379명이 5,804정보, 일본인 39명이 275정보를 소유하는 등 전체의 6할 이상이 1정보 미만의 영세 소유자였다.[75] 따라서 1,300~1,400명에 달하는 이들과 일일이 접촉하여 동의를 얻는 게 쉽지 않았다. 그리하여 이들은 수리조합을 설립하면 당장은 조합채(組合債)나 사업비 충당을 위하여 단보당 근 8원의 조합비를 내는 등 손해인듯싶겠지만 그 후 순익을 볼 거라고 설득하였다. 이들은 단보당 공사비를 약 60원으로 보았고 단보당 수확은 시공 전 0.54석에서 시공 후 2.54석으로 크게 늘 거라고 예상하였다. 따라서 처음에는 힘들겠지만 결국은 조합비를 내도 단보당 1928년 8전, 1930년 1원 87전 등의 순익을 볼 거라고 하였다.[76] 아울러 이들은 당초 계획대로 이 저수지를 선만개척의 간석지 개간에만 이용하면 고지대의 농지는 영영 수원을 잃어 관개하지 못할 거라며 차제에 선만개척의 간척 규모를 줄이고 고지대의 관개면적을 늘리겠다는 홍보도 하였다.[77]

이들은 수리조합의 설립 요건을 갖추기 위하여 그곳 지주들의 '동의서'를 매당 1원의 수수료를 주고 사들이는가 하면 담당자를 매수하여 반대 연명서를 찬성 연명서로 둔갑시키기도 하였다. 군청, 경찰을 동원하여 반대자를 협박 구타하고 심지어 경찰서로 구인하여 선동 수모자 혐의를 씌워 구

75 『동아일보』 1927. 9. 27. '전조선 수리조합 실황 답사기'; 朝鮮總督府農林局, 『朝鮮土地改良事業要覽』, 1930년판, 조선총독부토지개량부, 1931, 119쪽; 朝鮮總督府農林局, 위의 책, 1931년판, 1932, 116쪽.

76 『동아일보』 1927. 9. 27. '전조선 수리조합 실황 답사기'; 朝鮮總督府農林局, 앞의 책, 1928년판, 1929, 47쪽.

77 『동아일보』 1927. 9. 27. '전조선 수리조합 실황 답사기'.

류하기도 하였다.[78] 그리하여 이들은 늦어도 1923년 3월 이전에 선만개척의 소유지와 간척지, 동척의 소유지를 모체로 몽리면적 1만 2,402정보의 연해수리조합 창립총회를 열었고, 연해수리조합 설립기성회를 중심으로 앞의 설립 요건을 갖추어 당국에 설립 신청을 하였다.[79] 신청 후에도 악재는 그치지 않았다. 1924년 7월 갑자년 홍수 때 저수지 수문 45개 중 상당수가 제대로 열리지 않아 농지 5,000~6,000정보와 가옥 40~50호가 침수되는 일이 일어났다.[80]

이런 악재에도 불구하고 이들은 사업을 강행하였다. 신청 전인 1922년 8월에는 니가타현 나가오카시 출신으로 일찍이 일본 외무성 서기관으로 근무하다가 1905년에 내한하여 통감부 때는 성진이사청(1907), 인천이사청(1910)에서 근무하였고 총독부 설치 후에는 목포 부윤(1910~)과 진남포 부윤(1920~1923) 등을 지낸 하시모토 도요타로(橋本豊太郎)를 선만개척의 새 지배인으로 영입하였다. 그리고 1923년 5월에는 그를 경성지점장 겸 취체역으로 승진시켜 총독부 로비 등 대관(對官) 업무도 맡겼다.[81] 한편, 설계 시공을 맡은 황해사 사장 겸 일본 중의원 의원이던 마쓰야마는 동양척식회사가 연해수리조합 설립에 반대하자 일본 국회에서 "동척이 조선에서 어찌 어찌하다"고 불리하게 발언하는 등 압력을 가하여 결국 동양척식의 사유지와 선만개척의 사유지를 일부 교환하는 조건으로 동의를 얻어 냈다.[82]

1923년 9월 관동대지진 이후는 진재(震災)공황으로 자금압박이 매우 심했다. 지역 여론도 수리조합 찬성파와 반대파로 첨예하게 나뉜 가운데[83] 총독부는 정무총감 시모오카 추지(下岡忠治, 재임 1924. 7~1925. 11)가 연백군수 유

78 『동아일보』 1923. 4. 20, 6. 16, 6. 19, 1925. 10. 30; 『조선일보』 1924. 4. 14.
79 선만개척, 〈제3회 영업보고서〉, 1922. 4~1923. 3.
80 『동아일보』 1924. 8. 1~8. 2, 8. 14.
81 阿部薰 편, 앞의 책, 1935, 357쪽.
82 『동아일보』 1927. 9. 27. '전조선 수리조합 실황 답사기'.
83 『동아일보』 1925. 7. 5, 7. 9.

인수와 함께 연백군 용도면의 연해수리조합 제1 저수지 등을 시찰하고,[84] 일본 본국의 하마구치 오사치(濱口雄行) 대장대신과 직접 교섭하는 등 수리조합 설립에 큰 힘을 실어주었다. 조선개척 상무 하시모토는 후일 이때의 사정을 다음 같이 회상하였다.

> 당시 재계는 점점 불황으로 빠져들었다. 게다가 제국의 재계는 1923년 관동대지진으로 부진의 나락에 떨어져 수리조합처럼 국고 보조를 요하는 사업의 인가가 전연 불가능할 정도로 궁경(窮境)에 처하였다. 이 사업에 큰 동정을 보였던 정무총감 아리요시 추이치(有吉忠一, 재임 1922. 6~1924. 7)조차 100만 원 정도라면 어떻게든 대장성을 움직여 보겠지만 그 이상의 금액은 도저히 곤란하다고 개탄할 정도였다. … 후임 정무총감인 시모오카 추지(下岡忠治)는 … 첫 번째 지방 순시로 … 황해도의 우리 사업지를 시찰하고 … 그 후 도쿄에서 하마구치 오사치(濱口) 대장대신과 교섭하여 … 연해수리조합이 조선산미증식계획의 제일보로 500만 원의 자금을 지원받을 수 있게 해주었다. 그리하여 그 후 신속하게 조합 설립 인가를 받게 되었다.[85]

1925년 11월 9일 연해수리조합은 493명의 토지소유자가 여전히 동의하지 않은 가운데 설립 인가를 받았다. 설립 신청 후 2년 반 만의 일이었다. 최대 난관이던 자금조달 문제가, 1926년 1월 9일부로 연해수리조합이 562만 9,000원을 대부받아 3년 거치 후인 1929년부터 27년간 매년 56만여 원씩 분할상환하기로 당국과 협의가 이루어져, 비로소 해결되었기 때문이다.[86] 이에 선만개척은 조합 측과 문제의 저수지 '인계' 건을 즉각 교섭하였다. 그리

84 『매일신보』 1924. 8. 19. '總監 西鮮視察 隨行記(2)'.
85 橋本豊太郎, 앞의 책, 1937.
86 선만개척, 〈제6회 영업보고서〉, 1925. 4~1926. 3.

하여 '감독관청의 사정(査定)에 기초'하여 '저수지 공사비와 기타 입체금'(立替金, advance payment)으로 217만 851원을 받기로 하였고 1926년 1월 15일 그중 176만 851원을 받고 문제의 저수지를 조합에 인계하였다.[87]

연해수리조합의 조합장은 황해사 사장 마쓰야마 쓰네지로가 맡고 이사는 1920년에 천좌농장 지배인에서 선만개척 연안출장소장 겸 황해사 취체역으로 옮긴 야스오카 쇼조(安岡莊藏)가 맡았다. 조합원은 2,409명이고 사무소는 연백군 연안면 연성리였다. 조합구역은 연백군 서부에서 해주군 동부에 이르는 10개 면, 51개 리의 기간지 9,524정보와 거기에 접속된 미간지 2,878정보 등 총 1만 402정보였다.[88] 그중 선만개척의 소유지는 기간지 2,631정보, 간척지(실제 경작지) 1,437정보 등이고 저수지는 총 2,381정보였다. 사업기간은 1925년부터 1927년까지 3년이고 총사업비는 669만 1,024원이었다. 연도별 사업비는 1925년 329만 471원, 1926년 216만 8,070원, 1927년 123만 2,483원이었다. 완공 후 단보당 예상 조합비는 최고 9원 81전, 최저 1원 84전, 평균 7원 99전이고 증수 예상량은 총 19만 1,416석이었으며 사업 시행 전후의 단보당 증수 예상액은 최저 5두(2.5석에서 3석으로), 최고 2.17석(3.3두에서 2.5석으로), 평균 2석(5.4두에서 2.54석)이었다.[89]

연해수리조합은 설립 후에도 난관이 많았다. 우선, 공사부지의 매입이 쉽지 않았다. 조합은 이를 헐값에 사들이려 하였고 지주들은 비매(非賣)동맹을 결성하고 서울과 개성 거주 지주의 동참까지 호소하며 이에 반발하였다. 그러나 조합은 부지 보상가격과 지주들이 부담해야 할 조합비를 일방적으로 통보하였고 지주들은 이에 항의하여 '피해 지주회'를 발기하는 등 대응에 나섰다.[90] 1927년 7월에는 조합의 제3 양수장에서 연백군 용도면 발산리 등지의 농지 약 90정보에 바닷물이 섞인 물을 공급하여 지주 78명과 소작인

87 선만개척, 〈제6회 영업보고서〉, 1925. 4~1926. 3; 橋本豊太郎, 앞의 책, 1937.
88 『동아일보』 1927. 9. 27. '전조선 수리조합 실황 답사기'.
89 선만개척, 〈제6회 영업보고서〉, 1925. 4~1926. 3.
90 『시대일보』 1926. 5. 15, 6. 7, 6. 29; 『동아일보』 1926. 5. 15, 8. 8, 8. 22, 9. 23.

백 수십여 명이 피해를 보는 일이 일어났다. 조합은 제3 양수장이 준공되어 시험 가동을 하다가 생긴 일일 뿐 정식 급수한 게 아니라고 해명하였지만 피해 농민들은 조합에서 부설한 배수잠관(排水潛管, inverted siphon for drainage)이 파열되어 일어난 일이라며 배상을 요구하였다.[91]

이런 과정을 거쳐 1928년 6월 몽리면적 1만 정보의 연해수리조합 저수지와 양수장 등이 완공되었다. 총면적 2,300정보의 두 저수지에 최대 300마력, 최소 10마력의 양수기 10대와 최대 45인치, 최소 12인치의 와권(渦卷, spiral) 펌프 10대를 갖춘 양수장을 설치하여 연장 27리에 달하는 12개 간선 수로와 연장 83리에 이르는 399개 지선 수로에 동력으로 농업용수를 역류 공급하였다. 제1, 2 저수지 모두 토언제(土堰堤)로서 저수량은 각각 1만 1,665정척(町尺)과 2,313정척, 만수면적은 2,422정보와 1,077정보, 제당(堤塘) 높이는 22척과 16척, 제당 연장은 913간과 990간이었다. 양수기는 중유를 사용하였고 양수량은 초당 613입방척, 구경은 183촌, 마력은 도합 630마력이었다.[92] 1927년에 해주군 일부에 급수하여 좋은 성적을 얻었고 1928년에는 '희유의 대한발'이었음에도 '하등의 장해 없이 완전히 전 구역'을 관개하여 근년에 드문 '풍년'이 들었다고 자평할 만큼 좋은 결과를 얻었다.[93] 그리하여 1928년 10월 연해수리조합은 연백군 연안읍 신사(神社)에서 총독 대리를 비롯한 중앙과 지방의 관료 유지 400여 명을 초대하고 조선신궁(朝鮮神宮)에서 7명의 신관(神官)까지 불러 성대한 준공식을 하였다. 준공식 후에는 연안공립보통학교에서 대연회를 열고 자동차 15대로 제3 양수장과 제1 저수지를 시찰하였으며, 저수지 제방에 각종 모의점(模擬店)을 열고 씨름 대회까지 열었다. 그 밖에도 조합원 2,500명을 불러 자축하고 면별로 조를 짜 풍년무[豊年踊]를 추게 하는 등 저수지 완공과 그해의 성공적인 농사를 축하하였다.[94]

91 『동아일보』 1927. 7. 23; 『매일신보』 1927. 7. 25; 『중외일보』 1927. 7. 27, 8. 14; 『동아일보』 1929. 9. 27. '전조선 수리조합 실황 답사기'.
92 조선총독부농림국, 앞의 책, 1928년판, 1929, 28~29쪽.
93 『朝鮮新聞』 1928. 10. 17. '연해수리조합 준공식 거행, 몽리면적 1만 정보'.

[표 3-6] 선만개척의 소작료 수납 상황

(단위: 면적=정보)

연도	농장	논	밭	대	임야	계	그중수조내	소작인	수납(석)
1922	연백농장	2,474				3,233		3,079	4,480
1923	연백농장	2,517	529	11	1,219	4,326		3,160	3,926
1924	연백농장	2,517	530	11	1,264	4,322		3,151	4,070
1925	연백농장	2,821	555	12	239	3,625		3,065	4,609
1926	연백농장	2,864	559	13	243	3,678		3,199	7,484
1927	연해기간지	2,658	559	13	238	3,468	2,586	2,610	10,704
	김포농장	482	49		52	531		467	7,002
1928	연해기간지	2,724	572	13	249	3,558	2,675	2,890	14,958
	김포농장	482	49		52	531		467	7,491
1929	연해기간지	3,611	685	20	267	4,584	3,347	3,332	26,316
	김포농장	482	49		52	583		477	8,648
1930	연해기간지	3,692	685	21	284	4,684	3,442	3,426	41,857
	김포농장	386	40		78	504		386	7,298[1)]
1931	연해기간지	3,788	694	23	285	4,790	3,491	3,795	43,672
	김포농장	386	40		78	504		389	7,540
1932	연해기간지	3,872	729	23	291	4,914	3,601	4,036	46,746
	김포농장	395	37		72	504		398	9,905

주: 1) 면적 줄고 수해 발생.
자료: 선만개척, 〈영업보고서〉, 각 회계연도.

(3) 선만개척과 장강척식의 위기

연해수리조합의 설립이 지연되는 동안 선만개척은 엄청난 곤란을 겪었다. 당시 이들의 사업은 사유지(社有地) 경영, 간척 공사, 연해수리조합 공사 세 가지였다. 그중 수리조합 공사가 지체되어 사유지 경영과 간척 공사 모두 부진하였다. 사유지는 [표 3-6]에서 보듯이 1922 회계연도의 경우 연백, 해주 2개 군 7개 면 77개 리의 논 2,474정보와 밭, 대지, 임야 등 모두 3,233정

94 『매일신보』 1928. 10. 1, 10. 12; 『동아일보』 1928. 10. 14; 『朝鮮新聞』 1928. 10. 17; 『중외일보』 1928. 10. 19.

[그림 3-2] 선만개척의 당기손실과 누적적자(만 원)

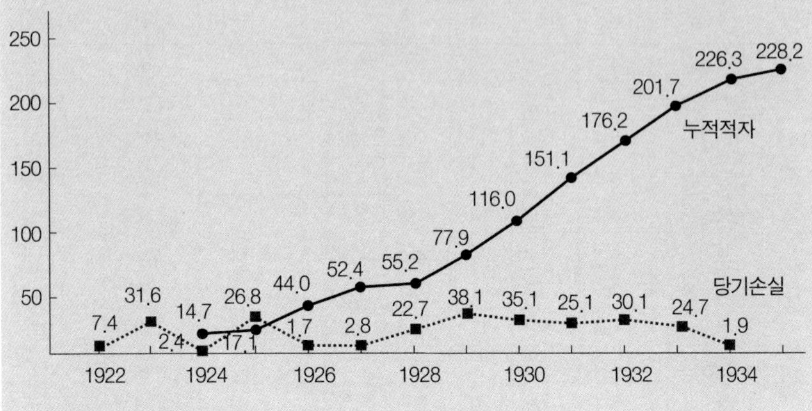

자료: [부록 3-5].

보였다. 이를 소작인 3,000여 명을 동원하여 경작하였는데 수리시설이 없어 1922년에는 6월 중순까지도 저지대의 논 164정보만 이식(모내기)하였고 1,000정보는 7월 상순이 되어서야 겨우 이식하였다. 그리고 428정보는 끝내 모를 내지 못하여 직파하였으며 419정보는 직파도 못하여 논에 잡곡을 파종할 정도였다.[95]

홍수, 해일 등 재해도 그치지 않았다. 1922년 여름에는 호우로 논 800여 정보가 물에 잠겼고 그중 100정보는 닷새 동안이나 침수되어 수확이 거의 없었다.[96] 1923년에는 8월 13일 평안남도 용강군 광량만과 황해도 옹진군 용호도 사이에서 해일이 일어나 경기도 일부와 황해도, 평안남북도의 서해 연안이 막대한 피해를 보았다. 광량만 염전은 거의 전멸하였고 진남포에서는 가옥 3,000채가 침수하고 건물 70채가 무너졌으며 사상자도 2,000여 명이나

95 선만개척, 〈제3회 영업보고서〉, 1922. 4~1923. 3.
96 선만개척, 〈제3회 영업보고서〉, 1922. 4~1923. 3.

발생하였다. 그리하여 서해 연안인 평안북도 용천군의 불이흥업 서선농장과 정주군의 서수농장, 황해도 옹진군의 천좌농장 등이 큰 피해를 본 가운데 선만개척의 연백농장도 총 71만 4,389원의 피해를 보았다. 8월 13일 오전 5시 만조 때 연백농장에 풍속 35m의 폭풍이 불며 조위(潮位)가 인천측후소의 예상치보다 4척 높고 공사 당시 예상 최대 조위보다도 2척 높은 115척까지 올라가 저수제와 방조제는 물론 모든 시설물이 큰 타격을 받았다. 그 일대 성토(盛土, banking) 6만 9,743입방평, 근권토(根圏土, rhizosphere) 1만 974입방평, 장석(張石, pitching stone. 둑 등 경사면을 보호하려고 쌓는 돌) 9,955면평, 율석(栗石. 도로, 석축 등 기초 공사나 지반을 굳히는 데 쓰려고 자갈보다 약간 굵게 깨뜨린 돌) 6,902입방평, 토표(土表) 32만 5,577표(俵), 교량 2개, 시멘트 400준(樽), 가마니(叺) 3만 매가 유실되었고 선박 4척이 파괴되었으며 제2 을호 방조제도 세 곳에서 연장 114간이 무너졌다. 특히, 경지 209정보에 바닷물이 들어와 경작물은 물론 경지의 5할가량이 유실되었고 그 외 수문 유실과 청계방조제, 부현방조제 등 제방의 결괴도 극심하였다.[97]

이에 선만개척은 나가오카 본사에서 전무 오가와와 취체역 가와카미 사지로가 내한하여 경성지점장 하시모토와 황해사 사장 마쓰야마, 전무 와타나베 등과 함께 그 참상을 목격하고 망연자실하였다.[98] 그렇지 않아도 몇 년째 적자가 누적되어([그림 3-2]) 배당도 못하였는데 엄청난 복구비가 추가로 들 터였다. 가장 큰 문제는 자금 사정이었다. 당시 선만개척의 자금원은 크게 세 가지였다.

첫째는 납입자본과 적립금 등 자기자본이었다. 그런데 [부록 3-5], [부록 3-6]에서 보듯이 납입자본은 1921년(회계연도)에 245만 원에서 1922년 350만 원으로 대폭 증가한 후 1924년 372만 3,800원, 1925년 377만 1,900원, 1926년 377만 5,040원으로 거의 늘지 않았다. 적자가 누적되어 배당도 못하는 회사

97 선만개척, 〈제4회 영업보고서〉, 1923. 4~1924. 3.
98 橋本豊太郎, 앞의 책, 1937.

에 누구도 자본금을 추가 납입하려 들지 않았다.

둘째는 총독부의 토지 개량 사업 보조금이었다. 1923 회계연도에 63만 9,878원[보조금]을 받은 이래 1924 회계연도에 23만 5,824원, 1925 회계연도에 4만 4,889원을 받는 등 액수가 크게 줄었다([부록 3-7]).[99] 총독부는 보조금을 주며 간척공사를 압박하였는데 공사가 더뎌 보조금 지급이 어려웠다.

셋째는 차입금, 즉 부채였다. 애초에는 주로 동양척식회사에서 빌렸으나 연해수리조합 공사 때 동척과 갈등한 후 지원이 여의치 않아[100] 선만개척의 본점이 있던 나가오카시의 주식회사 69은행에서 선만개척 중역들이 '연대보증'을 하여 빌렸다. 당시 선만개척의 대주주이자 취체역인 오사베(長部松三郎), 오가와(小川淸之輔), 가와카미 사지로(川上佐次郎), 나카노 신고(中野信吾)와 감사역인 와시오(鷲尾德之助)는 69은행의 대주주이자 중역들이었다.[101] 우선 오사베는 69은행의 취체역(1898. 1~1922. 4)을 거쳐 당시 두취(1922. 4~1932. 12)였고, 와시오는 이 은행 전무(1922. 4~1932. 12)로서 후일 두취(1932. 12~1951. 11)가 되었다. 가와카미 사지로는 이 은행 감사역(1921. 7~1922. 3)을 거쳐 당시 취체역(1922. 4~1930. 12)이었고, 오가와는 조금 후인 1929년에 이 은행 취체역(1929. 7~1932. 5)이 되었다. 그러나 선만개척의 적자가 누적되자 이 은행의 상환 압박도 극심해졌고[102] 이에 선만개척은 그 후 차입선을 조선식산은행으로 바꾸어 갔다. 1926년 가을 선만개척이 조선식산은행에서 200~300만 원의 산미증식 저리자금을 차입하기로 하였다거나,[103] 역시 선만개척이 자금난

99 선만개척, 〈제4, 5, 6회 영업보고서〉, 1923, 1924, 1925 회계연도.

100 橋本豊太郎, 앞의 책, 1937.

101 선만개척 중역들의 69은행 주식 소유는 1920년 말 현재 오가와(小川淸之輔) 2,908주(1위. 주식 소유 순위. 이하 같음), 오사베(長部松三郎) 2,606주(2위), 가와카미 사타로(川上佐太郎) 2,368주(3위), 와시오(鷲尾德之助) 1,710주(8위), 나카노흥업(中野興業) 1,596주(10위) 등이고, 1925년 말 현재는 가와카미동족회사(川上同族) 사장 가와카미 사지로(川上佐次郎) 2,990주(1위), 오가와(小川淸之輔) 2,908주(2위), 오사베(長部松三郎) 2,566주(3위), 와시오(鷲尾德之助) 1,710주(7위), 나카노흥업(中野興業) 1,596주(9위) 등이었다. 北越銀行史編纂室 편, 앞의 책, 1980, 198쪽.

102 橋本豊太郎, 앞의 책, 1937.

[그림 3-3] 선만개척의 부채 비율(%)

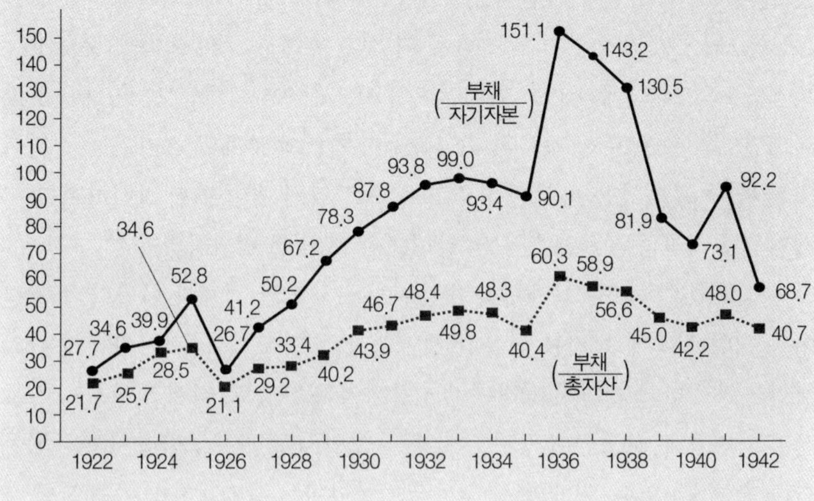

자료: [부록 3-6].

으로 공사가 어려워지자 조선식산은행에 '교섭'하여 공사를 계속하기로 하였다거나,[104] 또 1930년에 김포농장의 관리지 가운데 원격지라서 관리가 불편한 부평지역의 논 70정보와 밭 9정보를 매각하여 그 대금으로 조선식산은행의 차입금을 상환한 것이[105] 그걸 보여준다.

선만개척은 자기자본 조달은 어렵고 보조금도 감소한 가운데 차입금 의존도가 꾸준히 늘자 총자산 대비 부채 비율이 1922 회계연도 말의 21.7%에서 1925 회계연도 말에 34.6%로 늘었다. 자기자본 대비 부채 비율도 1922 회계연도 말의 27.7%에서 1925 회계연도 말에 52.8%로 증가하였다([그림 3-3]). 선만개척의 부채 비율은 1926년 1월에 앞서 언급한 문제의 저수지를 연해수

103 『매일신보』 1926. 9. 29. '조선개척사 자금 차입. 殖銀으로부터'.
104 橋本豊太郎, 앞의 책, 1937.
105 선만개척, 〈제11회 영업보고서〉, 1930. 4~1931. 3.

리조합에 넘겨 1926 회계연도 말인 1927년 3월에 총자산 대비 21.1%, 자기자본 대비 26.7%로 일시 급감하였으나 그 후 다시 늘어 1927 회계연도 말인 1928년 3월에는 각각 29.2%, 41.2%가 되었다. 총지출 대비 이자 비중도 1923 회계연도의 24.5%에서 1924 회계연도의 84.8%, 1925 회계연도의 83.9%, 1926 회계연도의 59.3%로 급증하였다([부록 3-8]). 거액의 부채와 적자가 누적되며 몇 년째 주주 배당을 하지 못하였고 주가도 크게 떨어졌다. 그리하여 당시 재계의 옵저버들은 선만개척을 '망해 가는 회사'로 평가하였다.[106]

위기가 계속되자 선만개척 내부에서도 다양한 견해가 나왔다. 1923년 여름 해일 직후에 현지를 방문한 선만개척 전무 오가와 등은 차제에 간척 사업을 포기하고 기간지 경작에만 집중하자고 하였고, 취체역 하시모토 등은 그러면 정부 보조금이 끊길 뿐만 아니라 앞서 받은 보조금마저 반환해야 한다며 반대하였다. 이에 황해사 사장 마쓰야마는 선만개척이 이곳 간척 사업을 포기한다면 황해사가 그 사업을 인수하겠다고 나섰고 그 회사 전무 와타나베는 황해사에는 그럴만한 능력이 없다고 반대하였다.[107] 그런 위기 속에서도 마쓰야먀는 그 후 선만개척의 주식을 사들여 1926년 3월 현재 1만 4,640주를 소유한 제3의 대주주가 되었다([표 3-7]).

어려운 사정은 장강척식도 마찬가지였다. 설립 초에는 김포농장을 개설하고 하구 간척과 발동기, 양수장 설치 등 선진적인 영농법으로 총독부와 경기도, 김포군 관계자들의 관심을 끌며 보조금 지급 등이 원활하고 작황도 좋았으나 그 후 여러 문제가 나타났다. 1922년 7월에는 한강의 홍수로 양수장 표척(標尺)이 23척 5촌까지 올라가는 수해를 겪었고 8월 초에는 폭풍우로 경작물은 물론 경지의 태반이 침수되는 피해를 보았다. 이에 간선 수로를 준설하고 도로와 돌제(突堤, jetty), 수원지 취입구 등을 정비하였지만 8월 21일 밤 220mm의 폭우가 한꺼번에 쏟아져 한강이 범람하며 양수장 표척이 23

106 中村玄濤 編, 『始政25年紀念 躍進之朝鮮 附 財界人物傳』, 釜山: 大陸之日本社, 1935, 569쪽.
107 橋本豊太郎, 앞의 책, 1937.

[표 3-7] 선만개척, 조선개척(1941~)의 주요 주주

연도	주요 주주
1925	岡半商事 사장 岡半右衛門 19,540주, 中野興業 전무 中野忠太郎 19,000주, 松山常次郎 14,640주, 川上同族 사장 川上佐次郎 10,650주, 長部松三郎 3,500주, 萩原亘, 小川淸之輔, 松村金兵衛 각 3,000주, 飯塚粹次郎 2,700주, 鷲尾德之助 2,100주, 中野殖産 사장 中野信吾 1,750주, 中村直吉 1,740주, 총 14만 주.
1927	松山常次郎 30,410주, 中野廣太郎 20,460주, 野ロ巳之助 12,770주, 小澤義五郎 9,200주, 花岡宗太郎 8,000주, 岡半商事 취체역 岡半右衛門 6,640주, 荻原亘 3,000주, 長部松三郎 2,800주, 飯塚粹次郎 2,700주, 川上同族 사장 川上佐次郎 2,300주, 小川淸之輔 2,000주, 志田照悦 1,750주, 中村直吉 1,740주, 佐藤龜吉 1,640주, 鷲尾德之助 1,500주, 松村金兵衛 1,500주, 총 16만 주.
1930	松山常次郎 30,450주, 中野廣太郎 20,460주, 野ロ巳之助 12,770주, 小澤義五郎 9,200주, 花岡宗太郎 8,000주, 岡半商事 6,640주, 飯塚粹次郎 2,700주, 板倉光秀 2,690주, 根本保 2,500주, 川上同族 2,300주, 小川淸之輔 2,000주, 志田照悦 1,750주, 佐藤義市 1,740주, 佐藤龜吉 1,640주, 鷲尾德之助 1,500주, 松村리쿠 1,500주, 長部松三郎 1,400주, 총 16만 주.
1932	松山常次郎 30,450주, 中野廣太郎 20,460주, 野ロ巳之助 12,770주, 小澤義五郎 9,200주, 花岡宗太郎 8,000주, 岡半商事 6,640주, 飯塚粹次郎 2,700주, 板倉光秀 2,690주, 根本保 2,500주, 川上동족 2,300주, 총 16만 주.
1933	松山常次郎 29,300주, 성업사 29,155주, 野ロ巳之助 12,770주, 小澤義五郎 9,200주, 花岡宗太郎 8,000주, 熊田幸子 3,640주, 飯塚粹次郎 2,700주, 板倉光秀 2,690주, 根本保 2,500주, 川上동족 2,300주, 총 16만 주.
1934	성업사 87,485주, 熊田幸子 3,640주, 飯塚粹次郎 2,700주, 松山常次郎 2,550주, 根本保 2,500주, 板倉光秀 2,490주, 川上동족 2,300주, 佐藤義市 1,740주, 岡半商事 1,700주, 총 16만 주.
1935	성업사 87,985주, 飯塚粹次郎 2,700주, 川上동족 2,300주, 板倉光秀 2,170주, 熊田幸子 2,100주, 松山常次郎 2,050주, 根本保 2,050주, 土居喜七 1,830주, 佐藤義市 1,740주, 河村宗七 1,700주, 三好豊太郎 1,400주, 熊田信太郎 1,350주, 齋藤久太郎 1,320주, 총 16만 주.
1937	성업사 43,242주, 齋藤久太郎 2,980주, 土居喜七 1,920주, 三好豊太郎 1,605주, 조선식산은행행우회공조부 1,450주, 河村宗七 1,366주, 飯塚粹次郎 1,350주, 松井志津 865주, 조선개척사우회 750주, 총 8만 주.
1939	성업사 44,192주, 조선식산은행행우회공조부 5,135주, 齋藤久太郎 4,095주, 篠崎半助 1,809주, 三好豊太郎 1,000주, 河村宗七 1,746주, 조선신탁 1,300주, 충남흥업 1,105주, 총 8만 주.
1941	성업사 44,267주, 조선식산은행행우회공조부 5,135주, 齋藤久太郎 4,510주, 조선신탁 3,480주, 篠崎半助 2,139주, 河村宗七 1,196주, 충남흥업 1,105주, 합자회사 加藤精米所 900주, 松井志津 865주, 일선(日鮮)해운 810주, 총 8만 주.
1942	성업사 44,167주, 조선신탁 10,180주, 齋藤久太郎 4,510주, 河村宗七 1,246주, 篠崎半助 1,189주, 충남흥업 1,105주, 합자회사 加藤정미소 900주, 松井志津 865주, 일선해운 810주, 총 8만 주.

주: 1922 회계연도의 주주는 [표 3-4] 참조. 연도는 회계연도로서 회계연도 말인 이듬해 3월 기준임.
자료: 선만개척 · 조선개척, 〈영업보고서〉, 각 회계연도.

척 5촌까지 오르는 수해를 당하였다.[108] 1925년 7월 을축년 대홍수 때는 일부 보가 터져 농작물이 물에 잠기고 토사가 밀려와 힘들여 개척한 경지가 모래밭으로 바뀌는 참사를 겪었다.[109] 그리하여 미리 예정되었던 사이토 마코토(齋藤實) 총독의 김포농장 방문이 취소되고 황해사 사장 마쓰야마가 현장에 달려왔으며 총독부 기사, 경기도 내무부장, 농무과장, 토목과 직원 기사 등이 수차례 현장조사를 나올 정도였다.[110]

결국 장강척식은 부채가 늘며 총자산 대비 부채 비율이 1920년 11.4%에서 1925년 30.4%로 늘었고, 자기자본 대비 부채 비율도 1920년 12.9%에서 1925년 43.6%로 확대되었다([부록 3-2]). 이자지출도 1921년 1만 148원에서 1925년 2만 7,786원으로 늘어 총지출 대비 이자 부담이 1921년 10.3%에서 1925년 41.9%로 증가하였다([부록 3-4]). 그리하여 재무제표상으로는 1921년 순익 4만 1,271원, 1922년 적자, 1924년 순익 2만 362원, 1925년 적자 등으로 흑자와 적자를 반복한 듯 보이지만 실제는 총독부에서 1921년에 4만 9,769원, 1924년에 3만 7,937원의 보조금을 얻어서 그랬을 뿐 그걸 빼면 모두 적자였다([부록 3-3]). 배당도 1921년에 5%를 배당한 후 줄곧 무배당이었다.

이에 장강척식은 설계 시공업체였던 황해사 사장 마쓰야마 쓰네지로와 '숙의'한 후 1926년 2월 15일 임시 주총에서 주주들의 '양해'를 얻어 1921년 8월에 발행하여 주주들이 소유하고 있던 신주 1만 주 가운데 5,000주를 마쓰야마에게 넘기고 4,770주는 그의 장인인 노구치 미노스케(野口巳之助)에게 넘겼으며, 또 장강척식의 '부흥'을 위하여 오가와(小川淸之輔) 사장 대신 한국 실정에 밝고 공사 경험도 많고 현직 국회의원으로 로비력도 가진 마쓰야마를 사장에 선임하였다.[111] 그러나 장강척식의 경영은 이런 조치에도 불

108 장강척식, 〈제5회 영업보고서〉, 1922. 4~1923. 3.
109 『시대일보』 1925. 7. 24, 7. 27.
110 장강척식, 〈제8회 영업보고서〉, 1925. 4~1926. 3.
111 장강척식, 〈제8회 영업보고서〉, 1925. 4~1926. 3.

구하고 여전히 부진하였다.

선만개척, 장강척식의 경영이 이처럼 부진한 가운데 이 두 회사의 공사를 거의 독점적으로 수주해 온 황해사도 위기를 맞았다. 그리고 그 황해사에서 각급 공사를 하청받아 수행해 온 데라오구미(寺尾組)도 연쇄적인 타격을 받았다. 사실 황해사는 수주액으로는 조선 굴지의 청부회사 가운데 하나였지만 이들이 조선에서 손을 댄 사업은 그 후 하나같이 부실 사업이 되었다. 앞에서 본 장강척식과 선만개척의 사업은 말할 것도 없고 마쓰야마 쓰네지로가 일본 와카야마현 이토군의 고향 사람들과 함께 설립한 남해척식주식회사가 황해사에 설계와 시공을 맡겨 공사한 경상남도 함안군의 함안농장과 그곳 함안수리조합 공사도 1925년 7월 홍수로 제방이 무너져 그간 조성한 농지가 일거에 토사에 묻히는 대참사를 겪었다.[112] 그리고 함안농장은 이듬해 5월에도 많은 비로 엄청난 피해를 보았다.[113] 당연히 황해사의 부실 공사와 부정이 두고두고 문제가 되었다.[114] 대지주 한다 젠시로(半田善四郎)의 의뢰를 받아 시작한 부평수리조합 공사도 그 후 많은 문제점이 속출하여 결국 온갖 소송에 휘말리며 부실과 부패의 상징이 되었다.[115] 게다가 1926년 이후로는 쌀값이 떨어져 수리 사업의 열기가 식은 데다 조선토지개량주식회사가 설립되어 각종 설계와 공사를 대행함에 따라 황해사 같은 민간 청부회사는 토지 개량 공사의 주문이 줄 수밖에 없었다. 이런 이유로 황해사의 경영도 오랫동안 안정되지 못하였다. 이들은 1921년 9월에 주식회사로 개편하여 매년 12월에 결산하였는데 제1기(1922년 말) 10%, 제2기(1923년 말) 5%를 배당한 후 제3, 4기(1924년 말, 1925년 말)에는 무배당이었고 그 후 1936년

112 高嶋雅明, 앞의 책, 2004, 제8장; 이영훈·장시원·官嶋博史·松本武祝, 『近代朝鮮水利組合研究』, 일조각, 1992; 『시대일보』 1925. 7. 18. '홍수피해 총액 4천 7백만 원. 이번 홍수로 끔찍한 피해, 당국에선 복구책 강구 중. 각 수리조합은 전멸 상태'; 앞 주 40.

113 『동아일보』 1926. 5. 31. '咸安方面 大洪水. 農作物의 被害 莫大. 비가 삼십여 시간이나 왔다'.

114 서춘, 「제2 함안수리조합 제1 함안수조 위해 희생적으로 창립. 총독부 당국에서까지 대반대」, 『동아일보』 1927. 9. 20.

115 이영훈·장시원·官嶋博史·松本武祝, 앞의 책, 1992, 79~86쪽.

에 해산할 때까지 줄곧 무배당이었다.[116] 이에 황해사는 당초에 '수리' 공사의 '대행'에 치중하였던 것과 달리 그 후 수리 공사보다 건축 공사 쪽으로 중심을 옮긴 것 같다.[117]

황해사의 부진으로 늦어도 1910년대 중반부터 총독부 지정 청부인이 되어 용산 한강통에서 토목건축부와 석재부를 두고 각급 공사를 청부받아 수행해 온 데라오구미(寺尾組)[118]도 부진을 면치 못하였다. 데라오구미는 황해사가 수주한 장강척식의 김포농장(1919), 남해척식의 함안농장과 함안수리조합(1921), 선만개척의 연백농장(1920)과 연해수리조합(1925), 대지주 한다 젠시로의 부평수리조합(1923) 공사 등을 거의 모두 하청받아 시공하여 왔는데[119] 대표인 데라오 다케사부로(寺尾猛三郎, 1870~1929)와 황해사의 와타나베 데이이치로(渡邊定一郎)는 아주 긴밀한 사이였다. 데라오는 일본, 만주, 조선에서 평생 토목청부업을 해 온 개성이 강한 사업가로서 와타나베가 경성상업회의소 부회두(1923~), 회두(1925~)가 되었을 때는 평의원으로 그를 보좌하였고, 와타나베가 국수회 지부장이 되었을 때는 와타나베를 수행하여 창덕궁 난입 사건(1926)에 앞장섰으며, 미국 선교사 허시모의 어린이 린치(私刑) 사건(1926) 때도 대정친목회 회장으로서 국수회, 갑자구락부, 동민회, 국민협회 등의 우익단체들과 함께 규탄 운동에 앞장선 인물이었다.[120] 이런 배경 위에서 데라오 다케사부로는 1926년 11월 경성부회 의원에 당선하였고 황해사에서 하청받은 공사 외에도 많은 공사를 직접 수주하였다. 서울의 한강

116 中村資良 編, 앞의 책, 각 연도판.
117 황해사는 정관의 사업 목적을 1923년 9월에 '토목건축청부업, 제재업, 건축재료 채집 및 가공, 물품의 납입과 판매업, 광산업, 전기 사업 경영, 토지 매매 및 중개업'으로 바꾸었고, 1931년 4월에는 '건축청부업, 제재업, 건축재료 채집 및 가공, 물품 납입과 판매업, 농사경영, 광산업, 전기 사업 경영, 토지 매매 급 중개업, 전항의 사업을 조성하기 위한 측량, 설계, 청부, 기타 부대 사업'으로 다시 변경하였다.
118 佐佐木太平, 앞의 책, 1930, 5~9쪽; 『朝鮮新聞』 1921. 6. 9, '광고. 寺尾組土木建築部石材部'.
119 佐佐木太平, 앞의 책, 1930, 5~9쪽; 中村資良 編, 『京城仁川職業名鑑』, 東亞經濟時報社, 1926, 340쪽.
120 『朝鮮新聞』 1926. 7. 9. '憎むべき私刑. 位置をかへ考えて見よ. 寺尾猛三郎氏談', 1926. 7. 10. 'おお抑え難き國民的公憤. 所感 寺尾猛三郎'.

축제(築堤) 공사(1925), 함경남도 나남의 나북천 철교 공사(1925, 공사비 14만 4,800원), 함경남도 북청의 양덕수리조합 공사(1925, 공사비 8만 7,900원), 함경선 철도 제17공구 간자차조간(幹自遮潮間) 건설 공사(1926, 공사비 56만 9,000 원), 조선질소비료 서호진 공장의 상수도 및 매축 공사(1928), 황해도 옹진의 온천 수리조합 공사(1928)가 그것들로서[121] 평양, 인천, 북청, 해주, 마산 등 현지에 출장소를 설치하거나 필요하면 현지 업자들에게 하청을 주어 공사를 수행하였다.[122]

그러나 데라오구미는 1920년대 후반 청부업계가 부진에 빠진 데다 특별히 일본에서 이노우에 준노스케(井上準之助) 대장상이 긴축 정책을 추진함에 따라 "다년 청부 부진으로 경비만 쓰게 되고 이번의 재정 긴축으로 청부할 공사를 청부하지 못한 결과"[123]로 1929년 여름 극도의 자금난을 겪게 되었다. 그리하여 그해 여름에는 노임을 받지 못한 인부들이 수차례 스트라이크를 일으킬 정도였고[124] 급기야 그해 10월 26일에는 일본 제일은행의 청구[持出]로 조선식산은행에서 지불[受]하기로 되어 있던 600원의 어음과 한일은행의 청구로 한성은행에서 지불하기로 되어 있던[受] 4,490원 42전의 어음 등 총 5,000여 원을 막지 못하여 부도가 났고, 결국 이틀 후인 28일 거래정지를 당하였다.[125] 그리고 두 달 후인 12월에는 데라오 다케사부로마저 사망하

121 『동아일보』 1925. 7. 27. '한강 築堤場에서 천여 명 대격투. 철교 뎨방 삿든 인부 팔백 명과 도급 맛튼 寺尾組 간에 큰 싸홈. 원인은 工錢 不給 관계'; 『매일신보』 1925. 12. 24. '閑散 상태를 脫却케 된 북선 방면의 工事界'; 『朝鮮新聞』 1925. 10. 29. '良德水利 寺尾組に落札'; 『매일신보』 1926. 8. 11. '咸鏡線17工區 工事請負入札 寺尾組 落札', 1929. 11. 22. '溫水工事 寺尾組 投出す'; 佐佐木太平, 앞의 책, 1930, 5~9쪽.

122 佐佐木太平, 앞의 책, 1930, 5~9쪽; 『朝鮮新聞』 1926. 1. 4, 1929. 7. 18; 『매일신보』 1925. 12. 24. '한산 상태를 탈각케 된 북선 방면의 工事界' 나북천 철교 공사 … 寺尾組에 낙찰되어 同組와 인연이 깊은 나남 中島萬吉의 손으로 내년 봄 3월경 기공할 모양.

123 『중외일보』 1929. 10. 30. '긴축 영향으로 청부업계 窮境. 寺尾씨의 수형이 不渡'. 이 시기 긴축 정책에 따른 토목업계의 부진은 『경성일보』 1929. 9. 20; 『중외일보』 1929. 9. 28. '긴축영향이 토목청부업에 나타나'; 『매일신보』 1929. 10. 31. '금년 상하반기 토목청부상황 긴축으로 대타격'.

124 『朝鮮新聞』 1929. 11. 22. '溫水工事 寺尾組 投出す'.

125 『중외일보』 1929. 10. 30. '긴축 영향으로 청부업계 窮境. 寺尾 씨의 수형이 不渡' –청부업자 寺尾組 寺尾猛三郎이 26일 手形 교환에서 5천여 원의 부도어음을 出하였다는 바 부도 수형은

였다.[126]

3. 조선식산은행 인수 이후의 경영변동

1) 조선식산은행의 경영 개입과 선만개척의 장강척식 합병

조선식산은행이 선만개척과 장강척식의 위기 수습에 나선 것은 바로 이때였다. 선만개척 상무 하시모토는 후일 그 사정을 다음 같이 회고하였다.

> 본사는 창립 … 이후 오랜 세월 공사와 재정에 많은 어려움을 겪어 그때마다 도쿄, 나가오카에서 수차 중역회를 열고 구수회의를 거듭하였으나 명안이 없었다. 그리하여 관계 은행은 납입자본을 늘리라고 압박하였고 당해 관청은 간척 사업을 계속할 생각이 없으면 보조금 하부를 중단하겠다고 위협하였다. … 쇼와 연간 초에는 재계의 불황이 거의 절정에 달하여 회사가 정리를 당하여 도산하는 참상이 도처에서 일어났다. 우리 회사 주주들도 미납 주식대금의 납입을 매우 힘들어 하였다. 주가도 1주에 50전 아래로 내려갈 정도였다. 이에 중역들이 연대보증을 하여 나가오카의 69은행에서 거액을 빌렸으나 … 상환 압박이 거세 중역들이 본

제일은행 持出 殖銀受 600원과 한일은행 持出 漢銀受 4,490원 42전으로 금일과 如한 後結果를 보게 된 것; 『동아일보』 1929. 10. 30. '取引停止 寺尾猛三郎'; 『朝鮮新聞』 1929. 10. 30. '取引停止人名 10월 28일'.

126 『朝鮮新聞』 1929. 12. 29. '寺尾猛三郎氏 死去'. 데라오구미는 1929년 10월 채무 정리를 위하여 조직 변경 등을 모색하였다. 『중외일보』 1929. 10. 30. '긴축 영향으로 청부업계 窮境. 寺尾씨의 수형이 不渡'. 결국 이 회사는 가지타(梶田喜代八)와 도리에(鳥越敏夫) 등에게 넘어갔다. 中村資良 편, 앞의 책, 1931년판. 그리고 데라오구미가 벌인 사업들은 그 후 많은 차질을 겪었다. 『朝鮮新聞』 1929. 11. 22. '溫水工事寺尾組投出す', 1930. 3. 23. '溫泉水利組合紛擾を極む. 本年度の事業は頓挫か'.

사와 은행 사이에서 큰 고통을 겪었다. 이때 감연히 거중 조정을 맡아 일대 영단으로 구제책을 강구하여 준 조선식산은행의 의거(義擧)에 우리 모두 감사드린다.[127]

조선식산은행의 '거중 조정'이 무얼 말하는지는 불분명하지만 크게 세 가지 조치를 한 것 같다. 첫째는 1927년 2월 선만개척이 임시 주총을 열어 차제에 장강척식을 흡수·합병하여 선만개척의 공칭자본금을 800만 원, 납입자본금을 453만 원으로 늘리고, 본점도 나가오카시에서 경성부 황금정 2정목 198번지로 옮기도록 한 일이다.[128] 두 회사가 주주와 중역이 상당 부분 일치하는 '동일 자본계통'[129]인데다 둘 다 고전 중이므로 차제에 조선식산은행의 '제의'[130]로 합병하기로 하였는데, 이로써 선만개척은 황해도 연백농장에 연간 8,000석을 수확하는 기간지(旣墾地) 3,000정보와 간석지 1,500정보(아직 수확 없음), 산림 1,000정보(대부분 성림(成林))와 국유 대부림 4,000정보(조림 중)를 가졌고, 경기도 김포농장에도 연수 3,500석의 숙전 500정보를 소유하게 되었다.[131]

둘째는 1927년 2월 합병과 함께 취체역 2명을 증원하기로 하여 그중 한 자리에 장강척식의 사장이자 이번 합병으로 선만개척의 최대 주주가 된 마쓰야마 쓰네지로를 선만개척의 대표 취체역에 선임하고,[132] 나머지 한자리

127 橋本豊太郎, 앞의 책, 1937.
128 선만개척, 〈제8회 영업보고서〉, 1927. 4~1928. 3.
129 『동아일보』 1927. 2. 18. '鮮滿長岡合倂'.
130 橋本豊太郎, 앞의 책, 1937.
131 『동아일보』 1927. 2. 24. '鮮滿재산상태'.
132 마쓰야마는 1925 회계연도 말인 1926년 3월에 선만개척 주식 1만 4,640주(1주당 50원)와 장강척식 주식 5,000주(1주당 100원)를 소유하여 합병 후 2만 4,640주(50원 기준으로)를 소유하게 되었고 1927 회계연도 말(1928. 3)에는 주식을 3만 410주로 늘려 선만개척의 최대 주주가 되었다. 그의 장인 노구치 미노스케(野口巳之助)의 1만 2,770주와 사촌인 오자와 요시고로(小澤義五郎. 숙부 小澤由三郎은 1922년에 사망)의 9,200주, 와카야마현 출신 하나오카(花岡宗太郎)의 8,000주까지 합하면 전체의 37.7%인 6만 380주를 소유하였던 셈이다. 그러나 선만개척 주주의 대종은 여전히 오사카, 도쿄 등지의 미곡상과 니가타현 사람들이고 중역도 모두 그들이 맡았다([표 3-5], [표 3-7]).

에는 그간 조선식산은행에서 의주·신의주, 개성, 부산지점장 등을 지내며 실력을 인정받은 미요시 도요타로(三好豊太郎, 1879~)를 선만개척의 전무로 영입하기로 하여 그해 5월 실제로 선임한 일이었다.[133] 이 두 사람 가운데 특히 주목되는 것은 후자의 조선식산은행 출신 미요시를 전무로 선임한 일로서 당시 재계 소식통들은 그의 전무 취임을 조선식산은행 두취 아루가 미쓰토요(有賀光豊)가 '간청'하여 '전도양양한 금융계를 사(辭)'하고 '농사경영의 제일선'인 선만개척으로 옮긴 것이라고 평가하였다.[134] 그만큼 조선식산은행의 의중이 강하게 반영된 조치였다. 주지하듯이 금융자본주의 단계의 국가에서는 은행이 거래기업에 과다 부채, 부실 경영 같은 문제가 나타날 때 그 기업에 전무 등을 파견하여 경영에 직접 개입하는 일이 많았다. 그런 일은 일제하 조선에서도 마찬가지였다. 조선식산은행이 거래기업인 불이흥업에 거액의 부채가 누적되자 1926년 4월 이이즈미 간타(飯泉幹太)를 불이흥업의 상무로 선임하고, 1930년 9월 총독부 고위 농정관리 출신의 미쓰이 에이쵸(三井榮長)를 불이흥업의 전무로 선임하여 후지이 간타로 사장보다 더 큰 권한과 보수를 주며 불이흥업을 경영하게 한 것이 그 예였다.[135]

셋째는 위의 두 가지 조치를 전제로 선만개척의 주요 차입선을 주식회사 69은행 등에서 조선식산은행으로 옮긴 일이다. 그리하여 [부록 3-6]에서 보듯이 선만개척 대차대조표상의 '차입금'은 1923년 3월 200만 3,886원, 1924년 3월 246만 3,959원, 1925년 3월 280만 5,783원 등으로 늘다가 그 후 적자가 누적되며 69은행 등에서 추가 대출을 꺼리고 조기 상환을 압박한 데다 앞서 본 대로 문제의 선만개척 저수지를 연해수리조합에 넘긴 대금도 들어와

133 『朝鮮新聞』 1927. 2. 24. '선만개척 사장 송산상차랑 씨 취임' –선만개척 사장은 오랜 결석이던 바 松山常次郎이 취임하고 전무에는 三好 식은 부산지점장이 곧 轉任할 터이며 동사는 長岡농사회사를 합병하고 자본금을 800만 원으로 할 예정.

134 미요시 도요타로는 1895년 일본 제22국립은행 오사카지점에 들어가 그 후 제18은행 인천지점 근무와 신의주지점장 등을 거쳐 1919년 조선식산은행에 입행하였다. 阿部薫 편, 앞의 책, 1935, 399쪽; 朝鮮人事興信錄編纂部, 앞의 책, 1935, 779쪽; 高橋三七, 『事業と鄉人』, 第1輯, 京城: 實業タイムス社, 大陸研究社, 1939, 256쪽.

135 이 책 제1장.

[표 3-8] 연해농장의 간척지 경영

(단위: 면적=정보)

농장	내역	1927	1928	1929	1930	1931	1932
영양	경지정리면적	74	74	74	74	74	74
	영농면적		26	49	73	73	73
	직영면적				53	14	6
	수확고(석)			432	1,813	1,560	1,485
부현	경지정리면적	167	393	609	786	873	873
	영농면적		60	241	420	564	668
	직영면적			127	62	61	25
	수확고(석)			2,987	5,437	7,722	9,787
청계	경지정리면적	59	219	255	327	372	372
	영농면적		46	163	245	257	316
	직영면적						23
	수확고(석)			800	2,925	3,269	3,688
계	경지정리면적	300	686	938	1,186	1,318	1,318
	영농면적		132	453	738	894	1,057
	직영면적			127	115	75	54
	수확고(석)			4,219	10,175	12,551	14,960

자료: 선만개척, 〈영업보고서〉, 각 회계연도.

1926년 3월 194만 8,904원, 1927년 3월 187만 5,035원으로 크게 줄었으나, 1927년 5월 미요시가 전무로 영입되면서 1928년 3월 331만 6,163원, 1929년 3월 399만 8,690원, 1930년 3월 531만 1,267원 등으로 다시 증가하였다([부록 3-6]의 연부차입금, 정기차입금, 어음차입금, 당좌차월, 특별차입금의 합계임).

합병 후 선만개척은 조선식산은행 출신의 미요시 전무가 경영 일선에 나서 자금을 끌어오고 때마침 연해수리조합 공사도 완공되어 소출이 크게 오르며 경영이 개선되었다. 당시 선만개척의 사업지는 황해도 연백군, 해주군 일대의 간척지와 연해농장의 기간지, 경기도 김포군 김포농장의 기간지 등 크게 세 곳이었다. 그중 첫째의 간척지는 [표 3-8]에서 보듯이 연해 저수지가 완공되어 용수 공급을 시작한 1927년부터 그곳 영양, 부현, 청계 지구의 경지정리와 제염 작업 등을 순차 진행하여 영농면적이 1928년 132정보, 1930년 738정보, 1932년 1,057정보로 빠르게 증가하였다. 그리하여 처음에는 그곳 농지를 경작할 소작인의 확보가 어려울 정도라서 회사에서 직영한 곳도 많았으나 그 후 당국에서 소작인 1호당 50원의 이민 보조금을 지원받는 등[136] 소작인 확보에 노력하여 점차 직영면적이 줄었다. 둘째의 연해농장 기간지는 [표 3-6]에서 보듯이 1930년 현재 연백, 해주 2개 군 12개 면 58개 리에 논 3,692정보, 밭 685정보, 대지 21정보, 임야 284정보 등 총 4,684정보였다. 그중 3,442정보는 수리조합 구역에 위치하였는데 소작인은 모두 3,426명이고 그해 수납한 미곡은 4만 1,857석이었다. 셋째의 김포농장 기간지는 1930년 현재 논 386정보, 밭 40정보, 임야잡지 78정보 등 총 504정보이고 소작인은 386명이었다. 그 밖에 국유림에는 밤나무 50만 본, 낙엽송 10만 본 등을 심어 무상으로 양여받을 계획이었다.[137]

선만개척은 이들 간척지와 기간지의 농사 개량에도 적극적으로 나섰다. 1926년 10월에는 연백군 송봉면 청계리, 용도면 현암리와 해주군 청룡면 영양리 간척지에 신규 농장을 증설하면서 통감부의 권업모범장, 목포지장, 수원모범장과 조선총독부의 농림학교, 권업모범장 등에서 기사로 근무한 노기 덴조(野木傳三, 1871~)를 기사장에 임명하였다.[138] 그리하여 그에게 자금과 시험농지, 소작인을 주어 녹비(green manure)인 헤어리베치(hairy vetch)의 재배법과 그 외 경종법을 연구하게 하였다.[139] 그리고 이듬해 1927년 3월에는

136 1930 회계연도에 119호, 1931 회계연도에 85호(이상 호당 50원), 1932 회계연도에 275호(호당 40원)의 이주자 보조금을 받았다. 선만개척, 〈제11, 12회 영업보고서〉, 1930. 4~1931. 3, 1931. 4~1932. 3.

137 선만개척 〈제11, 12회 영업보고서〉, 1930. 4~1931. 3, 1931. 4~1932. 3.

138 선만개척 〈제7회 영업보고서〉, 1926. 4~1927. 3. 노기는 일본 농상무성 잠업시험장 잠업전습과(1893)와 도쿄제대 농학과(1897)를 졸업하였다. 도쿄제대 농과 조수(1901)를 거쳐 1906년 이래 통감부와 총독부의 모범농사시험장 등에서 근무하였다. 특히 밭작물(田作物) 전문가였으며 당시는 일본 이와테(岩手)현 모리오카(盛岡)고등농림학교의 교유(教諭)였다. 朝鮮公論社 편, 앞의 책, 1917, 301쪽.

139 〈1943. 11. 3. 부현농장장 矢島恒三郎. 林取締役 殿〉; 橋本豊太郎, 「燃料問題の解決」, 『조선농회보』 5-2, 조선농회, 1931.

회사에 '영농부'를 신설하는 등 농사 개량에 더욱 적극적으로 나섰다. 한편, 연백군 용도면에서는 간척 후 소작인 500명을 새로 모집하면서 다수확 신품종을 재래종과 무상교환하여 주고 화학비료를 무이자로 대부하였으며 퇴비용 쇠시랑 490정(挺. 개당 2원 50전)을 구입하여 무상증여하고 퇴비 생산 장려를 위한 시상식도 하였다.[140] 신규 간척지의 신입 소작인들에게 회사에서 품종, 비료, 농구 등을 대여, 공급한 것이다.

선만개척은 이상의 농업경영을 위하여 서울 본사는 물론 황해도 연안 출장소와 영양, 해남, 청계, 부현, 송봉 등지의 농장, 그리고 경기도 김포농장에 각각 사무실을 두고 직원, 고원(雇員) 등 많은 인력을 배치하였다.[141] 그리하여 각 출장소, 농장의 건물과 기계, 집기, 대여품, 농기구 등을 관리하였는데, 예컨대 1933 회계연도의 경우 수납용 창고 20동, 배급 창고 55동, 사무소와 사택 103동 등 모두 200여 동의 건물을 가졌다. 기계와 집기도 다량 소유하였다. 양수기, 발동기 등 농사 용구 66점, 레일 등 공사 용구 2,059점, 금고 등 사무집기 536점과 그 외 전화, 사이렌을 가졌다.[142] 필요하면 사이렌을 울려 농장소작인을 동원하고 공동 노동을 하는 등 농사를 독려하였다.

소작인에게는 경우(耕牛), 농구, 농자(農資), 비료 등을 빌려주었다. 1933 회계연도의 경우 농사용 경우 956구(口), 농구 397구, 농자 631구, 비료 462구, 건축물 483구를 대부 중이었는데 그중 건축물에는 주로 소작인이 입주하였다. 비료는 풍년 철두박 5,234입(叺), 유안 8,704입, 석회질소 20,153관, 유린안 2,884입, 유박 13입, 과린산 757입, 면실박 1입, 유산가리 7대, 미강 33,697입, 석회 1,407입 등을 소유하였다.[143] 농구도 다양한 종류를 가지고 있었다. 탈곡기 89대, 쟁기[犂] 331정, 가마니직기[叺織機] 153대, 제초기 102대, 선풍기 52

140 『매일신보』 1927. 5. 27. '선만개척회사 작인 대우개선 4조항을 신정(新定)'.
141 선만개척(조선개척)의 영농조직과 농장경영은 이 책 제4장.
142 이하 선만개척 〈제14회 영업보고서〉, 1933. 4~1934. 3.
143 선만개척 〈제14회 영업보고서〉, 1933. 4~1934. 3. 어떤 해는 석회, 과린산석회, 우분(牛糞)도 가지고 있었다.

[표 3-9] 연해농장의 소작료 수납고

연도	타조			도조			합계	
	실경면적(정보)	소작료(석)	단보당(석)	실경면적(정보)	소작료(석)	단보당(석)	실경면적(정보)	소작료(석)
1928	2,504	20,926	0.83	588	1,523	0.25	3,092	22,449
1929	3,762	36,787	0.97	1,185	2,832	0.25	4,947	39,619
1930	4,414	57,328	1.29	1,046	2,003	0.18	5,460	59,331
1931	4,839	61,938	1.28	965	1,833	0.19	5,804	63,771
1932	5,071	69,577	1.37	1,044	2,034	0.19	6,115	71,611
1933	5,784	90,620	1.56	1,131	2,180	0.19	6,915	92,800
1934	5,727	94,525	1.63	1,232	2,342	0.19	6,959	96,867
1935	5,474	103,300	1.88	1,000	2,000	0.19	6,474	105,300
1936	5,446	99,102	1.82	982	2,490	0.13	6,428	104,594

주: 타조 소작료율 6할, 도조 소작료율 4할로 상정.
자료: 橋本豊太郎, 앞의 글.

대, 수차 4대, 삽 17정, 괭이[鍬] 38정, 모내기줄[田植縄] 154본(本), 모내기(田植) 용구 1통, 쇠시랑 3정, 쟁기날[犁先] 20본을 소유하였고 그 후 풍선기(風選機), 제초기, 중경기(中耕機), 제승기(製縄機), 써레[馬鍬], 괭이[備中鍬], 저울[臺秤], 분무기, 크로이드보르도, 포단롱(布團籠), 구충유(驅蟲油) 등도 소유하였다. 이밖에도 선만개척은 벼가마니[叺] 용 10만 6,540매, 흙가마니[土叺] 용 1만 1,238매 등의 빈 가마니와 새끼줄(縄) 7,125발[尋], 석유 481상자(箱), 건도유(健稻油) 108상자, 경유 302상자, 윤활유 3상자도 가지고 있었다.[144]

합병 후에도 선만개척의 경영은 금세 회복되지 않았다. 연해수리조합 관내의 단보당 평균 소출이 1927년 1.50석, 1929년 2.01석, 1931년 2.75석으로 증가한 가운데[145] 선만개척도 소출이 크게 늘어 타조(打租)의 단보당 소작료

144 선만개척 〈제14회 영업보고서〉, 1933. 4~1934. 3.
145 연해수리조합 구역에는 도청(1명), 군청(2명), 군농회(6명), 면(10명)에서 배치한 농사지도원과 그 일대 농장들이 배치한 직원(87명)이 농사 개량에 힘썼다. 연해수리조합도 농사지도원 8명을 두고 농사개량 경비 1만 9천 원을 지출하였는데 1만 원은 묘대개량과 비료개량에 썼고 나

[표 3-10] 선만개척의 연도별 실수(實收) 소작료

연차	수확면적(정보)			실수소작료(석)		비고
	개량지	구외지	계	소작료	단보당	
1928	2,535	588	3,093	22,449	0.72	연해수리 통수(通水) 첫해
1929	3,761	1,184	4,945	39,183	0.79	우혜(又惠)농장 매수, 평년작
1930	4,170	1,284	5,454	59,330	1.08	간척 작부면적 증가, 풍작
1931	4,616	1,187	5,803	63,771	1.09	간척 작부면적 증가, 풍해 흉작[不作]
1932	4,917	1,312	6,229	71,611	1.14	간척 작부면적 증가, 도열병 피해
1933	5,604	1,308	6,912	92,800	1.34	성업사 토지 양수, 풍작

주: 구외지=區外地.
자료: 선만개척, 〈제14회 영업보고서〉, 1933. 4~1934. 3.

수입이 1928년 0.83석, 1930년 1.29석, 1932년 1.37석, 1934년 1.63석으로 증가하였다([표 3-9]). 그러나 [그림 3-1], [그림 3-3]에서 보듯이 쇼와 금융공황과 세계 대공황으로 쌀값이 크게 떨어져 여전히 빚이 많았고 대공황을 전후하여 일본과 한국 모두 소작쟁의가 증가하면서 소작 입법이 강화되는 추세였다.

이에 선만개척의 미요시 도요타로(三好豊太郎) 전무는 불이흥업의 후지이 간타로 등이 그랬듯이 대농업회사의 최고경영자답게 대정부, 대사회적 발언에 나섰다. 당시 미요시는 조선의 지주경영, 특히 황해도처럼 개발이 한창 진행 중인 곳의 지주경영은 일본과 달리 일종의 '기업경영'에 속하며 지주소작 관계도 '고용계약'에 가깝다고 보았다. 지주는 개발 기간 내내 온갖 비용과 위험(risk)을 감수하며 종자, 비료, 경우, 농구, 기타 각종 비용과 심지어 소작인의 생활비와 기술·지식까지 대여, 공급하지만 소작인은 노동만 제공할 뿐이므로 지주는 기업가이고 소작인은 노동자에 해당한다고 보았다. 따라서 당국은 지주의 희생적 '투자'를 보호하는데 정책의 목표를 두어야 하며 그래야 지주의 수지가 개선되어 소작인을 우대할 여지도 생길 거

머지는 지도원 경비로 썼다. 선만개척도 매년 농사개량비로 28만 9천 원(단보당 4원 90전)을 지출하였다. 『매일신보』 1932. 9. 3. '水組 전폐론이 대두하는 때 연해수조는 성적 양호'.

라고 보았다. 그런 견지에서 그는 정조제(定租制) 실시, 소작관(小作官) 제도 도입, 농지령 제정에 모두 반대하였고 수리조합 구역의 소작료 6할제는 찬성하였다. 지주 위주의 농업 정책을 촉구한 것이다.[146]

미요시는 수리조합 정책의 전환도 촉구하였다. 그는 그간의 수리조합 정책을 최소한의 국고 보조로 최대면적의 개량 사업을 달성하려 한 관청 주도의 '보급주의'였다고 비판하며 이를 농업자들의 자발적 의지에 기초한 민간 주도의 '정선(精選)주의'로 전환하자고 촉구하였다. 그는 보급주의로 빠른 기간 안에 다수의 수리조합을 설립한 것은 사실이지만 그로 인해 채산성이 없고 설계가 잘못된 부실 조합들이 생겨 농업자들의 부담을 늘렸고 그 점에서 선만개척이야말로 보급주의의 최대 희생양이었다고 주장하였다.[147]

그런 입장에서 그는 몇 가지 개선책을 내놓았다. 그는 우선 오랜 불황과 대공황으로 위기에 놓인 수리조합들을 구제하려면 사업 계획은 줄이고 국가 보조금은 늘려 궁극적으로 모든 수리 사업을 '국고'로 수행해야 할 것이며, 이는 시공 중인 공사는 물론 기설(既設) 사업에도 소급 적용해야 한다고 주장하였다. 한편, 미요시는 이미 완공한 수리조합 중에서도 성적이 좋지 않은 조합은 기존의 고금리 대출금을 저금리 대출금으로 교체(借替, replacement of loan)하여 주어야 하며 그 금리도 일본 대장성 예금부 금리(연 5.9%) 수준까지 내려야 한다고 촉구하였다. 그래야 우량조합은 더욱 우량해지고 위기를 맞은 조합은 소생할 것이며 신설조합도 효과를 볼 것이라고 하였다. 그리고 그걸 위해서라도 향후 신설조합의 경우는 '보급주의' 대신 '정선주의'를 택하여 그렇게 절약한 보조금으로 현행 금리와 대장성 예금부 금리 간의 차이를 보전하자고 제안하였다. 그 밖에도 그는 총독부가 수

146 三好豊太郎, 「農事經營者の犧牲的改良事業に就て當局の理解を求む」, 『朝鮮農會報』 4-2, 朝鮮農會, 1930.

147 三好豊太郎, 「産米增殖計劃の建直と水利組合制度の變改希望」, 『朝鮮農會報』 4-11, 朝鮮農會, 1930.

리조합 지구, 특히 신개척지의 소작인 부족 문제를 해결하고 농민의 근로심을 고취하는 데도 힘써달라고 주문하였다. 그리고 그런 신개척 농장들에는 국고로 이민자 보조금을 지급하고 관영으로 농민 주택을 건설하고 이주 농민에게는 이주 교통비(船車無賃)도 지원하자고 촉구하였다.[148]

미요시는 불이흥업의 후지이 간타로 등이 그랬듯이 일본과 조선 정부에 미가 안정 대책의 마련을 강력히 촉구하였다. 아무리 많은 돈을 들여 경지를 늘리고 단보당 생산성을 높여도 쌀값이 받쳐 주지 않으면 채산성을 맞출 수 없기 때문이었다. 그래서 그는 당국의 미가 조절 정책과 미가 유지를 위한 벼 검사 실시, 포장 개량, 중량 통제 등을 요구하였고 당국의 벼 수매 리스트에 황해도에서 많이 생산되는 은방주, 복방주(福方主)를 포함할 것도 요청하였다.[149] 그리고 미가 하락의 근본 원인이 과잉생산에도 있다고 보고 조선 쌀의 감산과 고급화도 주장하였다.[150]

2) 조선식산은행의 주식 인수와 감자, 조선개척으로 상호 변경

이런 노력에도 불구하고 선만개척의 경영은 쉽게 개선되지 않았다. 대공황으로 미가지수(1910년 = 100)가 1928년 261, 1929년 275에서 1930년 248, 1931년 157로 하락하였고 그 후에도 1932년 200, 1933년 209, 1934년 220으로 크게 회복하지 못하였다([그림 3-1]). 1931년 11월에는 김포농장에서 불이 나 그곳 제1, 2, 3 창고와 노천에 보관 중이던 그해 추수곡 등 정조 1만 3,000여 석 가운데 8,000석을 태웠다. 현미 제조장에서 기계 간 마찰로 화재가 나 제2

148 선만개척과 황해사의 마쓰야마 쓰네지로는 토지개량 사업자가 동척과 조선식산은행에서 자금을 대출받아 3년 거치 후 20~25년간 매년 '균등' 상환하게 한 제도도 비판하였다. '균등' 상환이라 증수가 어려운 사업 초기에 부담이 과중해진다는 이유였다. 松山常次郎, 「水利組合の經營に就て」, 『朝鮮農會報』 18-5, 1923.

149 三好豊太郎, 「米の調製改良と買上に關する希望」, 『朝鮮農會報』 7-3, 1933.

150 三好豊太郎, 「米の減産と食味高級米の産出」, 『朝鮮農會報』 8-3, 1934.

창고의 3,500석, 제3 창고의 3,000석, 노적한 1,500석 등을 태운 것이다. 피해액이 10만 원을 넘어 보험금 5만 원을 받아도 큰 손해였다.[151] 그런 이유 등으로 선만개척은 [그림 3-3]에서 보듯이 부채가 꾸준히 증가하며 총자산 대비 부채 비율이 1927년 29.2%에서 1933년 49.8%로 늘었고 자기자본 대비 부채 비율도 1927년 41.2%에서 1933년 99.0%로 증가하였다. [그림 3-2]에서 보듯이 매년 적자가 누적되었고 1922 회계연도 이래 계속 무배당이었으며(이 책 제1장 [표 1-19]) 주가도 폭락하였다.

이런 가운데 조선식산은행은 [표 3-7]에서 보듯이 1933 회계연도에 자회사인 성업사를 통해 선만개척의 주식 2만 9,155주(18.2%)를 매입한 데 이어, 1934 회계연도에는 이를 8만 7,485주(54.7%)로 늘려 선만개척을 조선식산은행–성업사–선만개척으로 연결된 피라미드형의 기업지배 구조에 편입시켰다. 이들 주식의 매입 시점은 정확히 알 수 없으나 50원이 납입된 장강척식의 구주는 시가가 5원 46전까지 떨어졌을 때 사들였고, 25원이 납입된 장강척식의 신주는 24원 14전일 때 매입하였으며, 27원이 납입된 선만개척 주식은 19원 57전일 때 사들였다.[152] 이상의 과정에서 마쓰야마는 1929년 6월 선만개척 사장에서 물러났고 그 후 가와카미 사지로(川上佐次郎) 사장을 거쳐 1931년 5월 오가와(小川清之輔)가 사장이 되었다.[153] 그리고 1927년 2월에 선만개척의 최대 주주가 되었던 마쓰야마 쓰네지로는 1934 회계연도에 선만개척 주식을 2,550주만 남기고 모두 매각하였다. 그의 장인 노구치 미노스케(野口巳之

151 『동아일보』 1931. 11. 13; 『朝鮮新聞』 1931. 11. 13.

152 성업사, 〈1941년 3월 말일 현재 회사개황〉. 아래 표는 이 책 제2장 [표 2-14]에서 옮긴 것이다. 1주당 납입액은 1941년 1월 10일 취체역회 결의로 제1 신주는 13원, 제2 신주는 15원을 추가로 납입받아 각각 40원이 되었다.

주식 이름	합병 전 이름	주수	장부 가격	납입액	현시가
조선개척 구주	장강척식 구주	2,097주	5원 46전	50원	59원
〃 1신	선만개척 주식	39,160주	19원 57전	40원	47원
〃 2신	장강개척 신주	3,410주	24원 14전	40원	47원

153 선만개척, 〈영업보고서〉, 각 회계연도.

助)와 4촌 오자와 요시고로(小澤義五郎)도 선만개척의 주식을 전부 매각하였다. 미요시 도요타로 전무가 경영 실권을 장악한 것이다.

황해사도 큰 변화를 겪었다. 1932년 6월 서울에서 대규모 토목담합비리 사건이 일어났다. 조선 토목업계의 대표 인사들과 경성부청의 토목 관련 관리 등 무려 86명이 뇌물공여[贈賄], 사기, 수뢰[收賄], 공갈협박[脅喝] 등의 혐의로 재판을 받았다.[154] 그 와중에 그 직전 경성상업회의소 회두였던 와타나베 데이이치로(渡邊定一郎)도 사기죄, 즉 입찰 담합 혐의로 소환 조사를 받았고[155] 그해 가을부터 검찰의 징역 2년 구형, 지방법원의 징역 6개월에 집행유예 4년 선고, 복심법원의 징역 8개월에 집행유예 5년 선고, 고등법원의 상고기각 등 오랜 재판 끝에 1936년 2월 고등법원에서 징역 8개월에 집행유예 5년을 최종 선고받았다.[156] 이 사건을 전후하여 서울 재계의 중심이 '토목파'에서 '상공파'로 빠르게 옮겨갔다.[157] 그리고 황해사는 1931년 4월 30일에 미납입자본금을 1주당 7원 50전씩 추가 납입받아 기존의 공칭자본금 105만 원(총주식 2만 1,000주)과 납입자본금 26만 5,000원을 공칭자본금 105만 원과 납

154 최병택, 「'경성토목담합' 사건을 통해 본 일제하 토목 청부업계의 담합 관행」, 『역사연구』 28, 역사학연구소, 2015b.

155 『매일신보』 1932. 6. 25. '담합사건 피검 용의자 범죄사실 자원 공술 … 작일 오후 형사에게 동행되야 심문 밧고 渡邊 前會頭 遂 留置', 1932. 7. 6. '토목 담합사건 관계자 陣內 등 7명 기소. 조전(早田) 검사의 손에서 취조 밧고 전부 예심 회부될 듯', 1932. 9. 9. '전 상업회의소 회두 渡邊 씨를 돌연 소환', 1932. 10. 31. '談合 收賄 양대 사건 31일 예심 종결. 두 사건을 병합 심리하얏다. 관계자 총 86명', 1932. 11. 1. '세상의 이목을 聳動케 한 토목 疑獄 사건 終豫. 담합 贈收賄 공갈 등 병합. 관계 피고 총수 86명 神人共怒할 其 내용'.

156 고태우, 앞의 글, 2019, 98~125쪽; 『조선중앙일보』 1933. 11. 1. '토목 대담합 사건 86명의 공판, 31일 경성지방법원에서. 근래 희유의 大疑獄 … 총계약고가 천 2백만 원. 담합 분배 백만여 원. 방대한 사건 내용', 1933. 11. 4. '황해수리조합의 저수공사 담합은 피고 일동이 전부 사실을 시인. 토목담합 續行 공판', 1933. 11. 18. '토목 대담합 사건 최고 2年役 구형. 滿廷 긴장리에 논고'; 『매일신보』 1933. 12. 29. '징역 2년을 최고로 전부 체형 벌금형. 85명 중에 무죄는 단 두 명. 토목담합사건 판결'; 『조선중앙일보』 1934. 12. 5. '土木談合 2審公判 2년 이하 역 구형'; 『매일신보』 1935. 2. 26. '돈을 주고 바든 담합은 범죄를 구성한다. 유력자 50여 명을 망라한 토목부정사건 단죄', 1936. 2. 18. '토목담합사건 전부 상고를 기각. 고등법원에서 결정'.

157 『매일신보』 1932. 9. 2. '경성상의 의원 토목 관계는 凋落. 商工系의 만능 시대가 도래. 잠행적 운동개시'.

입자본금 42만 원(1주당 20원)으로 늘렸으나 1935년 4월 29일 공칭자본금을 42만 원으로 줄여(총주식 8,400주) 공칭자본금과 납입자본금을 모두 42만 원(1주 50원 납입)으로 만들었다. 나아가 1936년 8월 주총에서 정식으로 해산을 결의하여 그해 9월 해산등기를 하였고 취체역 이케사와 시게루(池澤茂)를 청산인으로 정하여 1936년 12월 16일 청산을 종결하였다. 이런 가운데 1935년 2월 와타나베는 가고시마(鹿兒島)로 주소를 옮겼다. 황해사의 시대도, 와타나베의 시대도, 마쓰야마의 시대도 이렇게 저물어 갔다.

한편, 조선식산은행은 1934 회계연도에 자회사인 성업사가 선만개척의 지배주주가 되자 그걸 계기로 선만개척 중역회에 조선식산은행 인사들을 본격적으로 파견하였다. 1934년 5월에는 조선식산은행에서 인천지점장, 본점 심사과장, 대구지점장을 거쳐 성업사 전무(1935~1941)가 된 시치다 쓰네이치(七田常市)를 취체역에 선임하였고 같은 은행 본점 조사과장, 권업금융과장, 중앙금고과장 등을 거쳐 성업사의 취체역(1931~1932), 전무(1932~1935)를 지낸 도쓰 마나부(戸津學)를 감사역에 선임하였다. 그리고 총독부에서 경성부윤, 함경남도 지사 등 고위 관리를 거쳐 조선미곡창고주식회사의 사장으로 근무하며 조선미(朝鮮米) 옹호 운동에 앞장섰던 마쓰이 후사지로(松井房治郎)[158]를 감사역으로 선임하였다. 총독부 출신 인사를 영입한 것이다.

그 후 선만개척은 조선식산은행의 자본적·인적 지배 아래 빠르게 위기를 극복하여 갔다. 연해 각 농장과 김포농장의 생산성이 크게 오르고 때마침 일본 경제와 한국 경제가 대공황에서 벗어나며 쌀값도 크게 올라([그림 3-1]) 그때까지 매년 20, 30만 원대였던 당기손실, 적자가 1934 회계연도에 1만 8,000여 원으로 크게 줄었고 1935 회계연도에는 14, 15년 만에 처음으로 8만

158 도쿄제국대학 법과 졸업 후 1911년 고문(高文)에 합격하여 총독부 시보로 내한한 후 함경남도, 전라북도의 재무부장, 원산세관의 지서장, 부산세관장, 전라남도, 경상남도, 경기도의 내무부장을 거쳐 1929년 경성부윤, 함경남도 지사가 되었다. 1930년 11월 퇴임한 후 조선미곡창고 사장에 선임되어 조선미 옹호를 위하여 민관이 함께 조직한 선미옹호기성회의 민간 측 대표[東上委員]로 일본 척무성 당국 등에 다양한 운동을 전개하였다.

4,298원의 당기순익, 흑자를 기록하였다([부록 3-5], [부록 3-6], [그림 3-2]). 그러나 그간 적자가 누적된 까닭에 여전히 주주 배당은 못하였다. 이에 선만개척의 일부 주주들은 1935년 6월 감자를 요구하고 나섰다. 차제에 감자하여 그 잉여금으로 누적적자를 소각하고 주주 배당을 하자는 것이었다.[159]

그리고 1년 후인 1936년 9월 15일 선만개척은 임시 주총을 열어 공칭자본을 800만 원에서 400만 원으로 반으로 줄이고 납입자본도 453만 원에서 226만 5,000원으로 반으로 감자하여 그 잉여금으로 누적적자를 모두 소각하고 차제에 회사 이름도 조선개척주식회사로 바꾸기로 하였다.[160] 감자 방법은 선만개척 주식 14만 주(27원 납입)와 장강척식 구주 1만 주(50원 납입), 장강척식 신주 1만 주(25원 납입)를 모두 2대1의 비율로 '병합'하여 각각 7만 주, 5,000주, 5,000주로 만들고 병합 후의 1주당 납입자본을 병합 전과 같게 하되 주식 이름[名柄]을 각각 조선개척 구주, 조선개척 제1 신주, 조선개척 제2 신주로 하기로 하였다.[161] 1937년 3월 2일에는 그렇게 감자하여 얻은 잉여금 226만 5,000원으로 1936 회계연도 말 현재의 누적적자 219만 7,863원 7전 전액과 그 외 간척공사비([부록 3-5]) 가운데 6만 7,136원 93전을 소각하였다.[162] 불이흥업이 1932년 4월에 주식 5주를 4주로 '병합'하는 방식으로 감자하여 얻은 잉여금 100만 원과 법정적립금 25만 원으로 그간의 누적적자를 모두 소각한 것과 같은 방식이었다.[163]

한편, 조선개척은 1938년 12월에 연간 1만 6,000석가량의 수확을 내던 500정보 규모의 김포농장을 인천의 가등(加藤)정미소에 85만 원을 받고 매각하였다.[164] 일제하 '조선 정미업계의 왕좌'[165]로 불린 가토 헤이타로(加藤平太

---

159 『매일신보』 1935. 6. 14. '鮮滿開拓 減資 株主間에 擡頭'.
160 『부산일보』 1936. 9. 12. '선만개척회사 반액 減資'.
161 선만개척, 〈임시주주총회결의록〉, 1936. 9. 15. '병합'에 적합하지 않은 단주(端株)는 경매에 부치기로 하였다. 이때 감자로 실권된 주주(주식수)는 주권 미제공자 64명(2,140주)과 병합 부적합자 6명(6주)이었다.
162 선만개척, 〈제17기 영업보고서〉, 1936. 4~1937. 3.
163 이 책 제1장.

郎)가 설립한 회사로서 주요 미곡 수출 항구인 진남포, 인천, 군산, 부산 등지에 정미 공장을 설립하고 '곡물 매매, 정미, 창고, 위탁 매매, 비료판매, 토지가옥 및 물품 대부, 금전 대부' 등을 하였는데 차제에 김포농장도 갖게 된 것이었다.[166]

이에 따라 조선개척의 경영은 더욱 빠르게 호전되었다. 총자산 대비 부채 비율은 1936년 60.3%에서 1941년 48.0%로 감소하였고 자기자본 대비 부채 비율도 1936년 151.1%에서 1941년 92.2%로 감소하였다([그림 3-3]). 이에 납입자본 대비 당기순익은 1935년 1.8%에서 1936년 8.5%, 1937년 13.5%, 1938년 14.9%, 1939년 18.1%, 1940년 15.6%, 1941년 15.6%, 1942년 16.1%로 빠르게 올랐다([부록 3-6]). 배당률도 1936년 6%, 1937년 7%로 늘었고 1938년에는 원래 8%였으나 창립 20주년 기념으로 2%를 더하여 10%를 배당할 계획을 세웠으며 그 후에도 더 배당할 수 있었으나 시국 사정 등을 고려하여 8% 배당으로 자제하였다(이 책 제1장 [표 1-19]). 1주당 순자산 가치도 빠르게 올랐다. 1936년 30원 73전에서 1937년 32원 78전, 1939년 52원 10전, 1940년 55원 17전, 1941년 58원 3전, 1942년 61원 10전으로 상승하였다([부록 3-6]). 이는 주가에도 반영되어 50원 납입의 조선개척 구주는 1941년 4월 10일 59원까지 올랐고 40원 납입의 조선개척 제1 신주와 제2 신주도 각각 47원까지 올랐다.[167]

조선식산은행의 중역 파견도 계속되었다. 1938년 5월에는 전무 미요시가 사장으로 승진한 가운데 조선식산은행에서 본점 조사과장 등을 지낸 미

164 『동아일보』 1938. 12. 21, 1939. 2. 2.
165 『매일신보』 1935. 11. 20. '조선정미계 왕좌 加藤精米所'.
166 가토 헤이타로는 1895년에 내한하여 평안남도 진남포의 재등구태랑(齋藤久太郎)상점에서 일하였다. 1918년에 자본금 5만 1,000원의 합자회사 가등(加藤)정미소를 설립하여 1920년 30만 원, 1925년 100만 원으로 증자하였으나 1926년에 30만 원으로 감자하였고 1935년에 자본금 100만 원의 가등(加藤)식산주식회사로 개조하였다. 1936년 1월 현재 연간 생산량은 25만 석이고 종업원 400명을 거느렸으며 마루하치(丸八)곡물협회장과 인천곡물협회장을 지냈다. 朝鮮人事興信錄編纂部, 앞의 책, 1935, 548쪽; 阿部薰, 앞의 책, 1935, 645쪽; 佐佐木太平, 앞의 책, 1930, 188, 216쪽.
167 앞의 주 152와 이 책 제2장 [표 2-14].

야자키 다다오(宮崎匡雄)가 조선개척의 상무가 되었고, 조선식산은행 오사카지점장과 본점 이사 등을 지낸 미즈마 요시쓰구(水間美繼)는 감사역이 되었다. 1940년 3월에는 조선식산은행 청주, 전주, 마산, 대구지점장과 본점 산업금융과장 등을 거쳐 성업사 취체역(1937~1940)을 역임한 히라하라 다모쓰(平原保)가 취체역이 되었고[168] 그해 5월에는 조선식산은행 출신 가토 기이치(加藤喜一)가 상임 감사역에 선임되었다. 1941년에도 조선식산은행 전주, 원산, 의주, 신의주지점장과 본점 계산과장, 산업금융과장을 거쳐 성업사 취체역(1940~1941), 전무(1941~)로 근무한 하야시 유타카(林豊)가 취체역에 선임되었다. 이외 조선개척에서 잔뼈가 굵은 인사도 취체역에 선임되었다. 1940년 5월에 취체역이 된 조선개척 연안출장소장 출신의 도요타 하시조(豐田橋藏)가 그런 예였다. 그리고 1943년 4월에는 총독부 기수와 함경남도 농무과장을 거쳐 조선개척 사업과장을 지낸 구라타 야스시(倉田保)가 취체역이 되었고, 그해 9월에는 히라하라 다모쓰가 대표 취체역이 되었다.

조선개척은 전시 농업 통제가 강화되는 가운데 총독부 고위 농정관리 출신을 영입하였다. 1938년에 이시즈카 다카시(石塚峻)를 취체역에 영입하였는데 그는 1913년에 동경제대 농학부를 졸업한 후 총독부 권업모범장 기수로 내한하여 목포 지장 기수, 총독부 기수, 충청남도 기사를 거쳐 미쓰이 에이쵸(三井榮長)의 후임으로 총독부 농무과 기사를 역임하다가 1932년에 조선곡물검사소가 국영으로 이관되며 소장에 발탁되어 활동해 온 자타가 공인하는 조선 미곡 전문가였다.[169] 1941년 봄에는 1927년에 선만개척의 전무에 취임하여 그 후 사장으로 승진하며 사실상 회사의 최고경영자로서 위기의 선만개척을 회생시킨 미요시가 용퇴하고 조선식산은행 이사 출신의 도미나가 후미카즈(富永文一)가 사장이 되었다.[170] 도미나가는 동경제대 법

168 『매일신보』 1940. 3. 17. '平原氏 朝鮮開拓. 蓮井氏는 中川鑛業에'.
169 阿部薰 편, 앞의 책, 1935, 82쪽.
170 『매일신보』 1941. 3. 30; 『부산일보』 1941. 5. 6.

과 재학 중인 1916년에 고등문관 시험에 합격하여 총독부 시보로 내한한 뒤 전라북도 경무부장, 경무국 보안과장, 함경북도 지사, 경기도 지사를 거쳐 1937년부터 조선식산은행 이사로 근무한 인물이었다.[171]

3) 전시기 불이흥업과의 합병

1940년 3월 조선식산은행은 성업사, 불이흥업, 조선개척 등 산하의 농업 3사와 그 외 조선의 여러 지주, 농사회사들과 컨소시엄을 구성하여 조선농기구제조주식회사의 설립에 나섰다.[172] 이때 조선개척은 조선농기구제조의 창립 주식 2,600주를 인수하였는데 이를 위하여 정관의 사업 목적인 '조선에서의 간석지 개간과 농사경영, 부동산 매매와 경영 관리, 임업경영 관리와 임산물 매매'에 '이상의 사업을 하는 타 회사에 대한 융자 또는 유가증권 소유'를 추가하였다. 추후 이런 회사의 설립에 공동 또는 단독으로 출자할 길을 연 것이다.[173] 이에 따라 그 후 조선개척은 [표 3-11]에서 보듯이 1940 회계연도에는 조선미곡시장주식회사의 주식 300주를 인수하였고, 1941 회계연도에는 조선목재주식회사의 주식 100주(1주 50원, 납입 25원)와[174] 황해도양곡주식회사의 주식 800주(1주 50원, 납입 25원)를 인수하였다.[175]

한편, 조선개척은 1944년 봄에 더 큰 변화를 맞았다. 총독부 당국이 전시 산업 간소·강력화 정책을 편 가운데 1943년 겨울 조선식산은행이 이에

---

171 阿部薫, 앞의 책, 1935, 39쪽; 朝鮮人事興信錄編纂部, 앞의 책, 1935, 327쪽; 朝鮮中央經濟會 편, 앞의 책, 1922, 67쪽; 高橋三七, 앞의 책, 1939, 204쪽.

172 조선농기구제조의 설립 과정은 이 책 제1장에서 자세히 서술하였다.

173 이때 불이흥업도 같은 목적으로 정관을 변경하였다. 이 책 제1장.

174 조선개척은 '산림부'를 두고 임야경영을 하였다. 그래서 총독부가 "사변(중일전쟁) 이래 더욱 핍박받는 조선의 목재 수요를 조정하고 그 배급을 일원적으로 통제"하기 위하여 조선목재주식회사를 설립하자 그에 따랐다. 〈1942. 1. 19. 취체역 사장 富永文一. 취체역 林豊 殿. 결의사항 통지〉.

175 조선개척은 황해도의 유력 지주였다. 따라서 총독부가 전시 양곡 배급기구의 개편을 추진한 가운데 황해도 당국이 이 회사를 설립하며 주식 인수를 권유하자 그에 따랐다. 〈朝拓 제935호 1942. 5. 5. 취체역 사장 富永文一. 취체역 林豊 殿. 황해도양곡주식회사 주식 인수에 관한 건〉.

[표 3-11] 1940년대 초 조선개척의 유가증권 보유					
종류		1940	1941	1942	1943
채권	국채	23,618원	39,000원	72,079원	90,949원
	저축채권	10,040원	10,070원	19,365원	19,420원
	보국채권	1,650원	1,690원	2,840원	2,840원
주식	조선농기구	65,000원	130,000원	130,000원	130,000원
		2,600주	2,600주	2,600주	2,600주
	조선미곡시장	2,830원	2,830원	2,830원	
		300주	300주	300주	
	조선목재		2,500원	2,500원	2,500원
			100주	100주	100주
	황해도양곡			20,000원	
				800주	
	경성신탄			1,000원	1,000원
				40주	40주
구좌	조선식량영단				21,875원
					950구

자료: 각 연도, 〈영업보고서〉.

호응하여 산하의 농업회사들을 통폐합하기로 하면서 1944년 4월 불이흥업에 합병된 것이다.[176] 이로써 1920년에 조선식산은행과 무관하게 설립되었던 조선개척은 1927년에 주거래 은행인 조선식산은행의 제의로 장강척식과 합병하였고, 1934 회계연도에는 조선식산은행의 자회사인 성업사의 자회사로 편입되었으며, 급기야 1944년 4월 19일에는 불이흥업에 합병되어 역사의 무대에서 사라지게 되었다. 일제하 은행은 주식 인수를 통하여 새로운 기업을 창립하였을 뿐만 아니라 기존 기업을 합병, 해산, 청산하기도 하였다.

176 불이흥업과 조선개척의 합병은 이 책 제1장; 『매일신보』 1943. 12. 14. '不二興業과 朝鮮開拓 合併'.

4. 결어

20세기 초 한국은 일본인 자본가들에게 기회의 땅이었다. 당시 한국은 시장 경제와 사적 소유권이 발달한 자본주의 사회였다. 값싼 토지와 노동력도 넘쳐났다. 그러나 개발 자금과 기술이 부족하였다. 농업 부문이 특히 그랬다. 그래서 일본의 자본가들이 '코리안 드림'을 찾아 돈과 기술을 가지고 '신천지'인 한국 농촌으로 몰려왔다. 이들은 한국에서 모두 성공하지는 못하였다. 그중에는 부실 경영, 쌀값 하락, 자연재해 같은 대내외 경제 여건의 변화에 적응하지 못하여 은행에 빚만 진 채 중도 탈락한 이가 많았다. 그리고 그들의 토지와 회사는 그 후 부단한 인수·합병 과정을 거쳐 결국 대지주, 대농업회사, 대은행에 흡수되고 말았다.

이 장에서는 그런 이들 가운데 일본 니가타현 나가오카시의 자본가들이 일제 초 한국에 진출하여 설립·운영한 장강척식, 선만개척, 조선개척 같은 농업회사와 그에 깊이 연관되어 있던 황해사, 데라오구미(寺尾組) 같은 토목청부 기업과 기업가들의 부침을 살펴보았다. 여기서 특별히 주목되는 사항은 크게 두 가지이다.

첫째, 이들은 일제하 금융자본, 은행자본과 지주, 농업회사의 관계를 잘 보여준다. 그간 학계는 이 문제에 관하여 두 가지 상반된 견해를 제시하여 왔다. 하나는 일제하 지주, 농업회사들이 금융자본, 은행자본의 자본적·인적 지배를 받았다는 견해이고 다른 하나는 그걸 부정한 견해인데 장강척식과 선만개척의 사례는 전자의 견해를 지지한다. 앞서 본 대로 조선개척은 1919년에 일본 니가타현 나가오카시의 자본가들이 설립한 장강척식과 1920년에 역시 그곳 자본가들이 대거 참여하여 설립한 선만개척에 뿌리를 둔 농업회사였다. 이 두 회사는 경기도 김포군과 황해도 연백군에 농장을 개설하고 간척 사업을 벌였는데 애초에 설계와 시공에 문제가 많았던 데다 1920년대에 쌀값마저 하락하여 부채가 늘고 적자가 누적되었다. 잦은 홍수와 엄청난 해일도 위기를 키웠다. 이에 조선식산은행은 이 두 회사의 주거래 은행으로서 거액의 자금을 지원하는 동시에 1927년 2월 두 회사의 합병을 요구하였고, 그해 5월에는 조선식산은행 출신의 미요시 도요타로를 선만개척의 전무로 파견하여 경영에도 개입하였다. 그리고 그 후 세계 대공황으로 선만개척의 경영이 더욱 어려워지자 1934 회계연도에는 그 은행의 자회사인 성업사를 선만개척의 지배주주로 만들고 그 은행 인사들을 선만개척의 중역회에 대거 파견하였다. 이로써 선만개척은 조선식산은행의 자본적·인적 지배를 받는 성업사의 자회사이자 조선식산은행의 손회사가 되었다. 조선식산은행–성업사–선만개척·불이흥업으로 연결된 피라미드형의 조선식산은행 '콘체른'에 편입된 것이다.

선만개척의 경영은 그 후에도 쉽게 호전되지 않았다. 1935 회계연도에는 아주 오랜만에 흑자를 보았으나 누적적자가 많아 여전히 주주 배당을 하지 못하였다. 이에 조선식산은행은 1936년에 선만개척의 자본금을 반으로 감자하여 그 잉여금으로 그간의 누적적자를 모두 소각하는 한편 회사 이름도 조선개척으로 바꾸었다. 그리고 1938년에는 장강척식 이래 운영해 온 김포농장도 매각하였다. 이로써 조선개척은 오랜 적자와 무배당의 늪에서 벗어나며 활력을 찾았다. 그러나 조선식산은행은 1944년에 일제가 전시 산업 간소·강력화 정책을 추진하자 그에 호응하여 조선개척을 성업사의 자회사인 불이흥업에 합병시켰다. 이로써 조선개척은 역사의 무대에서 사라졌다. 이렇게 보면 조선개척은 일제하 금융자본, 은행자본과 농업회사의 관계를 잘 보여줄 뿐만 아니라 조선식산은행 '콘체른'의 형성 경로와 구조까지 구체적으로 보여주는 매우 요긴한 사례가 아닐 수 없다.

둘째, 이들은 일제하 조선 농업에 진출한 일본인 기업과 기업가들의 부침을 잘 보여주었다. 일제하 한국 농촌은 일본인 자본가들에게 엄청난 신흥시장이었다. 당시 일제는 일본제국의 식량 문제 해결을 위하여 조선산미증식계획 같은 초대형 국책 사업을 기획 추진하였다. 그리하여 한국 농촌에 천문학적인 규모의 자금과 물자, 기술, 인력이 밀려들며 토건시장이 폭발적으로 확대하였고 설계회사, 전문 시공회사, 종합건설회사와 그 하청, 재하청 기업 및 관련 자재회사, 인력회사 등 각종 비즈니스가 급증하였다. 그와 더불어 금융시장은 이들 개발 자금의 조달과 배분으로 활기를 띠었고 총독부와 지방관청도 개발과 관련한 각종 인허가 업무와 자금 및 기술지원, 감독 업무 등으로 분주하였다. 가와카미 사타로가 선만개척-연해농장-연해수리조합을 연달아 설치한 것, 마쓰야마 쓰네지로가 남해척식-함안농장-함안수리조합을 개설한 것과 황해사, 데라오구미(寺尾組) 같은 토목청부회사들이 이들 농업회사의 개간, 간척 사업이나 수리조합 관련 공사를 청부, 재청부받아 시공한 것이 그런 예였다.

물론 이들은 그 후 모두 성공하지는 못하였다. 그중에는 한때 호황을 누렸으나 부실 설계와 부실 시공, 자금 부족과 거액 부채, 적자누적 등으로 공사가 지체되고 또 홍수, 해일 등 뜻하지 않은 재해로 둑이 터지고 토사가 흘러내려 그간의 투자금을 잃은 채 온갖 분쟁, 소송에 휘말리며 파산한 이도 많았다. 그리고 그런 토지와 기업들은 그 후 부단한 인수·합병을 거쳐 결국은 대농업회사, 대은행에 흡수되어 갔다. 일본인 자본가들도 자본의 논리에서 예외일 수 없었다. 동시에 이런 변화의 이면에는 어느 날 식민지 개발 붐이 불며 토목 공사판이 벌어져 방조제와 저수지가 들어서고 도로와 수로가 나고 일본인 농장과 수리조합이 생기고 이민자들이 몰려들어 한적하였던 시골 마을이 '신천지', '신개지'(新開地)로 바뀌었으나, 막상 자신은 그 공사판의 인부나 신설 농장의 소작인으로 전락하거나 아니면 아예 고향 땅을 떠나 객지를 전전해야 했던 고달픈 삶들이 있었다. 이렇게 보면 조선개척은 식민지 한국에 진출한 일본인 기업, 기업가의 욕망과 좌절을 보여주는 동시에 그들을 둘러싸고 전개된 식민지 농촌 개발의 현장과 자본주의 발전의 실상을 생생하게 보여주는 요긴한 소재가 아닐 수 없다.

[부록 3-1] 장강척식의 자산

(단위: 원)

과목명	3 1920	4 1921	5 1922	7 1924	8 1925
미납입 자본금	375,000	250,000	250,000	250,000	250,000
토지	198,403	205,930	205,930	215,754	216,701
공사비	432,907	485,190	508,021	608,884	792,153
기계기구	86,354	87,587	92,087	84,917	84,917
건물	54,140	55,756	64,095	66,325	66,325
집기 및 비품		1,549	1,985	2,678	2,685
대부금	576	5,352	198		
축우	915	915	976	976	826
가불금		1,000	15,000		
연료			1,950	240	3,374
예금 및 현금	17,245	4,882	1,959	1,888	1,028
벼	22,447	44,448	44,129	7,415	742
석탄	3,627	3,900			
미수입 보조금		49,769			
전기이월손금				20,143	
당기손실금			21,235		44,089
계	1,191,618	1,196,282	1,207,569	1,259,225	1,462,845

주: 원 미만은 버리거나 반올림함. 이하 부록의 모든 표도 같음.
자료: 장강척식의 각 연도, 〈영업보고서〉(이하 같음).

[부록 3-2] 장강척식의 자본, 부채

(단위: 원)

과목명	3 1920	4 1921	5 1922	7 1924	8 1925
자본금	1,000,000	1,000,000	1,000,000	1,000,000	1,000,000
법정적립금	13,500[1)]	5,700	8,200	8,200	8,200
별도적립금		10,000	10,000	10,000	10,000
차입금	134,000	105,000	169,374	198,980	378,448
당좌차월금		25,139	8,303[2)]	533	8,949
미불이식	1,947		1,150[3)]	21,150	57,029
전기이월익	10,358	9,170	10,542		218
당기이익금	31,812	41,271		20,362	
계	1,191,618	1,196,282	1,207,569	1,259,225	1,462,845
부채/총자산	11.4%	10.9%	14.8%	17.5%	30.4%
부채/자기자본	12.9%	12.2%	17.4%	21.2%	43.6%

주: 1), 2), 3)의 계정이름은 적립금, 당좌계정, 미불금.

[부록 3-3] 장강척식의 수입

(단위: 원)

과목명	4 1921	5 1922	7 1924	8 1925
벼계정	44,448	44,129	7,415	742
벼매상금(賣上金)계정		2,683	76,927	138
소작료	3,880	2,311	1,932	1,060
잡수입		98	6,273	290
공사비여입(餘入)				20,000
미수입 보조금	49,769		37,937[1)]	
잡수입	737			
당기손실금		21,235		44,089
계	98,836	70,457	130,485	66,319

주: 1)의 계정이름은 보조금.

[부록 3-4] 장강척식의 지출

(단위: 원)

과목명	4 1921	5 1922	7 1924	8 1925
급료	10,814	16,525	14,195	8,026
잡급	4,449	8,424	3,948	6,968
여비	954	1,262	142	1,567
세금	3,830	4,401	1,300	598
소모비	1,747	971	1,073	1,284
통신비	117	142	91	155
잡비	7,255	6,354	1,834	1,568
회비(賄費)	1,057	1,509	265	493
접대비		492	164	
연료	7,454	6,004	6,751	4,018
수선비	610	634	1,321	315
운임			378	389
비료		1,008	2,911	4,352
종묘비		67	251	1,379
지불이자	10,148	17,211	23,553	27,786
영농비	5,602			
공사비상각			37,937	
기계기구상각			14,000	
인붕(籾棚)사	3,522			
보조금갱정손금(更定損金)		5,448		
벼계정상각				7,415
당기이익금	41,271		20,362	
계	98,836	70,457	130,485	66,319
지불이자/총지출	10.3%	24.4%	18.1%	41.9%

[부록 3-5] 선만개척의 자산

(단위: 원)

과목명	3 1922	4 1923	5 1924	6 1925	7 1926	8 1927	9 1928	10 1929
미납입자본금	3,500,000	3,500,000	3,276,200	3,228,100	3,224,960	3,470,000	3,470,000	3,470,000
미납입체납금						2,639	2,402	
토지	1,361,940	1,385,890	1,386,075	1,562,647	1,472,883	1,650,117	1,678,593	2,101,726
간척공사비	3,193,631	3,519,756	4,061,756	4,271,015	3,185,824	4,633,611	4,910,391	5,106,320
간척권							77,500	77,500
공사재료비	266,730			251	6,154	2,698	1,098	2,886
토지 개량비						9,977	50,221	86,262
건물	31,854	49,043	49,134	49,114	60,716	172,913	202,687	280,639
식림사업						9,732	14,759	24,048
기계기구	129,656	136,985	136,985	136,985	158,111	248,031	250,549	263,200
집기비품	14,412	15,641	15,744	15,974	20,565	29,463	33,767	33,767
선박	59,787	52,053	52,053	52,053	52,053	52,083	52,083	52,083
가축						863	1,516	1,516
농장가불금						13,082	25,632	21,514
가불금	72,558	47,127	46,853	49,531	64,582	125,408	155,346	152,705
수리조합비계정	369,053	444,520	444,520	447,987				
구매부계정	1,106	269	162	131	131			
미수입이식	84,675	84,675	84,675	84,675				
소작인계정								103,002
유가증권	77,500	77,500	77,500	77,500	77,500	77,500		
벼계정	46,788	2,309	890	719	43,523			
경우대부금	3,786	5,166	4,071	3,258	10,248	31,640	39,451	
대부금				19,977	4,089		14,154	
벼외상매출대금					1,298			
작득물현재품						179,301	268,608	347,990
비료					35,000	34,289	4,629	39,124
종자벼					13,561	16,381		
구입작물						25,838	37,626	27,762

[부록 3-5] 선만개척의 자산(계속)

(단위: 원)

과목명	3 1922	4 1923	5 1924	6 1925	7 1926	8 1927	9 1928	10 1929
재고품제구								2,856
예금 및 현금	1,427	55,661	28,419	324,919	5,962	23,693	22,831	95,347
전기이월손금			146,920	171,238	439,550	523,946	551,992	778,769
당기손실금	74,209	316,355	24,318	268,311	16,979	28,046	226,776	381,467
계	9,289,118	9,692,956	9,836,283	10,744,417	8,909,585	11,365,350	12,092,623	13,450,493

자료: 선만개척, 조선개척의 〈영업보고서〉, 각 연도(이하 부록의 모든 표도 같음).

[부록 3-5] 선만개척의 자산(계속)

(단위: 원)

과목명	11 1930	12 1931	13 1932	14 1933	15 1934	16 1935
미납입자본금	3,470,000	3,470,000	3,470,000	3,470,000	3,470,000	3,470,000
토지	2,119,648	2,137,081	2,149,981	2,341,729	2,163,266	1,915,809
토지 개량비	202,535	232,089	265,972	294,690	246,189	136,129
간척공사비	5,409,639	5,511,471	5,684,716	5,705,618	5,644,703	5,492,594
건물	275,252	283,909	320,312	196,319	232,669	247,135
식림사업	31,088	35,687	39,569	43,838	49,657	53,954
간척권	77,500	77,500	77,500			
기계기구	258,639	255,640	255,693	18,467		
집기비품	33,716	33,716	33,716			
기계집기					27,477	29,035
선박	52,084	52,523				
가축	1,516	1,801	1,980	490	1,841	3,098
농장가불금	49,232	29,393	39,121			
가불금	206,081	295,506	92,569	76,276	95,031	245,314
가불이식			322,281	380,935	448,265	448,265
소작인계정	116,808	148,538	141,881	121,393	108,370	72,669
작득물현재품	275,074	497,091	322,523	613,282	451,061	580,334
농량 및 종자				46,707	46,582	41,246
비료	88,126	102,249	163,306	114,764	120,456	308,943
농구				6,180	6,581	2,733
건축재료	5,695					
공사재료	2,522					
구입작물	108,633	132,826	107,655	209,771		21,636
재고품제구	6,443	18,322	12,567	9,514	3,593	5,332
예금 및 현금	46,597	31,713	29,702	9,969		
예금					42,606	8,790
수취어음					29,275	
현금					5,657	3,921
전기이월손금	1,160,237	1,511,298	1,762,262	2,016,875	2,263,461	2,282,161
당기손실금	351,060	250,964	300,910	246,586	18,699	
계	14,348,125	15,109,317	15,594,219	15,923,406	15,475,439	15,369,096

[부록 3-5] 조선개척의 자산(계속)

(단위: 원)

과목명	17 1936	18 1937	19 1938	20 1939	21 1940	22 1941	23 1942	1943. 10. 31	1943. 12. 24
미납입자본금	1,735,000	1,735,000	1,735,000	750,260	750,000	750,000	750,000	750,000	750,000
토지	1,834,271	1,788,097	1,904,259	1,922,634	2,003,775	2,135,700	2,389,564	2,346,955	2,337,143
토지 개량비	136,128	136,128							
간척공사비	5,325,456	5,225,456	4,240,799	4,140,799	4,140,799	4,140,799	4,140,799	4,168,267	4,148,150
건물	250,559	258,283	222,851	184,195	196,216	295,534	323,526	332,486	337,796
식림사업	57,260	60,863	65,678	73,074	95,161	99,772	95,691	98,992	101,449
기계기구	29,984	15,780	11,090	2,200	19,538	28,822	23,712	28,153	28,533
가축	6,057	6,140	6,018	3,387	10,581	12,875	27,868	33,071	32,543
유가증권				75,030	103,138	186,094	250,614	259,484	268,585
김포농장미수금			500,000						
가불금	198,267	193,144	191,195	311,793	190,875	170,326	58,933	140,684	618,514
소작인계정	82,034	84,229	95,352	109,188	117,542	131,536	214,345	606,331	473,557
작득물현재품	507,014	630,067	735,930	102,028	1,016,026	1,954,128			
농량 및 종자	43,333	40,340	37,134	60,644	54,400	63,527	75,308	62,364	62,513
비료	296,962	369,557	285,884	186,100	49,109	31,380	67,023	15,246	17,317
농구	8,978	9,070	14,362	18,642	24,458	22,346	45,175	57,542	65,117
재고품제구	4,974	4,243	2,870	1,906	49,878	37,634	41,849	58,978	48,768
예금	46,726	33,580	375,206	996,031	109,650	297,097	999,320	1,055,434	1,282,905
현금	7,399	4,899	4,524	7,329	6,160	6,990	5,562	14,578	6,081
당기손실금								114,986	
계	10,570,409	10,594,882	10,428,158	8,945,246	8,937,311	10,364,566	9,509,295	10,143,562	10,578,971

[부록 3-6] 선만개척의 자본, 부채

(단위: 원)

과목명	3 1922	4 1923	5 1924	6 1925	7 1926	8 1927	9 1928	10 1929
자본금	7,000,000	7,000,000	7,000,000	7,000,000	7,000,000	8,000,000	8,000,000	8,000,000
법정적립금	30,500	30,500	30,500	30,500	30,500	38,700	38,700	38,700
별도적립금						10,000	10,000	7,598
가수금				1,760,851		485	45,231	92,927
차입금	2,003,886	2,463,959	2,805,783	1,948,904	1,875,035			
당좌계정	1,287	7,363		4,161	4,050			
미불금	9,801	21,698						
연부차입금						1,278,608	1,402,616	1,379,421
정기차입금						16,500	1,125,950	2,163,000
어음차입금						2,000,877	1,470,124	1,710,258
당좌차월						20,178		
특별차입금								58,588
전기이월익금	243,644	169,434						
계	9,289,118	9,692,956	9,836,283	10,744,417	8,909,585	11,365,350	12,092,623	13,450,493
부채/총자산	21.7%	25.7%	28.5%	34.6%	21.1%	29.2%	33.4%	40.2%
부채/자기자본	27.7%	34.6%	39.9%	52.8%	26.7%	41.2%	50.2%	67.2%

[부록 3-6] 선만개척의 자본, 부채(계속)

(단위: 원)

과목명	11 1930	12 1931	13 1932	14 1933	15 1934	16 1935
자본금	8,000,000	8,000,000	8,000,000	8,000,000	8,000,000	8,000,000
법정적립금	38,700	38,700	38,700			
별도적립금	7,598	7,598	7,598			
가수금	102,806	27,268	35,943	230,303	320,367	426,293
직원신원보증금				28,895	33,061	32,777
연부차입금	1,349,134	1,650,058	1,775,598	1,869,762	2,073,047	2,169,264
정기차입금	2,188,500	2,158,080	2,164,000	1,989,000	1,639,700	1,758,200
어음차입금	2,542,971	3,023,979	3,250,098	3,424,510	2,961,000	2,450,000
특별차입금	118,415	203,634	322,281	380,935	448,265	448,265
당기순익금						84,298
계	14,348,125	15,109,317	15,594,219	15,923,406	15,475,439	15,369,096
부채/총자산	43.9%	46.7%	48.4%	49.8%	48.3%	47.4%
부채/자기자본	78.3%	87.8%	93.8%	99.0%	93.4%	90.1%
당기순익/납입자본	–	–	–	–	–	1.8%

[부록 3-6] 조선개척의 자본, 부채(계속)

(단위: 원)

과목명	17 1936	18 1937	19 1938	20 1939	21 1940	22 1941
자본금	4,000,000	4,000,000	4,000,000	4,000,000	4,000,000	4,000,000
법정적립금		10,000	30,000	50,000	80,000	110,000
별도적립금		20,000	70,000	120,000	270,000	370,000
직원퇴직위로준비금			30,000	60,000	90,000	120,000
미불배당금		89	9	183	142	142
가수금	142,048	165,996	82,510	338,671	271,909	53,272
직원신원보증금	44,198	57,223	99,586	114,663	134,609	143,873
연부차입금	2,094,100	2,014,351	1,943,928	1,867,599	1,646,834	1,529,483
정기차입금	1,478,200	1,478,200	1,478,200	1,300,000	800,000	800,000
어음차입금	2,290,000	2,230,000	2,006,000	150,000	920,000	2,204,500
특별차입금	328,500	292,000	292,000	255,500		
당좌차월						41,005
납세준비금						200,000
전기이월금		20,462	58,473	99,723	216,620	285,815
당기순익금	193,362	306,560	337,450	588,905	507,195	506,473
계	10,570,409	10,594,882	10,428,158	8,945,246	8,937,311	10,364,566
부채/총자산	60.3%	58.9%	56.6%	45.0%	42.2%	48.0%
부채/자기자본	151.1%	143.2%	130.5%	81.9%	73.1%	92.2%
1주당 순자산	30.73	32.78		52.10	55.17	58.03
당기순익/자기자본	–	–	–	–	12.0%	11.5%
당기순익/납입자본	8.5%	13.5%	14.9%	18.1%	15.6%	15.6%

주: 자기자본 대비 수익률(당기순익/자기자본)은 〈兩會社內容調書 1943. 4. 1〉, 『自昭和 18年 10月 至 19年 4月 增資合併書類綴』.

[부록 3-6] 조선개척의 자본, 부채(계속)

(단위: 원)

과목명	23 1942	1943. 10. 31	1943. 12. 24
자본금	4,000,000	4,000,000	4,000,000
법정적립금	140,000	170,000	170,000
별도적립금	470,000	570,000	570,000
직원퇴직위로준비금	150,000	180,000	180,000
미불배당금	142	142	142
가수금	72,366	159,099	159,918
직원신원보증금	176,170	188,472	192,257
연부차입금	1,434,067	1,384,487	1,333,613
정기차입금	1,020,000	1,769,100	950,000
어음차입금	906,800	997,200	863,700
당좌차월	62,000	79,889	
납세준비금	200,000	200,000	300,000
본사농장간미달금		5,425	179,497
전기이월금	354,289	339,747	339,747
당기순익금	523,457		1,340,095
계	9,509,295	10,143,562	10,578,971
부채/총자산	40.7%	47.2%	37.6%
부채/자기자본	68.7%	89.3%	60.3%
1주당 순자산	61.10	57.69	75.37
당기순익/자기자본	11.5%	-	-
당기순익/납입자본	16.1%	-	41.2%

[부록 3-7] 선만개척의 수입

(단위: 원)

과목명	3 1922	4 1923	5 1924	6 1925	7 1926	8 1927
작득물수입						224,295
벼매상금		28,285				
벼계정	46,788	2,309	890	719	43,523	
소작료	8,341	3,695	60,589	67,982	67,618	
정미매상고		16,036				
유가증권배당금	3,875					
보조금		639,878	235,824	44,889		373,477
재고품매매익						3,514
구매부이익금		4,474				
재료부이익금		1,810				
경우대부료	108	652		674	735	
구매부계정	3,370	269				
잡수입	929	1,001	426	2,257	1,553	3,464
수입이식						622
벼외상매각대금					1,298	
수리조합입체금수입이식					210,550	
당기손실금	74,209	316,355	24,318	268,311	16,979	28,046
계	137,623	1,014,769	322,048	384,834	342,259	633,421

[부록 3-7] 선만개척의 수입(계속)

(단위: 원)

	9 1928	10 1929	11 1930	12 1931	13 1932
소유지수입	298,481	434,785	472,541	672,649	
관리지수입, 잡수입	48,382	65,070	23,509		
부업수입	3,503	48,025			
작득물수입					718,388
잡수입				54,363	22,406
보조금	71,613		76,972	79,136	79,309
산림수입			1,350		
당기손실금	226,776	381,467	351,060	250,964	300,910
계	648,756	929,347	925,434	1,057,113	1,121,014

[부록 3-7] 선만개척, 조선개척의 수입(계속)

(단위: 원)

과목명	14 1933	15 1934	16 1935	17 1936	18 1937	19 1938
작득물수입	930,583	1,269,072	1,235,576	1,562,673	2,032,811	2,072,003
잡수입	600,007	197,355	141,581	137,247	49,434	364,129
보조금	51,444	47,466	24,316	840	534	
당기손실금	246,586	18,699				
계	1,828,620	1,532,593	1,401,475	1,700,761	2,082,780	2,436,132

[부록 3-7] 조선개척의 수입(계속)

(단위: 원)

과목명	20 1939	21 1940	22 1941	23 1942
작득물수입	3,205,328	2,334,351	2,377,289	2,619,118
잡수입	67,286	204,148	186,399	133,180
계	3,272,614	2,538,499	2,563,688	2,752,298

[부록 3-8] 선만개척의 지출

(단위: 원)

과목명	3 1922	4 1923	5 1924	6 1925	7 1926	8 1927
영농비	2,141	2,782				83,738
세금	54,351	14,350	11,044	13,316	14,495	18,085
수리비						34,914
교제비	746	267	278	295	1,377	
통신비	237	403	542	535	677	
급료 및 잡급	13,056	22,490	22,628	24,179	52,787	131,499
여비	1,841	5,189	4,901	4,386	8,792	13,747
소모비	144	171	381	584	3,634	
잡비	23,753	4,659	5,867	12,492	40,211	60,997
수선비		88	821	703	5,300	
영선비						4,377
정미비	549	1,427				
보조금갱정손금	40,802					
사무소비		51				
지불이자		248,496	273,163	322,797	202,814	283,363
해일피해		714,389				
식림비			1,288	5,466	9,539	
토지수리비			1,130	76	403	
비료종묘비					2,263	
잡손						2,697
계	137,623	1,014,769	322,048	384,834	342,259	633,421
지불이자/총지출		24.5%	84.8%	83.9%	59.3%	44.7%

[부록 3-8] 선만개척의 지출(계속)

(단위: 원)

과목명	9 1928	10 1929	11 1930	12 1931	13 1932
인건비	116,592	117,318	116,410	124,056	120,671
여비	11,169	10,332	6,840	5,706	8,620
제세공과	11,145	19,745	19,572	20,546	21,209
영선비	3,594	4,337	6,953	6,381	4,786
경리비	34,766	46,532	47,868	56,146	71,963
영농비(수리비)	99,699	227,149	196,774	282,342	221,569
영농비(비료비)	48,979	112,219	103,684	104,666	109,849
영농비(기타 제비)	49,178	68,795	72,010	48,118	87,745
부업비	3,586	2,482			
수납소비			3,862	5,678	3,847
정곡비			5,052	1,623	
지불이자	269,014	315,087	329,826	400,056	417,288
잡손	1,031	5,348	16,577	1,790	53,465
계	648,756	929,347	925,434	1,057,113	1,121,014
지불이자/총지출	41.5%	33.9%	35.6%	37.8%	37.2%

[부록 3-8] 선만개척, 조선개척의 지출(계속)						
						(단위: 원)
과목명	14 1933	15 1934	16 1935	17 1936	18 1937	19 1938
인건비	138,959	141,950	143,016	168,301	192,413	247,368
여비	7,829	7,435	8,390	8,717	8,837	11,399
제세공과	25,224	23,701	21,767	21,102	76,939	146,464
영선비	5,813	5,920	62,209	9,245	12,342	20,274
경리비	31,845	39,891	34,994	35,956	38,977	53,218
영농비(수리비)	366,438	367,092	346,429	342,805	337,388	332,196
영농비(비료비)	160,329	163,703	179,804	212,554	241,082	239,427
영농비(기타 제비)	71,388	154,020	75,537	115,855	311,619	59,626[1)]
경지유지비						149,246
작득물처분비	57,794	59,859	68,038	80,010	84,261	72,281
지불이자	434,333	404,728	335,938	380,341	354,430	286,593
잡손	528,665	164,289	41,050	132,507	117,927	480,585
당기순익금			84,297	193,362	306,560	337,450
계	1,828,620	1,532,593	1,401,475	1,700,761	2,082,780	2,436,132
지불이자/총지출	23.8%	26.4%	24.0%	22.4%	17.0%	11.8%

주: 1) 영농비.

[부록 3-8] 조선개척의 지출(계속)

(단위: 원)

과목명	20 1939	21 1940	22 1941	23 1942
인건비	346,327	264,051	411,720	339,780
여비	19,133	25,259	19,739	24,327
제세공과	343,450	370,139	160,924	333,556
영선비	10,493	14,834	18,746	49,060
경리비	171,425	81,048	143,157	93,944
영농비(수리비)	333,368	319,830	333,779	334,413
영농비(비료비)	330,949	221,450	217,427	249,855
영농비(기타 제비)	216,382	93,846	93,928	209,755
경지유지비	350,090	403,056	264,325	193,026
작득물처분비	94,544	46,257	74,784	122,946
지불이자	320,633	179,702	225,639	224,536
잡손	146,909	11,827	93,042	53,637
당기순익금	588,905	507,195	506,473	523,457
계	3,272,614	2,538,499	2,563,688	2,752,298
지불이자/총지출	9.8%	7.1%	8.8%	8.2%

제4장

조선개척의 영농조직과 농장지배

1. 서언

일제 강점기 한국에는 일본인과 한국인이 설립한 다수의 농업회사가 있었다. 이들은 한국과 일본에 본사를 두고 각지에 농장을 개설한 채 이를 지주제로 운영하며 미곡을 생산, 판매하였는데 이는 당시 한국 농업, 한국 지주제가 도달한 가장 선진적인 방향 전환의 하나로서 일제하 한국 사회 구성의 성격을 보여주는 매우 중요한 변화였다. 이에 그간 학계는 이들의 지주경영에 관하여 일찍부터 많은 연구를 축적하여 왔다. 이들 회사의 설립, 발전, 해체 과정을 구체적인 사례 연구로 검토하고 그 경제사적 의미를 따져본 연구와[1] 이들 회사의 소작계약서와 여타의 소작 관련 자료들을 꼼꼼

1 淺田喬二,「財閥地主の存在構造」,『日本帝國主義と舊植民地地主制』, 東京: 御茶の水書房, 1968; 동,「舊植民地(朝鮮)に於ける日本人大地主の存在形態」, 旗田巍先生古稀記念會 編,『朝鮮歷史論集』, 下卷, 東京: 龍溪書舍, 1979; 森元辰昭,「朝永土地株式會社の農場經營」, 大石嘉一郎 編,『近代日本における地主經營の展開』, 東京: 御茶の水書房, 1985; 윤수종,「일제하 일본인 지주회사의 농장경영 분석 –조선흥업주식회사의 사례」,『한국사회사학회논문집』 12, 한국사회사학회, 1988; 김용섭,『한국근현대농업사연구 –한말·일제하의 지주제와 농업문제』, 지식산업사, 2000, 제2편; 소순열,「일제하 일본인 지주의 일 존재형태 –'부민협회'의 설립과 농장경영」,『농업사연구』, 2-1, 한국농업사학회, 2003; 하지연,『일제하 식민지 지주제 연구 –일본인 회사지주 조선흥업주식회사 사례를 중심으로』, 혜안, 2010; 동,「일본인 회사지주의 식민지 농업경영 –三菱재벌의 東山農事주식회사를 중심으로」,『사학연구』 88, 한국사학회, 2007; 동,「대한제국기 일본 대자본의 지주화 과정 연구」,『이화사학연구』 33, 이화사학연구소, 2006; 동,「한말 일본 대자본의 對韓 경제침탈 –大倉組를 중심으로」, 이화여대 한국근현대사연구실,『한국 근현대 대외관계사의 재조명』, 국학자료원, 2007; 동,『식민지 조선 농촌의 일본인 지주와 조선 농민』, 경인문화사, 2018; 홍성찬,『한국 근대 농촌사회의 변동과 지주층 –20세기 전반기 전남 화순군 동복면 일대의 사례』, 지식산업사, 1992, 제1편 제2장; 동,「일제하 전북지역 일본인 농장의 농업경영

하게 분석하여 일제하 농업회사의 소작인 지배 실태를 추적한 연구가 그것들이었다.[2]

그러면서도 그간의 연구는 몇 가지 미진함도 남겼다. 이들 회사가 본사의 영농방침을 구현하기 위하여 산하의 영농조직을 어떻게 편성, 운영하였고 또 본사가 농사현장이자 생산 단위였던 이들 각 농장, 파출소의 영농 과정을 어떻게 지시, 감독, 통제하였던가를 단일 농업회사의 사례를 통하여 계통적으로 검토하는 데 다소 소홀하였던 것이다. 여기서는 그런 연구사를 염두에 두면서 일제하 성업사, 불이흥업과 함께 조선식산은행 산하의 '농업 3사' 가운데 하나로서 앞의 제3장에서 그 설립, 운영, 합병 과정을 검토하였던 조선개척(구 선만개척)의 영농조직과 본사의 각 농장, 파출소에 대한 지배의 실태를 살펴보려는 것이다. 주요 자료는 1942년에 조선개척에서 매순(每旬), 즉 열흘마다 간행한 〈순보〉(旬報)이다. 이를 통하여 조선개척의 영농조직과 업무 분장, 조선개척 본사의 각 농장, 파출소에 대한 지시, 감독, 통제의 구체적인 내용과 그 경제사적 의미를 살펴보는 것이 이 장의 목표이다.

2. 조선개척의 영농조직

일제 말 조선개척은 황해도 연백군, 해주군에 소재한 연해(延海) 각 농장의 농지 6,000여 정보와 충청남도 서산군에 소재한 해미농장의 농지 80여 정보 및 임야 380여 정보, 그리고 황해도 신계군, 수안군 일대의 사유림(社有

-1930, 40년대 熊本農場 地境支場의 사례를 중심으로」, 홍성찬·최원규·이준식·우대형·이경란, 『일제하 만경강 유역의 사회사 -수리조합, 지주제, 지역 정치』, 혜안, 2006; 최원규, 『일제시기 한국의 일본인 사회 -도시민·지주·일본인 농촌』, 혜안, 2021; 이 책의 제1, 2, 3장.

2 久間健一, 「巨大地主の農民支配 -特にその小作條件を中心として」, 『朝鮮農政の課題』, 東京: 成美堂, 1943, 제11장; 인정식, 『朝鮮의 土地問題』, 青樹社, 1946; 동, 『朝鮮農業經濟論』, 박문출판사, 1949, 제4장; 윤수종, 앞의 글, 1988; 김용섭, 앞의 책, 2000, 제2편; 소순열, 앞의 글, 2003; 홍성찬, 앞의 글, 2006; 하지연, 앞의 책, 2010; 동, 앞의 책, 2018.

林)과 대부림(貸付林) 6,000여 정보를 경영하였다. 이 밖에도 이들은 황해도 연백군, 벽성군에서 무려 1,923정보의 간척 공사를 진행 중이었다.[3] 당시 조선개척은 이상의 농지와 임야, 간척지를 본사–출장소–농장·시작부(試作部)·산림부–파출소·관구(管區)·창고로 이어지는 영농조직을 통하여 관리하였다. 그걸 위하여 회사에 여러 부서를 두고 각 부서가 담당할 업무를 엄격히 규정하였으며 부서 간의 업무 분장(分掌) 경계도 상세히 명시하였는데 내용은 [표 4-1], [표 4-2]와 같았다.[4]

경성부 본정 1정목 53-1번지의 서울 본사는 '출장소 이하의 모든 조직을 통괄'하였다. 이를 위하여 사업과, 서무과 2과를 두고 그 아래에 농사계, 관리계, 공사계, 조사계, 서무계, 인사계, 회계계 등을 두어 업무를 분장시켰다. 본사와 연해 각 농장 사이에는 연안출장소를 두었다. 황해도 연백군과 해주군에 위치한 해남, 청계, 송봉, 부현, 영양, 일신 등 6개 농장이 회사경영상 가장 큰 비중을 차지하였지만, 서울 본사와 멀리 떨어져 관리에 어려움이 많았기 때문에 연백군 연안읍 관천리 105번지에 출장소를 두고 거기서 본사를 대신하여 이들 6개 농장을 통괄하고 6개 농장의 공동사무까지 담당 대표하게 하였다. 이에 본사는 연안출장소에 상당한 권한을 위임하였다. 6개 농장에 대한 일차적인 감독 및 지도권은 말할 것도 없고 6개 농장을 대표하고 본사를 대신하여 황해도의 각 관공서, 단체와 교섭 절충할 권한도 –물론 중요 사항은 본사의 지시를 받아야 했다– 부여하였다. 본사와 연해 각 농장 또는 시작부(試作部) 사이의 왕복 문서도 연안출장소를 거치도록 하였다. 농장경영에 관한 현지의 의견을 본사에 보고하는 일도 출장소에 맡겼다. 이외에 본사에서 별도로 위임한 사항과 관례에 따라 위임해 온 경이한 사항

3 조선개척, 〈제21기 영업보고서〉, 1940. 4~1941. 3.

4 1944년 4월 조선개척이 불이흥업에 합병되기 전의 상황이다. 합병 후 불이흥업은 황해도 연백군과 해주군 일대의 6개 농장을 묶어 '연해(延海)농장'으로 명명하고 기존의 6개 농장과 파출소는 해남분장, 초양분장, 청계분장, 송봉분장, 부현분장, 용도분장, 영양분장, 일산분장 등 '분장'(分場)으로 개편, 명명하였다.

[표 4-1] 조선개척의 조직과 업무 분장

조직			분장 업무
본사	사업과	농사계	영농 계획의 수립과 실적 조사, 농사 지도, 산림경영, 소작인 및 이민 관련 사항, 가축의 예탁 관리, 부업 관련 사항
		관리계	농산물·임산물의 관리처분, 창고 업무, 부동산·동산의 관리 및 기타 사항, 사업용 자재의 구입 배급과 관리, 보험계약
		공사계	토지 개량 사업, 토목 사업, 건축 및 영선(營繕)
		조사계	업무에 필요한 조사 통계 및 기록 관련 사항, 업무 및 회계의 감사
	서무과	서무계	문서의 접수·발송·보관, 규정의 편찬 개정, 중역회(役員會) 주주 총회 기타 회의 관련 사항, 주식 관련 사항, 등기 관련 사항, 기타 다른 계(係)에 속하지 않는 사항
		인사계	인사 및 급여 사항, 비서에 관한 사항, 직원 복리시설 관련 사항, 사우회(社友會) 관련 사항
		회계계	예산·결산 관련 사항, 자금 및 유가증권 관련 사항, 금전 출납 사항, 직원 신원 보증금 및 저축조합 관련 사항, 회계장부 및 증빙서류의 정리 보관, 비품·소모품의 조달 출납 보관
출장소			
		회계계	회계에 관한 사항, 비품·소모품의 조달 출납 보관, 저축조합과 공려(共勵)적금에 관한 사항, 농장 회계의 지도·감독에 관한 사항, 사우회 관련 사항
		농사계	농사 지도, 수확물 관리, 비료 기타 사업용 자재의 배급 관리 사항, 소작인 및 이민 관련 사항, 부업에 관한 사항, 수리조합 관련 사항
		공사계	토목건축 공사의 설계 실시, 토지 개량 관련 사항
농장		회계계	회계, 서무 및 물품 관리 사항
		농사계	농사의 지도·운영에 관한 사항
		창고계	수확물, 비료 기타 화물의 관리 배급 상황
산림부			산림의 경영 관리, 임산물의 생산 관리, 가축의 예탁 관리 사항
시작부			농작물의 품종 개량과 원종(原種) 공급에 관한 사항, 영농기술상의 보고와 지도 원조 사항, 농업기술원의 양성 훈련에 관한 사항, 농사에 관한 연구 조사

자료: 〈朝拓 제14호 1942. 1. 1. 사장 富永文一. 농장장 殿. '社務 규정 개정에 관한 건'〉.

[표 4-2] 조선개척의 농장, 시작부, 산림부

구분	위치	사업 구역
해남농장	본장(호남면 송야리)	1관구: 해성면(일신, 무능리), 2관구: 호남면(호서, 소정, 송야리), 해성면(일신리), 3관구 호남면(송야, 개현, 석천리)
	초양파출소(해성면 초양리)	해성면(매정, 화양, 초양, 구룡, 일신, 무능, 해남리)
	신포창고	해성면 일신리 21
청계농장	연백군 송봉면 청계리	1관구: 송봉면(운계, 청계, 송현), 호남면(읍동리), 해성면(매정리), 2관구: 송봉면(운계, 청계, 송현, 증산리), 3관구: 호남면(읍동, 읍항리)
	석벽창고	연백군 송봉면 운계리 862
송봉농장	연백군 송봉면 도룡리	1관구: 송봉면(도룡, 노정리), 2관구: 봉서면(봉황, 미산리), 3관구: 송봉면(도룡), 봉서면(미산), 해룡면(부토, 흥운, 맹산, 금산, 금천리)
	풍천창고	연백군 해룡면 금천리 379-3
부현농장	본장(연백군 해룡면 부토리)	1관구: 해룡면(부토리), 2관구: 용도면(난계, 현암리)
	용도파출소(연백군 용도면 발산리)	용도면(현암, 발산, 송학, 난계, 심계, 대평, 안정, 천태리)
	현암창고	연백군 용도면 현암리 203
영양농장	벽성군 청룡면 영양리	1관구: 청룡면(영양, 학월리), 2관구: 청룡면(영양, 맹해, 덕녕, 구정리)
	거래포창고	연백군 청룡면 영양리 247-1
일신농장	연백군 일신면 생왕리	1관구: 일신면(생왕, 광전리), 2관구: 일신면(서산리), 3관구: 일신면(신해, 천석리)
시작부	연백군 송봉면 청계리	
해미농장	충남 서산군 고북면 신상리	해미면(저성, 양림리), 고북면(신상, 신정, 남정리)
산림부	황해 신계군 신계면 향교리	신계군, 수안군 내 사유(社有)지, 수(受)대부지

자료: 〈朝拓 제14호 1942. 1. 1. 사장 富永文一. 농장장 殿. '서무 규정 개정에 관한 건'〉의 '서무 규정 해의'(解義).

들, 그에 준하는 기타 사항의 처리도 모두 출장소에 위임하였다.[5] 연안출장소는 이런 업무를 본사처럼 서무계, 회계계, 농사계, 공사계 등 4개 부서를

5 〈朝拓 제14호 1942. 1. 1. 사장 富永文一. 농장장 殿. '서무 규정 개정에 관한 건'〉; 〈조척 제198호. 1942. 2. 3. 사장 富永文一. 殿. '출장소 위임사항에 관한 건'〉. 이상 조선개척의 문서임. 이하 문서생산자를 따로 표기하지 않은 것은 조선개척의 문서임.

두고 운영하였다.

출장소 아래의 영농조직은 농장인데 [표 4-2]에서 보듯이 충청남도 서산군의 해미농장까지 포함하여 모두 7개로서 '농사경영을 담당하고 소속 창고를 관리'할 의무가 있었다.[6] 그래서 각 농장에는 회계계, 농사계와 창고계를 따로 두었다. 규모가 큰 농장에는 본장 외에 파출소를 두고 파출소장 또는 그 대리를 임명하였다. 때로는 각 농장의 농지를 몇 개의 관구(管區)로 나누어 관구장(管區長)을 임명하고 그의 감독 아래 농지를 경영하도록 하였다. 본사–출장소–농장–파출소·관구로 이어지는 영농조직의 외곽에는 시작부(試作部)와 산림부를 두었다. 연백군 송봉면 청계리 501번지의 시작부는 '채종 및 시작(試作)에 관한 사항'을 담당하였는데 합리적·과학적인 영농 방법과 기술을 모색하기 위하여 만든 일종의 부설 연구기관이었다. 산림부는 '산림경영에 관한 사항'을 담당하였는데 전시에는 '목탄' 증산을 맡기도 하였다.[7]

조선개척은 이상의 영농조직을 1942년 1월 현재 130여 명의 직원을 두고 관리하였다.[8] 직원은 사원(社員), 고원(雇員), 용원(庸員) 세 종류였다. 사원은 직급에 따라 참사(參事), 기사(技師), 참사보(參事補), 기사보, 서기(書記), 기수(技手)로 나뉘었고 필요하면 촉탁원(囑託員)을 두었다. 직원, 즉 본사와 각 농장의 사원·고원 이상의 임면권은 사장이 가졌다. 각 과장, 출장소장, 농

---

6 1942년 3월 조선개척 소유 건물은 총 194동, 건평은 5,473평이었다. 그중에는 [표 4-1]의 신포(新浦)창고, 석벽(石壁)창고, 풍천(楓川)창고, 현암(玄岩)창고, 거래포(去來浦)창고 같은 대형 창고가 있고 그보다 작은 창고도 여럿이었다. 이들 창고에는 미곡과 종자 외에도 예컨대 1941 회계연도의 경우 발동기, 펌프, 금고, 전화, 사이렌, 자동차, 목탄(木炭), 가스발생기 같은 기계·기구와 쟁기[犂], 괭이[備中鍬], 낫, 모내기 줄[田植繩], 선풍기, 제승기(製繩機), 탈곡기, 가마니 직기[叺織機, 製筵機] 같은 농기구와 석유, 경유, 가마니, 유수압용지(油水壓用紙), 볏짚, 기타 비료, 농약 등 농장경영에 필요한 각종 물품을 보관하였다. 〈1945. 2. 연해농장 업무조사 복명서〉; 〈제22기 영업보고서〉, 1941. 4~1942. 3.

7 〈조척 제14호 1942. 1. 1. 사장 富永文一. 농장장 殿. '서무규정 개정에 관한 건'〉; 〈제22, 23기 영업보고서〉, 1941. 4~1943. 3.

8 〈조척 제220호 1942. 2. 5. '1942년 1월분 직원이동(移動) 월보'〉. 조선개척은 그해 1월 1일 '신직제'(新職制)를 실시하면서 매달 전체 직원의 근무, 입사, 퇴사, 전근 실태를 정리한 '직원 이동 월보'를 만들기로 하였다.

장장과 시작부·산림부의 주임, 관구의 관구장 임면도 같았다. 용원의 임면과 계원 이하의 근무지정은 출장소장, 농장장, 각부 주임이 결정하였다. 물론 그 내역은 즉각 본사에 보고하도록 하였다.[9] 1942년 1월 현재 직원은, 창씨개명으로 정확히 구분하기는 어렵지만, 상당수가 일본인이었으나 그 후 일본인의 징집 확대로 한국인의 비중이 크게 증가한 것 같고 본사에 근무한 14명 외는 모두 황해도와 충청남도의 출장소, 농장, 시작부, 산림부, 파출소에서 근무하였다. 그리하여 조선개척은 이들의 봉급, 승급, 휴직 규정 외에 재선(在鮮) 수당, 벽지 수당, 여비 지급 규정과 사택 및 사택료 지급 규정도 만들었다.[10]

일제 말 조선개척은 미곡의 증산, 증수를 회사의 최대 목표로 삼았다. 그리고 그걸 목표로 아래의 '농장명'(農場銘)을 만들어 각 사무실 등에 게시하였다.[11]

1. 식량의 충실은 국력의 기초이다. 필승의 신념으로 증산에 매진하자.
2. 증산의 근원(根元)은 지력함양에 있다. 적의(適宜)한 비료의 자급으로 그 원(源)을 배양하자.
3. 농사의 진흥은 농민 교화에 있다. 교불권(敎不倦)의 자세로 지도하여 농민 정신의 발양(發揚)을 꾀하자.
4. 노력 분투에 불가능이란 없다. 천후(天候)와 싸워 장해(障害)를 극복하고 자재(資材)와 노력(勞力) 부족을 보완하기 위하여 열심히 공부하자.
5. 이상으로 단보당 5석을 확보하자.

9 〈朝拓 제14호 1942. 1. 1. 사장 富永文一. 농장장 殿. '서무 규정 개정에 관한 건'〉.

10 〈조척 제1789호 1942. 9. 4. … '승급 규정 개정의 건'〉; 〈조척 제1792호 1942. 9. 30. … '봉급 규정 중 개정의 건'〉; 〈조척 제1926호 1942. 10. 1. … '사택 및 사택료 규정 개정의 건'〉; 〈조척 제1927호 1942. 10. 1. … '在鮮 수당 및 벽지 수당 규정 제정에 관한 건'〉. 재선 수당은 일본인 사원에게 20%, 벽지 수당은 3급지 근무 고원 이상의 직원에게 10% 등을 주었다. 〈조척 제1946호 1942. 10. 3. … '휴직 규정 및 종업원 보조 규정 중 개정의 건'〉.

11 1941년 5월에는 성업사도 3개 항의 회사 '강령'을 제정하여 전 직원에게 조석으로 제창하게 하고 이를 표구하여 벽에 걸도록 하였다. 이 책 제2장 주 119.

첫째도 증산, 국가에 공헌
둘째도 증산, 직무에 충실
셋째도 증산, 농민에 인혜(仁惠)

조선개척은 증산, 증수 목표를 달성하기 위하여 본사 주관으로 '사업진흥'을 위한 농장장회의를 연 1회 이상 열었다. 필요하면 직원'타합회'(打合會)를 열었고 그 외 분장장(分場長)회의, 영농타합회, 부락강화회(部落講話會) 등도 열었다.[12] 회의할 사항과 일시 및 장소는 그때그때 정했다. 출장소장은 관하 '직원회동'(職員會同)을 열 수 있었는데 그때마다 본사에 통지하고 결과를 보고해야 했다. 그중 가장 중요한 회의는 '농장장회의'였다. 1943년 11월 9일 전무 히라하라 다모쓰(平原保)가 산하에 하달한 〈농장장회의에 관한 건〉이라는 문서가 그에 관한 몇 가지 정보를 전한다.[13] 문서의 보존 상태가 좋지 않아 자문 사항을 모두 알 수는 없지만, 회의 전에 '자문 사항'과 '타합 사항'을 참석자들에게 미리 알렸고 또 회의에서 어떤 문제들을 논의하였는지도 보여준다. 이 회의에 대한 좀 더 상세한 정보는 〈1942년 12월 18일 영농타합회 지시 및 타합 사항〉이라는 문서가 보여준다.[14]

이에 의하면 12월 18일 본사에서 열린 영농타합회 명목의 농장장회의에는 사장 도미나가 후미카즈(富永文一), 전무 히라하라 다모쓰(平原保), 취체역 이시즈카 다카시(石塚峻), 하야시 유타카(林豊) 등 중역들과 연안출장소장 도요타 하시조(豊田橋藏), 본사 사업과장 구라타 야스시(倉田保), 해남농장의

12 〈조척 제14호 1942. 1. 1. 사장 富永文一. 농장장 殿. '서무 규정 개정에 관한 건'〉의 '서무 규정'.
13 〈朝拓 제1651호. 1943. 11. 9. 전무 平原保. 殿. '농장장회의에 관한 건'〉의 "결전하(決戰下) 식량 증산은 국가적 요청으로서 당면한 긴급 요무(要務)이나 시국의 추이와 더불어 영농상 여러 장애가 나타나 내년도 영농계획 수립 전에 여러분과 함께 창의(創意) 공부에 몰두하여 농업생산자에게 부과된 사명 완수에 힘쓰려고 합니다. 이에 12월 상순 본사에서 농장장회의를 개최하려고 하니 좌기 자문 사항에 대하여 11월 25일까지 미리 의견을 모아 제출하기 바랍니다. 추기(追記) 1. 용수(用水) 부족 사전 대책 건, 2. 녹비(풋거름, green manure) 품평회 개최에 관한 건, 3. 농가경제 조사에 관한 건, 4. 인부임(人夫賃) 지급 방법에 관한 건 등의 타합사항에 대해서는 각자 미리 연구하기 바람" 참조.
14 〈1942. 12. 18. 於 本社 '영농타합회 지시 및 타합사항'〉.

아카기 아키마사(赤城明政), 청계농장의 이와모토 로쿠로(岩本六郎), 부현농장의 야지마 고사부로(矢島恒三郎), 영양농장의 기모토 미쓰노리(紀本光範), 송봉농장의 요시하라 이사무(吉原勇), 일신농장의 나카지마 센노스케(中島仙之助) 등 연해 각 농장의 농장장과 시작부의 니노미야 지토쿠(二宮時德) 주임, 해남농장 초양파출소의 다카노 겐키치(高野源吉), 부현농장 용도파출소의 기요하라 에이조(清原英三) 등 각 파출소의 주임들, 본사 농사계의 노기 시게오(野木茂雄) 주임과 관계 직원들, 연안출장소 농사계의 사다미쓰 리스케(貞光利助) 주임 등이 참석하였다.

논의 내용은 두 가지 지시 사항과 세 가지 타합 사항이었다. 지시 사항은 1. 증미보국(增米報國)운동 실시에 관한 건(강조 사항과 실시 방법)과 2. 자급비료 증산목표에 관한 건 두 가지였다. 타합 사항은 1. 동기(冬期) 필행(必行) 사항의 여행(勵行)에 관한 건, 2. 수도생육(水稻生育) 상황 조사 및 농장별 특정 시험 시행에 관한 건, 3. 경우(耕牛) 증가 방안의 건 등 세 가지였다. 이 가운데 특별히 주목되는 것은 타합 사항의 첫째 항목인 '동기 필행 사항의 여행에 관한 건'이다. 내용은 두 가지다. 하나는 현재 수행 중인 동기 필행 사항을 잘 마무리하라는 것이고, 다른 하나는 내년도 춘기(春期)부터 동기(冬期)까지의 필행 사항을 감안하여 추후 실행에 차질이 없도록 지금 만반의 준비를 다 하라는 것이었다. 내년도 춘기 이래 추기(秋期)까지의 필행 사항은 [표 4-3]과 같았다. 조선개척은 한 해의 농사를 마무리하는 12월 어느 날 본사–연안출장소–각 농장·시작부–파출소로 연결되는 일선 영농조직의 장과 본사의 사장 이하 모든 임원과 실무담당 직원들이 전원 참석한 가운데 영농타합회 명의의 농장장회의를 열어 거기서 이듬해의 영농목표를 정하고 그 달성을 위한 세부 실천 방안을 일종의 연중행사표에 해당하는 '계절별 필행 사항'의 이름으로 확정한 것이다.[15] 그러면 이들은 이렇게 확정한

15 〈제23기 영업보고서〉, 1942. 4~1943. 3의 "연해농장은 비료 기타 중요 자재의 … 입수난과 소

[표 4-3] 조선개척 농장의 계절별 필행 사항(연중 행사 계획표)	
기간	필행 사항
춘기(묘대준비 ~ 삽앙)	묘대(苗代) 개량, 묘대 적지(適地)의 재배개선, 본답의 삽앙(插秧)개선, 자급 비료 증산
하기(삽앙 ~ 출수(出穗))	본답 추비(追肥) 개량, 중경제초(中耕除草) 개량, 병충해 방제, 용수 끌어오기 및 적기(適期) 물빼기(落水), 퇴비증산, 비료구덩이(溜)와 재창고(灰小屋)의 설치 개량, 녹비의 채종 및 파종
추기(출수 ~ 탈곡수납)	적기 물빼기, 색깔 변한 잎새(葉鞘變色莖) 잘라내기(切取), 도열병 피해 볏짚 처치, 적기 예취(刈取), 채종답(採種畓) 관리, 볏짚저장
동기(탈곡수납 ~ 춘기)	고공품(藁工品) 가공, 내년도 전식승(田植繩)·방풍장용(防風墻用) 등 제(諸) 재료 준비, 묘대 예정지의 선정과 면적 측정, 내년도 필행 사항의 입안과 실천 방안 마련

자료: 〈1942. 12. 18. 於 本社 '영농타합회 지시 및 타합 사항'〉.

계절별 필행 사항을 이듬해에 구체적으로 어떻게 실천에 옮겼을까?

이듬해 봄인 1943년 4월 2일 조선개척 본사는 산하 농장에 '4월 중의 〈순보〉에 관한 건을 좌기 사항에 의하여 보고'하라고 지시하였다. 여기서 '좌기 사항'은 [표 4-4]의 항목들인데 매월 상순, 중순, 하순에 순보가 발간될 것임을 전제로 그해 4월의 상순보, 중순보, 하순보에 각각 어떤 사항을 실을지를 미리 알려 발간에 차질이 없게 대비하도록 한 것이다.[16] 이에 따라 각 농장은 늦어도 열흘마다 그때까지의 영농 진척 상황을 관구(管區)별, 농구(農區)별로 조사하여 보고하였다.[17] 조사는 매우 치밀하였다. 예컨대, 시작부

작 농가의 퇴작(退作), 전출(轉出) 증가 등으로 영농상 여러 장애가 예상되어 사업개시 전 … 경지안정(耕地安定)과 과비다수(寡肥多收)에 관해 연구하여 영농 필행(必行) 사항을 결정하고 축차 실행에 옮김."의 '영농 필행 사항'도 이를 말하는 것이겠다.

16 필요하면 추가 보고를 요구하였다. 〈朝拓 제1149호 1941. 7. 25. 전무 취체역. 농장장 殿. '순보(旬報)에 관한 건'〉의 "추신. 표 작성상 통일을 기할 수 있도록 하순보(下旬報)에는 중순에 조사한 좌기 사항에 그때와 같은 논에서 7월 31일 조사한 벼의 초장(草丈, plant height)과 분얼(分蘖, tillering. 벼의 뿌리 가까운 줄기 마디에서 가지가 갈라져 나오는 것)을 첨부 제출하라."가 예이다.

17 [표 4-4]의 3, 8, 9항에 대한 보고서의 조사 및 보고 단위는 농장 내의 관구(管區), 농구(農區)였다. 그러나 순보에는 이를 농장 단위로 합산하여 기재하였다.

[표 4-4] 조선개척 4월 〈순보〉의 게재 사항

게재 내용	구분
1. 기상 개황	매순보
2. 저수지 및 양수(揚水)에 관한 사항	〃
3. 춘경(春耕) 진척 상황	하순보
4. 퇴비반출 상황	매순보
5. 유지 관리 공사 및 경지개선(耕地改善) 공사 상황	〃
6. 집합묘대(集合苗代) 설치 준비 상황	상순보
7. 종자 벼의 분배, 소독, 염수선(鹽水選) 실시 상황	매순보
8. 묘대 삽종(插種) 진척 상황	하순보
9. 묘대개선 실행 상황	〃
10. 소작인 이동 상황	각순보
11. 가마니류(類) 생산 상황	하순보
12. 소작인 지도 상황	매순보
13. 녹비 및 밭작물 성육 상황	〃
14. 서무, 회계, 창고에 관한 사항	하순보
15. 공사에 관한 사항	〃
16. 기타 필요한 사항	매순보

자료: 〈朝拓 제569호 1943. 4. 2. 전무 平原保. 殿. '4월 중의 旬報에 관한 건'〉.

(試作部)에서 보고한 [표 4-4]의 첫 번째 항인 '기상 개황' 항목을 보면 지난 열흘간의 평균기온, 최고기온(평균, 극도), 최저기온(평균, 극도)과 일조(日照) 시간, 증발량, 강수량, 습도, 풍력을 모두 조사하였을 뿐만 아니라 이들과 지난 5년간의 평균치를 비교한 증감 상황도 함께 보고하도록 하였다. 그리하여 〈순보〉의 '기상 개황'은 1941년 12월 진주만 습격으로 아시아 태평양 전쟁이 발발, 확대한 가운데 1942년 5월 하순보부터 해당 '기상 개황' 난에 "주의(主意). 기상관제 중이므로 '비'(秘) 취급할 것"이라는 경고를 적어 외부 유출을 통제할 정도였다.[18] 그만큼 조사가 충실하였던 것이다. 이렇게 보면 조

18 아래는 〈5월 하순 순보〉에서 그대로 옮긴 것임. 평균기온의 '차이'가 실제 계산과 다른데 그대로 둠. 이하 별도 표기 없는 순보는 1942년도분임.

[표 4-5] 조선개척 〈순보〉의 기재 항목(1942)

순보 \ 항목	4	5			6			7		8		9	10		11	12
	하	상	중	하	상	중	하	상	중	상	하	하	상	하	하	중하
기상 개황	*	*	*	*	*	*	*	*	*	*	*	*	*	*	*	*
가마니 생산 상황	*															
공사진척 상황	*	*														
현장작업 상황	*															
녹비와 밭작물 성육 상황	*	*	*	*	*	*	*									
퇴비 반출 상황	*	*		*		*										
춘경 진척 상황	*	*	*	*	*	*	*									
묘대 파종진척 상황	*															
묘대 성육 상황		*	*	*	*	*										
묘대 병충해발생방제 상황		*	*	*	*	*										
직파진척 상황		*	*	*												
이식진척 상황				*	*	*	*									
묘 과부족 상황 및 대책					*	*	*									
직파 답 육성 상황					*	*	*									
이식기 노력 및 경우 상황					*	*										
삽앙 후 활착 상황					*	*	*									
녹비 수확 예상고					*											
수도 성육 상황								*	*	*	*					
수도 성육 조서(調書)								*								
수도 병충해발생방제 상황								*	*	*	*					
중경제초 진척 상황								*	*	*						
녹비채종 전작물 상황								*	*							
자급 비료 증산독려 상황										*	*	*				
비료수당 상황									*							
피뽑기(除稗) 독려 상황											*	*				
논 보수 상황										*	*					
조생 벼 예상수확고											*					
수도 등숙기 상황												*				
수도예취 진척 상황												*	*			
탈곡진척 상황												*	*	*	*	
농장별 타조지 예상수확고												*				
조생 미 공출 상황												*	*			
녹비파종 진척 상황												*	*			
퇴비원료 수집 상황												*				
추수에 관한 일반 개황													*	*	*	
녹비 성육 상황													*	*	*	*
소작인 이동 상황																*
대부금 이동 상황																*

자료: 각 〈순보〉.

선개척은 앞의 농장장회의에서 결정한 계절별 필행 사항을 토대로 월별, 순별(旬別) 실천 사항을 만들었고, 그에 따라 산하 각 농장, 시작부 등에서 그달에 실천해야 할 사항들을 치밀하게 조사하게 한 후 그걸 〈순보〉에 실어 간행함으로써 매순 그 진척도를 점검한 것이었다. 매월 초 본사에서 각 농장에 그달 치 〈순보〉에 실을 내용을 미리 준비하라고 지시한 것은 그 때문이었다.

그러면 조선개척은 〈순보〉 간행을 통해서 산하 농장에 구체적으로 무엇을 지시하려 하였고 그걸 통해 농장 소작인들을 어떤 방향으로 끌고 가려 하였던 것일까?[19] 이하 1942년도의 〈순보〉 가운데 현존하는 [표 4-5]의 16종을 춘기에서부터 동기까지 순차 살펴봄으로써 이 문제에 접근하여 보기로 한다.

3. 조선개척 본사의 산하 농장지배

1) 춘기

조선개척은 4월에 농사를 시작하였다. 그래서 4월 하순까지는 전년도

---

1. 기상 개황. '주의'(主意) 기상관제 중이므로 '비'(秘) 취급을 할 것.

	평균 기온	최고기온		최저기온		일조 시간	증발량	강수량	습도	풍력
		평균	극도	평균	극도					
본년	16.5	16.6	18.6	8.0	4.8	51.6	40.6	9.9	69%	1.7
전 5개년 평균	14.4	18.6	27.7	9.5	2.1	72.2	45.2	20.4	64%	2.0
차이	-1.5	-2.0		-1.5		-20.6	-4.6	-10.5	5%	-0.3

19 조선개척 본사의 산하 농장지배는 현장에서 일하는 소작인을 통해 실현될 때만 의미를 지닌다. 그래서 본사는 소작인이 농사 개량과 관련한 각종 지도 사항을 성실하게 이행하길 촉구하였고 그걸 배반하거나 고의, 태만으로 적기에 수행하지 않을 때는 회사가 임의로 대행할 수 있게 하였다. 그 외 회사는 소작인이 계약이행에 불편한 장소로 이사하는 경우도 소작계약을 일방적으로 해제할 수 있게 하였다. 久間健一, 앞의 책, 1943, 11장.

‘동기 필행 사항’인 가마니짜기, 새끼꼬기 등 부업 진척 상황을 점검하고 도로, 용배수로 공사와 논바닥 고르기[畓地均], 논둑[畦畔] 작성 등을 서둘러 모내기에 지장이 없도록 하였다.[20] 이들은 올해의 ‘증수(增收) 필행 사항’인 ‘춘기 필행 사항’에 기초하여 묘대(seed bed)개선, 우경(牛耕) 독려, 퇴비의 반출과 반출량 검사, 용배수로 정돈, 녹비 재배와 배급 비료 운반 등 농사에 필요한 준비도 현장에서 지도 독려하였다.[21]

사실 춘기 필행 사항에는 한 해의 증산 여부를 판가름할 중요한 영농 사항이 다수 포함되어 있었다. 이에 본사는 4월 초부터 매순의 기상 개황, 저수지 및 양수(揚水) 관련 사항, 퇴비반출 상황, 경지의 유지 관리 및 개선 공사, 그리고 소작지의 합리적 배분과 관리에 절대 필요한 소작인의 이동 및 지도(指導) 상황을 보고받았다. 이 가운데 소작인과 소작지의 이동 사항은 영농 착수 전에 정확히 파악해 두어야 하였다. 경작 중의 소작인 교체가 많은 문제를 일으켰기 때문이다. 그래서 소작인은 소작계약을 해제하려면 소작 착수 1개월 전에는 회사에 이를 요청해야 하였고 회사도 소작지에 작물이 자라고 있는 동안에는 적당한 보상 없이 소작지의 반환이나 변경을 요구할 수 없었다.[22]

파종할 벼 품종의 선정과 분배, 파종 전 해당 종자의 소독과 염수선(鹽水選) 실시 여부도 매순 보고받았다. 이들은 품종의 선정과 분배에 각별한 관심을 보였다. 대개는 시작부의 실험 결과 등을 토대로 장래성 있는 품종을 선정한 후 각지에 채종포를 두고 종자를 확보하여 소작인에게 배분하였다.[23] 회사가 품종별 작부면적까지 결정, 통지한 것이다.[24] 그만큼 통제가 강

20 〈4월 하순 순보〉; 〈5월 상순 순보〉.
21 〈4월 하순 순보〉.
22 久間健一, 앞의 책, 1943, 11장.
23 해미농장도 채종포(採種圃)를 두고 채종에 힘썼는데 매우 모범적이어서 군(郡)의 채종포 담당자와 경작자들이 자주 견학을 왔다. 〈5월 하순 순보〉.
24 〈조척 제1916호 1942. 9. 25. 전무 취체역 平原保. 농장장 殿. ‘1943년도 작부 품종에 관한 건’〉의 “1943년도 작부 품종에 … 관하여 올 봄에 … 작부 기준면적을 통지하였으나 이를 변경

했다. 품종은 소작인 부담이고 그 경우 볏짚은 소작인이 차지하였다.[25] 녹비와 밭작물의 성육 상황도 매순 보고받았다. 집합 묘대의 설치 준비 상황도 4월 상순까지 보고하게 하였다. 그리고 4월 하순 농사가 본격적으로 시작되면 본사는 춘경(春耕) 진척도와 묘대 파종 진척도, 묘대개선 실행을 보고받았다.[26]

5월에 들어서면 본사는 농장별 춘경 진척 상황을 계속 점검하고 녹비와 밭작물의 성육 상황, 퇴비반출 상황 등을 꾸준히 보고받았다. 그중 춘경 진척 상황은 4월에 이어 회사의 타조지(打租地)와 직영지에서 제1, 2회경(回耕)의 진척도를 열흘 간격으로 조사하였다. 묘대 파종의 진척 상황도 4월 20~24일, 25~26일, 27~28일, 29~30일, 5월 1~2일 등 2, 3일 간격으로 조사하였다. 묘대개선 상황은 각 농장의 관구(管區)·농구(農區)별로 전체 묘대면적과 그중 양상(揚床, raised seedbed) 묘대와 평상(平床, flat seedbed) 묘대의 비중, 방풍장(防風墻, windbreak)과 소휴반(小畦畔, small ridge)의 설치 정도를 조사하였다. 퇴비반출 상황은 각 농장 타조지의 반출량과 시용(施用)면적, 단보당 평균 반출량 등을 조사하고 녹비용 퇴비의 반출량과 보관량도 조사하였다. 당시 조선개척은 다른 간척농장들과 마찬가지로 자급 비료인 퇴비의 반출 확대에 총력을 기울였다. 1942년에는 퇴비반출에 보조금을 교부하기 시작하였고 1943년 4월에는 보조금 교부 대상 퇴비의 '품질 검사' 규정을 추가하여[27] 양

할 필요가 있으니 좌기에 유의하여 채종하고 내년도 품종별 작부면적을 보고하시오." 참조. 여기서 '좌기' 사항은 1. 조생종 작부면적은 내년도 녹비 할당 작부면적을 감안하여 결정할 것, 2. 묘대 적지(跡地. 묘대였던 곳)에 보급할 계획이던 '신(新) 2호'는 금년 작황으로 보아 … 문제가 있으니 내년에는 본사 작부기준 면적의 3분의 1 이내에서 묘대 적지에 확실하게 재배 가능한 면적만큼만 계획할 것, 3. 신 2호의 작부를 줄인 면적만큼 … 조생종, 은방주 계통으로 보충할 것, 4. 기타 품종은 본사의 작부기준 면적에 따라 계획하되 사정이 있으면 다소 변경해도 좋다. 5. 시작부(試作部)에서 장래성 있다고 인정한 품종의 시작(試作)은 1품종, 1농장, 3정보 내에서만 허용할 것. 6. 찹쌀 재배는 각 군의 할당면적에 따라 정하되 현재 위탁 채종포인 곳에서는 그대로 채종할 것 등이다.

25 久間健一, 앞의 책, 1943, 11장.

26 〈조척 제569호 1943. 4. 2. '4월 중의 순보에 관한 건'〉.

27 〈조척 제584호 1943. 4. 1. '퇴비반출 보조금 교부 규정 중 일부 개정의 건'〉.

질 퇴비의 반출을 장려하였다. 퇴비반출 보조금은 100문(匁. 문=돈=3.75그램)당 완숙(完熟) 퇴비는 50전, 중숙(中熟) 퇴비는 45전, 미숙(未熟) 퇴비는 40전을 주었는데 소작계약서에 의하면 금비(金肥), 즉 상업 비료는 소작인과 회사가 절반씩 부담하였으나 자급 비료인 퇴비와 녹비의 재배 및 시용은 소작인이 전적으로 부담하였다.[28]

묘대의 성육 상황과 병충해 발생 및 방제 상황, 그리고 직파(直播) 진척 정도도 매순 보고받았다. 하순에는 조기 이식(모내기)을 강조한 1942년도의 증미(增米) 계획에 따라서, 비록 양수(揚水) 자재가 부족하였지만, 부락 공동 작업반 편성과 부인노동 장려, 외지노동자 고용 등을 통해 조기 이식을 독려하였다.[29] 모내기 진척 상황은 5월 31일부터 6월 30일까지 5일 간격으로 보고받았다. 항목은 이식(모내기) 예정 및 진척 면적, 진척도, 전년도 같은 기간의 이식 비율 등이고 지난 몇 년간의 진척도와 비교한 수치도 요구하였다.[30]

모내기는 모의 포기당 줄기 수는 줄이되 포기 수는 늘려 이앙하는 소주밀식(小株密植, dense planting with few seedling)을 장려하였다. 그리하여 6월 상순에는 그에 필요한 모의 과부족 여부를 점검하고 모내기 철에 필요한 노동력과 경우(耕牛) 실태를 농장별로 조사하였으며 그 대책도 함께 마련하게 하였다. 직파 답의 성육 상황, 모내기 후의 활착 상황도 보고받았다. 녹비 수확 예상고는 증산과 직결되는 중요한 일이라서 상세히 보고받았다. 농장별 녹비 작부면적을 생초(生草) 400 이하, 400~600, 600 이상 등으로 세분하여 조사하였고 녹비용 벳치(vetch) 생초(生草)의 수확고는 농장별 작부면적, 수확고, 단보당 수량, 생초 N(질소)량, 재배적지(跡地) N량, 총 N량을 보고받았으며 채종포의 벳치 수확 예상고는 소요 종자량, 채종 계획 종자량, 수확 예상 종자량, 예상 대비 부족 종자량 등을 보고받았다. 한편, 조선개척의 연해 각 농장

28 久間健一, 앞의 책, 1943, 11장.
29 〈5월 하순보〉.
30 1933년부터 1942년까지 매년 5월 31일부터 6월 30일 사이의 식부 진척도를 5일 간격으로 조사한 〈1933년 以降 식부진척보합(步合)일람표〉가 그 예다.

은 조선개척이 불이흥업에 합병된 후인 1944년에 전시의 노무 동원 정책과도 관련해서 모내기와 모 운반에 필요한 인력을 지원받기도 하였다. 학도근로 정신대, 학동(學童) 봉사대, 근로보국대, 경방단(警防團) 청년훈련소, 지방부인회 등 여러 기관의 협조 아래 연(延) 2만여 명(학동 2인을 어른 1인으로 계산)의 노동력을 동원한 것이 그 예다.[31]

2) 하기

1942년 하기 초에는 제2회 영농타합회를 여는 대신 거기서 지시, 타합할 사항을 문서로 하달하였다. 농번기라서 영농타합회를 열기 어려웠기 때문이다. 그리하여 회사는 그간 추진한 춘기 필행 사항을 평가하고 작년 말 타합회에서 수립한 '하기 필행 사항'에 아시아 태평양 전쟁의 확대로 더욱 강화된 '비료 감배'(減配)나 병충해 발생 같은 새로운 여건들을 반영하여 당면한 '하기 필행 사항'을 확정하였다.[32]

그리고 그렇게 확정한 '하기 필행 사항'에 따라 수도 생육 상황을 점검하였다. 구체적으로는 7월 상순 이래 각 농장의 품종별, 이식 시기별 수도생육 상황을 조사하였다.[33] 그중 품종별 생육 상황은, 예컨대 7월 15일 등 몇

---

31 〈1945. 5. 연해농장 업무조사복명서〉. 구체적인 내역은 아래와 같다.
1. 학도근로정신대: 해주서중 생도 235명(6월 10~20일. 송봉농장, 청계농장), 연안농교 생도 91명(7월 2~9일. 해남농장).
2. 학동봉사대: 연안국교 생도 100명(10일간. 송봉농장), 봉서국교 생도 200명(10일간. 송봉농장), 해룡국교 생도 90명(7일간. 부현농장), 송봉국교 생도 150명(15일간. 청계농장), 해성국교 생도 130명(10일간. 초양농장), 호남국교 생도 100명(15일간. 해남농장), 청룡국교 생도 120명(12일간. 영양농장), 일신국교 생도 250명(20일간. 일신농장).
3. 근로보국대: 봉사면 순농가 50명(2일간. 송봉농장), 해룡면 순농가 30명(3일간. 부현농장), 송봉면 어업자 250명(3일간. 청계농장), 호남면 비농가 20명(4일간. 해남농장), 일신면 비농가 30명(2일간. 일신농장).
4. 경방단 청년훈련소: 해룡경방단 청년훈련소 단원 50명(3일간. 부현농장).
5. 지방부인회: 천태부인회 단원 30명(3일간. 부현농장), 해성면 염전부인회 단원 80명(7일간. 초양농장).

32 〈하기 필행 사항에 관한 건〉.

33 〈7월 상중순 순보〉; 〈8월 하순 순보〉.

월 며칠 현재 육우(陸羽) 132호, 신 2호, 육우 20호, 은구(銀口) 5호, 중생은방주(中生銀坊主) 등 품종별 분얼(分蘖, tillering)과 초장(草丈, plant height)을 보고받았고, 이식 시기별 상황은 6월 1일, 15일 등 식부일 기준으로 그 후 7월 중순, 8월 하순 등 몇 월 며칠 현재의 초장, 분얼과 수전일(穗剪日, full heading stage. 한 포장(圃場)의 벼 8, 9할 이상이 출수[出穗, ear emergence, 이삭이 팸]한 때) 등을 보고받았다. 본사는 정확한 조사를 위하여 조사 장소의 선정부터 조사 및 보고 요령까지 상세히 지시하였다. 〈1942년도 수도생육(水稻生育) 조사〉라는 문서가 이를 잘 보여주는데 조사 장소는 한해, 수해나 기타 특수재해의 우려가 없고 경종 방법이 보통이며 매년 같은 조사가 가능한 그리고 해당 품종의 1942년도 단보당 소작료 사정고(査定高)가 2석 5두에서 3석 5두 사이인 두 곳을 택하도록 하였다. [표 4-6]은 1942년도의 품종별 수도생육 조사 장소이다. 예컨대, 해남농장의 본장은 다섯 품종 모두 두 곳씩 택하여 조사 보고하도록 하였고 초양파출소는 중생은방주만 두 곳을 택하여 조사 보고하도록 하였다.

조사 결과는 네 가지 양식으로 보고하게 하였다. 첫째는 〈조사지(調査地) 선정표〉다. 조사지의 번호, 소재지, 면적, 지력(地力. 상위, 하위 등), 재배면적과 지난 5년간의 단보당 평균 수량(收量), 1942년도의 단보당 사정(査定) 수량 등을 적었다. 둘째는 〈성육 상황 조사표〉다. 조사지의 번호, 품종, 지력, 식부 일자, 재식밀도(평당 주수(株數, 포기 수)와 주당 본수(本數, 줄기 수)), 대서(大暑) 때 성육 정도가 보통인 곳에서 20주씩 뽑아 조사한 초장과 분얼의 평균치를 적었다. 셋째는 〈출수기(出穗期) 조사표〉다. 조사지의 번호, 품종, 지력, 출수기(heading stage. 이삭이 잎집에서 나오는 시기), 병충해 발생 상황(명충은 발생 줄기 수[莖數, number of stems], 도열병은 극다, 다, 소, 극소로 표기)을 적었다. 넷째는 〈성숙 상황 조사표〉다. 조사지의 번호, 품종, 지력, 성숙기, 간장(稈長. 땅에서 이삭 목까지의 길이), 수장(穗長. 이삭의 길이), 수수(穗數. 이삭의 개수), 이삭당 낟알 수(穗當 粒數), 벼 1천 낟알(粒)의 무게, 벼 20주(株)의 볏짚[藁]과 벼[籾]의 무

[표 4-6] 조선개척의 품종별 수도 생육 조사 장소(1942)

	중생은방주	조생종	신 2호	은구 5호	육우 20호
해남농장 본장	*	*	*	*	*
〃 초양파출소	*				*
청계농장 간척답	*	*	*		
〃 기간답	*	*		*	
송봉농장	*	*		*	*
부현간척 본장	*	*	*	*	
〃 용도파출소	*	*			
영양농장 간척지	**	*	*	*	
일신농장 확장지	**	*	*	*	

주: *는 조사소마다 상, 하 1곳씩 두 곳을 말한다. **는 상, 하 2곳씩 네 곳을 말한다.

게를 〈출수기(出穗期) 조사표〉와 같은 장소에서 20본(本, 줄기)씩 뽑아 조사한 평균값을 적었다.

조선개척은 하기 필행 사항의 또 다른 중요 항목인 본답추비(本畓追肥), 즉 모내기 한 논에 웃거름(top dressing) 주기와 중경제초(中耕除草, intertillage), 병충해 방제, 본답 용수(用水)와 물빼기(落水) 관리, 퇴비증산과 녹비 재배 등에도 상세한 지침을 하달하고 수시로 실적을 보고받았다.[34] 이식 후의 본답추비는 반드시 관구장 이상의 지시를 받아 시기와 양을 정하게 하였고 적기에 적량을 나누어 주어 성육 후기에 비료가 부족하지 않게 유의하라고 하였다. 또 소량의 비료를 살포할 때는 토사를 섞어 양을 늘린 후 균일하게 뿌리고 묘대였던 곳[跡地]이라서 잔비(殘肥)가 남은 논에는 무비(無肥) 재배를 원칙으로 하여 도열병을 막도록 하였다. 중경제초도 조밀(粗密) 여부가 수확에 큰 영향을 미쳤기 때문에 상세한 지침을 내리고 실시 여부를 확인하였다. 우선 본사는 소작인을 총동원하고 공동작업반, 부인노동반 등을 편성하여 호미

34 〈하기 필행 사항에 관한 건〉. 이하 별도의 주가 없는 한 같음.

질(호미[打]) 2회, 제초 1회 이상(호미질을 2회 이상 할 시간이 없으면 제초 2회 이상)을 실시하도록 하였고, 7월 상순부터 8월 상순까지 농장별 중경제초 상황을 매순 보고받았다. 피뽑기는 관청에서 정한 날이 아니라도 수시로 하라고 독려하였다. 병충해 방제도 도열병 상습 발생지인 묘대 적지를 특별 관리하고 잎도열병 징후가 나타나면 약제를 철저히 살포할 것이며 수수(穗首)도열병 방제를 위하여 출수기(heading stage)와 수전기(穗剪期, full heading stage) 2회에 걸쳐 약제를 뿌릴 것도 요구하였다. 또 이화명충 피해를 입어 변색된 줄기(葉鞘變色莖)를 잘라내고 병충해 방제용 유아등(誘蛾燈)을 설치하고 점등 기간을 엄수할 것도 지시하였다.

성육기의 물 관리도 자세히 지시하였다. 본답의 용수(用水)는 양수일(揚水日)과 양수 기간에 유의하여 공평 배수(配水)하도록 하였고 제초기에는 양수일을 감안하여 논물을 빼(落水) 물 부족이 없도록 하였다. 시비 직후에는 낙수(물빼기)에 주의하여 비료 유출을 막게 하였고 강우기에는 순찰을 강화하여 논둑(畦畔) 붕괴로 물 부족을 겪지 않도록 하였으며 불충분한 환수(換水)와 물 부족에 의한 염해방지도 강조하였다. 벼를 벨 때까지는 논물을 빼지 말아 여름까지 잘 자라던 벼가 생육 후반기에 접어들며 아랫잎이 말라 오르고 퇴색하는 등 생육이 둔화하여 수량이 크게 주는 추락(秋落, autumn decline) 현상을 막으라고 하였다. 그리고 녹비 재배 예정지에는 배수용 소구(小溝)를 만들어 벼를 벤 후 신속히 배수할 수 있게 준비하도록 하였다.[35]

자급 비료의 증산도 지시하였다. 그중 퇴비는 모든 경작지에 단보당 200관문(匁)을 시용한다는 목표 아래 퇴비원료 수집에 총력을 기울였다. 모든 소작인에게 당국의 '풀베기 주간'(草刈 週間) 행사에 솔선 참여하고 또 바

35 조선개척은 경지 대부분이 간척지라서 가뭄 때 용수 관리에 각별히 주의하였다. 작부 후 심한 가뭄으로 1939년 이래 처음 저수지가 고갈되었던 1943년에는 시작부에 지시하여 1939, 1943년의 '강수량 조사 비교표'와 '4월 말(묘대기) 현재의 저수지 저수량 비교표', '양수량(植付水 이후) 비교표'를 만드는 등 특별대책을 세웠다. 〈1939년도와 본년도(1944)의 양수 상태 비교〉.

닥을 두 자[尺]가량 파고 사방에 한 자[尺] 정도 높이의 주벽(周壁)을 두른 네 평 이상의 퇴비장을 만들도록 하였다. 우사(牛舍)와 돈사(豚舍)를 만들어 구비(廏肥)를 모으고[36] 변소를 겸한 비료구덩이[溜]와 간이형 재창고[灰小屋]의 설치도 독려하였다. 그리고 이상의 퇴비원료 수집 상황은 수시로 보고받았다.[37]

녹비 재배도 크게 강조하였다. 전쟁 중이라 비료의 생산과 공급이 부족한 데다 녹비의 비효(肥效)가 우수하였기 때문이다. 1942년 9월 조선개척 전무 히라하라(平原保)는 '녹비증식 장려 실행 첫해의 파종기'를 앞두고 각 농장에 공문을 보내 '과거 실적과 식자들의 의견'에 비추어 전경(全耕) 휴립 재배(畦立栽培, ridge culture), 즉 전체 경지에 이랑을 세워 재배하는 게 최선이니 특수지를 제외한 모든 논에 녹비를 재배하라고 하였다. 아울러 이번부터 녹비 증산 품평회를 열어 개인상, 농구상(農區賞), 지도상 등을 줄 방침인데 '직원과 소작인' 모두 경험이 많지 않으니 농장장들이 앞장서서 이를 추진하라고 하였다.[38] 그 밖에도 여러 조치를 하였다. 녹비용 퇴비를 단보당 300관

36 양돈과 구비 확보를 위하여 '간이 돈사'의 설치도 추진하였다. 〈조척 제1821호 1942. 9. 8. '간이 돈사 설계에 관한 건'〉의 "본춘 이래 소작인의 양돈을 장려하여 이미 1,000두에 달하였다. 이를 더욱 조장하려고 지난번 연안(延安)에서의 농사타합회에 기초하여 간이 돈사 증설에 필요한 자료를 모집한다. 귀 관내의 합리적인 돈사나 또는 직원이 낸 것 중 적당한 설계서가 있으면 9월 30일까지 제출하시오. 단, 간이 돈사는 1두 사육을 표준으로 총경비 15원 이내이고 가능하면 자급 가능한 재료를 이용할 수 있어야 함." 참조.

37 1941년 〈8월 하순 순보〉에 의하면 '초예(草刈)성적'의 조사 항목은 경작면적(사유지(社有地), 사외지(社外地)), 원료수집량(단보당, 전량), 소작인 호수(전속, 비전속), 호당 예취량(최고, 최저, 평균), 회사 논(社有畓) 사용 예정량 등이었다. 〈9월 하순 순보〉에 의하면 '퇴비원료 수집 상황'의 조사 항목은 경작면적(사유지, 사외지), 소작인 호수, 퇴적(堆積) 호수, 퇴적 용적(立方尺), 퇴적 중량, 1입방척당 중량, 단보당 평균 중량 등이었다.

38 〈조척 제1811호 1942. 9. 8. 전무 취체역 平原保. 농장장 殿. '녹비 재배에 관한 건'〉. 한편, 부현농장장 야지마(矢島)는 취체역 하야시(林豊)에게 〈1943. 11. 3. 녹비재배 단행에 관한 進言〉을 보내 그간 녹비 재배가 부진하였던 이유로 1. 재배지의 지세와 토질에 대한 배려 결여, 2. 겨울철 내한(耐寒)과 건습(乾濕)에 대한 주의 부족, 3. 해빙 후 관배수(灌排水) 불량에 따른 수부(水腐)와 고사(枯死), 4. 만생종 벼 성숙 중의 벳치(vetch) 파종에 따른 작업 번로(煩勞)와 성육 장애 및 월동력 약화, 5. 벳치 종자 채취철의 잦은 장마(霖雨)와 그에 따른 부패 및 그 다음 가을[翌秋]의 종자배합 지장 등 5가지를 들었다. 야지마(矢島)는 아래의 대책도 진언하였다. 1. 시작부에 벳치 재배 시험구(區)를 만들고 전임 기술자에게 관리를 맡겨 연구 및 재배에 모범을 보이고 농장도 벳치 재배를 지도 격려할 것, 2. 벳치 재배면적을 논의 1할 정도로 하되 농장 사정

문 이상 시용하기로 하고 반출 및 보관량이 그에 미치지 못하는 농장에는 7월 말까지 구비(manure)를 원료로 지정량을 채우게 하였고, 반출 보관 중인 녹비용 퇴비에 이름과 제조면적을 적은 나무 명찰을 걸도록 하였으며, 소작인에게도 녹비 재배법을 교육하라고 지시하였다. 녹비종자의 자급도 중요하였다. 그래서 기존 채종포에서 더 많은 종자를 얻되 7월에 임야, 잡종지, 대휴반(大畦畔) 중 적당한 곳을 골라 8월에 파종하고 그 상황을 매순 보고하도록 하였다.[39] 이상과 함께 본사는 농작로와 경지의 유지 관리, 암거배수(暗渠排水, underdrainage) 시공지와 기타 배수구의 준설 등도 '하기 필행 사항'으로 정하여 그 준수를 강력히 지시하였다.

3) 추기

추기 필행 사항은 적기(適期)에 논물 빼기(落水), 변색한 벼 줄기(葉鞘變色莖) 잘라내기, 도열병 피해 볏짚의 처치, 적기에 벼 베기(刈取), 파종 답 관리와 볏짚저장 등 여러 가지였다. 일제 말 조선개척의 소작인은 수확물의 무려 6할가량을 소작료로 납부하였다. 가난하였고 그래서 다양한 방법으로 지주에 저항하였는데 그중에는 지주 입장에서 '부정행위'에 해당하는 소극적 저항도 포함되어 있었다.[40] 이는 벼(立毛, 立苗, seedling stand)가 성숙기로 접

에 따라 1할 5분 또는 5분 등으로 면적을 할당하여 공평을 기할 것, 3. 벳치 재배 소작인을 적당히 보상하거나 금비(金肥) 보조 비율을 늘려줄 것, 4. 매년 5월 말경 도(道)와 군(郡)의 권위자에게 의뢰하여 녹비 재배 품평회를 열되 농장장이 농구(農區)를 단위로 주최하는 것과 사장, 전무가 연안(延安)에서 농장을 단위로 주최하는 것 두 종류로 할 것, 5. 소작인에 대한 상금품(賞金品)과 상장(賞狀) 수여는 농장에서 시행하되 현상 방법을 미리 알려 열정과 힘을 다하도록 할 것, 6. 상(賞)은 본사의 사정(査定)에 도달한 농장을 1등으로 하여 5등까지 주되 1등은 1천 원 정도의 상금과 우승기를 주고 2등 이하는 상위(上位)의 반씩 주며 봄철 성적을 기준으로 8월 중하순에 시상하여 9월 중순 파종에 만반의 노력을 다하게 할 것, 8. 우수 실적자, 공로자에게는 특별 개인 표창도 줄 것.

39 보고 항목은 농장별 재배예정 면적, 금기의 재배면적과 누적면적, 그리고 전경휴립(全耕畦立), 산기슭식[山根式], 주기식(株寄式) 등 재배 방법에 따른 재배면적 등이다.

40 久間健一, 「農民の貧窮と頹廢 -巨大米穀農場を中心として」, 앞의 책, 1943, 제9장.

어든 이후 시작하여 예취, 결속, 탈곡, 조제, 수납의 전 과정에서 계속되었고 조선개척도 대책 마련에 골몰하였다. 증산, 증수를 위하여 온갖 노력을 기울여도 추수 과정에서 소작인의 '부정'을 막지 못하면 그간의 노력이 무의미하기 때문이었다. 그래서 이들은 한편으로는 앞에서 본 '농장명'(農場銘)을 만들고 부락강화회 등을 열어 소작인의 분기(奮起)와 자각을 촉구하는가 하면, 다른 한편으로는 추수 때 감독 인원을 대폭 증원하고 정직 근면하고 성적 우수한 소작인과 부락에 근로상 등 금품을 주어 표창하였다. 소작료 반환(割戻, rebate) 상여제를 도입하여 우수 소작인에게 소작료의 일부를 되돌려 줌으로써 증산과 소작료의 성실 납부를 독려하였다. 반면 부정한 소작인은 상여 대상에서 제외함은 물론 추후 소작지를 줄이거나 아예 소작계약을 해제하기도 하였다. 소작계약서에 "타조(打租) 소작지의 수확물 또는 소작료를 소작인 또는 가족 사용인이 농장을 속일 목적으로 은닉하거나 부정행위를 할 때" 소작계약의 해제는 물론 "손해배상과 형법상 책임"까지 물리도록 규정한 것이 그 예였다.[41]

조선개척은 이런 일과도 관련해서 농장별 예상 수확고를 출수 단계(heading stage), 즉 이삭이 팰 때부터 정확히 조사하고 예취, 탈곡, 조제, 수납 진척도를 매순 상세히 파악하였다. 1942년에는 8월 하순에 이미 조생종 벼의 예상 수확고를 조사 보고받았는데 조사 항목은 농장별 작부면적과 총수확고, 단보당 수확고와 단보당 소작료, 총소작료 등이었다.[42] 9월에는 수도(水稻)의 농장별 등숙(登熟, ripeness) 상황을 보고받았고, 9월 초 이후로는 매순 예취 진척 상황을 보고받았다. 내용은 농장별 예취(reaping) 면적(금기 실적과 누계)과 작부면적 대비 진척 비율, 총 예취 속수(束數, number of sheaves)와 속당(束當) 예상 근량(斤量), 단보당 예상 수량(收量) 등이었다. 탈곡 상황도 매순 총 예취 속수와 탈곡 수량(속수 및 근수), 누계 탈곡 수량과 진척도, 속당 근수

41 久間健一, 앞의 책, 1943, 제9, 11장.
42 〈8월 하순 순보〉.

와 단보당 속수 및 수량 등을 상세히 보고받았다. 예취와 탈곡이 진척되어 수확고 예측이 어느 정도 가능해지면 농장별로 타조지, 도조지, 직영지의 예상 수확고를 보고받아 이를 토대로 그해의 예상 소작료 규모도 추정하였다.[43]

탈곡이 끝나면 수납을 시작하였다. 회사가 정한 방식으로 건조, 조제, 포장하여 납부하고 회사에서 빌린 영농 자금, 비료대, 종자대, 농구대, 경우(耕牛) 사용료, 가옥 건축 자금 등 각종 차입금품도 상환하게 하였다.[44] 당시 조선개척은 소작료 완납 전에는 해당 수확물을 회사와 소작인의 공동 점유, 공동 소유로 하였고 예취와 탈곡에 농장 직원을 입회시켰으며 대부금이나 보조금품을 부정하게 사용한 경우 회사에서 소작계약을 일방적으로 해제할 수 있게 하는 등 수납과 회수에 필요한 여러 안전장치를 두었다.[45] 그런 점과도 관련해서 소작료와 대부금은 대부분 회수된 것 같다. 1942년 〈12월 중하순 순보〉에는 각 농장의 관구별, 출장소별 대부금 회수 예정액과 미회수금 비율이 비료 대부, 농자 대부, 농구 대부, 경우(耕牛) 대부, 건축 대부 등 용도별로 조사되어 있는데 그에 따르면 용도별 미회수율은 비료 대부 17.5%, 농자 대부 19.5%, 농구 대부 28.5%, 경우 대부 19.6%, 건축 대부 3.1%이고 전체 평균은 18.8%이었다. 그런데 이는 송봉농장과 일신농장이 이들 미회수금의 상환을 공출 후 당국에서 받게 될 '벼생산 장려금'으로 정리할 생각 아래 일시 미루어서 그랬을 뿐 둘을 뺀 나머지 농장의 용도별 미회수율은 비료 대부 0.3%, 농자 대부 0.8%, 농구 대부 4.9%, 경우 대부 1.4%, 건축 대

43 타조지의 예상 수확고(총수확고, 단보당 수확고)는 6할 타조지, 5할 5분 타조지, 5할 타조지로 나누어 조사하였다. 이를 통해 추정한 1942년도의 소작료 수입은 타조 11만 7,547석, 도조 2,189석 등 총 11만 9,736석이었다. 〈10월 상순 순보〉.

44 일제 말의 연도별 소작인 대부 상황은 1942년에는 경우(耕牛) 대부 1,313구(口. 구좌), 건축 대부 114구, 농구 대부 32구, 농자(農資) 대부 43구, 비료 대부 104구였고, 1943년에는 경우 대부 26만 1,280원, 건축 대부 9,615원, 농구 대부 2만 6,066원, 농자(農資) 대부 7만 6,033원, 건축 대부 10만 562원 등이었다. 〈제23, 24기 영업보고서〉 (1942. 4~1944. 3).

45 久間健一, 앞의 책, 1943, 제11장.

부 3.1%로서 전체 평균 0.9%에 불과하였다. 그만큼 거의 전액 회수되었다.

추기(秋期)에는 공출에도 응해야 하였다. 아시아 태평양 전쟁이 확대하며 일제가 전시 식량 확보를 위하여 공출 정책을 강행하자 조선개척도 이에 순응 협력하여 매년 조생종(早生種) 벼부터 성실하게 공출에 응하였다. 예컨대, 1942년산 조생미(早生米)의 경우 공출 상황을 열흘마다 조사하였는데 조사 항목은 농장별 공출 할당량과 공출량, 공출 내역(소작료인지 회수 벼인지 미검품인지), 공출 할당량 대비 공출률 등이었다. 연해 각 농장의 공출률은 조선개척이 불이흥업에 합병된 후인 1944년 말에도 송봉농장, 부현농장, 청계농장 각각 70%, 초양파출소 52%, 해남농장 53%, 용도파출소 85%, 일신농장 80%, 영양농장 87% 등으로 해당 면의 전체 평균보다 모두 높았다.[46]

4) 동기

동기에는 크게 두 가지 방향에서 업무를 추진하였다. 하나는 춘기 이래 추기까지의 실적을 평가하여 한 해의 농사를 마무리하는 것이었다. 다른 하나는 이런 평가를 바탕으로 그간의 문제점을 보완하여 다음 해의 계획을 수립하는 일이었다. 물론 중점은 후자에 있었다. 앞서 언급한 대로 1942년 12월 18일 조선개척은 본사에서 영농타합회를 열고 몇 가지 사항을 타합 지시하였다.[47] 논의된 타합 사항은 크게 세 가지였다.

첫째는 당면한 '동기 필행 사항'을 여행(勵行)하고 이듬해 춘기부터 추기까지의 계절별 필행 사항을 입안한 일이다(후자의 계절별 필행 사항은 앞에서 검토함). 이중 전자의 '동기 필행 사항 독려 건'은 농한기의 유휴노동력을 활용한 고공품(藁工品) 가공 등 소작인 부업의 독려와 이듬해 농사를 위한 모

46 〈1945. 2. 연해농장 업무조사 복명서〉. 이들 농장, 파출소 소재 면의 전체 평균은 송봉농장, 부현농장, 청계농장 각각 60%, 초양파출소 50%, 해남농장 48%, 용도파출소 80%, 일신농장 80%, 영양농장 72% 등이었다.

47 〈1942. 12. 18. 영농타합회 지시 및 타합 사항〉.

[표 4-7] 조선개척 연해 각 농장의 특정 시험 항목(1942. 12)

장명	특정 시험 항목
해남	경지정리·지반(地盤) 절하지(切下地)의 인분뇨 시험, 건조(乾燥)지대의 휴반도(畦畔塗: 방수를 위하여 논두렁에 흙을 발라주는 것)와 상체(床締: 누수를 막기 위하여 논바닥에 진흙을 뿌리는 것) 시험
청계	불량 토지대(土地帶)의 제초법 시험, 도열병 상습지대의 도열병 방제법 시험
송봉	기간(旣墾) 논(畓)의 벼 품종 시험과 재식밀도(栽植密度) 시험
부현	간척 논의 벼 품종 시험과 재식밀도 시험, 봄 파종(春蒔, spring seeding) 녹비의 시험
영양	암거배수(暗渠排水) 시공법 비교 시험
일신	습답(濕畓) 처치법 시험

자료: 〈1942년 12월 18일 營農打合會指示 竝 打合事項〉.

내기 줄(田植繩), 방풍장(防風墻) 등의 재료 준비, 농장별 묘대 예정지 선정 및 묘대면적의 측정 준비 등으로서 이듬해 봄까지 그 실적을 구체적으로 파악하여 보고하도록 하였다.[48]

둘째는 수도(水稻)의 생육 상황 조사를 강화하고 농장별 '특정 시험'을 실시하기로 한 일이다. 이중 수도 생육 상황 조사는 1942년 7월 15일자 〈조척 제1516호〉로 이미 시행 중이던 사항인데 내년부터 별도 전담자를 두어 더욱 치밀하게 조사하기로 하였다. 후자의 농장별 '특정 시험'은 향후 각 농장이 농장별 특수 여건에 따라 과학적, 합리적인 영농방침을 수립할 수 있도록 [표 4-7]의 각종 시험을 실시하기로 한 일이었다. 셋째는 전시의 노동력 부족에 대처하기 위하여 경우(耕牛) 증가 방안을 논의한 일인데 이는 구두설명으로 대신하였다.

위의 12월 18일 영농타합회에서는 '증미보국(增米報國) 운동 실시에 관한 건'과 '자급 비료 증산목표에 관한 건'도 하달하였다. 그중 증미보국 운동과 관련해서는 증미보국 정신을 앙양하고 생산확충 지도를 시행할 것을

48 〈4월 하순보〉의 '가마니 새끼줄 생산상황표'가 그런 예다. 여기에는 4월 말 현재 농장별 소작인 호수, 벼 가마니 생산 수량(계획 매수, 금기 누계), 곡물 가마니 생산 수량(할당 매수, 금기 누계), 새끼줄 생산 수량(할당 매수, 금기 누계)이 적혀 있다.

'강조 사항'으로 지시하면서 '실시 방법'도 하달하였다.[49] 즉, 각 읍면 부락연맹(部落聯盟), 상회(常會), 부락강화회(部落講話會) 등을 통해 소작인에게 운동의 취지를 주지시키고 소수의 특별 부락과 농가를 선정하여 '이상적 황국 농민'으로 지도 양성한 후 이들을 중심으로 일반 부락과 농민들까지 교도한다는 것이었다. 후자의 자급 비료 증산과 관련해서는 내년에도 총 5,500정보의 농지에 질소량 5만 5,000관의 자급 비료(단보당 1관문(貫匁))를 시용하겠다는 '자급 비료 시용(施用)목표 대강'을 발표하였다.[50]

동기에는 한 해의 농사를 마무리하고 이듬해의 농사도 준비해야 하였다. 이를 위하여 그해에 작황이 나빠 비료대 감면을 신청한 소작인들을 정밀 조사하여 승인 여부를 결정 통지하였다. 즉, 소작인의 부주의나 태만이 아닌 '당사의 지도를 준수하여 경작에 종사하였음에도 한냉해 등으로 감수'한 경우 그 정도를 갑, 을, 병 3등급으로 나누어 비료대를 감면하여 주기로 하였는데, 해당 소작인이 소속 관구명, '소작번호'와 이름, 타조지 면적과 수확 근수(斤數), 본년도 비료대부액과 감면등급, 감면 희망 금액, 농구상당자(農區相當者) 이름 등을 적어 12월 20일까지 제출하면 심사 후 승인 여부를 결정 통지하였다.[51] 여기서 '소작번호'는 '소작인 번호'를 말하는데 당시

49 그중 생산확충 지도는 당국의 지도 사항을 '필행'하고 본사 차원에서 퇴비의 증산과 증식, 녹비 재배의 확장, 시비 및 제초법의 개량, 경우 사육법의 개선, 인분뇨 및 목탄 처리법의 개선 등 5개 항을 특별 지도하라고 하였다.

50 이 목표는 이듬해의 금비(金肥) 시용량과 흡수율까지 고려하여 결정하였다. 당시 자급 비료 증산목표는 아래 표와 같았다. 본사가 이런 목표를 세운 것은 증수를 예상하였던 본년도의 작황이 "특수 천후와 금비 부족"으로 현저히 준 데다 "현하의 금비 공급 부족이 명년에도 완화될 상황이 아니라서 향후 산미 증산 성적도 자급 비료의 제조 및 시용량의 다과로 결정될 것"이라고 보았기 때문이다. 이들은 "증미보국 운동의 일환으로 자급비료 증산 운동을 진작"한 것이었다. 〈자급비료사용목표대강〉.

종류	면적, 호수	단보당, 호당 생산	총생산량	질소성분비	질소총량
녹비	1,000정보	300관	30만 관	0.6%	18,000관
퇴비	5,500정보	200관	110만 관	0.3%	33,000관
인분뇨	4,000호	200관	80만 관	0.5%	4,000관

51 〈朝拓 제2155호 1942. 11. 25. 전무 취체역 평원보. 殿. '비료대 감면에 관한 건'〉. 아래는 소작인이 신청한 비료대 감면을 승인한 예이다. 〈조척 제171호. 1942. 1. 30. 비료대 감면 승인의 건〉.

[표 4-8] 조선개척의 1943년도 예상 소작료(사정)

장명	타조율	전년도 실수고 (석)	농장 견적(見積) 신청				본사 사정(査定)	
			경작면적 (정보)	단보당 소작료(근)	총소작료 (근)	총소작료 (석)	단보당 소작료(근)	총소작료 (석)
해남	6할	23,771	1,252	352	4,405,984	24,477	343	23,851
청계	6할	16,901	935	331	3,092,400	17,180	333	17,297
송봉	6할	15,357	729	360	2,625,120	14,584	378	15,313
부현	6할	22,818	1,111	380	4,189,500	23,275	386	23,825
영양	5.5할	2,516	224	322	721,924	4,011	322	4,011
	6할	7,453	351	378	1,326,780	7,371	385	7,508
	계	9,969	575	-	2,048,704	11,382	-	11,519
일신	6할	15,449	823	367	3,021,336	16,786	366	16,735
	5.5할	183	15	307	46,971	261	307	261
	계	15,632	838	-	3,068,307	17,047	-	16,996
총계	6할	101,767	5,201	360	18,661,120	103,673	361	104,529
	5.5할	2,699	240	321	768,895	4,272	321	4,272
	계	104,466	5,440	-	19,430,015	107,945	359	108,801

주: 면적=정보 미만은 반올림함.
자료: 〈조척 제206호 1943. 2. 6. 1943년도 예정 소작료 사정에 관한 건〉.

조선개척도 일제하 다른 농장들처럼 소작인마다 '소작인 번호'를 부여하여 관리하였음을 보여준다.[52] 동기에는 이주 소작농가의 이민가옥도 정리하였다.[53] 그리고 다음 해 농사를 위하여 동기의 농한기를 틈타 도로, 용배수로

장명	신청번호	신청 호수	타조소작지		수확량 (근)	단보당 (근)	비료대부액(원)	감면희망액 (원)	감면 승인액(원)
			평	무(畝)					
해남	선해 554호	26	111,603	3,729	122,243	329	1,425	728	728
청계	선청 480호	44		6,566	215,285	328	2,657	1,342	1,342
송봉	선송 24호	11	23,575	786	25,003	318	332	171	171
부현	선부 16호	2		173	5,993	346	56	28	28
일신	선일 581호	20		1,996	66,541	333	692	360	360

52 전라북도 옥구의 웅본(熊本)농장도 요즘 회사원에게 사원번호를 주듯이 소작인 번호를 주었다. 홍성찬, 앞의 글, 2006.

[표 4-9] 조선개척의 1943년도 총 소작료 견적(見積)표

장명	타조지(정보)				도조지 (정보)	직영지 (정보)	소작료(석)			
	6할	5.5할	5할	계			타조지	도조지	직영지	계
해남	1,252			1,252	224	2	23,851	1,038	64	24,953
청계	935			935	89		17,297	352		17,649
송봉	729		7	736	43		15,379	136		15,515
부현	1,111		5	1,116	82	2	23,893	318	175	24,192
영양	351	224	2	577	57		11,544	193		11,737
일신	823	15	5	843	83		17,066	212		17,278
계	5,201	240	18	5,459	578	7	109,029	2,249	239	111,517

주: 면적=정보 이하 미만은 반올림함.
자료: 〈조척 제206호 1943. 2. 6. 1943년도 예정 소작료 사정에 관한 건〉.

공사와 논바닥 고르기(畓地均), 논둑[畦畔] 작성 등 각종 경지정리 공사와 기타 유지 및 관리 공사를 하였고 결산과 예산 편성에 필요한 수확 벼의 단가도 결정 통지하였다.[54]

그런 위에서 조선개척은 이듬해의 기본 영농 계획을 수립하였다. 이들은 산하 농장들의 수납예정 소작료, 수납목표 소작료까지 미리 사정(査定)할 정도였는데 1943년 2월 초 본사에서 '소작료 반환(割戻, rebate) 상여제' 내규 제4항에 의거하여 사정 통지한 1943년도의 농장별 예정 소작료는 [표 4-8], [표 4-9]와 같았다.[55] 한편, 본사는 그해의 영농 실적, 소작료 납부 성적, 각종

53 〈조척 제1524호 1942. 1. 14. '이주자 가옥정리에 관한 건'〉의 "작년 9월 29일부 조척 제1524호로 통지한 이민가옥 정리에 대한 취급요령을 다음과 같이 정정 통지함. 기(記) 1. 1935년도 이전의 이민을 1934년도 이전의 이민으로 정정, 2. 1936년도 이후 소작인을 1935년도 이후 이민으로 정정" 참조.

54 〈조척 제43호 1942. 1. 22. '결산예산 벼 단가 통지의 건'〉의 "1941년도 결산 및 1942년도 예산의 작득물(作得物) 수입에 계상(計上)할 벼 단가를 결정 통지함. 1. 1941년도 결산 작득물 수입 계상 벼 단가는 각 품종 각 등급을 평균하여 1근당 10전 5리, 1석당 18원 90전으로 함. 2. 1942년도 예산 작득물 수입 계상 벼 단가는 각 품종 보통품 1근당 10전 5리, 1석당 18원 90전으로 함. 3. 벼 공출장려금은 본사의 수입으로 함" 참조.

55 1943년 2월 초의 "소작료 일부 반환(割戻, rebate) 상여 내규 제4항에 의거 1943년도의 농장별 예정 소작료를 좌기(위의 [표 4-8], [표 4-9])와 같이 사정하니 귀 농장위원회는 해당 내규

대부금 상환 실적 등을 토대로 소작인의 개인 성적을 평가하고 거기에 추수 후 소작지와 소작인의 이동 상황, 소작료 납부 후의 소작인 동정까지 고려하여 이듬해의 소작인 수급 계획을 세웠다. 그런데 일제 말 연해농장은 간척지대에 위치하여 벼를 벤 뒤 가을보리나 채소 따위를 재배하는 뒷갈이(裏作, off-season crop)가 충분하지 않고 부근에 산과 밭도 적어 연료와 식량이 부족하였다. 음료수의 수질도 나빠 그중 부현, 청계농장은 예년에도 이농률이 15~20%나 되어 소작인 충원에 고심하였으며, 특히 일제 말에는 징용, 징병과 노무 및 축우(畜牛)의 공출이 심하고 소작인의 생산의욕도 감퇴하여 더 큰 어려움을 겪었다.[56] [표 4-10]은 그 예로서 1942년 말 현재 해남, 청계, 부현, 영양 4개 농장은 간척 공사와 개답(開畓)의 진척에 따라 다음 해에 소작농 100호가 더 필요하고 또 '퇴작'(退作) 소작호도 41호나 되어 총 141호가 더 필요하였지만 '신규 채용' 소작호가 16호에 불과하였다. 그리하여 전체적으로 117호가 '부족'하였고 따라서 별도의 조치가 없는 한 116정보의 소작지를 직영으로 돌리거나 최악의 경우 놀려야 할 형편이었다. 조선개척은 산하 농장의 과학적 관리를 위하여 소작지와 소작인의 이동 및 동정까지 정확하게 파악하고 있었던 것이었다.

이렇게 보면 일제하 조선개척은, 요즘 회사들이 근로자를 채용한 후 사

에 따라 관구별 책임고와 소작인별 소작료를 사정 통지"하라는 지시가 그 예다. 〈朝拓 제206호 1943. 2. 6. '1943년도 예정 소작료 査定에 관한 건'〉.

56 〈1945. 2. 연해농장 업무조사 복명서〉. 이는 1944년에 흉작이 심하게 들자 본사에서 연해농장에 대한 업무 조사를 명하여 결과를 보고받은 문서이다. 여기서 일제 말기의 여러 상황이 소작인 충원에 어떤 영향을 줄지를 다각적으로 검토하였는데 긍정적 요인으로 1. 식량 공출과 배급제 강화로 식량난이 심해 이농이 줄 것이며, 2. 징병, 징용을 위한 기초 자료로 호적을 정비 중이라 '기류(寄留) 수속'이 어렵고(기류 수리가 안 되면 식량 배급을 받을 수 없다) 기류가 수리되어 전거(轉居)를 하여도 그런 '신참자'들에게 징용과 노무 공출을 우선적으로 할당하는 추세인 데다 목재 등 건축 자재와 목수 등 노동력 부족으로 주택난이 심한 점 등을 꼽았다. 반면 부정적 요인으로는 1. 1944년에 식부(植付) 성적이 나쁘고 임금도 올라 수지타산이 맞지 않은 점, 2. 수확물을 공정 가격으로 공출하여 거의 모든 소작인이 경작지나 수확물의 다과와 상관없이 소량의 현물만 균등 수취할 뿐인 점, 3. 노무 공출, 징용, 징병, 축우(畜牛) 공출로 농가의 노동력이 크게 부족해진 점을 꼽았다. 아울러 이 보고서는 소작인 부족의 저변에 '생산의욕 감퇴', 즉 경작과 수확이 쉽고 안정적인 경지만 경작하려는 경향(불량 소작지는 반환)이 있어 일부 소작지를 직영하지 않을 수 없는 실정이라고 지적하였다.

[표 4-10] 조선개척 연해 각 농장의 소작인 이동 상황(1942년 말)

농장	본년도 소작호	내년 계획 소작호	퇴작호	신규 채용호	차감 과부족호	소작해약지(정보)	신규 계약지(정보)	차감면적(정보)
해남	847	867	25	16	31	31	18	14
청계	626	626	3		3	4		4
부현	829	839	9		9	18		18
영양	508	578	4		74	80		80
계	2,810	2,910	41	16	117	133	18	116

주: 송봉, 일신은 '조사를 마치지 못하여(調査未了)'로 게재하지 않았고 영양농장은 신규 매수지의 소작인 상황을 보충할 예정이었다. 표에는 계산 착오나 오자로 보이는 부분이 있는데 원문대로 옮겼다.
자료: 〈12월 중·하순 순보〉.

원번호를 주고 지정 장소에서 회사가 정한 목표와 일정에 따라 업무를 보게 하듯이, 소작인을 '채용'한 후 소작인 번호를 주고 지정 장소에 배치하여 회사가 정한 목표와 일정, 방식에 따라 1년 내내 '월월화수목금금'[57]의 자세로 일하길 요구하였다. 소작인들로서는 결코 경영상의 자립성을 가지기 어려운 구조였다. 일제하 조선식산은행 출신으로서 1927년부터 1942년까지 조선개척의 전무, 사장으로 일하여 연해 각 농장의 농업경영을 누구보다 잘 알았던 미요시 도요타로(三好豊太郎)는 조선의 지주경영, 특히 황해도처럼 농지개발이 한창 진행 중인 곳의 지주경영을 '일본과 달리' 일종의 '기업경영'에 속한다고 보았고 지주소작 관계도 '고용계약'에 가깝다고 여겼다.[58] 지주가 개발 기간의 온갖 비용과 위험(risk)을 감수하며 종자, 비료, 경우, 농구, 가옥, 기타 각종 비용과 심지어 소작인의 생활비와 기술 지식까지 대여 공급하는 반면 소작인은 노동만을 제공할 뿐이어서 그렇게 말하였는데, 일

57 연안출장소장 도요타 하시조(豊田橋藏)가 '농장명'(農場銘)을 마음에 새기며 증산을 위하여 1년 365일 내내 '월월화수목금금'의 자세로 휴일 없이 일하자고 산하 각 농장, 파출소의 직원들을 독려한 데서 따온 표현이다. 〈1943. 2. 17. 연안출장소장 豊田橋藏. 농장 직원 각위(各位)〉.

58 三好豊太郎, '農事經營者の犧牲的改良事業に就て當局の理解を求む', 『朝鮮農會報』 4-2, 朝鮮農會, 1930; 이 책 제3장.

제 말 조선개척의 영농조직과 산하 각 농장 및 소작인에 대한 지배 내용은 그의 지적이 결코 과장만은 아니었음을 보여주는 중요한 소재가 아닐 수 없다.

4. 결어

일제 강점하 서울에 본사를 둔 조선개척은 황해도 연백군, 해주군의 연해 각 농장(6개 농장)의 농지와 충청남도 서산군 해미농장의 농지 및 임야를 관리하기 위하여 본사–연안출장소–농장·시작부·산림부–파출소·관구·창고로 이어지는 조직을 편성, 운영하였다. 이들 조직에는 각기 몇 개의 부서를 설치하여 업무를 분장하게 하였고 조직 사이의 업무 경계도 분명히 해두었다.

조선개척은 이러한 조직을 근간으로 매년 몇 차례의 농장장회의, 영농타합회 등을 열어 한 영농연도의 목표를 정하고 그 달성을 위한 계절별 필행 사항(연중행사표)과 월별 실천 방안을 수립하였다. 춘기에서 동기까지의 계절별 필행 사항은 본사가 동원할 수 있는 모든 수단을 통해 그 실시를 지시 독려하였다. 그리고 그 결과를 사안에 따라 열흘 또는 2~3일 단위로 보고받아 그중 일부를 〈순보〉에 게재하였다. 일제 말 조선개척 본사가 열흘마다 발행 배포한 〈순보〉는 앞서 본사가 지시한 계절별 필행 사항과 월별 실천방안을 각 농장이 얼마나 성실하게 수행하였는가를 회사 차원에서 파악하고 또 그 내용을 각 농장에 알려 농장 간 경쟁도 부추기려는 의도를 갖고 만든 사내보였다.

일제하 조선개척 본사는 이런 성격의 〈순보〉 발행으로 상징되듯이 산하 농장에서 이루어지고 있는 춘기 이래 동기까지의 모든 영농 과정을 손바닥 보듯이 정확하게 파악하였다. 그리고 그걸 기반으로 그때그때의 영농 진척도에 따라 필요한 조치를 하였다. 본사가 생산현장이자 생산 단위인 산하 농장의 모든 영농일정을 이처럼 완벽하게 지시한 것은 본사가 하달한 극히 세부적인 조치와 지시가 농사현장의 소작인들에게 전달되어 구현될 것임을 전제한 것이었다. 일제하 조선개척 농장소작인의 경영 자립성은 이 과정에서 지켜질 수 없었고 그런 점에서 이들은 1년 열두 달을 매주 '월월화수목금금'의 자세로 휴일 없이 일하라고 지도받은 식민지 농장의 일개 노동자 이상도 이하도 아니었다.

조선식산은행 본점

자료: 和田重義, 『大京城都市大觀』, 朝鮮新聞社, 1937. 남대문통 2정목 140번지(남대문로 2가).

불이흥업의 서울 본점 건물

자료: 和田重義, 『大京城都市大觀』, 朝鮮新聞社, 1937.
황금정 1정목 7번지(을지로 1가).

불이흥업 창업주 후지이 간타로(藤井寬太郎)

자료: 『京城日報』 1926. 9. 28.

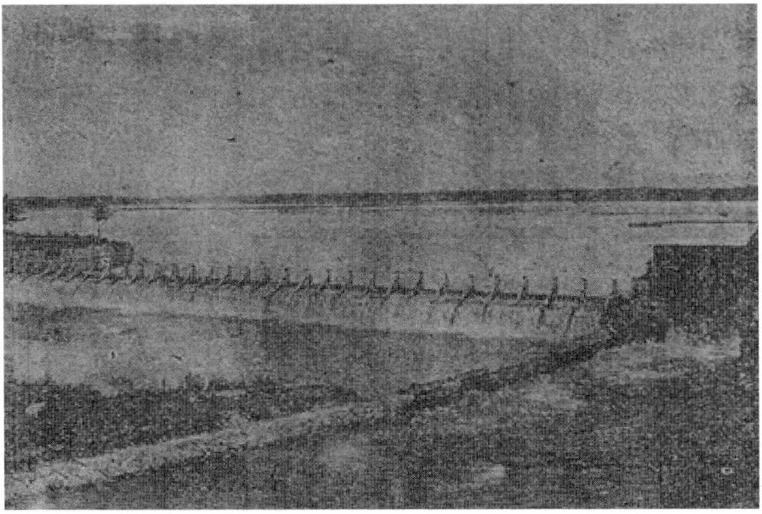

전라북도 익산군 임익수리조합의 요교제 저수지
자료: 『매일신보』 1928. 9. 15.

전라북도 익산군 불이흥업 전북농장의 녹비(자운영) 재배
자료: 『매일신보』 1927. 5. 22.

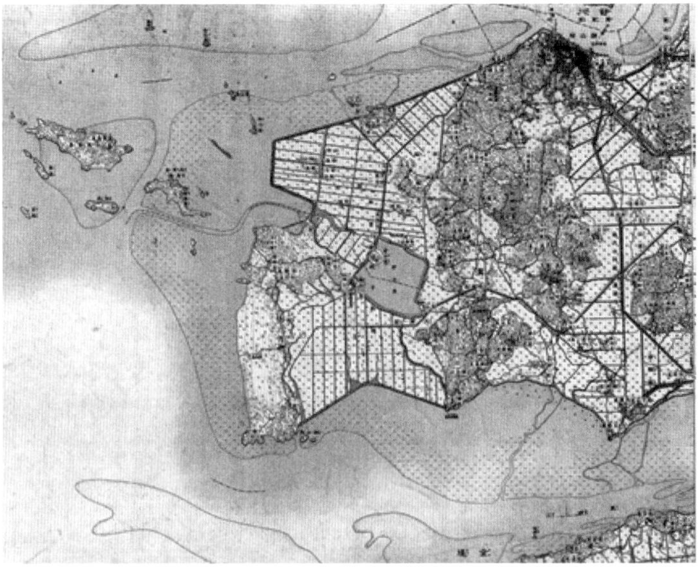

전라북도 옥구군의 불이흥업 옥구농장과 불이농촌
지도 위쪽은 금강 하구, 아래쪽은 만경강 하구. 중앙의 옥구저수지 아래는 불이흥업 옥구농장, 위는 불이농촌(일본인 이민농장).

전라북도 옥구군의 불이흥업 간척농지
자료: 朝鮮山林會 編, 『半島の翠綠』, 朝鮮山林會, 1926.

전라북도 전주군 동상면의 익옥수리조합 대아저수지
자료: 朝鮮山林會 編, 『半島の翠綠』, 朝鮮山林會, 1926.

평안북도 용천군 불이흥업 서선농장
가운데 바둑판처럼 표시된 곳이 서선농장. 지도 위쪽은 압록강 하구.

평안북도 용천군 부라면 불이흥업 서선농장의 간척지

자료: 朝鮮總督府土地改良部 編, 『朝鮮の水利組合』, 1929. 왼쪽은 간척지, 오른쪽은 바다.

평안북도 의주군 고삭령면의 대정수리조합 대하저수지

자료: 朝鮮總督府土地改良部 編, 『朝鮮の水利組合』, 1929.

신의주의 평안북도 도청 앞까지 몰려가 연좌농성 중인 불이흥업 서선농장의 소작인들
자료: 『매일신보』 1929. 5. 15.

강원도 철원군의 중앙수리조합을 방문한 사이토 총독
자료: 『매일신보』 1925. 7. 4. 가운데 지팡이 짚은 이가 조선총독 사이토 마코토(齋藤實).

강원도 철원군 중앙수리조합 마산저수지의 용수로와 개간지

자료: 中央水利組合, 『中央水利組合之事業』, 1925. 이 물로 1924년에 철원 서쪽 약 1,500정보의 황무지를 논으로 만들었다.

강원도 철원역에 도착한 불이흥업 철원농장의 제1회 이민자 가족들(1924)

자료: 中央水利組合, 『中央水利組合之事業』, 1925. 황해도 출신들이다.

강원도 철원군 어운면 양지리 불이흥업 철원농장의 소작인 마을

자료: 中央水利組合,『中央水利組合之事業』, 1925. 1924년에 경상남북도, 황해도, 충청남도, 평안남도에서 이민 온 농민들이 입주하였다.

강원도 철원군 불이흥업 철원농장의 집합묘대(공동 못자리)

자료: 中央水利組合,『中央水利組合之事業』, 1929.

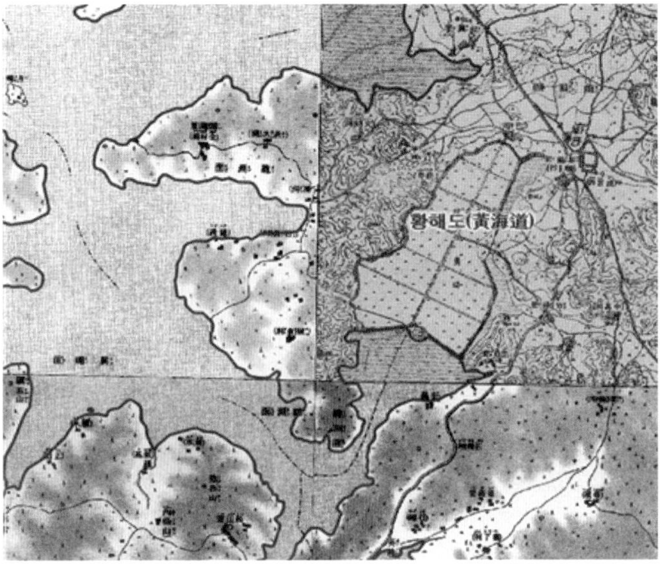

황해도 옹진군 용연면의 천좌(川佐)농장

중앙에 황해도(黃海道)라고 적은 부분 아래 '川佐農場'이라 표기한 곳. 가와카미 사타로(川上佐太郞)가 1910년대에 개설하였으나 그 후 조선식산은행(1930. 12), 성업사(1931. 6)로 소유권이 넘어갔다.

황해도 연백군과 해주군 경계의 연해수리조합 제1 저수지

자료: 朝鮮總督府土地改良部 編, 『朝鮮の水利組合』, 1929. 왼쪽은 바다, 오른쪽은 저수지.

황해도 연백군 용도면 연해수리조합 제3 양수장(揚水場)의 기관실
자료: 『매일신보』 1928. 10. 12.

황해도 연백군 용도면의 연해수리조합 제3 양수장과 대간선 수로의 출발점
자료: 朝鮮總督府土地改良部 編, 『朝鮮の水利組合』, 1929.

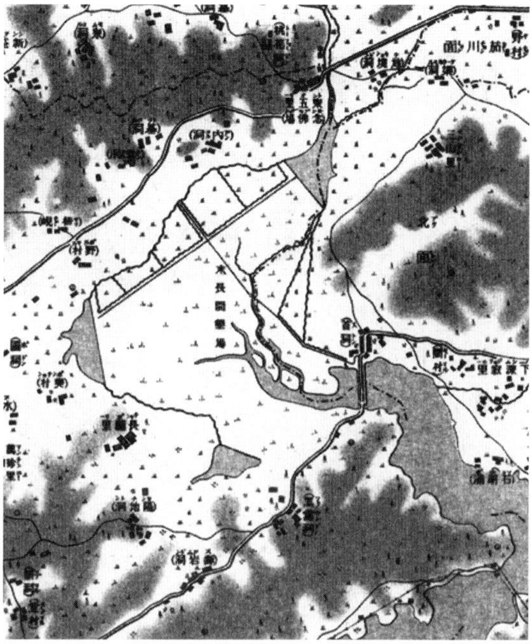

황해도 옹진군 북면 수동의 성업사 말영농장
중앙에 '末長開墾場'으로 표기한 곳. '말장(末長)'은 '말영(末永)'과 일본어 발음이 같아 생긴 오기일 것이다.

황해도 옹진군 말영농장의 소작인이 되려고 각지에서 모여든 농민들
자료: 『동아일보』 1934. 12. 5.

제 Ⅱ 편

해방 후 조선식산은행 산하 농업회사의 경영변동과 청산

제5장
해방 후 성업사의 농장경영과 그 해체

1. 서언

해방 직후 농업 문제, 토지 문제를 둘러싸고 전개된 여러 계급, 계층 간의 대립과 갈등은 멀리 조선 후기부터 한말, 일제 강점기를 거쳐 이 시기로 계승되어 온 문제였다. 주지하듯이 조선 후기, 한말에는 농업 문제, 토지 문제의 해결 방안을 둘러싸고 크게 두 방향의 근대화 노선이 대립하였다. 하나는 농민적 토지 소유, 농민적 상품 생산의 안정을 확보하기 위하여 조세 제도와 토지 제도를 모두 개혁해야 한다는 농민적 입장의 근대화 방안이었다. 다른 하나는 지주적 토지 소유, 지주적 상품 생산을 유지하는 가운데 조세 제도만을 개혁하자는 지주적 입장의 근대화 방안이었다. 그중 이 기간에 실제 제도로 정착한 것은 후자였다.[1] 이런 이유로 20세기 초 한국을 강점한 일제는 조선 정부와 대한제국 정부가 추구하여 온 지주적 입장의 근대화 노선을 계승·조정하는 위에서 지주제, 지주층 중심의 농업 정책을 수립·시행하였다. 일제로서는 조선 농업을 효과적으로 수탈하려면 지주제와 지주층을 보호할 필요가 있었고 따라서 한말까지 전개되어 온 지주적 노선의 내재적 발전 방향에 굳이 역행할 필요가 없었으며 사실 그게 가능한 일도 아니었다.

1 김용섭, 「근대화 과정에서의 농업개혁의 두 방향」, 『한국근현대농업사연구 -한말·일제하의 지주제와 농업문제』, 증보판, 지식산업사, 2000.

이에 일제하 한국의 지주제와 지주층은 일본 자본주의 체제에 편입되며 양적·질적으로 크게 성장, 변모하였다. 특히 이 시기 지주제와 지주층은 한국과 일본의 각급 은행, 금융기관과 유착하고 서구와 일본을 통해서 들여온 근대 농학 기술을 적극적으로 활용하는 가운데 더욱 빠르고 광범하게 변모하였다.[2] 그 결과 종래의 정태적, 단순한 지주경영은 동태적, 기업가적 경영으로 전환하였고 대지주 가운데는 농외 부문에 진출하여 공장, 회사, 은행의 대주주, 중역이 되어 근대 부르주아지로 변신하여 간 사람이 비일비재하였다. 그리고 그중에는 대자본을 동원하여 개간, 간척 사업을 벌인 후 그곳에 소작인을 불러 모아 농장을 운영한 사람도 다수 등장하였다. 이런 과정에서 일제하 소작인의 존재 형태도 크게 변하였다. 특히 농장제 하의 소작인들은 농장이 연구·개발·도입한 농학 기술과 영농 일정에 따라 모든 작업을 통제받으며 1년 내내 오직 '월월화수목금금'[3]의 자세로 열심히 일하기만을 요구받았고, 그리하여 경영상의 자립성을 상실당한 채 사실상의 임금노동자로 전락하여 갔다.

그런데 일제하 지주는 이처럼 양적·질적으로 성장만 하지는 않았다. 그중에는 은행 등에서 거액을 빌려 지주경영을 확대하였다가 1920년대의 오랜 불황과 뒤이은 쇼와 농업공황, 세계 대공황으로 수익률이 격감하고 부채가 누적되어 지주경영의 감축은 물론이고 아예 파산에 이른 이도 많았다. 그리하여 그중 일부는 채권은행에 토지소유권을 넘긴 채 지주의 대열에서 탈락하였고, 다른 일부는 채권은행에 질권(質權, pledge)을 설정하여 해당 토

2 김용섭, 앞의 책, 2000, 제2편; 우대형, 『한국 근대 농업사의 구조』, 한국연구원, 2001; 최원규, 『일제시기 한국의 일본인 사회 –도시민·지주·일본인 농촌』, 혜안, 2021; 하지연, 『일제하 식민지 지주제 연구 –일본인 회사지주 조선흥업주식회사 사례를 중심으로』, 혜안, 2010; 동, 『식민지 조선 농촌의 일본인 지주와 조선 농민』, 경인문화사, 2018; 홍성찬, 「일제하 기업가적 농장형 지주제의 역사적 성격」, 『동방학지』 63, 연세대학교 국학연구원, 1989; 동, 『한국 근대 농촌사회의 변동과 지주층 –20세기 전반기 전남 화순군 동복면 일대의 사례』, 지식산업사, 1992; 장시원, 「일제하 대지주의 존재 형태에 관한 연구」, 서울대학교 박사학위논문, 1989; 이 책의 제1, 2, 3장.

3 조선개척 연해농장의 농장장 도요타 하시조(豊田橋藏)가 한 말이다. 이 책 제4장의 주 57.

지의 사용 수익권을 은행에 넘긴 채 지주경영의 일선에서 물러나기도 하였다. 그 경우 은행은 산하에 농업회사를 설립하여 그런 농지의 소유권을 넘기거나 관리를 위탁(trust)하였는데, 세계 대공황의 와중인 1931년 5월에 조선식산은행이 성업사를 설립하여 은행에 유입(流込)된 방대한 농지를 넘겨 '직할농장' 또는 '수탁농장'으로 경영하게 한 것이 대표적인 예였다.[4]

일제하 조선식산은행은 이 책의 제I편에서 본 대로 이런 과정들을 거쳐 '조선식산은행 콘체른'으로 불린 금융 왕국의 모기업(mother company)이 되었다. 그리하여 이 은행은 1942년 말 현재 흔히 '식은계'(殖銀系)로 불린 조선식산은행 계열의 20개 대회사와 4개의 금융기관을 직계 또는 방계회사로 거느렸고, 농업 부문에만 한정하여 보아도 조선식산은행–성업사–불이흥업·조선개척으로 연결된 피라미드형의 지배 구조를 구축하였다(이 책 서론의 [그림 서-1]). 그리하여 이 은행은 그 후 이런 농업회사들과 컨소시엄(consortium)을 형성하여 농업 관련 제조회사인 조선농기구제조주식회사를 창립하였고, 산하의 조선개척을 불이흥업에 합병시켜 불이흥업을 동양척식에 버금가는 거대 농업회사로 만들기도 하였다. 일제하 조선식산은행은 산업과 기업의 창업자, 발기인, 인수자 역할은 물론이고 그 과정에서 한국 농업계와 재계를 움직이는 중요 인물들을 배출하는 산실 역할도 다하였다.

일제하 조선식산은행을 정점으로 한 피라미드형의 기업지배 구조는 해방 후 남북이 분단되고 남한에 미군정과 대한민국 정부가 들어서며 큰 변

4 한일은행이 1924년 5월 자본금 5만 원(공칭자본. 1930년 5월 10만 원으로 증자)의 남창사(南昌社)를 설립하여 은행에 유입(流込)된 농지, 건물, 유가증권 등을 관리하게 한 것, 한성은행이 1925년 6월 한상룡 등 조선생명보험주식회사와 한성은행의 대주주, 중역들이 자본금 50만 원의 경성흥산(京城興産)을 설립하여 "부동산의 매매 중개와 경영, 농업과 산림사업 경영, 금전대부, 재산의 위탁정리와 관리" 등을 영업하자 그 주식 5%를 인수한 후 1929년에 지분을 9.3%로 늘렸다가 대공황의 와중인 1931년에 61.4%로 재차 늘려 이를 자회사로 거느린 것, 조선상업은행이 1930년 3월 자본금 10만 원의 대창흥업(大昌興業)을 설립하여 은행에 유입된 "동산, 부동산, 기타의 관리·경영·매매와 금전 대차, 어음할인, 채권의 양수·징수·정리와 채무의 보증·인수 같은 여신 업무, 그리고 일반 신탁, 창고 및 각종 대리 업무"를 맡긴 것도 같은 예다. 박현, 「한말·일제하 한일은행의 설립과 경영」, 『동방학지』 128, 연세대학교 국학연구원, 2004; 中村資良 편, 『朝鮮銀行會社組合要錄』, 동아경제시보사, 각 연도; 이 책 제2장.

화를 맞았다. 우선 조선식산은행은 해방 후 미군정과 대한민국 정부가 일본인(자연인, 법인) 소유의 주식을 국가로 모두 귀속시켜(vest) 최대 주주가 된 가운데 1950년 2월 한국식산은행으로 이름을 바꾸었다가 1954년 4월에 해산하여 그 후 청산절차를 밟았다(청산종결은 1982년 4월). 그와 동시에 한국 정부는 창립 자본금 전액을 출자하고 한국식산은행의 자산과 부채, 조직과 인력을 이어받아 한국산업은행(Korean Development Bank, KDB)을 설립하였다.[5] 그리하여 이 은행은 6.25 전쟁 후의 경제부흥과 1960년대 이후의 고도성장 과정에서 일제 때 조선식산은행이 담당하였던 개발은행의 역할을 충실히 수행하였다. 성업사 역시, 모기업인 조선식산은행이 해산하여, 정부 소유 법인으로 전환되었다가 1965년에 해산하여 그 후 청산절차를 밟았다(청산 종결은 2000년 12월). 그리고 정부는 그 얼마 전인 1962년 4월에 한국산업은행이 자본금 전액을 출자하고 이름도 성업사에서 따온 성업공사를 설립하였다. 그리하여 이 회사는 그 후 고도성장 과정에서 한국산업은행의 부실채권 외에 전체 금융기관의 부실채권까지 떠맡는 등 일제 때 성업사가 담당하였던 부실채권 정리회사의 기능보다 더 큰 역할을 수행하였고 1997년 외환위기 이후는 정부 출자의 한국자산관리공사(The Korean Asset Management Company, KAMCO)로 개편되어 지금껏 운영되고 있다.[6]

여기서는 이런 이해 위에서 앞의 제I편에서 검토하였던 불이흥업, 성업사, 조선개척(1944년 불이흥업에 합병) 등 조선식산은행 산하의 세 농업회사 가운데 하나인 성업사의 직할 및 수탁농장 경영이 해방 후 어떤 변화를 겪으며 해체되어 갔는가를 살펴보려고 한다.[7] 일제 최말기인 1945년 3월 성업사의 주요 자산은 유가증권(주식, 채권) 52.1%, 부동산(토지, 건물, 산림 등) 39.7%

---

5 한국산업은행, 『한국산업은행 50년사』, 한국산업은행, 2004, 40~46쪽.
6 성업공사, 『成業公社 三十年史』, 成業公社, 1992; 곽용진 외, 『한국자산관리공사 40년사 -부실채권정리의 어제와 오늘, 그리고 내일』, 한국자산관리공사, 2002; 장형규·박성욱·이광찬, 『KAMCO 50년사 -신뢰의 50년, 가치의 100년』, 제1권 통사, 한국자산관리공사, 2012.
7 해방 후 불이흥업의 운영과 해산 및 청산 과정은 이 책 제6장.

등이었다. 수입도 주식배당금이 전체 수입의 33.6%로 수위였고 그 외 경지 수입 30.2%, 토지 건물 수입 9.9%, 부동산 매각익 9.2%, 관리 수입 1.2% 등이 뒤를 이었다.[8] 그리하여 부동산 관련 수입이 전체 수입의 절반인 50.5%를 점하였는데 그중에서도 대종은 '경지 수입'으로서 성업사가 소유권을 가지고 직영하여 '소작료'를 받은 '직할농장'의 수입을 의미하였다. 그리고 '관리 수입'은 성업사가 농장경영을 위탁받아 경영하고 '관리수수료'를 받은 '수탁농장'의 수입을 말하였다. 이들 농장이 해방 후 남북 분단과 미군정 실시, 신한공사 설치와 귀속농지 매각, 남한 정부수립과 일반농지분배 등을 거치며 어떻게 변모하여 갔는가를 추적하는 것이 이 장의 첫 번째 목표이다. 그간 학계는 해방 후의 귀속농지 처리 문제를 미군정기의 농업 정책이나 농지개혁사를 검토하는 과정에서 거시적으로 조망하는 데는 관심을 기울였지만,[9] 그 실태를 구체적인 사례를 통해서 꼼꼼하게 추적하는 데는 다소 소홀하였다. 그 점에서 이 장의 첫 번째 의의를 찾고 싶다.

해방 후 한국에서는 신국가 건설의 기본 방향, 특히 장차 어떤 형태의 경제 체제, 농업 체제를 건설할 것인가를 둘러싸고 크게 두 노선이 대립하였다. 하나는 자본주의 체제를 지향한 노선이고, 다른 하나는 사회주의 체제를 지향한 노선이었다. 그런데 해방 직후에는 대농장, 특히 일본인 농장을 중심으로 소작 농민들의 농장자주관리 운동이 빈번하게 일어났다. 주지하듯이 일제하 농민 운동은 조선 후기, 한말에 제기되었던 농민적 입장의 개혁노선을 계승하고 서구와 일본에서 사회주의 경제사상을 수용하는 가운데 반(反)봉건, 반(反)자본주의의 성격을 동시에 가지는 사회주의 농민 운동으로 진화하여 갔다.[10] 그리고 해방 후에는 사회주의 국가 건설, 사회주의

8 이 책 제2장의 [부록 2-5], [부록 2-7].
9 김성호·전경식·장상환·박석두, 『농지개혁사연구』, 한국농촌경제연구원, 1989; 전상인, 「미군정기의 농업문제와 토지정책」, 홍성찬 편, 『농지개혁 연구』, 연세대학교 출판부, 2001.
10 김용섭, 「일제 강점기의 농업문제와 그 타개 방안」, 앞의 책, 2000.

농업 체제의 수립을 전망하며 당면과제로 소작료 3.7제와 일본인 토지의 무상몰수 등을 제기하였다. 이 시기 농장자주관리 운동은 그런 움직임을 보여주는 사례였다. 그런데 그간 학계는 해방 후 노동자들이 벌인 공장자주관리 운동에 관해서는 여러 연구를 축적하였지만[11] 농장자주관리 운동에 대해서는 그만한 관심을 기울이지 못하였다. 그리하여 여기서는 해방 직후 황해도 옹진군 북면 삼산리 수동(首洞) 일대의 농민들이 조선공산당과 소비에트공산당 만세를 선언하며 수동농민조합을 조직하여 그곳의 성업사 말영(末永) 농장을 강제 접수·관리하다가 미군정의 개입으로 성업사에 재접수된 과정을 살펴봄으로써 이 시기 농장자주관리 운동의 실상에 접근하여 보려고 한다. 이를 통하여 현대 한국의 남북에 서로 다른 농업 체제가 형성되기에 이른 농업사적 배경의 일단을 추적하는 것이 이 장의 두 번째 목표이다.

제2차 세계대전 후 세계 각국이 실시한 농지개혁은 농업 생산성 증진과 소득 분배 두 가지 목표를 동시에 겨냥하였다. 농지개혁으로 토지 소유의 불평등을 해소하여 정치사회의 안정을 꾀하고 동시에 자작농 체제를 확립하여 소작제의 질곡에 갇혀 있던 낮은 생산성을 끌어올리려 하였다. 한국도 마찬가지였다. 국가가 지주의 땅을 토지가 없거나 적은 농민에게 나누어 주어 자작 소농 체제를 만들어 생산성을 높이려 하였는데 이는 농장제 하의 농지도 마찬가지였다. 그런 농지들을 분배하여 소작농을 자작농으로 만들면 그들이 자기 토지에 대한 애착심을 가지고 자본과 노동 투입을 늘려 생산성을 높일 것으로 기대한 것이다. 그런데 생산성 증진의 면에서는 사실 농장제가 장점이 많은 제도였다. 그래서 일제하 이윤 추구를 최대 목표로 삼았던 거대 농업회사들은 말할 것도 없고 해방 후 식량 확보에 골몰하였던 미군정과 대한민국 정부도 1948년 귀속농지 분배와 1950년 일반농지분배

11 성한표, 「8.15 직후의 노동자 자주관리운동」, 『한국사회연구』 2, 한길사, 1984; 김태승, 「미군정기 노동운동과 전평의 운동노선」, 『해방 전후사의 인식 3』, 한길사, 1987; 김기원, 『미군정기의 경제구조』, 푸른산, 1990; 김창수, 「해방기 자주관리운동과 이규원의 '해방공장'」, 『작가들』 67, 인천작가회의(작가들), 2018.

때까지 기존의 농장제를 유지하며 농사를 짓게 하였다.

그리고 대지주, 농업회사들과 오랜 거래를 통하여 농장제의 장점을 누구보다 잘 알았던 조선식산은행은 농지개혁 논의가 한창이던 1946년 말에 장차 이런 농장의 농지를 잘게 쪼개어 농민들에게 나누어 줄 거라면 그간 농장이 담당하였던 '생산적 직능'(職能)을 누구에게 '대행'시킬 것인가를 고민해야 한다고 주장하였다.[12] 그 경우 대안은 두 가지였다. 하나는 후술할 말영농장(末永農場)의 예에서 보듯이 농민들 스스로 조합을 만들어 농장제의 틀을 유지하며 농사를 짓는 방법이고, 다른 하나는 농장제를 유지할 수 없다면 국가가 농업협동조합 같은 별도의 기구를 만들어 그간 농장이 수행하였던 '생산적 직능'을 대행하게 하는 방안이었다. 그런데 한국 정부는 그 후 농지개혁 과정에서 둘 중 어느 것도 실행에 옮기지 못하였다. 그 점을 지적하여 한국 농지개혁 평가의 다른 한 측면을 부각하여 두는 것이 이 장의 또 다른 목표이기도 하다.

2. 해방 직후의 성업사 농장과 농장 접수 운동

1) 일제 말의 성업사 농장

해방 당시 성업사는 남북한에 논 2,003정보, 밭 613정보 등 2,616정보의 농지와 그 외 임야 1,086정보, 잡종지 1,066정보 등 총 4,790정보의 토지를 소유하였다([표 5-1]). 그중 38선 이남의 미군정 관할 지역에는 황해도 옹진군의 천좌(川佐)농장과 충청남도 보령군의 대천(大川)농장, 경기도 양주군의 창동농원(倉洞農園) 등을 '직할농장'으로 소유하였고 황해도 옹진군의 귀두(鬼頭)

12 조선식산은행감정부, 『서력 1946년 말 현재 38 이남 대지주 급(及) 독농가조서(篤農家調書)』, 1946; 홍성찬, 「농지개혁을 전후한 시기의 대지주 동향」, 홍성찬 편, 앞의 책, 2001, 221쪽.

[표 5-1] 해방 당시 성업사 소유 농지

(단위: 정보)

소재지	논	밭	대지	임야	잡, 기타	합계	농장명	비고
평북 정주	574	8	2	12	190	785	서수농장	38선 이북
평남 평원, 강서	478	76	2	263	4	823	평원, 적송주재소	〃
경기 포천	357	166	10	–	91	624	영북농장	〃
함북 경흥	14	169	2	779	659	1,622	경흥농장	〃
황해 옹진	514	193	6	3	117	863	천좌농장	38선 이남
충남 보령	66	1	0	–	6	72	대천농장	〃
계	2,003	613	22	1,086	1,066	4,790		

자료: 성업사, 〈개황조사서〉, 연도 미상; 이 책 제2장의 [표 2-5].

[표 5-2] 황해도 옹진군의 농지 50정보 이상 소유 일본인 지주(1929)

(단위: 정보)

이름	논	밭	기타	총계	설립연월	소재면
암기(岩崎)농장	88	475	4	567	1917. 4	마산면
삼하(森下)농장	31	323	–	354	1920. 3	용연면
천좌(川佐)농장	120	220	456	796	1915. 3	용연면
말영(末永)농장	125	200	475	800	1910. 5	북면
대리(大理)농장	223	18	10	251	1918. 11	용천면
구야(久野)농장	80	100	54	234	1909. 9	교정면
귀두(鬼頭)농장	57	100	320	477	1915. 3	서면
좌야(佐野)사무소	64	53	16	133	1917. 5	흥미면
상원(上原)농장	6	92	1	98	1926. 5	동남면
사카모토(坂本長作)	30	37	2	68	1924. 3	마산면

자료: 한국농촌경제연구원 편, 『농지개혁 시 피분배 지주 및 일제하 대지주 명부』, 한국농촌경제연구원, 1986, 280~281쪽.

농장과 말영(末永)농장을 '수탁농장'으로 관리 중이었다. 이 가운데 옹진군은 토질이 좋고 조수간만의 차가 커 일찍부터 간척 사업이 매우 활발하였다. 게다가 이곳은 서울, 인천 같은 대규모 미곡 소비시장이 배후에 있고 인천을 통한 미곡 이출도 용이하여 일찍부터 다수의 일본인 농장이 들어섰다([표 5-

[표 5-3] 황해도 옹진군의 농지 100정보 이상 소유 일본인 지주(1931)

(단위: 정보)

이름	논	밭	기타	총계	설립연월	사무소 소재지
정애(正愛)농장	52	263	1,462	1,777	1917. 4	마산면 냉정리
천좌(川佐)농장	552	223	456	1,231	1915. 3	용연면 장능리
말영(末永)농장	602	104	475	1,181	1912. 5	북면 삼산리
귀두(鬼頭)농장	507	100	320	927	1915. 3	서면 읍저리
대리(大理)농장	323	18	10	252	1918. 11	용천면 용암리
조포(潮浦)농장	114	156	54	324	1909. 9	교정면 홍포리
좌야(佐野)경영사무소	64	53	990	1,107	1917. 5	흥미면 예진리
반다이 류스케(萬代龍助)	86	35	–	121	1926. 4	해주군 해주면 북본정

자료: 한국농촌경제연구원 편, 앞의 책, 1986, 306쪽.

2], [표 5-3]).

이들 농장은 설립 후 많은 변화를 겪었다. 예컨대 [표 5-2]의 암기(岩崎)농장은 미쓰비시(三菱) 재벌의 제2대 총수 이와사키 야노스케(岩崎弥之助)의 차남이자 아사히초자(旭硝子, Asahi Glass, Ltd. 현재 AGC)의 창업자인 이와사키 도시야(岩崎俊弥, 1881~1930. 10)가 개설한 간척농장인데 창립 후 거의 매년 적자가 누적되었다. 그리하여 1930년 5월 합자회사로 개편하며 이름을 [표 5-3]의 정애(正愛)농장으로 개명하였는데 1930년 10월 도시야가 사망하고 세계 대공황으로 미가가 더욱 떨어지자 한때 농장을 폐쇄할 생각도 하였다.[13] 그러나 500여 호의 소작인이 크게 반발한 데다 그 경우 미쓰비시(三菱) 재벌에 대한 사회적 비난도 염려되어 그곳 지주 후지모토 젠키치(藤本善吉)에게 일시 경영을 맡겼다. 그러함에도 농장경영이 여전히 불안정하자 그곳 소작인들은 '영소작권(永小作權) 부여'나 장기 연부 상환을 통한 '농지 분양'을 요구하였고, 결국 농장은 1938년에 장차 자작농 창정 사업의 일환으로 이곳 농지

13 『朝鮮新聞』 1930. 12. 27. '押迫った師走の首を鹹る. 正愛農場の大改革'; 『매일신보』 1930. 12. 30. '옹진군 정애농장 직접경영을 중지. 백여 명 소작대표 귀결을 알고자 금후 사정을 진술'.

를 분양하고 지주경영에서 손을 떼기로 하였다.[14]

후일 성업사의 직할 및 수탁농장으로 편입된 [표 5-2], [표 5-3]의 천좌, 귀두, 말영농장도 큰 변화를 겪었다. 우선 천좌농장은 이 책 제2장에서 본대로 일본 니가타현 나가오카시(長岡市)의 최고 자산가였던 가와카미 사타로(川上佐太郎, 제2대)가 1913년 간척에 나서 1915년 3월에 개설하였다.[15] 1920년 사타로(제2대)가 급서하자 처남인 가와카미 사지로(川上佐次郎)가 가와카미동족(川上同族)주식회사를 만들어 이를 운영하였는데 가와카미(川上) '그룹' 전체에 유동성 문제가 많았던지 1930년 말 사지로가 사망하자 '채산성이 유리'한 농장이었음에도 불구하고 주채권은행인 조선식산은행에 소유권을 넘겼다.[16] 그리고 조선식산은행은 1931년 5월 성업사를 자회사로 설립하여 이 농장의 소유권을 다시 성업사로 넘겼다. 그리하여 이 농장은 그 후 일제 말까지 성업사의 직할농장으로 운영되었는데 성업사가 인수한 후 쌀 생산성이 크게 늘어 소작료 수입이 인수 직후인 1932년의 벼 5,609석에서 1933년 5,750석, 1935년 6,916석, 1937년 8,298석, 1939년 6,470석, 1942년 7,592석으로 대폭 증가하였다.[17]

일제 말 천좌농장은 논 508정보, 밭 449정보와 그 외 각종 잡종지, 임야, 유지(溜池), 도로, 수로[溝], 제방을 갖춘 대농장이었다([표 5-4]). 건물도 옹진군 용연면 장능리의 74평짜리 농장본부 사무실과 3~8평짜리의 각 농구(農區) 사무실, 농장장 이하 직원 사택과 산림부원 숙사(宿舍), 28~80평짜리의 창고

14 이상 朝鮮人事興信錄編纂部, 『朝鮮人事興信錄』, 朝鮮新聞社, 1935, 405쪽; 『조선신문』 1928. 1. 1. '광고', 1928. 11. 23. '岩崎農場 소작품평회', 1929. 11. 21. '岩崎農場 품평회 개최', 1936. 6. 27. '正愛農場問題で小作數百人起つ'; 『매일신보』 1936. 7. 6. '정애(正愛)농장 소작인 등 황해도청에 진정' ; 『동아일보』 1936. 7. 6. '영구소작권 창설을 진정. 지주 이동으로 작인들이 불안. 정애농장 천여 작인', 1938. 4. 14. '자작농 창시의 귀감. 이상농촌 건설코저 5백여 정보 개방. 4백여 소작인들은 환희 작약. 옹진 정애농장주 장거'; 『서선일보』 1938. 4. 15. '全鮮にまだ類例ない大集園農場愈よ登場. 正愛農場が自作農地を一任' 참조.

15 가와카미 사타로(川上佐太郎)와 천좌농장은 이 책 제3장.

16 〈성업사 설립 유래〉, 『(주식회사 성업사)창립관계중요서류』와 이 책 제2장.

17 이 책 제2장의 [표 2-23], [표 2-24].

[표 5-4] 일제 말 성업사 산하 세 농장의 실태

농장	연도	소작지(정보)				자작지(정보)		합계(정보)		호당 평균(정보)		전속 호 평균(정보)		소작인 호수
		사유지		타인지										
		논	밭	논	밭	논	밭	논	밭	논	밭	논	밭	
천좌	1938	479	214	24	174	8	123	510	511	1.22	1.22	1.28	0.84	416
	1939	492	229	20	149	7	107	520	485	1.37	1.27			379
	1942	487	225	16	139	5	85	508	449	1.45	1.28			350
귀두	1939	254	40	12	68	2	49	268	157	1.19	0.70			225
	1942	264	58	19	71	4	39	287	168	1.40	0.82	1.34	0.95	205
말영	1939	681	190	20	54	17	42	717	287	2.56	0.80			477
	1942	689	207	21	54	7	34	717	295	1.61	0.66	1.68	0.63	445

자료: 〈1938년 12월 말일 현재 소작인상황조(狀況調)〉; 〈1940년 3월 말일 현재 회사 개황〉; 〈1943년 3월 말일 현재 회사 개황〉. 사유지=社有地, 타인지=他人地.

[표 5-5] 일제 말 성업사 산하 세 농장의 경영 실적

농장	연도	총면적(정보)	실수확예정 면적(정보)	실수확면적(정보)	단보당 수확(석)	총수확(석)	소작료(석)	소작료율
천좌	1939	721	498	495	2.46	12,157	6,470	0.53
	1942		485	482	2.97	14,292	7,592	0.53
귀두	1939	294	280	273	2.06	5,626	2,813	0.50
	1942		275	255	1.97	5,025	2,515	0.50
말영	1939	871	690	640	2.30	14,758	8,701	0.59
	1942		676	666	2.60	17,353	10,323	0.59

자료: [표 5-4]와 같음.

들과 6평 남짓의 납옥(納屋, barn, 6평) 등 24동을 소유하였다.[18] 대부분 기와, 슬레이트, 함석, 초가지붕의 일본식 목조 단층 건물이고 조선식 가옥은 산림부원이 쓴 초가 4동뿐이라서 농장본부가 있던 용연면 장능리 일대는 일

18 〈1945. 2. 21. (천좌농장) 농장장 사무인계서〉. 이는 천좌농장의 농장장 도쿠나가 도이치(德永藤一)가 신임 농장장 사토 지사쿠(佐藤治作)에게 사무를 인계하며 작성한 것이다.

[표 5-6] 성업사 천좌농장의 직원 봉급과 입사일(1945년 2월 기준)				
자격	이름(한국명)	본봉(원)	입사일	참고
사원	平沼太赫(윤대혁)	75	1932. 9. 12	
	靑木久光(이영직)	68	1932. 5. 2	
	大谷雄一	54	1941. 3. 29	
	竹林敏夫(오태제)	48	1944. 8. 20	
	金谷英生(김치영)	42	1944. 9. 11	
	波平盈雄	40	1944. 3. 2	
고원	松本正雄	44	1941. 1. 1	1943. 1. 1 고원 승격
	廣原豊順(이용순)	44	1943. 4. 20	〃
	松山廣雄(이점세)	36	1941. 1. 1	〃
	松岡元世(이원세)	36	1941. 6. 7	〃
용원	淸穆秀元	27	1942. 4. 1	
휴직사원	尾崎林一	58	1938. 3. 22	입대
	西畑利彦	17	1941. 3. 24	〃
	松岡隆義	17	1942. 1. 12	〃
	高濱三郎	16	1939. 3. 22	〃
	佐伯輝雄	14	1938. 3. 25	〃

자료: 〈1945. 2. 21. (천좌농장) 농장장 사무인계서〉. 원 미만 반올림. 괄호 안은 한국 이름이 확인된 것만 적음.

본 마을의 경관 그대로였다. 농지는 9할 이상 소작을 주었다. 그리하여 1942년 경우 소작인 350명이 1만 4,292석을 수확하여 그중 7,592석을 소작료로 징수하였다. 소작료율이 53%나 되었다([표 5-4], [표 5-5]).

이 농장은 1945년 2월 현재 입사 14년 차의 윤대혁, 이영직 등 11명의 직원이 운영하였다([표 5-6]). 이들은 후술할 해방 직후의 사정으로 미루어 보아 농장을 4개의 농구(農區)로 나누어 농장장과 회계계, 제1, 2, 3, 4 농구장(農區長), 각 농구의 계원 등의 보직을 맡아 운영하였다. 농장 사무실에는 책상, 흑판, 등사판, 부기용 책상[簿記台] 등 각종 사무용 집기와 자전거, 라디오, 난로, 사이렌, 소화용(消火用) 펌프[喞筒] 등을 비치하였고, 기상정보 수집을 위하여 백엽상, 한난계(寒暖計), 건습계(乾濕計), 비중계(比重計), 봉상온침(棒狀溫針) 등도 갖추었다.[19] 탈곡용 도급기(稻扱機), 만석(萬石, grain screen), 당기(唐箕, grain fan), 인접기(籾摺機), 정미기, 석유발동기, 괭이[備中鍬] 같은 농기구와 비료 및 농약 살포용 또는 관개용 펌프[喞筒]. 수직형, 수평형. 12촌(吋), 19촌짜리)도 비치하였다. 저울(棒秤, 臺秤), 되[桝]. 1두, 5승, 5합, 1합짜리) 등 도량형기는 필수였고 간척농장답게 토목공사용 측량기(평판(平板), 레벨기, 트랜지트(trasit)), 제도대(製圖台), 제도기(製圖器), 수평기, 폴(pole. 9척, 6척짜리), 상척(箱尺, box measure), 권척(卷尺. 11척물(尺物), 100척물짜리), 축척(縮尺, scale), 간승(間繩, long rope)과 공사용 레일 및 차륜도 갖추었다.

농장의 경영과 재산 상태도 꼼꼼히 기록하였다. 1945년 2월 현재 이들은 사업계획서, 소작계약서, 직원이력서, 산림차지권 양도원(借地權讓渡願), 임야양여원(讓與願) 관계서류, 구우대부(購牛貸付) 차용증서철과 『간척 사업의 경영 방법과 성적』 같은 도서를 보관 중이었다. 그리고 토지대장, 건물대장, 산림대장, 경지대장(耕地臺帳, 1943, 1944년도분), 경작대장[耕作控帳, 1943, 1944년도분], 기구(器具)대장, 저장품원장, 금융조합 예금원장, 가수금원장, 구우(購牛)대부원장, 비료대부원장, 종자대부원장과 예산내역부, 금전출납부, 회계관계문서철, 승인(承認)관계문서철, 서무과관계문서철, 인사관계문서철, 사외(社外)관계문서철, 사시달철(社示達綴), 농구(農區)왕복문서철, 월보철(月報綴), 장능흥산회(長陵興産會)문서철, 국민저축관계문서철, 문서건명부(文書件名簿) 같은 장부와 문서를 작성 중이었다.[20] 일제 말 천좌농장은 소유권이 가와카미동족(川上同族)주식회사에서 조선식산은행을 거쳐 성업사로 이전된 가운데, 비록 아시아 태평양 전쟁으로 일본인 직원 다수가 입대하고 물자도 크게 부족하였지만, 매년 본사의 지시를 받아 예산을 편성하고 영농계획을 수립하고 관련 장부와 문서를 기록·보관하며 기업적으로 농장을

19 이하 〈1945. 2. 21. (천좌농장) 농장장 사무인계서〉.
20 〈1945. 2. 21. (천좌농장) 농장장 사무인계서〉.

운영한 성업사의 직할농장이었다.

[표 5-2], [표 5-3]의 귀두농장은 19세기 말 인천으로 건너와 귀두(鬼頭)상점을 운영한 기토 겐지로(鬼頭兼次郎)가 개설한 농장이었다. 겐지로는 일본 구마모토시(熊本市)의 이시하라 가헤이(石原嘉平)가 제작한 '백천정표(白川町票) 타면기(打綿機. 솜 타는 기계)'를 독점 수입 판매한 무역업자였다.[21] 1915년경 옹진군 서면에 '방조제를 쌓고 400여 정보의 간척'에 나섰으나 여러 가지 이유로 사업이 지연되며 '배수시설이 매립' 되는 등 많은 문제가 나타났다.[22] 그러함에도 이들은 1924년 4월에 인근 용천면 일대의 간석지 505정보의 매립권을 얻었고,[23] 1925년 3월과 1928년 4월에는 귀두농림(주)과 귀두농공(주)을 설립하여 간척과 개답을 계속하였다.[24] 그리하여 1927년 5월에는 현지의 농민들이 간척과 개답으로 소작의 기회를 준 겐지로에게 '적선비'를 세워줄 정도였다.[25] 그러나 기토는 이 과정에서 조선식산은행에 많은 빚을 졌다. 게다가 1930년에는 겐지로가 사망하고 세계 대공황으로 쌀값이 더욱 폭락하였으며 1935년에는 농장본부에 불이 나는 등 악재가 겹쳤다.[26] 이에 기토는 농업 기반 시설을 늘릴 생각보다 경비 절감만 생각하였고 소작농들은 경작지를 늘릴 생각만 하여 "고사(枯死)면적이 늘며 1932년에 논 1단보당 1석 5두였던 수확량이 매년 줄어 1938년에는 5두까지 떨어졌다."[27]

이에 기토는 1939년 2월 채권은행인 조선식산은행에 질권(質權, pledge)

---

21 『독립신문』 1898. 8. 11. '광고'; 『제국신문』 1900. 4. 26. '광고', 1902. 8. 12. '광고'; 『황성신문』 1908. 12. 9. '광고'.

22 성업사, 〈1940년 3월 말일 현재 회사 개황〉; 이 책 제2장.

23 『조선총독부 관보』 1929. 6. 1. '朝鮮公有水面埋立令ニ依ル處分事項. 매립권 양도 허가'.

24 기토는 1919년 4월 인천의 귀두상점을 주식회사 귀두겸차랑(鬼頭兼次郎)상점으로 개편하였다. 1925년에는 '부동산 경영과 매매'를 목적으로 한 귀두(鬼頭)농림과 '제조공업의 경영과 제품 매매'를 목적으로 한 귀두(鬼頭)공업을 설립하였으며 1928년 4월에는 이 둘을 합병하여 자본금 50만 원의 조선농공주식회사를 설립하였다. 中村資良 편, 앞의 책, 1921, 1925, 1927, 1929년판. 기토 집안은 『조선신보』 1939. 3. 21. '사업가의 형제. 조선농공주식회사 조일양행(朝日洋行) 취체역 사장 鬼頭進 씨, 전무 취체역 鬼頭勝 씨' 참조.

25 『매일신보』 1927. 5. 27. '鬼頭 씨 적선비 소작인이 건립'.

26 『조선신문』 1935. 2. 25. '甕津の火事. 農場事務所燒く'.

27 성업사, 〈1940년 3월 말일 현재 회사 개황〉; 이 책 제2장.

을 설정하여 농장의 사용 수익권을 넘겼다. 그리고 질권자인 은행은 성업사와 위탁계약(trust contract)을 맺어 이 농장의 관리를 성업사로 넘겼다. 위탁 조건은 자세히 알 수 없지만, 1939년 2월 기토 겐지로의 장남 스스무(鬼頭進)가 그곳 서면에 논 4만여 평을 가진 일본인 지주 구와바라 치요(桑原千代)를 대리하여 성업사와 체결한 [부록 5-1]의 계약서에 따르면 당시 성업사는 구와바라의 부동산과 부속물 일체를 넘겨받아 농사개량과 소작인 지도를 하며 농사를 지어 매년 소작료의 5%를 '보통관리수수료'로 받되 그걸 뺀 나머지에서 조세, 공과, 관리비용, 기타 농사자금을 공제하고도 '잉여 수익'이 남으면 그중 2%를 추가로 받기로 하였다. 추측컨대, 귀두농장의 수탁 조건도 이와 비슷하였을 것이다. 일제 말 귀두농장은 기토가 소유권을 가졌지만 조선식산은행이 질권을 가지고 실제 경영은 성업사가 맡아서 한 성업사의 '수탁농장'이었다.

일제 말 귀두농장은 논 287정보, 밭 168정보와 그 외 각종 잡종지, 임야, 유지(溜地), 도로, 수로, 제방, 건물을 거느린 대농장이었다([표 5-4]). 후술할 해방 직후 사정으로 미루어 보아 일제 말에도 이 농장은 모두 3개의 농구로 나누어 농장장, 서무회계 겸 축우계(畜牛係), 제1, 2, 3 농구장과 창고계 등 9명의 직원이 운영하였는데 농구마다 2~3명의 소작인 총대(總代)를 두었다. 농장에는 각종 사무용 비품과 농기구를 비치하였고 온갖 장부와 문서도 꼼꼼하게 기록·보관하였다. 그리하여 기토가 직영으로 농사지을 당시 논 1단보당 0.55석(360정보에서 2,000석 소출)이던 생산성이 성업사가 농사를 맡은 후 1939년 1.94석(282정보에서 5,463석), 1940년 2.06석(273정보에서 5,626석), 1941년 1.94석(265정보에서 5,133석), 1942년 1.97석(255정보에서 5,025석)으로 급증하였다.[28] 경작지를 360정보에서 255정보까지 줄이며 농업 기반 시설을 강화하고 근대 농학의 과학적 영농법을 적극적으로 도입하여 소작인 지도를 강화

28 이 책 제2장의 주 117.

하는 등 일종의 기업개선 작업, 워크아웃(workout)에 노력한 결과였다. 이 농장은 1942년 현재 농지의 9할 이상을 소작인에게 대경하였고 여기서 소작인 205명이 5,025석을 수확하여 그중 2,515석을 소작료로 받았다. 소작료율이 50%였다([표 5-4], [표 5-5]). 그리하여 성업사는 앞의 일본인 지주 구와바라의 예에서 보듯이 소작료의 5%를 관리수수료로 받고 그 외 조세, 공과, 관리비용, 기타 농사경영자금을 공제한 전액을 조선식산은행에 납부한 것으로 보인다.

[표 5-2], [표 5-3]의 말영농장은 1893년에 내한하여 인천에서 상업에 종사한 일본 효고현(兵庫縣) 출신의 스에나가 쇼지(末永省二)가 개설한 농장이었다. 1912년에 동업자 3명과 함께 옹진군 서면, 북면, 가천면, 교정면의 국유미간지 531정보의 간척에 나서 1914년에 방조제 공사를 마쳤으나 주민들의 반발과 태풍(1923) 등 자연재해, 쌀값 하락 등으로 사업이 부진하였다. 그 후 이들은 옹진수리조합이 완공(1928)되자 소작인 가옥과 경우(耕牛), 농구 등을 갖추고 경상북도 상주와 그 외 지역의 농민들, 그리고 흉년 시 각지의 이재민들까지 입주시켜 간척과 개답을 계속한 결과,[29] 1933년 9월에 공사를 마쳤다. 그러나 그 과정에서 1922년 7월, 1923년 6월, 1924년 4월, 1926년 4월 등 여러 차례에 걸쳐 조선식산은행에서 거액을 대출받았다([부록 5-2]). 여기에 1930년 쇼지가 사망하고 세계 대공황으로 쌀값마저 더욱 떨어져 부채가 누적되자 끝내 회복하지 못하였고 결국 '간척 공사 완공 후 20여 년이 지난'[30] 1939년 2월 대출 잔고가 76만여 원에 달하자 조선식산은행에 질권을 설정하여 농장의 사용 수익권을 은행에 넘겼다([부록 5-2]). 그리고 은행은 성업사와 위탁계약을 체결하여 말영농장의 관리를 성업사에 맡겼는데[31] 위탁 조건은

29 『동아일보』 1930. 4. 9. '옹진 말영농장에 백여 호 이거(移去). 행불행(幸不幸) 난측의 그들 압길? 상주역에 이송(離送)의 비극'; 『중외일보』 1930. 5. 18. '실망과 낙담에 우는 상주 농민 60여 호. 옹진 말영농장 이민의 궁상', 1930. 8. 17. '옹진 북면 이주민 60여 호 대공황'. 당시 말영농장은 총독부에서 이민보조금을 받았다. 이 책 제3장.

30 〈조선식산은행 두취 해군 소좌 하리 제 로빈손. 신한공사 귀중(재무부장 경유). '말영농장에 관한 건'〉.

31 〈1939. 1. 26. 중역회회의표(回議票). '말영농장 설치에 관한 건'〉.

성업사가 농사개량과 소작인 관리 등을 책임지고 농사를 지어 '총수익', 즉 소작료의 5%를 관리수수료로 받고 거기서 공과금, 수리조합비, 기타 관리 비용을 뺀 전액을 조선식산은행에 주는 것이었다.[32] 일제 말 말영농장은 스에나가(末永) 가족이 소유권을 가졌으나 조선식산은행이 질권을 가지고 실제 경영은 성업사가 맡아서 한 성업사의 수탁농장이었다.

일제 말 말영농장은 논 717정보, 밭 295정보와 그 외 대지, 잡종지, 임야, 산림, 도로, 도랑, 제방, 하천 등을 거느린 방대한 농장이었다([표 5-4]). 특히 이들은 1940년 현재 건물을 403동이나 소유하였다. 그중 34동을 농장장 이하 사원, 용원의 사택과 숙사(宿舍), 창고, 정미소, 구사(廏舍), 우사(牛舍), 퇴비사(堆肥舍) 등으로 사용하였는데,[33] 이 건물들은 조선식 기와 단층의 농장 사무실 2동 87평과 일본식 기와 단층의 4동 117평, 아연지붕 단층의 18동 526평, 초가지붕의 숙사 5동 49평, 번소옥(番小屋, watch box) 3동 18평 등의 가옥, 그리고 초가지붕의 퇴비사 1동 12평, 아연지붕의 옥석적 단층(玉石積 亞鉛葺平家) 1동 5평 등 형태와 크기가 다양하였다. 나머지 373동은 소작인 가옥으로 임대하였는데 373동의 전체 건평이 2,810평이었으니 한 채 평균 7~8평의 초가집이었고[34] 1942년 현재 소작인이 445호였으니 1동에 2가구 이상이 입

32 〈조선식산은행 두취 해군 소좌 하리 제 로빈슨. 신한공사 귀중(재무부장 경유). '말영농장에 관한 건'〉.

33 1940년 3월 현재 본관과 제1~11호 사택 등 12동의 사택을 썼는데 그중 본관은 농장장 히노(日野原信)가 쓰고, 사택 제1호는 사원 이진호, 조재학과 임시 용원 다나카(田中賢信)가 공동 이용하였다. 제3, 4, 7, 8, 11호는 사원 후지이(富井祥三郎), 허현, 박형태, 조병찬, 고니시(小西守)가 거주하였으며, 제9, 10호는 임시 용원 이봉오, 이기환이 거주하고, 제5, 6호는 소작인에게 '대부' 중이었다. 〈1940. 3. 23. 중역회회의표(回議票). '말영농장 사택신축의 건'〉.

34 〈1939. 1. 26. 중역회회의표(回議票). '말영농장 설치에 관한 건'〉. 1930년 봄 경상북도 상주에서 말영농장에 입주해 온 소작인들은 그곳 소작인 가옥을 "집도 동뢰서붕하여 장마 때는 마치 도야지우리간 같이 물투성이가 되어 버립니다. … 가난한 것이 죄라고 없는 우리가 누구를 원망하겠습니까. 결국 농장에만 좋은 노릇을 시키는 셈이지요."라고 증언하였다. 『중외일보』 1930. 8. 17. '옹진 북면 이주민 60여 호 대공황'. 1931년에 전라남도 해남군 송지면의 일본인 간척농장에 취직하여 갔던 소작인 곽인섭은 그곳 소작인 가옥을 "원시시대의 구목위소(構木爲巢) 그대로"라고 하였고 자신의 처지도 "1평가량의 방 한 칸, 1평가량의 부엌 한 칸, 비 새고 바람 샌 도야지막 같은 집세로 30여 두락의 소작인이 되었답니다. 아마 4, 5년 적공(積功)하면 일인(日人)의 논만이 승격(昇格)할 터이지오."라고 하였다. 홍성찬, 앞의 글, 1989.

주하기도 하였던 셈이다.[35] 해방 직후의 사정으로 미루어 보건대 일제 말 이 농장은 제1, 2, 3 농구와 야촌(野村) 농구 등 4개 농구로 나누어 1941년 현재 농장장, 서무회계, 제1, 2, 3 농구장, 야촌농구장, 영업주임과 이들 각 농구의 계원 등 모두 11명(사원 10명, 고원 1명. 용원 포함하면 14명)의 직원이 본사의 지시를 받아 운영하였다.[36]

농지는 9할 이상 소작을 주었다. 생산성은 스에나가(末永)가 농사를 지을 당시 단보당 평균 2.32석(676정보에서 15,714석 소출)이었는데 성업사가 경영을 맡은 후 1939년 2.90석(675정보에서 19,603석), 1940년 2.30석(640정보에서 14,758석), 1941년 2.46석(664정보에서 16,322석), 1942년 2.60석(666정보에서 17,353석)으로 증가하였다.[37] 도열병이 심했던 1940년을 빼고는 상당한 개선 효과를 본 것이다. 여기서 1942년 현재 소작인 445명이 1만 7,353석을 수확하여 그중 1만 323석을 소작료로 징수하였으니 소작료율이 59%나 되었다([표 5-4], [표 5-5]). 성업사는 그중 5%를 관리수수료(관리 수입)로 받고 그 외 조세, 공과, 관리비용 등을 뺀 전액을 조선식산은행에 납부하였다.[38]

2) 해방 직후 농민조합의 설립과 농장 접수 운동

1945년 8월 15일 일제가 패전을 선언하자 성업사 서울 본사와 황해도 옹진군의 천좌·귀두·말영농장, 충청남도 보령군의 대천농장, 그리고 경기도 양주군 창동농원의 일본인 임직원들은 엄청난 충격에 싸였다. 모기업인 조선식산은행도 마찬가지였다. 점령 국가의 일등 국민에서 졸지에 패전 국가,

35 말영농장에 입주한 경상북도 상주 출신의 소작농민들이 "준비하였다든 집은 없어서 남의 겻방에서 거처하게 되었고 그중 반가량은 집이 있어서 들었다."고 한 것이 그런 예다. 『중외일보』 1930. 5. 18. '실망과 낙담에 우는 상주 농민 60여 호'.

36 앞의 주 33.

37 이 책 제2장의 주 117.

38 후술할 주 93의 해당 본문에서 인용한 문서의 제4항 b.

피점령 국가의 청산 대상 인사로 지목된 것이다. 한국인 직원도 마찬가지였다. 천좌농장의 농장장의 경우 300~400명의 소작인과 그 가족들 위에 군림한 월급 75원의 최고 지위에서 하루아침에 일제의 부역자로 전락하였다. 이에 조선식산은행의 임원들은 곧바로 중역회를 열어 각종 상여금, 귀향 여비, 수당, 급여 등을 챙기기로 하였고,[39] 성업사의 산하 각 농장의 농장장, 사원, 고원, 용원들도 상여금, 신원보증금, 귀향 여비와 이듬해 1월까지의 급여 및 가족수당을 챙겼다.[40] 성업사의 자회사였던 해동흥업(구 불이흥업)의 사정도 마찬가지였다.[41]

해방과 38선 이북의 소련군 주둔으로 성업사는 재산과 인력을 크게 잃었다. [표 5-1]의 38선 이북에 있던 토지와 재산을 모두 상실하였고 38선 바로 이남에 본부를 둔 옹진의 세 농장도 많은 재산을 잃었다. 귀두농장은 38선 이북의 소작농들이 관리하여 온 경우(耕牛), 예탁우(預託牛) 등을 상실하였다.[42] 말영농장은 38선 이북에 편입된 가천면, 교정면 일대의 농지 127만 592평과 산림 50만여 평을 잃었고[43] 일제 말 373호였던 소작인 가옥 가운데 북면 삼산리 36호, 서면 장포리 97호, 만진리 10호, 동오리 83호, 국봉리 15호, 북면 장현리 19호 등 260여 호를 뺀[44] 38선 이북의 소작인 가옥들도 상실하였다.

반면 해방은 성업사의 직할 및 수탁농장의 소작농들에게는 '광명의 새날'[45]을 의미하였다. 38선과 인접한 옹진군의 세 농장은 더욱 그랬다. 해방

---

39 이 책 제6장.

40 말영농장의 〈1945. 8. 15. 지급 상여금〉; 〈1945. 9. 4. 신원보증금 영수증〉; 〈귀향 여비 급 이전료 급여영수증〉; 〈1945. 9. 4. 1945. 8~1월 6개월분 급여액 영수증〉; 〈1945. 9. 4. 1945. 8~1월 6개월분 급여(가족수당)액 영수증〉.

41 이 책 제6장.

42 〈4283. 6. 1. 소강농장인계서. 인계자 주식회사 성업사. 인수자 조선농공주식회사〉 '동산계정'의 "우외(右外) 이북편입(以北編入) 경우(耕牛) 28두, 예탁우(預託牛) 3두 계 31두"가 예다.

43 〈1948. 5. 4. 성업사 전무 취체역 이준기. 조선식산은행두취 귀하. '말영농장 관리에 관한 건'〉.

44 〈단기 4283년 6월 8일 말영농장인계서. 인계자 주식회사 성업사. 인수자〉.

45 후술할 수동농민조합의 창립 '선언(결의문)'.

후 옹진군은 북쪽의 가천면, 교정면 일부를 빼고는 모두 38선 이남의 미군 주둔 지역에 속하였다. 원래 이곳은 일찍부터 도청 소재지인 해주를 중심으로 생활권이 형성되어 온 데다 육로로 서울, 인천, 개성 등지를 가려면 반드시 해주를 거쳐야 하는 곳이었다. 그런데 그 해주가 소련군 주둔 지역에 속하였다. 그리하여 해주에서는 해방 다음 날인 8월 16일 해방경축 군중 집회가 열렸고, 8월 17일에는 정치범을 석방하였으며, 8월 18일에는 조선인 종업원들이 일본인 공장을 접수·관리하는 공장자주관리 운동을 벌였다.[46] 8월 25일에는 소련군 선발대가 해주에 진주하였다. 그리하여 9월 2일 황해도 공산청년동맹이 결성되었고, 9월 7일에는 황해도 노동조합이 조직되었으며, 9월 8일에는 공산당 황해도 지구위원회를 중심으로 황해도인민위원회가 구성되었다.[47] 황해도인민위원회는 9월 13일 도의 행정권을 장악하고 그 외 여러 기관을 접수하여 접수식을 거행하면서 '조선인민공화국 건설의 초석을 세우자'는 성명을 발표하였다.[48] 이제 옹진은 옹진을 제외한 황해도 전역에 소련 군정이 실시되어 38선 이남과 통하는 육로가 모두 막힌 마치 외딴 섬과도 같은 곳이 되었다.[49]

이에 옹진군 용연면 장능리의 천좌농장(해방 후 용연(龍淵)농장으로 개명), 서면 읍저리 소강동의 귀두농장(해방 후 소강(蘇江)농장으로 개명), 북면 삼산리 수동의 말영농장(해방 후 수동(首洞)농장으로 개명)도 크게 동요하였다.[50] 특히

46 김용복, 『해방 직후 북한 인민위원회의 조직과 활동』, 『해방 전후사의 인식 5』, 한길사, 1989. 황해도 황주군 겸이포에서는 9월 4일에 인민정치위원회가 결성되어 겸이포제철소를 접수하였다.

47 김용복, 앞의 글, 1989. 황해도 각급 인민위원회의 계급 구성은 노동자와 농민 83%, 사무원 7%, 수공업자와 상인 9%, 기타 1% 등이었다. 북조선 인민위원회 선전국, 『조선해방과 북조선 민주건설』, 1948.

48 김용복, 앞의 글, 1989. 황해도인민위원회의 권력 장악은 순탄치만은 않았다. 소련군이 진주할 때까지 황해도에는 건국의 이념을 달리하는 좌우의 자생 조직들이 혼재한 채 공산당 황해도지구위원회와 건준 황해도지부가 각축하였다. 8월 25일 소련군 선발대가 해주에 들어와 건준 황해도지부를 황해도 인민정치위원회로 개편하고 도(道)의 행정권을 인계하라고 명령한 후도 마찬가지였다. 둘의 각축은 9월 2일 좌익이 황해도 인민정치위원회의 민족주의 색채가 강한 우익 인사들을 습격하여 중상을 입힌 후에야 좌익의 승리로 돌아갔다.

49 그래서 미군정은 1945년 11월 3일 미군정 법령 제22호로 옹진 등 황해도 일부 지역을 경기도에 편입시켰다.

말영농장은 "소련군 진주 지역에 인접 근재(近在)"하여 해주의 소련군이 "왕왕 왕복"한 데에다 "38도 이남에 미군이 진주"하여 군정을 편 후에도 '이북 정책 사상'(以北政策思想)의 영향을 크게 받았고,[51] 다른 두 농장도 예외가 아니었다. 이런 가운데 1945년 9월 24일에는 옹진읍에서 북면·서면을 지나 소강에 이르는 2등 도로와 소강에서 용천면에 이르는 지방도로 그 외 각급 등외도로를 잇는 요충지로서 일찍부터 북면과 인근 옹진읍, 서면, 교정면, 가천면, 용천면 일대의 물자가 활발하게 거래되었으며[52] 특히 해방 후에는 '남로당의 총 근거지'로 불릴 만큼 좌익 세력이 강했던[53] 북면 삼산리 '수동' 일대 말영농장의 농민들이 아래 3개 항을 강령으로 하는 수동농민조합의 설립에 나섰다.[54]

〈농민조합강령〉

1. 우리는 농민 계급의 해방을 목적하고 이에 관한 일체의 투쟁을 기함.
1. 우리는 강고(强固)한 조직으로서 농민대중의 이익을 대표하여 투쟁함.
1. 우리는 노동자 계급과 단결하여 신사회 건설의 촉진을 도(圖)함.

창립 당시 이 조합이 채택한 '선언(결의문)'은 아래와 같았다. 길지만 전문을 옮겨둔다.

---

50 이들 농장의 위치는 국사편찬위원회 홈페이지의 '근대지리정보'에서 확인할 수 있다. 다만, '근대지리정보'의 지도는 말영(末永)농장을 '말장개간장(末長開墾場)'으로 표기하였는데 말영(末永)과 말장(末長)의 일본어 발음이 같아서 생긴 오류일 것이다.

51 〈1945년도 수동농장사업보고서〉의 '영농 상황'.

52 옹진군지편찬위원회, 『옹진군지』, 옹진군, 1989, 621쪽.

53 1949년 5월 말 옹진반도 전투 때 북한 인민군이 38선 이남의 국사봉 남쪽 은동, 교정, 염불, 서경, 수동의 경찰지서와 민가를 방화 약탈하였으나 유독 '수동'만은 민가를 공격하지 않았다. 당시 수동지서장은 그 이유를 "남로당의 총근거지라 그런지 모르겠다고" 말하였다. 『동아일보』 1949. 6. 4. '육군 제1사단 옹진방면 충돌 전황을 발표'.

54 이하 〈수동농민조합 규약부(附) 강령 급 선언〉에 의함.

〈선언(결의문)〉

때는 왔다. 자유롭게 독립할 광명의 새날은 왔다. 우리가 살아온 지난 일을 생각할 때 우리의 살림은 어떠하였던가. 부지런히 일할수록 못 먹고 헐벗게 된 것이 우리 농민들이 아니었는가. 더구나 일본이 남의 나라를 뺏어 먹기 위하여 전쟁을 시작한 후부터는 피땀을 흘리면서 지어놓은 양곡은 모조리 뺏아가고 젊은 아들은 징용과 병정(兵丁)으로 뽑혀 나아가 피를 흘리지 아니했는가. 자식과 양곡을 빼앗기고도 또 그 위에 주림의 고통에 울었고 노력(勞力) 부족에 애를 태우지 않았든가. 생각만 해도 소름이 끼치는 기막히는 일이다.

그러나 이제서는 안된다. 8월 15일 우리의 손과 발을 결박하고 피를 빼어 먹든 악귀(惡鬼) 일본은 깨끗이 물러가고 말았다. 그러나 성급히 좋아할 일인가. 아니다 결코 아니다. 조선이 독립되어도 돈으로만 만사를 따지고 사람을 저울질하자면 우리 농민은 잘 살 수 있다 누가 보증하리요.

농민의 잘 살길은 오직 한 길이 있을 뿐이다. 조선 내에 있는 일본 자본가의 토지는 전부 조선국(朝鮮國)으로 속하게 되었을 이때에 우선 우리는 이 토지 분배를 강렬히 요구하자. 소지주 제군, 소작인 제군, 빈농 제군, 휘날리는 농민조합 기(旗)빨 밑으로 모이라. 그리하여 정치적으로 농민의 이해를 대표하는 정당을 만들어 의회에 우리의 대표를 보내며 경제적으로는 우리에게도 시달림을 받지 않는 공평한 세상을 만들자. 빈농 제군 씩씩하게 우렁차게 과감하게 질서정연하게 농민조합 기(旗)빨 밑으로 단결하자. 농민들의 원한을 사든 악질의 농감(農監) 사음(舍音) 등의 반동분자는 단연 배격하자.

1. 조선농민 만세 !

1. 무산계급해방 만세 !

1. 조선인민정부수립 만세 !

1. 조선공산당 쏘베트공산당 만세 !

건국 원년 9월 일

수 동 농 민 조 합

창립 선언문은 당시의 상황을 '주림의 고통'과 '소름 끼치는' 처지에서 벗어날 '광명의 새날'로 인식하였다. 그러나 '돈으로만 만사를 따지고 사람을 저울질하는' 세상이 계속되는 한 농민은 장래를 보장받을 수 없고 따라서 '성급히 좋아할' 단계가 아니라고 보았다. 농민이 잘 살길은 오직 하나, 일본 자본가의 토지 분배를 강렬히 요구하는 것이며 이를 위하여 모든 소작인, 빈농, 소지주가 빈농을 중심으로 '농민조합 기빨 밑으로 모여', '농민들의 원한을 사든 악질의 농감, 사음 등의 반동분자'를 단연 배격하고, 나아가 정치적으로는 '농민의 이해를 대표하는 정당을 만들어 의회에 대표를 보내고', 경제적으로는 농민들이 '시달림을 받지 않는 공평한 세상을 만들'자고 주장하였다. 여기서 말한 농민의 이해를 대표하는 정당이란 조선공산당, 소비에트공산당이고 농민이 시달림을 받지 않을 공평한 세상이란 조선 인민정부의 수립을 통하여 조선 농민과 무산 계급이 해방된 세상이었다.

조합은 [부록 5-3]의 조합 규약 제1장 제2조에서 보듯이 '황해도 농민조합 평의회의 강령, 선언과 결의 수행을 목적'으로 하였다. 여기서 황해도 농민조합 평의회가 무얼 말하는지는 불분명하다. 다만 당시 조선공산당은 각지에 농민 운동 조직을 만들어 12월 8일 서울에서 전국 규모의 농민 운동 연합체인 전국농민조합총연맹, '전농'을 출범시켰는데 그 초기 조직이었던 것 같다.[55] 이들이 황해도 각지에 농민조합을 조직하여 '농민조합 황해도연맹'이라는 도 단위 연합체를 결성한 것이 11월 30일이었으니[56] 수동농민조

55 조선공산당은 각지에 노동조합을 만든 후 1945년 11월 5일 서울에서 조선노동조합전국평의회, 즉 전평이라는 전국 조직을 출범시켰는데 그와 한 짝으로 추진된 초기 조직이었을지도 모르겠다.

56 1945년 12월 8일 전농 결성대회 때 황해도 대표 여권현의 보고에 의함. 이 대회에는 황해도에

합은 매우 이른 시기에 조직된 셈이었다. 조합은 위의 강령과 선언, 규약을 승인하는 농민들로 조직하였다(규약 4조). 가입과 탈퇴는 조합원 총회나 집행위원회의 승인을 받아야 하였고(21조), 집행위원회의 요청에 따라 총회에서 조합원에게 권고나 경고를 할 수 있게 하였다. 조합원이 조합의 강령, 선언 및 집행위원회의 중요 결의를 위반하거나 간첩적 행위를 하거나 조합운동 내지 노농 운동에 방해 행위를 할 때는 가차 없이 제명 처분토록 하였다(22조).[57] 그만큼 규율이 셌다.

조합은 정기대회와 집행위원회 두 상설기관을 두었다(5조). 최고의결기관인 정기대회는 조합원 3/5 이상의 출석으로 전년도 대회에서 정한 일시와 장소에서 매년 1회 개최하였고 그 외 집행위원회의 요청이나 조합원 2/3 이상의 요구로 임시대회도 열 수 있었다(6, 7조). 대회는 집행위원장이 의장을 맡고 자격 심사, 예산 편성, 결산 보고, 기타 사항을 출석조합원 과반수의 동의로 결의하였는데(9, 10조), 집행위원회의 위원장, 부위원장, 위원은 -가부동수인 경우는 의장(위원장)이 결정권을 가졌지만- 발언권만 가지고 결의권은 갖지 못하였다(8, 10조). 집행위원회는 대회의 결의 사항을 차기 대회까지 집행할 책무를 진 최고집행기관이었다(11, 12조). 이는 매년 대회에서 선거하여 승인받은 -결원이 생기면 위원장이 차기 대회까지 임시 선임하였다- 위원장, 부위원장, 위원으로 구성하여 연간 3, 4회 정기개최하였는데 위원장이 필요하다고 인정하거나 집행위원 2/3 이상이 요구하면 임시개최도 가능

서 옹진군의 김준상(金俊相) 등 13개 군 대표 31명과 황해도연맹 대표 3명이 참석하였다. 그리고 여권현은 8월 15일 이후 황해도에서 소작료 3.1제 실시와 일본인 토지의 접수, 민족반역자 토지의 일부 접수를 비롯하여 일본인 상인과 배급기구의 접수, 금속공장을 농구공장으로 개조하는 등의 산업기관 전환, 곡식(穀食) 찬출(贊出) 돌격대 조직, 노농청년학교의 설립과 노농병원 개설, 농민조합 기관지의 발행준비 등을 하였다고 보고하였다. 김남식 편, 『남로당연구자료집』 2, 고려대 아세아문제연구소, 1974, 169쪽.

57 제명결의는 대회 또는 집행위원회에서 전체 조합원 2/3 이상의 결의로 결정하였다(24조). 집행위원회의 제명결의에 대해서는 대회에 이의를 제출할 수 있고 이의 제출 기간에는 조합원으로서의 권리 의무 일체가 존속되었다(23조). 조합원이 탈퇴하거나 제명되면 조합기금 및 기타 일체의 권리를 상실하였다(25조).

[표 5-7] 수동농민조합의 집행위원회 구성

부서		이름	나이	주소
임시위원장		박용화(朴容華)	35	옹진군 북면 삼산리
재정부	부장	진영백(陳永伯)	24	옹진군 북면 삼산리
	부원	홍병표(洪炳杓)	22	옹진군 북면 삼산리
공제부	부장	최도현(崔道賢)	39	옹진군 서면 동오리
	부원	박영호(朴永浩)	39	옹진군 교정면 국봉리
	부원	김락원(金洛元)	39	옹진군 서면 장포리
교육출판부	부장	이화문(李花文)	41	옹진군 서면 장포리
	부원	문관식(文寬植)	23	옹진군 가천면 장현리
조사부	부장	오동성(吳童成)	37	옹진군 북면 삼산리
	부원	강봉만(姜鳳萬)	24	옹진군 서면 장포리
	부원	김응준(金應俊)	25	옹진군 북면 삼산리
	부원	손택성(孫澤成)	28	옹진군 서면 장포리
정치부	부장	최부균(崔富均)	42	옹진군 서면 장포리
	부원	공원로(孔元魯)	34	옹진군 서면 동오리
조직선전부	부장	곽원봉(郭源鳳)	30	옹진군 북면 삼산리
	부원	서원배(徐元培)	44	옹진군 서면 장포리
	부원	곽경구(郭京九)	29	옹진군 서면 동오리
	부원	배익규(裵益奎)	38	옹진군 교정면 국봉리
		이옥재(李玉宰)[1]		

주: 1)은 펜으로 추가 기록한 것임.
자료: 〈首洞農民組合規約附綱領及宣言〉(프린트판)의 '建國元年 9월 24일 首洞農民組合 執行委員 住所氏名'〉.

하였다(13, 14조). 집행위원회는 재정부, 공제부(共濟部), 교육출판부, 조사부, 정치부, 조직선전부, 기타 부서로 구성하였다. 각 부 책임자는 집행위원 중에서 선임하였고 필요하면 겸임할 수 있었다. 집행위원회의 위원장, 부위원장(각 1명)과 각 부별 약간 명의 집행위원은 임기 1년(차기 대회에서 재선 가능)의 조합 임원들이었다(16조). 창립 당시 집행위원회의 구성은 [표 5-7]과 같았다. 이외 조합의 경비(經費)는 조합원 부담으로 대회에서 부담액을 정하였고 집행위원회의 결의로 임시 징수할 수도 있었다(26조). 조합의 수입 지출에 관한 일체의 예산, 결산 사항은 반드시 대회의 승인을 받아야 하고 조합 재산의 관리와 회계감사는 위원장, 부위원장, 집행위원이 연대책임을 졌다(27, 29조).

이렇게 설립된 수동농민조합은 그 직후인 그해 '10월경' 말영농장을 강제 접수하였다. 그에 앞서 조선인민공화국은 1945년 9월 10일 "일제와 민족 반역자의 토지를 몰수하여 농민에게 무상 분배하며 비몰수 토지의 소작료는 3.7제(30%)로 한다."는 시정방침을 발표하였고, 조선공산당도 10월 3일 "토지를 농민에게 적정 분배"한다는 토지 문제에 관한 결의를 공포한 터였다. 이에 미군정은 10월 5일 법령 제9호 「최고 소작료 결정의 건」을 공포하여 조선인민공화국(인공)의 3.7제(30%)보다는 조금 높지만 말영농장의 기존 소작료율 59%보다는 크게 낮은 소작료 3.1제(33%)의 실시를 발표하였다. 이런 가운데 수동농민조합은 그해 9월 창립 선언문에서 '조선인민정부 수립'과 '조선공산당 만세'를 선언하고 '일본인 자본가의 토지 분배'와 '악질 농감, 사음의 배척'을 주장한 데 이어 '10월경' 말영농장을 강제 접수하고 '영농 기타 사무'에서 농장 직원들을 일체 '배격'한 채 농장을 직접 경영하기 시작하였다.[58]

이들은 [표 5-8]에서 보듯이 성업사의 직인(職印)과 농장기(農場旗) 대신 '농민조합'과 '농민조합장'의 직인과 조합기(組合旗)를 새로 만들어 사용하였고,[59] 조합 직원의 급료와 출장비, 집행위원의 점심대도 농장 경비로 지출하였다. 물론 이들은 기존의 농장조직을 해체하지 않았고 또 농장의 농지를 조각내어 농민에게 분배하지도 않았다. 다만 농장장 이하 구 직원들을 '배격'하고 서울 본사와의 연락이나 지시를 거부한 채 조합의 이름으로 기왕의

58 〈1945년도 수동농장사업보고서〉 '영농 상황'.

59 〈수동농민조합규약 부(附)강령급(及)선언〉(프린트판)의 표지에 두 개의 도장이 찍혀 있는데 하나는 '수동농민조합'(首洞農民組合)(3.7cm×3.7cm)이고 다른 하나는 '수동농민조합장의 인'(首洞農民組合長之印)(2.5cm×2.5cm)이다. 일제 말 천좌농장의 직인과 인장은 '주식회사 성업사 천좌농장의 인'(株式會社成業社川佐農場之印), '천좌농장의 인'(川佐農場之印), '회계의 인'(會計之印), '천좌농회의 인'(川佐農會之印), '천좌농회장의 인'(川佐農會長之印), '장능흥산회의 인'(長陵興産會之印), '장능흥산회장의 인'(長陵興産會長之印), '장능흥산회 이사의 인'(長陵興産會理事之印) 등이었다. 〈1945. 2. 21. (천좌농장) 농장장 사무인계서〉.

[표 5-8] 수동농민조합 인계 잡손(雜損)

(단위: 원)

내역	금액
직영답(直營畓) 예취(刈取), 탈곡 인부임	165
농구 수선료	1,050
창고 수리비	213
가마니 구입대(購入代) 가불	1,373
공사 인부임	105
구(舊) 농장 임시 용원(傭員) 급료	187
비료 운반비	44
녹비대(綠肥代)	142
산번(山番)의 급료	82
중유(重油) 운반비	38
시멘트 2대(袋)대	40
신선(神選) 논(畓) 벼[稻] 예취(刈取) 인부임	30
창고 정리 인부임	100
중유(重油) 구입대	1,000
벼 운반비	41
발동기 운임	20
가마니 운임	915
정미기 설치 인부임	360
농민조합 직인(職印) 대	60
농민조합기(組合旗) 구입[買上]대	107
농민조합 직원 급료	26,594
농민조합 집행위원 점심대[午料]	762
농민조합 직원 출장비	549
연하(年賀) 광고료	150
응징사(應徵士) 귀환 축하비	100
소작인 사망 향전(香奠)료	65
소작인 결혼 축하비	40
사택(舍宅) 수리비	959[1)]
신문 구독료	230
문방구대	218
연료대	1,940
성냥대[燐寸代]	20
접대비	3,236
가축세(家畜稅)	17
계	40,978

주: 1) 인쇄 불명.
자료: 〈1945년도 수동농장사업보고서〉.

소작인들을 동원하여 자신들이 정한 일정에 따라 [표 5-8]에서 보듯이 미곡을 예취, 탈곡, 운반, 조제, 정미, 보관하고 농구를 수선하는 등 예정된 농사 일정을 정상적으로 진행하였다. 그리고 소작인의 혼상례를 부조하고 세금을 납부하는 등 일상적인 농장 업무도 그대로 수행하였다. 소작료도 미군정이 정한 3.1제가 아닌, 농민조합 자의로 조선인민공화국이 정한 3.7제에 따라 징수하기로 하였는데 후술하듯이 그나마도 '불납'한 이가 많아 정상적

[표 5-9] 해방 직후 성업사 수동농장(구 말영농장)의 손익대조표

(단위: 원)

과목		1944	1945	1946	1947
수입	경지(耕地) 수입	212,435	289,290[1)]	3,582,467	4,365,426
	건물 수입	–	–	710	1,900
	축우(畜牛) 수입	4,826	1,639[2)]	42,730	14,066
	대부금 이자	2,664	4[3)]	–	4
	예금 이자	1,351	1,092[4)]	891	1
	잡익(雜益)	17,581	4,514[5)]	101,376	73,516
	계	238,858	296,538	3,729,174	4,454,914
지출	인건비	32,090	91,597	192,388	319,245
	여비	770	17,885	54,599	96,622
	제세공과	21,260	17,028	117,625	106,068
	영선(營繕)비	7,278	3,630	92,257	356,915
	경리(經理)비	15,791	29,646	319,102	594,213
	영농비	90,484	40,323	949,173	1,660,870
	산림비	56	1,501	800	1,600
	축우(畜牛) 유지비	134	22	465	–
	지불 이자	38,560	8,488	16,054	–
	평가손 매각손	360	11	1,438	–
	잡손(雜損)	–	40,978[6)]	5,306	9,361
	계	208,782	251,108	1,749,207	3,144,894
순익금		32,075	45,430	1,979,966	1,310,020

주: 1945년도 경우 1) 논(畓)수입금, 2) 평가 및 매각익, 3) 구우(購牛)대부 이자, 4) 정기예금 이자 1,068원과 금융조합 예금 이자 23원, 5) [부록 5-4] 참조, 6) [표 5-7] 참조. 손실금 내역은 [부록 5-5].
자료: 수동농장, 〈수동농장사업보고서〉, 각 연도.

[표 5-10] 해방 직후 수동농장(구 말영농장)의 대차대조표

(단위: 원)

과목		1945	1946	1947
자산	토지개량사업비	–	62,423	
	동산(動産)계정	2,821	2,673	2,673
	소작인 계정	43,042	73,194	65,206
	저장품 계정	230,590	3,191,605	59,131
	수탁(受託) 예금	1,195	–	–
	당기결산 가수금	–	–	3,150,090
	계	277,647	3,329,895	3,277,100
자본·부채	위탁주(委託主) 계정	3,868	49,537	1,967,080
	기말 결제 차입	228,349	1,300,391	–
	당기 순익금	45,430	1,979,966	1,310,020
	계	277,647	3,329,895	3,277,100

주: 동산계정, 소작인 계정, 저장품 계정은 [부록 5-6], [부록 5-7], [부록 5-8], [부록 5-9] 참조. 위탁주 계정은 전년도 위탁주 계정과 금년도 당기 순익금을 합한 금액과 비슷하다. 1949 회계연도 말(1950. 3)쯤인 1950년 6월의 위탁주 계정이 547만 6,651원이었으니([표 5-14]) 1948 회계연도의 위탁주 계정은 327만 7,100원, 당기순익금은 219만 9,551원 정도였을 것이다.

자료: [표 5-9]와 같음.

으로 징수되지 않았다. 1944년에 이어 농장 전체로는 약간의 흑자를 보았지만([표 5-9], [표 5-10]), 사회주의 농업 건설을 지향한 전형적인 밑으로부터의 농장자주관리 운동을 벌인 것이었다.[60]

해방 직후 이런 종류의 농장자주관리 운동은 흔한 일의 하나였다. 일본인 농장은 더욱 그랬다. 경기도 안양 만안(萬安)에 2만 평 규모의 농지와 소 100두가량의 목축장을 운영하였던 일본인 소유 조일(朝日)농장의 한국인 일꾼들은 해방 후 자영위원회를 조직하여 일본인의 농장 매각 기도를 저지한 채 이를 접수·관리하였다.[61] 해방 당시 한국 최고 자본가였던 수당 김연수

60 김기원, 앞의 책, 1990, 84쪽에서 해방 직후의 노동자 자주관리 운동을 일반 노무자 중심의 '밑으로부터의 자주관리'와 조선인 간부 또는 직원 중심의 '위로부터의 자주관리' 운동으로 구분하였다.

61 『중앙신문』 1946. 4. 4. '연백농조'; 『해방일보』 1946. 4. 25; 『독립신보』 1946. 6. 27. '안양의 목장쟁의 현지보고. 돌연 道 직영을 선언'; 박혜숙, 「미군정기 농민운동과 전농의 운동노선」, 『해방 전후사의 인식 3』, 한길사, 1987.

가 경영한 삼양사(三養社) 농장의 직원과 소작인들도 '농장의 운영권을 우리에게 맡겨라!', '농장창고의 각종 재고품을 무상 분배하라'고 요구하며 농장자주관리 운동을 벌였다.[62] 황해도 옹진군의 성업사 천좌, 귀두농장과 경기도 양주군의 창동농원도 마찬가지였다. 말영농장의 소작인들이 그랬듯이 이곳 농민들도 '적산(敵產) 운운(云云)'하며 농장과 농원을 강제 접수·관리하였는데,[63] 말영농장의 자주관리는 조선식산은행과 성업사가 미군의 지원을 받아 1946년 3월 18일 이를 회수할 때까지 계속되었다. 〈1945년도 수농농장사업보고서〉 '영농 상황'의 아래 보고가 그간의 사정을 잘 보여준다.[64]

〈영농 상황〉

1945년도, 즉 금년도 식량 증산책에 순응함은 물론이요 작년도 비료, 기타 악조건에 흉작을 극복하기 위하여 직원 일동이 성심 노력하여 삽앙 적당시(適當時) 강우(降雨) 부족에도 불구하고, 저수지의 잔수(殘水)까지 흡상(吸上)하여 실경(實耕)면적 665정보 중 655정보에 삽앙을 마치고 비료도 특히 각 방면으로 주선하여 합리적으로 단보당 1관 500문(匁)을 사용했으므로 순조로운 육성을 보아 소작료 1만 3,000석을 예상하였으나, 8월 15일 돌연히 일본의 패전을 선언하자 해주까지 소련군이 진주하여 옹진에도 왕왕 왕복을 하였었다.

그 후 38도 이남에 미군이 진주함에 따라 옹진은 미군정하에 있게 되었으나 본 농장은 소련군 진주 지역에 인접 근재(近在)이므로 이북 정책 사상을 가진 수동농민조합에게 1945년 10월경 강제 접수를 당한 후 당사 직원은 일체 영농, 기타 사무에 간섭을 못하게 하고 배격하며 소작료 징수도 농민조합 자의로 3.7제를 시행하여 현물 벼 1,226석 5두, 금납 6만

62 주식회사 삼양사, 『삼양오십년』, 주식회사 삼양사, 1974, 179쪽.
63 〈1945. 10. 23. 조선식산은행 두취 로빈손〉; 〈서력 1945. 11. 조선식산은행 두취 로빈손〉.
64 〈1945년도 수동농장사업보고서〉의 원래 제목은 〈자(自) 서력 1945. 4. 1. 지(至) 서력 1946. 3. 31. 수동농장 서력 1945년도 사업보고서(수지결산서)〉이다.

8,438원(1가마[叺] 35원 환산 약 977석 5두)을 징수하였으므로, 당사(當社) 예상고 약 8,000석(3분지 1)에 비하여 5,796석에 감수(減收)가 되었다.
그 후 식산은행 두취(頭取) 로빈손 씨의 주선으로 군정청의 후원을 얻어 서력 1946년 3월 18일부로 농민조합에서 도로 인계를 받아 계속 영농에 노력하여 기타 업무도 정돈되어 점차 선진(善進)하는 바이다.

기(記)

농장명	경지면적(정보)	금년 실수량(實收量)				작년도 실수량			작년 대비 실수 증감	
		실수면적(정보)	총수량(석)	정당(正當)소작료(석)	조합징수	실수면적(정보)	총수량(석)	소작료(석)	소작료(석)	비율
말영	685	665	23,500	7,830	2,204	642	14,760	8,733	6,529	–

1945년 가을 말영농장은 2만 3,500석을 수확하였다. 그리하여 평소 같으면 그중 59%인 1만 3,865석을 소작료로 징수하였을 터였고 소작료 3.1제에 따르더라도 그 1/3인 7,830석을 '정당'한 소작료로 징수할 수 있었다. 그런데 농민조합이 농장을 접수하여 소작료 '3.7제'를 시행한 데에다 그마저도 불납한 소작인이 많아 실제는 '현물 벼 1,226석 5두, 금납 6만 8,438원'(가마당 35원으로 환산하면 약 977석 5두)을 합한 2,204석을 '징수'하는 데 그쳤다. 3.1제 소작료 7,830석(약 8,000석)보다 5,626석(5,796석)이 줄고, 1944년도 소작료 8,733석보다는 6,529석이 준 엄청난 감소였다. 그뿐 아니었다. 말영농장은 소작인에게 대부하였던 소 구입[購牛] 자금 가운데 일부를 "해방 직후 일시 농민조합이 농장을 접수하여 혼란을 일으켰던 관계"로 '회수 곤란'한 상태였다.[65] 앞의 〈영농 상황〉이 농민조합의 농장 접수는 물론이고 그걸 가능하게 한 '해방' 자체도 부정적으로 묘사하는 듯하여 주목되는데 이런 이유 때문이었을 것이다.

65 〈단기 4283년 6월 8일 말영농장인계서. 인계자 주식회사 성업사〉.

3. 성업사 농장의 재접수와 그 후의 농장경영

1) 미군정과 성업사 농장의 재접수

해방 후 미국은 사유재산 제도와 시장경제 제도에 입각한 자본주의 체제의 맹주 국가로서 '공산주의에 대한 방벽 구축'을 대한(對韓) 정책의 최대 목표로 삼았다.[66] 그리하여 미군정은 1945년 9월 23일 '토지소유권과 납세율은 종전과 변함이 없다'는 기본 방침을 천명하였고,[67] 9월 25일에는 미군정 법령 제2호로 「패전국 소속 재산의 동결과 이전 제한에 관한 건」을 공포하여 그해 8월 9일 현재 한국 내 일본의 국공유 및 민유 재산을 접수, 취득, 소유하거나 이전할 경우 미군정의 허가를 받도록 고시하였다.[68] 추수가 시작된 10월 5일에는 미군정 법령 제9호로 소작료 3.1제 실시를 발표하였다.

그러함에도 불구하고 각지에서 다양한 이름의 접수위원회, 자치위원회 같은 자생조직들이 만들어져 일본인 농지와 농장을 강제 접수·관리하는 농장자주관리 운동이 빈발하고 특히 수동농민조합처럼 '조선공산당 만세', '소비에트공산당 만세'를 선언한 농민조합들이 대농장, 그중에서도 일본인 대농장들을 '불법' 접수·관리하는 일이 자주 일어나자 미군정은 그 대책을 수립하지 않을 수 없었다. 이런 가운데 조선식산은행 두취 해리 제이 로빈슨(Harry J. Robinson, 로빈손)은 10월 23일 성업사에 양주군의 '창동농원'을 '즉시 회수하여 원상회복'하라는 지시를 내렸고,[69] 11월 6일에는 38선에 인

66 맥아더가 남한 주둔 한 달 후 주요 지휘관에게 보낸 지시이다. 그란트 미드, 『주한미군정연구』, 안종철 옮김, 공동체, 1993(콜코, 「미국과 한국의 해방」, 로버트 스칼라피노, 서대숙 외, 『한국현대사의 재조명』, 백용섭 외 옮김, 돌베개, 1982, 35쪽에서 재인용).

67 1945년 11월 아놀드 군정장관이 "미국은 설령 적산이라도 사유재산을 존중한다는 국제 공법을 존중하여 그 관례대로 시행할 뿐"이라고 발언한 것도 같은 맥락이다. 박혜숙, 앞의 글, 1987.

68 박혜숙, 앞의 글, 1987.

69 〈1945. 10. 23. 조선식산은행 두취 로빈손〉의 "양주군 노해면 상계리 소재 주식회사 성업사 경영 중인 창동농원은 본 은행 자금으로써 경영하는 것임에 상위 없는바 차를 적산이라고 불법

접한 옹진군의 천좌, 귀두, 말영농장 역시 '즉시 미군정관의 원조를 청하여 명도(明渡) 회복'하라는 지시를 내렸다. 아래는 당시 성업사가 로빈슨의 지시를 첨부하여 각 농장에 보낸 문서인데 옹진군 성업사 세 농장의 원상회복을 지시한 최초의 문서로 보인다.[70]

> 귀 농장을 적산이라 칭하고 외부(外部)로써 접수 요구 운운함은 불법행위요 금차(今此) 별지와 같은 식은 두취 로빈손 씨의 지시도 유(有)하오니 십분 양지하신 후 귀하는 차지(此旨)로써 옹진 군정청(軍政廳)의 원조를 청하여 금후 농장경영에 만유감(萬遺感)이 무(無)케 진력하기를 요망함.

별지[71]

> 군　면 소재 농장은 본 은행 자금으로써 당 은행 방계인 주식회사 성업사가 경영하는 것임에 상위(相違) 없는바, 이를 적산이라 운(云)하고 불법 접수·관리함은 부당하니 즉시 미군정관(米軍政官) 원조를 청하여 이를 명도(明渡) 회복하여 종전과 같이 관리함을 요함.
>
> 서력 1945년 11월 6일
>
> 조선식산은행 두취 로빈손

접수·관리함은 부당하니 즉시 명도(明渡)하여 원상회복을 요함." 이하 미군의 이름은 요즘식 발음으로 고쳐 적되 자료상의 한글 이름은 그대로 둠. 이 책 제6장도 같음.

70 〈1945. 11. 6. 성 제1호. 천좌, 말영, 귀두농장장 전. 농장접수 문제에 관한 건〉. 다음은 로빈슨이 천좌농장에 보낸 같은 취지의 문건이다. 〈서력 1945년 11월 일. 조선식산은행 두취 로빈손〉 "옹진군 용연면 소재 천좌농장은 본 은행 자금으로써 당 은행 방계인 주식회사 성업사가 경영하는 것임에 상위 없는 바 이를 적산이라 운(云)하고 불법 접수·관리함은 부당하니 즉시 미군정관 원조를 청하여 차를 명도(明渡) 회복하여 종전과 같이 관리함을 요함".

71 영문은 아래와 같았다. "The ___ Farm situated in ___ County, which is possessed by the Sungup Sa Co., Ltd., being under operation with the capital invested by the Chosun Industrial Bank, no person shall be permitted to control or to take it over illegally as an enemy property. It shall immediately be restored as original state by the help of the United States Military Official. ―The President of Chosun Industrial Bank, Ltd".

이들 모두 조선식산은행의 자금으로 운영되는 농장이므로 이를 '적산' 운운하며 접수·관리하는 것은 불법이니 즉시 반환하라는 것이었다. 그러나 그 후 보름 이상 지나도록 세 농장 모두 변화가 없었다. 아래는 천좌농장 직원 이영직(李永直)이 11월 24일 성업사 본사 상무에게 보낸 보고서이다. 길지만 전문을 인용한다.[72]

> 복유맹동(伏惟孟冬)에 존체상(尊體上) 수시만강(隨時萬康)하심을 복축(伏祝)하옵고 소생(小生) 전일(前日) 상경(上京) 시에는 다몽후의(多蒙厚意)하여 감명불이(感銘不已)이오며 취송(就悚) 세 농장 접수 문제에 대하여는 11월 12일 옹진 군정청과 행정청을 방문코자 출장하였사오나 군정청은 병원(兵員) 교대(交代) 관계로 면회를 사절하옵기 행정청만 방문 타합(打合)하였사온 데 행정청은 그간 행동한 자기의 체면 관계인지 대단 불온한 태도이기 서면을 제시하면서 오해가 없도록 충분히 설명하여 후일 다시 상호 군정청과 타합을 예약하옵고
>
> 퇴청(退廳) 후 말영농장원(末永農場員) 황부돌(黃扶乭) 씨와 타합하여 11월 19일(예약기일은 18일인데 일요(日曜) 관계로 중지)에 세 농장 직원이 다시 구체적 협의 후 군정청을 방문하여 세 농장 대표 격으로서 각자 경과(經過) 및 현상(現狀)을 요점만 들어 군정무관(軍政務官)에게 설명 겸 두취의 지시서를 제시하며 문답 후 정무관으로서 즉석 회답은 곤란하니 충분 조사한 후 당일 오후 3시에 다시 내방을 요구하기 일응(一應) 퇴청 후 타방면의 통역관을 구하려다가 여의치 못하여 오후 3시 등청(登廳)한 결과 갱(更)히 다소의 문답이 유(有)한 후 정무관으로서 금후는 귀사로부터 관리하되 소작료는 잘 보관하였다가 일후 구매회사(購買會社)에 매각하라고 선언을 득(得)하여 다시 문답을 좌기와 같이 하였삽기 참고상 자이(玆以)

72 〈1945. 11. 24. 용연농장 이영직. 본사 상무 취체역 전. '농장접수 문제에 관한 건'〉.

그 결말을 보고하오이다.

기(記)

문답의 개요

1. 이문(李問): 일부 소작인으로서는 소작료를 납부치 않으니 여하히 처리하였으면 좋을까.

군답(軍答): 구매(購買)회사나 귀사에서 납부하라고 해도 납부치 않거든 그 시(時) 다시 처분할 생각이다.

2. 이문: 그간 타 방면으로서 접수 문제가 많아 오등(吾等)으로서 그 결과를 소작인에게 통고할지라도 신용치 않을까 하오니 일후 소작인 집회 시에 미군을 출장시켜 선언을 하여 주시면 여하.

군답: 금일 행정청 산업부장 노기욱(盧基昱) 씨 내방(來訪)이 유(有)하여 그 취지를 통고하였다. 그리고 금일 그대들도 보는바 여(如)히 사번(事繁)하여 농장까지 출장키는 불능하나 말영농장만은 농민조합으로서 접수한 관계가 있으니 수일간(數日間) 후 출장하여 인계케 하겠다.

3. 이문: 그전 농장에는 각 면(面) 관계 주재소에서 금일의 결과를 서면 또는 전화로 통고하여 주시면 여하.

통역관답 : 그리하겠다.

4. 이문: 현재 직원의 식량을 수납 소작료 중에서 배급을 주면 여하.

군답: 직원의 식량까지 우리가 좌우할 수는 없다.

5. 이문: 경성(京城) 본사로서 양곡으로 쌀(米) 약 200가마[叺]를 요하는데 운반해도 좋은가.

통역관답: 아까도 말한 것이니 소용없는 말인가 한다.

1. 통역이 언어가 부족한 감이 유(有)하여 생등(生等)이 청한 요구를 잘 전달치 못하는 듯하고 항상 수다(數多)히 말한즉 괴로운 태도를 보였습니다.

2. 그 후 들으니 말영농장 농민조합장 박용화(朴龍和)를 군정청에 호출하여 구(舊) 직원에게 인계하라는 명령은 내렸으나 각 주재소에는 하등 통고가 무(無)한 듯하여이다.
3. 본사에 반출(搬出)할 양곡은 금후 다시 교섭하여 되도록 노력하겠소이다.

천좌농장 직원 이영직, 말영농장 직원 황부돌과 귀두농장 직원 등 세 사람은 11월 12일 세 농장을 대표하여 옹진 행정청을 방문하였다. 11월 19일에는 옹진 군정청을 방문하여 군(軍)정무관에게 로빈슨 두취의 지시서를 제시하며 그간 '접수 문제'가 빈발하여 소작인에게 군정 당국의 처리방침을 전달하여도 '신용치 않을' 듯하니 일후 소작인 집회 때 '미군을 출장시켜' 군정 당국이 농장 접수를 불허하고 있음을 선언하여 달라고 요청하였다. 이에 군정청은 세 농장 가운데 자치위원회 정도가 아닌 '농민조합'이 접수·관리 중인 말영농장은 직접 출장 조치하겠다고 답하였고, 실제로 그 후 조합장 박용화를 불러 성업사의 '구(舊) 직원'들에게 농장을 인계하라고 지시하였다. 그러나 농민조합은 이에 불응하였다. 1945년 12월 14일자의 아래 보고서가 그런 사정을 보여준다.[73]

황해도 옹진군 북면 소재 말영농장은 조선식산은행 자금으로 주식회사 성업사가 경영하는바 농장장 이화래(李華來), 면적 약 7백 정보, 평년 소작료 수입[入] 약 1만 석(6할), 금년 예상[見込] 약 5천 석(3분 1). 현 수동농민조합이 강제 접수·관리 중.

우(右)에 대하여 11월 6일 식산은행 두취 서명서(署名書)에 의하여 옹진군

73 〈1945년 12월 14일〉. 문서의 보고 주체와 대상이 불분명한데 말영농장의 농장장 이화래가 보고한 내용을 토대로 성업사 본사에서 작성하여 조선식산은행에 보낸 문서인 듯하다. 보고서는 성업사의 공식 용지에 작성되었다.

군정장관이 농민조합장을 호출하여 직시(直時)로 당사 농장 대표자에게 인도하라 명령을 발함으로 인도는 하겠다 운(云)하며 실질상 불이행[하고 일변으로는 위협적 언사로 공갈]함으로 군정관의 절대한 후원이 무(無)하고는 실행 불능일 분 외(外)라 농장 직원 신변조차 위험한 상태에 재(在)함.

[우(右)는 농민조합 불순분자 조합장 박용화(朴容華)와 이옥재(李玉宰)의 책동이오 일반 농민의 총의가 아님은 지방 유지 일반의 공명하는 바 차(此) 2인을 처치(處置)함으로써 해결될 도리가 생(生)할 줄로 예상됨.]

〈이(此)에 대한 현지 농장장의 희망〉

군정장관 명령이 실행되어 일시적 농장회수는 된다 하여도 농민조합 불량분자의 책동으로 소작료 징수, 기타 일반 사무 집행이 불능할 뿐 외(外) 직원 신변도 위험함으로 군인을 당분간 농장에 주재시켜 주심을 요망함. 현 군정관 주재소와 농장 거리는 약 1리 반(里半).

옹진 군정관이 조합장 박용화를 불러 '농장 대표자'에게 농장을 즉시 인도하라고 명령하였으나 조합장은 말로는 인도하겠다고 하나 실제는 인도하지 않고 오히려 위협적인 언사로 공갈까지 하고 있다는 것이다. 보고서는 사태가 여기에 이른 것은 '지방 유지 일반의 공명'하는 바대로 농민조합의 '불순분자'인 조합장 박용화와 이옥재의 '책동' 때문이며 그 둘을 '처치'해야만 사태가 해결될 거라고 보았다.[74] 그리하여 보고서는 '현지 농장장의 희망'이라는 형식을 빌려 군정장관의 명령이 실행되어 농장이 일시 회수되어도 군정관 주재소와 농장이 약 15리(일본의 1里는 한국의 10리임)나 떨어져 있어 불량분자의 책동은 계속될 것이며, 따라서 소작료 징수 등 일반 사무의 집행이 불가능함은 물론 직원 신변도 위험하니 '군인을 당분간 농장에 주

74 위에 인용한 〈1945년 12월 14일〉의 문서는 [ ]한 부분 두 곳에 붉은 줄을 그어 삭제 표시를 하였다. 이유는 알 수 없으나 표현이 과하다고 생각하였던 것 같다.

재시켜' 달라고 요청하였다.

조선식산은행 두취 로빈슨은 이 요청에 따라 열흘 후인 12월 24일 옹진의 군정 당국에 미군을 말영농장에 출병 주둔시켜 달라고 전화로 다시 요청한 듯하다. 개성시청이 미군정청 재무국의 보좌관이자 조선식산은행 두취인 로빈슨 소좌에게, 옹진 군정관인 미군 54군단의 코포스(고훠스) 대위가 개성시청으로 보낸 보고서를 동봉하여, 보낸 아래의 두 보고서가 그걸 보여준다. 전자는 코포스(고훠스) 대위가 개성시청에 보낸 것이고, 후자는 개성시청이 로빈슨에게 보낸 것이다.[75]

1. 로빈손 소좌(少佐)와 1945년 12월 24일 선자농장에 관하여 전화 연락한 데 관하여 다음과 같이 회답을 전달함.
2. 선자라고 하는 옹진에 있는 농장에 주재하는 것은 불가능하다. 그 이유는 여러 가지 정세가 그 말영(末永)농장은 문제 중에 있다고 하는 것을 말하고 있는 까닭이다.
3. 전기(前記) 농장의 지배인은 현재 경성(京城)에 있고 그 농장 주임에게 물어보니까 주임은 여하한 공갈도 받은 일이 없고 또 이(李) 지배인은 1945년 11월 15일경 지배인에 임명되었으나 이 농장경영에 관하여 책임 있다고 볼만한 노력을 한 일이 없다.
4. 농장은 농민조합의 손에서 운영되어 있고 정식으로 임명된 지배인이 도착하면 그 지배인에게 전부 농장경영을 인계하겠다고 확언하고 있다. 농민조합 위원장에게 정당(正當)히 임명된 지배인에게 대하여 여하한 수단으로나 폭행이나 공갈을 하면 용서할 수 없다고 훈계했다.

1. 산자(末永)농장에 관한 옹진 군정관 코포스 대위로부터 온 보고서를

75 〈개성시청 전(殿). '말영농장에 관한 건'〉; 〈군정청재무국 전(殿)[보좌관 로빈손 소좌 전(殿)]〉. 여기서 선자는 '말영'의 오기인 듯하며, 보고일은 12월 24일에서 27일 사이일 것이다.

동봉하여 전달한다.

2. 전기(前記) 제3에 쓴 것같이 정식 임명한 지배인이 이 농장에 대하여 책임 있는 운영을 하지 않고 있다는 데 대하여 귀하의 주의(注意)를 청한다. 그 사람의 행동에 대하여도 주의하시오.
3. 코포스 대위는 농민조합이 옹진 지방에 있는 여러 일본인 농장을 경영하고 있고 이 여러 농장의 지배인을 임명하게 대표자를 보내는 데 조언해 달라고 신한공사(新韓公社)를 추천하였다고 말하고 있다.
4. 소군(蘇軍)과의 현재의 협정 하에서는 옹진 가는 길은 막히고 있고 미국인(米國人)은 금요일 날만 통행을 허가하고 있다.
5. 이 이상 더 상세한 내용이 알고 싶으면 요구하시는 대로 곧 회답하겠습니다.

두 보고서에 의하면 옹진 주둔 군정 당국은 조선식산은행의 요청에 따라 수동농민조합장을 불러 정당하게 임명된 농장 지배인에게 어떤 수단으로든 폭행이나 공갈을 쓰면 용서하지 않겠다고 훈계하였다. 그러나 그 농장에 미군을 주둔시키는 것은 현재 소련군과의 협정으로 옹진으로 가는 길이 막혀 미국인도 금요일에만 통행을 허가하는 실정이며 그 밖에도 여러 사정이 있어 '불가능'하다는 입장이었다. 특히 현지 농장 주임의 말로는 농민조합으로부터 하등의 '공갈'을 받은 적이 없다고 하며 조합 측도 정식 임명된 지배인이 오면 농장경영을 모두 인계하겠다고 확언하는 실정이라는 것이다. 나아가 코포스 대위는 현재 '농민조합이 옹진 지방의 여러 일본인 농장을 경영하고' 있는데 정식으로 임명된 지배인들이 오면 이들 농장도 인계하겠다고 하므로 차제에 농장 지배인을 임명하게 대표자를 보내달라고 신한공사에 추천을 의뢰하였다고 보고하였다.[76] 코포스 대위는 농장 지배인

76 1945년 12월 19일 공포한 관재령 제3호 '접수농지에 관한 건'은 구 일본인 소유 농지를 신한공사가 관리하도록 규정하였다.

에 대한 강한 불신도 보였다. 말영농장에 미군을 주둔시켜 달라고 요청한 농장장 이(李)지배인(이화래인 듯함)은 11월 15일경 지배인에 임명되었으나 그간 책임 있는 노력을 한 바 없고 지금도 서울에 체류 중이라는 것이었다. 이에 로빈슨은 1945년 12월 27일 코포스에게 다음 문서를 보냈다.[77]

1. 말영(末永)농장장 이화래(李華來)를 소개함. 전번(前番) 전화로써 본 농장 접수를 받은 자치위원회에서 현시(現時) 본 농장의 경영까지 점령함에 반대함을 선언하였습니다.
2. 이씨는 본 문제에 정통하오니 본건 정세를 해결함에 귀전(貴殿)에 원조를 청할 것이라고 믿습니다.

이화래는 말영농장을 접수한 자치위원회가 농장의 '경영까지 점령함에 반대'한 인물로 '본 문제에 정통'하며 '본건 정세를 해결'하기 위하여 원조를 청할 것이니 지원하라는 내용이었다. 정확한 사정은 알기 어렵지만 12월 말까지도 농민조합(혹은 자치위원회)이 '본 농장의 경영까지 점령' 중으로 농장이 쉽게 회수되지 않은 것이었다. 그러나 양쪽의 협의가 더 진행되면서 늦어도 1946년 3월 초에는 상당한 '타합'이 이루어진 것 같고,[78] 그리하여 3월 18일에는 드디어 성업사가 농장을 재접수하였다. 앞서 본 〈1945년도 수동농장 사업보고서〉 '영농 상황'의

조선식산은행 두취 로빈손 씨의 주선으로 군정청의 후원을 얻어 1946년

---

77 〈1945. 12. 27. 재조선 미군 군정청 재무국 미국 해군 소좌 하리 제 로빈손. 황해도 옹진 미군 54군단 부대 고휘스 대위 전(殿). '말영농장에 관한 건'〉.

78 〈1946. 3. 5. 사원 최장열. 주식회사 성업사 어중. '여비영수증'〉은 최장열이 '옹진읍 출장 여비' 53원을 받은 영수증이다. 출장 사유가 "말영농장 농민조합과 사무인계 타합(打合)으로 인하여 미군정청에 출장"인 것으로 보아 늦어도 3월 초에는 사무인계 타합이 어느 정도 이루어진 것 같다.

3월 18일부로 농민조합에서 도로 인계를 받아 계속 영농에 노력하며 기타 업무도 정돈되어 점차 선진(善進)하는 바이다.

라는 지적이 그걸 보여준다.[79] 그리고 늦어도 이때쯤에는 경기도 양주의 창동농원과 1945년 12월 말까지도 농민조합이 접수·관리 중이었던 옹진의 천좌, 귀두농장도 모두 회수된 것으로 보인다.

2) 재접수 후의 농장경영

1946년 3월까지 옹진의 세 농장을 모두 회수한 성업사는 종전처럼 이를 농장제로 운영하며 3.1제의 소작료를 받았다. 한편, 1945년 9월 24일 법령 제2호를 공포한 미군정은 12월 12일 그걸 보완한 법령 제33호를 발표하여 한국 내의 일본 국공유 및 민유 재산 일체를 미군정 재산으로 귀속시켰다.[80]

79 [표 5-7]의 수동농민조합 집행위원 가운데 재정부장 진영백, 재정부원 홍병표는 1950년 5월 18일 현재 성업사의 직원명부에도 이름이 실려 있다. 〈성제85호 단기 4283년 5월 18일. 성업사 전무 이준기. 농림부 귀속농지관리국장 귀하. '귀속농지 및 부대시설 이관에 관한 건'〉. 말영농장을 회수하는 과정에서 큰 마찰이 없었던 것 같다. 조선식산은행은 1946년 4월 24일 최장열(43세, 옹진군 북면 삼산리)을 말영농장의 부농장장(sub-manager)으로 임명하였고, 1946년 5월에는 손광순(52세, 옹진군 용연면 장능리)을 천좌농장과 말영농장의 농장장(manager)으로 임명하였는데(〈May 1946. Certificate of Identification. Harry J. Robinson LtComdr. USNR President of the Chosun Industrial Bank〉), 손광순은 1938년 1월 성업사의 주임으로 부안출장소 개설을 맡은 인물이었다. 이 책 제2장.

80 법령 제33호 「조선 내 소재 일본인 재산권의 권리귀속에 관한 건」의 주요 내용은 다음과 같다. 제2조 1945년 8월 9일 이후 일본 정부 그 기관 또는 그 국민, 회사, 단체, 조합, 그 정부의 기타 기관 혹은 그 정부가 조직 또는 취체(取締)한 단체가 직접·간접으로 혹은 전부 또는 일부를 소유·관리하는 금, 은, 백금, 통화, 증권, 은행계정(銀行勘定), 채권, 유가증권 또는 본 군정청의 관할 내에 존재하는 기타 전(全) 종류의 재산 및 그 수입에 대한 소유권은 1945년 9월 25일부로 조선 군정청이 취득하고 조선 군정청이 그 재산 전부를 소유함. 누구든 군정청 허가 없이 그 재산에 침입 또는 점유하고 그 재산의 이전 또는 그 재산의 가치, 효용을 훼손할 수 없음. 제3조 본령 제2조로 조선 군정청이 취득한 재산을 소유·관리·지배하는 보관자, 관리자, 관리, 은행, 신탁회사, 기타 개인, 단체 또는 조합은 좌기 각 항을 준수할 것. 가. 1) 군정장관 지령 하에 그 재산을 보지(保持)하고 지령이 있을 때까지 그 재산의 이전 또는 타 방법으로 처분치 못함. 2) 그 재산을 보존·유지·수호하고 그 재산의 가치와 효용을 훼손하는 행위를 막을 것. 3) 정확한 기록과 회계장부를 유지할 것(후략).

그리고 1946년 2월 21일에는 법령 제52호를 공표하여 신한공사(新韓公社)를 정식 발족하고 한국 내 동양척식주식회사와 일본인 소유의 토지들을 신한공사로 모두 이관하는 조치를 하였다. 이로써 신한공사는 남한 전체 농가의 27%를 소작농으로 지배하는 남한 최대 지주가 되었다. 해방 후 미군정은 거듭된 식량 부족과 곡가 상승, 그에 따른 투기와 매점매석, 기아 등으로 민심이 이반하여 크게 고심하였는데 이로써 식량 문제 해결을 위한 정책수단을 가지게 되었다.[81]

그런데 조선식산은행 산하 성업사와 해동흥업(구 불이흥업이 해방 후 개명한 이름임. 이 책 제6장)의 농지는 이런 와중에도 신한공사로 이관되지 않았다. 1946년 1월 24일 미군정청 재무국장 찰스 고든(Charles J. Gordon, 골돈)이 재산관리인 대리 리랜드 랜달(Leland A. Randall, 란덜) 대위에게 공문을 보내 이 두 회사의 농지를 신한공사가 아닌 조선식산은행에서 계속 관리할 수 있게 해 달라고 요청하였고,[82] 1월 26일 재산관리관 모튼 에스 재피(Morton S. Jaffee, 쟈페) 중위가 이를 인가하였다.[83] 이에 따라 1946년 2월 8일 조선식산은행은 군정청 재산관리인 대리 리랜드 랜달 대위에게 성업사와 불이흥업이 조선생활품영단과 신한공사에 매각한 미곡대금도 두 회사가 직접 받게 해 달라고 요청하였고,[84]이 역시 2월 12일자로 승인받아[85] 실제로 대금을 지불받게 되

81 전상인, 앞의 글, 2001; 최영묵, 「미군정의 식량 생산과 수급정책」, 『역사와 현실』 22, 한국역사연구회, 1996.

82 〈1946. 1. 24. 재무국장 찰쓰 골돈. 재산관리인 대리 엘 에이 란덜 대위 전. '성업사 급 불이흥업 양 회사에 관한 건'〉 1. 수제 2사의 소유 관계는 좌와 같음. 성업사 −조선식산은행 100%, 불이흥업회사 −성업사 55%, 개인주주 45%. 2. 2사의 중역 제씨는 조선식산은행의 추천을 받아 조선인 인사과(Korean Personnel Section)의 전형을 거쳐 재무국(Financial Bureau)에서 임명된 조선인임. 3. 조선식산은행이 과거에 2사를 관리했던 관계상 이 은행으로 하여금 2사를 관리시키도록 인가하심을 요청함. 인가 있을 시는 조선생활품영단과 신한공사에도 통지하심을 요망함.

83 〈1946. 1. 26. 재산관리관 해군 중위 몰튼 에스 쟈페. 재무국장 전〉 1. 상기 인가함. 재산관리인에 대리하여 재산관리관 해군 중위 몰튼 에스 쟈페. 본 사본 무위(無違)함을 확인함. 재무국 해군 소좌 하리 제 로빈손. 한편, 이런 취지는 〈본농(本農) 제121호〉의 "불이흥업회사는 군정청 대행기관인 조선식산은행이 관리하는 회사이므로 이의 수탁농지는 신한공사가 관계치 아니함"에서도 확인된다. 김성호 외, 앞의 책, 1989, 264쪽.

84 〈1946. 2. 8. 재무국 해군 중좌 하리 제 로빈손. 재산관리인 대리 엘 에이 란덜 대위 전. '성업

었다.[86]

당시 미군정이 성업사와 해동흥업의 농지를 조선식산은행에서 계속 관리하게 한 데는 크게 두 가지 이유가 있었다. 첫째는 그간 이 은행이 두 회사의 농지를 비교적 잘 관리하여 왔다고 보았기 때문이다.[87] 둘째는 미군정 법령 제33호의 해석과도 관련된 좀 더 본질적인 이유였다. 1945년 12월 12일 법령 제33호가 공포되자 그해 8월 9일 이전에 한국에서 설립, 등기되어 한국에 본점을 둔 일본인 영리법인의 주식도 의당 미군정에 귀속되어야 하였다. 그러나 그런 '귀속국내법인',[88] 즉 '본점을 한국에 둔 일본인 영리법인'이 소유한 재산까지 귀속재산으로 볼 수 있겠는가를 둘러싸고 두 가지 견해가 대립하였다. 하나는 법령 제33호를 '정면적(正面的)으로 해석'하여 1945년 9월 25일부로 그해 8월 9일 현재의 일본 재산을 미군정에 모두 귀속시킨

사 급 불이흥업 양 회사에 관한 건〉 1. 첨부함은 수제 2사에 관한 이전의 서한의 사본임. 2. 조선생활영단과 신한공사는 수제(首題) 2사에서 매입하는 미곡대금을 재산관리인에 대리하여 예탁받지 않고 관계회사에 지불하도록 통지하심을 요청함. 3. 조선생활영단과 신한공사는 현재 재산관리인에 대리하여 예탁받고 있는 수제 2사에 소속하는 금전을 반제하도록 명령하심을 요청함. 여기서 조선생활영단은 조선생활품영단(Korean Commadity Company)를 말한다. 자료에 따라 조선생활영단 또는 조선생필품영단으로도 기재되어 있는데 인용은 자료의 원문에 따랐다.

85 〈1946. 2. 12. 엘 에이 란덜 대위. 재무국 귀중〉 1. 신한공사와 조선생활영단은 매입미곡에 대하여 성업사와 불이흥업회사에 직시(直時) 대금을 지불하도록 명령하였음. 2. 조선생활영단과 신한공사는 재산관리인을 대리하여 예탁 받고 있는 수제 2사에 소속하는 금전을 양도하도록 명령하였음. 1946. 2. 12. 재산관리인을 대리하여 집행관 엘 에이 란덜 대위. 본 사본은 무위함을 확인함. 해군 소좌 하리 제 로빈손.

86 〈1946. 3. 20. 소장(所長)을 대리하여 경기도 사무소(KyonggiDo Food Service, Seoul, Korea) 감리관(監理官) 리처드 씨 워드(Richard C. Ward) 중위. 옹진출장소장 군정관리(軍政官吏) 전(殿). '성업사 급 불이흥업회사에 관한 건'〉 1. 재무국 급 재산관리과의 지시에 응하여 수제 2사로부터 수입(受入)한 미곡에 대하여 1가마[叺] 150원씩으로 그 대금 전액을 2사의 정당한 대리인에 지불하기를 지령함. 2. 신한공사로부터 수입(受入)한 여하한 미곡에 대하여도 후일에 그 대금을 지불하되 귀소(貴所)는 신한공사에 의하여 수제 2사로부터 수집되었음이 확실할지라도 이 미곡에 대한 여하한 대금도 2사에 지불하지 말 사. 3. 이에 관한 수입(受入) 미곡의 대금액과 지불 월일을 본 사무소에 통지함을 요망함.

87 〈1946. 1. 24. 재무국장 찰쓰 골돈. 재산관리인 대리 엘 에이 란덜 대위 전. '성업사 급 불이흥업 양 회사에 관한 건'〉.

88 '귀속국내법인'이란 해방 후 미군정과 한국 정부에 귀속된 법인 가운데 애초 한국에서 설립, 등기되어 본점이 한국에 있던 법인을 말한다. 전정구, 「귀속 휴면(休眠)법인 소유재산의 성격」, 『사법행정』 7-1, 한국사법행정학회, 1966에서 따온 말이다.

이상 성업사나 불이흥업처럼 한국에 본점을 둔 기업의 소유재산도 귀속시켜야 한다는 논리였다. 다른 하나는 한국 '자연인'의 소유재산을 귀속시키지 않은 이상 '귀속국내법인', 즉 한국에 본점을 둔 한국 '법인'의 소유재산도 귀속시켜선 안 된다는 논리였다. '자연인'과 '법인'의 권리를 동등하게 인정해야 하며 그게 한국에도 유리하다는 주장이었다.[89]

미군정은 늦어도 1946년 4월에는 이 가운데 후자가 더 타당하다고 결론을 내린 것 같다. 이들은 1946년 4월 1일부 부속문서에 기초하여 법령 제33호의 정신을 "귀속회사의 재산은 귀속하지 않는다"고 해석하였고,[90] 4월 27일에는 미군정 장관 대리의 지령(指令)으로 "법령 제33호가 여하히 법인재산에 적용되는가에 관하여 법제장관의 의견은 … 일본 내지(乃至) 일본인(자연인, 법인)이 소유하였던 주식, 이에 대한 기타 소유권은 군정청에 귀속하였으나 이러한 법인의 재산에 대한 소유권 명의는 여전히 당해 법인에 있다(在함)"고 밝혔다.[91] 이런 이유로 성업사는 귀속농지, 즉 일본에서 설립·등기하여 본점이 일본에 있던 동양척식주식회사 등의 일본 법인과 일본인 자연인의 토지가 신한공사로 일괄 편입된 속에서도 직할농장인 천좌(용연), 대천농장과 창동농원은 물론 '귀속국내법인'인 조선농공주식회사가 소유권을 가졌으나 조선식산은행이 질권을 가진 귀두(소강)농장 역시 수탁농장으로 계속 경영하게 되었다.[92]

89 강명옥, 『귀속재산처리법해의(解義)』, 명세당, 1949, 7쪽.
90 〈조선식산은행 두취 해군 소좌 하리 제 로빈손. 신한공사 귀중(재무부장 경유). '말영농장에 관한 건'〉.
91 〈법제경(法制經) 제267호 농림부 장관 귀하. '조선 내에 창립된 법인재산 수입금처리에 관한 건'〉에서 재인용. 물론 미군정은 이론상으로는 이렇게 해석하였지만, 실제는 "정책상 또는 기타 필요로 인하여 주식의 50% 이상을 전(前) 일본인이 소유하였던 법인은 순적산(純敵產) 취급을 하고 그 외의 법인에 대하여서는 그 법인의 주식만 귀속된 것으로 취급하는" 등 그 후 많은 혼란을 일으켰다(강명옥, 앞의 책, 1949, 9쪽). 이는 정부수립 이후도 마찬가지였다. 그렇지만 공식적으로는 1947년 9월 17일에도 '조선 내에서 창설된 법인관리에 관한 건'을 공표하여 한국에서 설립, 등기된 법인의 '법인격(法人格)'을 존중하였고, 그해 12월에는 관재령 10호로 이를 재확인하였다.
92 성업사, 〈제20회(1950 회계연도) 정기주주총회 결의록 서류〉. 조선농공은 앞의 주 24.

그런데 옹진의 성업사 세 농장 가운데 말영(수동)농장은 '귀속국내법인'이 아닌 스에나가(末永)라는 일본인 '자연인'이 소유한 '귀속농지'였다. 이에 1946년 5월 8일 조선식산은행 두취 로빈슨은 미군정 재무부장을 경유하여 이 농장 역시 성업사가 계속 관리할 수 있게 해 달라는 아래의 청원서를 신한공사에 보냈다.[93]

1. 게기(揭記) 농장(말영농장 -저자)은 황해도 옹진군 서면, 북면, 가천면, 교정면에 소재함. 면적은 350만 7,188평이며 한국 최대 농장의 하나이다.
2. 그 농장의 대부분은 이전 함호(鹹湖, tidal lake)이었다. 개간 계획은 조선식산은행이 금융(financed)한 결과 제방은 구축되고 수년간 토지개량한 결과 염분은 제외되었다(removed). 각종 금융은 현재 이자 19만 828원 6전을 가산(加算)하여 71만 765원 35전이 대출되어 있다(Various loans were made which amount at the present time to ￥710,765.35 plus interest due of ￥190,828.06).
3. 1930년에 사망한 말영 경영주인 스에나가(末永)는 조선식산은행에 질권을 설정하였다(pledged). 민법 제9장 제3절 제356조에 의하면 부동산 질권자는 부동산의 용도에 의하여 이익을 얻기 위하여 질권의 목적물을 사용할 수 있다(A pledge on real estate may use the object of the pledge to make a profit according to the use of the real estate).
4. 1939년 2월 1일 조선식산은행은 전적으로 소유한 방계인 성업사와 농장경영을 위하여 위임계약에 서명하였다(signed a trust contract). 그 계약

93 〈조선식산은행 두취 해군 소좌 하리 제 로빈손. 신한공사 귀중(재무부장 경유). '말영농장에 관한 건'〉. 해당 영문 서류는 〈Headquarters United States Army Military Government in Korea, Department of Finance, Seoul, Korea. 8 May 1946. Subject: Suenaga Farm, To: New Korea company, Thru: Director, Department of Finance〉이고 위 인용문 괄호 안의 영문은 해당 영문본 서류에서 따옴.

에 의하면

a. 성업사는 농장의 개량을 위한 관리와 소작인 관리의 책임이 있다.

b. 성업사는 공과금, 수리조합비, 기타 관리비용을 제외한 농장의 수익을 조선식산은행에 지불할 것.

c. 관리수수료(management fee)는 총수익(total profit)의 5%이다.

5. 하기 이유에 의하여 성업사가 말영농장의 현재 관리를 유지할 것을 허용되기를 요구한다.

a. 법령 제33호의 해석 하에 귀속회사의 재산은 귀속 않는다(1946년 4월 1일부 부속문서 제5항). 그 재산은 부동산의 권리, 소유권, 이익을 포함함. 말영(末永) 가족에 의하여 설정한 질권은 조선식산은행의 법률상 권리이며 그 권리는 부여된 조항에 의하여 상실되지 않는다.

b. 성업사는 7년간 그 농장을 양호(良好)히 관리하였다. '바다'를 개척한 그 농장에 대해서는 특별한 주의를 요하는 바 성업사는 이 농장에 독특한 각종 문제 해결에 경험이 많다.

c. 미완제(未完濟)인 거액의 대부를 가진 고로 조선식산은행은 그 농장의 효과적 경영에 권리를 보유한다. 만약 그 농장을 미숙한 경영자에 양도하면 토지는 악화되고 그 은행은 금융상 손실을 당하고 쌀 생산품(米生産品)의 손실을 당하는 결과가 되리라고 사유한다.

청원 사유는 세 가지였다. 첫째는 미군정 법령 제33호의 정신이 '귀속회사의 재산은 귀속하지 않는다'는 것이고 그 재산은 '부동산의 권리, 소유권, 이익'을 모두 포함하므로 스에나가(末永)가 조선식산은행에 설정한 질권 역시 은행의 법률상 권리로서 결코 상실될 수 없다는 것이었다.[94] 둘째는 지

94 〈1946. 4. 27. 각 부장, 국장 및 정부관리 단체장 전(殿). '법령 제33호에 의하여 귀속된 일본인 재산에 관련된 법인의 채무지불에 관한 건'〉의 "5. 재산귀속법령 제33호의 법인에 대한 효력에 관하여 '총무회의'(總務會議)의 견해는 일본 또는 일본 국민(자연인 또는 법인)이 소유하고 있

난 7년간 성업사가 이 농장을 잘 관리하여 왔고 간척농장 특유의 문제 해결 능력도 있다는 것이었다. 셋째는 조선식산은행이 이 농장에 71만여 원의 채권(債權)을 가지고 있어 농장이 잘못되면 은행도 손실을 볼 수 있다는 것이었다.[95] 이로써 말영농장도 천좌, 귀두농장과 함께 신한공사에 넘기지 않고 성업사가 계속 관리하게 되었다.

한편, 미군정 관재처는 신한공사 설립 후에도 흉작 등으로 식량난이 계속되자 1946년 11월 말에 성업사와 해동흥업(구 불이흥업), 삼정(三井)농림 등의 농지를 그 이듬해부터 신한공사로 이관하기로 하였다.[96] 그리고 1947년 2월에는 관재수속요령 제9호 「귀속기관 소속 농지보고(報告)에 관한 건」을 발표하여 귀속기업, 특히 성업사, 해동흥업처럼 은행 등 금융기관이 관리 중인 농지를 신한공사로 일괄 이전하도록 하였고, 6월에도 '지시통첩'을 보내 이를 재차 강조하였다.[97] 이런 가운데 미군정은 그중 해동흥업의 경우 신한공사와 별도계약을 맺어 38선 이남의 연해, 전북, 옥구, 해미농장을 위탁 관리시키도록 하였다. 그리하여 해동흥업은 1947년 7월 10일 '당국의 지시'

는 법인의 주식 또는 기타 소유 관계 권리는 조선 군정청에 귀속되었으나 차종 법인이 소유하고 있는 재산권은 차종 법인에게 의연히 존재한다는 것임. 이 견해는 본 지령의 기초로서 이에 승인되었음. … 1946. 4. 27. 군정장관 대리 미국 육군 여단장 제이 알 쉬쯔."도 같은 의미를 담고 있다.

95 앞에 인용한 1946년 5월 8일 한글본 서류인 '말영농장에 관한 건'과 그 영문본인 'Suenaga Farm'의 두 번째 항목의 서술이 다르다. 전자는 이자를 포함한 채권이 70여만 원이라고 적었고, 후자는 원금 70여만 원에 이자도 19만여 원이나 된다고 적었다. 후자가 사실(fact)인 듯하며 따라서 조선식산은행의 채권은 90만여 원에 달한 셈이다.

96 『경향신문』 1946. 11. 30. '성업사 등에서 관리하던 일인 농지 신한공사서 관리 내정' –신한공사에서는 최근 군정청 지시로 구 동척 및 일인 소유 토지 이외에 해방 이후 성업사, 해동공사, 삼정(三井)농림, 조선전업(電業) 등에서 관할하고 있는 2만 7,768정보의 적산을 명년도부터 신편입하여 관할하기로 내정하였다고 한다.

97 김성호 외, 앞의 책, 1989, 264~265쪽; 정광현 편, 『적산관계법규 병(竝) 수속편람』, 동광당서점, 1948, 11~12쪽. 관재수속요령 제9호의 내용은 다음과 같다. 1. 귀속법인 중 특히 금융기관 계통 중에는 광대한 농지를 그 종속된 토지관리회사를 통하여 보유하고 있는 법인이 허다한데 신한공사 설치 목적은 귀속농지를 전부 그 관리 하에 종속시킨 후에 달성된다. 2. 이 지시의 목적은 은행, 신탁회사, 기타 귀속기관 등이 현재 관리하고 있는 귀속농지를 그 작물 산출 여부를 불문하고 신한공사로 이관시키는 것이다. 3. 이 지시에 의하여 신한공사로 이관된 모든 농지의 운영은 금후 신한공사가 직접 감독·관리한다. 4. 농지를 관리하고 있는 모든 귀속 법인, 회사, 조합 등은 이 지시를 접수한 5일 내로 신한공사에 관련 서류를 제출한다.

에 따라 신한공사와 '관리계약'을 맺어 이들 농장의 관리를 신한공사에 위탁하였다.[98] 그러나 성업사 농장들은 이때도 신한공사에 이관되지 않았다.[99]

1948년 3월 22일 미군정 법령 제173호 「귀속농지 매각령」의 공포는 성업사 농장의 역사에서 중요한 전환점이 될 수 있었다. 법령의 '취지'에 따라 이들 농장의 농지가 신한공사의 다른 농지들과 함께 그 후신인 중앙토지행정처(1948. 3. 22)로 일괄 흡수되어 소작농에게 유상 분배될 수 있었기 때문이다. 실제로 법령 제173호가 공포되자 그해 5월 4일 성업사 전무 이준기는 일본인 자연인이 소유한 말영농장의 처리방침을 따로 만들어 조선식산은행 두취에게 보고하며 구체적인 지침을 달라고 요청하였다. 당시 성업사가 기안한 처리방침은 법령 제173호의 정신이 "전(前) 일본인 소유 토지 전체를 토지 없는 소작농에게 분할하여 유상으로 분양하는" 것이므로, 비록 조선식산은행이 질권자로서 농장의 '관리와 수익권'을 가지고 있지만, 이에 따를 필요가 있고 또 "여타 전 일본인 소유 토지 전부가 분양되는 차제에 본 토지만 유독 분양하지 아니하면 사실 관리상에도 지장이 많을 것이 예상"되므로, 이 농장을 "이 이상 당사(當社)에서 점유, 관리함보다 국책에 순응하는 의미로 솔선 자진하여 관리권을 포기하고 중앙토지행정처에 이관"하는 것이 좋겠다는 것이었다.[100] 성업사의 이 보고서를 접수한 조선식산은행 산

---

98 이 책 제6장.

99 성업사, 〈제20회(1950 회계연도) 정기주주총회 결의록 서류〉.

100 〈1948. 5. 4. 성업사 전무 취체역 이준기. 조선식산은행 두취 귀하. '말영농장 관리에 관한 건'〉의 "말영농장은 서력 1939년 2월 1일부 귀 은행 당사(當社) 간 계약에 의하여 이래(爾來) 관리를 계속 중이오나 금년 3월 22일부 법령 173호에 의하면 본 농장은 당연히 중앙토지행정처에 신한공사 농지와 함께 일괄 흡수되어 해(該) 법령에 준하여 처리될 성질의 것으로 해석되오니 별지 기재 사항을 참작하시고 처리방도를 강구 결정 지시하심을 요망함.
1. 농장 소재지 및 면적: 옹진군 북면, 서면, 가천면 소재. 총면적 263만 9,940평(외 이북 소재 127만 592평, 산림 약 50만 평).
2. 관리 상황: 매년 결산보고하므로 이를 생략하고 전년도 말 현재 대차대조표, 손익계산서 사본을 첨부함.
3. 신한공사로 이관치 않은 이유: 토지소유권은 일본인이나 귀 은행이 질권자로서 해 토지의 관리와 수익권을 법적으로 보유되었음에 인함. 기왕 본건에 대하여 신한공사에 송달된 서

업금융부장은 그 내용을 조사한 후 조선식산은행 중역회에 성업사의 요청대로 이를 승인하여 달라고 품의하였다.[101] 그리고 조선식산은행 중역회도 이를 승인하되 중앙토지행정처로 농장을 이관할 때에는 소유권자이자 전(前) 경영주인 스에나가(末永) 가족이 조선식산은행에 진 구채(舊債) 90만 4,238원 64전(1948년 5월 20일 현재 이자 포함한 액수)을 "위탁주 계정(委託主計定) 중에서 완제(完濟)" 받아 정리한다는 방침을 덧붙여 조선식산은행 두취의 이름으로 미군정 재무부장에게 보고하였다.[102] 그러나 미군정은 성업사가 소유한 천좌(용연), 대천, 창동농원과 귀속국내법인인 조선농공이 소유한 귀두(소강)농장은 물론이고 일본인 자연인인 스에나가(末永) 가족이 소유한 말영(수동)농장도 귀속농지 분배에 넣지 않았다.[103]

한 사본을 참고로 첨부함.

4. 토지행정처에 이관될 근거 법령: 금년 3월 22일부 법령 제173호.
5. 우기 법령 발포에 따라 중앙토지행정처로 이관을 요함으로 인정되는 이유: 전기(앞의 3) 사유로 인하여 종전 관리 중이나 중앙토지행정처는 금반 발표 법령에 의하여 비단 관리뿐 외라 전(前) 일인 소유 토지 전체를 토지 없는 소작농에게 분할하여 유상으로 분양하는 것이므로 이 이상 당사에서 점유, 관리함보다 국책에 순응하는 의미로 솔선 자진하여 관리권을 포기하고 중앙토지행정처에 이관할 것이라고 생각[愚考]될 뿐 아니라 여타 전(前) 일인 소유 토지는 전부 분양되는 차제에 본 토지만이 유독 분양치 아니하면 사실 관리상에도 지장이 많을 것이 예상됨에 인함".

101 〈중역회회의표. 산업금융부장. '말영농장 관리에 관한 건'〉. "수제지건에 관하여 관리자인 성업사로부터 별지와 여히 해당 농장은 법령 제173호에 의하여 중앙토지행정처에 이관할 것이라는 의견이 제출되어 그 내용을 조사한 결과 좌기와 여히 처리코자 하오니 우 승인 가연재(可然哉). 좌기.

1. 본장에 대하여 성업사가 소유하고 있는 관리권은 솔선 포기하고 중앙토지행정처에 이관함.
2. 이관하는 이유. 1) 서력 1948년 3월 22일부 법령 제173호에 의하여 본 농장은 당연히 중앙토지행정처에 신한공사 농지와 함께 일괄 흡수되어 해(該) 법령에 의해 처리될 성질임. 2) 우 법령 제173호가 발령되고 엄존하는 이상 성업사에서 그 관리를 계속하면 이후에 여러 점에 있어서 오해받을 염려가 유(有)할 뿐만 아니라 일본인 소유 토지 전부가 분양되는 차제에 본 토지만 분양치 아니하면 사실 관리상에도 지장이 적지 않을 것임.
3. 이관 방법. 법령 제173호에 의하여 이관하겠다는 통지를 발송할 뿐이며 기왕의 경리관계는 자진해서 보고치 아니하며 만일 토지행정처에서 그간 경리 상황 등 조회가 유할 시에는 추후로 보고하여 선처하고자 함.

102 〈중역회회의표. 조선식산은행 두취 장봉호. 재무부장 귀하. '말영농장에 관한 건'〉의 "5. 말영 구채(舊債) 정리 방법: 전 경영주 말영에 대한 구채 90만 4,328.64원(1948년 5월 20일 현재 이자 포함)은 농장의 중앙토지행정처 이관 시에 위탁주 계정에서 완제될 것임." 수동농장(구 말영농장)의 위탁주 계정은 [표 5-10], [표 5-15]. 소강농장(구 귀두농장)의 위탁주 계정은 [표 5-13]. 위탁주 계정은 전년도의 위탁주 계정금액과 당기 순익금을 합한 것으로 일종의 배당 후 '이익잉여금' 잔액에 해당한다.

[표 5-11] 성업사 본사 및 직할농장의 수입(1948년 실적, 1949년 예산)

(단위: 원)

과목	1948년 실적액	1949년 예산액
경지 수입	9,638,386(78.0%)	10,679,910(66.0%)
토지 건물 수입	1,352,424(10.9%)	2,874,264(17.8%)
축우 수입	4,840	30,000
대부금 이자	4,444	3,250
예금 이자	67,275	73,000
관리 수입	619,959(5.0%)	935,538(5.8%)
부업 수입	554,323(4.9%)	1,580,189(9.8%)
잡익	114,869	9,100
계	12,357,521	16,185,251

자료: 〈단기 4282년도 손익감정(損益勘定)예산서 본사급직할(本社及直轄)〉.

이상에서 본대로 성업사의 농장들은 1948년 3월 귀속농지 분배에서도 제외된 채 1950년 농지개혁 때까지 농장제를 유지하며 지주제로 운영되었다. [표 5-11]은 1949년 초에 작성한 그해 성업사 '본사와 직할농장'의 예산서에서 따온 것이다.[104] 1948년의 실적액과 1949년의 예산액 모두 가장 큰 비중을 점한 것은 '경지 수입'인데 대부분 직할의 용연농장(구 천좌농장)과 대천농장의 논 수입으로서 1949 회계연도의 경우 실제 경작면적은 용연농장 492정보, 대천농장 62정보 등 554정보이고 거기서 9,768석과 1,197석 등 총 1만 965석(단보당 1.98석)을 수확하여 소작료 3.1제에 따라 3,655석의 소작료를 받을 계획이었다(현금 환산 예상액은 950만 3,182원).[105] '관리 수입'은 수탁농장인 수동농장(구 말영농장)의 관리수수료 51만 8,278원과 소강농장(구 귀두농장)의

103 미군정이 법령 제173호로 매각한 논밭은 "모두 개인의 소작지였고, 기관에서 관리하던 농지는 비록 논밭이라도 처분하지 않았"다. 김성호 외, 앞의 책, 1989, 394쪽.

104 일제 시기와 달리 주식배당금 수입을 뺀 성업사 본사의 부동산 관련 수입과 직할농장의 수입만을 대상으로 한 것이다.

105 〈단기 4282년도 손익감정(損益勘定)예산서. 본사급(及)직할〉. 본사와 후암동농원(厚岩洞農園)도 경지를 가졌는데 규모가 작았다.

[표 5-12] 성업사 농장의 1949년도 수입(예산)

(단위: 원)

계정 과목	본사	창동	용연(구 천좌)	대천	계
경지 수입	28,000	451,160	9,156,810	1,043,940	10,679,910
토지 건물 수입	2,865,084	2,700	5,400	1,080	2,874,264
축우 수입		30,000			30,000
대부금 이자	3,250				3,250
예금 이자	73,000				73,000
관리 수입	935,538				935,538
부업 수입		1,580,189			1,580,189
잡익				9,100	9,100
계	3,904,872	2,064,049	9,162,210	1,054,120	16,185,251

자료: 〈단기 4282년도 손익감정예산서 본사급직할〉.

관리수수료 28만 3,700원, 그리고 화교 상인 담정택 가옥의 관리수수료 13만 3,560원 등이었다.[106] 이외 '토지 건물 수입'은 서울, 인천, 대전, 군산, 이리 등지에 산재한 토지 1,258만 5,695평과 건물 114동(건평 연 1만 174평)의 임대료 수입(예산)이고, '부업 수입'은 창동농원의 양계, 양돈 수입(예산)이었다. 그 외 '대부금 이자'와 '예금 이자' 수입은 본사의 대부금 이자와 정기예금 이자 수입(예산)이었다. [표 5-12]는 1949년도의 수입 예산을 본사와 직할농장별로 집계한 것이다.

직할농장 – 이들 가운데 용연농장(구 천좌농장)은 해방 후인 1947년 6월에도 논 512정보, 밭 225정보와 대지, 임야, 도로, 유지(溜池), 도랑[溝渠], 제방, 잡종지, 산을 거느린 대농장이었다.[107] 건물도 농장 사무실(74평)과 농구(農

106 수동농장과 소강농장의 '관리 수입'은 1948년도와 같은 액수로 '예산'한 것이다. 화교상인 담정택은 동순태의 당주(堂主)이다. 그가 소유한 가옥은 일찍이 조선식산은행에 넘어가 그동안 성업사가 수탁받아 관리하여 왔다. 『매일신보』 1937. 9. 11. '華商街에 落寞한 秋風. 동순태 일문도 撤歸'.

107 〈서기 1947년 6월 16일 용연농장 농장장 사무인계서〉. 인계자 최장열. 인수자 이영직, 입회인 정한익 등이다.

區) 사무소(8평), 농장장과 직원의 사택(9~30평), 각종 창고(11~60평) 등 13동을 소유하였다. 농장은 4개의 농구로 구성되었고 1947년의 직원은 농장장 최장열, 영농주임 양재원, 제1 농구의 농구장 주정옥과 계원 안동의, 제2 농구의 농구장 이용순과 계원 변용인, 김준선, 제3 농구의 농구장 김군자와 계원 최병섭, 제4 농구장 송벽호, 회계계 이원세 등 11명이었다.[108] 농장 사무실에는 일제 말처럼 각급 사무용 집기와 백엽상 등 기상정보 수집용 기구들, 농구와 농약 및 비료 살포용 도구, 도량형기, 토목공사용 기구를 갖추었다.[109] 농장경영과 재산 상태도 체계적으로 기록하였다. 1947년 6월 현재도 일제 말처럼 예금통장(금융조합, 우편소), 예금원장(금융조합), 금전출납부, 가수불금(假受拂金)원장, 예산내역장, 우편물수불장, 문서건명부, 저장품내역장(창고별), 저장품원장, 산림대장, 토지대장, 건물대장, 물품대장, 구우(購牛)대부원장, 비료대부일람표, 인사관계문서, 승인관계문서철, 서무관계문서철, 농무관계문서철, 회계관계문서철, 답집조(畓執租)계약증서철, 답전대(畓田垈)소작계약서철, 구우(購牛)대부차용증서철, 직원약력서, 수납보조부, 1946년도 수납제(收納濟)통지서철(물납, 금납), 회사예규(例規) 등을 작성, 보관 중이었다.[110] 1949년 역시 그해 예산에 반영한 인쇄 관련 구매목록만 보아도 예산내역서, 수납제(收納濟)통지서(물납, 금납), 수납제통지서합계표(현물, 현금), 보조부, 근무일지, 직원제보고(職員諸報告), 경비(經費)영수증, 사불증(仕拂證),

---

108 〈서기 1947년 6월 16일 용연농장 농장장 사무인계서〉. 1949년의 직원은 농장장 이영직, 영농주임 송벽호(겸무), 제1 농구장 주정옥, 제2 농구 상부(上部) 담임 안동희, 계원 유정복, 제2 농구 하부(下部) 담임 최병섭, 제3 농구장 김군자, 계원 변용인, 제4 농구장 송벽호, 계원 김준선, 회계계 이원세 등이었다. 〈단기 4282년도 용연농장 예산서〉. 이들은 봉급, 수당 외에 농장의 벼를 배급받기도 하였다. 〈서기 1947년 6월 16일 용연농장 농장장 사무인계서〉.

109 일제 말처럼 흑판, 등사판, 부기책상[簿記台], 금고(대형, 소형 手提), 서류상자(목제, 철제, 書類柵), 시계, 도장함[印箱], 소화기(消火器)와 분무기용 펌프(본장, 제1, 2, 3, 4 농구용 수평형과 수직형), 저울(대칭(臺秤), 봉칭(棒秤), 간칭(杆秤)), 되([枡]. 1두, 5승, 1승, 1홉), 도급기(稻扱機), 만석(萬石), 당기(唐箕), 인접기(籾摺機), 정미기, 석유발동기, 목탄가스 발생기, 측량기(레벨, 트랜지트(transit)), 상척(箱尺), 레일, 차륜 등을 갖추었다. 〈서기 1947년 6월 16일 용연농장 농장장 사무인계서〉.

110 〈서기 1947년 6월 16일 용연농장 농장장 사무인계서〉.

저장품원장, 행사표(行事表), 경작대장용지(耕作臺帳用紙), 경작대장[耕作控帳 A, B], 수납물하송장(收納物荷送狀), 수납물입고전표(入庫傳票), 수납물출고(出庫)전표, 벼하찰(籾荷札), 인부사역표(人夫使役票), 적립금수입보고(受入報告) 등을 작성하였다.[111] 각종 직인과 열쇠도 그대로 보관하였다.[112] 영농 방식도 일제 말과 같았다. 소작인에게 농지와 종자, 비료 등을 대부하고 농장 차원에서 양수비, 농구비, 인부임, 잡비 등 각급 영농비를 지출하였으며,[113] 예취 인부, 탈곡 인부, 간척지 및 수문 급수(給水) 인부, 배수갑문과 수로 및 저수지 배수문 감시 인부 등도 고용하며 농사를 지도, 독려하였다.[114] 그리하여 1949년의 경우 9,760석을 생산하여 3.1제에 따라 3,253석을 소작료로 받을 예정이었다. 농지개혁 때까지 농장제를 유지하며 지주경영을 계속한 것이다.

대천농장도 해방 후 내내 지주경영을 하였다. 이 농장은 1933년 3월 충청남도 보령군 대천면에 개설하였다.[115] 1949년 현재 그곳 내항리, 궁촌리 일대에 논 66정보, 밭 9정보와 대지, 잡종지, 제방, 유지, 임야, 수로 등을 소유하였고 사택 및 창고 2동(40평)과 양수장(1동)도 있었다. 직원은 2명이었다.[116] 예산에 영농비 등을 책정하여 방조제용 석축을 개수하고 도수로(導水

111 〈단기 4282년도 용연농장 예산서〉.

112 열쇠는 제2 창고, 제3 창고, 천좌도(川佐島)창고, 신촌창고, 제5 창고 등 각 창고와 금고, 도장함의 열쇠 등이다. 인장은 '주식회사 성업사 천좌농장인(印)', '천좌농장인(印)', '회계인(印. 고무)' 등이다. 〈서기 1947년 6월 16일 용연농장 농장장 사무인계서〉.

113 〈서기 1947년 6월 16일 용연농장 농장장 사무인계서〉. 5.5~6마력의 신품 또는 중고 석유발동기를 구매할 예정이었고 인부임은 제1, 4 농구의 양수 운전 인부 80인(연[延] 인원. 이하 같음)과 조수 60인, 본답 양수 운전 인부 40명과 조수 40인 등을 고용할 예정이었다. 잡비는 양수기 및 유류·잡구 운반용 우차와 양수장 설비용 흙가마니[土叺] 30매 구입비, 양수장 설비 및 기타 잡부 10명분 등을 예상하였다.

114 제1 간척지의 급수 인부는 4월 16일부터 9월 12일까지, 제1, 2, 3호 수문의 급수 인부는 5월 1일부터 8월 31일까지 고용할 계획이었다. 이외에도 1949년 9월 20일부터 10월 14일까지 예취인부 150명(연[延] 인원. 이하 같음), 10월 15일부터 12월 13일까지 탈곡 인부 480명 등 연(延) 630명을 고용할 계획이었다. 〈단기 4282년도 용연농장 예산서〉.

115 대천항 대안의 간석지로 대천읍에서 서쪽으로 10정(町. 1정=109미터)가량 떨어진 교통이 아주 편한 곳이었다. 1925년 3월 매립면허를 받아 1926년 완공하였다. 그러나 그 후 4년이 지나도록 제염이 안 되어 방임된 상태였고 실경면적도 20정보에 불과하여 소작료 150석 내외를 받는 데 그쳤다. 이에 1932년부터 총 공사비 7만 5천여 원을 들여 매년 보강 및 개량 공사를 하여 1933년에 개설하였다. 〈대천간척 사업비명세서〉 참조.

116 〈단기 4282년도 대천농장 예산서〉. 황시성, 임정운 2명으로 황은 월급 5,190원과 직무수당

路), 용수로, 보(洑) 등을 수리하였다. 논의 실경(實耕)면적은 62정보였다. 정조식으로 모내기[移種]를 하였고 전량 중은방주(中銀坊主)를 재배하였으며 소작료는 논은 타조(打租), 밭과 대지는 정조(定租)로 징수하였다. 농장 차원에서 예취 인부 10명, 탈곡 인부 50명, 창고관리원 30명, 야경원 30명 등 연(延) 120여 명을 고용할 예정이었고 논 62정보에서 단보당 1.93석씩 1,197석을 수확하여 소작료 3.1제에 따라 그중 399석을 소작료로 받을 계획이었다.[117]

창동농원은 양주군 노해면 상계리에 소재하였다. 지금의 서울 노원구 상계동에 해당하는데 1940년 4월에 개설하였다. 1949년 현재 직원은 사원 2명, 고원 1명과 용원 1명이고 그 외에도 수시로 인부를 고용하였다.[118] 1945년 7월 서울 본사에 '기상월보'(氣象月報) 용지 20매, '생산원부'(原簿) 용지 1책, '도태 및 산란 일계표'(淘汰及産卵日計表) 용지 100매 등을 보내달라고 요청한 데서 보듯이 장부도 체계적으로 작성하였다.[119] 1949년 현재 재배 작물은 벼, 소맥, 대맥, 대두, 흑두, 적소두(赤小豆), 호마(胡麻), 마령서, 고구마[甘藷], 토란, 호박, 수박, 참외, 오이, 가지, 배추, 우엉, 파, 땅콩, 궁중무[宮重大根], 조선무[朝鮮大根], 포도, 다두(茶豆), 고추, 메밀, 지황(地黃), 시금치, 옥수수 등 다양하였고 마분(馬糞), 퇴비, 인분뇨, 계분(鷄糞), 초안(硝安), 과석(過石), 목회(木灰) 등을 시비하였다. 수입은 1949년 경우 경지 수입, 토지 건물 수입, 부업 수입, 축우 수입으로 나뉘었는데 대부분 양계, 양돈의 부업 수입이고 그중에서도 양계 수입이 전체 수입 206만 4,049원의 74%를 점하였다(예산). 내역은 계란 수입 100만 539원, 계분(鷄糞, 乾糞) 2만 9,250원, 폐계(廢鷄) 15만 7,500원, 산란계평가(産卵鷄評價) 33만 9,900원 등이었다. 양돈은 해동흥업(구 불이흥업) 산하 '경성농원'(京城農園)에서 돼지(버크셔) 암수 한 쌍을 구입하여 키울 계획이었다.[120]

200원, 임은 월급 3,520원을 받았다.

117 〈단기 4282년도 대천농장 예산서〉.

118 〈단기 4282년도 창동농원 사업예산서〉.

119 〈1945. 7. 2. 창동농원. 본사 어중(御中)〉.

수탁농장 – 수탁농장인 소강농장(구 귀두농장)은 해방 후인 1948년 현재 논 422정보, 밭 49정보와 그 외에 대지, 잡종지, 임야, 도랑(溝渠), 제방, 유지, 하천, 하천부지, 건물 등을 거느린 대농장이었다.[121] 이를 제1, 2, 3 농구와 앞에서 언급한 구와바라(桑原) 농구 등 모두 4개의 농구로 나누어 관리하였다. 직원은 농장장 김연택, 농장장 대리 서무회계 겸 축우계 전경언, 제1 농구장 김인수, 제2 농구장 조병숙, 제3 농구장 신순조, 창고계 현덕만 등 6명이고 농구마다 각각 2~3명의 소작인 총대를 두었다.[122] 농장 사무실에는 책상, 등사판, 제도면통(製圖面筒), 서류상자[書箱], 철제서류상자, 금고(대형, 手提), 시계(柱時計) 등 사무용 비품을 비치하였다. 각종 도량형기(대칭(臺秤) 7개, 봉칭(棒秤) 4개, 두승(斗升), 상척(箱尺))도 필수였다. 백엽상을 설치하여 기상정보를 수집하였고 분무기(수압형(手押型), 배부형(背負型)), 탈곡기(족답(足踏), 동력), 선풍기, 야마하 디젤 발동기(4마력, 3.5마력짜리), 야마하 수직형 펌프(22촌, 9촌, 15촌, 12촌짜리) 등 각종 농기구와 토목공사용 철제 토관형(土管型), 철제 와이어, 레일도 비치하였다.[123] 장부도 체계적으로 작성하였다. 1950년 6월에 원 소유자인 조선농공주식회사에 인계한 장부만 보아도 예산내역부, 토지대장, 금전출납부, 경우원장(耕牛元帳), 예탁우(預託牛)원장, 비품원장, 저장품대장, 토지목록대장, 경작대장[耕作控帳], 수납물재고고(收納物在庫高)내역부, 문서건(文書件)명부, 사시달(社示達)서류철, 영농참고 등 매우 다양하였다.[124] 그리하여 이들은 논에서 벼 982석, 밭에서 벼 65석 등을 얻어 조선식산은행과의

120 〈단기 4282년도 창동농원 사업예산서〉. 해동흥업의 '경성농원'은 이 책 제6장.

121 〈서기 1948년도 소강농장 예산서〉. 실경면적은 논 262정보(저수지 내 간척 답 252정보, 천수답 10정보), 밭 61정보 등이었다.

122 〈서기 1948년도 소강농장 예산서〉. 소작인 총대는 제1 농구 하경선·박창섭, 제2 농구 전극태·전원화·전영서, 제3 농구 김한종·양영삼, 구와바라(桑原) 농구 유명식·정자인 등이었다. 1950년 6월의 직원도 이와 같았다. 〈4283. 6. 1. 소강농장 인계서. 인계자 주식회사 성업사. 인수자 조선농공주식회사〉. 1947년의 농장장은 이영직이었다. 『한성일보』 1947. 6. 26. '광고. 축 미소공위 성공. 옹진 소강농장 이영직'.

123 〈4283. 6. 1. 소강농장 인계서. 인계자 성업사. 인수자 조선농공〉.

124 〈서기 1948년도 소강농장 예산서〉.

[표 5-13] 성업사 소강농장(구 귀두농장)의 대차잔고(1950. 6. 1 현재)

(단위: 원)

자산		자본·부채	
동산계정	41,813	위탁주 계정	4,254,567
저장품 계정	1,240,112	이익금	525,039
예금계정	7,591		
미수금	762,814		
가불금	86,470		
손실금	620,956		
현금	2,019,851		
계	4,779,606	계	4,779,606

자료: 〈4283. 6. 1. 소강농장 인계서. 인계자 주식회사성업사. 인수자 조선농공주식회사〉.

수탁계약에 따라 그중 5%를 '관리 수입'으로 받고 나머지에서 조세, 공과, 관리비용 등을 뺀 전액을 질권자인 조선식산은행에 납부하기로 하였는데, 그걸 위하여 이들이 적립한 금액은 [표 5-13]에서 보듯이 1950년 6월 1일 현재 위탁주 계정의 425만 4,567원과 이익금 52만 5,039원을 합한 477만 9,606원이었다.

수동농장(구 말영농장)도 지주경영을 계속하였다. 이들은 옹진군 가천면, 교정면이 대부분 38선 이북에 놓여 많은 농지를 잃었다. 그런 이유 등으로 소작인 가옥도 앞서 본대로 일제 말 370호에서 1950년 6월에는 260호만 남았다. 농장은 제1, 2, 3 농구와 야촌(野村) 농구 등 4개의 농구로 이루어졌다. 이곳을 농장장 김영환, 서무회계 진영백, 제1 농구장 겸 영업주임 김성달과 계원 홍순조, 제2 농구장 이용소와 계원 홍병표·김영숙·허백, 제3 농구장 이기환과 계원 윤상겸, 야촌(野村) 농구장 이재경과 계원 강석대·오시준, 급사(용원) 안병필 등 14명의 직원이 관리하였다. 농장 사무실에는 책상, 금고(대형, 手提), 서류함[書函], 등사기, 난로, 괘종(掛鐘) 등 사무용품과 도량형기(대칭(臺秤), 봉칭(棒秤), 대두(大斗)), 각종 분무기, 버티컬 펌프, 동력 탈곡기,

정미기, 접곡기(摺穀機), 가마니결속기[空叺結束機], 야마하 디젤 동력기(4마력, 5마력짜리. 옹진헌병대에 대차(貸借)), 소형 선박 등을 비치하였다. 각급 장부도 꼼꼼하게 작성, 보관하였다. 현금출납부, 예산내역서, 급여지급서, 토지대장, 저장품대장, 문서건명부(文書件名簿) 등을 보관하였고 토지목록, 건물목록, 직원명부, 대차잔고표, 동산계정, 대부금 계정, 저장품 계정, 가불금, 손익명세표, 현금유고표(現金有高表), 공부서(公簿書)목록, 비품명세표, 경우(耕牛)명세표, 전(田)기타도조(賭租)미수(未收)명세표 등을 작성 중이었다. 소작인에게는 농지는 물론 구우대부금, 비료대부금, 종자대부금, 영농대부금 등 6만 3,458원을 대부 중이었다.[125]

수동농장(구 말영농장)은 옹진의 성업사 세 농장 중에서도 38선, 특히 그 일대에서 가장 고지였던 국사봉(527m)과 가까웠다. 그래서 1949년 5월 하순 남북 간에 '옹진전투'가 일어나자 큰 피해를 보았다. 국사봉은 옹진반도의 최고 요새라 그곳을 내주면 최전방인 교정, 가천, 은동, 서경, 염불 등지의 경찰지서가 사격권 안에 들었다. 그런데 북한군은 1949년 4월 옹진반도 서쪽 끝 비파리까지 들어온 데 이어 그해 5월 말에는 중화기로 무장한 채 국사봉 남쪽의 교정, 가천, 은동, 염불, 서경, 수동(首洞)까지 내려와 경찰지서와 마을을 습격하여[126] 옹진에서만 2만여 명의 이재민이 발생하였다.[127]

125 〈단기 4283년 6월 8일 말영농장 인계서〉.

126 1948년까지도 38선 충돌은 북한 경비대와 한국 경찰 및 청년단이 38선을 넘어 서로 습격, 약탈, 납치하는 수준의 소규모 총격전에 그쳤으나 1949년 5월에는 정규군이 연대급 병력과 중화기를 동원하여 전투한 이른바 '작은 전쟁' 수준까지 고조되었다. 최일, 「한국전쟁 휴전협정에서 옹진반도의 처리 과정과 결과에 대한 연구」, 경남대학교 석사학위논문, 2014; 옹진군지편찬위원회 편, 『옹진군지』 상, 옹진군편찬위원회, 2012, 343~351쪽.

127 『연합신문』 1949. 5. 6. '옹진군 西面에 북한군 500명 내습으로 이재민 발생' -38 접경인 옹진군 서면 월암리, 비파리, 난천리, 내송리 4개 리에 수일 전 이북에서 무장폭도 약 500명이 내습 … 주민 424명(101호)은 안전지대를 찾아 피난; 『영남일보』 1949. 5. 10. '송석하 제12연대장 옹진지구 38선 충돌 전황에 대해 기자회견'; 『동아일보』 1949. 5. 26. '국군 옹진으로 월남 내습한 인민군 1개 대대 격퇴'; 『평화일보』 1949. 6. 7. '옹진지구 38선 충돌사건 갈수록 치열화'; 『동아일보』 1949. 6. 4. '육군 제1사단 옹진방면 38선 충돌 전황을 발표' ; 『조선중앙일보』 1949. 8. 19. '구자옥 경기도지사 옹진지구 이재민은 2만 명이라고 언급'; 『서울신문』 1949. 8. 7. '육군본부 정훈감실 개성·옹진·강원지구 전투 전과를 발표'.

[표 5-14] 성업사 수동(말영)농장의 사택(舍宅) 및 창고 명세표

소재지	종별	구조	동수	건평	적요
북면 삼산리	사무소	와가	1	28.7	현재 청방(靑防)에서 사용
〃	본관	〃	1	42	현재 청방에서 사용
〃	합숙	〃	1	29	4동 중 3동은 청방 사용, 1동은 지서 사용
〃	사무실	함석	1	미상	현재 가사무실
북면 하설적리	사택	〃	2	49.2	
북면 장현리	사택	〃	1	16.5	
서면 동오리	〃		〃	1	11.3
북면 삼산리	창고	〃	1	미상	농장구 내 가창고
〃	〃	혼응토(混凝土)	1		
서면 장포리	〃	함석	3		해안창고
〃	〃	〃	2		고진구 및 장포구의 수납창고
북면 장현리	〃	기와	1		야촌농구

자료: 〈단기 4283년 6월 8일 말영농장 인계서〉.

이런 이유로 그 후 수동농장은 [표 5-14]에서 보듯이 6.25 직전인 1950년 6월 8일 현재 농장 사무실을 '청방'(靑防), 즉 청년방위대(「병역법」 1949. 1에 근거하여 1949년 11월에 대한청년단을 주축으로 창설된 민병대)와 '지서'에 내준 채 가사무실을 써야 하였고 합숙 사택 일부도 징발당하였다. 야마하 디젤 동력기를 헌병대에 대여한 것도 같은 예였다. "이북 공비 내습 시 (경우와 예탁우 등을) 약탈"당하여 '구우(購牛) 대부금의 회수에 곤란'을 겪기도 하였다.[128] 소강(귀두)농장도 마찬가지였다. 군(軍)에서 농장의 소를 '염출'하여 가기도 하였으며,[129] 이런 와중에 사육자들이 경우(耕牛)를 '무단' 매각하는 일도 일어났다.[130] 해방 후 옹진은 식량 문제가 심각하였다. 주민 중 어민과 광부가 많

128 〈단기 4283년 6월 8일 말영농장 인계서〉.
129 〈4283. 6. 1. 소강농장 인계서. 인계자 성업사. 인수자 조선농공〉 '동산계정'(勘定)의 "군염출(軍捻出) 경우(耕牛) 11두" 참조.

[표 5-15] 성업사 수동농장(구 말영농장)의 대차잔고(1950. 6. 7 현재)

(단위: 원)

자산		자본·부채	
대부금 계정	731	위탁주 계정	5,476,651
저장품 계정	561,657	이익금	216,446
가불금	34,898		
손실금	1,095,014		
현금	3,937,339		
계	5,693,097	계	5,693,097

자료: 〈단기 4283년 6월 8일 말영농장 인계서. 인계자 성업사. 인수자〉.

아 더욱 그랬다.[131] 그래서 옹진군청과 소강지서의 군(郡) 직원과 순경들도 이곳 농장에서 벼를 가져갔는데 그중 일부는 회수하기 어려웠다.[132] 이런 어려움 속에서도 말영농장은 농지를 소작제로 경영하며 조선식산은행과 체결한 수탁계약에 따라 전체 소작료의 5%를 '관리수입'으로 받고, 나머지에서 조세, 공과, 관리비용 등을 뺀 전액을 질권자인 조선식산은행에 납부하였는데 그걸 위하여 적립한 금액은 [표 5-15]에서 보듯이, 1950년 6월 8일 현재 위탁주 계정 547만 6,651원과 이익금 21만 6,446원을 합한 569만 3,097원이었다.

130 〈4283. 6. 1. 소강농장 인계서. 인계자 주식회사성업사. 인수자 조선농공주식회사〉 '동산계정'의 "사육자 무단 매각 경우(耕牛) 21두, 예탁우(預託牛) 3두 계 24두" 참조.

131 『민중일보』 1948. 5. 23. '행정관의 모범. 옹진군수의 미거' -양곡 공출 성적은 제일 불량하여 타지방의 원조를 받아도 2대 광산과 근 반수의 어민을 포용하고 있는 이 지방은 식량 소동을 면치 못하였(다). … 백령도 부근은 수시로 38 이북 경비대의 내습(을) 받았다.

132 〈4283. 6. 1. 소강농장 인계서. 인계자 주식회사성업사. 인수자 조선농공주식회사〉 '미수금명세표' 의 '소강지서 28입(叺)', '군(郡) 및 일선순경(一線巡警) 수납(收納) … ', '군직원(郡職員) 급 순경(巡警) … ' 등이 예다.

3) 농지개혁과 성업사 농장의 해체

1948년 귀속농지 분배 때도 제외되었던 성업사 각 농장의 농지는 1950년 농지개혁으로 모두 분배되거나 원래의 소유자에게 이양되었다. 직할농장인 용연농장(구 천좌농장)은 성업사가 직접 분배에 넣었고, 소강농장(구 귀두농장)은 원 소유자인 조선농공주식회사의 대리인인 박재중에게 이양하였으며, 귀속농지였던 수동농장(구 말영농장)은 농림부로 넘겼다. 1950년 4월 24일 농림부 귀속농지관리국장은 그해 3월 10일 농지개혁법안(수정안)이 공표된 가운데 성업사 사장에게 아래의 문서를 보냈다.[133]

> 현재 귀사에서 관리하고 있는 경기도 옹진군 서면, 북면, 용천면 등지에 소재한 구(舊) 일본인 말영농장 및 귀두농장 토지와 동 부대시설(농구, 양수기, 탈곡기, 농우, 기타 농지 관리에 필요한 제반 시설 일체)은 군정 법령 제33호 및 관재수속요령 제9호에 의거하여 본국(本局) 전신인 신한공사가 당연히 접수, 관리해야 할 것인데 관리 누락된 관계로 귀사에서 임의 관리한 것으로 사료되오니 농지 분배 실시 중인 차제에 해(該) 토지대장 및 관리대장 기타 제반 관계서류와 해방 후로부터(4278년[1945년-저자] 8월 15일) 현재까지의 관리한 수지계산서, 재산목록을 조속히 이관해 주심을 자이(玆以) 경요(敬要)함.

이튿날 성업사는 농림부로 아래의 해명 답신을 보냈다.[134]

---

133 〈귀농처 제239호 단기 4283. 4. 24. 농림부 귀속농지관리국장. 성업사 사장 귀하. '귀속농지 및 부대시설 이관에 관한 건'〉. 미군정이 분배하지 않은 귀속농지는 1950년 3월 10일 농지개혁법 개정법령 공포에 따른 〈농지 제339호. '농지개혁법 실시에 관한 건'〉(1950. 4. 3)으로 일반 농지와 똑같이 분배하기로 되었다. 김성호 외, 앞의 책, 1989, 395쪽.

134 〈단기 4283. 4. 25. 성업사 전무 이준기. 농림부 귀속농지관리국장 귀하. '귀속농지 및 부대시설 이관에 관한 건'〉. 이는 조선식산은행에도 즉각 보고하였다. 〈단기 4283. 4. 26. 성업사 전무 이준기. 조선식산은행 산업금융부장 귀하. '귀속농지 관리권 이양에 관한 건'〉의 "수제(首

본월(4월) 24일부 귀농처 제239호 귀한(貴翰) 수제(首題)에 관하여 말영농장은 조선식산은행이 질권자인 관계로 동 은행 위촉에 의하여 우금(于今) 관리 중이나 귀 지시대로 하시(何時)든지 인도할 용의가 있음. 조선농공주식회사 소속 귀두농장은 조선식산은행이 채권자인 관계상 조선농공주식회사 간 계약에 의하여 관리 중이든 바 본월 21일부 별지 농림장관 지시에 의하여 동 회사 관리인 박재중 씨에게 인계할까 하는 중이오니 귀부 장관과 협의하시어 지급(至急) 통일적 지시를 해 주시길 요망함.

수동농장(구 말영농장)은 질권자인 조선식산은행의 위촉으로 '우금(于今) 관리 중'이나 언제든지 인도할 용의가 있으며, 조선농공(주) 소유의 소강농장(구 귀두농장)은 조선식산은행이 채권자라서 양자 계약에 따라 그간 관리하여 왔으나 4월 21일부 농림부 장관의 지시에 의하여 조선농공의 관리인인 박재중에게 인계할까 하니[135] 귀부(농림부) 장관과 협의하여 지급 지시하여 달라는 요지였다.[136] 이로써 성업사의 직할농장인 용연농장(구 천좌농

題)에 관해 귀속농지관리국장으로부터 금월 24일부 별지와 같은 서한이 유(有)하여 즉일 별지 사본과 같이 회답했기에 귀 참고에 공(供)하기 위해 이에 보고함".

135 〈농실(農室) 제299호 단기 4283. 4. 21. 농림부 장관 윤영선. 조선식산은행 두취 귀하. '귀속기업체 조선농공주식회사 관리인 임명에 관한 건'〉의 "제기(題記) 회사는 한일 혼합법인으로 귀속재산처리법 제31조 제2항에 의해 관리인을 좌기와 같이 임명되었으니 그 소속 농지인 현재 귀행(貴行)이 관리하고 있는 옹진군 용천면 및 서면 소재 부동산 통칭 귀두농장을 좌기 관리인 박재중에게 인계하심을 무망(務望)함. 기(記). 박재중 조선농공주식회사 관리인에 임함. 4283. 4. 1. 농림부 장관". 박재중은 인천에서 합자회사 인천고무(護模)공업사의 사원(파트너)으로 일하며 충청남도 서산군 남면에서 12만 평의 간척 공사에도 나섰던 인물이다. 해방 후 인천 중앙도기주식회사(식기 및 전기부속품 생산)의 대표 취체역을 거쳐 1950년 4월 1일 조선농공의 관리인에 임명되었다. 中村資良 편, 앞의 책, 1933년판; 『중앙신문』 1947. 9. 26. '우수공장 표창. 조선기공 등 4공장'.

136 아래 두 자료가 이를 보여준다. 〈산(産) 제121호 단기 4283. 5. 1. 조선식산은행 산업금융부장 박의순. 성업사 전무 취체역 이준기 귀하. 조선농공주식회사 농장(속칭 귀두농장) 관리 이양에 관한 건〉의 "수제(首題)의 건에 관하여 4283년 4월 21일자 〈농실(農室) 제299호〉 및 4월 28일자 〈농실 제424호〉로서 농림부 장관으로부터 차의 관리권을 동사 관리인 박재중 씨에게 인계하라는 지시가 유(有)했으므로 좌기에 의해 이양하심을 무망(務望)함. 기(記) 1. 귀두농장은 전반적으로 조선농공주식회사 관리인 박재중 씨에게 이양할 사. 2. 이양 인계사무는 성업사에서 담당하고 인계 완료와 동시에 전말(顚末) 보고서 제출할 사"; 〈단기 4283. 6. 13. 한국식산은행 두취 장봉호 귀하. 조선농공주식회사 농장(속칭 귀두농장) 관리 이양에 관한 건 보고〉의 "수제의 건에 관한 단기 4283년 5월 1일자 산(産) 제121호 귀(貴) 산업부장 지시에 의하

장)과 대천농장, 그리고 천안, 온양, 고양, 경주 등지의 소규모 농지들은 모두 분배당하였고,[137] 수탁농장인 소강농장(구 귀두농장)은 원 소유주인 조선농공(관리인 박재중)에 이양되었으며 귀속농지인 수동농장(구 말영농장) 역시 정부에 이양되었다. 성업사의 농장경영, 지주경영은 이로써 종말을 맞았고 곧이어 6.25 전쟁이 발발하여 옹진을 비롯한 전국이 전쟁터가 되었다. 성업사 본사의 임직원과 농장 직원들은 모두 피난에 나섰다.

1950년 봄 농지개혁으로 농장이 폐쇄되자 농장 직원들도 정리하였다. 직할의 용연농장(구 천좌농장) 직원은 9.28 수복 후인 1950년 10월 30일 '농장장 사무 취급' 1명만 남긴 채 모두 해직시켰고,[138] 대천농장도 11월 9일 모든 직원을 정리하였다.[139] 수탁농장인 소강농장(구 귀두농장)은 1950년 6월 1일자로 조선농공에 농장을 인계하면서[140] 그 전 5월 13일자로 구 직원들을 일괄 해직시켰다.[141] 수동농장(구 말영농장)도 1950년 5월 6일 사원 11명, 고원 1명, 용원 1명을 모두 해임하고 위로금을 주면서 농림부에 이들 직원의 인수

여 동사 관리인 박재중 씨에게 농지 및 부대시설 및 동산 일체를 6월 1일 현재로 이양 완료되었아옵기 별지 인계서류 부본(副本)을 첨부하여 이에 보고함".

137 성업사, 〈제20회(1950년도) 정기주주총회 결의록 서류〉.

138 〈4283. 11. 24. 전무 취체역. 용연농장장 사무 취급 김군자 귀하. '직원 이동(異動)에 관한 건'〉. 1. 직원 이동의 건. 용연농장장 사무 취급을 명함. 1950. 10. 30. 사원 김군자. 해직함 1950. 10. 3. 사원 안동희. 원에 의하여 해직함 1950. 10. 30. 사원 주정옥, 사원 최병섭, 사원 변용인, 사원 김**. 2. 해직자 급여에 관한 건. 사원 주정옥 49,600원, 최병섭 48,000원, 변용인 42,600원, 김** 31,900원. 재신(再伸) 해직자 안동희 사원에 대하여는 7, 8, 9, 10 4개월 봉급을 지급치 말 것.

139 〈사직원〉 소직 금번 토지개혁에 의한 회사 사정으로 사퇴코자 하오니 허용하여 주심을 앙망함. 단기 4283. 11. 9. 대천농장 임정운. 전무 취체역 좌하; 〈사직원〉 소직 금번 토지개혁에 의한 회사 사정으로 사퇴코자 하오니 허용하여 주심을 앙망함. 단기 4283. 11. 9. 대천농장 황시성 전무 취체역 좌하.

140 앞 주 135에서 본대로 농림부는 1950년 4월 1일자로 귀속국내법인인 조선농공의 관리인에 박재중을 임명하였는데 농지개혁 후 소송에서 무효 판결을 받았다. 당연히 박재중 명의로 이루어진 각종 거래도 무효 판결을 받았다. 〈매매계약취소처분취소청구사건〉 서울고법 1966. 8. 11. 66구31, 제1 특별부 판결 확정; 〈매매계약 확인 등 대법원 1963. 2. 14. 선고 62다887 판결〉.

141 〈단기 4283. 6. 5. 소강농장 직원 해직에 관한 건〉의 "농림부 지시에 의하여 소강농장 관리계약을 조선농공주식회사에 이관함에 있어 그 소속원도 인계키로 되어 좌기와 여히 해직 발령코자 하나이다. 앙(仰) 결재. 기(記) 사원 김모 원(願)에 의하여 해직함. 4283. 5. 13 … 김모, 신모, 조모, 김모, 현모 원(願)에 의하여 해직함. 4283. 5. 13. 이상.

를 요청하였다.[142]

창동농원은 농지개혁 대상이 아닌 양계장, 양돈장과 과수원이 중심이었다. 그리하여 해동흥업(구 불이흥업)의 '경성농원'[143]처럼 비록 규모는 작았으나 농지개혁 후에도 살아남았다. 농지개혁 후인 1952년 2월 1일 창동농원에서 성업사 본사에 보고한 '회계보고의 건'과 같은 해 2월 25일 역시 본사에 보고한 '사업예산서 제출의 건'이 그걸 보여준다.[144] 이에 성업사는 농지개혁에서 제외된 창동농원과 여타 부동산(미간지(未墾地), 저수지, 수로, 대지, 임야, 잡지(雜地), 사무실, 창고 등)을 활용하여 축산사업과 시가지 경영 등에 진출할 방안을 모색하기도 하였으나 여의치 않았다.[145]

성업사는 농지개혁 후에도 관련 업무가 그치지 않았다. 농지는 분배되었지만, 농지 대가를 보상받아야 하고 농지 부속시설과 6.25 전쟁 중 군에 징발되었던 재산에 대한 보상도 받아야 하였다. 이외에도 휴전(1953) 후 38선 이북 수복지구의 농지들을 원상회복하여 분배에 넣고 신규 보상을 받아야 하였는데 [표 5-1]에서 본 38선 이북 경기도 포천군 영북면의 영북농장이 그런 예였다.[146] 이런 문제들은 후술할 제6장에서 해동흥업(구 불이흥업)의 사례를 통해서 좀 더 자세히 살펴볼 예정인데, 성업사가 이런 문제들을 정리하

142 〈성 제85호. 단기 4283년 5월 18일. 성업사 전무 이준기. 농림부 귀속농지관리국장 귀하. 귀속농지 및 부대시설 이관에 관한 건〉의 "4월 24일자 귀농 제239호 귀한(貴翰) 수제(首題)에 관한 말영농장은 현재 그 소속 직원이 별지와 같이 유(有)하오니 포함 인계하여 주심을 요망함. 수동농장 직원 명부(농장 관리계약 이관 시). 농장장 김영환, 이재경, 김성달, 이기환, 진영백, 이용소, 홍병표, 홍순조, 강석대, 김영숙, 오시준, 허백, 윤상겸, 이병필.

143 이 책 제6장.

144 〈단기 4285. 2. 1. 창동농원. 본사 귀하. '회계보고의 건'〉; 〈성창 제 호 단기 4285. 2. 25. 창동농원. 본사 귀하. '사업예산서 제출의 건' 〉 수제의 건 단기 4285년도 사업예산서 별책과 여히 편성하여 제출하오니 하람하옵심을 요망.

145 성업사, 〈제20회(1950년도) 정기주주총회 결의록 서류〉.

146 경기도 포천군 영북면 수복 지구의 성업사 농지는 영북면 자일리의 논 49만 2,748평, 밭 18만 8,296평, 운천리의 논 28만 9,206평, 밭 7만 9,836평 등이었다. 〈경기도 포천군 영북면 자일리 운천리 농지보상신청서(성업사)〉. 신청자는 성업사 대표 유범렬, 매수당한 면적은 논 78만 1,952평, 밭 26만 8,136평, 그 외 과수원(果園) 등이고 이들 농지는 '지주의 임대여지'(賃貸與地)였다. 〈보상신청서〉. 농지목록은 성업사에서 작성한 〈영북면 자일리 급 운천리 제2차 농지 분배지 목록〉에 상세하다.

며 해산을 결의한 것은 1965년이고, 그 후 정산절차를 모두 종결한 것은 35년이 더 지난 2000년 12월이었다.[147] 그만큼 긴 시간이 소요되었다.

4. 결어

일제 말 조선식산은행은 흔히 '식은계'(殖銀係), '조선식산은행 콘체른' 등으로 부른 거대 금융 왕국의 모회사(mother company)였다. 산하에 20개의 기업과 4개의 금융기관을 직계 또는 방계회사로 거느렸고 농업 부문에만 한정하여 보아도 조선식산은행–성업사–불이흥업·조선개척(1944년 불이흥업과 합병하여 해산)으로 연결된 피라미드형의 지배 구조를 구축한 채 전국 각지의 논 1만 6,500여 정보와 그 외 밭, 임야, 잡종지 등 총 2만 3,700여 정보의 토지를 지배하였다. 조선식산은행을 정점으로 한 이러한 지배 구조는 해방 후 큰 변화를 맞았다. 조선식산은행은 미군정과 대한민국 정부가 일본인(자연인, 법인) 소유 지분을 국가로 모두 귀속(vest)시켜 지배주주가 된 가운데 1950년 2월 한국식산은행으로 이름을 바꾸었다가 1954년 4월 해산하여 그 후 청산절차를 밟았다. 성업사도 정부가 한국식산은행의 지분을 인계받아 정부 소유로 만들었다가 1965년에 해산하여 그 후 청산절차를 밟았다. 대신 정부는 1954년 4월 자본금 전액을 출자하고 한국식산은행의 자산과 부채, 조직과 인력을 승계하여 한국산업은행(KDB)을 설립한 후 일제 때 조선식산은행이 맡았던 개발은행(development bank)의 업무를 맡겼다. 1962년 4월에는 한국산업은행이 전액을 출자하고 회사 이름도 성업사에서 따온 성업공사를 창립하여 일제 때 성업사가 맡았던 부실채권정리회사의 기능을 맡겼다. 그리고 성업공사는 1997년 외환위기를 맞아 정부 출자의 한국자산관리공

147 법인의 해산과 청산은 이 책 제6장 주 145.

사(KAMCO)로 개편되어 지금껏 운영되고 있다.

이 장에서는 해방 후 조선식산은행과 성업사가 직면하였던 이런 큰 변화들을 염두에 두면서 일제하 성업사의 지주경영, 즉 직할농장과 수탁농장의 경영이 해방 후 미소 군정의 실시, 농민 운동의 고양과 농장자주관리 운동의 전개, 미군정의 신한공사 설치와 귀속농지 매각, 대한민국 정부수립과 농지개혁 등을 거치며 어떻게 변모, 해체하여 갔는가를 살펴보았다. 이하 여기서 확인한 몇 가지를 언급하여 결어에 대신하려고 한다.

첫째, 해방 직후 황해도 옹진의 천좌, 귀두, 말영농장과 경기도 양주의 창동농원 등 성업사 각 농장에서는 밑으로부터의 농장자주관리 운동이 일어났다. 그중에서도 38선에 가장 인접한 데에다 특별히 '남로당의 총 근거지'로 불릴 만큼 좌익세력이 강했던 옹진군 북면 삼산리 수동에 본부를 둔 성업사 말영(수동)농장의 소작농들은 1945년 9월 조선공산당 만세, 소비에트공산당 만세를 선언하며 수동농민조합을 조직하였다. 그리고 그해 '10월경' 농민조합의 이름으로 그 농장을 강제 접수하여 농장장 이하 직원들을 배격하고 서울 본사와의 연락이나 지시도 거부한 채 농장을 독자적, 자주적으로 경영하기 시작하였다. 소작료도 미군정이 공표한 소작료 3.1제가 아닌 조선인민공화국이 정한 소작료 3.7제에 따랐는데 이곳 소작농민들은 3.7제의 소작료마저도 거의 납부하지 않았다. 주지하듯이 해방 후에는 장차 어떤 경제 체제, 농업 체제의 신국가를 건설할 것인가를 두고 자본주의, 사회주의 두 진영이 격렬하게 대립하였는데 이곳 농민들은 후자의 노선을 따른 것이었다. 그러나 이들의 농장자주관리는 그리 오래가지 못하였다. 1945년 11월 조선식산은행과 미군정이 이들 농장의 재접수에 나섰고 결국 이듬해 3월 18일 말영농장마저 성업사에 재접수되었다. 이 기간 농민조합은 기존의 농장조직을 해체하지 않았고 농장의 농지를 조각내어 농민에게 분배하지도 않았다. 동시에 소작료 3.1제는 말할 것도 없고 소작료 3.7제마저 거의 지키지 않았다. 대부분의 소작농이 소작료를 '불납'하여 지주경영 자체를 무력화시킨 것이다. 한편, 천좌(용연), 귀두(소강), 말영(수동) 등 황해도 옹진의 성업사 세 농장은 6.25 전쟁 후 모두 북한에 편입되었다. 그리하여 북한식 토지개혁이 진행되었고 그 후 다시 사회주의 집단농장으로 개조되었는데, 해방 직후 이곳 농민들이 수동농민조합을 조직하여 짧게나마 농장을 자주적으로 운영하였던 경험은 1950년대에 사회주의 농업 체제로 이행하여 가는 과정에서 중요한 자산이 되었을 것이다.

둘째, 해방 후 미군정과 한국 정부는 일제 때 한국에서 설립, 등기하여 본점이 한국에 있던 '귀속국내법인'의 소유 '재산'을 국가로 귀속(vested)시키지 않았다. 이들 법인이 발행한 주식 가운데 일본 정부나 그 민간이 소유한 주식은 귀속시켰지만, 이들이 소유한 '재산'은 한국인 자연인의 재산을 귀속시키지 않듯이 귀속시키지 않았는데 여기서 '재산'은 소유권은 물론 질권(pledge) 등 각종 권리를 포함한 것이었다. 이에 따라 성업사는 자신이 소유권을 가진 천좌, 대천농장과 창동농원 등 직할농장은 물론이고, 질권자인 조선식산은행의 위탁(trust)을 받아 자신이 관리 중이던 귀두, 말영농장 같은 수탁농장까지 그대로 소유, 관리하게 되었다. 그중에는 귀속국내법인인 조선농공(주)이 소유한 귀두농장은 물론 일본인 자연인 스에나가(末永) 가족이 소유한 말영농장도 포함되어 있었다. 그리하여 이들 농지는 1946년 봄, 일본에서 설립등기되어 일본에 본점을 둔 동양척식주식회사 등 일본 법인과 일본인의 농지가 신한공사로 이관되고 1948년 3월 귀속농지가 농민에게 매각되는 속에서도 여전히 살아남아 1950년 농지개혁 때까지 성업사가 줄곧 소유, 관리하게 되었다. 성업사의 자회사로서 역시 '귀속국내법인'이었던 해동흥업(구 불이흥업)의 농지가 1947년 7월 '당국의 요청에 따라' 신한공사의 위탁 관리로 이관되어 매년 일종의 '순이익금'만을 받게 하였던 것과 크게 다른 조치였다. 미군정과 한국 정부의 귀속농지 관리는 그만큼 자의적이었다.

셋째, 해방 후 식량 확보에 골몰하였던 미군정과 대한민국 정부는 일제

때 이윤 추구를 최대 목표로 삼았던 거대 농업회사들이 그랬던 것처럼 1950년 농지개혁 때까지 성업사의 각 농장들을 그대로 유지하며 농사를 짓게 하였다. 그뿐 아니었다. 조선공산당 만세, 소비에트공산당 만세를 선언하며 성업사 말영농장을 강제 접수하여 관리하였던 수동농민조합도 농장제를 유지하며 농사를 지었다. 생산성 면에서 농장제가 그만큼 장점이 많기 때문이었을 것이다. 그렇지만 일제하 농장들은 1948년 귀속농지 매각과 1950년 농지개혁으로 모두 해체되었다. 농지는 잘게 잘라 농민에게 분배하였고 농장 사무실은 폐쇄하였으며 농장 직원도 해고하였다. 농지개혁 논의가 한창이던 1946년 말에 일제 때부터 대지주, 농업회사들과 오랜 거래를 통하여 농장제의 장단점을 누구보다 잘 알았던 조선식산은행은 장차 농지개혁을 실행하여 대지주, 농업회사의 농지를 잘게 잘라 농민에게 나누어 줄 거라면 그간 대지주, 농업회사들이 담당하였던 '생산적 직능'을 누구에게 대행시킬지를 함께 고민해야 한다고 주장하였다. 그 경우 대안은 두 가지였다. 하나는 말영농장의 예에서 보았듯이 농민들 스스로 조합을 만들어 농장제를 유지하며 농사를 짓는 방법이고, 다른 하나는 국가가 농업협동조합 같은 별도의 기구를 만들어 그간 농장이 맡았던 '생산적 직능'을 대행하게 하는 방안이었다. 그런데 정부는 농지개혁 과정에서 둘 중 어느 것도 실행에 옮기지 못하였다. 농지개혁으로 농지를 분배하여 자작 소농체제는 만들었으나 그동안 대지주, 농업회사가 맡았던 '생산적 직능'을 대신할 기구는 마련하지 못한 것이다. 그리고 이는 남한과 북한 모두 마찬가지였다. 6.25 전쟁으로 농업기반 시설의 와해가 심각하였던 북한에서 농업 생산성 증대를 위한 방안으로 사회주의 농업협동화 문제를 본격적으로 제기하고, 빠른 산업화로 식량 문제, 농촌 문제가 심각하였던 남한에서 소농 체제의 대안으로 기업농이나 협업화 문제를 논의한 것은 그 때문이었다.[148]

---

148 김성보, 『남북한 경제구조의 기원과 전개』, 역사비평사, 2000; 유인호, 『한국 농업협업화의 연구』, 한국연구원, 1972.

[부록 5-1] 계약서

주식회사 성업사(이하 갑)와 구와바라 치요(桑原千代)의 대리 기토 스스무(鬼頭進) 사이에 황해도 옹진군 서면 소재 별지 목록 부동산의 관리경영에 관하여 좌의 계약을 체결함.

제1조 기토 스스무(鬼頭進)는 구와바라 치요(桑原千代) 소유의 전기 부동산과 그에 부속한 일체의 물건에 대한 사용권을 성업사에 주고 성업사는 관리경영에 관하여 기토를 대신하여 그에 대한 보전, 농사개량, 소작인 지도 감독의 책임을 진다.

제2조 성업사는 관리수익에서 조세, 공과, 관리비용, 기타 농사경영자금 일체를 지불한 잔액을 기토(鬼頭進)에게 교부한다.

제3조 단, 전조의 수익이 제 지출금에 미치지 못하면 부족액은 기토가 부담한다.

제4조 보통관리수수료는 소작료 총수량의 100분의 5로 하며 그 외에 제2조의 잉여수익이 생기면 기토(鬼頭進)는 그 100분의 2를 다시 성업사에 교부한다.

제5조 다음 사항은 성업사와 기토(鬼頭進)가 협의하여 결정한다.

1) 예산의 편성과 결산
2) 수확물 처분
3) 입체금(立替金)의 금리
4) 소작인에 대한 대도금(貸倒金)의 손해 보전
5) 성업사의 관리수수료에 관한 사항
6) 기타 본건 관리경영과 관련하여 중요하다고 인정되는 사항

제6조 계약 존속은 1939년 2월 20일부터 년 월 일까지로 함. 단, 기간만료 시는 성업사와 기토가 협의하여 기간을 연장할 수 있음. 우 계약을 증(證)하기 위하여 본증 2통을 작성하여 각자 1통씩 보유함.

1939년 2월 일

경성부 남대문통 1정목 140-1번지 성업사 전무 시치다 쓰네이치(七田常市)
인천부 화정 1정목 19번지 기토 스스무(鬼頭進)

[부록 5-2] 차입증(差入證)

졸자(스에나가(末永) 가족을 말함 –저자) 등이 소유한 별지 목록 기재의 황해도 옹진군 북면, 서면, 가천면, 교정면 소재 부동산, 통칭 말영농장의 경영에 대하여 고(故) 스에나가 쇼지(末永省二)의 사업 착수 이래 영년(永年)에 걸쳐 각별한 원조를 입었고 근년에는 풍작과 미가고(米價高)에 힘입어 점차 사업 호전의 실마리를 잡게 되었다. 이는 무엇보다도 귀행의 높은 은덕(高恩) 덕분으로 진심으로 감사드리는 바이다. 그런데 사업경영의 기둥[柱石]이던 스에나가 쇼지가 사망한 후 졸자 등이 미력하고 무경험하여 금후 본 사업의 계속 경영이 곤란할 뿐 아니라 귀행에 대한 채무상환에도 지장을 줄까 걱정되어 1939년 월 일 이후 이 사업지의 사용 수익권 일체를 귀행에 양도하기로 하고 이에 좌기 사항을 확약 이행하려고 본증(本證)을 차입(差入, 제출)함.

제1조 전기(前記) 부동산의 관리 사용 수익에 관한 일체의 권한을 현상(現狀)대로 귀행에 양도하며 귀행이 이를 직접 임의 경영하든 제3자에 경영을 위탁하든 이의를 신청하지 않는다.

제2조 전조의 사용 수익에 대하여 졸자 등은 일체의 관계를 끊고 하등의 방해와 지장을 주지 않음은 물론 귀행의 승낙 없이는 형상(形狀)의 변경과 기타 진실로 귀행의 의지에 반하는 일체의 행위를 하지 않는다.

제3조 사용 수익권에 기초하여 획득할 수확물은 귀행이 임의 처분하여 토지세, 공과금, 수리조합비, 비료대, 기타 관리상 요하는 일체의 비용과 이들 입체금(立替金, advance payment –저자)에 대한 귀행 소정의 금리 및 귀행에 대한 차입원리금(借入元利金)으로 임의 충당하여도 이의를 신청하지 않는다.

제4조 농장 수익으로 전조(前條)의 제(諸) 지불을 충당할 수 없을 때는 그 부족액을 귀행의 청구에 따라 지체 없이 지불하며 만약 전조의 제 지불을 하고도 여잉(餘剩)이 있을 경우에는 서로 협의하여 농장 장래의 수지 확보를 목적으로 이를 처분하여도 이의를 신청하지 않는다.

제5조 농장 수익으로 귀행 이외에 대한 채무변제나 졸자(拙者) 등의 생계비를 지급하는 것을 귀행의 지도에 따라 정지 또는 제한하여도 이의가 없다.

제6조 부동산 부속물과 경영상 필요한 공작물(工作物), 경우(耕牛), 농구, 기타 물건은 무상으로 그 사용을 승낙하고 하등 지장을 주지 않는다.

제7조 부동산의 보전 또는 개선을 위하여 공사를 시행할 필요가 있을 때는 귀행에서 직접 대행하여도 이의 없음은 물론 그 소요 자금을 일체 졸자 등의 부담으로 하고 변제 방법도 귀행의 지도대로 확약 이행하기로 함.

제8조 천재지변 기타 사유로 부동산 및 기성(旣成) 공작물 또는 전조(前條)의 공사를 시행 중인 것 혹은 농작물에 대하여 손해를 입은 경우는 일체 졸자 등의 부담으로 하며 공작물에 대해서는 귀행의 지도대로 보수하여도 괜찮음.

제9조 본계약의 존속 기간은 1939년 월 일부터 년 월 일까지로 하고 가령 만료 시라도 귀행에서 필요하다고 인정하면 다시 기간을 연장하고 우 기간 내라도 귀행에서 언제든지 사용 수익권을 반환하여도 이의 없음.

제10조 전조(前條) 기간 내라도 본계약에 위반한 때는 언제든지 좌기(左記) 연부상환금차용증서 및 근저당권 설정계약서의 조항에 기초하여 귀행에서 임의저당권을 실행하여도 이의 없음.

1. 1922년 7월 30일부 연부상환금 차용증서(현재잔(現在殘) 원금 38만 8,709원 87전)
1. 1923년 6월 27일부 연부상환금 차용증서(현재잔 원금 5만 5,563원 84전)

1. 1924년 4월 29일부 연부상환금 차용증서(현재잔 원금 2만 5,877원 55전)

1. 1926년 4월 8일부 근저당권설정계약서(극도액금(極度額金. 한도액 -저자) 30만 원)

1. 1939년 1월 일부 근저당권설정계약서(극도액금   만 원)

쇼와 년 월 일

주식회사 조선식산은행 어중

[부록 5-3] 수동(首洞)농민조합 규약

제1장 총칙

1조 본 조합은 수동농민조합이라 칭하고 사무소는 옹진군 북면 삼산리 수동에 설치함.

2조 본 조합은 황해도 농민조합평의회의 강령 선언 급(及) 결의(決議)의 수행을 목적으로 함.

3조 본 조합의 규약은 대회의 결의를 통과치 않고는 변경함을 부득(不得)함.

제2장 조직

4조 본 조합은 본 조합의 강령 선언 급(及) 규약을 승인하는 농민으로서 조직함.

제3장 기관

5조 본 조합에 좌의 기관을 설치함.

1. 정기대회 1. 집행위원회

6조 정기대회(定期大會)로써 본 조합의 최고의결기관으로 함. 단, 출석조합원 수가 조합원 총수의 5분지 3 미만인 시는 개최함을 부득(不得)함.

7조 정기대회는 매년 1회 전년도 대회에서 정한 일시 및 장소에서 위원장이 차를 소집함. 단, 좌기 사항에 해당할 시는 위원장은 임시대회를 소집함을 득(得)함.

1. 집행위원회에서 필요로 인정할 시.
1. 조합원 총수 3분지 2 이상이 요구할 시.

8조 위원장, 부위원장 및 집행위원은 대회에서 발언권은 유(有)하나 결의권은 무(無)함.

9조 대회에서 위원장은 의장을 대행하고 필요한 좌기 조목(條目) 사항을 결의함.

1. 자격심사 2. 예산편성 3. 결산보고 4. 기타

10조 대회의 결의는 특별 결의 없을 시에는 출석 조합원 과반수의 동의에 의하여 성립함. 단, 가부 동수인 시에는 의장이 차를 안결(案決)에 의하여 결정함.

11조 집행위원회는 차회(次會) 기간까지의 대회결의 사항의 최고집행기관으로 함.

12조 집행위원회는 위원장, 부위원장 및 선임된 집행위원회는 대회결의 사항을 집행할 책임을 부(負)함.

13조 위원장, 부위원장 급 집행위원은 매년 대회에서 선거하고 대회의 승인을 필요로 함. 단, 집행위원 중 결원이 유(有)할 시는 위원장이 차기 대회까지 임시 선임(選任)함을 득함.

14조 집행위원회는 매년 3, 4회 정기로 개최함. 단, 위원장이 필요로 인정할 시, 또(又)는 집행위원이 3분지 2 이상의 요구가 유(有)할 시는 임시로 개최함.

15조 집행위원회에 좌기의 부문을 설치하고 집행위원 중에서 각부의 책임자를 선임함. 단, 필요에 응(應)하여 각 부의 책임을 겸임함을 득(得)함.

1. 재정부 1. 공제부 1. 교육출판부 1. 조사부 1. 정치부 1. 조직선전부 1. 기타

제4장 역원

16조 본 조합에 좌기의 역원을 설치함.

1. 위원장, 부위원장 각 1명
1. 집행위원, 각 부문당 약간 명

17조 위원장은 본 조합을 대표하고 일반 조합사무를 총리(總理)하며 그 책임을 부(負)함. 부위원장은 위원장을 보좌하고 위원장이 사고가 유(有)할 시 위원장을 대리함.

18조 집행위원은 조합사무를 처리하고 그 책임을 부(負)함.

19조 역원은 유보수(有報酬), 무(無)보수로 하고 보수는 집행위원회에서 차를 결정함.

20조 역원의 임기는 만 1개년으로 정하고 차기 대회에서 재선함을 득(得)함.

제5장 가입 탈퇴 급 규율

21조 본 조합원의 가입 또(又)는 탈퇴는 대회 또는 집행위원회의 승인을 요함.

22조 대회는 집행위원회에서 필요로 인정할 시 조합원에 대하여 권고 경고를 발하고 다음 사항에 해당할 시에는 제명함을 득(得)함.

1. 본 조합의 강령 선언 급 집행위원회의 중요 결의에 위(違)할 시.
1. 간첩적(間諜的) 행위를 행함이 있을 시.
1. 조합운동의 방해 내지 노농운동에 방해행위를 취한 시.

23조 집행위원회의 제명결의에 대하여는 대회에 이의를 제출함을 득함. 단, 이의 제출 기간 중에는 가입 조합원으로서의 권리 의무 일체(一切)는 존속함.

24조 제명결의는 대회 또는 집행위원회에서 총원수(總員數) 3분지 2 이상의 결의에 의하여 이(此)를 결정함.

25조 가입 조합원이 탈퇴 또는 제명되었을 시(時)는 본 조합 기금 기타 일체(一切)에 대한 권리를 상실함.

제6장 회계

26조 본 조합의 경비는 가입조합원이 차를 부담함. 단, 부담액은 대회에서 결정하고 집행위원회에서 특히 필요를 인정할 시는 임시 징수함을 득함.

27조 본 조합의 수입 지출에 관한 예산 급 결산은 대회에 부의하여 승인을 요함.

28조 본 조합의 연도는 월 일로 정함. 대회의 기일을 변경했을 때는 대회 전 1개월로써 전년도 종말로 함.

29조 본 조합의 재산 관리 급 회계감사에 대하여는 위원장, 부위원장 급 집행위원의 연대책임으로 함.

제7장

30조 본 조합의 규약은 년 월 일부터 실시함.

[부록 5-4] 잡익(雜益) 내역

(단위: 원)

과목	금액
농작물(作得物) 매각익	160
경작수당(耕作手當) 수입금	37
비료대정산차액환불(精算差額戾)	114
수동농민조합 인계 수입(引繼 受入)	1,738
농장 소유 창고 사용료	750
비료 공(空) 가마니 매각대	195
종자(種子) 벼 생산 보급금	1,518
농구 매각 차액 수입(受入)	1

자료: 『수동농장 사업보고서』(1945). 이하 모두 같음.

[부록 5-5] 손익 계정 중 손실금 명세

(단위: 원)

과목	항목	내역	금액
인건비	봉급	직원	13,563
		용원	180
	특별수당	근무수당	4,678
		가족수당	2,900
		사택료	858
		휴직수당	622
		피복수당	770
		시간외 근무수당	790
		장학(獎學)수당	400
		출납수당	60
		정근수당	15,586
		물가수당	16,200
	일반수당	상여금	11,411
		교제수당	420
	위로금		23,160
여비	관내 여비		726
	관외 여비		8,426
	잡(雜)여비		8,733

[부록 5-5] 손익 계정 중 손실금 명세(계속)

(단위: 원)

과목	항목	내역	금액
제세공과	지세 및 부가세		12,563
	가옥세 및 부가세		486
	잡세		3,770
	공과(농회비)		209
영선비	토목수리비		1,659
	영업용건물수리비		1,971
경리비	비품비(器具費, 雜具費)		384
	소모품비(연료, 點燈, 雜品)		881
	필지묵문구, 도서, 통신, 송금비		154
	보험료(부동산보험)		2,202
	종업원보조비		240
	접대비		1,024
	기증비		1,120
	부동산관리비		22,086
	임시인부임		1,445
	서비(庶費), 위생비		112
영농비	수리조합비		36,908
	양수비	유대(油代)	421
		기구비	684
		인부임	1,008
	소작지 비료비(비료보조)		55
	소작지 해충구제비		80
	경작연구비(직영 논)		140
	녹비 재배비		8
	장려비(소작인회비)		60
	수납비	수납인부임	3
		수납서비(庶費)	70
	잡역인부임		885
산림비	유지비		1,501
축우유지비	사료비		22
지불이자	어음차입금이자		1,988
	기타		6,500
평가손, 매각손	매각손		11
잡손(雜損)			40,978
계			251,108

[부록 5-6] 동산계정				
(단위: 원, 두)				
	전기 이월	당기 증가	당기 감소	기말 현재
경우(耕牛)	3,686원(25두)	-	961원(6두)	2,726원(19두)
예탁우	110원(14두)	-	15원(2두)	95원(12두)
반작우(半作牛)	(6두)	-	(1두)	(5두)
젖소[乳牛]	(8두)	-	(1두)	(7두)

[부록 5-7] 소작인 계정(대부)				
(단위: 원)				
	전기 이월고	당기대부고	당기회수고	당기말 잔고
구우(購牛)대부	2,534	-	135	2,400
영농대부	55	32,374	-	32,429
종자대부	-	8,213	-	8,213

[부록 5-8] 저장품 계정				
(단위: 원)				
	전기 이월	당기 증가	당기 감소	기말 현재
벼	11,325	220,851	9,270	222,905
잡곡	556	-	479	76
농구	1,208	65	254	1,019
비료	4,748	-	-	4,748
제충유	1,165	218	53	1,330
잡저장품	510	-	-	510
계	19,512	221,134	10,057	230,590

[부록 5-9] 저장품 계정 내역

	종별	전기 이월	금기 증가	금기 감소	기말 현재
벼	벼	90,601근	220,851근	71,016근	240,436근
잡곡	녹두	2석	–	1석	1석
	교맥(蕎麥)	18.02석	–	15.924석	2.096석
	대두	5.07석	–	4.310석	0.76석
	서(黍)	0.36석	–	0.360석	–
	좁쌀[粟]	2.05석	–	2.050석	–
농구	곡괭이[唐鍬]	5개	–	–	5개
	쟁기날[犂先]	1개	–	–	1개
	쟁기볏[鐴]	1개	–	–	1개
	쇠시랑[三本鍬]	23개	–	–	23개
	제초기	72개	–	–	72개
	조선호미	922개	50개	169개	803개
	선풍기[旋風機]	5개	–	–	5개
	탈곡기	3개	–	–	3개
	호구	8개	–	–	8개
비료	유산가리	19관	–	–	19관
	석회	12,743관	–	–	12,743관
	20%과린산석회	42관	–	–	42관
	석회질소	2,065관	–	–	2,065관
	도(稻) 1호	176관	–	–	176관
	도(稻) 3호	9관	–	–	9관
	30%과린산석회	328관	–	–	328관
	묘대(苗代)비료	87관	–	–	87관
	과린산석회	1,490관	–	–	1,490관
제충유	경유(輕油)	99관	–	5관	94관
	되리스	171대	–	–	171대
	구보이도	180개	120개	–	300개
	매루구릉	400개	–	–	400개
잡(雜)저장품	재목, 공사재료, 기타 잡품 수종				

제6장
해방 후 해동흥업(구 불이흥업)의 운영과 청산

1. 서언

해방 직후 한국의 농업 문제, 농촌 문제에 관해서는 그간 많은 연구가 축적되었다. 특히 이 시기의 지주제와 지주층에 대해서는 개별 지주와 농업 회사들에 관한 사례 연구나 농지개혁에 즈음하여 작성된 각종 문서와 정책론들에 대한 치밀한 분석을 통하여 그 정치·경제·사회적 동향을 추적한 여러 연구가 나왔다.[1] 그런데 당시 한국에는 일본 정부나 그 민간이 소유한 소규모의 토지, 가옥, 상점과 회사에서부터 조선식산은행, 동양척식주식회사 같은 대형 국책회사에 이르기까지 다양한 형태의 재산과 법인이 존재하였다. 그리하여 이들은 해방 후 적산(enemy's property), 귀속재산(vested property)으로 분류되어 미군정에 귀속되었다가 그중 농지는 1948년 3월 귀속농지 분배 때 대부분 매각되고 나머지 재산은 1948년 8월 정부수립 이후 한국 정부에

1 장상환, 「농지개혁 과정에 관한 실증적 연구(상, 하)」, 『경제사학』 8, 9, 경제사학회, 1984, 1985; 동, 「농지개혁에 의한 농촌사회 경제구조의 변화」, 김용섭 교수 정년기념 한국사학논총 간행위원회 편, 『한국 근현대의 민족문제와 신국가 건설』, 지식산업사, 1997; 박석두, 「농지개혁과 식민지 지주제의 해체 -경주 이씨가의 토지경영사례를 중심으로」, 『경제사학』 11, 경제사학회, 1987; 김성호·전경식·장상환·박석두, 『농지개혁사연구』, 한국농촌경제연구원, 1989; 홍성찬, 『한국 근대 농촌사회의 변동과 지주층 -20세기 전반기 전남 화순군 동복면 일대의 사례』, 지식산업사, 1992; 이지수, 「해방 후 농지개혁과 지주층의 자본전환 문제」, 연세대학교 석사학위논문, 1994; 홍성찬 편, 『농지개혁연구』, 연세대학교 출판부, 2001; 우대형, 『한국 근대 농업사의 구조』, 한국연구원, 2001; 하유식, 「울산군 상북면의 농지개혁 연구」, 부산대학교 박사학위논문, 2010; 방기중, 「농지개혁의 사상전통과 농정이념」, 『분단 한국의 사상사론』, 연세대학교 출판부, 2010; 유용태 편, 『동아시아의 농지개혁과 토지혁명』, 서울대학교 출판문화원, 2014.

이관되었다. 그리고 그 후 오랜 기간에 걸쳐 이들 재산은 매각, 처분되고 법인은 해산, 청산되었다.[2] 그중에는 전국에 방대한 농지를 가진 채 이를 지주제로 경영한 다수의 농업회사도 있었다. 일제하 한국 최고의 대지주로서 일본 도쿄에 본점을 두었던 동양척식주식회사 같은 국책회사나 일본인 구마모토 리헤이(熊本利平)가 전라북도 옥구군 개정면에 본점을 두고 운영한 주식회사 웅본(熊本)농장 같은 민간회사들이 그것들로서 이들 역시 정도의 차이는 있지만 대개 같은 절차를 밟아 청산되었고, 이들의 지주경영도 귀속농지 매각이나 농지개혁을 통해 전부 해체되었다.

해방 후 미군정과 한국 정부가 취득한 이들 귀속재산, 적산 가운데 그 규모와 기능 면에서 가장 영향력이 큰 기관은 조선식산은행이었다. 이 은행은 일제가 식민지 조선의 '이원'(利源)을 개발, 척식(拓殖), 수탈하는 데 필요한 자금을 조달하고 운용하기 위하여 1918년에 설립한 대표적인 국책은행, 특수은행이었다.[3] 그리하여 이 은행은 일본 정부와 조선총독부의 방침에

2 해방 후 적산, 귀속재산 처리는 김동욱, 「해방 이후 귀속기업체 처리 과정에 관한 일 연구 -조선석유주식회사의 사례」, 『경제사학』 13, 경제사학회, 1989; 김기원, 『미군정기의 경제구조』, 푸른산, 1990; 이혜숙, 「해방 후 미군정의 귀속재산 처리 과정」, 『근현대사강좌』 7, 한국현대사연구회, 1995; 박희진, 「귀속기업의 불하와 1950년대 대구지역 섬유산업」, 『경제사학』 23, 경제사학회, 1997; 서문석, 「해방 이후 귀속재산의 변동에 관한 연구 -면방직 공업 부문을 중심으로」, 『경영사학』 17, 한국경영사학회, 1998; 동, 「귀속재산의 소멸에 관한 연구 -1961년 이후의 면방직 설비를 중심으로」, 『경영사학』 20, 한국경영사학회, 1999; 박광작, 「미군정과 한국정부의 귀속재산 민영화 정책에 대한 일 평가」, 『비교경제연구』 6, 비교경제학회, 1998; 김대래 · 배석만, 「귀속사업체의 탈루 및 유실(1945~1949)」, 『경제학논집』 11-2, 한국국민경제학회, 2002; 이대근, 『귀속재산 연구 -식민지 유산과 한국경제의 진로』, 이숲, 2015.

3 조선식산은행은 「조선식산은행령」에 의하여 국가 자금이 아닌 민간 주주들의 출자금으로 설립한 특수은행이다. 그리하여 총독부는 이 은행에 출자금, 예금 외에 거액의 '식산채권'(殖産債券)을 발행하여 개발과 척식자금을 조달할 특권을 주었고 민간인 주주들에게는 일정 기간 동안 일정액의 주식 배당도 보장하였다. 그 대신 총독부는 이 은행에 대한 관리·감독권은 물론 중역 임명 등 일체의 인사권을 가졌다. 이 은행에 대해서는 東洋經濟新報社 編, 「朝鮮産業の共榮圈參加體制」, 『年刊朝鮮』 第1回, 東京: 東洋經濟新聞社, 1942, 26~27쪽; 조기준, 『한국자본주의성립사론』, 대왕사, 1977, 제10장; 堀和生, 「植民地産業金融と經濟構造」, 『朝鮮史硏究會論文集』 20, 東京: 朝鮮史硏究會, 1983; 권대웅, 「1920년대 금융자본의 농업지배에 관한 연구 -조선식산은행을 중심으로」, 『민족문화논총』 5, 영남대학교 민족문화연구소, 1984; 藤田文吉, 『一日本人行員の朝鮮史雜感と朝鮮殖産銀行』, 東京: 藤田文吉, 1988; 동, 『朝鮮産業經濟の近代化と朝鮮殖産銀行』, 東京: 西田書店, 1993; 윤석범·홍성찬·우대형·김동욱, 『한국근대금융사연구』, 세경사, 1996; 배영목, 『한국금융사』, 개신, 2002; 정병욱, 『한국근대금융연구 -조선식산은행과 식민지

따라 식민지 통치에 필요한 각종 정책 자금과 일반 산업 자금을 공급하였을 뿐만 아니라 필요에 따라 일반 기업의 주식과 채권을 매입하고 자본금을 출자하여 신규 기업을 신설하거나 기존 기업을 인수·합병하는 데도 앞장섰다. 그리하여 이 은행은 1942년 말 현재 흔히 '식은계'(殖銀系)로 불린 조선식산은행 계열(系列)의 20개 대회사와 4개의 금융기관을 직계 또는 방계회사로 거느린 거대 금융 '콘체른'(konzern, concern)의 모회사(母會社)·지주회사(持株會社, holding company)로서 한국의 경제계, 재계, 산업계에서 막강한 영향력을 행사하였다.[4] 이 은행은 비록 일본의 미쓰이(三井), 미쓰비시(三菱), 야스다(安田), 스미토모(住友)처럼 '민간' 자본의 집중과 집적을 통해 피라미드 형태의 기업지배 구조를 구축한 전형적인 재벌 '콘체른'은 아니었지만, 국가의 기획과 지원 아래 식민지 조선을 개발, 척식, 수탈하는데 필요한 방대한 자금과 조직, 인력을 거느린 거대 '금융 왕국'의 모기업이었다.

일제하 조선식산은행이 거느린 기업 중에는 농업 또는 농업 관련 회사도 여럿이었다. 조선식산은행이 1931년에 자본금을 출자하고 창립 요원들을 파견하여 직접 설립한 주식회사 성업사와 1934, 1935년에 조선식산은행이 자회사인 성업사를 통해서 인수한 불이흥업주식회사 및 조선개척주식회사(원래 이름은 선만개척주식회사), 그리고 1940년에 성업사와 불이흥업, 조선개척 등이 컨소시엄(consortium)을 형성하여 신규 설립한 조선농기구제조주식회사가 그것이었다. 이로써 조선식산은행은 조선식산은행(모회사)-성

경제』, 역사비평사, 2004; 矢島桂, 「戰間期朝鮮における産米增殖計劃と朝鮮殖産銀行」, 『社會經濟史學』 80-3, 東京: 社會經濟史學會, 2014.

4 당시 조선식산은행의 방계회사는 광공업 분야의 일본고주파중공업과 그 자회사인 일본마그네사이트화학공업, 금강특종광산, 조양광업, 이원철산, 운송(雲松)광업, 약산(若山)니켈광업, 경수철산(鯨水鐵山), 일본탄소공업 등이 있고 그 외 한강수력전기, 조선제련, 조선전선(朝鮮電線)과 교통운수업 분야의 국산자동차, 경춘철도, 조선우선(朝鮮郵船), 인쇄 분야의 조선서적인쇄, 금융분야의 조선저축은행, 조선신탁, 조선상업은행, 조선화재해상보험, 그리고 농업 분야의 성업사와 그 산하의 불이흥업, 조선개척, 조선농기구제조 등이 있었다. 東洋經濟新報社 編, 앞의 책, 1942, 26~27쪽; 藤田文吉, 앞의 책, 1988, 제12장 俗稱 '殖銀コンツェルン'; 이 책 서론의 [그림 서-2].

업사(자회사)–불이흥업·조선개척(손회사)–조선농기구제조회사(증손회사)로 연결된 피라미드 형태의 지배 구조를 구축하였고, 1944년에는 그 가운데 조선개척을 불이흥업에 합병시켜 불이흥업을 동양척식주식회사에 버금가는 대규모 농사회사로 만들기도 하였다.

이런 이유로 그간 학계는 일제하 '조선식산은행 콘체른'의 정점에 있었던 조선식산은행과 그 산하의 기업들에 관하여 많은 관심을 기울였다. 그리고 그 연장선 위에서 이 책의 제Ⅰ편에서도 일제하 '조선식산은행 콘체른'의 한 축을 담당하였던 불이흥업, 성업사, 조선개척 등 이른바 조선식산은행 산하 농업 3사의 설립과 변모를 추적하여 좁게는 일제하 지주제와 금융자본의 관계에 대하여, 넓게는 일제하 한국 자본주의와 한국 사회 구성의 기본 성격에 대하여 좀 더 풍부한 이해를 할 수 있게 되었다. 그리고 제Ⅱ편에서는 일제하 '조선식산은행 콘체른'과 그 산하의 농업회사들이 해방 후 어떤 변화를 겪으며 해산, 청산되어 갔는가를 살펴보기 위하여 제5장에서 성업사의 해방 후 농장경영과 그 해체 과정을 검토하였고, 여기서는 해방 당시 조선식산은행 산하의 또 다른 농업회사였던 해동흥업공사(구 불이흥업)의 해방 후 운영과 그 해산 및 청산 과정을 살펴보려고 하는데, 이 회사에 특별히 주목한 이유는 크게 두 가지이다.

첫째는 이 회사가 일제하 일본 정부나 그 민간이 소유하였던 기업들, 그중에서도 한국에서 설립·등기되어 한국에 본점을 두었던 '귀속 국내 법인'[5]들의 해방 후 운영과 그 해산 및 청산 과정을 잘 보여주기 때문이다. 주지하듯이 해방 후 '귀속국내법인'의 청산은 오랜 시간이 걸렸다. 한국 정부가 이들의 청산을 모두 종결한 것이 2000년대 초였으니 해방 후 반세기가 지난 후에야 이 방면의 식민지 유산의 청산이 법적으로 종료된 것이다. 그

5 '귀속국내법인'이란 해방 후 미군정과 한국 정부에 귀속된 법인들 가운데 애초 한국에서 설립, 등기되어 본점이 한국에 있던 법인을 말한다. 전정구, 「귀속 휴면(休眠)법인 소유재산의 성격」, 『사법행정』 7-1, 한국사법행정학회, 1966에서 따온 표현이다.

과정을 해동흥업(구 불이흥업)의 사례를 통해서 살펴보는 것이 이 장의 첫 번째 목표이다.

둘째는 이 사례가 해방 후 일본인 농업회사들이 직면하였던 거의 모든 과제를 집약적으로 보여주기 때문이다. 이들이 겪은 해방의 충격과 미소군정 실시에 따른 38선 이북 지역의 농지 및 재산 상실, 한국인으로의 중역진 교체와 회사 명칭의 변경, 미군정기의 귀속농지 분배와 정부수립 후 농지개혁에의 대응, 6.25 전쟁 이후 휴전선 이북 농지의 상실과 수복지구 농지의 환원 및 분배, 농지부속시설과 군 징발 재산의 보상, 농지개혁에서 제외된 부동산과 주식의 처분, 농지보상금 지급을 둘러싼 대한민국 정부와 귀속국내법인 사이의 분쟁 등이 그것이다. 그 점에서 이 사례는 해방 후 일본인 농업회사들이 직면하였던 여러 문제와 그 해결 과정을 구체적으로 보여주는 요긴한 소재가 아닐 수 없다.

2. 해방과 해동흥업공사로의 개편

해방 당시 불이흥업의 자본금은 1,000만 원이었다. 발행 주식은 구주 12만 5,000주, 신주 7만 5,000주 등 총 20만 주이고 주주는 358명이었다. 이들 주식의 25%인 5만 9,009주는 335명의 개인이 소유하였고 나머지 75%인 14만 991주는 23개의 법인·단체가 가졌는데 그중 성업사는 불이흥업 전체 주식의 55%인 11만 181주를 가진 명실상부한 지배 주주였다.[6] 주주의 국적은 거의 모두 일본이었다. 일본의 회사, 단체, 개인이 전체 주식의 97.9%를 소유

6 1945년 10월 현재 불이흥업의 주식을 2,000주 이상 소유한 회사주주는 성업사 11만 181주, 조선신탁 1만 7,892주, 조선무진(無盡) 5,430주 등이고 개인주주는 고마쓰(小松百太郎) 4,503주, 하스누마(蓮沼長藏) 3,306주, 마쓰무라(松村喜美子) 2,100주, 하자마(迫間一男) 2,001주, 가나자와 진베(金澤仁兵衛) 2,000주, 후지이 간타로(藤井寬太郎) 2,000주 등이다. 불이흥업, 〈임시총회 의사록, 1945. 10. 11〉.

하였고 한국인은 겨우 2.1%인 4,299주(주주 18명)를 가지는 데 그쳤다.[7] 중역도 사장 야나베 에이자부로(矢鍋永三郎), 상무 아사노 겐이치(淺野健一), 히라하라 다모쓰(平原保), 쓰치야 다이스케(土屋泰助), 취체역 이시즈카 다카시(石塚峻), 사와무라 규헤이(澤村九平), 구라타 야스시(倉田保), 감사역 하야시 유타카(林豊), 나카토미 게이타(中富計太) 등 모두 일본인이었다.

1945년 8월 15일 일본의 패전 선언으로 한국의 일본인 사회는 엄청난 충격을 받았다. 조선식산은행과 산하 회사들도 마찬가지였다. 이 은행에는 이튿날인 8월 16일 아침부터 일본인 고객이 몰려들어 예금 인출을 꾀하였고 일본인 행원들도 극도의 불안감에 빠졌다.[8] 불이흥업의 일본인 중역들도 8월 16일 아침 경성부 중구 황금정 본사에서 '종전에 따른(伴) 시국급변'으로 '비상처치를 채(採)할 필요'가 있다며 서둘러 취체역회를 열었다. 그리하여 이들은 불이흥업 임직원의 보수와 상여금, 위로금, 봉급, 수당, 사택료, 귀국 여비 등을 그 회계연도 말인 1946년 3월분까지 앞당겨 지급하고 차제에 회사 적립금인 직원신원보증금과 별도적립금도 모두 반환하여 주기로 하였다.[9] 조선식산은행도 같은 날 조선은행과 협의한 기준에 따라 임직원들에게 1년분 임금을 지급하고 기타 퇴직금과 이직 수당도 각각 규정액의 50%가량을 지급하기로 하였다.[10]

불이흥업의 일본인 중역들은 8월 중에 또 한 차례 취체역회를 열었다.

7 주주의 이름으로 추정한 한국인 주주는 곽애례(郭愛禮) 796주, 김광태희(金光泰熙) 700주, 김광규용(金光圭瑢) 205주, 김광규정(金光圭珽) 100주, 김광규순(金光圭珣) 100주, 김삼우보(金衫祐輔) 605주, 장병량(張秉良) 675주, 최영기(崔暎祺, 奉天省) 300주, 안촌병서(安村秉瑞) 200주, 안촌신남(安村信男) 150주, 안촌용남(安村龍男) 100주, 강전선영(康田善永) 100주, 강전응태(康田應泰) 10주, 김이지(金利枝) 100주, 오남선(吳南善) 55주, 전태룡(全泰龍) 50주, 이병억(李秉億) 50주, 김택명환(金澤明煥) 3주 등이다. 〈임시총회 의사록, 1945. 10. 11〉. (불이흥업의 문서임. 이하 문서의 생산 주체를 명시하지 않은 것은 불이흥업 또는 해동흥업의 문서임).

8 藤田文吉, 앞의 책, 1988, 665, 668쪽.

9 〈취체역회 결의록, 1945. 8. 16〉. 단, 역원의 상여금과 퇴직위로금 지급은 '적당한 시기까지 보류'하기로 하였다.

10 殖銀行友會 編, 『朝鮮殖産銀行終戰時の記錄』, 東京: 殖銀行友會, 1977; 정병욱, 앞의 책, 2004, 393쪽.

그리하여 중역과 직원의 퇴직위로금을 증액하는 한편, 일본인 직원에게는 귀국 여비를 따로 지급하기로 하였다.[11] 이들은 9월 11일에도 취체역회를 열어 한국인 직원에게도 귀향 여비를 주기로 하였고 같은 날 조선식산은행 역시 한국인 사원에게도 귀향 여비를 주기로 하였다.[12]

1945년 9월 초 남한에 진주한 미군은 9월 25일 미군정 법령 제2호를 발표하여 그해 8월 9일 현재의 일본, 독일 등 적국 재산에 대하여 전면적인 동결 및 이전 제한 조치를 하였다. 그러나 그 후 더 이상의 조치는 없었다. 그래서 불이흥업을 비롯한 '적산'기업의 경영권은 당분간 일본인 중역들이 그대로 가졌다. 이에 남한 각지에서는 노동자, 농민들이 '아래로부터' 공장 및 농장자주관리 운동을 벌여 일본인 소유 기업과 농지에 대한 접수 및 관리 운동을 벌였다.[13] 해방 직후인 1945년 9월 황해도 옹진군 북면 삼산리 수동에 농장본부를 둔 일본인 말영(末永)농장의 소작인들이 수동(首洞)농민조합을 조직하여 성업사가 조선식산은행의 위탁을 받아 오래전부터 관리해 온 그 농장을 강제 접수·관리한 것이 그런 예였다.[14]

이에 미군정과 조선식산은행 그리고 그 산하의 성업사, 불이흥업은 서둘러 대책 마련에 나섰다. 우선 미군정은 해방 후 조선식산은행에서 '조선인 직원 위원회'가 조직되는 등 새로운 움직임이 나타난 가운데[15] 9월 27일

11 퇴직위로금은 본사의 과장, 농장장, 농원장, 20년 이상 근속자는 기존 보수의 3할, 부장장(副場長), 본사의 계장, 15년 이상 근속자는 25%, 각 부(部) 주임, 분장장(分場長), 농장의 과장 및 계장, 10년 이상 근속자는 2할, 3년 이상 근속 직원은 1할, 2년 이상 3년 미만 근속 직원은 본봉 두 달 치, 2년 미만 근속 직원은 본봉 한 달 치를 증액하여 주기로 하였다. 응소자는 종전의 '역직'(役職)에 준하여 지급하기로 하였다. 〈비상처치(處置)에 의한 퇴직위로금 및 귀국여비 지급의 건, 1945. . 〉.

12 불이흥업의 여비는 일본인은 상근중역 5,000원, 참사·기사 3,000원(한국인은 600원), 서기·기수 2,000원(한국인은 400원), 고원 1,000원(한국인은 200원), 용원 1,000원(한국인은 100원)이고 촉탁은 자신의 봉급액에 상당하는 사원들의 수준에 맞추어 이를 지급하되 일본인 단신자는 해당액의 1/3, 한국인 독신자는 해당액의 1/2을 주기로 하였다. 당시 불이흥업의 한국인은 참사·기사 2명, 서기·기수 165명, 고원 140명, 용원 35명 등이었다. 〈비상처치에 의한 퇴직위로금 및 귀국여비 지급의 건, 1945. . 〉; 〈반도인 직원 귀향여비 지급 건〉; 〈여비개산(槪算), 1945. 9. 11〉.

13 김기원, 앞의 책, 1990; 성한표, 「8.15 직후의 노동자 자주관리 운동」, 『한국사회연구』 2, 한길사, 1984.

14 이 책 제5장.

15 정병욱, 앞의 책, 2004, 374쪽.

부터 그 은행의 일본인 중역 야마구치 시게마사(山口重政)의 도움을 받아 은행 접수에 나섰다.[16] 10월 15일에는 미군정 재무관 해리 제이 로빈슨(Harry J. Robinson) 대위를 조선식산은행의 새 두취(頭取)로 임명하였고,[17] 11월 30일에는 기존의 일본인 중역들을 한국인 취체역 장봉호(張鳳鎬), 권석신(權石臣), 장경환(張慶煥), 김진형(金鎭炯), 김승식(金丞植), 백낙승(白樂承)과 감사역 김보영(金寶永) 등으로 교체하였다.[18] 그때까지는 비록 실무는 한국인 직원들에게 많이 넘겼어도 경영권은 일본인 중역들이 가졌는데 이때 비로소 한국인 중역에게 경영권을 넘긴 것이다.[19]

10월 10일에는 조선식산은행의 자회사이자 불이흥업의 지배주주였던 성업사도 임시 주총을 열어 취체역 하야시 유타카(林豊), 야마구치 다케시(山口毅), 데라다 게이이치(寺田敬一), 다쓰야마 군조(立山軍藏)와 감사역 이다 도쿠지로(井田德次郎), 후쿠치 요시지로(福地義二郎) 등 기존의 일본인 중역 전원이 사퇴하고 조선식산은행 출신의 한국인 취체역 박봉로(朴奉魯), 윤종현(尹鍾鉉), 황일규(黃一圭)와 감사역 김보영(金寶永), 김진형(金鎭炯) 등이 선임되었다. 조선식산은행은 취체역 1명(김진형)과 감사역 1명(김보영)을 자회사인 성업사의 당연직 감사로 파견한 것이었다.

불이흥업도 바로 다음 날인 10월 11일 임시 주총을 열어 일본인 중역 전원이 사표를 제출한 가운데 보결선거를 하였다.[20] 선거는 주주 이이즈미 간

16 은행 실무는 8월 하순 장경환이 상업금융부를 맡고, 9월 중순 김진형이 특별금융부를 접수하는 등 이미 조선인 직원들이 맡았다. 정병욱, 앞의 책, 2004, 427쪽. 은행의 일본인, 한국인 일부 '유지'(有志)들은 은행 경영진의 '인선'도 꾀하였지만 9월 초 진주한 미군은 이를 인정하지 않았다고 한다. 藤田文吉, 앞의 책, 1988, 667쪽.

17 〈임명 사령 제15호 1945. 10. 15〉.

18 정병욱, 앞의 책, 2004, 375쪽; 『민중일보』 1945. 11. 11. '식은도 우리 손으로 부장인사 결정'의 "조선식산은행도 … 조선인의 직원 손으로 새 출발을 하게 되었다 한다. … 비서역 겸 검사부장 인사부장 장경환, 심사부장 겸 특별금융부장 김진형" 참조.

19 정병욱, 앞의 책, 2004, 374~375, 412, 427쪽.

20 〈임시총회 의사록, 1945. 10. 11〉. 주주총회 출석 주주는 위임장을 낸 이도 포함하여 성업사(11만 181주), 조선신탁(1만 7,892주), 조선무진(5,430주), 불이후생회(1,039주), 불이흥업 사우회(400주), 불이흥업 취체역 야나베 에이자부로(123주), 아사노 겐이치(250주), 사와무라 규헤이(1,020주), 이시즈카 다카시(500주), 감사역 하야시 유타카(600주), 나카토미 게이타(150주)와

타(飯泉幹太)가 불이흥업 사장 야나베 에이자부로(矢鍋永三郎)에게 지명을 일임하자고 제안하여 야나베 사장이 취체역 윤태빈(尹泰彬, 伊藤泰彬), 송문화(宋文華, 山本文華), 김태희(金泰熙, 金光泰熙), 감사역 박봉로(朴奉魯, 木下竹二), 김진형(金鎭炯, 金子鎭雄)을 지명하였고 출석 주주들이 찬성하여 일단락되었는데, 대표 취체역과 상무에는 윤태빈과 송문화가 호선되었다.[21] 대표 취체역 윤태빈은 일제하 경기도 서기로 출발하여 함경남도 재무부장, 충청남도 내무부장, 경기도 참여관을 거쳐 강원도와 충청북도 지사를 지낸 인물로 해방 당시 조선식산은행의 유일한 한국인 이사였다.[22] 상무 송문화도 경기도 서기로 시작하여 경기도 강화, 광주(廣州), 양주, 수원 군수와 개성부윤, 평안북도 참여관, 중추원 참의 등을 지낸 인물이었다. 둘 다 일제하 지방행정 분야의 최고위직에 오른 몇 안 되는 한국인이었다. 취체역 김태희는 한국인 주주 가운데 두 번째로 많은 700주를 소유하였는데 아들 김규정(金圭珽)의 100주와 김규용(金圭瑢)의 205주, 조카 김규순(金圭珣)의 100주까지 합하면 한국인 가운데 가장 많은 주식을 가진 주주였다. 그는 늦어도 19세기 말 이래 서울 종로1가에서 수남상회(壽南商會)라는 포목상점을 경영하여 왔는데 1926년 이후 일본에서 견직물을 직수입하여 전국에 판매하는 무역업에 종사하였다. 1929년에는 서울의 견직물 수입업자들과 함께 경성견포상동맹회(京城絹布商同盟會)를 조직하여 회장을 맡았고, 그 후에도 무역업에 종사하며 일본의 견직물 수출업자, 서울의 견직물 수입업자들과 긴밀한 관계를 유지하였다. 나아가 그는 각지에 농지를 가진 대지주이기도 하였다.[23] 감사역

기타 일본인 소액 주주 8명, 그리고 한국인 곽애례(796주), 김태희(700주) 등이었다.

21 조선식산은행의 방계회사인 조선신탁도 10월 31일 정기 주총을 열어 대표 김한규 등 한국인으로 새 중역진을 구성하였다. 한일은행, 『한일은행45년사』, 한일은행, 1977, 75쪽; 김기원, 앞의 책, 1990, 127쪽.

22 윤태빈은 1945년 7월 14일 이사가 되었다. 『매일신보』 1945. 7. 17.

23 김태희는 해방 직후 서울 재계의 주요 인사들이 이승만 등의 정치자금 지원을 목표로 '대한경제보국회'(輔國會)를 조직하자 그 회원으로도 활동하였다. 정병준, 「대한경제보국회의 결성과 활동」, 『역사와 현실』 33, 한국역사연구회, 1999. 김태희와 그의 집안은 홍성찬, 「서울 상인과 한국 부르주아지의 기원 -김씨가의 사례를 중심으로」, 『한국경제학보』 21-2, 연세대학교 경제

박봉로, 김진형은 그 전날 성업사 임시 주총에서 성업사의 대표 취체역과 감사역에 선임된 조선식산은행 출신들이었다. 성업사도 취체역 1명(박봉로)과 감사역 1명(김진형)을 자회사인 불이흥업의 당연직 감사로 파견한 것이었다. 박봉로는 한호농공은행을 거쳐 조선식산은행에서 조치원, 대구지점장 대리와 박천, 북청지점장을 지냈는데 1935년 현재 조선인 가운데 유일하게 지점장(1927년 박천지점)에 오른 인물이었다.[24] 김진형도 일본 야마구치고등상업학교(山口高商)를 졸업한 후 줄곧 조선식산은행에서 근무한 인사였다.

불이흥업의 일본인 중역들은 이날 임시 주총에서 가능한 한 빨리 사원 중에서도 '역원'(役員), 즉 중역을 뽑기로 하는 등 아래로부터의 자주관리 운동에도 대응하였다. 이날 임시 주총은 임직원의 보수 등을 앞당겨 지불하기로 한 앞서의 취체역회 결의도 승인하였다. 불과 45분 만에 끝났지만 매우 중요한 결정을 내린 주총이었다. 신임중역들은 정상 업무에 들어갔다. 10월 13일에는 1914년 창립 이래 처음으로 '한글' 통지문을 만들어 각 농장장, 산림부장(山林部長), 군산지소부장(群山地所部長), 경성농원장(京城農園長) 등에게 주총 결과를 알리며, 향후 '전 역원'(前 役員)들과 똑같이 식량 증산에 매진하여 국가 건설에 기여하려고 하니 협력하기 바라며 당면한 소작료 징수에도 최선을 다하여 달라고 요청하였다.[25]

1945년 9월 25일 법령 제2호로 일본 재산에 대한 '동결 및 이전 제한' 조치를 한 미군정은 그해 12월 6일에야 법령 제33호를 제정(12월 12일 공포)하여 그해 9월 25일부로 미군정 관내의 일본 재산을 미군정에 '귀속'시켰다. 이로써 성업사와 불이흥업도 미군정의 관할 아래 들어갔다. 12월 10일 미군정은

연구소, 2014.

24 阿部薰 편, 『조선공로자명감』, 민중시론사, 1935; 정병욱, 「조선식산은행원, 식민지를 살다」, 『역사비평』 여름호, 78호, 2007, 331쪽.

25 당초 일본어로 작성하였다가 "정서(淨書)하여 요재회(要再回)"하라는 지시를 받고 한글로 고쳐 썼다. 〈취체역회결의록, 1945. 10. 11〉.

불이흥업의 임시 주총을 열었다. 그리하여 10월 11일 임시 주총에서 선임한 중역 가운데 11월 30일 조선식산은행 주주 총회에서 이사를 사임한 불이흥업의 대표 취체역 윤태빈과[26] 상무 송문화를 빼고 불이흥업의 민간인 주주 장병량(張秉良)을 취체역에 추가하여 대표 박봉로, 상무 임석필(林錫弼, 조선식산은행 출신), 취체역 김태희·장병량으로 취체역회를 구성하였다.[27] 1946년 1월 22일에는 다시 임시 주총을 열어 조선식산은행의 취체역이자 성업사의 감사역인 김진형을 감사에 추가하였다. 이들의 임명은 미군정청 재무국장이 "조선식산은행의 추천을 받아 조선인 인사과(人事課)의 전형(銓衡)을 거쳐 재무국에서 임명"하였다고 한데서 보듯이[28] 미군정 재무국이 결정한 일이었다. 미군정은 조선식산은행 출신과 민간인 주주로 불이흥업의 중역진을 구성하면서 차제에 총독부 고위관료 출신으로 친일혐의가 있던 윤태빈과 송문화를 교체한 듯하다. 한편, 불이흥업은 1946년 1월 17일 취체역회를 열어 회사 이름을 바꾸기로 하였고, 2월 12일 임시 주총에서 상호를 해동흥업공사(海東興業公社)로 고쳤다.[29]

26 정병욱, 앞의 책, 2004, 412쪽, 주 54.
27 미군정은 10월 11일의 불이흥업 임시 주총을 인정하지 않았다. 〈제32기 영업보고서〉(1945. 4~1946. 3)는 그날의 임시 주총은 언급도 하지 않은 채 "12월 10일 미군정청에서 '주주 총회의 결여(缺如)로 인하여'(강조 -저자) 박봉로 씨를 대표 취체역, 임석필 씨를 상무 취체역에, 김태희 · 장병량 씨를 취체역에 임명"하였다고 적었다. 이들의 등기부상 사임일과 취임일이 1945년 12월 10일인 것도 그 때문이다. 미군정은 성업사의 10월 10일자 임시 주총도 인정하지 않았다. 성업사 중역의 등기부상 사임, 취임일도 1946년 1월 31일로 기록되었다.
28 〈1946. 1. 24. 재무국장 찰쓰 골돈. 재산관리인 대리 엘 에이 란덜 대위 전(殿). '성업사와 불이흥업 양(兩) 회사에 관한 건'〉.
29 〈제32기 영업보고서〉(1945. 4~1946. 3).

3. 해동흥업의 경영변동과 청산

1) 지주경영의 변화와 농지 매각

(1) 지주경영의 지속

해방 당시 불이흥업(해동흥업)은 한국 최대 농업회사의 하나였다. 이들은 1944년 4월 조선개척을 합병하여 [표 6-1]에서 보듯이 38선 이남의 연해, 전북, 옥구, 해미 농장과 이북의 철원, 서선 농장에 1만 8,000여 정보의 농지를 가지고 지주경영을 하였다. 전북, 옥구, 철원, 서선 농장은 원래 불이흥업의 농장이고 연해, 해미 농장은 조선개척의 농장이었다.[30] 불이흥업은 이들 6개 농장의 본관, 부속건물, 창고, 직원 주택 등 건물 398동과 소작인 가옥 290동도 소유하였다. 전라북도 군산의 시가지와 그 접속지(接續地) 등 약 25만 평의 토지와 건물 22동, 서울 본사의 부지와 시가지 약 11만 평, 본사 건물과 직원 주택, 교외(郊外) 건물 등 건물 36동과 축사(畜舍), 그리고 경상북도, 황해도, 평안남도의 임야 1만여 정보도 소유하였다. 그리하여 1946년 3월 말 현재 부동산 가액은 약 2,370만 원(1945년 화폐액 기준)이었다. 조선농기구제조회사 주식 8,300주 등 다량의 유가증권을 가졌고 농사용 자재와 가축 등 동산 소유도 적지 않았다.[31]

1946년 2월 미군정은 신한공사를 정식 발족하여 앞서 법령 제33호로 미군정에 귀속시켰던 농지들을 그곳으로 이관하였다. 그러나 해동흥업의 농지는 여기서 제외되었다. 성업사의 농지도 마찬가지였다. 1946년 1월 24일 미군정 재무국장 고든(Charles J. Gordon, 골돈)은 재산관리인 대리 랜달(란델) 대

30 불이흥업과 조선개척은 1944년 4월에 합병하였다. 합병 과정은 이 책 제1장.
31 〈재산목록〉(1946. 3. 31 현재). 소유 주식은 조선농기구제조 8,300주, 저장식량 1,000주, 다사도철도, 대동실업, 경기임산종묘 각 500주, 조선화재해상보험, 강원식산 각 200주, 조선신탁, 조선축산, 조선목재 각 100주, 경기신탄(薪炭) 40주 등이다. 이외에 국채, 저축채권, 보국채권, 애국채권을 소유하였고 조선식량영단 3,200구좌, 기타 조합 5구좌 등의 출자 구좌도 가졌다.

[표 6-1] 해동흥업 각 농장의 관리 재산(1946. 3. 31 현재)

농장	소재	논(정보)	밭, 기타(정보)	건물(동)	소작인 가옥(동)	비고
연해농장	황해도	5,610	1,042	169		38선 이남
전북농장	전라북도	1,531	272	51	138	〃
옥구농장	〃	939	44	30		〃
해미농장	충청남도	24	484	5	26	〃
철원농장	강원도	2,349	2,411	52		38선 이북
서선농장	평안북도	3,995	180	91	126	〃
계		14,448	4,433	398	290	

자료: 〈재산목록〉(1946. 3. 31). 건물은 농장의 본관, 부속사(舍), 창고, 분장(分場) 건물, 장원(場員) 주택 등.

위에게 "조선식산은행이 과거에 (성업사와 불이흥업을) 관리했던 관계상 이 은행으로 하여금 관리시키도록 인가"하여 달라고 요청하며 그 경우 "조선생활품영단과 신한공사에도 통지"하여 달라고 하였고 1월 26일 재산관리관 재피(Morton S. Jaffee, 쟈페)가 이를 인가한 것이다.[32] 그리고 2월 8일에는 재무국 해군 중좌 로빈슨(조선식산은행 두취, 로빈손)이 위의 랜달 대위에게 서한을 보내 "조선생활품영단과 신한공사가 불이흥업과 성업사에서 매입하는 미곡대금을 재산관리인에 대리하여 예탁받지 말고 관계회사(불이흥업과 성업사 -저자)에 지불하도록 통지"하여 줄 것 등도 요청하여 2월 12일 승인받았다.[33] 이로써 해동흥업은 38선 이남의 연해, 전북, 옥구, 해미 4개 농장을 여전히 지주제로 경영할 수 있었다. 성업사의 농지도 마찬가지였다.[34] 두 회사 모두 크게 보아, 1945년 가을에 소작료 3.1제를 시행한 것을 빼면, 지주경영에 큰 변화가 없었던 셈이다.

32 〈1946. 1. 24. 재무국장 찰쓰 골돈. 재산관리인 대리 엘 에이 란덜 대위 전. '성업사 및 불이흥업 양 회사에 관한 건'〉; 〈1946. 1. 26. 재산관리관 해군 중위 몰튼 에스 쟈페. 재무국장 殿. 1. 상기 인가함. 재산관리인에 대리하여 … 확인함. 재무국 해군 소좌 하리 제 로빈손〉.

33 〈1946. 2. 8. 재무국 해군 중좌 하리 제 로빈손. 재산관리인 대리 엘 에이 란덜 대위 전. '성업사 및 불이흥업 양 회사에 관한 건'〉; 〈1946. 2. 12. 엘 에이 란덜 대위. 재무국 귀중〉.

34 이 책 제5장.

당시 미군정이 해동흥업의 농지를 신한공사에 이관하지 않은 데는 두 가지 이유가 있었다. 첫째는 조선식산은행이 이를 관리하였던 경험과 노하우를 인정하여 계속 관리하도록 한 점이었다.[35] 둘째는 법령 제33호의 해석과도 관련된 좀 더 본질적인 이유였다. 앞의 제5장에서도 본 대로 1945년 12월 12일 법령 제33호가 공포되자 그해 8월 9일 이전에 한국에서 설립되어 한국에 본점을 둔 일본인 영리법인의 주식은 의당 미군정에 귀속되어야 하였다. 그러나 그런 '귀속국내법인', 즉 '본점을 한국에 둔 일본인 영리법인'이 소유한 재산까지 귀속재산으로 볼 수 있겠는가를 둘러싸고 크게 두 가지 견해가 대립하였다. 하나는 법령 제33호를 '정면적(正面的)으로 해석'하여 1945년 9월 25일부로 그해 8월 9일 현재의 한국 내 일본 재산을 미군정에 귀속시킨 이상 불이흥업처럼 한국에 본점을 둔 기업의 소유재산도 귀속시켜야 한다는 논리였다. 다른 하나는 한국 '자연인'의 소유재산을 귀속시키지 않은 이상 '귀속국내법인', 즉 한국에 본점을 둔 '법인'의 소유재산도 귀속시켜선 안 된다는 논리였다. '자연인'과 '법인'의 권리를 동등하게 인정해야 하며 그게 한국에도 유리하다는 주장이었다.[36]

미군정은 늦어도 1946년 4월에는 이 가운데 후자가 더 타당하다고 결론을 내린 것 같다. 이들은 1946년 4월 1일부 부속문서에 기초하여 법령 제33호의 정신을 "귀속회사의 재산은 귀속하지 않는다"고 해석하였고,[37] 4월 27

35 후술할 주 37의 인용문.

36 강명옥, 『귀속재산처리법해의(解義)』, 명세당, 1949, 7쪽.

37 1946년 봄 조선식산은행 두취(頭取)가 신한공사로 보낸 〈조선식산은행 두취 … 로빈슨. 신한공사 귀중(재무부장 경유). '말영농장에 관한 건'〉의 "5. 하기(下記) 이유에 의하여 성업사가 말영농장의 현재 관리를 유지할 것을 허용되기를 요구한다. a. 법령 제33호의 해석 하에 귀속회사의 재산은 귀속 않는다(1946년 4월 1일부 부속문서 제5항). 그 재산은 부동산의 권리 소유권 이익을 포함함. 말영(末永) 가족에 의하여 설정한 질권은 식은에(의) 법률상 권리이며 그 권리는 부여된 조항에 의해 상실되지 않는다. b. 성업사는 7년간 그 농장을 양호히 관리했다. 바다를 개척한 그 농장에 대해서는 특별한 주의를 요하는 바 성업사는 이 농장에 독특한 각종 문제 해결에 경험이 있다. c. 미완제(未完濟)인 거액의 대부를 가진 고로 식은은 그 농장의 효과적 경영에 권리를 보유한다. 만약 그 농장을 미숙한 경영자에 양도하면 토지는 악화되고 그 은행은 금융상 손실을 당하고 미(米) 생산품의 손실을 당하는 결과가 될 것" 참조.

일에는 미군정 장관 대리의 지령(指令)으로 "법령 제33호가 여하히 법인재산에 적용되는가에 관하여 법제장관(法制長官)의 의견은 … 일본 내지(乃至) 일본인(자연인, 법인)이 소유하였던 주식, 이에 대한 기타 소유권은 군정청에 귀속하였으나 이러한(如斯) 법인(귀속국내법인 –저자)의 재산에 대한 소유권 명의(名義)는 여전히 당해 법인에 재(在) 함"[38]이라고 밝힌 것이다. 물론 미군정은 이론상으로는 이렇게 해석하였지만, 실제는 "정책상 또는 기타 필요로 인하여 주식의 50% 이상을 전(前) 일본인이 소유하였던 법인은 순적산(純敵産) 취급을 하고 그 외의 법인에 대하여서는 그 법인의 주식만 귀속된 것으로 취급하는" 등 그 후 많은 혼란을 일으켰다.[39] 그렇지만 공식적으로는 1947년 9월 17일에도 「조선 내에서 창설된 법인 관리에 관한 건」을 공표하여 한국에서 설립, 등기된 법인의 '법인격'(法人格)을 존중하였고, 그해 12월에는 관재령 제10호로 이를 재확인하였다. 이런 이유로 해동흥업은 신한공사가 창립되어 귀속농지를 일괄 편입시킨 속에서도 여전히 지주경영을 계속할 수 있었다. 성업사 역시 황해도 옹진군의 천좌(용연)농장과 충청남도 보령군의 대천농장 등 직할농장과 그 외 한국에 본점을 둔 조선농공주식회사의 소유농지로서 질권자인 조선식산은행의 위탁을 받아 관리 중이던 귀두(소강)농장과 일본인 자연인 스에나가(末永) 가족의 소유농지로서 역시 질권자인 조선식산은행의 위탁을 받아 농사 중이던 말영(수동)농장을 여전히 지주제로 경영하였다.[40]

그런데 해방 후 해동흥업의 지주경영은 순탄치 않았다. 1945 회계연도에는 남북 분단으로 그간 수확의 절반을 점하였던 38선 이북 강원도 철원의 철원농장과 평안북도 용천의 서선농장을 상실하였고, 38선 이남의 농장들도 정치사회 혼란으로 안정된 경영이 어려웠다. 이들이 야경단, 자위단, 자

38 〈법제경(法制經) 제267호 농림부 장관 귀하. '조선 내에 창립된 법인재산 수입금처리에 관한 건〉에서 재인용.
39 강명옥, 앞의 책, 1949, 9쪽. 이는 정부수립 이후도 마찬가지였다. 전정구, 앞의 글, 1966.
40 이 책 제5장; 성업사, 〈제20회(1950 회계연도) 정기주주총회 결의록 서류〉.

위대, 보안대, 감시대(監視隊) 같은 치안단체와 건국준비회, 건국준비협력회 같은 정치단체에 수시로 기부금을 낸 것이 그걸 보여주는 예였다.[41] 게다가 해방 전에는 징용 또는 징병에 따른 노동력 부족과 비료 기근이 심하였고 해방 후에는 소작료 3.1제까지 실시되어 소작료 수입이 평년보다 75%가량이나 격감하였다.[42] 1946 회계연도도 마찬가지였다. 비료 부족에 재해가 겹쳤다. 38선 이북에 저수지가 있던 연해농장은 통수(通水) 지연으로 적기에 파종하지 못하였고 이앙도 최종 적기(適期)인 6월 20일까지 겨우 23%를 실시하는 데 그쳤다. 6월 하순에는 폭풍우로 저지대가 1주일 이상 침수되는 피해가 생겼고 가장 피해가 컸던 연해농장은 그로 인한 모[苗] 부족으로 무려 600여 정보에서 모내기조차 할 수 없었다. 호열자(콜레라)가 만연하여 제초도 부실하였다. 8월 출수기(出穗期) 때는 도열병이 발생하였는데 모내기가 늦은 연해농장이 특히 심했다. 추수기에는 더 큰 위기를 맞았다. "때마침 남선(南鮮) 지방에서 농민 소요 사건(대구 10월 사건을 말함 -저자)이 폭발하여 각 농장지대에는 다수의 농민이 성군작당(成群作黨)하여 농장 직원을 위협하고 소작료 불납동맹을 체결하여 검견(檢見), 타조(打租)를 방해하는 등 정당한 소작료 결정을 거부"하는 사태가 벌어졌다.[43] 결국, 해동흥업은 의외의 '대감수'(大減收)를 보았다.

(2) 위탁경영으로의 전환

미군정 관재처는 거듭된 흉작으로 식량난이 심해지자 1947년 2월 관재

41 해동흥업의 〈기부금 내역〉(1945. 4~1946. 3)에서 뽑은 몇몇 정치사회단체의 이름이다(기부 일자와 금액은 생략). 본사 황금정 1정목 야경자위대, 연해(延海) 천태(天台) 야경단, 연안(延安) 자위대, 용도면(龍道面) 자위단 본부, 용도면 보천동 자위단 본부, 용도면 현암창고 자위단 본부, 용도면 부현리 자위단 본부, 신포(新浦) 무장자위대, 보안대 위로금, 고북(高北) 보안대 농장분대, 해룡면 자위단, 해미(海美) 감시대, 연해(延海) 건국준비 용도협회, 연해 건국준비 협력회, 전북 건국(建國)오산면위원회, 옥구면 건준위원회, 미면(米面) 건준위원회, 해미 고북면 협력회 건국축하회.

42 〈제32기 영업보고서〉(1945. 4~1946. 3).

43 〈제33기 영업보고서〉(1946. 4~1947. 3).

수속요령 제9호로 「귀속기관 소속 농지보고에 관한 건」을 발표하여 귀속기업들이 관리 중인 농지를 신한공사로 일괄 이전하도록 하였다. 6월에도 '지시통첩'을 보내 이를 재차 강조하였다.[44] 이런 가운데 미군정은 해동흥업에도 신한공사와 별도 계약을 체결하여 38선 이남의 4개 농장을 위탁 관리시키도록 하였다. 성업사에 직할농장인 용연농장(구 천좌농장), 대천농장과 수탁농장인 소강농장(구 귀두농장), 수동농장(구 말영농장)을 계속 관리시켰던 것[45]과는 다른 조치였다. 이에 해동흥업은 1947년 7월 10일 "당국의 지시"[46]에 따라 사장 김보영과 신한공사 총재 크라이드 미첼(Clyde Mitchell) 사이에 아래의 '관리계약'(管理契約)을 체결하였다.

계약서

1. 해동흥업공사 소유의 좌기(左記) 농장은 신한공사가 관리함. 연해농장(경기도 연백군 소재), 옥구농장(전라북도 군산 부근 소재), 전북농장(전라북도 이리[익산] 부근 소재), 해미농장(충청남도 소재).
2. 토지소유권은 해동흥업공사에 여전히[依然] 존속하고 신한공사는 단지 소유자의 대리인으로서 농장을 관리함.
3. 신한공사는 매년 3월 31일 사업연도 말에 회계보고서를 작성하고 순이익금을 해동공사(海東公社)에 제출함. 이(此) 순이익금은 소정(所定) 농장의 총수입에서 직접비를 차감하고 간접비, 즉 일반비, 제괘비(諸

44 김성호 외, 앞의 책, 1989, 264~265쪽; 정광현 편, 『적산관계법규병(竝)수속편람』, 동광당서점, 1948, 11~12쪽. 관재수속요령 제9호의 내용은 다음과 같다. 1. 귀속법인 중 특히 금융기관 계통 중에는 광대한 농지를 그 종속된 토지관리회사를 통하여 보유하고 있는 법인이 허다한데 신한공사 설치 목적은 귀속농지를 전부 그 관리하에 종속시킨 후에 달성된다. 2. 이 지시의 목적은 은행, 신탁회사, 기타 귀속기관 등이 현재 관리하고 있는 귀속농지를 그 작물 산출 여부를 불문하고 신한공사로 이관시키는 것이다. 3. 이 지시에 의하여 신한공사로 이관된 모든 농지의 운영은 금후 신한공사가 직접 감독·관리한다. 4. 농지를 관리하고 있는 모든 귀속 법인, 회사, 조합 등은 이 지시를 접수한 5일 내로 신한공사에 관련 서류를 제출한다.

45 이 책 제5장; 성업사, 〈제20회(1950 회계연도) 정기주주총회 결의록 서류〉.

46 〈제35기 영업보고서〉(1948. 4~1949. 3).

掛費, various expenses -저자)는 면적 비례로 차감함으로써 산출함. 임시비 또는 다액의 직접비는 해동공사에 보고함.

4. 부동산 및 중요설비의 처분은 관리규칙에 의거하여 당사자의 동의를 요함.
5. 해동공사의 소작인으로서 신한공사에 체납 소작료, 비료대금, 생산 차입금 등의 지불을 거부하는 자에게는 해동공사의 요구에 의하여 소작권을 해제하며 적당한 다른 소작인을 대치(代置)함.
6. 신한공사는 상기(上記) 농장 관계[干係] 직원을 전부 인수함.
7. 이 계약은 서기 1947년 7월 10일부로 효력을 발생하고 관재처장 또는 군정장관의 명령에 의하여 실효(失效)함. 본 계약에 관하여 당사자 간의 의의(疑義)가 있을 때는 관재처장이 이를 조정(調停)함.

해동흥업이 소유권을 가지되 농장과 직원 및 사무 일체를 신한공사에 위탁 관리시키고 신한공사는 이를 지주제로 경영하여 매년 수입액(收入額)에서 관리비를 뺀 순이익금을 해동흥업에 지급하도록 한 것이다. 그리하여 해동흥업은 후술할 [표 6-2]에서 보듯이 첫해인 1947 회계연도에 비료, 노동력 부족으로 소출이 크게 줄었음에도 총수입금(농산수입) 4,794만여 원에서 위탁관리비 2,666만여 원을 뺀 2,127만여 원(당시 화폐액)을 순이익금으로 수령하였다.[47]

(3) 농지 매각과 지주경영의 해체

미군정은 1948년 3월의 법령 제173호로 귀속농지를 분배하였다. 연평균 소출의 30할을 15년간 균등 상환하는 방식인데 그 과정에서 신한공사가 수탁 관리 중이던 해동흥업의 38선 이남 4개 농장의 농지도 함께 불하하도록

47 〈제34기 영업보고서〉(1947. 4~1948. 3).

하였다. 군정장관 대리가 그해 5월 25일 중앙토지행정처로 보낸 지시에서 해동흥업의 농지를 포함한 귀속농지 전부를 소작농에게 이양(移讓)하는 것이 군정청의 방침이니 "이들[此等] 토지를 양도하도록 지시"하였다.[48] 이에 해동흥업도 아래에서 보듯이 어차피 농지개혁으로 일반농지마저 곧 분배될 것이므로 국책(國策)에 '솔선' 호응하는 의미에서 이를 자진하여 매각하기로 하였다.[49]

> 당시 그 기관(신한공사 -저자)에서 관리 중에 있는 당사(當社) 소유농지 분배 여부에 대하여 … 감독 관청인 재무부로부터 당사의 방침 여하를 조회하여 … 당사로서는 "불원(不遠)한 장래에 한국 법인이 소유한 토지처분에 관한 방책이 수립될 것이 예측될 뿐만 아니라 농지 분배는 절대 국책(國策)이며 장래 발포될 농지개혁 내용이 법령 제173호의 내용과 큰 차이가 없다면 차라리 타에 솔선(率先) 국책에 순응하여 소작인에게 불하할 용의가 있다"는 답신을 재무부 장관에게 제출한 결과, 적산토지분배요령에 준(準)하여 토지행정처를 통하여 농가에 분배하였든 것 … 당사에[의] 소유농지를 분배한 것은 일인(日人) 소유농지를 분배키 위한 법령

48 〈* 법제처장 신태익. 농림부 장관 귀하. 조선 내에서 창립된 법인 재산 수입금 처리에 관한 건〉에서 재인용(*는 판독 불능. 이하 같음). 후일 해동흥업이 〈상고이유서〉(1967)에서 "군정 법령 173호가 시행 … 귀속농지가 분배를 보게 되고 모든 비귀속농지도 역시 장차 분배를 보게 될 추세에 있을 뿐 아니라 국가기관인 중앙토지행정처가 사기업체인 원고(해동흥업 -저자)의 토지를 언제까지 관리할 수 없는 형편"이라서 매각을 요청하였다는 설명도 참조.

49 귀속농지 매각이 시행되자 성업사도 1948년 5월 4일 그간 질권자인 조선식산은행에서 위탁받아 관리 중이던 일본인 자연인 스에나가(末永) 가족 소유의 수동농장(구 말영농장)의 농지를 함께 매각하자고 조선식산은행에 건의하였다. 귀속농지인데다 다른 일본인 토지가 분양되는 터에 아것만 빠지면 관리에도 지장이 클 것이니 '국책에 순응하는 의미에서 자진하여 관리권을 포기하고 중앙토지행정처에 이관'하자는 것이었다. 조선식산은행도 이에 동의하여 미군정 재무부로 그 뜻을 전달하였다. 그러나 미군정은 1950년 일반농지분배 때까지 이를 매각하지 않았다. 일반농지분배가 한창이던 1950년 4월 24일 귀속농지관리국에서 성업사에 공문을 보내 "말영농장 및 귀두농장(은) … 군정 법령 제33호 및 관재수속요령 제9호에 의거하여 … 본국(本局) 전신인 신한공사가 당연히 접수·관리해야 할 것인데 관리 누락된 관계로 귀사에서 임의 관리한 것으로 사료되오니 농지 분배 실시 중인 차제에 … 이관"하라고 지시한 게 그 예다. 더 자세한 사정은 이 책 제5장 참조. 미군정의 귀속농지 정책은 그만큼 난맥이었던 셈이다.

제173호에 의한 것이 아니고 당사 자체의 의사에 의한 자율적인 조치 임.[50]

자진 매각이었으니 매각 방법도 따로 '약정'(約定)하였다. 귀속농지 분배 요령에 따르되 매각대금 징수 등 일체의 업무를 중앙토지행정처에 맡기기로 하였고 연평균 소출의 30할인 매각대금은, 중앙토지행정처가 수배(受配) 농민들로부터 매년 상환받을 연평균 수확의 2할에 해당하는 토지상환대금에서 중앙토지행정처의 관리비 등 그간 소요한 경비를 뺀 금액을, '순이익금'의 명목으로 15년간 분할 지급받기로 하였다.[51]

2) 농지 매각대금의 수령과 여타 부동산 경영

귀속농지 분배 때 38선 이남의 연해, 전북, 옥구, 해미 4개 농장 농지를 자진하여 분배에 넣은 해동흥업은 그 후 관련 업무가 신한공사, 중앙토지행정처, 귀속농지관리국으로 이관된 가운데 이들 부서에서 매년 순이익금 명목으로 토지대금을 받았다.[52] 우선 1948 회계연도분은 1949년 10월 21일 4,492만여 원을 수령하였고, 1949 회계연도분은 1950년에 일어난 6.25 전쟁으로 순이익금 청구가 중단되고 9.28 수복 후에 재청구한 것도 중공군 개입

50 〈이유서(理由書)〉(연도 미상)에서 재인용.

51 〈4282. 12. 8. 사장 취체역 지배인 총무과장 앙(仰) 결재. '사유(社有)농지 매각대금 적립기준에 관한 건'〉의 "사유 농지는 기왕 토지행정처 시대에 대부분 양도되고 대금은 연수확 30할(15년부) 작정"; 〈해동발(海東發) 제*호 4288. 11. 9. 해동흥업공사. 농림부 장관 귀하. '농지보상 신청에 관한 건'〉의 "4개 농장의 재산 일체에 관하여는 과거 … 신한공사와 위탁관리계약을 체결하였고 … 일인 토지를 소작인에게 분배할 당시 동일한 요령 하에 분배된 것을 계기로 … 그 후 신인 농지관리국에서 계승 … 관리하여 왔던 관계로 매년 토지대금 중에서 관리국의 제반 관리비를 공제한 잔액을 관리국으로부터 수취하고 있는 바"; 〈상고 이유서〉(1967)의 "원고(해동흥업)와 중앙토지행정처는 합의 하에 … 법령 173호의 규정에 준하여 본건 토지를 각 소작인에게 연부로 매각하기로 하고 … 매매대금의 징수 등 일체의 업무는 계속 중앙토지행정처가 담당하되 … 징수한 매매대금은 소요 경비를 공제한 후 매년 원고에게 지급하기로 한 것" 참조.

52 귀속기업의 재산은 귀속시키지 않는다는 원칙은 한미협정 제5조에 따라 법률 제74호 「귀속재산처리법」(1949. 12. 19 공포)에도 그대로 반영되었다. 강명옥, 앞의 책, 1949.

으로 제때 받지 못하였으나 결국 1950년 12월 9일, 1951년 3월 12일, 3월 31일 세 차례에 걸쳐 총 1억 2,540만여 원(이상 당시 화폐액)을 받았다.[53]

그렇지만 해동흥업은 이때 38선 이남의 농지 대부분을 분배에 넣은 터라서 그 후로는 크게 두 가지 업무만 남게 되었다. 하나는 향후 수령할 농지대금을 '농지적립금'이라는 계정 이름으로 적립하여 이로써 새 사업을 찾는 일이고, 다른 하나는 분배에서 제외된 부동산을 활용하여 역시 새 사업에 진출하는 일이었다. 그리하여 이들은 한편에서는 농지 매각대금의 적립기준을 만들어 1949 회계연도부터 적립을 시작하였고,[54] 다른 한편에서는 회사의 장기적인 '경영개선' 방안으로 서울 서대문구 녹번동, 불광동 소재의 경성농원을 "아국(我國)의 모범적인 종축(種畜)농원"으로 확장하는 방안을 적극적으로 추진하였다.[55]

해동흥업은 1950년의 농지개혁과 6.25 전쟁으로 또 한 차례 변화를 겪었다. 그중 농지개혁에 따른 변화는 그다지 크지 않았다. 연해, 전북, 옥구, 해미 4개 농장의 농지보상 방식이 연평균 수확의 30할을 15년간 매년 2할씩(대금 징수 비용 등 관리비를 빼고) '순이익금'의 명목으로 균등 보상받던 방식에서 연평균 수확의 15할을 5년간 매년 3할씩(대금 징수 비용 등 관리비를 빼고) '순이익금'의 명목으로 균등 보상받는 방식으로 바뀌고,[56] 그 외 이들 농장의 농지 부속시설에 대한 보상금을 받게 된 것을 빼고는 큰 변화가 없었다. 반면 귀속농지 분배 때 농지를 분배에 넣지 않았던 성업사는 1950년 농지개

53 후술할 [표 6-2]; 〈제35, 36기 영업보고서〉(4281. 4~4283. 3).
54 〈제36기 영업보고서〉(4282. 4~4283. 3). 적립금 산출 방법은 아래와 같았다. 1만 6,276석(연평균 소출의 2할)×2,400원(圓. 1948년도 법정 곡가)=3,906만 2,400원. 3,906만 2,400원×7.606=2억 9,711만 1,739원. 2억 9,711만 1,739원÷15=1,980만 7,449원. 단, 위의 $7.606=1/(1+0.1)+1/(1+0.1)^2+\cdots+1/(1+0.1)^{15}$. 〈4282. 12. 8. 사장 취체역 지배인 총무과장 앙(仰) 결재. '사유(社有)농지 매각대금 적립기준에 관한 건'〉.
55 〈제36기 영업보고서〉(4282. 4~4283. 3). 1948년에도 불광동에서 1천여 마리의 병아리를 키웠다. 『동아일보』 1948. 5. 26. '해동흥업 전소'(全燒).
56 1951년 4월 5일 법률 제185호 「귀속농지 특별조치법」으로 귀속농지와 일반농지의 상환(보상)이 통합되었다.

혁으로 직할농장인 용연농장(구 천좌농장), 대천농장과 천안, 온양, 고양, 경주 등지의 소규모 소유농지들을 모두 분배당하고, 조선식산은행에서 수탁받아 관리해 온 조선농공주식회사 소유의 소강농장(구 귀두농장)과 역시 조선식산은행에서 수탁받아 관리해 온 원(元) 스에나가(末永) 가족 소유의 수동농장(구 말영농장) 역시 각각 조선농공주식회사(관리인 박재중)와 귀속농지관리국에 반환해야 하였다.[57] 해동흥업은 농지개혁보다도 6.25 전쟁으로 더 큰 변화를 맞았다. 전쟁으로 휴전선 이북의 연해농장을 잃은 대신 이남의 철원농장을 되찾아 수복지구 농지개혁 때 그 보상금을 받게 되었으며 전쟁 후 군(軍) 징발 재산에 대한 보상이 이루어지면서 옥구농장과 철원농장의 징발보상금을 받을 길도 열렸다.[58]

그렇지만 해동흥업에는 여전히 두 가지 업무만 남았다. 첫째는 휴전선 이남의 분배농지들과 철원농장의 수복농지, 그리고 옥구농장과 철원농장의 군 징발 용지에 대한 대금(순이익금)과 보상금을 받는 일이었다. 둘째는 경성농원 등 여타 부동산의 활용 방안을 강구하여 회사 운영의 장기 계획을 마련하는 일이었다. 성업사가 농지개혁에서 제외된 경기도 양주군 창동농원과 여타 부동산(미간지(未墾地), 저수지, 수로, 대지, 임야, 잡지(雜地), 사무실, 창고 등)을 활용하여 축산 사업, 시가지 경영에 진출할 계획을 세운 것과 같은 예였다.[59]

첫째의 분배농지에 대한 대금(순이익금) 수령은 1953 회계연도분까지는 그런대로 잘 이루어졌다. 해동흥업공사는 농지개혁 준비가 한창이던 1950년 4월 15일 농림부 농지관리국으로부터 “귀 공사(公社)는 한국 내에 설립된

57 이 책 제5장; 성업사, 〈제20회(1950년도) 정기주주총회 결의록 서류〉.
58 〈해동발 제83호. 4291. 2. 18. 해동흥업. 한국식산은행 청산위원장 귀하. '폐사(弊社) 농지보상금에 관한 건'〉의 '농지보상금 산출 총괄표'에 따르면 보상금은 전북, 옥구, 해미농장의 기보상(旣補償) 수령금 잔액 4,999만 5,077환, 철원농장 수복농지 보상분 1억 4,645만 7,538환, 옥구농장 징발농지 보상분 701만 1,525환으로 총 2억 246만 4,090환에 달하였다.
59 이 책 제5장; 성업사, 〈제20회(1950년도) 정기주주총회 결의록 서류〉.

법인으로서 … 1947년 7월 10일자로 신한공사(와) … 체결한 계약서에 의하여 당해 농장의 순이익금을 매 연도 말 지불되므로 본 계약이 실효(失效)되지 않은 한 지가증권을 발급할 수 없"다는 공문을 받았다.[60] 38선 이남 연해, 전북, 옥구, 해미 4개 농장의 농지에 대하여 지가증권을 발급하지 않고 종전처럼 순이익금을 지급하겠다는 것이었다. 농지관리국은 그에 앞선 1949년 7월 14일 법제처로 이 문제를 질의한 바 있었다. 농지개혁법이 제정된(1949. 6. 21) 직후로서 그 후 개정 농지개혁법(1950. 3. 10)과 동 시행령(3. 25), 시행규칙(4. 28)이 공포되기 전인데 법제처는 곧바로 아래 요지의 답변서를 보내왔다. 첫째, 조선 내에서 창립된 법인재산의 소유권은 당해(當該) 법인에 있다. 둘째, 해동흥업의 재산을 귀속농지관리국(전(前) 신한공사, 중앙토지행정처)에서 관리하여 얻은 수입 중 관리비를 뺀 순이익금은 해동흥업에 반환하여야 한다. 셋째, 해동흥업 농지를 귀속농지관리국에서 관리하다가 법령 제173호(귀속농지 분배 규정)로 소작농에게 양도 처분하였을 경우 거기서 얻는 수입대가(收入代價)는 소유권자인 해동흥업에 반환하여야 한다.[61] 농지관리국은 법제처의 이 '견해'에 입각하여 해동흥업에 지가증권을 발급하지 않기로 한 것이다.

해동흥업도 농지관리국의 이 조치를 그대로 받아들였다. 「농지개혁법」에 따를 경우 대통령령 제451호 「매수농지 대가 보상에 대한 체감률(遞減率) 규정」(1951. 2 제정)에 의하여 높은 체감률[62]을 적용받아야 했으므로 1951년 12월 29일 취체역회에서 "체감률 적용을 받는 관계상 막대한 수량의 차이가 유(有)함으로 지가증권은 청구치 않고 현재대로 귀속농지관리국을 통하여 수입금을 영수(領收)하기로" 결의하였다.[63] 이로써 해동흥업은 농지개혁 후

60 〈해동발 제*호. 4288. 11. 9. 농림부 장관 귀하. '농지 보상신청에 관한 건'〉에서 재인용. 1952년 10월 1일에도 〈농지 제1495호〉로 같은 취지의 공문을 보냈다.
61 〈법제경 제267호 4282. 8. 10. 법제처장 신태익. 농림부 장관 귀하. '조선 내에 창립된 법인재산수입금 처리에 관한 건'〉.
62 체감률은 김성호 외, 앞의 책, 1989, 734쪽. 보상석수 1만 석 이상의 체감률은 47%였다.
63 〈중역회 결의록, 4284. 12. 29. 기안〉. 중역회는 부산시 부용동 임시사무소에서 열렸다.

에도 앞서의 관리계약에 따라 농지관리국이 "연년(年年) 예산을 계정(計定)" 하여 지급한 순이익금을 수령하였다.[64] 우선, 이들은 후술할 [표 6-2]에서 보듯이, 1950 회계연도분은 1951년 1.4 후퇴로 업무가 마비되고 연해농장이 정전선(停戰線) 북쪽에 놓이게 되었음에도 불구하고 1952년 2월 4일에 1억 5,477만여 원을 수령하였다. 1951 회계연도분도 1952년 12월 23일과 1953년 3월 26일 두 차례에 걸쳐 전북, 옥구, 해미농장분과 연해농장 "농지대(農地代)의 일부"(1만 5,683석을 1석당 8,025원으로 환산한 1억 2,585만여 원)를 포함하여 6억 2,792만여 원을 수령하였다. 1952 회계연도분 역시 1953년 11월 21일과 1954년 1월 12일, 2월 2일 세 번에 걸쳐 연해농장을 뺀 3개 농장분으로 1,016만여 환을 받았고, 1953 회계연도분도 1954년 9월 13일에 앞의 3개 농장분으로 1,850만여 환을 받았다(이상은 당시 화폐액 기준).[65]

해동흥업은 토지대금(순이익금)의 원활한 수령을 위하여 주무관청인 농림부에 적극 협조하였다. 예컨대, 1951년 12월 하순 농지대금 6억여 원을 신청하여 수령할 당시 이들은 농림부 농지관리국장, 보상상환과장, 농지계장으로부터 농림부 직원의 후생사업기관인 '농림부공무원화친회'(和親會)의 운영기금 1천만 원을 대여해 달라는 요청을 받았다. 액수가 크고 또 명색은 대여이지만 사실은 "기증과 흡사한 성격"이라서 곤란하였으나 "과거는 물론 금후 계속하여 토지대금을 조속히 또한 유리하게" 교부받아야 할 처지인 데다 거부할 경우 "장래 유형무형의 손실을 초래할 우려가 불무(不無)"하겠다고 판단하여 1952년 1월 취체역회에서 그 절반인 500만 원을 대여하기로 하였다.[66] 이자율도 상환 기간도 정하지 않은 대여로서 실제로 1년 후 이들은 그 전액을 결손 처리하였다.[67] 1952년 12월과 1953년 3월에 정전선(停戰

---

64 〈법제(法制)2 제49호. 4289. 4. 19. 법제실장. 농림부 장관, 재무부 장관, 심계원장 귀하. '해동흥업공사 소유농지 보상에 관한 질의의 건'〉.

65 〈영업보고서〉(각 회계연도); [표 6-2].

66 〈취체역회 결의록, 4285. 1. 6〉.

67 〈취체역회 결의록, 4287. 3. 11〉의 "4285년 12월 하순에 농지대금 수령 당시 … 5만 환 대여요

線) 이북의 미수복지구인 황해도 연백군. 해주군 일대 연해농장의 토지대금까지 일부 지급 받은 데는 이런 배경도 있었던 셈이다.

둘째의 경성농원과 기타 부동산 관리도 그런대로 잘 추진되었다. 우선 경성농원은 1950 회계연도에는 전쟁으로 축류(畜類)와 기타 시설까지 소실(燒失) 파괴되어 약간의 소채(蔬菜) 전작(田作)을 하는 데 그쳤다.[68] 그러나 1952 회계연도에는 과수원과 전작부(田作部) 경작 외에 부화(孵化) 사업을 시작하였고, 1953 회계연도에는 부산에서 환도하여 부화실, 양계사(養鷄舍), 사무실을 복구하는 한편 과수원과 전작(田作) 경영, 부화 사업 확충, 양계(養鷄) 및 육추(育雛, 병아리 기르기) 사업에도 나섰다.[69] 그리하여 1955년 1월 현재 서대문구 녹번동 산 2-1번지의 사무실 2동(2층 건물과 부속건물, 총건평 46평), 부화실 1동(목조 기와 단층, 28평)과 불광동 43-17번지의 계사(鷄舍) 2동(목조 각 102평, 96평)에 부화기 4대(1만 개들이 목재 입체 부화기. 2대는 1953년, 2대는 1954년 제품), 발전기 1대(5킬로와트짜리 차량용), 양수기 1대, 화물자동차 1대(오스틴 1951년식)를 설치·운영 중이었다.[70]

해동흥업은 대지, 임야, 건물 등 기타 부동산 관리에도 진력하였다. 1952년 11월에는 정부 당국과 오랜 협의 끝에 귀속농지관리국에서 수탁 관리하여 왔던 전북농장, 옥구농장의 부동산 일체를 반환받았고, 1953년 7월에는 해미농장의 부동산을 반환받아 임대료 징수에 박차를 가하였다.[71] 1954 회계연도에는 경상북도 산림부의 제탄(製炭) 및 벌채 사업에 주력하는 한편 1947년 가을에 소실(燒失)된 서울 본사의 구(舊) 사옥 부지에 공사비 5,000여만 환을 들여 지상 3층과 지하실을 갖춘 빌딩을 신축하기로 하고 그

구가 유(有)하여 그 후 관계 등을 고려하여 부득이 … 화친회에 융자한 바이나 현재 동 기관은 해체되고 관계자도 퇴직하여 회수는 도저히 가망이 없으므로 이에 결손 처분키로 결의" 참조.

68 〈제38기 영업보고서〉(4284. 4~4285. 3).

69 〈제39기 영업보고서〉(4285. 4~4286. 3); 〈제40기 영업보고서〉(4286. 4~4287. 3). 1951년 말에는 관계 당국에 부화기 2대의 구매를 신청하였다. 〈중역회 결의록, 4284. 12. 29〉.

70 〈취체역회 결의록, 4288. 1. 20〉.

71 〈제39기 영업보고서〉(4285. 4~4286. 3).

에 필요한 자재도입을 서둘러 1954년 11월에 공사를 시작하였으며 1955년 9월까지 준공하기로 하였다.[72]

그런데 농림부는 1955년에 38선 이남 4개 농장 농지의 1954년도분 순이익금 지급을 돌연 중단하였다. 1954년도 국회에서 "(해동흥업에) 지급한 보상금 중 한국인 주식 16.1% 해당액만을 공제하고는 다시 회수하기로 결정하고 예산을 삭감"한 때문이었다.[73] 해동흥업을 귀속기업체로 간주하여 발행주식 가운데 국유 및 귀속주(歸屬株) 비율에 해당하는 만큼의 보상금을 지급하지 않기로 한 것이다. 당시 정부는 '귀속국내법인'의 소유재산을 귀속재산으로 오인하여 임의로 임대, 불하한 경우가 많았는데[74] 그 연장선 위에서 해동흥업과 그 소유재산을 귀속기업, 귀속재산으로 간주하여 그중 국유 및 귀속주 몫에 해당하는 만큼의 보상금 지불을 거부한 것이었다.

이에 해동흥업은 1955년 11월 9일 38선 이남 4개 농장의 농지에 대한 지가증권의 발급, 즉 농지개혁법에 따라 환산한 전체 보상석수에서 기(旣) 청산량(淸算量)과 관리비를 뺀 5만 6,324석분의 발급을 농림부에 청구하였다. 해동흥업이 국내에서 설립, 등기된 법인이며 따라서 그 소유농지는 귀속농지가 아니므로 신한공사와 체결한 앞의 관리계약이 농지개혁으로 "자연 해소"된 이상 그간 수령한 순이익금을 뺀 '미보상(未補償) 잔량(殘量)'에 해당하는 지가증권을 발급하여 달라는 것이었다.[75] 그리고 이튿날에는 '한국식

72 〈제41기 영업보고서〉(4287. 4~4288. 3). 서울 본사는 을지로 1가 반도호텔 건너편에 있었으나 해방 후 미군이 사용하다가 1947년 11월에 소실되었다. 그래서 전체 대지 400평 중 도로 편입분을 뺀 200여 평에 연 400평의 현대식 빌딩을 짓고 1층에 외국인 상사(商社), 2~3층에 한인 상사, 지하에 식당을 입주시켜 임대료를 받을 계획이었다. 예상 공사비 약 5,000만 환은 서울 시내 사택(社宅) 매각대금 600만 환, 군산 소재 부동산 매각대금 500만 환, 경상북도 소재 입목(立木) 매각대금 700만 환, 1954년도 농지 보상금 중 1,000만 환, 은행 차입금 2,300만 환 등으로 충당할 계획이었다. 〈사옥 재건계획〉.

73 〈서울지법 판결문, 1962. 6. 12〉; 〈상고이유서, 1963. 9. 2〉의 "(1954년)이강(以降) 본건 토지에 대한 잔여대금의 지불을 중지하고 있는 바 그 이유는 국회에서 원고(해동흥업) 회사의 주식의 대부분이 국가 소유라 하여 본건 대금조(代金條)로 계산된 예산을 삭감한 결과" 참조.

74 전정구, 앞의 글, 1966, 113~114쪽.

75 〈해동발 제*호. 4288. 11. 9. 농림부 장관 귀하. '농지보상 신청에 관한 건'〉.

산은행 청산위원회'를 통해서 자신들이 귀속기업체가 아님을 증명하여 달라는 요청서를 재무부로 보냈다.[76] 당시 한국식산은행(조선식산은행이 이름을 바꾼)은 1954년 4월 임시 주총에서 해산이 결의되어 청산인 9명으로 구성된 한국식산은행 청산위원회가 청산 업무를 진행 중이었다.[77] 그래서 이 문제에 무관할 수 없었다.

그 후 해동흥업, 한국식산은행 청산위원회, 재무부, 농림부, 심계원, 법제처는 이 문제로 논란을 벌였고 1956년 4월 법제처는 농림부 등으로 아래 요지의 답변서를 보냈다.[78] 첫째, 해동흥업은 귀속재산처리법상의 국내 법인으로서 농지개혁법상의 매수(買收) 대상 농지를 소유하였고 또 그 농지가 그 법에 따라 분배되었음이 분명하다. 둘째, 농지를 매수당한 지주에게 지가증권을 발급해야 함에도 농림부가 이를 발급하지 않은 것은 농지개혁법 적용을 그르친 것이다. 셋째, 신한공사와 해동흥업이 체결한 관리계약은 농지개혁으로 농지가 "실제로 분배된 시기"에 "자동적으로 실효"(失效)된 것으로 보아야 하며 따라서 농림부가 그 후에도 지가증권을 발급하지 않고 순이익금 명목으로 1953년(분)까지 현금을 지급한 것은 "법적 근거가 없는 부당지출"이다. 넷째, 농림부는 지금이라도 해동흥업에 소정의 지가증권을 발급하여야 한다. 다섯째, 1949년 8월 10일자의 법제처 '견해'[79]에 따라서 "연년(年年) 예산을 계정(計定)하여 순이익금을 1953년도(분)까지 지출"하였다는 농림부의 주장은 법제처의 견해를 오인한 것으로 그 '견해'는 농지개

76 〈해동발 제223호. 4288. 11. 10. 식은 청산위원장 귀하. '당사 비귀속기업체 증명에 관한 건'〉; 〈식청(殖淸) 증(證) 제 호. 4288. 11. 11. 재무부 장관 귀하. '주식회사 해동흥업공사 비귀속기업체 증명 의뢰의 건(依賴之件)'〉.

77 정부는 1954년 4월 한국식산은행을 해산하고 한국산업은행을 설립하였다. 이를 위하여 1951년 5월 한국산업은행법 기초에 착수하였고 그해 10월 국회에 법안을 회부하였다. 그리하여 1953년 11월 법안이 국회를 통과하여 법률 제302호로 공포되자 정부는 1954년에 의결기관인 이사회와 집행기관인 총재를 정점으로 한 은행 직제를 구성하고 출자금 1,000만 원 전액을 단독 출자하여 이를 공법인으로 설립하였다.

78 〈법제2 제49호. 4289. 4. 19〉.

79 앞의 주 61에서 인용한 〈법제경 제267호. 4282. 8. 10〉을 말함.

혁법 시행령과 시행규칙 등이 제정되기 전의 일로서 본 질의에 적용될 성질이 아니다.

지금의 감사원에 해당하는 심계원(審計院)의 생각도 같았다. 심계원장이 법제처로 알린 내용은 다음과 같았다.[80] 첫째, 농림부는 해동흥업에 지가증권을 발급하여야 한다. 둘째, 해동흥업의 재산 가운데 귀속성(歸屬性)을 띤 것이 있더라도 이는 재무부와 해동흥업이 추후 계산할 문제(감독 관계에 불과)이므로 농림부는 해동흥업의 "고유(固有) 부분에 관한 것이든 귀속주(株)에 관한 것이든" 일괄하여 지가증권을 발행 교부하면 될 뿐 이를 "분리하여 성질별로 분석하여 발행 교부"할 일이 아니다. 셋째, 그간 해동흥업에서 현금 수취한 것은 지가증권 접수와 함께 상쇄하고 그 차액에 대해서만 증권을 발부하면 된다. 넷째, 장차 해동흥업을 존속할지 해산할지는 증권 발급 후의 일로서 증권 발부와는 별개 문제이다. 한편, 농림부는 법제처와 심계원의 이러한 유권해석에도 불구하고 지가증권을 발급하지 않았다. 그리하여 한국식산은행 청산위원회는 1957년 2월 국회에도 진정하였으나 역시 무위였다.[81]

그런데 해동흥업으로서는 이 문제야말로 다른 무엇보다 중요한 일이었다. 한국식산은행 청산위원회도 마찬가지였다. 귀속기업체로 간주될 경우 이들 농지의 보상금은 물론이고 전쟁 후 휴전선 이남의 수복지구로 편입된 철원농장의 지가 보상금도 받을 수 없었다. 이들은 1954년 11월에 공사비 5,000여만 환이 예상되는 빌딩신축공사를 기공한 터라서 1955년에 순이익금 지급이 중단되자 이듬해부터 "우심(尤甚)한 자금난"에 빠졌다.[82] 그 전까지는 매년 농지 대가를 받아 자금 여유가 있었고 그래서 모회사인 성업사에 자금을 빌려주거나[83] 사원 복지에도 상당한 배려를 하였지만[84] 이제는 자금

80 〈불이농장건(不二農場件). 1956. 4. 16〉.
81 〈진정서. 식은청산위원회. 민의원 농림분과위원회 위원장 귀하. 1957. 2〉.
82 〈제43기 영업보고서〉(4289. 4~4290. 3).
83 해동흥업은 1952년 12월 성업사가 석 달 치 직원 봉급과 일반경영비로 5,000만 원의 대여를

부족으로 앞서 계획한 빌딩신축과 경성농원의 확장, 경북 산림부의 벌채 사업까지 타격을 받았다.[85] 게다가 경성농원의 양계 부화 사업은 동업자가 늘어 "과잉 상태"에 빠졌고, 경상북도 산림부의 제탄 및 벌채 사업도 곧 악화되었다.[86]

결국, 이들은 1956년 2월에 빌딩신축 자금 마련을 위하여 경성농원의 불광동 소재 밭 1만여 평과 임야 2만여 평을 매각하기로 하였고,[87] 1959 회계연도에는 경상북도의 산림부를 폐쇄하였으며, 모회사인 성업사나 여타 은행에서 빌딩신축 자금은 물론이고 일반경비까지 차입해야 하였다.[88] 해동흥업은 적자 사업 부문을 정리하고 직원을 감원하는 등 경비 절약에 힘썼음에도 불구하고 전쟁 후 물가앙등으로 적자와 "재산 관리상(의) 손모(損耗)"까지 면할 수 없자 1955 회계연도에 당장의 경비지출 재원을 마련하기 위하여 부동산 기타 690만 환, 입목(立木) 2,272만 환 등 2,762만 환 상당의 재산을 처분하였고, 1956 회계연도에도 부동산 2,426만 환, 입목 917만 환 등 3,344만

요청하자 "본사 대주주이고 동일한 식은 방계이라 편의를 도모"할 필요가 있다며 3,000만 원을 대여하였다. 금리는 일보 5전 4리(연리 19.71%), 반제기한은 1953년 3월 말이고 무담보였으며(단, 약속어음에 성업사 중역들이 개인 자격으로 이서[배서] 보증), 1951년도분 농지보상금 1억 4,990만 원이 입수되는 대로 상환하기로 하였다. 〈취체역회 결의록, 4285. 12. 23〉. 1953년 6월에도 성업사에 영농 자금 500만 환을 대부하였는데 금리는 일보 5전(연리 18.25%), 반제기한은 1954년 6월 말, 담보는 해동화재해상보험회사 주식 5만 주, 담보 형식은 차용증서 대부였다. 〈취체역회 결의록, 4286. 6. 4〉.

84 1951년 겨울에 본사, 농원, 지사 등의 신탄(薪炭) 구입비 117만 원, 김장[沈菜] 자금 238만 원, 월동 자금 115만 원을 대부한 것, 1952년 4월에 피복 구입비 266만 원 등을 대출한 것, 1952년 말에 신탄 구입비 7만 원, 김장 자금 7만 원을 대부하고 1953년 1월에 월동 자금 7만 원, 8월에 수복비(收復費) 16만 원 등을 대출한 것이 예다. 이들 역시 "물가앙등으로 인하여 도저히 회수 곤란"하다며 그 후 모두 '결손처리' 하였다. 1953년 2월 8일 사우회(社友會)에 2,200만 원을 무이자 대부한 것도 같은 예다. 〈취체역회 결의록, 4286. 1. 10, 2. 8, 9. 30〉.

85 〈제43기 영업보고서〉(4289. 4~4290. 3).

86 〈제42기 영업보고서〉(4288. 4~4289. 3).

87 〈취체역회 결의록, 4289. 2. 15〉; 〈부동산매각 입찰공고〉; 〈제45기 영업보고서〉(4291. 4~4292. 3).

88 아래는 〈중역회 회의록〉 등에서 뽑은 몇 가지 예다. 〈1955. 1. 20. 한국저축은행에서 빌딩 건축 자금 2,500만 환을 부동산 담보로 차입〉; 〈1956. 5. 2. 성업사에서 빌딩 2층 구체(構體) 공사대(代)를 차입〉; 〈1956. 6. 16. 성업사에서 빌딩 2층 구체(構體) 공사 자금 400만 환 차입〉. 해동흥업은 성업사에서 1957년 9월 6일 50만 환, 1958년 2월 7일 250만 환, 4월 28일 100만 환, 5월 31일 50만 환의 '일반경영비'도 차입하였다.

[표 6-2] 해동흥업의 1961년 9월 15일 현재 지가 보상 현황

연도	총 보상(실제 보상) 규모			미지불(未支拂) 보상 청구 규모	
	석수	1석의 법정 곡가(환)	환산액(환)	석수	환산액(환)
1947					
1948		24.00			
1949		48.10			
1950	12,281	148.14	1,819,438	298	44,275
1951	12,281	588.30	7,225,434	2,600	1,530,147
1952	12,281	1,805.60	22,176,175	6,572	11,867,307
1953	12,281	1,805.60	22,176,175	1,745	3,152,118
1954	12,281	2,775.00	34,082,236	12,281	34,082,235
계	61,409		87,479,459	23,499	50,676,090

자료: 〈4294년 9월 15일〉. 석수와 금액의 석, 환 미만은 버림. 따라서 합계가 조금 다를 수 있음. 화폐 단위가 1953년 2월 15일 원에서 환으로(교환 비율 100:1), 1962년 6월 10일 환에서 원으로(교환 비율 10:1) 바뀌었으나 전부 환으로 통일하여 표기함.

환 상당의 재산을 처분할 계획이었다.[89] 이에 한국식산은행 청산위원회는 1956년 8월 성업사에 지시하여 해동흥업에 대한 감독을 강화하도록 하였고[90] 그해 9월에는 두 회사의 임원까지 개편하였다.[91]

1958년 2월 해동흥업은 농지보상금 청구와 관련한 대정부 교섭에 더는 희망이 없다고 보고 두 가지 대안을 검토하였다. 하나는 행정소송을 제기하

89 〈제43기 영업보고서〉(4289. 4~4290. 3); 〈제44기 영업보고서〉(4290. 4~4291. 3).

90 한국식산은행 청산위원회는 해동흥업이 약 500만 환의 직원 가불금(전세 보증금, 후생 양곡대, 연료 운반비 등)을 미회수하였고 재산도 공매가 아닌 수의계약으로 매각하는 등 회사를 방만하게 운영하였다고 지적하면서 성업사에 적절한 조치를 취한 후 그 결과를 재산 손모(損耗) 방지 방안과 함께 보고하라고 지시하였다. 〈식청(殖清) 제596호. 4289. 8. 3. 성업사 귀하. '해동흥업공사 관리에 관한 건'〉.

91 〈식청(殖清) 제768호. 4289. 9. . 식은청산위 사무국장. 성업사 귀하. '귀사 및 해동흥업공사 역원 개편에 관한 건'〉의 "제16차 임시위원회의 결의에 의하여 귀사 및 귀 산하 해동흥업 … 역원을 좌기와 여히 개편하기로 되었아오니 … 임시 주주총회에서 여차 선임하시도록 선(善)히 배려하여 주시기 경망(敬望) … 게기(揭記)의 건에 관하여 … 해동흥업공사에 선(善)히 조치하여 주시기를 병망(併望). 1. 귀사에 대한 역원 개편 1) 취체역 사장 유범렬 … 2) 평역원 취체역 회장 이준기, 취체역 황일규, 감사역 김영휘, 2. 해동흥업공사에 대한 역원 개편".

[표 6-2] 해동흥업의 1961년 9월 15일 현재 지가 보상 현황(계속)

연도	기(旣)수령 보상 규모		미수복 지구 기(旣)수령 보상 규모		농산수입(환)
	석수	환산액(환)	석수	환산액(환)	
1947					479,471
1948	9,107	218,588	18,293	428,574	97,088
1949	9,626	463,044	18,240	877,355	161,913
1950	11,983	1,775,165			3,073
1951	9,680	5,695,287	15,683*	1,258,590	
1952	5,709	10,308,870			
1953	10,536	19,023,475			
1954					
계	56,644	37,484,431	52,216	2,564,520	741,547

주: 1) 미수복 지구는 38선 이남, 휴전선 이북의 농지를 말함.
2) 전라북도, 충청남도의 기수령(旣受領) 보상 규모(석수)는 각각 1950년 8,481석, 625석, 1951년 9,330석, 305석, 1952년 11,223석, 760석, 1953년 7,344석, 2,336석, 1953년 5,071석, 635석, 1954년 8,577석, 1,958석임.
3) * 1950년도분의 단가(법정 곡가)는 80.25환으로 환산됨.
4) 농지 이외 재산의 반환은 전라북도 1952년 11월 25일, 충청남도 1953년 7월 13일에 이루어짐.

여 법적으로 해결하는 길이고, 다른 하나는 여타 재산은 처분하되 농지에 대해서는 그 보상액을 정확히 계산하여 정부 주장대로 "법인(法人) 개인(個人) 주(株)와 귀속주(株) 비율"에 따라 보상금을 청산 배분받는 방안이었다.[92] 그런데 1960년 1월 21일 대법원에서 그간의 관재행정에 새로운 '이정표'를 세운 '획기적'인 판례가 나왔다.[93] 「귀속재산처리법」 제2조 제3항에 따라서 1945년 8월 9일 이전에 한국에서 설립되어 그 주식 또는 지분이 일본 기관, 그 국민 또는 단체에 소속되었던 영리법인의 법인격은 여전히 동일성을 유지하며, 따라서 그 소유재산도 국가에 귀속되지 않는다는 판결이었다.

그러나 농림부는 해동흥업의 소유농지가 '국가에 귀속'되었다는 주장

92 〈해동발 제83호. 4291. 2. 18〉.
93 전정구, 앞의 글, 1966, 113~114쪽.

[표 6-2] 해동흥업의 1961년 9월 15일 현재 지가 보상 현황(계속)

연도	보상액 및 농산수입(환)	위탁관리비 (환)	차감수령액 (환)	지불 기관	수령일
1947	479,471	266,697	212,774	신한공사	
1948	744,251	295,026	449,224	신한공사	1949. 10. 21
1949	1,502,313	248,256	1,254,057	신한공사	1950. 12. 9, 1951. 3. 12, 3. 31
1950	1,778,239	230,467	1,547,771	신한공사	1952. 2. 4
1951	6,953,877	674,601	6,279,275	농지관리국	1952. 12. 23, 1953. 3. 26
1952	10,308,870	146,086	10,162,784	농지관리국	1953. 11. 21, 1954. 1. 12, 2. 2
1953	19,023,475	517,103	18,506,372	농지관리국	1954. 9. 13
1954					
계	40,790,499	2,378,239	38,412,259		

주: 1) 보상액 및 농산수입=앞의 기수령 보상금액+미수복 지구 기수령 보상 규모(순이익금)+농산수입.

을 고집하며 여전히 보상금 지급을 거부하였다. 이에 해동흥업은 5.16 군사혁명(쿠데타) 직후인 1961년 8월 정부를 상대로 전북, 옥구, 해미 세 농장의 농지보상금 지불 청구소송을 서울지방법원에 제출하기로 하였다. 농림부의 보상금 지급 거부가 "구 정부의 무능 편의주의적 처리의 소산"이므로 차제에 "혁명정부에 상세한 경위와 정당성을 주장"하고 8월 말까지 해결되지 않으면 제소하기로 한 것이다.[94] [표 6-2]는 이들이 소송에 대비하여 작성한 것으로 보이는 문서를 정리한 것이다. 세 농장의 분배농지 규모가 전라북도 옥구농장과 전북농장(일부)의 논 684만여 평과 밭 44만여 평, 충청남도 해미농장과 전북농장(일부)의 논 45만여 평과 밭 44만여 평 등 모두 819만여 평이고 총 보상석수(補償石數)는 11만 2,968석이었다.[95] 여기서 체감률 47%를 적용한 체감(遞減)석수 5만 3,095석을 빼고 기초 공제액 1,536석을 더한 실제 보

94 〈대(對)농림부 농지보상금 지불청구 행정소송 제기의 건(방계 해동흥업공사 처리조(處理調)), 4294. 8. 1〉.

95 〈4294년 9월 15일〉.

상석수 6만 1,409석을 5년간 균분하면 1만 2,281석이 되고 이를 1950~1953년도의 법정 곡가로 각각 환산하여 합산하면 실제 보상 금액이 8,747만 9,459환이었다. 그런데 해동흥업은 농지개혁 후에도 순이익금(1950~1953년분) 명목으로 이미 3만 7,908석(3,680만 2,797환)을 받은 터였으므로([기(旣)수령 보상 규모]) 미보상(未補償) 잔액은 2만 3,499석(5,067만 6,090환)이고 여기서 다시 농지개혁 전인 1948, 1949년에 수령한 9,107석(21만 8,588환), 9,626석(46만 3,044환)을 빼면 잔여 석수가 4,765석(4,999만 5,030환. 실제 계산 결과는 잔여 석수가 4,768석인데 이는 석 미만을 버리고 합산하여 생긴 오차이다)이 되었다([표 6-2]).

이에 해동흥업은 서울지방법원의 공판에서 해동흥업이 귀속법인이 아닌 이상 위의 4,765석을 모두 지급받아야 한다고 주장한 반면 정부는 그중 "국유 및 귀속주에 배당될 비율"만큼은 지급할 수 없다고 하였다. 1962년 6월 12일 서울지방법원은 해동흥업이 귀속법인이 아니라고 판시하였다. 따라서 정부는 "(해동흥업의) 고유주식(固有株式)에 관한 것이나 귀속주식(歸屬株式)에 관한 것이거나를 막론하고 일단 일괄적으로 (지가증권을) 교부"하되 각종 증거로 보아 농지 규모가 약 819만 평이 아닌 808만 9,132평임이 분명하므로 4,765석이 아닌 4,610석에 해당하는 지가증권만 발급하면 된다고 판결하였다.[96] 해동흥업으로서는 닷새 전인 6월 7일에도 대법원에서 앞서 언급한 판례와 같은 취지의 판결이 나온 터라서 어느 정도 승소가 예상된 일이기도 하였다.[97]

96 〈서울지법 판결문, 1962. 6. 12〉. 4,610석의 산출근거는 다음과 같다. 총 보상석수 11만 2,676석-5만 1,421석[11만 2,676석×0.47(체감률)-1,536석(기초 공제)]=6만 1,254석. 6만 1,254석-5만 6,644석=4,610석. 그리고 법원은 이를 1961년산 추곡 2등품 매입가격으로 환산한 645만 66원(당시 화폐액)으로 지급하여도 된다고 판시하였다.

97 대법원 판결의 주요 내용은 "(귀속국내법인은) 전 주식이 귀속주라고 하더라도 … 귀속기업체도 아니며 … 재산도 귀속재산이 될 수 없다. … 재산에 대한 처분 권한은 … 그 회사 만에 있고 … 국내 법인이 해산되어 본건 토지가 원고에게 분할 매각되었다면 몰라도 그렇지 않고서는 관재 당국은 본건 토지를 처분할 권한이 없으며 … 본건 불하는 처분 권한(이) 없는 관재 당국의 처분행위로서 무효"라는 것이었다. 한편, 정부는 그 후에도 이런 소송이 거듭되자 「귀속재산처리에 관한 특별조치법」(1963. 5. 29. 시행)을 제정하여 1. 귀속 휴면법인, 2. 귀속된 주식이나 지분이 전체 주식의 1/2 이상인 영리 법인, 조합, 기타 단체, 3. 미수복지구 내에 본점

1963년 7월 2일 서울고등법원(2심)의 결심공판도 이를 귀속농지가 아니라고 보았다. 그러나 보상금 산정에는 다른 견해를 보였다.[98] 1948년에 토지행정처와 약정하여 농지를 분배한 것은 사실이지만 농지개혁으로 그 약정이 '실효'(失效)된 이상 그 후 보상은 「농지개혁법」에 따라야 한다고 판결하였다. 즉, 실제 보상석수 6만 1,254석 가운데 농지개혁 전인 1948, 1949년도에 보상받은 1만 8,734석을 뺀 4만 2,520석이 농지개혁법에 따른 보상석수이므로 이를 5년 균분한 8,504석을 그해의 법정 가격으로 각각 환산하여 합산한 240만 원여만 지급하면 된다고 하였다.[99] 1심보다 4백여만 원이 줄어든 것이다.

해동흥업은 그해 9월 2일 대법원(3심)에 상고이유서를 제출하였다. 그리고 이번에는 재판청구 취지를 변경하여 그간 "귀속농지 취급 해제"[100]에 주력하였던 것과 달리 농지개혁 전에 약정한 대로 농지 대가를 보상받아야겠다고 주장하였다. 농지개혁 전에 분배가 이루어졌고, 보상도 지가증권이 아닌 수배(受配) 농민의 상환곡(償還穀)을 기준으로 매년 금전으로 보상받기로 하였으며 1950년 농지개혁 후에도 그렇게 보상받아 왔으니 앞의 약정이 농지개혁법에 저촉되지 않는 한 원래대로 보상받아야 한다는 것이었다.[101] 대법원(3심)의 생각도 같았다. 그래서 1964년 5월 30일 대법원은 서울고등법원의 원심을 파기 환송하였다. 서울고등법원(4심)은 1967년 2월 1일 결심공판

이나 주(主) 사무소를 둔 법인 등의 재산 전부 또는 일부를 매각한 것에 대하여 이의가 있는 이해관계인은 동법 시행일로부터 2개월 이내에 소를 제기하되 소 제기가 없거나 동법 시행일에 시효가 완성된 것은 동법 및 귀속재산처리법에 의하여 처리된 것으로 간주하도록 하였다. 전정구, 앞의 글, 1966, 113~115쪽.

98 고등법원에서 정부는 미보상 4,610석의 연도별 구성이 1952년 2,794석, 1954년 1,815석이므로 이를 그해의 법정 곡가인 180원 56전, 277원 50전으로 각각 환산 합계한 100만 8,531원만 지급하면 된다고 주장하였다. 반면 해동흥업은 이 토지가 중앙토지행정처와의 '약정'에 의해서 분배되었으므로 4,610석을 상환 당시(1961년)의 법정 곡가인 1석당 1,394원 90전으로 환산 지급해야 한다고 주장하였다.

99 6,057만 1,025환[4만 2,520석을 5등분한 연간 보상석수 8,504석을 당년도 법정 곡가로 환산 합계한 금액]-3,649만 6,202환[1950~1953년에 보상한 3만 7,909석의 환산액]=240만 7,482원(正租 4,610석분).

100 〈제51기 영업보고서〉(1964. 4~1965. 3).

101 〈상고이유서, 1963. 9. 2〉.

에서 법령 제173호에 따른 농지분배가 농지개혁법에 저촉되지 않는 “전부 유효”한 조치였으므로 정부는 “법령(제173호)이나 그에 의하여 약정한 대로” 해동흥업에 정조(正租) 5,063석(또는 1964년 말 법정 곡가 2,674원 25전으로 환산한 1,354만 1,201원)을 지급하라고 판시하였다.[102] 1967년 5월 30일 대법원(5심)도 이를 받아들여 해동흥업은 그해 12월에 그 전액을 수령하였다.[103] 보상금 지급이 중단된 지 12년, 소송을 시작한 지 6년 만이었다.

3) 기타 농지개혁 관련 보상금의 수령과 부동산의 관리처분

(1) 수복지구인 철원농장의 농지개혁

전쟁으로 38선 이북, 휴전선 이남 지역이 수복지구(收復地區)로 편입되자 정부는 1954년 3월부터 그곳에 귀농선(歸農線, 민통선)을 설정하여 농민을 입주시키고 종자, 비료, 농우 등을 지원하였다. 그런데 원래 그곳은 38선 이북이라 북한의 토지개혁이 시행되었을 뿐 남한의 농지개혁은 시행되지 않았다. 그래서 정부는 유엔군으로부터 수복지구의 행정권을 이양받는 대로 농지개혁을 하기로 하고 그해 8월부터 농지위원회를 설치하는 등 준비에 나섰다.[104] 1956년 상반기에는 강원도 철원, 김화 등지의 멸실(滅失) 등기에 대하여 회복(回復) 등기를 하고 각종 공부(公簿)도 복구하였다.[105] 1958년 4월

102 고등법원(4심)은 정부가 농지 828만 5,704평에 대하여 6만 1,707석(총 보상 11만 3,530석-5만 1,823석)을 보상하기로 약정한 것, 중앙토지행정처가 매년 수배 농민들로부터 받은 정조에서 “법정 체감(遞減)석수(실은 관리비용임)를 공제한 정조(正租)[따라서 매년 보상석수가 일정하지 않음]”를 교부하기로 약정한 것, 그간 현금으로 보상한 이유도 정부의 양곡 매상 시행으로 편의상 그렇게 했을 따름임을 모두 인정하였다. 〈서울고법 제4 민사부 판결문, 1967. 2. 1〉.

103 〈대법원 제4부 판결문, 1967. 5. 30〉; 〈제54기 영업보고서〉(1967. 4~1968. 3).

104 『조선일보』 1954. 3. 13. ‘수복지구에 귀농할 수 있다. 김화, 연천, 철원 등 6군에’, 4. 1. ‘수복지구 귀농식 성대히 거행’, 8. 20. ‘수복지구 농지개혁을 준비. 8. 15 전(前) 원(原) 지주엔 지가 보상’.

105 『조선일보』 1954. 8. 20, 1956. 2. 20. ‘회복 등기’란 기존의 등기가 부당하게 소멸된 경우 이를 부활하여 재현하는 등기를 말한다. ‘멸실 회복 등기’는 그중 하나로서 등기부의 전부 또는 일부가 멸실되어 이를 회복하기 위하여 행하는 등기를 말한다.

정부는 대통령령으로 「수복지구에 대한 농지개혁법 실시에 관한 특례」를 제정, 공포하였다.[106] 이로써 수복지구 농지개혁은 빠르게 진척되어 그해 8월에는 농지분배통지서를 발급하였고 9월에는 지가증권 발급도 거의 마쳤다.[107]

해동흥업은 수복지구에 많은 농지를 가지고 있었다. 1958년 현재 수복지구인 철원농장의 공부상(公簿上) 소유농지는 492만여 평(그중 논 32만여 평, 밭 460만여 평)이고, 농지 1두락(논 200평, 밭 100평)의 보상석수를 논 3석, 밭 1석으로 환산한 총 보상석수는 5만 905석이며, 여기서 체감석수 2만 2,907석(체감률 45% 적용)을 뺀 실제 보상석수도 2만 7,998석이나 되었다.[108] 따라서 해동흥업은 곧 있을 농지개혁에 대비하여 1956년 6월에 철원농장의 농지와 재산에 대한 회복 등기를 마쳤다.[109] 1957년 2월에는 해방 당시의 연고자나 수복 후 농지위원회에서 농지를 분배받아 경작 중이던 사람들에게 '사유(社有) 농경지 확인증'을 교부하고 실경지(實耕地) 조사도 하였다.[110] 그리고 1958년에 수복지구 농지개혁이 진행되자 그해 7월에는 귀농선 남쪽 농지 293만여 평(북쪽 265만여 평 제외)에 대한 지주신고서도 제출하였다.[111] 그리하여 1959년 4월 22일에는 귀농선 남쪽 농지 가운데 철원군 동송면의 138만여 평, 갈말면의 6만여 평, 연천군 관인면의 1만여 평 등 146만여 평의 농지를 이미 분

106 김운근·이두순·조일환, 『수복지구의 농지관리 체계에 대한 남북한 비교연구』, 한국농촌경제연구원, 1989, 125~129쪽.

107 『조선일보』 1958. 4. 12, 4. 15, 7. 20. '분배통지,' 8. 7; 〈철농 제19호. 4291. 8. 16. 철원농장 관리인 안갑호. 취체역 지배인 박승희 귀하. '농지 보상에 관한 건'〉.

108 〈해동발 제83호. 4291. 2. 18〉. 1957년도 법정 곡가인 1석 5,231환으로 환산하면 1억 4,645만여 환에 달하는 거액이다.

109 〈복명서(復命書). 4292. 1. 社員 변희중〉. 해동흥업은 이곳의 다른 지주들과 함께 철원지구 농지대책위원회를 조직하여 정부에 건의문도 냈다. 〈4289. 7. 27. 건의서 … 철원지구 농지대책위원회〉의 "수복(收復) 이래 … 제반 권한을 획득치 못하고 … 금반 회복 등기를 실시 … 소유권을 법적으로 인증됨은 물론 매매 및 양여 등 제반 권리가 인증되고 있음에 감(鑑)하여 … 금년도 수확부터는 농지 분배 실시까지 … 헌법에 보장되어 있는 소유 권한을 행사함과 동시에 소작료를 징수함이 당연지사 … 연명(連名) 건의하는 바 … 8월 15일까지 회시(回示)하여 주심을 바라는 바".

110 〈철농 제1호. 해동흥업 사장 귀하. '사유(社有) 농경지 확인증 교부에 관한 건'〉.

111 〈1958. 7. 9. '농지개혁법에 의한 지주신고서 제출의 건'〉.

배당한 상태였다. 총 보상석수가 9,863석이고 38선 이남의 분배 농지까지 합산하여 체감률을 적용하여도 실제 보상석수가 5,119석(철원농장분만 체감하면 6,742석)에 달하는 규모였다.[112] 그렇지만 당시 해동흥업은 이 보상금을 받지 못하였다. 앞서 본 대로 정부가 이를 귀속농지로 간주하여 지급을 거부한 것이다.[113] 게다가 해동흥업은 그곳 주민들과 식자층, 공무원, 집권 여당인 자유당의 간부마저 이를 적산으로 간주하여 거기서 '유지비'(維持費) 명목의 사용료조차 징수하기 어려웠다.[114] 강원도 관재국에서 한때 해동흥업 철원농장 소유의 철원군 동송면 소재 대지(垈地)를 적산으로 간주하여 연고자에게 임의로 임대한 것도 같은 예였다.[115]

그러나 해동흥업은 1964년 5월 대법원에서 귀속기업체가 아님을 재차 인정받자 철원농장의 농지개혁 절차를 다시 밟았다. 1964년 여름부터 즉각적인 지가증권 발급, 보상금 지급을 다시 촉구하였다.[116] 그해 9월에는 관(官)에서 만든 농가별 분배 농지표, 지주별 농지부(農地簿)와 토지대장을 토

112 〈복명서. 1959. 4. 23. 과장 대리 변희중〉.

113 〈철산 제 호 4291. 9. 22. 철원군수. 각 읍면장 귀하. '38선 이북 수복지구 농지개혁 실시의 건'〉의 "불이농장 일본인 토지에 대하여 계정별(매수농지, 귀속농지)이 확정치 않아 도(道)에 질의한 바 우선 귀속농지로 처리하라"; 〈1964. 8. 12. '수복지구 분배농지의 분배통지서 청구의 건'〉의 "보상신청 절차는 … 귀속농지로 취급함으로 인하여 중단" 참조.

114 〈復命書. 4289. 10. 26. 과장 백덕성, 사원 임석현〉의 "작금 자유당 모직(某職)이며 철원군 농민회장인 김봉조 씨가 내철(來鐵)하여 해동흥업은 적산으로서 가지(加之) 금반 식산은행 청산위원회에 흡수당한 사실이니 경작료(耕作料)는 물론이고 대지료(垈地料)도 보상(補償)에 응치 말라고 부연(敷衍)"; 〈철농 제6호 철원농장 지배인. 해동흥업 지배인 귀하. 4290년도 농지유지비 징수 방법 의견 진달(進達)의 건〉의 "일반에게 혹은 유식층(有識層) 공무원 중에서 사유(社有) 토지를 적산으로 간주 … 지장을 일으켜 경작인(耕作人) 태반(太半)에게는 징수 불능".

115 〈해동발 제44호. 4290. 10. 14. 해동흥업공사. 강원도 관재국장 귀하. '수복지구 소재 당사 부동산 소유권 해명의 건'〉의 "당사 소유권은 귀속재산이 아니온 바 측문한 바에 의하면 귀국에서 철원군 동송면 소재 부동산을 귀속재산으로 오인하시고 연고자를 상대로 임대차 계약 체결을 실시 중이라는데 … 급속 계약 취소 … 경망(敬望)'〉; 〈강관리 제276호. 4291. 2. 21. 강원도 관재국. 식은청산위 귀하〉.

116 〈해동 제92호(2-3231). 1964. 7. 28. 해동흥업. 농림부 귀하. '수복지구 농지분배통지서 청구'〉의 "대법원 판결(로) … 사실이 확인되었아오니 … 보상신청절차 이행에 소요되는 분배통지서를 철원지방 행정기관으로 하여금 조속히 교부하도록 하시(下示) … 경망(敬望)"; 〈1964. 8. 31. 대표이사. 농림부 장관 귀하. '수복지구 분배농지 보상 청구의 건'〉의 "대법원까지 확인하신 바 귀폐간의 소송의 종결을 기다릴 필요조차 없을 것으로 … 귀속농지 취급 해제조치를 해 지방행정기관에 시달하여 주시기" 참조.

대로 강원도 철원군 동송면, 갈말면과 경기도 연천군 관인면의 소유농지 약 153만 평의 필지별 지목, 등급, 상환 석수, 수배자(受配者)의 주소 성명을 적은 분배농지조사부를 만들었다.[117] 그렇지만 당시 이 서류들은 여러 면에서 부정확하였다. 그래서 보상금 산정의 중요한 기준이던 지목과 등급만이라도 다시 사정(査定)할 필요가 있고, 특별히 정부의 귀속농지 지정(指定)을 조기에 해제받지 못하면 38선 이남의 분배 농지까지 합산하여 체감석수를 정하게 되어 그에 따른 손해도 막심하였다. 이에 해동흥업은 그해 가을 이들 업무를 신속히 처리하기 위하여 농지보상금 신청 및 수령에 관한 일체의 사무를 '기술적 대행업자'(정재돈(鄭載敦[혹은 教]), 김진수(金鎭壽))들에게 위임하기로 하였다.[118] 이들에게 보상금의 2할을 수수료로 주기로 계약하였는데 수수료는 대행업자가 경비를 부담하면 4할, 소유자가 부담하면 3할이 일반적이었다.[119] 그리하여 그해 말 "각면(各面) 농지 분배부와 등기부상 표시가 일치"한 동송면, 갈말면 농지 136만여 평의 보상금 727만여 원을 수령하였고,[120] 그 후 측량이 진척되어 공부(公簿)가 추가 작성되고 경계(境界)와 지적(地積)이 정비됨에 따라 나머지 농지보상금도 계속 수령하였다.[121]

해동흥업은 귀농선 남쪽의 대지 사용료도 징수하였다. 1964 회계연도에는 귀농선 북쪽의 농지 등에 대한 회복 등기도 마쳐[122] 거기서도 사용료를

117 총 보상석수가 1만 536석이다. 여기서 철원농장만의 체감석수 3,415석을 뺀 실제 보상석수는 7,120석이었다. 〈복명서. 1964. 9. 12. 사원 변희중, 이광복〉.

118 〈1964. 9. 22. '철원 수복지구 분배 농지 보상금 신청'〉.

119 〈1964. 9. 18. '철원 수복지구 분배 농지 보상신청'〉.

120 총 보상석수는 9,190석이고 체감률 38%를 적용하고 636석을 차감한 체감석수는 2,856석이므로 실제 보상석수는 6,334석이다. 5년간 균분한 1,266석을 법정 곡가(1958~1960년 953원, 1961년 1,394원, 1962년 1,489원)로 환산 합계하면 727만 6,106원이다. '대행업자'에게는 수수료 2할(145만여 원)을 주었고 미보상 분배 농지의 지번, 지적, 등급을 수정하여 보상금을 더 받아내면 2할의 수수료를 추가 지급할 예정이었다. 〈1964. 12. 28. '철원 수복지구 분배 농지 보상금 수령에 관한 건'〉.

121 1965 회계연도에 108만 원, 1966 회계연도에 75만 원, 1967 회계연도에 135만 원, 1968 회계연도에 66만 원, 1969 회계연도에 101만 원을 받았다. 〈영업보고서〉(각 회계연도).

122 〈제51기 영업보고서〉(1964. 4~1965. 3); 〈복명서. 1964. 11. 7. 소직(小職) 김영무(金榮武)〉의 "귀농선 북방 … 농지에 대한 회복 등기가 미필(未畢)되어 금반 해당 면사무소의 토지신고증을 경유 철원군에 제출하여 토지대장에 등록 연후 필별(筆別) 토지대장 등본을 작성하여 철원

받게 되었다. 군 작전 지구라서 유랑민이 집단 이주하여 농사를 짓다가 흉작이 들면 다시 나오는 경우가 많아 징수에 어려움이 컸지만, 직원들이 군의 출입 증명을 받아 현지에 들어가 지적도 등을 조사하고 사용료 징수에 박차를 가한 결과 그 후 상당액을 징수하였다.[123]

(2) 분배농지 부속시설의 보상

농지개혁법과 그 시행령은 분배농지의 부속시설에도 보상금을 지급하도록 규정하였다. 해동흥업은 전라북도, 강원도에 저수지, 용수로, 도로, 하천 등 방대한 농지 부속시설과 부지를 가졌다. 정부는 예산 부족 등을 이유로 이들에 대한 보상을 미루다가 1958년 9월에야 제1차 「농지 부속시설 보상 요강」을 제정하여 보상을 시작하였다. 그러나 보상 대상을 극히 제한한 데다 보상액도 낮게 평가하여 보상액이 수속비용에도 못 미친 경우가 많았다. 그래서 해동흥업은 1961년 12월과 1965년 3월에 정부가 보상 조건을 거듭 개선하자 비로소 신청에 나섰다.[124]

주지하듯이 농지 부속 시설이란 종류와 형태가 다양하고 주변 여건에 따라 실제 이용 정도도 크게 달라 그 시설의 농지 부속 여부를 판단하기 어렵고 보상금액을 정확히 산정하기도 쉽지 않았다. 그래서 해동흥업은 그 수속을 '기술적(技術的) 전문업자(專門業者)'들에게 대행시켰고, 대행업자들은 1966년 10월 전라북도와 강원도에 신청서를 보냈다. 1967년 12월 전라북도는 '기술감정'(技術鑑定) 등 제반 심사를 거쳐 농림부로 서류를 올렸고, 농림부는 1967, 1968 회계연도에 그중 옥구농장의 부속시설에 대한 일부 보상금

등기소에 접수시킴으로써 회복 등기를 완결 … 동송면(어운면) 중강리 답 외 169필지 60만 863평, 강산리 답 외 33필지 10만 7,224평" 참조.

123 1968 회계연도에 47만여 원, 1969 회계연도에 101만여 원, 1971 회계연도에 217만여 원을 징수하였다.

124 〈1970. 2. 5. '농지 부속시설 보상금청구 소송 경위(經緯)'〉. 이하 〈영업보고서〉(각 회계연도) 참조.

을 지급하였다.

한편, 정부는 1968년 3월에 농지개혁의 조기 종료를 위해서 「농지개혁사업정리에 관한 특별조치법」을 제정하여 분배농지와 부속시설에 대한 보상금 청구를 1년 안에 종결하기로 하였다. 이에 해동흥업은 청구권 소멸 직전인 1969년 3월 11일 서울지방법원에 농지 부속시설에 대한 보상금 청구소송을 제기하였다. 당시 이들이 재판을 청구한 시설물은 옥구농장과 성덕농장(김제군 성덕(聖德)면 소재)의 1) 저수지, 제방, 용수통관, 양수장, 도수로(導水路), 제수문(制水門), 공작물, 용수 간선 및 지선, 암거배수용문과 2) 도로, 도랑(溝渠), 제방, 유지(溜池), 하천, 그리고 1), 2)의 부지 119만 평이었다. 1970년 1월 서울지방법원은 옥구농장(김제군 성덕농장 포함)의 부속시설 보상금으로 7억여 원을 지급하라고 판시하였다.[125] 그러나 이듬해 6월 서울고등법원은 해동흥업에 일부 패소 판결을 내려 보상금을 200만 원으로 축소시켰고, 대법원도 1972년 2월에 이를 받아들였다.[126] 그 후 해동흥업은 1975년과 1980년에 해미농장과 철원농장의 농지 부속시설 보상금으로 각각 50만 원, 100만 원을 지급받았다.[127] 이로써 농지 부속시설에 대한 보상금 문제를 종결지었다.

(3) 군(軍) 징발 재산의 보상

6.25 전쟁 초기인 1950년 7월 26일 정부는 대통령 긴급명령 6호로 전쟁에 필요한 토지, 건물, 차량, 화물을 징발하였다. 해동흥업도 전라북도 옥구농장과 강원도 철원농장의 상당한 용지를 징발당하였다. 전쟁 후 그에 대한 보상 요구가 사회 문제가 되었으나 정부는 예산 부족과 유엔군과의 협상 필요성을 들어 조기에 해결하지 못하였다.[128] 그 후 정부는 1957년에 연간 5억

125 〈제56기 영업보고서〉(1969. 4~1970. 3); 〈1970. 2. 5. '농지 부속시설 보상금청구 소송 經緯'〉.
126 〈제59기 영업보고서〉(1972. 3~1973. 4).
127 김성호 외, 앞의 책, 1989, 801쪽.

여 환의 예산을 책정하여 당시 900억여 환(한국군 부담 200억 환, 유엔군 부담 700억 환)에 달하였던 보상금 중 극히 일부인 장기 징발 재산과 극빈자들에게 징발한 재산부터 보상하기로 하였다.[129]

그런데 해동흥업은 옥구농장과 철원농장에 적지 않은 징발 용지를 가지고 있었다. 1958년에 조사한 바로는 전라북도 군산의 비행장 용지로 징발당한 농지만 논 59만 1,990평(2,959두락)과 밭 7,131평(71두락) 등이었다. 논, 밭 1두락(논 200평, 밭 100평 기준)의 보상석수를 3석, 1석으로 환산하면 총 보상석수가 8,948석이고 여기에 체감률 45%를 적용한 체감석수 4,026석을 뺀 실제 보상석수는 4,922석이었다. 그리고 이를 5년으로 나눈 984석에 1950~ 1954년의 법정 곡가를 각각 곱하여 합산한 보상금은 701만 1,525환이었다.[130]

한편, 정부는 1963년 5월 1일 법률 제1336호로 「징발법」을 제정하였다. 그리하여 위의 대통령 긴급명령 6호를 폐지하는 동시에 기왕의 군 징발 재산들도 모두 이 법에 따라 징발한 것으로 간주하기로 하였다. 그리고 그중 사유재산은 1971년 말까지 징발을 해제하되 그때까지 해제하지 않은 재산은 국가에서 매수하기로 하였다. 그런데 정부는 1970년 1월 「징발재산 정리에 관한 특별조치법」을 공포하여 그 기간을 1973년 말까지 연기하고 절차도 정하였다. 즉, 국방부 장관이 매수 가격을 적은 매수통지서를 피징발자에게 송달하되 징발재산 보상금은 징발보상증권으로 지급하며 상환은 발행일부터 1년 거치한 후 10년간 균등 상환하기로 하였다(미상환금에 연 5% 이자 적용).[131]

이에 해동흥업은 [표 6-3]에서 보듯이 사유(社有) 부동산에 대한 징발재산 보상금을 신청하여 1972년 3월 이래 철원농장의 징발토지 7만 7,673평에

128 〈해동발 제83호. 4291. 2. 18〉; 『조선일보』 1953. 10. 9, 11. 25, 1955. 6. 24, 9. 10. 11. 17.
129 『조선일보』 1957. 2. 27, 3. 21, 3. 29.
130 〈해동발 제83호. 단기 4291. 2. 18〉.
131 이환균, 「징발재산정리에 관한 특별조치법」, 『지방행정』 19권 204, 205호, 대한지방행정공제회, 1970; 『조선일보』 1971. 8. 10. '징발 재산 해제 73년까지 연기'.

[표 6-3] 해동흥업의 군(軍) 징발재산 보상금 수령 사례						
소재	지목	면적(평)	매수 연차	증권발행일	매수대금(원)	증권수령일
철원	밭	77,673	1971년 3차	1971. 9. 1	4,652,360	1972. 3. 6
군산	대지	1,680	1971년 4차	1971. 12. 1	16,800,000	1972. 6. 10
옥구	임야	135,600	1971년 2차	1971. 6. 1	13,560,000	1972. 11. 17
옥구	임야	15,017	1971년 2차	1971. 6. 1	1,517,750	1974. 4. 8
철원		9,451	1972년	1972. 12. 1	1,197,240	1973. 3. 9
철원	임야	8,715	1973년 1차	1973. 9. 1	658,560	1974. 1. 30

자료: 〈군(軍) 징발재산 보상금 수령 종합표〉.

대한 징발보상증권 465만 2,360원과 옥구농장 징발토지 13만 5,000여 평에 대한 보상증권 1,356만 원 등을 받았고, 1973, 1974년 이후에도 같은 절차를 밟아 철원농장 징발토지 9,451평에 대한 보상증권 119만 7,240원과 군산 관내 징발토지 1,680평에 대한 보상증권 1,680만 원 등을 받았다. 해동흥업은 1972년부터 징발보상증권을 순차 발급받아 1년 거치하였다가 그 후 10년 동안 각각 균등 상환받음으로써 이 문제도 종결지은 것이었다.

(4) 기타 부동산 및 주식의 관리와 처분

해동흥업은 전라북도 군산 시내에 7만여 평의 대지(대개 지상에 건물 소재)가 있고 그 일대 옥구, 전북, 해미, 남포(南浦) 등 구(舊) 농장들의 관내에도 상당한 토지가 있었다. 그러나 이들에 대한 임대료 징수실적은 좋지 않았다. 1965년 10월 한국식산은행 청산위원회는 성업사의 임시 주총을 열어 성업사의 해산을 결의하였다.[132] 이로써 성업사가 소유한 해동흥업공사의 주

132 성업사는 청산인 3명을 선임하고 1965년 10월에 해산 등기를 하였다. 사무국도 재무부 국고국 기업자산과로 옮겼다. 1969년 9월에 1차 청산, 2000년에 최종 청산되었다. 〈폐쇄등기부〉; 〈성청위(成淸委) 제6호, 1965. 10. 28, 성업사 대표 청산인, 한국식산은행 수신, '주식회사 성업사 해산 통지'〉. 당시 성업사는, 1962년 3월에 한국산업은행(전 조선식산은행)이 소유 중이던 성업사 주식 전량을 국가에 현물 분배한 터라서 국가가 모든 주식을 가진 정부 소유 법인이

식 2만 2,008주(전체의 55%)도 정부로 이관되어 해동흥업은 정부가 전체 주식의 85.2%(3만 4,093주)를 가진 사실상의 정부 소유 법인이 되었다.[133] 이런 일과도 관련해서 해동흥업은 1965 회계연도부터 군산 일대의 임대료 체납자들에게 지급명령, 가압류 선고 같은 법적 조치를 하며 임대료 징수에 박차를 가하여 상당한 성과를 거두었다.

그런데 해동흥업은 1968년에 군산시가 도시계획 사업을 벌여 도로확장, 영세민 아파트 건립 등을 추진하자 그곳 대지를 매각하지 않을 수 없었다. 시내에서 떨어진 구(舊) 농장 관내 부동산도 관리에 많은 경비가 소요되어 매각이 불가피하였다. 대주주였던 정부는 해방 전부터 소유권 행사에 제약을 받아 온 지상(地上) 건물 소유주들의 불만도 고려하지 않을 수 없었다. 이에 해동흥업은 재무부와 협의하여 이곳 대지를 연차 매각하기로 하고 1971년 1월에 그중 5,338평을 "선량한 점유인"들에게 일시불 또는 5년부 상환 조건으로 매각한 이래 더욱 본격적인 불하에 나섰다. 구(舊) 농장들의 여타 부동산도 마찬가지였다. 지적 정비, 분할 측량, 경계 측량이 끝나는 대로 매각하기로 하였고 1972 회계연도에 전북농장의 일부 농지(논 1만 259평)를 매각한 것을 시작으로 본격적인 매각에 나섰다.

해동흥업은 서울 서대문구 불광동 280번지에도 3만여 평의 대지가 있었다. 대개 임야, 과수원이었던 곳인데 4.19 직후의 사회적 혼란과 행정력 마비를 틈타 800여 세대가 무단 입주하여 700여 동의 무허가 건물을 지었다.[134] 이에 구청과 경찰을 동원하여 철거를 시도하였지만, 입주자들은 연좌, 투석 시위로 저항하였다. 그래서 해동흥업은 서울지방법원에 소송을 제

었다. 연합청산사무국 편, 『국가귀속 청산법인 청산자료집』, 재정경제부 연합청산위원회, 2000a, 473쪽.

133 〈해동흥업 연혁 및 현황〉. 해동흥업은 1963년 4월 신(新) 상법 공포에 따라 법인을 재조직하여 자본금 2,000만 원, 총 주식 4억 주가 되었고 그해 8월에는 주식을 병합하여 자본금 2,000만 원, 총 주식 4만 주가 되었다. 연합청산사무국 편, 앞의 책, 2000a, 538쪽.

134 〈해동 제105호. 1964. 9. 1. 불광동 대지 불하 추진위원장 김시현 귀하〉.

기하였고 1961년 10월 법원은 그곳 토지를 입주자들에게 매각하되 그들이 7개월 안에 이를 매수하지 않으면 회사에 '건물철거 집행력을 부여'하겠다는 화해 판결을 내렸다. 입주자들은 그것도 불응하였다. 대주주였던 정부도 철거에 따른 사회적 물의와 주택난 해결에 부심 중인 정부 정책 등을 감안하지 않을 수 없었다. 그리하여 이들과 임대차 계약을 맺어 사용료를 받되 장차 이를 모두 매각하기로 하고 1965년 12월 그중 50여 필지에 대하여 일반 경쟁 공매 입찰(3년부 상환 조건)을 시행하였다. 그러나 입주민들은 이것마저 거부하였다. 결국, 정부는 1965년 12월 임시주총에서 사회적 물의를 최소화한다는 방침 아래 이듬해 8월부터 5년부 상환 조건으로 이를 매각하기로 함으로써 이 문제도 일단락 지었다.[135]

해동흥업은 주식도 가지고 있었는데 1966년 3월에 그중 금융기관 주식을 매각하기로 하였다. 그리하여 한일은행 주식 3,314주, 제일은행 주식 5,300주, 조흥은행 주식 1,300주, 상업은행 주식 50주 등 9,964주를 매각하였다. 이를 팔아 은행에 예치한 후 연평균 30%의 금리를 받는 것(예상 수익 218만여 원)이 거기서 연평균 12%의 배당금을 받는 것(예상 수익 119만여 원)보다 유리하다고 판단하였다.[136]

4) 해산과 청산의 종결

해동흥업은 앞서 본 대로 1955 회계연도에 정부가 돌연 38선 이남 농지

135 1966 회계연도에 사용료 217만여 원과 매각 연부금 1,138만여 원, 1967 회계연도에는 매각대금 1,273만여 원을 받았다. 1968 회계연도 이후는 인플레이션으로 지가가 올라 매각연부금 징수가 순조로웠다. 그리하여 연부금 납부 최종연도인 1970 회계연도에는 미수금이 530만여 원에 불과하였고 1971, 1972 회계연도에도 101만여 원, 27만여 원의 미납금만 남겼다. 〈영업보고서〉(각 회계연도).

136 매각 주식의 1주당 시세(장부 가격)는 한일은행 주식 710원(543원), 제일은행 주식 750원(548원), 조흥은행 주식 700원(599원), 상업은행 주식 729원(473원) 등이었다. 〈중역회회의표(回議票). 1966. 3. 21. '당사 소유주식 금융기관주식 매각 처분에 관한 건'〉.

의 대금 지급을 중단하였던 까닭에 1960년대 중반까지도, 영업보고서마다 전년도의 방침을 계속하여 적극적인 운영을 '지양'한 채 '부동산 등 사유(社有)재산을 매각처분하거나 관리보전'하는 데 주력하였다고 말한 대로, 소극적인 경영에 머물 수밖에 없었다.[137]

그러나 1964년 말부터 철원농장의 농지보상금이 지급되고, 1967년에는 38선 이남 농장의 농지보상금 지급청구 소송에서 최종 승소하여 1,354만 원의 보상금을 지급받자 이를 토대로 장기적인 발전 방안을 구상하였다. 1968년도 주주 총회에서 "당(當) 회사의 보유자원이 다소간 확보"된 차제에 재무부와 협의하여 서울시 외곽지대의 택지조성 사업이나 포플러 조림 사업 같은 수익성, 안전성이 좋은 사업에 진출하기로 한 것,[138] 1969년도 주주총회에서 정부의 축산 장려 정책에 따라 낙농 사업에 진출하여 축산 소득과 부동산(牧野地) 투자 효과를 함께 얻기로 한 것이 그런 예였다.[139]

그중 조림 사업은 일부 실행에 옮겼다. 정부의 조림사업 보조장려 정책에 호응하여 합판, 건축, 제지(製紙), 인견사(人絹絲) 등의 원료로 널리 쓰여 투자가치가 큰 이태리포플러를 조림하기로 하고 1968년 9월 이사회에서 용지를 물색하기로 하였으며, 그 후 기술조사를 거쳐 충청남도 부여군 장암면의 사유지(社有地) 4만여 평을 적지로 선정하였다. 충청남도 도청과 협의하여 묘목도 2만 5천 주나 매입하였다.[140] 그러나 이는 두 가지 이유로 무산되었다. 하나는 주민반발로서 이미 이곳에 무단 입주하여 채소, 낙화생 등을

---

137 〈제48기 영업보고서〉(1961. 4~1962. 3); 〈제49기 영업보고서〉(1962. 4~1963. 3); 〈제50기 영업보고서〉(1963. 4~1964. 3).

138 〈제55기 영업보고서〉(1968. 4~1969. 3). 1967년 5월 정기주주총회 때도 조림 사업에 관심을 가졌으나 '투자자원' 부족으로 그만둔 바 있었다. 〈제54기 영업보고서〉(1967. 4~1968. 3).

139 정부는 축산(낙농) 기업에 목야지(牧野地) 선정, 유통 사료 수급, 축산물 가공 시설, 자금 융자, 조세 감면, 외자도입 우선, 농경지 소유제한 해제 등의 혜택을 주었다. 따라서 축산업에 진출할 경우 축산 소득은 물론이고 방대한 목야지를 매입하여 "부동산 투자의 효과까지" 볼 수 있으므로 우선 50두 규모의 낙농에 착수한 후 한우 비육, 한우 육성 같은 부대사업에도 진출할 계획을 검토하였다. 〈제55기 영업보고서〉(1968. 4~1969. 3).

140 〈제54기 영업보고서〉(1967. 4~1968. 3).

재배 중이던 주민을 '추방'해야 했는데 저항이 심하여 그게 어려웠다.[141] 다른 하나는 좀 더 근본적인 이유로서 대주주인 정부(재무부)가 이것이 장기투자 사업인 점을 들어 전술한 농지부속시설에 대한 보상 문제가 일단락된 후에나 재론하자며 사실상 계획 자체를 무산시켰다.[142]

1970년대 초의 해동흥업은 정부의 입장이 이러했으니 택지조성 사업이나 축산 사업 같은 장기 사업들을 더는 추진하기 어려웠다. 게다가 이때는 38선 이남의 분배농지 보상, 철원농장의 수복농지 보상, 분배농지 부속시설 보상, 군(軍) 징발재산 보상, 군산 및 불광동 일대 부동산 처분, 은행 주식 매각 등 중요 현안이 거의 해결된 때였다. 따라서 1972년 말의 해동흥업은 "환가(換價) 가치 있는 자산은 거의 매진된 실정"이므로 이 이상 회사를 '존속'시킬 필요가 없다는 평가를 받았다.[143] 결국, 해동흥업은 1973년 5월 11일 정기 주총에서 정부(주식의 85.2% 소유)가 해산을 결의함으로써 '청산인회'(淸算人會)와 '사무국'에 청산인 2명, 감사 1명, 사무국 직원 9명을 가진 해산법인으로 전락하였다.[144] 그리하여 향후 5년 안에 지적(地籍)이 확정된 토지는 매각하고 미확정된 것은 분할 측량, 경계 측량을 하여 연차 매각하며, 기타 매각이나 환가(換價) 처분이 불가능한 도로 등은 정부에 기부채납(寄附採納)하거나 소각(銷却) 처리하여 청산을 종결하기로 하였다.[145]

141 〈조림 사업에 관한 업무 계획〉. 이들과 식수(植樹) 배제 청구 및 출입 금지 가처분 소송까지 벌였다.

142 〈제56기 영업보고서(1969. 4~1970. 3).

143 〈제17 해동흥업공사 1972. 6. 30〉의 "(해동흥업)공사는 부동산의 관리 및 매각 업무를 처리하고 있으나 환가(換價) 가치가 있는 자산은 거의 매진된 실정이므로 동 공사의 존속 필요성이 없다고 인정되며 자금 운용도 … 합리적인 경영과 자금 운용을 기하지 못하는 사례 등이 있었다." 참조.

144 〈청산 종결 촉진을 위한 방안, 1975. 3. 31 현재〉.

145 〈청산 업무 계획서, 1973. 5. 12 현재〉. 회사의 해산은 법인격을 소멸시키는 법률사실 또는 법률요건을 말한다. 청산은 해산 후 그 재산적 권리와 의무를 정리하여 법인격을 소멸시키는 절차를 말한다. 회사는 청산을 종결하여야 법인격을 상실하고 실체도 소멸한다. 해산 및 청산절차는 1. 주주 총회의 해산결의와 청산인 선임(청산인은 현존 사무의 종결, 채권 추심과 채무변제, 재산의 환가(換價) 처분, 잔여재산의 분배 등을 수행), 2. 해산 및 청산인 등기, 3. 관할법원에 해산 신고, 4. 자산목록 및 대차대조표 신고, 5. 신문공고(채권자 신고토록), 6. 채무변

그러나 실제 청산종결까지는 그 후에도 많은 시간이 걸렸다. 청산주관기관이 국세청(1976. 6), 재무부(1977. 2), 성업공사(1982. 4)로 변경된 가운데 재무부는 1977년 7월 해동흥업을 청산법인으로 지정하여 그해 10월부터 본격 청산에 나섰고, 2000년 말이 되어서야 성업공사의 후신인 한국자산관리공사가 청산을 최종 종결하였다. 1973년 5월에 해산을 결의한 후 이때까지 102억여 원(토지 6,242필지, 1,182만여 m^2)에 달하는 자산을 매각하였고, 매각 및 환가 처분이 곤란한 69억여 원의 재산은 주주인 정부에 현물 분배하였으며, 도로 등 매각 및 환가 처분이 곤란한 161억여 원의 재산은 정부에 현물 증여하였다.[146] 요컨대 이들은 각종 세금 공과금과 청산 종결 비용을 뺀 나머지로 주주인 국가(3만 9,742주 소유, 99.4%)에 현금 69억여 원과 현물 69억여 원을 분배하였고, 민간 주주(258주 소유, 0.6%)에게 현금 2억여 원을 분배하였으며, 도로 등 161억여 원의 재산은 정부에 현물 기증함으로써 청산을 종결하였다.[147] 불이흥업 창업주 후지이 간타로(藤井寬太郎)가 내한한 지 96년, 그가 불이흥업을 창립한 지 86년, 해방된 지 55년, 대한민국 정부가 수립된 지 52년 만의 일이었다.[148]

제 (공고 기간 종료 후 채무를 갚되 변제 후에도 잔여재산이 있으면 주주에게 분배함. 자산보다 부채가 크면 청산절차 중단하고 파산절차로 이행), 7. 잔여재산 분배, 8. 결산보고서 작성, 9. 청산 종결등기, 10. 중요 서류 보관인 선임 등이다.

146 〈폐쇄등기부〉; 연합청산사무국 편, 앞의 책, 2000a, 539쪽. 국가에 증여한 재산(정부 미수금)은 서대문구 불광동(1978. 국가에 증여 또는 현물 분배한 연도임. 이하 같음), 강원도 철원읍(1980)의 토지이다. 국가에 현물 증여한 재산은 전라북도 군산시(1996, 1998), 옥구읍(1997), 강원도 철원읍(1996, 1999)의 토지이다. 국가에 현물 분배한 재산은 충청남도 서산군(1985), 전라북도 김제군(1996, 1999), 군산시(1987, 1988, 1995, 2000), 옥구읍(1995), 익산시(1995)의 토지이다. 상세한 내역은 연합청산사무국 편, 『국가귀속 청산법인 청산자료집 별책 제3권 청산종결법인별 매각재산 및 증여재산 목록』, 재정경제부 연합청산위원회, 2000b, 379~717쪽.

147 연합청산사무국 편, 앞의 책, 2000a, 539쪽.

148 정부는 2000년에 국가귀속 청산법인의 청산 업무가 거의 종료되자 앞서 언급한 자료집인 연합청산사무국 편, 앞의 책, 2000a, 2000b를 간행하였고 2005년 12월에는 마침내 연합청산위원회도 폐지하였다.

4. 결어

제2차 세계대전 후에 정치적으로 독립한 신생 국가들은 '적산'을 국가 건설 재원으로 널리 활용하였다. 한국도 마찬가지였다. 일본 정부나 민간이 소유하였던 재산을 국유로 이관하거나 민간에 불하하여 국가 건설 재원으로 활용한 것이다. 그런데 그간 학계는 일제하의 일본인 기업이나 그 재산에 대해서는 큰 관심을 보였지만 그들의 해방 후 동향에는 그만한 관심을 보이지 않았다. 여기서는 이런 연구사를 염두에 두면서 일제하 '조선식산은행 콘체른'의 방계회사이자 거대 농업회사였던 구(舊) 불이흥업, 즉 해방 후 해동흥업으로 상호를 변경한 농업회사의 경영변동과 청산 과정을 검토하였다. 이하 이 사례가 가지는 몇 가지 의의를 언급하여 결어에 대신하고자 한다.

첫째, 이 사례는 해방 후 일본인 농업회사들이 직면하였던 거의 모든 과제를 집약적으로 보여준다. 패전에 따른 충격과 미군정기의 체제 개편, 해방 직후 지주경영의 지속과 신한공사와의 위탁관리계약 체결, 귀속농지 불하에 따른 38선 이남 농지의 매각과 농지개혁 후의 농지 보상 방식 변화, 38선 이남 농지에 대한 정부의 귀속농지 지정과 보상금 지급 중단, 귀속농지 지정 해제를 위한 소송과 최종 승소, 수복지구 농지개혁과 기타 농지 부속시설 및 군 징발 재산의 보상, 여타 부동산 및 주식의 관리처분, 성업사의 해산(1965)과 그에 따른 해동흥업의 정부 소유 법인으로의 전환, 신규 사업의 모색과 좌절, 정부의 해동흥업 해산 결의(1973)와 재산매각, 청산 종결(2000) 등 그야말로 해방 후 그들이 겪은 모든 과제를 망라하여 보여준다.

둘째, 이 사례는 일제하 한국에서 설립, 등기되어 국내에 본점을 둔 '귀속국내법인'들의 해산과 청산, 이들 법인 소유 '재산'의 귀속과 처분 과정을 계통적으로 보여준다. 해방 후 '귀속국내법인'의 재산에 대한 미군정과 한국 정부의 공식 입장은 이들이 발행한 주식 가운데 일본 정부나 민간이 소유한 것만 귀속시킬 뿐 이들 법인의 소유재산은 귀속시키지 않는다는 것이었다. 귀속재산 법규가 그랬고 법원의 견해도 그러하였다. 그러나 현실은 그렇지만은 않았다. 관재 당국이 '귀속국내법인'의 재산을 매각, 처분하기 일쑤였고 그래서 많은 문제를 일으켰다. 그 후 정부는 이에 제동을 거는 대법원의 판결이 잇따르자 1963년에 「귀속재산처리에 관한 특별조치법」을 제정하여 사후 수습에 나섰다. '귀속국내법인'이 정식으로 해산절차를 밟지 않는 한 그의 소유 재산을 매각, 처분할 수 없게 한 것이다. 해동흥업이 1948년 귀속농지 매각 때 38선 이남 농지를 '자진' 매각한 것, 1954년 말에 정부가 해동흥업을 귀속법인으로 지정하여 농지대금 지급을 중단한 것, 이에 반발한 해동흥업이 1961년에 소송을 제기하여 1967년에 최종 승소한 것, 1965년에 해동흥업의 대주주가 된 정부가 1973년에 해동흥업을 해산하고 재산 및 부채정리에 나서 2000년에 청산을 종결한 것은 이런 사정을 계통적으로 보여주는 사례였다.

셋째, 이 사례는 '조선식산은행 콘체른'의 한 축을 이루었던 '조선식산은행–성업사–불이흥업'으로 연결된 지배 구조가 해방 후 어떻게 해체되었고 그 해체가 얼마나 장기에 걸쳐 이루어졌던가를 보여준다. 정부는 해방 전부터 조선식산은행의 감독권, 인사권 등을 가진 데다 해방 후에는 조선식산은행이 이름을 바꾼 한국식산은행의 대주주가 되어 1954년 4월에 한국산업은행을 설립하면서 한국식산은행을 해산하고 '한국식산은행 청산위원회'를 발족하였다. 그리고 정부는 1962년 3월에 그 은행 소유의 성업사 주식을 이관받아 성업사의 대주주가 되었다. 1965년 10월에는 성업사를 해산하면서 성업사 소유의 해동흥업 주식을 정부 소유로 옮겨 정부 스스로 해동흥업의 대주주가 되었다. 그리고 1973년에는 해동흥업을 정식 해산시켰다. 한국식산은행(구 조선식산은행), 성업사, 해동흥업의 청산도 이와 같은 순서로 이루어졌다. 한국식산은행은 1982년 4월 3일에 청산을 종결하였고, 성업사와 불이흥업은 2000년 12월 27일에 각각 청산을 종결하였는데 국가귀속청산법인들의 청산 업무가 마지막 종료된 것은 대개 이때쯤이었다. 그래서 정부는 2000년에 『국가귀속청산법인청산자료집(國家歸屬淸算法人淸算資料集)』을 펴냈고, 2005년 말에는 그간 이 업무를 담당하였던 연합청산위원회도 폐지하였다. 해방 후 60년이 경과한 때로서 식민지 유산의 청산은 그만큼 오랜 기간을 끌었다.

넷째, 이 사례는 식민지 유산의 사회·심리적 측면도 함께 보여준다. 해방 후 해동흥업의 이해당사자들(소작농, 세입자, 임차인)은 농장이 원래 일본인(불이흥업) 소유였다는 강한 의식을 지니고 있었다. 이는 정부가 지배주주가 된 1965년 이후도 마찬가지였다. 그래서 이들은 회사 재산의 역사적 '정당성'에 의문을 가졌고 이런 의식은 심지어 당시 집권 여당인 자유당 간부, 공무원, 식자층 사이에도 널리 퍼져 있었다. 그리하여 주민들은 해동흥업이나 국가의 재산권 행사에 순순히 응하지 않았고, 해동흥업이나 정부도 그때마다 사회적 물의를 최소화하는 수준에서 사태를 수습하려 하였다. 식민지 경험이 가져다 준 사회·심리적 유산이었다.

다섯째, 이 사례는 해방 후의 귀속국내법인들이 투명하고 효율적으로 운영되지만은 않았음을 보여준다. 해동흥업은 회사 재산을 처분하여 일반 경비를 지출하였고 그나마 공매(公賣)가 아닌 수의계약으로 재산을 매각하기도 하였다. 직원이나 정부기관에 기증(寄贈)과 흡사한 대부를 해주고 얼마 후 결손 처리하기도 하였다. 방만하고 자의적으로 운영된 것이다. 국유로 이관되거나 언젠가 민영화되어 국가 재원으로 활용되어야 했던 적산은 그 관리와 매각을 둘러싸고 숱하게 불거졌던 여러 부정 사건들을 일일이 거론하지 않더라도 그만큼 합리적으로 관리되지만은 않았다.

결론

이상에서 20세기 특히 그 전반기의 한국 농업과 한국 자본주의를 이해하는 두 개의 키워드인 '지주제'(land lord system)와 '금융자본'(finance capital)에 관하여 살펴보았다. 더 구체적으로 말하면 일제하 불이흥업, 성업사, 조선개척 세 농업회사의 설립 및 경영변동과 '조선식산은행 콘체른'에의 편입 과정, 그리고 해방 후 이들 기업의 지주경영과 그 해산 및 청산 과정을 추적하고 그것이 한국 근현대 경제사에서 가지는 의미를 탐구하여 보았다. 이하 앞에서 얻은 몇 가지 발견과 과제를 정리하여 이 책의 결론에 대신하려고 한다.

20세기 초 한국에 근대 금융시스템이 들어선 이후의 지주제는 그 전의 지주제와 달리 은행자본, 금융자본과 깊이 유착·결합하였고 점차 그 지배하에 놓이게 되었다. 경로는 두 가지였다. 하나는 은행 등 금융기관이 자신과 무관하게 설립된 대지주, 농업회사들과 규칙적·지속적인 금융거래를 통하여 그 기업의 재무 상태를 알게 되고, 그리하여 그 기업에 위기가 나타날 때 그걸 빌미로 추가 대출이나 금리 인하(interest relief), 회사채(bond) 발행 같은 구제금융(bailout) 제공을 조건으로 내세워 대규모 감자와 유휴자산 매각, 기구개편, 중역파견 같은 고강도 구조조정(cutback)과 워크아웃(workout)을 요구하고, 나아가서는 그 회사의 지배주주가 되어 경영권과 소유권까지 모두 장악한 유형이다. 불이흥업과 조선개척이 그 단적인 예였다. 다른 하나는 은행이 직접 자본금을 출자하고 창립 요원을 파견하여 은행의 자회사로 농업회사를 설립한 유형이다. 성업사가 그 예로서 이 회사는 −1930년대 중반 이후는 산하에 불이흥업, 조선개척 같은 거대 농업회사를 자회사로 거느린 지주회사(holding company)로 변모하여 갔지만− 1920년대의 장기 불황과 1930년대 초의 세계 대공황으로 쌀값이 떨어지며 적자와 은행 빚에 몰린 대지주, 농업회사들의 부실자산(주로 농지), 부실채권이 조선식산은행에 대거 유입되자 그걸 인수 또는 수탁(trust)받아 그 경영을 개선하고, 궁극적으로는 고가에 매각하여 은행의 재무건전성을 높일 목적 아래 그 은행이 설립한 일종의 배드뱅크(bad bank), 부실자산정리회사였다. 일제하 한일은행과 주식회사 남창사, 한성은행과 경성흥산주식회사, 조선상업은행과 대창흥업주식회사도 이보다 규모는 작지만 같은 관계였다.

일제하 조선식산은행은 대지주, 농업회사와 여타 산업기업들에 거액을 대출하고 회사채(bond)를 인수하는 데서 그치지 않고, 차제에 그들의 주식을 매입하여 그 은행을 정점으로 산하에 다수의 기업을 거느린 피라미드형의 기업지배 구조인 '콘체른', 즉 대규모 기업집단(그룹)을 형성하였다. 이 은행이 조선 농업 부문에서 조선식산은행(모기업)−성업사(자회사)−불이흥업·조선개척(손회사)으로 연결된 피라미드형의 지배 구조를 구축한 데 이어 1940년에 불이흥업과 성업사, 조선개척을 중심으로 컨소시엄을 형성한 후 조선농기구제조회사를 설립하여 조선식산은행−성업사 −불이흥업·조선개척−조선농기구제조(증손회사)로 연결된 기업지배 구조를 구축한 것이 그런 예였다. 나아가 이 은행은 1944년에 산하의 조선개척을 불이흥업에 합병시켜 불이흥업을 동양척식주식회사에 버금가는 대농업회사로 만들었고 1930년대 후반 이후로는 일본고주파중공업(1936), 한강수력전기(1939)와 같은 거대 중공업 회사의 설립에도 참여하여 1942년 현재 20개의 대기업과 4개의 금융기관을 자회사, 손회사 등으로 거느린 '조선식산은행 콘체른'의 모기업이 되었다. 그 과정에서 조선식산은행은 이들 기업의 중역회에 은행 또는 은행 산하 기업의 인사들을 대거 파견하였을 뿐만 아니라 대공황 이후 경제

운용에서 재정과 정부의 역할이 점점 커지자 차제에 조선총독부의 고위관료들을 영입하여 정부와의 인적 결합도 모색하였다. 그리고 그렇게 배출된 인물들은 그 후 그들의 역할을 전문화, 분업화하며 조선 농업계는 물론 산업계의 수뇌부로 성장하여 갔다. '조선식산은행 콘체른'은 일본의 재벌 콘체른들처럼 '민간' 자본의 집중과 집적을 통하여 피라미드형의 지배 구조를 구축한 전형적인 콘체른은 아니었지만, 일제가 국가적 차원의 기획과 지원 아래 식민지 조선을 개발, 척식, 수탈하기 위하여 방대한 자금과 조직, 인력을 동원하여 만든 한국 최대의 기업집단으로서 일제하 한국 경제의 작동 메커니즘과 수준을 보여주는 중요한 지표였다.

일제하 대지주, 농업회사는 은행자본, 금융자본과 유착하며 한편으로는 엄청난 성장의 기회를 얻었지만 다른 한편으로는 불황이나 대공황을 맞아 거액의 은행 부채와 이자 부담 증가로 파산의 위기에 직면하는 등 양적·질적으로 크게 분화 변모하여 갔다. 그리하여 그중 일부는 그 후 부단한 인수·합병의 과정을 거쳐 대회사, 대은행에 흡수되어 갔는데 일제하 '조선의 수리왕'으로 불렸던 후지이 간타로가 설립한 불이흥업이나 일본 미곡유통업계의 큰손이던 가와카미 사타로(川上佐太郎)가 주도하여 일본의 주요 곡물 메이저들과 함께 설립한 선만개척(조선개척의 전신), 그리고 일본 니가타현 나가오카시의 자본가들이 설립한 장강척식이 모두 그런 경우였다. 한국인 대지주도 마찬가지였다. 삼성그룹의 창업주 이병철이 1930년대 중반에 조선식산은행 등에서 거액을 대출받아 단기에 200여만 평의 토지를 매입하여 대지주가 되었다가 1937년 중일전쟁 발발로 「임시자금조정법」이 공포되어 은행대출이 중단되며 일거에 파산한 것이 예였다.[1]

이는 일제하 대지주, 농업회사들로부터 수리 간척사업의 설계와 시공 등을 주문받아 공사한 토목청부회사(civil engineering firm)들도 마찬가지였다.

1 이병철, 『호암자전』, 중앙일보사, 1986, 29~31쪽; 홍성찬, 「일제하 기업가적 농장형 지주제의 역사적 성격」, 『동방학지』 63, 연세대학교 국학연구원, 1989.

이들은 1910년대 말의 쌀값 상승과 1920년대 조선산미증식계획 같은 초대형 국책사업의 추진에 힘입어 한때 엄청난 비즈니스 기회를 얻으며 사업을 확장하였지만, 1920년대의 장기 불황과 1927년의 금융공황, 뒤이은 일본 대장상 이노우에 준노스케(井上準之助)의 초긴축재정, 1930년대 초의 대공황 등으로 큰 타격을 받아 그중 상당수가 퇴출과 합병의 길을 걸었다. 가와카미 사타로가 설립한 천좌농장의 실무 경영자였던 와타나베 데이이치로(渡邊定一郎)와 당대 한국 최고의 토목설계전문가임을 자부하였던 마쓰야마 쓰네지로(松山常次郎)가 공동 설립하여 한때 업계 최상위 기업의 하나로 성장하며 와타나베와 마쓰야마에게 경성상업회의소 회두와 일본 중의원 의원직까지 가져다주었던 황해사와, 그 황해사의 공사를 대거 하청받아 시공하였던 데라오 다케사부로(寺尾猛三郎)의 데라오구미(寺尾組) 같은 토목청부업체가 그 후 부실 설계와 부실 시공, 자연재해, 이노우에 대장상의 긴축 정책과 대공황 등의 여파로 결국 1930년대 중반까지 모두 문을 닫고 일본으로 철수한 것이 그런 예였다.

일제하 대지주, 농업회사는 은행자본, 금융자본과 유착·결합한 가운데 그의 압도적인 영향 아래서 '포드시스템'을 방불하는 과학적·합리적인 방식으로 농장을 운영하며 생산성 증진에 몰두하였다. 농지가 한곳에 집중·집단화한 개간, 간척농장은 더욱 그러하였다. 그중에서도 성업사는, 애초 채산성이 좋지 않아 조선식산은행에 채무상환용으로 유입된 부실농장들을 인수, 수탁(trust)받아 운영하였으므로, 통상적인 방법으로는 수익성을 높이기 어려웠다. 그래서 이들은 농장을 새로 인수하면 직할농장이든 수탁농장이든 그곳 직원들을 해고하고 새 직원을 보내 고강도 구조조정에 나섰다. 우선 소작인을 정리해고하여 소작인과 소작지의 균형을 맞추었고, 총독부 농사시험장 등에 토성 조사와 도태실험 등을 의뢰한 후 결과에 따라 연중, 월중, 일중 영농계획표를 작성하여 소작농을 통제하고 노동강도를 높였으며, 농장에 시작부를 두고 농업전문학교와 농사시험장에서 교수, 연구원 등으로 일한 전문가들을 영입하여 생산시스템을 획기적으로 개선하였다. 이는 한국인 농업회사들도 마찬가지였다. 김연수의 삼양사는 전라남도 함평과 전라북도 고창에서 부실기업체인 일본인 간척농장을 인수하여 해리농장과 손불농장을 개설하고 만주에도 진출하여 천일농장과 매하농장 등의 개간농장을 다수 신설하였는데 모두 일본인 농장과 같은 방식으로 경영하였다.[2] 농지가 한곳에 모여 있지 않았던 일반 농장들도 비록 개간 간척농장들만큼은 아니지만, 전라남도 화순군 동복면 오건기의 동고농장 경영에서 보듯이 농장을 기업적으로 경영하였다.[3]

그뿐 아니었다. 일제하 대지주와 농업회사의 최고경영자(Chief Executive Officer, CEO)들은 조선총독부와 일본 정부는 물론 일반 여론을 향해서도 지주적 농정의 강화를 끊임없이 촉구하였다. 쌀값이 폭등한 1910년대 말에는 수리조합과 토지개량사업의 추진을 강력히 주장하였고, 그 후 쌀값이 떨어져 이들 사업이 난관에 부딪혔을 때는 그간의 수리조합 정책이 '보급주의'에 불과하였다고 비난하며 이를 대지주와 대농업회사 위주의 선별적 지원책인 '정선(精選)주의'로 바꾸자고 촉구하였다. 대공황으로 쌀값이 더욱 떨어져 파산 위기에 몰렸을 때는 국가 예산으로 쌀값 안정대책을 수립하라고 '절규'하며 일본의 「미곡법」, 「미곡통제법」을 조선에도 연장하여 시행하자고 호소하였다. 정부가 소작쟁의 대책으로 농지령 등 소작입법의 제정을 추진하였을 때는 이를 정면 반대하였으며 그러함에도 불구하고 1934년 「조선농지령」이 반포되자 동양척식, 불이흥업, 성업사, 선만개척 등 조선 농업계의 거두들이 따로 모여 대책을 숙의하기도 하였다.[4] 조선 '재계'의 수뇌부로

---

2 김상형, 『수당 김연수』, 수당기념사업회, 1971; 주식회사 삼양사, 『삼양 50년, 1924~1974』, 삼양사, 1974.

3 홍성찬, 『한국 근대 농촌사회의 변동과 지주층 -20세기 전반기 전남 화순군 동복면 일대의 사례』, 지식산업사, 1992.

4 『조선중앙일보』 1934. 10. 10. '농지령에 준거할 소작계약을 혁신. 식은 동척 등 대지주가 협의중. 과연 어떠한 것일가?'; 『매일신보』 1934. 10. 14. '농지령 실시와 농업회사의 태도. 만일에 비(備)코자 호상(互相) 연구. 계약 격변(激變)은 만무'.

서 식민지 정책의 수립과 시행에 영향력을 발휘하려고 하였고, 이들의 주변에는 이들과 견해를 함께 하는 농업 관련 제조 및 유통업계와 금융계, 학계, 언론계의 인사들이 포진하였다.

일제하 개간, 간척농장의 소작인들은 영농 과정에서 일체의 자립성을 상실한 채 농장이 만든 영농계획표에 따라 '월월화수목금금'의 자세로 일하기를 요구받은 식민지 농장의 일개 노동자 이상도 이하도 아니었다. 이들 가운데 상당수는 오갈 데 없던 무산 농민들로서 농장에서 논과 집, 식량, 소 등을 준다는 말을 듣고 취직하여 온 '이중의 의미에서 자유로운', 신분과 생산수단 소유에서 모두 자유로운 노동자였다. 그래서 선만개척의 최고경영자(CEO)로서 간척농장의 실정을 누구보다 잘 알았던 미요시 도요타로(三好豊太郎)조차 이런 농장에서는 지주가 개척 기간의 종자, 비료, 경우, 농구와 소작인의 생활비까지 모든 비용을 대여·공급하며 위험(risk)을 감수하고 소작인은 노동만 제공할 뿐이므로 그 경영은 '기업경영'에 속하고 지주·소작 관계는 '고용계약'에 가깝다고 하였다.

일제하 이런 농장의 소작쟁의는 노동쟁의와 다를 게 없었다. 그리고 쟁의는 대지주, 농업회사의 내부 사정과 밀접하게 관련되기 마련이었다. 일제하 개간, 간척농장은 모든 시설과 농지를 완벽히 갖춘 후 농민을 입주시키지 않았다. 대부분 준비되지 않은 채 입주시켰다. 불이흥업의 서선농장도 마찬가지였다. 그리하여 초기 입주자들은 개척과 농사를 병행하며 어렵게 살았는데 그나마 하루라도 빨리 안정된 농지를 만들고 싶어 자신의 돈과 노력까지 쏟아부어 개발에 박차를 가하였다. 그래서 이들은 비록 내 땅은 아니지만, 그들이 개척한 소작지에 대하여 도지권·전세권 같은 일종의 물권적 권리의식을 가지게 되었고 농장도 그런 사정을 잘 알았다. 불이흥업 서선농장이 입주 당시 소작계약서 외에 〈간석지 개간 규정〉을 따로 만들어 소작기한을 10년으로 하고 소작권 매매를 공인(묵인)한 게 그 예였다. 민법에도 없는 '은전'과 '특혜'를 주어 소작인의 인내와 노력을 끌어낸 것이다. 그러나 회사는 1920년대 후반 쌀값이 폭락하며 부채와 적자가 누적되자 소작인에 대한 이런 조치를 철회하고 오히려 압박을 강화하였다. 때마침 소작기간 10년 만기가 도래하고 생산성도 비로소 안정될 기미를 보였으므로 차제에 '불량' 소작인을 정리하고 소작료와 여타 부담을 인상한 것이었다. 소작인들은 큰 실망과 배신감을 느꼈다. 당연히 반발하여 일제하 조선 최대의 소작쟁의로 확대하여 갔는데 쟁의의 가장 큰 이슈는 개간비의 환급과 영소작권(永小作權, perennial tenant right)의 부여였다. 개척 기간의 공을 인정하여 소작권을 매매, 양도, 전대(轉貸, sublease)할 수 있게 영소작권, 즉 소작지에 대한 물권적 권리를 인정하라는 것이었다. 물론 농장은 불응하였다.

소작농들도 용의주도하게 대응하였다. 이들은 용천소작조합을 조직하고 평안북도 도평의원까지 지낸 거물급 인사를 조합장으로 선임하였으며 인근의 사회운동 단체들과도 연대하였다. 조합 차원에서 소작농가의 생계비 등 수입과 지출 실태를 따로 조사하여 협상의 근거로 삼았고, 1920년대에 일본에서 소작법 제정을 추진하고 마침내 1927년에 「소작법」 초안을 만들어 발표하였던 일본의 진보적인 인사들 가운데 특별히 '소작권의 물권화'에 대하여 진보적인 의견을 가졌던 이들의 견해를 인용하여 소작조합의 협상력을 높이려고 하였다.[5] 이들 주변에도 다수의 우호적인 세력이 존재하였다. 그런 점에서 불이흥업 서선농장의 소작쟁의는 일제하 소작쟁의의 민족적·계급적 대립의 성격을 가장 상징적으로 보여주는 사건이었지만, 농민이 승리하지는 못하였다. 당시 한국은 조선인 소작인의 이해를 대변할 정당은 고사하고 입법권, 사법권, 행정권을 모두 일본이 장악한 일본의 식민지였으며 또 상대는 불이흥업만이 아니었다. 그 뒤에는 같은 처지의 대지주, 대농업회사가 즐비하였고 또 그 뒤에는 일제가 식민지 조선의 개발과 수탈을 위하여 국책으로 설립한 특수금융기관인 조선식산은행과, 조선식

5 『朝鮮新聞』 1931. 11. 11. '(平安北道) 不二農場の小作爭議根本的の解決方策. 石川知事が三井不二專務と懇談. 小作人側が承服するか'.

산은행이 발행한 회사채를 인수하여 준 일본의 거대은행, 증권회사, 투자은행들과 일본제국의 국가권력이 있었다. 소작농들이 상대하기에 너무 벅찬 존재였다.

일제하 한국 농촌은 어느 날 식민지 개발 붐이 불며 토목 공사판이 벌어져 방조제와 저수지가 들어서고 도로와 수로가 나고 광활한 농장에 각지에서 이민자들이 몰려드는 '신천지', '신개지'(新開地)로 바뀌었으나 막상 그곳 주민들은 그 공사판의 인부 또는 신설 농장의 소작인으로 전락하거나 아예 고향을 떠나 객지를 전전하기 일쑤였다. 그리고 그렇게 조성한 농지도 그 후 부단한 인수·합병의 과정을 거쳐 대농업회사, 대은행으로 집중되었고 그곳에는 점차 일본식 주택들이 들어서며 마을의 경관조차 일본식으로 바뀌어 갔다. 생산성도 크게 상승하였다. 그러나 일제 말 성업사 소유 직할농장의 경우 지가 상승에 따른 막대한 개발이익의 취득은 말할 것도 없고 생산성 상승분 역시 1930년대 전반과 1930년대 말·1940년대 초 두 기간 사이에 늘어난 소출의 64.6%를 농장이 차지하고 소작인은 35.4%만을 차지하는 구조였다. 그리고 일제 말 성업사 소작농가의 76.1%는 호당 평균 92.7원의 빚을 진 부채 농가였다. 일제하 조선 농업개발이 누구를 위한 개발이었던가를 보여주는 사례였다. 일제하 연희전문학교 상과의 이순탁 교수가 "서울은 이미 조선인의 '경성'이 아닌 일본인의 '게이조'(京城)이며 한국인도 서울의 주인이 아닌 고용인으로 전락하였다"[6]고 개탄한 것이 이를 말한 것이었다. 아울러 총독부 농정관료이자 그중 양심적인 농업경제학자였던 히사마 겐이치가 일제의 조선 농업개발 정책, 식량증산 정책이 상당한 성과를 얻어 대지주, 농업회사들은 고수익을 얻었지만, 그 결과 조선은 '토지 없는 농민'이 대거 발생하여 새로운 '식량 문제'에 직면하게 되었다고 한 것도 같은 사정을 말한 것이었다.[7] 일제하 일본인 간척농장에 취직하여 "1평가량

6 『동아일보』 1927. 1. 5. '경성이냐? '게이죠오'냐? 경성의 경제상태 一瞥. 延專 교수 이순탁'.
7 久間健一, 『朝鮮農政の課題』, 東京: 成美堂, 1943, 제1장; 우대형, 「일제하 久間健一의 농업인식

방 한 칸, 1평가량의 부엌 한 칸, 비 새고 바람 샌 도야지막 같은 집세로 30여 두락의 소작인이 되었"던 조선인 소작인들 스스로가 개탄하였던 대로 그렇게 "4, 5년 적공(積功)하면 일인의 논만이 승격할 터"였다.[8] 토지 소유 불균등은 양적·질적으로 더욱 악화하였고 토지 없는 농민의 가난도 계속되었으며 이는 해방 후의 계급갈등, 좌우대립, 남북분단의 농촌적 배경, 농업적 기원으로 작용하였다.

1945년 일제의 패망과 해방으로 이들 농업회사는 엄청난 변화를 맞았다. 성업사와 불이흥업은 38선 이북에 위치한 다수의 직할농장과 수탁농장을 모두 상실하였고 38선 이남의 농장들도 머지않아 국가에 귀속될 처지였다. 반면 소작농은 희망에 부풀었다. 이들은 서둘러 자치위원회나 농민조합을 만들어 적산인 일본인 농업회사의 직원들을 배제한 채 농장을 직접 경영하였다. 이른바 농장자주관리(self-management)였다. 이들은 일본인 토지의 분배를 요구하며, 비록 농장의 농지를 조각내어 나누어 가지지는 않았지만, 미군정이 정한 소작료 3.1제는 물론 조선공산당이 제시한 소작료 3.7제도 제대로 지키지 않았다. 이런 가운데 미군정은 조선공산당, 소비에트공산당을 선언하며 농민조합을 만든 황해도 옹진군 북면의 성업사 수동농장(구 말영농장) 같은 곳은 말할 것도 없고 그 외 자치위원회 등이 자주관리 중이던 농장들도 모두 재접수하였다. 이와 동시에 미군정은 늦어도 1946년 봄에 귀속농지 처리에 관한 큰 원칙을 정하였다. 일본인 자연인이나 일본에서 설립등기를 하여 일본에 본점을 둔 일본법인의 농지는 국가로 모두 귀속시키되, 한국인이나 한국에서 설립등기를 하여 한국에 본점을 둔 한국법인, 즉 '귀속국내법인'의 농지는 귀속시키지 않기로 하였다. 이에 따라 일본에 본점이 있던 동양척식주식회사의 농지는 모두 신한공사로 넘어가 1948년 3월 귀속

과 식민지 농정의 모순」, 홍성찬·우대형·신명직·이상의, 『일제하 경제정책과 일상생활』, 혜안, 2008.

8 홍성찬, 앞의 글, 1989, 87~88쪽.

농지 분배 때 분배되었지만 한국에 본점을 둔 조선식산은행, 성업사, 불이흥업 등이 소유권, 질권(質權) 등을 가지고 경영 중이던 직할, 수탁농장들은 거기서 제외되어 1950년 농지개혁 때까지 분배되지 않았다.

일제하 '조선식산은행 콘체른'의 한 축을 이루었던 조선식산은행-성업사-해동흥업(구 불이흥업)으로 연결된 피라미드형의 기업지배 구조도 해방 후 큰 변화를 맞았다. 우선 조선식산은행은 1954년 4월에 해산하여 1982년 4월에 청산을 종결하였고, 성업사는 모기업인 조선식산은행이 해산한 가운데 1965년에 해산결의를 하여 2000년 12월에 청산을 종료하였다. 불이흥업도 해방 후 해동흥업공사로 개명한 가운데 1973년 5월에 해산하여 2000년 12월에 청산을 종결하였다. 그러나 일제하 조선식산은행이 맡았던 개발은행의 기능은 그 후 정부가 전액 출자하여 1954년 4월에 설립한 한국산업은행으로 인계되어 1950년대의 경제부흥과 1960년대 이후의 고도성장 과정에서 그 역할을 다하였다. 성업사가 담당하였던 부실자산정리회사의 기능도 1962년 4월 한국산업은행이 출자하고 이름도 성업사에서 따온 성업공사로 이관되었다. 그리고 성업공사는 1997년 외환 위기를 맞아 정부 출자의 한국자산관리공사(KAMCO)로 개편되어 지금껏 운영되고 있다. 이들 회사는 해산, 청산되었지만 그 기능은 그 후 유산으로 남아 계승된 것이었다.

해방 후 한국에 본점을 둔 일본인 농업회사들, 이른바 '귀속국내법인'들은 숱한 과제에 직면하였다. 해방의 충격과 미소 군정 실시에 따른 38선 이북 재산의 상실, 한국인 중역진으로의 교체와 소작료 3.1제에 따른 지주경영, 1950년 농지개혁 실시, 6.25 전쟁 후 휴전선 이북 농지의 상실과 수복지구 농지의 환원 및 그 분배와 보상, 농지개혁에 따른 농지부속시설의 보상과 군 징발 재산의 보상, 농지개혁에서 빠진 부동산과 주식의 처분 등이 그것이었다. 특별히 해동흥업의 경우는 정부(농림부)가 '귀속국내법인'의 소유 농지에 대한 법적 권리를 오해하여 농지보상을 중도에 중단(1955)한 까닭에 둘 사이에 오랜 법정 분쟁을 거쳐 결국 대법원에서 최종적으로 승소하였다(1967). 이런 과정을 거쳐 해동흥업은 1973년 5월 해산을 결의하였고 그 후 잔여 재산과 채무를 정리하는 오랜 청산 과정을 거쳐 2000년 12월에 청산을 종결하였다. 불이흥업의 창업주 후지이 간타로가 내한한 지 96년, 불이흥업을 창업한 지 86년, 해방된 지 55년, 대한민국 정부가 수립된 지 52년 만의 일이었다. 식민지 유산의 법적 청산은 그만큼 긴 시간을 끌었다.

참고문헌

[일차자료]

『(不二興業株式會社) 總會決議錄·監査役報告書』; 『不二興業株式會社 取締役會·株主總會關係書類綴』; 『不二興業 重役會決議錄』; 『(不二興業株式會社) 增資合併書類綴(自昭和18年 10月至19年 4月)』; 『(不二興業株式會社) 營業報告書』; 『(海東興業公社) 營業報告書』; 〈首洞農民組合規約 附綱領及宣言〉; 〈首洞農場事業報告書〉.

『(株式會社成業社) 創立關係重要書類』; 『(成業社) 株主總會關係重要書類綴』; 『(秘) 株式會社成業社槪要』; 『不動産處分3個年計劃案 附財産增減豫想』; 『(成業社) 規程類纂』; 『(成業社) 營農參考書類(綴)』; 〈成業社槪要〉(昭和12年 12月 31日 現在); 〈(川佐, 龍淵農場) 農場場事務引繼書〉; 〈(龍淵, 蘇江, 大川農場) 豫算書〉; 〈檀紀4282年度 本社及直轄 損益勘定豫算書〉; 〈(倉洞農園) 事業豫算書〉.

『長岡拓殖株式會社 營業報告書』; 『鮮滿開拓株式會社 營業報告書』; 『朝鮮開拓株式會社 營業報告書』.

[논저]

강명옥, 『귀속재산처리법해의(解義)』, 명세당, 1949.

강명진, 「1910~1930년대 아베 일가의 동진강 유역 간척과 농업수탈」, 『한국근현대사연구』 73, 한국근현대사학회, 2015.

고성수, 『부실자산 관리은행(bad bank) 설립 방안』, 한국금융연구원, 1999.

______, 『금융기관 부실자산 정리 방안』, 한국금융연구원, 2000.

고승제, 『한국금융사연구』, 일조각, 1970.

______, 『조선사회경제사론』, 일지사, 1988.

고태우, 「일제하 토건업계와 식민지 개발」, 연세대학교 박사학위논문, 2019.

곽용진 외, 『한국자산관리공사 40년사 -부실채권정리의 어제와 오늘, 그리고 내일』, 한국자산관리공사, 2002.

권대웅, 「1920년대 금융자본의 농업지배에 관한 연구 -조선식산은행을 중심으로」, 『민족문화논총』 5, 영남대학교 민족문화연구소, 1984.

그란트 미드, 『주한미군정연구』, 안종철 옮김, 공동체, 1993.

기유정, 「식민지 대(對) 모국 간 경제마찰과 재조(在朝) 일본인 사회의 대응 -1929~1936년 '선미옹호운동'의 정치학적 함의에 대한 분석을 중심으로」, 『사회와 역사』 82, 한국사회사학회, 2009.

김기원, 『미군정기의 경제구조』, 푸른산, 1990.

김남식 편, 『남로당연구자료집』 2, 고려대 아세아문제연구소, 1974.

김대래·배석만, 「귀속사업체의 탈루 및 유실(1945~1949)」, 『경제학논집』 11-2, 한국국민경제학회, 2002.

김동욱, 「해방 이후 귀속기업체 처리 과정에 관한 일 연구 -조선석유주식회사의 사례」, 『경제사학』 13, 경제사학회, 1989.

김동철, 「동래은행의 설립과 경영」, 『지역과 역사』 9, 부경역사연구소, 2001.

김명수, 「조선총독부의 금융통제정책과 그 제도적 기초 -1931년 조선신탁업령의 제정을 중심으로」, 『동방학지』 131, 연세대학교 국학연구원, 2005.

______, 「일제하 조선신탁주식회사의 설립과 신탁통제의 완성」, 『한국경제학보』 13-1, 연세대학교 경제연구소, 2006.

______, 「재조(在朝) 일본인 토목청부업자 아라이 하츠타로(荒井初太郎)의 한국진출과 기업활동」, 『경영사학』 59, 한국경영사학회, 2011.

______, 「재조(在朝) 일본인의 신탁회사 설립과 경영에 관한 연구 -인천 조선신탁주식회사(1921~1932)의 경영권 쟁탈전을 중심으로」, 『인천학연구』 23, 인천대학교 인천학연구원, 2015.

______, 「식민지기 재조일본인의 신탁회사 경영 -조선토지신탁주식회사의 경영변동을 중심으로」, 『한일경상논집』 75, 한일경상학회, 2017.

김상용, 「한국의 傳貰權, 중화민국(대만)의 典權과 일본의 不動産質權의 비교」, 『토지법학』 30-1, 한국토지법학회, 2014.

김상형, 『수당 김연수』, 수당기념사업회, 1971

김성보, 『남북한 경제구조의 기원과 전개』, 역사비평사, 2000.

김성수, 「일본 구민법 채권담보 편 물적담보(제2부)의 동산 질권(제2장)과 부동산 질권(제3장)에 관한 연구」, 『사법행정』 58-2, 한국사법행정학회, 2017.

김성호·전경식·장상환·박석두, 『농지개혁사연구』, 한국농촌경제연구원, 1989.

김승석, 「독일 금융자본 성립에 관한 사적고찰 -라인·베스트팔렌지방의 석탄, 철강업을 중심으로」, 서울대학교 석사학위논문, 1983.

김아람, 「피난지에서 미군기지까지, 평택에서의 이주와 정착」, 『역사와 현실』 114, 한국역사연구회, 2019.

김용달, 「일제하 龍川지방의 농민운동에 관한 연구」, 『북악사론』 2, 북악사학회, 1990.

김용복, 「해방 직후 북한인민위원회의 조직과 활동」, 『해방 전후사의 인식 5』, 한길사, 1989.

김용섭, 『한국근현대농업사연구 -한말·일제하의 지주제와 농업문제』증보판, 지식산업사, 2000.

김운근·이두순·조일환, 『수복지구의 농지관리 체계에 대한 남북한 비교연구』, 한국농촌경제연구원, 1989.

김은정, 「일제의 조선무연탄주식회사 설립과 조선 석탄자원 통제」, 『한국민족운동사연구』 58, 한국민족운동사학회, 2009.

김준보, 「금융자본주의하의 영세농의 성격」, 『서울대학교논문집』 5, 서울대학교, 1957.
______, 『한국자본주의사연구』 I, II, III, 일조각, 1970, 1972, 1977.
김창수, 「해방기 자주관리운동과 이규원의 '해방공장'」, 『작가들』 67, 인천작가회의(작가들), 2018.
김태승, 「미군정기 노동운동과 전평의 운동노선」, 『해방 전후사의 인식 3』, 한길사, 1987.
김태호, 『근현대 한국 쌀의 사회사』, 들녘, 2017.
도리우미 유타카, 『일본학자가 본 식민지 근대화론 –일제 강점기 일본인 토목청부업자의 부당이익을 중심으로』, 지식산업사, 2019.
박광작, 「미군정과 한국정부의 귀속재산 민영화 정책에 대한 일 평가」, 『비교경제연구』 6, 비교경제학회, 1998.
박석두, 「농지개혁과 식민지 지주제의 해체 –경주 이씨가의 토지경영사례를 중심으로」, 『경제사학』 11, 경제사학회, 1987.
박 섭, 『한국근대의 농업변동 –농민경영의 성장과 농업구조의 변동』, 일조각, 1997.
박 현, 「한말·일제하 한일은행의 설립과 경영」, 『동방학지』 128, 연세대학교 국학연구원, 2004.
______, 「식민지 조선에서 석탄 생산력 확충 계획의 수립과 전개」, 『경제발전연구』 19-1, 한국경제발전학회, 2013.
박혜숙, 「미군정기 농민운동과 전농의 운동노선」, 『해방 전후사의 인식 3』, 한길사, 1987.
박희진, 「귀속기업의 불하와 1950년대 대구지역 섬유산업」, 『경제사학』 23, 경제사학회, 1997.
방기중, 「농지개혁의 사상전통과 농정이념」, 『분단 한국의 사상사론』, 연세대학교 출판부, 2010.
배석만, 「전시체제기 동양척식주식회사의 자금 동원 구조와 투자 동향 분석」, 『지역과 역사』 34, 부경역사연구소, 2014.
배영목, 「한호농공은행에 관한 연구」, 『사회과학연구』 9-1, 충북대학교 국제개발연구소, 1992a.
______, 「조선식산은행과 농업」, 『국사관논총』 36, 국사편찬위원회, 1992b.
______, 『한국금융사』, 개신, 2002.
백주영, 「1920~30년대 선미옹호운동 세력에 관한 연구」, 서울대학교 석사학위논문, 2018.
북조선인민위원회 선전국, 『조선해방과 북조선 민주건설』, 1948.
서문석, 「해방 이후 귀속재산의 변동에 관한 연구 –면방직 공업 부문을 중심으로」, 『경영사학』 17, 한국경영사학회, 1998.
______, 「귀속재산의 소멸에 관한 연구 –1961년 이후의 면방직 설비를 중심으로」, 『경영사학』 20, 한국경영사학회, 1999.
서정익, 『일본근대경제사』, 혜안, 2003.
성업공사, 『성업공사 30년사』, 성업공사, 1992.
성한표, 「8.15 직후의 노동자 자주관리 운동」, 『한국사회연구』 2, 한길사, 1984.
소순열, 「일제하 일본인 지주의 일 존재 형태 – '부민협회'의 설립과 농장경영」, 『농업사연구』 2-1, 한국농업사학회, 2003.
______, 「한국에서 근대농업기술의 변용 –수용과 이전」, 『농업사연구』, 14-1, 한국농업사학회, 2015.

신수식,『한국보험사』, 무역경영사, 1974.
신용하,『조선토지조사사업연구』, 지식산업사, 1982.
안병직,「제국주의와 식민지 지주제 –김준보 교수의 농업이론에 대한 비판을 중심으로」,『경제사학』 10, 경제사학회, 1986.
엄지범·소순열,「개인기록을 통해 본 일본인 이민농촌의 한 단면 –불이농촌의 야마가타촌(山形村)을 중심으로」,『농업경제연구』 60-3, 한국농업경제학회, 2019.
연합청산사무국 편,『국가귀속 청산법인 청산자료집』, 재정경제부 연합청산위원회, 2000a.
______,『국가귀속 청산법인 청산자료집 별책 제3권 청산종결법인별 매각 재산 및 증여재산 목록』, 재정경제부 연합청산위원회, 2000b.
오진석,「1906~1918년 평안농공은행의 설립과 경영변동」,『대동문화연구』 48, 성균관대학교 대동문화연구원, 2004.
______,『한국근현대전력산업사, 1898~1961』, 푸른역사, 2021.
오호성,『일제시대 미곡시장과 유통구조』, 경인문화사, 2013.
옹진군지편찬위원회,『옹진군지』, 옹진군, 1989.
옹진군지편찬위원회 편,『옹진군지』 상, 옹진군편찬위원회, 2012.
우대형,『한국 근대 농업사의 구조』, 한국연구원, 2001.
______,「일제하 조선에서의 미곡기술정책의 전개 –이식에서 육종으로」,『한국근현대사연구』 38, 한국근현대사학회, 2006a.
______,「일제하 만경강 유역 수리조합 연구」, 홍성찬·최원규·이준식·우대형·이경란,『일제하 만경강 유역의 사회사 –수리조합, 지주제, 지역정치』, 혜안, 2006b.
______,「일제하 久間健一의 농업인식과 식민지 농정의 모순」, 홍성찬·우대형·신명직·이상의,『일제하 경제정책과 일상생활』, 혜안, 2008.
______,「조선 후기 곡물시장의 통합에 관한 재검토」, 연세대학교 경제연구소 발표문, 2016(연세대학교 경제연구소 홈페이지 자료실).
______,「조선후기 미곡생산성의 장기 추이에 관한 재검토, 1660~1910」, 연세대학교 경제연구소 발표문, 2017(연세대학교 경제연구소 홈페이지 자료실).
______,「역사인구학 지표로 살펴본 조선후기 생활수준의 장기 추이, 1734~1910」,『사회와 역사』 121, 한국사회사학회, 2019.
유용태 편,『동아시아의 농지개혁과 토지혁명』, 서울대학교 출판문화원, 2014.
유인호,『한국농업협업화의 연구』, 한국연구원, 1972.
윤석범·홍성찬·우대형·김동욱,『한국근대금융사연구』, 세경사, 1996.
윤수종,「일제하 일본인 지주회사의 농장경영분석 –조선흥업주식회사의 사례」,『한국사회사학회논문집』 12, 한국사회사학회, 1988.
이경란,「일제하 수리조합과 농장 지주제 –옥구·익산 지역의 사례」,『학림』 13, 연세대학교 사학연구회, 1991.
이규수,「후지이 간타로(藤井寬太郎)의 한국진출과 농장경영」,『대동문화연구』 49, 성균관대학교 대동문화연구소, 2005.

______, 『식민지 조선과 일본·일본인 –호남지역 일본인의 사회사』, 다『할』미디어, 전남대학교 호남학연구단, 2007.

이대근, 『귀속재산 연구 –식민지 유산과 한국경제의 진로』, 이숲, 2015.

이동학, 「일본인 지주 다키 구메지로(多木久米次郎)의 조선 농장경영」, 전주대학교 석사학위논문, 2017.

이명휘, 「전전 일본에서의 증권업자의 성장 –山一證券을 중심으로」, 『사회과학연구논총』 12, 이화사회과학원, 2004.

이병관, 「龍川小作組合은 왜 解散되었나」, 『農民』 9, 10호, 조선농민사, 1932.

이병철, 『호암자전』, 중앙일보사, 1986.

이송순, 「전시기(1937~1945) 조선의 미곡증산정책 실시와 그 성격」, 『사총』 56, 역사학연구회, 2003.

이영학, 「한말 일제하 식민 지주의 형성과 그 특질 –村井 進永農場을 중심으로」, 『지역과 역사』 21, 부경역사연구소, 2007.

이영호, 『토지소유의 장기변동 –경기도 시흥 석장둔의 250년 역사』, 경인문화사, 2018.

이영훈·박기주·이명휘·최상오, 『한국의 유가증권 100년사』, 도서출판 해남, 2005.

이영훈·배영목·박원암·김석진·연강흠, 『한국의 은행 100년사』, 산하, 2004.

이영훈·장시원·宮嶋博史·松本武祝, 『近代朝鮮水利組合研究』, 일조각, 1992.

이윤갑, 『일제 강점기 조선총독부의 소작정책 연구』, 지식산업사, 2013.

이정인, 「일제하 일인 대지주의 농장경영에 관한 연구 –불이흥업주식회사의 사례분석」, 숙명여자대학교 석사학위논문, 1990.

이준식, 『농촌 사회 변동과 농민운동 –일제 침략기 함경남도의 경우』, 민영사, 1994.

이지수, 「해방 후 농지개혁과 지주층의 자본전환 문제」, 연세대학교 석사학위논문, 1994.

이헌창, 『한국경제통사』 제6판, 도서출판 해남, 2014.

이혜숙, 「해방 후 미군정의 귀속재산 처리 과정」, 『근현대사강좌』 7, 한국현대사연구회, 1995.

이환규, 「징발재산정리에 관한 특별조치법」, 『지방행정』 19권 204, 205, 대한지방행정공제회, 1970.

인정식, 『朝鮮의 土地問題』, 靑樹社, 1946.

______, 『朝鮮農業經濟論』, 博文出版社, 1949.

장상환, 「농지개혁 과정에 관한 실증적 연구(상, 하)」, 『경제사학』 8, 9, 경제사학회, 1984, 1985.

______, 「농지개혁에 의한 농촌사회 경제구조의 변화」, 김용섭교수 정년기념 한국사학논총 간행위원회 편, 『한국 근현대의 민족문제와 신국가 건설』, 지식산업사, 1997.

장시원, 「일제하 대지주의 존재형태에 관한 연구」, 서울대학교 박사학위논문, 1989.

장형규·박성욱·이광찬, 『KAMCO 50년사 –신뢰의 50년, 가치의 100년』, 제1권 통사, 한국자산관리공사, 2012.

전상인, 「미군정기의 농업문제와 토지정책」, 홍성찬 편, 『농지개혁연구』, 연세대학교 출판부, 2001.

전정구, 「귀속 휴면(休眠)법인 소유재산의 성격」, 『사법행정』 7-1, 한국사법행정학회, 1966.

정광현 편, 『적산관계법규병(竝)수속편람』, 동광당서점, 1948.

정병욱, 『한국근대금융연구 –조선식산은행과 식민지 경제』, 역사비평사, 2004.
______, 「조선식산은행원, 식민지를 살다」, 『역사비평』 여름호(78호), 역사비평사, 2007.
정병준, 「대한경제보국회의 결성과 활동」, 『역사와 현실』 33, 한국역사연구회, 1999.
정승진, 「1922년 중앙수리조합의 설립과 철원 지역사회의 변동」, 『사림』 67, 수선사학회, 2019.
정연태, 『식민권력과 한국농업 –일제 식민농정의 동역학』, 서울대학교 출판문화원, 2014.
정태헌, 「조선총독부의 경상합동은행 경영권 장악과정과 일본인 은행으로의 흡수」, 『한국사학보』 40, 고려사학회, 2010.
조기준, 『한국자본주의성립사론』, 대왕사, 1977.
조명근, 『일제하 조선은행 연구 –중앙은행 제도의 식민지적 변용』, 아연출판부, 2019.
______, 「戰時期 동양척식주식회사의 자금 조달과 운용 실태」, 『아세아연구』 63-1, 고려대학교 아세아문제연구소, 2020.
조석곤, 「토지조사사업과 식민지지주제」, 강만길 외 편, 『한국사 13. 식민지시기의 사회경제(1)』, 한길사, 1994.
조선식산은행감정부, 『서력 1946년 말 현재 38 이남 대지주 급(及) 독농가조서(篤農家調書)』, 京城: 朝鮮殖産銀行 鑑定部, 1946.
주식회사 삼양사, 『삼양오십년』, 주식회사 삼양사, 1974.
지수걸, 『일제하 농민조합 연구 –1930년대 혁명적 농민조합운동』, 역사비평사, 1993.
조동걸, 『식민지 조선의 농민운동』, 역사공간, 2010.
차철욱, 「구포[경남]은행의 설립과 경영」, 『지역과 역사』 9, 부경역사연구소, 2001.
최병택, 「일제하 조선(경성)토목건축협회의 활동과 그 성격의 변화」, 『한국학연구』 39, 인하대학교 한국학연구소, 2015a.
______, 「'경성토목담합' 사건을 통해 본 일제하 토목 청부업계의 담합 관행」, 『역사연구』 28, 역사학연구소, 2015b.
최영묵, 「미군정의 식량 생산과 수급정책」, 『역사와 현실』 22, 한국역사연구회, 1996.
최우중, 「일제강점기 伊藤家의 토지소유와 지주경영」, 『농업사연구』 8, 한국농업사학회, 2009.
최원규, 「한말·일제하의 농업경영에 관한 연구 –해남 윤씨가의 사례」, 『한국사연구』 50·51 합병호, 한국사연구회, 1985.
______, 「일제 시기 수원 조씨가의 지주경영 분석」, 『역사문화연구』 46, 한국외국어대학교 역사문화연구소, 2013.
______, 「일제 초기 조선부동산등기제도의 시행과 그 성격」, 『한국민족문화』 56, 부산대학교 한국민족문화연구소, 2015.
______, 『한말·일제초기 국유지 조사와 토지조사사업』, 혜안, 2019.
______, 『일제시기 한국의 일본인 사회 –도시민·지주·일본인 농촌』, 혜안, 2021.
최유리, 「일제 말기 조선증미계획에 대한 연구」, 『한국사연구』 61·62합집, 한국사연구회, 1988.
최　일, 「한국전쟁 휴전협정에서 옹진반도의 처리 과정과 결과에 대한 연구」, 경남대학교 석사학위논문, 2014.
하유식, 「울산군 상북면의 농지개혁 연구」, 부산대학교 박사학위논문, 2010.

하지연,「대한제국기 일본 대자본의 지주화 과정 연구」,『이화사학연구』 33, 이화사학연구소, 2006.
______,「한말 일본 대자본의 對韓 경제침탈 –大倉組를 중심으로」, 이화여대 한국근현대사연구실,『한국 근현대 대외관계사의 재조명』, 국학자료원, 2007a.
______,「일본인 회사지주의 식민지 농업경영 –三菱재벌의 東山農事주식회사를 중심으로」,『사학연구』 88, 한국사학회, 2007b.
______,「일제하 한국농업의 식민성과 근대성 –일본인 대농장 가와사키농장의 소작제 경영을 통하여」, 신용하 외,『식민지 근대화론에 대한 비판적 성찰』, 나남, 2009.
______,『일제하 식민지 지주제 연구 –일본인 회사지주 조선흥업주식회사 사례를 중심으로』, 혜안, 2010.
______,「식민지 지주제와 石川縣농업주식회사」,『이화사학연구』 47, 이화사학연구소, 2013.
______,『식민지 조선농촌의 일본인 지주와 조선 농민』, 경인문화사, 2018.
한국보험공사,『한국보험사』, 한국보험공사, 1985.
한국산업은행,『한국산업은행 50년사』, 한국산업은행, 2004.
한국은행기획조사과,『쌀값의 형성과 그 영향 –적정 米價 산정을 위한 시론』, 조사자료 158호, 한국은행조사부, 1956.
한일은행,『한일은행45년사』, 한일은행, 1977.
홍성찬,「한말·일제하의 지주제 연구 –강화 홍씨가의 추수기와 장책 분석을 중심으로」,『한국사연구』 33, 한국사연구회, 1981.
______,「한말·일제하의 지주제 연구 –곡성 조씨가의 지주로의 성장과 그 변동」,『동방학지』 49, 연세대학교 국학연구원, 1985.
______,「한말·일제하의 지주제 연구 –50정보 지주 보성 이씨가의 지주경영사례」,『동방학지』 53, 연세대학교 국학연구원, 1986.
______,「일제하 기업가적 농장형 지주제의 역사적 성격」,『동방학지』 63, 연세대학교 국학연구원, 1989.
______,『한국 근대 농촌사회의 변동과 지주층 –20세기 전반기 전남 화순군 동복면 일대의 사례』, 지식산업사, 1992.
______,「일제하 평양지역 일본인의 은행설립과 경영 –삼화·평양·대동은행의 사례를 중심으로」,『연세경제연구』 3-2, 연세대학교 경제연구소, 1996.
______,「한말·일제초 재경 일본인의 은행설립과 경영 –경성기업(起業), 경성은행의 사례를 중심으로」,『한국사연구』 97, 한국사연구회, 1997a.
______,「일제하 지주층의 존재 형태」, 김용섭교수정년기념 한국사학논총간행위원회 편,『韓國近現代의 民族問題와 新國家建設』, 金容燮教授 停年記念 韓國私學論叢 3, 지식산업사, 1997b.
______,「1920년대의 경성주식현물취인시장(주) 연구 –경취(京取)와 그 관련 기관의 설립을 중심으로」,『경제사학』 22, 경제사학회, 1997c.
______,「일제하 재경 일본인의 조선실업은행 설립과 경영」,『연세경제연구』 6-2, 연세대학교

경제연구소, 1999a.

_____,「한말·일제하 전남지역 한국인의 은행설립과 경영 –광주농공은행·호남은행의 사례를 중심으로」,『성곡논총』30-2, 성곡학술문화재단, 1999b.

_____,「한말·일제하의 지주제 연구 –보성 양씨가의 지주경영과 그 변동」,『동방학지』114, 연세대학교 국학연구원, 2001.

_____,「한말·일제하의 지주제 연구 –서울 종로 포목상점 수남상회의 농지투자 사례」,『동방학지』122, 연세대학교 국학연구원, 2003.

_____,「일제하 전북지역 일본인 농장의 농업경영 –1930, 40년대 熊本農場 地境支場의 사례를 중심으로」, 홍성찬·최원규·이준식·우대형·이경란,『일제하 만경강 유역의 사회사 –수리조합, 지주제, 지역 정치』, 혜안, 2006.

_____,「한말 서울 동막 객주의 미곡 반입과 재래 船運業 –객주업체 '東泰元'의 자료를 중심으로」,『한국사연구』145, 한국사연구회, 2009.

_____,「서울 상인과 한국 부르주아지의 기원 –김씨가의 사례를 중심으로」,『한국경제학보』21-2, 연세대학교 경제연구소, 2014.

_____,「19세기 말 서울 동막 객주의 미곡거래 –김상민 집안의 장부 '일기'와 '장책' 분석을 중심으로」,『동방학지』177, 연세대학교 국학연구원, 2016.

姜在彦 編,『朝鮮における日窒コンツェルン』, 東京: 不二出版, 1985.

京城日報社 編,『朝鮮人名錄 昭和17年度』, 京城: 京城日報社, 1941.

高橋三七·高杉藤吉,『事業と鄉人』, 第1輯, 京城: 實業タイムス社, 大陸研究社, 1939.

高嶋雅明,『企業勃興と地域經濟 –和歌山縣域の檢證』, 大阪: 清文堂出版, 2004.

橋本豊太郎,『朝鮮開拓株式會社沿革』, 1937, 波形昭一·木村健二·須永德武 編,『社史で見る日本經濟史 植民地編』第9巻, 東京: ゆまに書房, 2002.

久間健一,『朝鮮農政の課題』, 東京: 成美堂, 1943.

堀和生,「植民地産業金融と經濟構造 –朝鮮殖産銀行の分析を通じて」,『朝鮮史研究會論文集』20, 東京: 朝鮮史研究會, 1983.

宮嶋博史,「植民地下朝鮮人大地主の存在形態に關する試論」,『朝鮮史叢』5·6合併號, 神戶: 青丘文庫, 1982.

內藤隆夫,「寶田石油の成長戰略」,『社會經濟史學』66-4, 東京: 社會經濟史學會, 2000.

大橋清三郎 編,『朝鮮産業指針』, 京城 : 開發社, 1915.

大內力 外,『日本資本主義の沒落 I』, 東京: 東京大學出版會, 1970.

大塩武 ,『日窒コンツェルンの研究』, 東京: 日本經濟評論社, 1989.

東京廻米問屋市場 編,『東京廻米問屋市場沿革』, 東京廻米問屋市場, 1918(復刻板),『明治後期産業發達史資料』第629巻, 第12期 府縣産業篇 9, 東京: 龍溪書舍, 2002.

東洋經濟新報社 編,「朝鮮産業の共榮圈參加體制」,『年刊朝鮮』第1回, 東京: 東洋經濟新報社, 1942.

藤田文吉,『一日本人行員の朝鮮史雜感と朝鮮殖産銀行』, 東京: 藤田文吉, 1988.

_____,『朝鮮産業經濟の近代化と朝鮮殖産銀行』, 東京: 西田書店, 1993.

藤井寛太郎,『朝鮮土地談』, 1911.
______,『不二農場之事業』, 1917.
梶原一明,「歴史合せ鏡 60. 昭和恐慌を終息させた昭和銀行とブリッジバンク構想の類似性」,『フォ-ブス』7(10), 1998.
粕谷誠·伊藤修·橋本壽郎,『山一證券100年史』, 東京: 日本經營史研究所, 2011.
北越銀行史編纂室 編,『創業百年史』, 長岡: 北越銀行, 1980.
不二興業株式會社,『不二興業株式會社農業及土地改良事業成績』, 1929.
飛田雄一,『日帝下の朝鮮農民運動』, 東京: 未來社, 1991.
山崎廣明,「昭和金融恐慌の經濟史 −破綻銀行の受け皿=昭和銀行の設立と展開」,『東海學園大學研究紀要』5, 東海學園大學, 2000.
森元辰昭,「朝永土地株式會社の農場經營」, 大石嘉一郎 編,『近代日本における地主經營の展開』, 東京: 御茶の水書房, 1985.
______,『近代日本における地主·農民經營 −岡山縣の事例』, 東京: 御茶の水書房, 2007.
森泰博,「株式現物問屋の社債·株式引受 −大阪株式現物團」,『大阪大學經濟學』23-2·3, 大阪: 大阪大學經濟學部, 1973.
石塚峻,『朝鮮米穀事情』, 上編, 朝鮮總督府穀物檢查所, 1938.
松本武祝,「植民地朝鮮における日本人大地主と河川水利用秩序の改編 −參禮伊藤農場の事例」,『한일관계사연구』51, 한일관계사학회, 2015.
松本和明,「新潟港の近代化についての一考察 −新潟健康舍の設立および展開と村山米策·川上佐太郎」,『長岡大學研究論叢』11, 長岡: 長岡大學, 2013a.
______,「1920年代における新潟臨港の事業展開 −新潟港の近代化の一側面」,『地域研究』13, 長岡: 長岡大學地域研究センター, 2013b.
松山創,『紀水·松山常次郎』, 京都: 松籟社, 2015.
矢島桂,「戰間期朝鮮における'産米增殖計劃'と朝鮮殖産銀行」,『社會經濟史學』80-3, 東京: 社會經濟史學會, 2014.
殖銀行友會 編,『朝鮮殖産銀行終戰時の記錄』, 東京: 殖銀行友會, 1977.
阿部薰 編,『朝鮮功勞者銘鑑』, 京城: 民衆時論社, 1935.
有馬純吉,『朝鮮紳士錄』, 京城: 朝鮮紳士錄刊行會, 1931.
李圭洙,「1920年代後半期不二西鮮農場地域の朝鮮農民運動について」,『朝鮮民族運動史研究』9, 神戸: 青丘文庫, 1993.
______,『近代朝鮮における植民地地主制と農民運動』, 東京: 信山社, 1996.
人事興信所 編,『人事興信錄』제8판, 人事興信所, 1928.
猪爪巴,『長岡新進實業家』, 猪爪巴, 1920.
田中愼一,「朝鮮(韓國)農業獎勵組合の展開過程」,『經濟學研究』53-3, 札幌: 北海道大學大學院經濟學研究科, 2003.
田中喜男,「石川縣農業株式會社」,『北陸史學』15, 金澤: 北陸史學會, 1967.
______,「明治後期'朝鮮拓殖'への地方的關心 −石川縣農業株式會社の設立を通して」,『朝鮮史

研究會論文集』4, 東京: 朝鮮史研究會, 1968.
佐佐木太平,『朝鮮の人物と事業』, 京城: 京城新聞社, 1935.
朝鮮公論社 編,『在朝鮮內地人紳士銘監』, 京城: 朝鮮公論社, 1917.
朝鮮殖産銀行,『全鮮畓田賣買價格及收益調』, 京城: 朝鮮殖産銀行, 각 연도.
______,『朝鮮殖産銀行十年志』, 京城: 朝鮮殖産銀行, 1928.
______,『朝鮮殖産銀行二十年志』, 京城: 朝鮮殖産銀行, 1938.
朝鮮研究社 編,『新興之北鮮史』, 京城: 朝鮮研究社, 1937.
朝鮮銀行史研究會 編,『朝鮮銀行史』, 東京: 東洋經濟新報社, 1987.
朝鮮人事興信錄編纂部,『朝鮮人事興信錄』, 京城: 朝鮮新聞社, 1922, 1935.
朝鮮中央經濟會 編,『京城市民名鑑』, 京城: 朝鮮中央經濟會, 1922.
朝鮮總督府,『朝鮮米穀要覽』, 京城: 朝鮮總督府, 1940.
朝鮮總督府農林局,『朝鮮土地改良事業要覽』, 京城: 朝鮮總督府 土地改良部, 각 연도.
中村玄濤 編,『施政25年紀念 躍進之朝鮮 附 財界人物傳』, 釜山: 大陸之日本社, 1935.
中村資良 編,『朝鮮銀行會社組合要錄』, 京城: 東亞經濟時報社, 각 연도.
______,『京城仁川職業名鑑』, 京城: 東亞經濟時報社, 1926.
淺田喬二,「舊植民地·朝鮮に於ける日本人大地主階級の變貌過程(上, 下)」,『農業總合研究』19-4, 20-1, 東京: 農林省 農業總合研究所, 1965, 1966.
______,『日本帝國主義と舊植民地地主制』, 東京: 御茶の水書房, 1968.
______,「舊植民地(朝鮮)における日本人大地主の存在形態 -石川縣農業株式會社の事例分析」,『旗田巍先生古稀記念 朝鮮歷史論集』下卷, 東京: 旗田巍先生古稀記念會, 龍溪書舍, 1979.
川東竫弘,「農民層分解の地代類型と地主制の後退」, 山崎隆三 編,『兩大戰間期の日本資本主義(上)』, 東京: 大月書店, 1978.
澤村九平,「藤井寬太郎氏の先見其他」, 和田八千穗·藤原喜藏 編,『朝鮮の回顧』, 京城: 近澤書店, 1945.
下谷政弘,『新興コンツェルンと財閥 -理論と歷史』, 東京: 日本經濟評論社, 2008.
河合和男·羽鳥敬彦·金早雪·松永達,『國策會社·東拓の研究』, 東京: 不二出版, 2000.
黑瀨郁二,『東洋拓殖會社 -日本帝國主義とアジア太平洋』, 東京: 日本經濟評論社, 2002.
Gragert, Edwin H., *Landownership under Colonial Rule: Korea's Japanese Experience, 1900~1935*, Honolulu: University of Hawaii Press, 1994.
Hilferding, Rudolf, *Finance Capital: a study in the latest phase of capitalist development*, edited with an introduction by Tom Bottomore; from translations by Morris Watnick and Sam Gordon, London: Routledge, 2006.
Shin, Gi-Wook, *Peasant Protest & Social Change in Colonial Korea*, Seattle: University of Washington Press, 1996.

찾아보기

[ㄴ]

[ㄷ]

[ㅅ]

[ㅇ]